Limite de caracteres

Kate Conger
Ryan Mac

Limite de caracteres

Como Elon Musk destruiu o Twitter

tradução
Bruno Cobalchini Mattos
Christian Schwartz
Marcela Lanius
Mariana Delfini

todavia

para Kim Mac e Marie Aro

The Golden Sir
@screaminbutcalm:
Eu plantando: Haha é isso aí!!! Uhu!!
Eu colhendo: Mas que merda isso aqui. Que merda.
2:14 PM 12 MAR. 2019
💬 220 MIL   ↻ 48 MIL   ♡ 139 MIL

Introdução: 11 de novembro de 2022 11

Ato I

1. De volta ao Twttr 21
2. #StayWoke 28
3. "Agora sou eu mesmo" 33
4. OneTeam 49
5. Uma invasão 57
6. Férias na Polinésia 66
7. Planejamento de recursos 82
8. Parag 86
9. Bluesky 94
10. O Twitter em apuros 99
11. Musk faz a farra 103
12. Uma oferta 116
13. Pílula de veneno 124

Ato II

14. "Conduzir a boiada" 135
15. A última tentativa de Parag 147
16. Apenas diga sim 155
17. De ouro, de ouro 167
18. 💩 182
19. Bots e cavalos 191
20. Sun Valley 201
21. Tribunal de Chancelaria 213
22. "Desculpe não pedir seu drinque especial" 217
23. Mudge 221
24. Um acelerador para o X 226
25. "Não pertencer a um otário cuzão" 229
26. *Let That Sink in* 236
27. *Trick or Tweet* 244
28. "O pássaro foi libertado" 269

Ato III

29. Análise de código 279
30. Nobres e plebeus 290
31. "Me ensinem" 295
32. Um coração azul 299
33. O Estalo 306
34. O depois 312
35. Verificado ou não 314
36. Eleições 323
37. Ataque zumbi 330
38. Motivo da demissão: *shitposting* 344
39. Orçamento base zero 359
40. "Eu sou rico, porra!" 375
41. Insegurança 383
42. A pílula vermelha 393
43. Aplausos 403
44. Linda 414
45. O planeta Terra vai decidir 427

Epílogo 435

Agradecimentos 441
Nota sobre a reportagem 445
Notas 447
Índice remissivo 466
Créditos das imagens 485

Introdução
11 de novembro de 2022

Depois de quase quatro horas de espera, o cientista de dados sênior estava ficando inquieto. Ele não pretendia estar no escritório do Twitter. Era feriado, Dia dos Veteranos, e a maioria dos seus colegas estava desligando as máquinas. Mas ele estava fazendo hora do lado de fora de uma sala de reuniões do décimo andar na sede da empresa, em San Francisco, esperando ser chamado pelo novo proprietário do Twitter.

Elon Musk estava à vontade. O bilionário de 51 anos se dava muito bem em testes de resistência: já tinha se empolgado com a própria força quando dormiu no sofá de uma sala de reuniões na fábrica da Tesla, ou quando virou a noite ajustando os detalhes finais do lançamento de um foguete na SpaceX. Agora, lutava contra o Twitter. Depois de ter comprado a rede social por 44 bilhões de dólares, estava botando pressão. Em quanto tempo ele faria a empresa se dobrar a suas vontades?

Fazia apenas um ano que o cientista de dados, um homem magricela, de cabelo desgrenhado castanho-avermelhado e olhos azuis severos, tinha começado a trabalhar no Twitter. Rapidamente passou a ser visto pelos colegas como alguém que gostava de refletir bastante, fascinado pelo bem — e pelo mal — que derivava da conexão das pessoas na internet. Durante os cinco anos que passou no Facebook, ele aperfeiçoou seu talento em analisar a ampla paisagem das mídias sociais para dali destilar frases de efeito facilmente apreensíveis, e esquadrinhou páginas e páginas de dados de usuários para explorar temas espinhosos, como o discurso de ódio e a desinformação, que contribuíram para a invasão do Capitólio em 6 de janeiro de 2021.[1] Era um acadêmico de coração e costumava criticar os erros do seu empregador com uma franqueza poucas vezes vista pelos executivos.

Quando Musk fez uma proposta de compra do Twitter, em abril daquele ano, o cientista de dados ficou otimista. Aquele homem tinha revolucionado dois tipos de indústria: popularizou os carros elétricos e privatizou a exploração do espaço. Talvez fosse ele o visionário que daria o empurrão de que a empresa de mídias sociais estava precisando.

Mas, nas duas semanas anteriores, Musk havia demitido metade dos colegas do cientista de dados, sem planejamento e quase nenhuma explicação do que tinha em mente. Afastara anunciantes, comprometendo a base do negócio do Twitter. E tinha aderido a uma teoria da conspiração grosseira, espalhando no Twitter uma reportagem falsa sobre o marido de Nancy Pelosi, presidente da Câmara dos Representantes dos Estados Unidos. O texto sugeria que ele estava envolvido em um caso amoroso com um homem perturbado que o havia atacado em sua própria casa. Era o tipo de mentira tão absurda que só seria levada a sério por alguém de cabeça fraca, radicalizado pelas muitas horas que passava todos os dias na internet, isolado na própria bolha. O cientista de dados ficara chocado. Musk parecia ser um desses conspiracionistas facilmente ludibriados, como os que ele tinha analisado no trabalho.

Apesar de todas as mudanças que já tinha feito no Twitter, o bilionário sinalizara que não ia descansar naquela sexta-feira. Logo cedo mandou um e-mail para os funcionários, "uma mensagem de agradecimento para quem ficou comigo".

"Hoje estarei no escritório de novo", escreveu. "Passe no décimo andar se quiser conversar sobre como colocar o Twitter em outro patamar. A prioridade são ações de curto prazo."

O cientista de dados decidiu arriscar. Atravessou a neblina e a penumbra do inverno de San Francisco, avançando pela Market Street até o edifício art déco envolto pela bruma, a sede do Twitter. Pouco depois das dez da manhã, montou acampamento em mesas compartilhadas do lado de fora da Caracara, uma sala de reuniões com vista ampla para o centro da cidade e para o domo reluzente da prefeitura. As paredes de vidro permitiam que os passantes observassem os executivos, como se fossem leões no zoológico. Musk era a atração principal, e os funcionários que esperavam do lado de fora para conhecê-lo cochichavam sobre o que pretendiam dizer para o novo chefe. O cientista de dados chegou a entreouvir algumas coisas enquanto digitava no laptop, trabalhando em algumas anotações que planejava mostrar para Musk. Alguns sussurravam que estavam preocupados com a pequena quantidade de pessoas inscritas no novo serviço de assinatura do Twitter. Outros trocavam dicas sobre a melhor maneira de se comunicar com o novo líder.

Behnam Rezaei, um homem afetuoso de óculos redondos tartaruga, que tinha liderado as equipes de engenharia do Twitter por mais de cinco anos, aproximou-se do cientista de dados para aconselhá-lo. Rezaei tinha conseguido cair nas graças de Musk; evitou as demissões que mandaram seus colegas gerentes embora e ascendeu a uma função de vice-presidente. Ele admirava o cientista de dados e investira um pouco do capital político recém-adquirido para conseguir uma conversa presencial dele com Musk.

"Elon só quer ouvir coisas positivas", disse Rezaei, orientando-o. "Não fale sobre o que não conseguimos fazer, nem tente justificar a atual situação."

"Elon só quer fazer o que vai trazer benefícios para a humanidade."

Rezaei não sabia, no entanto, que o cientista de dados já estava decidido a ir embora. Quando viu o e-mail de Musk na manhã de sexta, adiou sua despedida em um dia para poder falar diretamente com o novo proprietário. Ele ainda acreditava no Twitter e no poder de grandes redes sociais e esperava que o bilionário o escutasse. Talvez o bando que tinha chegado depois da aquisição, homens que só respondiam "sim, senhor", não tivesse coragem de lhe dizer que ele estava estragando tudo para valer.

Enquanto esperava, finalizou dois arquivos que tinha preparado para o encontro. O primeiro era uma lista de ideias para administrar o Twitter de maneira mais eficiente. O segundo era uma declaração mais audaciosa: um esquema mostrando por que os planos de Musk para obter uma receita significativa com assinaturas e fazer mudanças nas políticas de moderação de conteúdo não funcionariam, e como a paranoia e a instabilidade dele estavam prejudicando a empresa.

As horas passavam, ele surrupiou comidinhas que tinham sobrado em uma das cozinhas por perto. O coração batia rápido quando ele ensaiava na cabeça o que diria para Musk. Finalmente, pouco depois das duas horas da tarde a assistente do novo chefe o abordou. O bilionário estava ocupado, disse. Tinha só cinco minutos.

O cientista de dados entrou confiante na sala de reuniões. Musk estava sentado atrás de uma grande mesa de carvalho, sua figura flácida de 1,88 metro se afundava numa cadeira de escritório. O cientista de dados se identificou rapidamente e começou a apresentação, entusiasmado. Musk ouviu com atenção enquanto ele explicou suas ideias sobre crescimento, verificação de usuários e motivação dos funcionários. Então descreveu em linhas gerais uma proposta para moderação de conteúdo que colocava o poder de decisão nas mãos de uma organização fora do controle direto do proprietário.

"Jornais e revistas têm independência editorial, isto é, os proprietários não têm a palavra final sobre o que entra e o que sai", o cientista de dados explicou. "Empresas de mídias sociais deveriam ter a mesma estrutura."

Musk não se interessou. "Ou não", resmungou.

A assistente apareceu de novo na sala e disse que ele tinha outra reunião. "Você gostaria de dizer algo para encerrar?", ela perguntou.

"Sim, gostaria de dizer uma coisa", respondeu o cientista de dados. Ele respirou fundo e se virou para o bilionário.

"Estou pedindo demissão hoje. Eu estava animado com a aquisição, mas fiquei realmente decepcionado com seu tuíte sobre Paul Pelosi. Aquilo é informação falsa, com interesses políticos óbvios. Fiquei preocupado com você e os amigos com quem você se informa. Sério, só uns 10% da população adulta seria tão ingênua pra cair naquilo."

O rosto de Musk, que já é pálido, perdeu ainda mais a cor. Ele se inclinou para a frente. Ninguém falava assim com ele. E ninguém, muito menos um funcionário seu, ousaria questionar sua inteligência ou seus tuítes. Grudou os olhos afiados no cientista de dados por um momento.

"Vai se foder", rosnou.

O cientista de dados ficou mais atrevido. Ele não era dado a conflitos ou insultos, mas a reação de Musk reforçou sua crença de que o bilionário estava longe de ser a pessoa adequada para administrar uma empresa tão crucial para a comunicação virtual no mundo todo. Ele permaneceu sóbrio, mas disse algo que não tinha planejado.

"Espero que você vá à falência e permita que outra pessoa administre a empresa."

"Bom, seu pedido de demissão foi aceito", falou Musk, como se avançasse nele.

O cientista de dados caminhou para a saída.

"Vou ficar com seu laptop", disse a assistente, tímida. Ele entregou o aparelho para ela e saiu.

Ao caminhar de volta para a mesa onde tinha deixado seus pertences, o cientista de dados ouviu os passos de dois seguranças de Musk, que se apressavam para alcançá-lo. Imaginou que tentariam acossá-lo, ou talvez até o espancassem, mas eles apenas o vigiaram enquanto ele guardava as coisas, depois o escoltaram até o hall de elevadores. Quando todos tinham entrado na cabine do elevador e começavam a descer para o primeiro andar, um dos guardas se virou e sorriu para ele.

"O que você falou pra ele?", perguntou.

"Disse umas coisas que ele não gostou de ouvir", o cientista de dados respondeu.

"Deve ter sido uma sensação boa."

"Aham", falou, e então saiu da cabine, devolveu o crachá e deixou a sede do Twitter pela última vez. "Para dizer a verdade, falei o que todo mundo tá falando pelas costas dele. Mas ninguém fala na cara."

Elon Musk chegou ao Twitter como um herói conquistador aos olhos de muitos — sobretudo aos olhos dele mesmo. Cercado de um quadro de pessoas leais a ele, o que lhe permitiu fazer muitas manobras imprudentes — como comprar a empresa, para início de conversa —, o bilionário foi encorajado por milhões de apoiadores online, que curtiram e retuitaram cada movimento seu. Arrastou consigo investidores simpáticos a ele quando se apossou de um dos espaços virtuais mais proeminentes do mundo para discussões políticas e culturais, e se empenhou em transformá-lo para se adequar aos seus caprichos.

Com sua aquisição bem-sucedida e extremamente cara, Musk parecia haver sobrepujado em influência, fortuna e fama todos os outros executivos da indústria da tecnologia. Ele era intocável.

Mas incidentes como a saída hostil do cientista de dados deixavam marcas nele. Estivesse ou não consciente disso naquele momento, Musk havia apostado sua reputação e bilhões de dólares na aquisição caótica do seu brinquedinho favorito.

A compra não tinha sido bem recebida pelos líderes da empresa, nem por muitos usuários, mas o Twitter havia se oferecido de bandeja depois de anos de má administração. Jack Dorsey, o fundador amargurado da empresa, fora omisso nos estertores do seu mandato como diretor-executivo. Com o tempo, tinha passado a acreditar que a empresa que ele tanto valorizou não deveria mais ser um negócio. Porém, enquanto ignorava as margens de lucro do Twitter, investidores caíram matando e espremeram a empresa para tirar dinheiro dela. Quando ele saiu, em 2021, o Twitter se lançou em uma reestruturação apressada para acalmar os ânimos de Wall Street.

Mas ninguém estava preparado para a campanha hiperagressiva de Musk, e ninguém conseguiria pará-lo. Ele via o Twitter não só como um negócio, mas como uma ferramenta ideológica, uma arma empunhada por liberais de San Francisco que restringiam a visualização de coisas de que ele gostava. As políticas do Twitter davam o tom para outras empresas de mídias sociais em debates sobre sensatez na comunicação virtual, e Musk queria introduzir novos valores nessa conversa.

Era extraordinário, uma aberração do capitalismo do século XXI, que ele tivesse tanto dinheiro a seu dispor. No início de abril de 2022, Musk tinha um patrimônio líquido de quase 270 bilhões de dólares. A principal fonte de sua fortuna eram participações acionárias da Tesla, que atingiam novos picos e lhe davam um poder de compra imensurável. Então ele deitou os olhos na sua verdadeira paixão. Enquanto a maioria dos bilionários da indústria da tecnologia gastava dinheiro com iates imensos, clubes esportivos, publicações na imprensa ou ilhas longínquas, Musk cobiçou um megafone, um site de internet onde sua voz seria transmitida diretamente para centenas de milhões de pessoas. Ele queria o Twitter.

A aquisição veloz não teve precedentes culturais ou sociais. Esse tipo de transação não costumava ser realizado por uma única pessoa; apenas corporações ou gestoras de capital privado compravam empresas daquele tamanho. Mas Musk tinha atingido um pico de fortuna do qual poucos titãs conseguiram se aproximar, e as regras dos negócios tradicionais não se aplicavam mais a ele.

O amor que o bilionário tinha pelo Twitter era simples, fácil de entender, até mesmo o humanizava. Todos os dias, durante horas, ficava navegando pelo site: lia postagens, ria de memes e disparava pensamentos em fluxo de consciência, como qualquer outro usuário. Ele se extasiava com o engajamento que recebia, e, como aconteceu com muitos outros tuiteiros hard-core, a plataforma se tornara um vício. A diferença entre ele e outros usuários do Twitter obcecados pela injeção constante de dopamina, no entanto, é que Musk tinha os meios para controlar o seu vício e o desejo de recriá-lo a sua imagem e semelhança.

Na manhã de 14 de abril de 2022, nós dois, Kate Conger e Ryan Mac, repórteres do *New York Times*, acordamos com um tuíte de três palavras que era a culminância inacreditável, porém inevitável, de duas narrativas que tínhamos acompanhado por uma década como jornalistas que faziam a cobertura do Vale do Silício: "Fiz uma proposta".

Mergulhamos de cabeça na apuração de uma reportagem monumental. O empresário mais significativo do Vale do Silício estava comprando uma das empresas mais icônicas de lá. Que fim teria isso?

Já havíamos escrito muito sobre as guerras de mediação de conteúdo nas mídias sociais, sobre as deficiências do Twitter como negócio e sobre Dorsey. Também já tínhamos feito a cobertura das iniciativas de Musk e de como ele insistia em desafiar limites. De repente, essas histórias se tornaram uma só — e o todo era muito, muito maior do que a soma de suas partes.

Comprar o Twitter parecia uma decisão que o bilionário tinha tomado num estalar de dedos. Ele imaginava que o Twitter fosse um emaranhado de questões técnicas que uma mente inteligente e engenhosa como a dele conseguiria desfazer com facilidade, permitindo um aumento da livre expressão na praça pública digital. Mas o Twitter era assolado internamente por dilemas não apenas tecnológicos, mas também sociais e políticos. Seus líderes se debatiam o tempo todo com questões em torno do que as pessoas deveriam poder dizer e fizeram inimigos entre pessoas do governo, ativistas, celebridades e até entre seus próprios funcionários. As questões que o Twitter enfrentava não eram simples. Elas vinham sendo discutidas pela internet desde o seu advento. Talvez nenhuma resposta seja final. Não é à toa que os usuários mais fiéis do Twitter se referem a ele como *hellsite*, um buraco infernal da internet onde alguma coisa — ou alguém — está sempre pegando fogo. As pessoas se sentem bravas, frustradas e enojadas depois de passar um tempo rolando pela timeline do Twitter — e, mesmo assim, mal veem a hora de começar uma nova sessão. A empresa precisava de um líder que entendesse muito de psicologia, política e história, além de como é complicado o fato de as pessoas ficarem online instantaneamente e o tempo todo. Em vez disso, arrumou alguém que, ao propor a compra da empresa — no valor de 54,20 dólares por ação — fez ao mesmo tempo uma piada com maconha.*

As ambições quixotescas de Musk para a plataforma foram frustradas quando tentou chefiar o Twitter e aos poucos começou a se convencer de que os funcionários estavam se revoltando contra ele. Deveriam ser gratos, pensava. Na sua opinião, ele tinha sido o único a ter coragem suficiente para apostar 44 bilhões de dólares para salvar a plataforma de mídias sociais que amava. Eles não conseguiam perceber que ele estava salvando a humanidade? Ordenou que alguns dos seus lacaios localizassem as vozes dissidentes para demiti-las. Instituiu *code freezes*, "congelamentos" que impediam mudanças no código dos aplicativos ou do site do Twitter, para o caso de algum funcionário sabotá-los. Seus seguranças pessoais começaram a segui-lo até os banheiros do escritório, para garantir que poucos empregados conseguiriam invadir o espaço dele nesse momento sagrado.

Com os desdobramentos da aquisição, a paranoia de Musk se intensificou, e as pessoas mais próximas começaram a se preocupar com o estado mental dele, cada vez mais frágil. A natureza caótica da plataforma e as repercussões das ações dele iriam expor as suas fragilidades. Quanto mais tentava impor seu desejo no Twitter, mais ele parecia sair do controle, e mais profunda se tornava sua obsessão. Furos começaram a aparecer na competência desse empreendedor considerado por muitos um dos líderes empresariais mais bem-sucedidos da humanidade.

Neste momento em que escrevemos, a história da conquista de Musk não chegou ao fim. Ainda pode acabar com uma explosão ou com um suspiro — ou com um sucesso pouco provável. Mas já está claro que o bilionário destruiu a plataforma. A empresa que ele possui não é mais o Twitter — nem no nome, nem na essência ou no espírito. Não estão mais lá as pessoas que o construíram com uma mente idealista, numa época em que parecia muito mais fácil acreditar nas promessas do Vale do Silício, e também não está mais lá a cultura corporativa de valorização do debate, da equidade e do idealismo. Ainda vamos ver o significado disso num mundo no qual a existência da imprensa é

---

* O número 420, associado ao uso de maconha, apareceu em um tuíte controverso de Musk em 2018 sobre a abertura de capital da Tesla, assim como no valor oferecido pelo Twitter — 54,20 dólares. Em depoimento no tribunal em 2023, Musk negou afirmações anteriores de que escolhera o número em 2018 para divertir sua namorada e disse que a cifra parecia ser um karma em sua vida. [N. T.]

constantemente ameaçada e a própria democracia está em risco. Mas os primeiros indícios não são bons.

Dos escombros do Twitter surgiu o X, a empresa de mídias sociais que Musk está criando, mais inflexível e muito mais cínica. Com ela, uma nova era de comunicação virtual se inicia, governada por seus próprios caprichos e na qual vale tudo. Muitas promessas foram feitas. O bilionário disse que o X pode ser um "app de tudo" que vai dominar o mundo e com o qual as pessoas vão poder não apenas postar o que pensam, mas também fazer compras, telefonemas e assistir a filmes. O X vai concentrar tudo isso, afirma, e investidores cheios de dinheiro no bolso apostaram bilhões de dólares que ele vai estar certo.

Por enquanto, são apenas promessas arrogantes. Para os usuários que não foram embora, um dos mais importantes modos de comunicação global se tornou praticamente irreconhecível e agora serve aos interesses de um único homem. O que antes foi chamado de praça pública digital está se tornando o espelho de Musk.

Ato I

1.
De volta ao Twttr

Finalmente tinha chegado a hora de Jack Dorsey. Ansioso, ele observava Dick Costolo na lanchonete na sede do Twitter, na Market Street, em San Francisco. O antigo empreendedor, contratado quatro anos antes para tirar a empresa do meio do furacão, fazia um anúncio inesperado para centenas de colaboradores durante uma reunião geral, no dia 11 de junho de 2015. Costolo estava se demitindo do cargo de CEO. Desde o começo do ano ele confidenciava a amigos que vinha ficando angustiado com seu papel no Twitter e queria ir embora. Quem o substituiria, ao menos interinamente, era o homem que estava ao seu lado, que tinha ajudado a começar tudo aquilo: @jack.

Dorsey passou anos criando uma estratégia para completar o arco do seu personagem nos moldes de Steve Jobs. Sem muita cerimônia, foi demitido do cargo de diretor-executivo do Twitter em 2008 e desde então começou a armar um plano para voltar ao topo, aliando-se com membros do conselho e arquitetando uma narrativa na imprensa que o pintasse como o único visionário por trás da rede social. O retorno seria triunfante: a força motriz da criatividade por trás dos sucessos anteriores do Twitter, finalmente de volta — assim como havia acontecido quando Jobs voltou para a Apple.

Para os funcionários do Twitter, Dorsey estava voltando de um longo inverno na natureza selvagem. Com um novo título de executivo, postava-se à frente deles com uma barba castanha cheia, que descia até embaixo do colarinho da camisa e emoldurava um rosto magro e anguloso e olhos frios. Ainda que tivesse sido presidente da empresa durante anos e fosse reconhecido por seu papel de cofundador, Dorsey tinha sido visto em pessoa por poucos empregados. Eles examinavam aquele homem, antigo modelo e um entusiasta da meditação, e não conseguiam evitar a apreensão enquanto ele falava, no seu tom monótono característico, sobre mudanças na empresa.

A mudança precisava ser rápida, porque ela estava na pior. Quase não se via inovação de produtos, não havia aumento de usuários — a métrica-chave para avaliar qualquer empresa de mídias sociais relevante — e uma sensação crescia feito bola de neve: a de que o Twitter não conseguia deslanchar. O histórico de disfuncionalidade e de traição entre os fundadores da empresa, além da dança das cadeiras na liderança, contribuiu para esse sentimento de que o Twitter não saía do lugar. Dorsey havia instigado alguns desses passos em falso, e começava-se a aceitar que o caos era parte da cultura do Twitter. Os colaboradores tinham motivos para se perguntar: *Será que Jack é a solução? Ele consegue fazer uma reviravolta na empresa? Ou ela vai gorar de novo?*

Dorsey nasceu em 1976 e foi criado em Saint Louis, no Missouri, por uma mãe liberal e um pai conservador e com dois irmãos mais novos. Quando era adolescente, interessou-se pelo funcionamento de serviços de distribuição — um sinal precoce de que seria atraído para a criação de sistemas complexos para transporte de informação. Fez faculdade no Missouri e em Nova York, mas desistiu antes de terminar o curso. Mudou-se para a área da baía de San Francisco em 1999, às vésperas da bolha das empresas pontocom.[1]

Era um momento de muita euforia para quem trabalhava com tecnologia. Os visionários e pioneiros da internet e do computador pessoal tinham se organizado com base em valores abertos, colaborativos, a partir de um consenso frouxo e anárquico que se somava a um conhecimento técnico sem limites. Essa cultura democrática agradava a Dorsey, um fã do punk que chegou a pintar o cabelo de azul. Depois de se mudar para a região de San Francisco, foi morar no Sunshine Biscuit Factory, um armazém incrustado na areia na porção leste de Oakland, conhecido por abrigar artistas e sediar shows de música underground. Ele mexia com programas na internet para envio de táxis, entregadores de bicicleta e até socorristas.

Diferente de muitos programadores desgrenhados que afluíam ao Vale do Silício em busca de salários de 1 milhão de dólares, Dorsey estava interessado em estética — na sua própria e na dos produtos ao seu redor. Ele flertou com a ideia de abandonar completamente a tecnologia para se tornar estilista. Gostava de mudar a aparência, colocando piercing no nariz ou fazendo *dreadlocks* no cabelo com sabão de castela. Seus interesses e mudanças físicas continuariam durante toda a vida, o que levava algumas pessoas a se perguntar se ele só ficava procurando um lugar onde se encaixasse.

"Na verdade, o piercing no nariz foi uma coisa que fiz só por impulso. Achei que ia ficar bem legal", disse no programa *60 Minutes*. "Eu não estava querendo provar nada pra ninguém."

Ao fazer alguns frilas de programação na região, incluindo um em que criou um serviço de distribuição para as balsas que iam até a ilha de Alcatraz,[2] Dorsey conheceu em 2005 a Odeo, uma startup de podcast que o empreendedor digital Ev Williams estava montando em San Francisco. Williams tinha feito fortuna dois anos antes, vendendo sua plataforma de publicação Blogger para o

Google, e a Odeo era seu próximo passo. Orgulhava-se de ter levado a publicação para as massas com a Blogger, permitindo que qualquer pessoa postasse seu próprio conteúdo online com um único clique. Ele abrira mão da moderação de conteúdo, por achar que era uma tarefa impossível, e deixava que a maioria das postagens permanecesse na plataforma.

Dorsey, que tinha então 28 anos, enviou seu currículo para Williams e recebeu uma proposta de frila de programação na Odeo,[3] onde se aproximou rapidamente dos outros cyberpunks da equipe. Mas até no meio daquele pessoal esquisitão ele se destacava: era excepcionalmente quieto, preferia conversar em chats online a interagir pessoalmente. Passava despercebido em projetos coletivos, ou quando saíam para beber. E embora trabalhasse para o famoso fundador da Blogger, Dorsey escrevia sobre seu dia a dia na plataforma concorrente, LiveJournal.

Para os padrões dos primórdios das redes sociais, Dorsey era um blogueiro prolífico. E ainda que conseguisse se expressar mais nas postagens no LiveJournal, sentia que precisava de mais. Nas duas plataformas, o usuário precisava se esforçar bastante para postar: tinha que escrever frases e parágrafos de um blog, ou subir e editar imagens a partir da câmera digital, antes de publicar. Precisava existir algo mais rápido, mais parecido com um fluxo de consciência, onde fosse possível postar e compartilhar sem pensar muito, sem esforço e instantaneamente.

"Na hora, atualizado, onde você estiver", disse Dorsey. Sua ideia era imitar as atualizações de status do serviço de mensagens instantâneas da AOL, em que os usuários postavam frases sobre o que estavam fazendo, o que estavam pensando ou sentindo por meio de trechos enigmáticos de letras de músicas.

Em julho de 2000, ele esboçou a ideia num bloco de papel com uma caneta azul[4] e a batizou de My.Stat.Us, e ao lado do nome do produto rabiscou uns arabescos. No esboço, o status de Dorsey era "lendo", mas havia outras opções, como "deitado" e "indo pro parque". Na época, Dorsey frequentava o South Park, em San Francisco, uma área verde pequena e ovalada no distrito South of Market, que ficava aninhado no meio de escritórios de tecnologia e prédios residenciais.

A ideia não saiu de sua cabeça, e a Odeo seguia aos trancos e barrancos. A startup estava com dificuldade para obter usuários, e quando a Apple incluiu podcasts no iTunes, em 2005, a Odeo morreu na praia. Dorsey enxergou uma oportunidade e começou a apresentar o conceito da sua atualização de status para Williams e outros líderes da Odeo. Noah Glass, um desses líderes, pensou que o silvo de uma atualização de status dava sensação de um sobressalto — *twitch*, em inglês. Ele folheou um dicionário procurando palavras que começassem com "tw" até chegar a *twitter*, o trinado alegre de um passarinho.⁵ "Twitter" soava algo intrigante, de deixar estupefato. Os líderes da Odeo encurtaram a palavra para "Twttr", para seguir a moda do início dos anos 2000 de usar nomes sem vogais para startups, e também para torná-lo compatível com códigos curtos de mensagens de texto, de modo que os usuários pudessem mandar atualizações de status do celular. (A palavra "tuitar" surgiria em 2007, criada por uma empresa empolgada de desenvolvedores terceirizados, que estava tentando cunhar um verbo para o que as pessoas faziam ao postar.)

Em março de 2006, uma primeira versão do serviço estava pronta para ser lançada. "Só configurando meu twttr", Dorsey escreveu. Era o primeiro tuíte oficial da história.

Muita gente era cética em relação ao serviço. Mas Dorsey dava o exemplo, postando mensagens curtas sobre suas viagens, a champanhe que tinha bebido e as refeições que tinha comido. Seu jeito discreto inspirava lealdade, e ele parecia ouvir seus colegas de trabalho e confiar neles, em vez de rejeitar suas ideias ou ficar dando ordens.

"Fico feliz que essa ideia tenha pegado; espero que ela prospere", Dorsey escreveu depois, pensando sobre o começo do Twitter rascunhado no seu bloco de papel. "Por algumas coisas, vale a pena esperar."

O Twitter realmente prosperou. Para combinar com o jeito lacônico do fundador, os usuários tinham de se limitar a 140 caracteres por tuíte — um formato que também permitia enviar tuítes por mensagens de texto, algo necessário numa era pré-smartphone. Dorsey tirou o piercing e foi nomeado diretor-executivo da empresa, enquanto Williams, que havia feito o maior investimento inicial e era o maior acionista, tornou-se o presidente. Williams tinha 70% de participação acionária e deu 20% para Dorsey.⁶ Depois eles encerraram a Odeo e começaram a se dedicar em tempo integral ao Twitter, que explodiu ao ser nomeado a melhor startup em 2007, no festival South by Southwest (SXSW) em Austin, no Texas.

Ele cresceu tão rápido que era comum haver sobrecarga na infraestrutura montada por Dorsey, Williams e uma pequena equipe dos antigos colegas da Odeo — algo equivalente, no mundo digital, a fita *silver tape* e muita reza. Apagões aconteciam com alguma frequência, e quando a plataforma estava fora do ar os usuários davam de cara com a ilustração de uma baleia sendo levantada nos ares por um bando de pássaros, conhecida como "*fail whale*" [erro da baleia]. Mas, na maior parte do tempo, quando estava funcionando corretamente, o site se baseava num princípio simples: os tuítes devem fluir.

Alguns eram abertamente pornográficos. Alguns eram ameaças a outros usuários. O Twitter seguiu com a filosofia que tinha funcionado na Blogger de Williams: não havia tempo para moderação de conteúdo e, mesmo se houvesse, ninguém na equipe tinha paciência para examinar tuítes questionáveis.

Dorsey apoiava essa abordagem laissez-faire, mas se esquivava da obrigação de comunicar a posição do Twitter para o público. Deixava essa tarefa para um dos cofundadores, Biz Stone, e para outros funcionários mais antigos, que tinham trabalhado juntos na Blogger e acreditavam ser possível replicar o método. Além disso, Dorsey estava sobrecarregado com a enxurrada de responsabilidades que recaíam sobre ele, um diretor-executivo de primeira viagem que se esforçava para gerenciar trabalhadores, equilibrar o orçamento e supervisionar a frágil infraestrutura do Twitter. Ele estava completamente disposto a deixar os outros enfrentarem as questões espinhosas de moderação de conteúdo e preferia trabalhar nas interfaces e na tecnologia do Twitter. Gostava de convencer as pessoas de que seu projeto do coração poderia transformar as conversas delas — e, em algum momento, a vida delas.

Em 2008, os apagões constantes do site e as despesas crescentes se tornaram insustentáveis. O Twitter tinha mais de 1 milhão de usuários, mas caía com frequência quando as pessoas tentavam se inscrever ou publicar tuítes. Era preciso consertar os problemas — na verdade, já tinha passado da hora de consertá-los —, e Dorsey não se mexia suficientemente rápido. Num golpe realizado em outubro daquele ano, Williams e o conselho do Twitter, formado por dois investidores de capital de risco, o demitiram. Como consolo, ele ganhou uma cadeira no conselho, mas sem o direito de voto que normalmente estaria atrelado a isso. Williams assumiu como CEO.

Com Dorsey de escanteio, o site que ele tinha ajudado a criar continuou a explodir em popularidade. Em 2009, iranianos correram para o Twitter para protestar contra as eleições presidenciais, consolidando a reputação da empresa como um refúgio online para a livre expressão. O Twitter se tornou o site de crescimento mais rápido naquele ano, saltando vertiginosamente de 1,2 milhão de visitantes em maio de 2008 para 18,2 milhões em maio de 2009.

Williams, Stone e os outros líderes do Twitter adotaram uma abordagem permissiva, e o serviço se tornou essencial na Primavera Árabe, quando os manifestantes do Oriente Médio usaram o Twitter e o Facebook para protestar contra seus governos e se organizar politicamente, derrubando ditaduras pela região.

A empresa chegou a tirar conteúdo ilegal do ar, como material de exploração sexual infantil. Mas, na maioria dos casos, o Twitter se agarrou a sua abordagem maximalista da liberdade de expressão. Os executivos apelidaram a startup de "a ala da livre expressão no partido da livre expressão", como se, sem pudor algum, levantassem um belo dedo do meio para qualquer pessoa que criticasse a empresa por se recusar a tirar tuítes do ar.

Pelas bordas, Dorsey começava a planejar seu retorno. Quando não estava encarando Williams friamente nas reuniões do conselho, ficava mexendo com soluções para um problema que pequenos comerciantes enfrentavam ao tentar aceitar pagamentos em cartão de crédito. Começou a trabalhar num processador de pagamentos digitais, explorando alguns dos seus antigos interesses em transmissão e distribuição de dados, e desenvolveu um leitor de cartões de crédito elegante, que no design lembrava os produtos da Apple, e podia ser conectado na entrada de fone de ouvido de um iPhone. Para esse projeto, deu um nome simples, Square.

Depois de ser criado em 2009, a Square foi rapidamente adotada em pequenos estabelecimentos. Mas, apesar do sucesso da empresa, Dorsey não conseguia parar de pensar no Twitter. Ainda estava amargurado em relação a Williams e sonhava em voltar. Mesmo que conseguisse aplicar seu talento na Square, a empresa não tinha a influência cultural do Twitter. O logo dela não estampava a tarja na parte inferior da tela dos canais de TV de alcance nacional. Candidatos à presidência, atores famosos no mundo todo e os músicos preferidos de Dorsey não precisavam da Square. E ainda que a criação do Twitter tenha sido um trabalho em grupo, o serviço era uma ideia *dele*, um rascunho no caderno *dele*, uma concepção *dele*.

O primeiro passo para voltar ao trono era se livrar de Williams. Dorsey começou uma campanha de difamação, dizendo a membros do conselho e funcionários seniores do Twitter que Williams não estava à altura da tarefa que era administrar a empresa. De fato, ele estava com dificuldades. "Estávamos agarrados a um foguete, presos apenas pela ponta dos dedos", disse depois.[7]

Em 2010, o papo de Dorsey emplacou. O conselho removeu Williams da função de diretor-executivo e o substituiu por Dick Costolo. Dorsey estava dando o troco, depois de Williams tê-lo destituído dois anos antes. Por fim Dorsey também o sucedeu como presidente do conselho executivo, o que lhe devolveu algum controle sobre a empresa, enquanto Williams foi transferido para uma nova função na supervisão de produtos.

A partir daí, bastava Dorsey mudar da sala do conselho para a melhor da empresa. Em 2013 o Twitter abriu seu capital, tendo sido avaliado em mais de 18 bilhões de dólares. Naquele momento, a participação de Dorsey havia sido reduzida para menos de 5%, uma vez que a empresa havia acumulado mais investidores ao longo dos anos. A participação de Williams havia encolhido para 12%.[8]

O Twitter ainda precisava se tornar lucrativo. Apesar de a empresa se gabar de ter 218 milhões de usuários ativos por mês, seis meses antes da abertura do capital, em 2013, acumulava um prejuízo de quase 70 milhões de dólares.

Mas Costolo tinha inventado uma maneira de enfiar alguns anúncios na timeline, e analistas pensavam que o Twitter prometia ser uma ameaça ao Facebook. De barba feita, vestindo uma camisa branca impecável e um paletó preto, Dorsey estava radiante quando celebridades do Twitter, incluindo o ator Sir Patrick Stewart, tocaram o sino da Bolsa de Valores de Nova York, dando início ao pregão e lançando a empresa no mercado de ações.

2.
#StayWoke

Na tarde úmida de 9 de agosto de 2014, dois adolescentes passeavam por uma rua sinuosa em Ferguson, no Missouri, pelo meio de um conjunto de prédios baixos de habitação popular. Dos dois lados viam-se apartamentos marrom-claros, com sacadas de madeira e pouca sombra. Um carro de polícia apareceu ao lado dos garotos e o policial que dirigia pediu para eles saírem da rua e caminharem pela calçada.

Dentro de minutos um dos meninos, Michael Brown Jr., estava morto, atingido pelo policial no meio da rua. Vídeos e fotos do corpo de Brown começaram a circular no Twitter. No dia seguinte, manifestantes ocuparam as ruas de Ferguson, a apenas alguns quilômetros de onde Dorsey tinha crescido, em Saint Louis.

Uma semana depois, em 16 de agosto de 2014, um ex-namorado sentido postou um texto longo sobre uma desenvolvedora de jogos chamada Zoë Quinn. Ele a acusava falsamente de ter transado com um jornalista em troca de uma resenha positiva do jogo que ela tinha criado. Apesar de partir de um ex-namorado rejeitado, a acusação se espalhou rápido pelas comunidades virtuais de gamers, que viram nela uma desculpa para ameaçar Quinn de estupro e morte. Quando outras mulheres vieram em sua defesa, elas também se tornaram alvo das ameaças.

Os dois acontecimentos provocaram mudanças profundas e se tornaram tema de discussões políticas importantes, cada um com sua própria hashtag: #Ferguson e #Gamergate.

Dorsey acompanhou de perto os protestos perto da sua cidade natal, que começaram no dia em que Brown foi morto e continuaram ao longo dos dias abafados de agosto de 2014. Dias depois da morte de Brown, Dorsey estava de volta ao Missouri, esperando a bateria do celular carregar completamente para se juntar aos manifestantes e tuitar em tempo real o que via. Ele se livrou dos trajes informais de trabalho, vestiu uma camiseta básica branca e um boné do St. Louis Cardinals e foi entregar rosas vermelhas[1] para os manifestantes enquanto eles caminhavam pela Florissant Road, a poucos passos de onde Brown tinha sido morto.

Ele perdeu a paciência com a injustiça da polícia e da imprensa. "Devastador: vi a polícia do condado de Saint Louis correr até uma mulher, jogar ela no chão & prender. Por ficar parada", ele tuitou na noite de 19 de agosto.

Ferguson estabeleceu as bases para o movimento Black Lives Matter [Vidas negras importam], que cresceu nos anos seguintes. Mas também foi crucial para o Twitter e para o próprio Dorsey. Seus tuítes dos protestos em tempo real chamaram a atenção para os manifestantes e para o jornalismo cidadão emergente que também estavam em campo tuitando, e os meios de comunicação correram para escrever sobre o bilionário branco, fundador da empresa de tecnologia, que tinha voltado ao seu estado natal para se envolver nas questões de justiça racial para a população negra.

Quando voltou para San Francisco, Dorsey manteve a indumentária de manifestante, vestindo camisetas, moletons com capuz e calças jeans, além de deixar a barba crescer. Continuou em contato com alguns tuiteiros proeminentes dos protestos, e os convidou para conhecer a sede da empresa no fim de 2014. Opinou sobre questões de justiça racial na sua conta pessoal do Twitter e mandou fazer produtos de merchandising da empresa com a hashtag #StayWoke* e o logo de passarinho do Twitter.

Quase ao mesmo tempo, a campanha Gamergate se espalhou feito fogo. Se Ferguson chamou a atenção para o poder das ferramentas de comunicação entregues nas mãos dos participantes, Gamergate ilustrou como esse poder podia ser mal utilizado. Milhares de usuários do Twitter — em geral usando contas anônimas — dispararam ataques desenfreados contra mulheres importantes, postando informações pessoais delas para incentivar mais agressões e ameaças de morte. Um mês depois da postagem sobre Quinn, havia mais de 1 milhão de compartilhamentos de #Gamergate no Twitter.

Os protestos em Ferguson chamaram a atenção de Dorsey. As reclamações de ativistas dos direitos humanos viraram responsabilidade de Vijaya Gadde, antiga advogada corporativa e conselheira-geral do Twitter.

A trajetória de Gadde no direito comercial fez dela uma mulher reflexiva, dura e aversa ao risco, dona de um guarda-roupa discreto e condizente com uma sala de tribunal e um cabelo ondulado com penteado impecável. Ela era diferente dos soldados rasos que trabalhavam de moletom no Twitter e não pensava que "os tuítes devem fluir" fosse uma política adequada para o debate

---

* O termo *woke*, derivado do verbo *wake* (despertar), refere-se a pessoas engajadas em pautas políticas e sociais e foi popularizado pelo slogan que afirmava ser preciso "estar atento" a injustiças raciais. A palavra pode ser usada de modo pejorativo, como crítica — o que se verá adiante. [N.T.]

online. Se todos começassem a gritar uns com os outros na plataforma, algumas pessoas ficariam muito irritadas e abandonariam o bate-papo de vez — e, muito provavelmente, seriam as pessoas mais vulneráveis que iriam embora.

Gadde encontrou uma alma gêmea: Del Harvey, uma especialista em segurança infantil que havia sido a 25ª funcionária a ser contratada pelo Twitter e conhecia em primeira mão o lado obscuro da plataforma. Harvey é uma mulher de baixa estatura e voz maleável, o que havia sido bastante útil no trabalho anterior dela: fingir que era adolescente em salas de bate-papo para fisgar homens para a organização Perverted Justice Foundation, que ficou conhecida por sua parceria com o programa de TV *To Catch a Predator*. No Twitter, era Harvey que recolhia o lixo, policiando a exploração sexual de crianças na plataforma e combatendo o envio de spam. Ela também estudou o fenômeno do assédio e descobriu que ameaças corrosivas partindo de algumas poucas contas bastavam para que usuários saíssem da plataforma, ainda que a experiência deles fosse boa de modo geral — um dado importante, que ela usou para convencer os executivos do Twitter de que o discurso positivo não abafava naturalmente o negativo.

Se Harvey podia ser estridente, Gadde era a voz da razão amparada pelo direito. Uma equilibrava a outra, e juntas elaboraram um novo método para garantir que as vozes mais altas não dominassem a conversa no Twitter. Contrataram dezenas de moderadores de conteúdo, adicionaram novas ferramentas para bloquear usuários e silenciar conversas e começaram a construir ferramentas que ajudariam a detectar agressões antes de virar um *trending topic* na plataforma.

"Liberdade de expressão não quer dizer muita coisa como ponto de partida da nossa filosofia se continuarmos a permitir que vozes sejam silenciadas por medo de se manifestar", Gadde escreveu em um texto opinativo no *Washington Post* em 2015.[2] "Precisamos melhorar nosso combate à violência, sem descanso e sem calar vozes."

Mas Gadde prometeu que teria cuidado em preservar a postura passiva do Twitter. "Nosso papel não é ser nenhum tipo de árbitro do discurso global. No entanto, teremos um papel mais ativo para garantir que as diferenças de opinião não ultrapassem a fronteira e se tornem assédio", disse. Costolo também reconheceu as mudanças de visão da empresa em relação à liberdade de expressão. "Somos ruins em lidar com agressões e com os trolls na plataforma e somos ruins nisso há muitos anos", ele escreveu em um e-mail interno para funcionários do Twitter depois do Gamergate.[3]

No fim do mandato, Costolo estava atordoado com esse dilema. Nos últimos meses de 2014, a rede social tinha estagnado em cerca de 300 milhões de usuários ativos por mês e, apesar de ter ultrapassado 1 bilhão de dólares de receita pela primeira vez, perdeu cerca de 578 milhões de dólares. (Para efeito de comparação, nesse mesmo período o Facebook tinha 1,39 bilhão de usuários ativos por mês, gerando 12,5 bilhões de dólares de receita e um lucro de 2,94 bilhões de dólares.) Mergulhado no formol com o limite de 140 caracteres, o Twitter também não conseguia desenvolver recursos novos que empolgassem. A aquisição precoce da Periscope, uma startup de *live streaming* que ainda nem tinha sido lançada, em 2015, não conseguiu animar. No verão Costolo foi embora, estressado pelo ódio e pelas agressões coordenadas no Twitter e desgastado pelo impacto negativo que isso teve no aumento de usuários.

Em julho, quando Dorsey assumiu oficialmente o lugar de Costolo, reinava a incerteza. Ele tirou a barba — talvez depois da pressão da própria mãe, que um dia tuitou: "Não gosto de barba. @jack tem um rosto lindo. Queria ver ele." — e mudou de uniforme, passando para uma camiseta cinza com a estampa #StayWoke. Ele era uma força estabilizadora. Depois de Dorsey realizar uma pequena rodada de demissões em outubro, o Twitter começou a se arrastar lentamente até o primeiro ano inteiro de lucro. Ainda assim, encerrou 2015 perdendo 521 milhões de dólares, uma vez que seu valor flutuou em torno de 15 bilhões de dólares. Dorsey tinha falado sobre tornar o Twitter universal e tão fácil de usar quanto "olhar para fora da janela",[4] mas na verdade ele era um aplicativo viciante para um pequeno grupo de influenciadores e organizações e difícil de usar, intimidador, para uma pessoa comum.

Os problemas com conteúdo tóxico e desinformação continuaram. A empresa nunca soube realmente como controlar a influência que tinha na política, nem as maneiras como a plataforma poderia ser manipulada. Agentes da inteligência russa criaram contas falsas durante a eleição presidencial americana de 2016 para tuitar sobre questões políticas controversas que provocavam dissenso, incluindo o Black Lives Matter. A plataforma também tinha sido essencial para a carreira política de Donald Trump — ele tirou proveito da sua personalidade bombástica no Twitter para garantir atenção constante da imprensa e ódio permanente, ascendendo da categoria de estrela de reality show à de candidato republicano à Presidência.

"Que noite linda e importante!", tuitou Trump, triunfante, em 9 de novembro de 2016, depois de conquistar a Sala Oval. "Os homens e mulheres que foram esquecidos nunca mais serão esquecidos de novo. Vamos nos unir como nunca antes."

A repercussão negativa foi imediata. Democratas culparam o Twitter por tornar Trump viável e lucrar com as afirmações inflamadas dele, e Trump atribuiu ao Twitter sua chegada à Casa Branca.[5]

A empresa lidava constantemente com controvérsia, e Dorsey começou a se preocupar com sua saúde: adotou dietas da moda, ioga e meditação, buscando algum equilíbrio enquanto fazia malabarismos com as demandas do Twitter e da Square. Começava o dia com aquilo que os funcionários do Twitter chamavam, para provocar, de "suco de sal", uma mistura de água, limão e sal rosa do Himalaia. Em homenagem ao fundador esquisitão, a empresa começou a servir suco de sal em algumas lanchonetes pelo mundo, e as obsessões de Dorsey com bem-estar começaram a se infiltrar no trabalho dele no Twitter. Logo depois do Gamergate e da interferência estrangeira nas eleições de 2016, ele encampou a missão de conduzir os tuiteiros para a rota de "conversas saudáveis".

"O Twitter está se comprometendo a ajudar no aprimoramento da saúde coletiva, da abertura e civilidade do debate público e a nos tornar responsáveis pelo progresso", ele escreveu em março de 2018. "Não nos orgulhamos de como as pessoas tiraram vantagem do nosso serviço, nem da nossa falta de capacidade para resolver isso rápido o suficiente."

O que Dorsey de fato sentia era um enigma. Às vezes ele estava completamente antenado com os problemas que a empresa e seus trabalhadores enfrentavam. Às vezes parecia desconectado do mundo, como quando embarcou numa viagem de meditação de dez dias para Mianmar, onde, pouco tempo antes, em novembro de 2018, havia ocorrido um genocídio incitado pelas mídias sociais.

Quando voltou para San Francisco em dezembro, sua assistente organizou uma festa de aniversário surpresa. Alguns meses antes, ele tinha viajado para a Índia e se apaixonado pelos macacos de lá, como os macacos rhesus de rosto cor-de-rosa espalhados pelo terreno da sede do Twitter em Nova Delhi. Para avivar essa memória, a assistente pediu que um treinador de animais levasse dois macacos para o escritório.

Isso provocou alguma risada, antes que o CEO do Twitter seguisse para suas reuniões, deixando os primatas numa sala de reuniões para os passantes embasbacados admirarem. Depois, alguém fez uma reclamação no RH.

Dorsey tinha conseguido controlar o Twitter, mas a empresa era um zoológico, e ele não era um bom guardião de animais.

3.
"Agora sou eu mesmo"

Em 15 de julho de 2018, Elon Reeve Musk, de 47 anos, acordou em sua casa em Los Angeles com um jet lag de uma viagem para a Tailândia e Xangai. A namorada dele, Claire Elise Boucher, uma cantora pop etérea de 37 anos que se apresentava como Grimes, ainda estava dormindo ao seu lado.

A manhã de domingo estava apenas começando e o bilionário fez, instintivamente, o que sempre fazia num momento tranquilo: pegou o telefone. Às vezes ele jogava jogos de estratégia ou olhava os e-mails, que transbordavam de atualizações dos empregados dele e de alertas do Google de citação ao seu nome, taticamente programados para acompanhar as notícias sobre si mesmo. Apesar de ter estimulado a cobertura das besteiras que fazia como empreendedor e executivo, se afetava com isso e queria saber tudo sobre a imagem que o público tinha dele e de suas empresas — Tesla Motors, SpaceX, Neuralink e The Boring Company. Nessa manhã, no entanto, foi direto para seu vício primordial: o Twitter.

Musk tinha conquistado mais de 22 milhões de seguidores na rede social e postado mais de 5 mil tuítes, opinando sobre marcos das suas empresas, fazendo piadas e atacando quem o criticava.

Depois de rolar um pouco pela timeline, o bilionário se deparou com um link para um vídeo da CNN. Clicou e viu um rosto desconhecido. Sentado numa floresta verdejante da Tailândia, Vernon Unsworth, um homem britânico sério, usando uma camiseta branca, franzia o cenho ao ouvir as perguntas que lhe faziam. *Esse homem está falando de mim*, percebeu Musk.

"O que você pensa sobre a ideia de Elon Musk?", perguntou uma voz fraca fora do quadro.

Unsworth sorriu um pouco, como se não tivesse certeza se deveria dizer o que pensava. "Ele pode enfiar aquele submarino onde achar melhor. Não tinha a menor chance daquilo dar certo", respondeu.

"Era só um golpe publicitário."

Musk ficou furioso. Assistiu à entrevista mais uma vez. E mais outra. A viagem-relâmpago para a Tailândia girara justamente em torno daquilo que Unsworth estava criticando. Uma reportagem — feita para ser compartilhada — sobre meninos de um time de futebol presos em uma caverna tinha viralizado, e o bilionário carregou uma turma de engenheiros da SpaceX e um minissubmarino customizado até o país do Sudeste Asiático para tentar fazer um resgate de emergência. Os doze meninos e o técnico do time ficaram dezoito dias presos numa caverna parcialmente submersa na região norte do país. Mas, como indicou Unsworth na entrevista, a caverna tinha curvas estreitas, e o tubo metálico do submarino não teria conseguido avançar nem sequer cinquenta metros debaixo da água.

Musk não deixaria esse insulto sem resposta. Ele googlou "Vernon Unsworth" e encontrou artigos sobre o expatriado britânico, que aparentemente vivia perto de Chiang Rai, na Tailândia. Unsworth, que tinha começado a explorar cavernas na adolescência e auxiliado resgates em cavernas na Grã-Bretanha, mudara-se para a Tailândia para explorar a rede de cavernas do país e foi chamado para reforçar a equipe de resgate por conhecer as cavernas onde os meninos estavam presos. Ele morava na Tailândia com sua companheira, uma mulher de quarenta anos, dona de um salão de manicure.

"Esse cara é bizarro", Musk pensou, afundando cada vez mais no buraco das pesquisas obsessivas. Googlou "Chiang Rai" e encontrou um artigo dizendo que essa cidade, a maior do norte da Tailândia, era a capital mundial do tráfico sexual infantil.

Musk não tinha passado nem uma hora no Google quando abriu de novo o Twitter. Dois dias antes, a *Bloomberg Businessweek* havia publicado uma entrevista na qual o bilionário reconhecia que não conseguia controlar sua impulsividade na plataforma. "Passei a supor, erroneamente — e vou tentar melhorar nisso —, que, se alguém está no Twitter me atacando, a temporada de caça está aberta e qualquer um pode atacar", disse à revista. "É um erro meu. Vou corrigir isso." Mas não agora. Primeiro, ele tinha que responder a Unsworth.

Às 6h56, em Los Angeles, ele abriu fogo lançando acusações falsas. "Nunca vi esse cara britânico que mora na Tailândia (suspeito!) em lugar nenhum enquanto estivemos nas cavernas", tuitou, antes de afirmar, num segundo tuíte, que sua equipe faria um vídeo que mostrasse o submarino atravessando todo o sistema da caverna onde os meninos tinham ficado presos. Era irrelevante o fato de o submarino de Musk só ter chegado na Tailândia quando o resgate já estava bem encaminhado, quando oito dos doze meninos já tinham sido libertados.

"Desculpa, pedófilo, você que provocou", ele tuitou.

O insulto ricocheteou instantaneamente pela internet. O conceito de pedofilia alimentava teorias da conspiração bizarras. Em 2016, boatos de internet sobre uma pizzaria sediada em Washington, D.C. que seria a sede de uma rede de tráfico sexual de crianças, caso depois conhecido como Pizzagate, resultaram num ataque a tiros ao restaurante. No ano seguinte, um movimento político insano, conhecido como QAnon, começou a promover a ideia de que um grupo de funcionários do governo que abusavam de crianças estava conspirando contra o presidente Donald Trump.

Musk estava convocando uma onda de conspiracionistas da internet para assediar um cidadão até então anônimo, cuja especialidade tinha acabado de ajudar um resgate bem-sucedido de crianças. Mas os apoiadores do bilionário tinham uma fé cega nele — afinal, ele tinha uma reputação excelente como empresário que estava levando a humanidade em direção a um futuro com uma Terra mais limpa e com viagens espaciais. Musk tinha a reputação de ser uma das pessoas mais inteligentes do planeta. Ele com certeza sabia algo sobre esse Unsworth que uma pessoa comum não saberia, não é mesmo?

"Aposto um dólar autografado que é verdade", ele tuitou depois, continuando sua diatribe contra Unsworth.

Três dias depois, tuitou um pedido de desculpas: "Estava com raiva quando falei". Mas ele não conseguiu mudar de assunto e meses depois dos primeiros tuítes ainda plantou boatos sobre Unsworth. Em setembro de 2018, reforçou a acusação de que Unsworth era pedófilo, postando mais tuítes e enviando e-mails para um repórter do BuzzFeed News,* nos quais escreveu que o britânico era um "estuprador de crianças" que "casou com uma criança de doze anos".

Algumas semanas depois, Unsworth processou Musk por difamação.

Em 3 de dezembro de 2019, Musk voltou aos seus tuítes sobre Unsworth. Mas, dessa vez, ele estava sentado em uma tribuna elevada acima da galeria da sala de audiências do tribunal federal no centro de Los Angeles. Ficou olhando para a frente, para o vazio, apertando os lábios. Ouviu as perguntas do advogado de Unsworth, olhando para lá e para cá enquanto pensava no que dizer, e deu respostas lacônicas que não condiziam com sua persona online tão pavoneante.

Os repórteres, fanáticos e críticos que lotaram a sala de audiência para espiar o bilionário mundialmente famoso não sabiam o que pensar. Ele estava bem ali, um homem curvado dentro de um terno preto, camisa branca e gravata cinza-azulada. Era essa pessoa que tinha construído a mais importante

---

* O repórter em questão é um dos autores deste livro, Ryan Mac, que na época trabalhava como repórter sênior de tecnologia no BuzzFeed News. Elon Musk mandou diversos e-mails, declarando de maneira unilateral que suas mensagens eram *"off-the-record"*, o que, na prática jornalística, significa que as informações não podem ser publicadas. Mac nunca firmou esse acordo com Musk, e o BuzzFeed News optou por publicar a troca de e-mails na íntegra, por ter relevância noticiosa ao indicar o estado mental do bilionário e suas crenças em relação a Unsworth, todas elas falsas. Num depoimento anterior ao julgamento, Musk chamou esses e-mails enviados para Mac de "uma das coisas mais idiotas que já fiz". [N.A.]

fábrica de carros elétricos, que havia declarado que ia morrer em Marte? Musk parecia ser tudo, menos imponente.

Casos de difamação são historicamente difíceis de vencer nos Estados Unidos, mas Unsworth contra Musk parecia forte. O bilionário não negou ter tuitado as alegações sobre Unsworth e, embora tenha primeiro se desculpado pelo que disse, continuou a fazer suas afirmações de pedofilia.

Diante de um caso tão evidente, a maioria das pessoas da elite faria um acordo, oferecendo um valor de seis, talvez sete dígitos, para encerrar o processo. Afinal, o que eram alguns milhões de dólares para um homem que valia cerca de 20 bilhões? Por que Musk ficaria se empatando com o fardo constrangedor da instrução processual, dos depoimentos e julgamento, se ele tinha mais o que fazer nas suas empresas importantes?

O advogado de Unsworth, L. Lin Wood, um profissional respeitado da Geórgia, especialista em difamação, cutucou Musk inquirindo sobre seus hábitos online. Perguntou o que as pessoas postavam no Twitter.

"Elas podem dizer verdades, mentiras e tudo que passar pela cabeça delas", Musk respondeu.

"Acredito que você tenha dito que é um lugar em que as pessoas podem, enquanto conversam, informar fatos verídicos, expressar opiniões e até mesmo insultar as pessoas. Certo?", Wood perguntou.

"Bom, o Twitter é uma terra de ninguém, tem de tudo ali. Sabe como é, coisas que são verdade, meio verdade, mentira, onde as pessoas se enfrentam mesmo, numa espécie de luta por escrito", disse Musk.

"Enfim, tem de tudo no Twitter."

Essa foi a defesa do bilionário. O querelante era só "um cara branco velho e esquisito, um expatriado que vivia na Tailândia", falou Musk, e ele não quis dizer que Unsworth era literalmente um pedófilo. Essa foi a estratégia do advogado dele, Alex Spiro, um homem bom de lábia que tinha participado de um programa na CIA antes de mudar de rota e se tornar um respeitado advogado de pessoas famosas. O cliente dele estava só brincando, ele disse. Era irrelevante o fato de que Musk tivesse incumbido um dos seus funcionários de mais confiança, Jared Birchall, de contratar um detetive particular para levantar os podres de Unsworth e, assim, descobrir alguma coisa verdadeira a respeito do que afirmara.

Se existir alguém que é o exato oposto de Musk, essa pessoa é Birchall, um ex-gestor de fortunas que operava nas sombras, por trás das pessoas importantes para quem trabalhava, cuidando do dinheiro e dos interesses delas. Ele não tuitava, e as postagens antigas do seu já extinto perfil de Facebook eram, em sua maioria, agradecimentos de feliz aniversário, vídeos do seu amor por Deus e fotos da esposa e dos cinco filhos.

Birchall, um homem alto, espadaúdo, de nariz fino e covinha no queixo, era guiado pela fé. Era um membro devoto da Igreja de Jesus Cristo dos Santos dos Últimos Dias,[1] não consumia álcool nem cafeína e tinha crescido viajando com a banda da família, chamada Birchall Family Singers. Ele se formou na Brigham Young University em 1999 e, quase dez anos depois, num referendo de 2008 da Califórnia, fez uma doação para uma campanha contrária à legalização do casamento entre pessoas do mesmo sexo.

Conheceu Musk no banco de investimentos Morgan Stanley, onde passou a trabalhar em 2010, depois de ser demitido do Merrill Lynch após dez anos atuando como gestor de fortunas. O bilionário o contratou em 2016 e o nomeou diretor da Excession LLC, seu *family office*, batizado a partir de um romance homônimo de ficção científica de Iain M. Banks. Birchall atendia cada necessidade financeira de Musk, comprometendo-se pessoalmente com cada causa do seu chefe, e conquistou um nível de confiança sem precedentes.

Birchall partiu em sua missão de provar que Unsworth era uma pessoa repulsiva. Pagou 52 mil dólares para uma pessoa que pensava ser um detetive particular.[2] Mas o homem, que falsificou sua própria identidade, revelou-se um ex-detento e enviou informações falsas sobre Unsworth para Birchall e Musk.

Os quatro dias de julgamento se arrastavam, e Spiro foi ficando mais forte que seu colega advogado. Wood tinha dificuldade em explicar o beabá do Twitter e não conseguia fazer Musk admitir a culpa. Sua fala arrastada da Geórgia e seu jeito cordial, associado ao Sul do país, também exasperavam o júri.

Já Spiro falava como um irmão mais velho extrovertido que vai para a casa dos pais no Dia de Ação de Graças. Ainda não tinha quarenta anos e já era uma estrela em ascensão no Quinn Emanuel, um dos melhores escritórios de advocacia contenciosa do país. Sua simpatia e espertaza lhe renderam clientes famosos como Robert Kraft, proprietário do New England Patriots, e Jay-Z, o bambambã da música, e também lhe renderam vitórias em júris. Alto e esguio, com nariz de boxeador, tinha um desembaraço de atleta mesmo martelando o chão da sala de audiência com uma bota imensa — ele tinha quebrado o pé jogando basquete. Criado em Boston e graduado em Harvard, não podia negar o que Musk havia escrito. Mas podia enrolar. Disse que seu cliente tinha postado ao longo dos anos milhares de tuítes na plataforma, que era conhecida como um lugar onde as pessoas podiam brigar, insultar e espernear. O Twitter era uma zona de guerra.

"Esses tuítes não são provas de crimes", disse, num tom professoral. "São tuítes brincalhões, debochados, coisa de homens brigando."

Isso pareceu afetar o júri. Em seu depoimento, Unsworth contou que se sentiu "humilhado, envergonhado, sujo" pela etiqueta que Musk colou nele e completou: "Tem dia que está tudo bem, mas tem dia que nada está bem". As pessoas que estavam no tribunal se compadeceram dele, mas era quase impossível estimar o preço dos dias em que "nada estava bem". Então Wood cometeu seu erro fatal. Nas alegações finais, ele apresentou a soma que seu cliente deveria receber como indenização: 190 milhões de dólares.

Quando a cifra foi anunciada, alguém da galeria bufou, incrédulo. Repórteres olharam por cima da tela do computador, espantados. Membros do júri baixaram os olhos, como se o valor exorbitante fosse algo proibido. Era um número assustador e, se fosse aprovado pelo júri, corresponderia ao maior valor já estabelecido em um caso de difamação de uma pessoa.

Na tarde de 6 de dezembro, o júri deliberou por menos de uma hora e voltou com uma decisão. Musk não era culpado por difamação. Spiro se levantou, como se extasiado. Ele — e Musk — tinha ganhado. Dali em diante, o advogado passou a desfrutar de uma posição privilegiada no círculo restrito de Musk, trabalhando ao lado de Birchall para tornar realidade cada desejo dele.

"Minha fé na humanidade foi restabelecida", disse Musk aos jornalistas na saída do tribunal. Quem tentasse segui-lo era afastado por uma legião de guarda-costas. O bilionário desapareceu em um elevador que dava para uma porta dos fundos e partiu no Tesla Model S que o aguardava.

Um enxame de câmeras seguiu Musk para fora do tribunal, como se acompanhasse um *rock star*. Mas seu nome não foi sempre conhecido. Primogênito de uma família de três crianças originária da África do Sul, ele chegou aos Estados Unidos via Canadá e se graduou na Universidade da Pensilvânia. Foi aceito em um programa de doutorado de ciência dos materiais em Stanford, mas desistiu dele para ir atrás de uma nova tecnologia de consumo chamada "a Internet".

Em 1995, Elon Musk e seu irmão mais novo, Kimbal, fundaram a Zip2, uma empresa de guias de cidade online, com 28 mil dólares doados pelo pai, Errol Musk, uma figura lembrada por Musk como importante, mas também abusiva. Aos 23 anos de idade, o empreendedor trabalhou duro no novo serviço de internet: dormia no escritório, vivia de hambúrguer da Jack in the Box e cereais Cocoa Puffs e tomava banho numa ACM ali perto, em Palo Alto, na Califórnia.[3] Musk quase nunca deixava de mencionar sua árdua labuta ao conceder as primeiras entrevistas para veículos de comunicação.

"Acho que a internet é o conjunto completo de todas as mídias", um Elon Musk desajeitado e com sinais de calvície disse para a CBS em 1998. "É a coisa mais importante que existe pra todas as mídias. Veremos a mídia impressa, talvez a TV, o rádio, enfim, tudo junto na internet."

Já naqueles primeiros anos Musk entendia a importância de uma boa história. No fundo era um vendedor, criando narrativas sobre sua ética de trabalho e visões de futuro que lhe seriam úteis nas décadas seguintes. E era atraído por qualquer pessoa empunhando um gravador ou uma câmera que pudesse lhe dar audiência. Também era atento a sua imagem e mais tarde corrigiria as entradas no cabelo.

Depois de quatro anos dando duro na Zip2, vendeu a empresa para a Compaq por 305 milhões de dólares, em 1999. Sozinho, embolsou 22 milhões de dólares[4] — naquele momento, a maior transação em dinheiro realizada por uma empresa de internet. Então, no fim do mesmo ano, criou a X.com. Partindo do princípio de que a internet transformaria profundamente todo tipo de indústrias, Musk falou em entrevistas de emprego sobre sua visão grandiosa de como a X.com poderia transformar o sistema bancário e movimentar *players* bem estabelecidos, como a Visa e a Mastercard. Para os trinta funcionários que contratou para trabalhar no escritório na famosa University Avenue de Palo Alto, Musk era um fundador carismático, com um discurso convincente sobre a aposta que fazia no banco online e sobre seu histórico. Aos 28 anos, era um dos poucos a já ter vendido uma empresa naquela era nascente da internet voltada para o consumidor. Por que não se arriscar junto com ele?

Mas antes que a X.com competisse com as grandes corporações de cartão de crédito, Musk começou a se preocupar com outra startup concorrente, chamada Confinity. Seus fundadores, Peter Thiel, Max Levchin e Luke Nosek, formados na Universidade de Stanford, tinham desenvolvido um produto chamado PayPal, que permitia que as pessoas enviassem dinheiro umas às outras por e-mail. Por algum tempo, a Confinity funcionou no mesmo prédio de Palo Alto que a X.com, o que levou alguns trabalhadores da Confinity a pensar que a X tinha copiado o produto deles.

A bolha pontocom explodiu em 2000, e em março daquele ano a X.com e a Confinity decidiram se fundir, sob o nome X.com. Musk foi nomeado o diretor de tecnologia da empresa e depois veio a se tornar diretor-executivo, mas imediatamente começou a irritar os antigos funcionários da Confinity. Obcecado pela X.com depois de supostamente ter gastado uma pequena fortuna no nome de domínio,[5] fez um lobby para mudar o nome do PayPal para X, apesar da marca PayPal já ser reconhecida. Isso foi encarado como um erro pelo pessoal da Confinity, incluindo Thiel, Levchin e David Sacks, um colega de Thiel da faculdade de direito que tinha chegado para liderar o desenvolvimento de produtos da empresa. Eles viam Musk como um líder obstinado, que priorizava a glorificação de si mesmo em detrimento do sucesso da empresa.

Musk nunca conseguiu implementar sua ideia. Em setembro, ele e Justine, sua esposa, viajaram para a Austrália por duas semanas em lua de mel. Ele também tinha agendado reuniões com investidores potenciais que talvez pudessem reabastecer as reservas de dinheiro da empresa. Enquanto estava fora, a equipe anterior da Confinity armou um plano para tirá-lo. Sacks escreveu uma carta dirigida ao conselho, na qual descreveu a falta de confiança que sentia na liderança de Musk. Fez pressão para que Thiel fosse nomeado diretor-executivo.

Na imprensa, Musk distorceu os fatos, alegando que a mudança lhe permitia testar sua destreza como empreendedor. "É preciso reconhecer qual é a sua força", declarou para o site de tecnologia CNET depois de sua saída, em setembro de 2000. "Para mim, o início de uma empresa é o momento mais interessante, quando todos os esforços se concentram no desenvolvimento do produto." Mas a mudança deixou Musk furioso. Thiel não apenas pegou o emprego dele, como também renomeou a empresa inteira para PayPal, apagando completamente o amado X de Musk.

Fosse por sua visão inacreditável ou por pura sorte, a jogada de Thiel e Sacks valeu a pena. Sete meses depois, o eBay anunciou um acordo para adquirir a PayPal em 2002 por 1,5 bilhão em ações. A aquisição levaria Musk, que ficou com mais de 175 milhões de dólares, para outra estratosfera de fortuna. Apesar de seus fracassos gerenciais, ele tinha vendido duas empresas de internet e se tornado um dos empreendedores mais bem-sucedidos da era da Web 1.0, que veria muitas empresas subir aos céus para depois explodir e se tornar ruínas fumegantes de ideias descartadas.

Em maio de 2002, ainda antes do eBay completar a aquisição da PayPal, Musk fundou a Space Exploration Technologies Corporation, ou SpaceX. Investiu 100 milhões dos ganhos com a PayPal no espaço, com o objetivo de chegar a Marte e fazer dos humanos uma espécie multiplanetária — uma obsessão peculiar dele, que passou a infância afundado em romances de ficção científica.

Musk não era o único empreendedor tentando reinventar as formas de viajar. Em 2003, os engenheiros Martin Eberhard e Marc Tarpenning fundaram uma startup de carros elétricos chamada Tesla Motors. O trabalho deles chamou a atenção de Musk e no ano seguinte ele investiu 5,6 milhões de dólares na empresa, o que o tornou o maior acionista da Tesla e lhe valeu o cargo de presidente do conselho. A SpaceX ocupava a maior parte da mente de Musk, mas ele às vezes se interessava pelas questões da Tesla e opinou em questões de design do primeiro carro da empresa, o Roadster.

Antes da apresentação pública do carro, em julho de 2006, o ego de Musk inflou. Sedento por levar o crédito, enviou um e-mail para o colaborador de relações públicas que a empresa havia contratado para a ocasião, dizendo que ele queria "falar com todas as principais publicações".

"É um absurdo como tem sido retratado o meu papel na empresa. Sou mencionado como um mero 'primeiro investidor'", escreveu. "Precisamos fazer um grande esforço para corrigir essa imagem."

Depois de uma reportagem do *New York Times* sobre o lançamento do Roadster, na qual nem sequer foi mencionado, ele expressou sua raiva num e-mail, dizendo que estava "profundamente ofendido e constrangido" por Eberhard ter sido erroneamente citado como presidente da empresa. Ameaçou encerrar a relação da Tesla com a agência de comunicação.

No ano seguinte, Musk conseguiu a atenção a que tanto aspirava. Quando a empresa atrasou a produção do Roadster, ele demitiu Eberhard e assumiu a função de diretor-executivo. A empresa se aferrou na construção de um sedan de luxo, perdendo milhões de dólares por ano. A SpaceX também estava em dificuldades, à beira da falência depois de três lançamentos fracassados. Em 2008, o foguete *Falcon 1* finalmente entrou em órbita, levando a empresa a vencer um contrato de 1,6 bilhão de dólares com a Nasa no fim do ano. Mas a bonança durou pouco — a vida pessoal de Musk desmoronou quando ele se divorciou da primeira esposa, Justine.

No início de 2010, a Tesla se registrou para abrir o capital. Sem orçamento de marketing, a fábrica de automóveis dependia da cobertura da imprensa para empolgar investidores e consumidores. À frente da oferta pública inicial (IPO, na sigla em inglês), Musk tentou controlar as notícias usando o blog da Tesla para refutar reportagens com informações imprecisas, e criticar duramente um repórter do *New York Times* que sugeriu que os carros eram apenas para os ricaços e o chamou de "grande canalha". Quando a Associated Press divulgou o registro iminente da IPO da Tesla, ele telefonou aos berros para um membro da equipe de comunicação, dizendo que sua incapacidade de trabalhar a notícia havia arruinado a empresa.

Embora Musk tenha aparecido na capa da revista *Wired* com um protótipo do segundo modelo do seu carro, o Model S, depois da IPO da Tesla, ele não confiava de modo algum em repórteres e temia que uma única matéria ruim destruísse o futuro da empresa. Reportagens eram ameaças a sua existência. Se visse um texto que pensava estar errado — fosse no *New York Times* ou num blog de finanças obscuro da Holanda —, ele pressionava a equipe de relações públicas, às vezes mandando e-mails bem depois da meia-noite, para corrigir a informação. Repórteres que o questionassem com frequência ou fossem muito críticos à Tesla ou à SpaceX eram colocados pessoalmente por Musk na sua lista proibida.

Sua ânsia em controlar a narrativa o levou ao Twitter. Celebridades como Oprah Winfrey e Ashton Kutcher tinham aderido ao serviço de microblog de 140 caracteres, ao lado de 58 milhões de usuários, e as pessoas estavam desesperadas atrás de identificadores disponíveis — os usernames que ficam depois do sinal de @ — como se fossem domínios de sites.

No início de 2009, uma conta chamada @ElonMusk começou a parodiar o empreendedor ambicioso e paranoico. A conta trazia uma foto de perfil de um homem com um chapéu de aba larga cobrindo o rosto, parecido com um burrinho, e alegava ser "o verdadeiro Elon Musk". Em março, tuitou que estava "planejando dominar o mundo". A conta postou um punhado de vezes, uma ou outra tirando sarro do CEO da Tesla e da SpaceX, mas nunca atraiu muita atenção. A pessoa que estava por trás dela acabou parando em algum momento, e as postagens foram apagadas. No verão, um novo proprietário a assumiu e começou a seguir outras contas, incluindo as do skatista profissional Tony Hawk, do ator LeVar Burton e de uma empresa dedicada a furos de reportagem. Ficou em silêncio por mais de um ano antes que Musk se anunciasse.

"Por favor, ignorem os tuítes anteriores, era alguém fingindo ser eu :) Agora sou eu mesmo", @ElonMusk escreveu em 4 de junho de 2010.[6]

Ele levou mais um ano para postar novamente, e então colocou a foto da placa de um ringue de patinação de gelo do sul da Califórnia, que tinha acabado de visitar com os filhos, em dezembro de 2011. Depois os tuítes começaram a fluir: reflexões filosóficas, livros que tinha lido e às vezes ele se gabando de alguma coisa ("Kanye West me ligou hoje ao acaso e fiz um download dos pensamentos dele, de sapatos a Moisés. Ele foi educado, mas foi difícil de entender"). As primeiras postagens eram sinceras, ainda que aleatórias, e apesar de haver algumas notícias sobre a Tesla ou a SpaceX a maioria dos tuítes exalava a vibe de um pai entediado de meia-idade.

"Difícil escrever mensagem de só 140 carac.", tuitou, frustrado pelo limite de caracteres.

Mas seguiu em frente e tuitava a qualquer hora, alternando piadas sem graça, reportagens e fotos de noitadas. As postagens permitiam ter um vislumbre da mente de Musk, e ali ele falava sem o verniz empresarial elaborado, típico de líderes cujas mensagens são trabalhadas por equipes de comunicação.

"Fev. vai ser um grande mês. Preview mundial do Model X e apresentação do nosso estúdio de design em LA dia 9", escreveu Musk em janeiro de 2012 sobre o novo veículo utilitário esportivo da empresa. Seguiram-se comentários sobre o preço das ações da Tesla, melhorias no design de um foguete e uma foto do teste de um motor da SpaceX. O Twitter permitiu que Musk, o visionário, se tornasse Musk, o vendedor, ao atualizar os interessados sobre o progresso das empresas dele. Na plataforma, era dono da própria narrativa e explicava claramente sua missão para as duas empresas. Para quem trabalhava para ele, este era um dos maiores superpoderes de Musk: a capacidade de manter um discurso consistente apesar das críticas e da incerteza.

O Twitter também acentuou um lado mais feio de Musk. Ao ter se forjado como um azarão, ele não tinha tido nenhum problema em perseguir jornalistas e especialistas da indústria que alegavam que a Tesla e a SpaceX iam falir. Em acessos de raiva, discutia reportagens sobre a vida curta da bateria de um carro da Tesla e refutava uma apuração que informava sobre o que ele bebia no café da manhã. Chamava esses textos de *fake*. Era um estilo de comunicação empresarial jamais visto, em que um diretor-executivo constantemente online tem a disposição de entrar em brigas por causa de alguma coisa que achasse injusta.

Os profissionais de comunicação que trabalhavam para ele não tinham poder nenhum sobre sua tuitagem desenfreada. Mas também sobrava para eles lidar com as consequências negativas de seus pronunciamentos ou de prazos que não haviam sido combinados. Monitoravam regularmente o feed dele do Twitter e recebiam notificações quando tuitava, numa tentativa de se preparar para um controle de danos caso repórteres começassem a telefonar com perguntas.

Em janeiro de 2012, ao tuitar bem tarde da noite, Musk deu a entender que estava se separando da segunda esposa, a atriz britânica Talulah Riley. "@rileytalulah Foram quatro anos incríveis", escreveu. "Vou te amar pra sempre. Você vai fazer alguém muito feliz um dia." Um repórter da *Forbes* viu o tuíte e entrou em contato com Musk, que começou a explicar por que estava se divorciando de Riley. Quando a equipe de comunicação de Musk acordou na Costa Oeste, já era tarde demais. A reportagem já estava sendo escrita.

"Eu errei", ele disse a um membro da equipe.

Musk estava se dando conta de como seus tuítes poderiam ser eficientes para dar a versão dele dos fatos para as massas. Documentos jurídicos revelaram depois que havia sido Riley, e não ele, quem tinha entrado com o pedido para encerrar o casamento. (Musk se casaria de novo com Riley e se separaria dela uma segunda vez, em 2016.)

À medida que ficou mais rico, e suas empresas, mais valiosas, passou a atrair mais críticas da imprensa, o que, por sua vez, alimentou sua paranoia. Ele sugeriu que *players* bem estabelecidos, desde fábricas tradicionais de carros até gigantes petrolíferas, passando por *short sellers* de Wall Street, trabalhavam todos em conluio com os meios de comunicação tradicionais para sacanear sua empresa de carros elétricos. Em 2013, quando as pessoas manifestaram sua preocupação com os carros Model S, cujas baterias entravam em combustão espontaneamente, ele culpou a imprensa. "Por que um caso c/ o feridos de um Tesla pegando fogo ganha mais manchetes que 100 000 casos de carros a gasolina pegando fogo e matando 100s de pessoas por ano?", tuitou.

Os tuítes de Musk alimentavam a lenda. A Tesla afirmaria depois, num documento financeiro, que os tuítes do CEO acabavam por "gerar uma cobertura de imprensa significativa da nossa empresa e dos nossos veículos". A conta de Twitter de Musk virou a plataforma mais usada para fazer os comunicados corporativos não planejados. Ele estabelecia metas para as suas empresas, que então tinham de obrigar os funcionários a trabalhar o máximo possível para torná-las realidade.

Em setembro de 2016, a SpaceX se preparava para colocar em órbita uma de suas cargas mais ilustres. O Facebook havia contratado a empresa de Musk e gastado 200 milhões de dólares para lançar o satélite *Amos-6*, que pretendia levar a internet móvel — pelo espaço — para regiões da África Subsaariana. Mark Zuckerberg, fundador e CEO da empresa, tinha passado anos planejando esse movimento como parte da construção do seu império de redes sociais.

Os dois mestres do universo se conheciam. Musk e Zuckerberg se encontravam de vez em quando para discutir questões abrangentes, como inteligência artificial. O diretor do Facebook às vezes recebia Musk para conversarem caminhando pela vasta sede da empresa em Menlo Park, na Califórnia. Musk estava especialmente preocupado com a possibilidade de empresas como o Facebook utilizarem sua imensa quantidade de dados e tecnologia para criar uma IA que destruísse a humanidade. Num jantar em sua mansão de Palo Alto em 2014, Zuckerberg pediu a Musk que parasse de reclamar tanto em palestras e no Twitter sobre os perigos potenciais da IA. Tudo isso era bobagem, disse Zuckerberg. Enraivecido, Musk não cedeu.

Apesar da discordância entre eles, a SpaceX não recusou o negócio com o Facebook. Ela precisava do dinheiro e da audiência. A empresa embarcou o satélite do Facebook em um foguete *Falcon 9* no cabo Canaveral, na Flórida, e se preparou para um lançamento histórico.

O satélite não conseguiu chegar ao espaço. Dois dias antes do lançamento agendado, a equipe da SpaceX estava fazendo um teste com os motores do foguete quando ele de repente explodiu em uma bola de fogo, queimando o investimento do Facebook. De início, a SpaceX pouco falou da explosão, e as pessoas que trabalhavam na empresa ainda estavam tentando descobrir o que tinha acontecido quando Zuckerberg fez uma postagem em sua página do Facebook.

"Estou aqui na África, profundamente decepcionado de saber que a falha no lançamento da SpaceX destruiu nosso satélite, que teria fornecido conectividade para tantos empreendedores e todas as outras pessoas do continente", escreveu o diretor do Facebook, colocando a culpa completamente na empresa de Musk.

Ao ver a postagem de Zuckerberg, a reação instintiva de Musk foi contra--atacar. Para ele, Zuckerberg era uma fraude, um homem que se esforçava para construir aplicativos sociais irrelevantes enquanto ele resolvia problemas de verdade, como construir foguetes e carros elétricos. Mas Musk segurou a artilharia e deixou o rancor crescer por dentro.

Musk se recusava a receber conselhos de qualquer pessoa a respeito dos seus tuítes, tanto na Tesla quanto na SpaceX, e quando um executivo ousou sinalizar que os tuítes a respeito de prazos dificultavam a vida dos empregados, Musk pediu que nunca mais falassem com ele sobre sua tuitagem. Em outras conversas, explicou que tuitar era sua maneira de refutar e conduzir a imprensa.

No fim de 2016, disse a um executivo, no seu cubículo da SpaceX, que achava que os jornalistas eram "imbecis", de modo geral.

"Você tem que dar a comida na boca deles", falou Musk, imitando um bebê sendo alimentado com papinha. Quando perguntaram qual era o plano dele para os grandes anúncios da SpaceX previstos no cronograma, ele deu de ombros e disse apenas que ia tuitar.

"Com o Twitter, dá pra falar diretamente com as pessoas", acrescentou. "Pra que passar pelos jornalistas?"

Em 2017, o Twitter se tornou um vício para Musk. Nesse ano, ele tuitou 1162 vezes, um aumento de quase 60% em relação aos doze meses anteriores, numa média de três tuítes por dia. A maioria das pessoas, inclusive quem usava a rede social diariamente, só ficava à espreita, lendo tuítes, mas ele tuitava livremente, num fluxo de consciência que misturava piadas adolescentes a apostas audaciosas em suas próprias empresas.

Elon Musk
@elonmusk:
Eu amo o Twitter
9:50 AM 21 DEZ. 2017
♡ 5,8 MIL   ⟲ 34 MIL   ♡ 168 MIL

Dave Smith
@redletterdave:
Por que você não compra?
9:51 AM 21 DEZ. 2017
♡ 139 MIL   ⟲ 1,5 MIL   ♡ 8,4 MIL

Elon Musk
@elonmusk:
Quanto custa?
9:52 AM 21 DEZ. 2017
♡ 1,2 MIL   ⟲ 6,1 MIL   ♡ 31 MIL

Em maio de 2018, o ressentimento de Musk com a cobertura da imprensa explodiu. O bilionário estava de saco cheio com o que ele chamava de "a hipocrisia presunçosa da grande imprensa" e propôs uma solução. Na sua opinião, os principais meios de comunicação eram controlados por pessoas poderosas com pautas patrocinadas por interesses especiais. Sugeriu que alguns usavam robôs — ou contas automatizadas — para manipular a opinião pública em mídias sociais como o Twitter. Pensava que ele e suas empresas eram alvos frequentes.

"Vou criar um site onde o público pode dar nota para a verdade real de cada reportagem & conferir a credibilidade de cada jornalista, editor e veículo ao longo do tempo. Acho que vou chamar de Pravda", ele tuitou, em referência ao jornal oficial do partido comunista da União Soviética.

Musk já considerava essa ideia havia algum tempo, e Birchall já tinha registrado o nome "Pravda Corp" na Secretaria de Estado da Califórnia no ano anterior. Pravda seria uma organização de "imprensa", escreveu Birchall nos documentos que o indicavam como seu líder. Na verdade, ele era apenas o testa de ferro. Quando Musk precisava, Birchall assumia cargos tanto para a fundação de caridade do bilionário quanto para a startup Neuralink, de interface entre cérebro e computador, e para a Boring Company, sua startup de construção de túneis. (Sob o comando de Birchall, nada aconteceria com a Pravda.)

Na primavera, a Tesla se empenhou para produzir o número suficiente de carros para atingir as projeções do líder, e, como Musk passou mais tempo confinado na fábrica da empresa, sua conta do Twitter se tornou uma das poucas ligações dele com o mundo. Em maio, a produção de tuítes quadruplicou em relação a abril, cultivando uma relação parassocial com seus seguidores. O Twitter abrigava muitos *fandoms* — de times de futebol ingleses da Premier League a grupos de K-pop e Donald J. Trump — e não foi diferente com Musk. Fãs criaram contas para louvar as empresas dele, atacar seus críticos e interagir diretamente com ele em pessoa — que, diferente de muitas celebridades, curtia ou respondia aos tuítes.

Bob Lutz, um executivo de automóveis de longa data, que trabalhara na Ford, na Chrysler e na General Motors, comparou os apoiadores do bilionário a "membros de um culto religioso".

"Steve Jobs era idolatrado na Apple, e acontece a mesma coisa com Elon Musk", ele disse em uma entrevista de 2016, acrescentando que o fundador da Tesla "é visto como um novo deus visionário, que promete esse futuro fantasmagórico, uma utopia de lucratividade e volume."

Em agosto de 2018, a Tesla se debatia num período difícil, que Musk chamou de "Inferno da produção". Ele publicou outro tuíte que o assombraria juridicamente nos anos seguintes:

> Elon Musk
> @elonmusk:
> Tô considerando vender ações da Tesla por $420. Financiamento garantido.
> 9:48 AM 7 AGO. 2018
> 💬 5,6 MIL   🔁 20 MIL   ♡ 79 MIL

escreveu, oferecendo um ágio de 20% no valor da ação da Tesla, que por acaso também fazia referência aos mitos maconheiros.

Foi uma postagem extraordinária. Empresas de capital aberto tomavam muito cuidado antes de anunciar algo que pudesse influenciar o preço das ações e costumavam registrar divulgações públicas na Comissão de Valores Mobiliários (SEC, na sigla em inglês), principalmente em relação a fusões e aquisições ou questões de possíveis mudanças de controle. Musk ignorou tudo isso. O valor da ação da Tesla disparou em 11%.

Depois ele iria alegar que tinha um acordo com o Fundo de Investimento Público da Arábia Saudita para privatizar a empresa. Mas não havia nenhum acordo formalizado e o financiamento estava longe de ser "garantido", como Musk tinha alegado. Alguns membros do próprio conselho da Tesla, muitos dos quais estavam cansados dessa tuitagem e pediam que ele focasse em construir carros, nem tinham sido informados da sua tentativa de negócio.[7]

Em uma entrevista ao *New York Times* menos de duas semanas depois desse tuíte, Musk se lamentou, reconhecendo que estava sob muito estresse, e conversou sobre boatos de que era dependente químico. Ele negou que usasse maconha — embora membros do conselho da Tesla estivessem a par do uso recreativo de outras drogas —, mas admitiu que precisava de Zolpidem para conseguir dormir.[8] No mês seguinte, participou de um podcast com o comediante Joe Rogan e fumou um baseado, reacendendo a especulação sobre os motivos do seu comportamento estranho.

No fim de setembro, a SEC anunciou que estava processando a Tesla e seu diretor-executivo por declarações falsas ou enganosas ao público. O líder da Tesla "sabia ou foi negligente em não saber" que suas declarações eram falsas ou enganosas, escreveu o principal órgão regulador de valores mobiliários do país. Dois dias depois, a Tesla e Musk fizeram um acordo. A empresa e seu CEO pagariam duas multas de 20 milhões de dólares e ele deixaria o cargo de presidente. O acordo exigia que Musk assinasse um termo de consentimento que indicaria uma "babá de Twitter", um advogado da empresa que aprovasse, antes da postagem, os tuítes dele com informações concretas sobre a Tesla. Musk não precisou admitir o crime, embora não pudesse negar que tivesse enganado investidores. Do ponto de vista da SEC, aquela condição evitaria que o bilionário alegasse que não havia feito nada de errado.

Musk não aprendeu nada. Pagou a multa de 20 milhões, equivalente a menos de 0,1% do seu patrimônio líquido, e indicou para a presidência da Tesla uma pessoa leal a ele, membro antigo do conselho, Robyn Denholm.

E tuitou, tuitou, tuitou. Não estava claro se havia alguém aprovando seus tuítes na sede da Tesla, e a SEC abriu investigações para mais dois tuítes de Musk, incluindo um que informava errado os números de produção da Tesla e uma enquete na qual o bilionário propôs vender 10% das suas participações acionárias. Essas investigações não deram em nada. Musk não podia e não ia ser reprimido — nem por investidores, nem pelo seu próprio conselho, muito menos pelo governo dos Estados Unidos.

Vencer o caso de difamação em 2019 encorajou-o ainda mais a tuitar o que quisesse. Em julho de 2020, mais rico e influente do que nunca, Musk expressou sua opinião sobre o órgão regulador levantando o dedo do meio. Ele sabia que era intocável.

"SEC, sigla de três letras, a palavra do meio é Elon's", tuitou. A brincadeira não foi a primeira nem seria a última piada dele na plataforma com a palavra *cock*, "pinto": "*Suck Elon's Cock*".

4.
OneTeam

Dorsey estava atrasado. A tela do seu celular acendeu, mostrando várias mensagens de sua assistente pessoal. "Onde você está?"

Numa tarde amena de janeiro de 2020, o diretor-executivo do Twitter era esperado numa festa na sede da Nasa, em Houston. Mas o evento começou sem ele. Em vez do telefone, Dorsey tinha a sua frente uma tigela compartilhada de *queso* e estava encharcando chips de tortilla na gosma amarela derretida, sendo observado por meia dúzia de executivos curiosos do Twitter. Eles estavam saboreando esse momento, sentados em torno dele em um bar sofisticado do hotel Four Seasons do centro. O chefe deles estava comendo.

Comer pode parecer uma atividade humana normal, mas estava longe disso para Dorsey. Ele era outra pessoa, depois de passar anos sob os holofotes. Estava menos empático, e até menos acessível, ao tentar administrar o Twitter e a Square ao mesmo tempo. Aquele aperitivo era sua primeira refeição do dia. Ele costumava pular refeições, fazendo um jejum intermitente que tinha se tornado popular entre os engenheiros do Vale do Silício. O álcool também estava começando a fazer efeito. Sentados no bar do hotel — decorado com sofás baixos de couro, lareira acesa e luz baixa —, Dorsey e sua comitiva, formada por vice-presidentes e diretores do Twitter, viravam doses de tequila da melhor qualidade.

Já meio saciado e um pouco alegre, ele enfim viu as mensagens da assistente e disse que estava a caminho, levantando-se com esforço do bar. Os funcionários o seguiram, obedientes, apertando-se numa SUV que tinha ficado esperando lá fora.

"É um uber?", um deles perguntou. Mas o motorista já conhecia Dorsey, tendo o cumprimentado com um aceno discreto de cabeça. Os executivos perceberam que estavam no carro de Dorsey, dirigido e seguido por sua equipe de segurança particular. As luzes do centro de Houston os salpicavam pelo vidro, na viagem de quarenta quilômetros para a direção sudeste, a caminho do Johnson Space Center da Nasa.

Dorsey deveria confraternizar com os oficiais da Nasa enquanto seus empregados bebiam e circulavam entre os foguetes no museu cavernoso, e por isso tentou se recompor no carro. Mas a turma bêbada não deixava. Eles tiravam sarro dos hábitos alimentares e do guarda-roupa dele, que por vezes incluía sandálias de corrida. Lembraram-se de uma namorada antiga, a modelo de biquíni da *Sports Illustrated* de 23 anos, e o provocaram por ter comprado uma casa para ela. Ela era duas décadas mais nova que o cofundador do Twitter.

"Elas precisam ter no mínimo 35", disse um dos executivos financeiros, sentado no banco de trás, tirando sarro. Os outros riram.

Para qualquer outro CEO, isso talvez soasse inadequado. Mas Dorsey gostava de insubordinação. Estava com a galera dele, os caras que tinham ficado com ele nas trincheiras do Twitter, a empresa multibilionária, praça pública global que ele tinha criado. Juntos, Dorsey e sua equipe haviam sobrevivido a anos de dúvidas, críticas e dificuldades financeiras. Esses poucos dias em Houston eram uma oportunidade de olhar para aquela época turbulenta do passado e perceber que tinham saído mais fortes dela.

E era assim mesmo que muitos trabalhadores se sentiam, reunidos na comemoração batizada de OneTeam. Era a segunda vez que faziam esse tipo de encontro comemorativo, com todos os floreios e excessos das gigantes da tecnologia do Vale do Silício para dar a sensação de que seus colaboradores pertenciam a uma das empresas mais legais dessa indústria de competição tão acirrada. Funcionários do mundo todo tinham vindo para três dias de reuniões, doutrinação corporativa e muita bebida. O Twitter tinha escolhido Houston, o local destruído pelo furacão Harvey, em parte como uma maneira de retribuir. Os socorristas, cidadãos e organizações governamentais haviam usado a plataforma para organizar as respostas à catástrofe e comunicar informações de emergência durante a tempestade, mostrando o poder do Twitter.

Para além da programação de palestras, eventos em grupo e festas, tudo estava sendo pago pela empresa — do hotel às saídas em bares. Alguns membros do alto escalão tinham até acesso a um jato particular que poderia levá-los rapidamente de volta à área da baía se não quisessem passar a noite no Texas. Ao todo, o Twitter gastou dezenas de milhares de dólares nesse evento, uma despesa justificável para os líderes, que criaria laços e daria um novo ânimo aos empregados, numa empresa que de certa forma caminhava para a estagnação. E no centro dessa atividade em busca de uma cultura de empresa, estava Dorsey.

O segundo mandato de Dorsey como CEO teve coisas boas e ruins. Em 2019, o valor da ação mal tinha se alterado em relação a três anos e meio antes, quando ele tinha substituído Dick Costolo. Wall Street tinha perdido o encanto pelo Twitter. A empresa não era mais disruptiva e bem-sucedida como nos anos 2000. O Twitter havia claramente se tornado uma corporação de médio porte, na qual faltavam ideias revolucionárias, novos produtos e vigor. No mercado de ações, seu valor girava em torno de 25 bilhões de dólares.

A empresa estava crescendo, mas pouco. Em fevereiro daquele ano, anunciou que, pela primeira vez em sua história, tinha tido lucro anual de 1,2 bilhão de dólares: "uma prova de que a nossa estratégia de longo prazo está funcionando", segundo Dorsey. Também revelou que tinha 126 milhões de usuários ativos diários, 9% a mais do que no mesmo período do ano anterior. Numa terra de gigantes, no entanto, isso não impressionava ninguém. Outros *players*, como o Snapchat e um novo app de vídeo chamado TikTok, estavam ganhando terreno. Analistas e investidores ficavam atrás de Dorsey, perguntando se ele conseguiria manter a relevância do Twitter, sobretudo por se dividir, liderando a Square ao mesmo tempo. Imaginava-se que a volta da mente criadora do produto original iria estimular novas ideias; Dorsey fez algumas mudanças cosméticas — essencialmente, expandindo o limite de caracteres de 140 para 280 —, mas não havia nada radical em vista.

É verdade que a pressão de Dorsey para uma "conversa saudável" havia levado a plataforma a publicar e promover menos discurso de ódio e conteúdo tóxico, por meio de suspensões e banimento de usuários e redução na visualização de alguns tuítes no algoritmo do Twitter. Mas se alguma crise acontecia, ainda era no Twitter que as pessoas iam expressar sua raiva. Em março daquele ano, um supremacista branco tinha perpetrado um tiroteio em Christchurch, na Nova Zelândia, matando 51 pessoas em duas mesquitas. Ele fez uma transmissão ao vivo do massacre no Facebook. Para arquivar o vídeo e mantê-lo online, os apoiadores do agressor usaram o Twitter. Era mais um exemplo de malfeitores que pareciam estar um passo à frente das gigantes da tecnologia do Vale do Silício.

O presidente Trump também continuava a desnortear a empresa. Por não querer penalizar o líder do "mundo livre", o Twitter permitiu que ele, seu usuário com mais engajamento, compartilhasse uma sequência diária de postagens bombásticas, que garantia um tráfego constante à plataforma, mas deixava seus líderes desconfortáveis. Em 2019, Trump havia usado sua conta para dizer à minoria democrata das congressistas para "voltarem para os lugares destruídos e infestados de crime de onde vieram para ajudar a consertá-los", estimulando ataques racistas. Também tinha tuitado 115 vezes num único dia, antes do seu primeiro impeachment.

"Já tivemos agressões, já tivemos assédio, já tivemos manipulação, automação, coordenação humana, desinformação", disse Dorsey no palco da conferência TED, reunião anual de figurões na primavera daquele ano. "Nós não esperávamos esse tipo de dinâmica treze anos atrás."

Na cabeça de Dorsey, o Twitter era uma praça pública, como o Washington Square Park, a área de quase 40 mil metros quadrados no Greenwich Village de Manhattan, onde até mesmo um bilionário, CEO de duas grandes empresas, poderia às vezes se sentar, fazer telefonemas de trabalho e ficar observando turistas, estudantes e artistas de rua ao seu redor.[1] O parque se mantinha neutro em relação ao que acontecia dentro dos seus limites e esperava-se que as pessoas pudessem se expressar livremente ali. Ainda assim, se alguém começasse a assediar outras pessoas com um megafone, elas poderiam pedir ajuda a ele ou buscar a polícia do parque para restabelecer a ordem.

Na prática, porém, encontrar equilíbrio entre a livre expressão e a segurança se tornou o X da questão para o Twitter. Os usuários que sofriam agressões criticavam duramente a empresa por não fazer nada além de uma limpeza no site. Do outro lado, os usuários suspensos acusavam a empresa de censura. Quando falava abertamente sobre as dificuldades do Twitter, Dorsey sempre dava a impressão de estar resignado.

O que não ajudava, em relação às críticas, eram as interações constantes de Dorsey com usuários importantes de direita da plataforma. Ele sempre defendeu a diversidade de vozes, mas, na polarização da presidência de Trump, seu esforço para se encontrar com essas figuras polêmicas só provocou mais consternação, inclusive entre sua própria equipe. Em março de 2019, ele foi ao podcast de Joe Rogan com Vijaya Gadde, que nesse momento tinha sido promovida a diretora jurídica. O blogueiro conservador Tim Pool, que também tinha sido convidado, acusou a dupla de um suposto viés contra a direita. No mês seguinte, Dorsey se encontrou com Trump no Salão Oval, e o presidente acusou o Twitter de discriminação contra os republicanos e de remover milhares de seguidores seus da plataforma. O diretor-executivo estava em contato com personalidades como Ali Alexander, um conspiracionista de direita, e a conservadora incendiária Candace Owens, que tinha ficado conhecida por trabalhar em um site que divulgava informações pessoais sem permissão de seus proprietários.

Para combater a impressão de que o CEO estava ficando doido, a equipe de comunicação do Twitter organizou um tour de Dorsey pelos escritórios da empresa ao redor do mundo, que foi batizado de "Tweep Tour" em referência ao apelido que a empresa dava para seus funcionários.

Dorsey ficou especialmente comovido com uma visita à África em novembro, que incluiu paradas na Etiópia, em Gana, na Nigéria e na África do Sul. Ao longo de três semanas, ele se encontrou com personalidades, engenheiros e empreendedores e ficou fascinado sobretudo com o potencial do uso de Bitcoins, uma famosa criptomoeda, nos mercados em desenvolvimento do continente. "Triste por ir embora do continente… por enquanto", escreveu ao fim da viagem. "A África vai ditar o futuro (principalmente o do Bitcoin!). Vou passar de três a seis meses lá, em meados de 2020, não sei ainda onde. Me sinto agradecido por ter podido vivenciar um pouco de lá."

O tuíte de Dorsey foi novidade para os executivos e para o conselho do Twitter. Ninguém tinha planos de autorizá-lo a dirigir a companhia de algum lugar da África. Os executivos do Twitter já vinham enfrentando a preocupação de analistas e investidores, que pensavam que Dorsey parecia se distrair com a Square, então eles se uniram para questionar como Dorsey poderia dirigir a empresa do outro lado do mundo. A ação da empresa caiu 1,3% com a notícia.

Se havia algum indício de que Dorsey estava distraído ou tinha se dispensado das suas tarefas, não foi o que pareceu no OneTeam de 2020. A diretora de marketing, Leslie Berland, que orquestrava muitas das aparições públicas de Dorsey, fez com que ele atraísse todos os olhares.

Berland se juntou ao Twitter em 2016 e era uma das pessoas mais amadas da empresa. De sorriso aberto, que irradiava para as grandes maçãs do rosto, a executiva ficava baseada em Nova York e foi a primeira contratação importante de Dorsey quando, depois de seu retorno, ele fez uma reformulação na organização da liderança da empresa.

A ida de Berland para o Twitter foi uma aposta. Ela estava prestes a se tornar uma das pessoas mais jovens a integrar o alto escalão da American Express, mas abandonou sua zona de conforto para se arriscar com Dorsey e a empresa disfuncional dele, que parecia nunca ter ultrapassado sua fase de startup. Ela assumiu múltiplas funções, acumulando até mesmo o papel de RH junto a suas responsabilidades de marketing e o cargo menos oficial de "mensageira do Jack". Para os funcionários, Berland era uma figura maternal, que com sua personalidade calorosa mediava as reuniões de equipe e fazia todo mundo se envolver com a empresa.

Para o OneTeam, Berland investiu na esquisitice, que era a essência de Dorsey. Levou um coral de igreja até Los Angeles para cantar uma única música — "África", de Toto. A piada divertiu algumas pessoas pela ideia de Dorsey ir morar no continente, mas não colou com alguns trabalhadores que ficaram obcecados pelos custos dos voos e hotéis para os cantores.

Dorsey estava receptivo aos esforços da equipe de executivos para torná-lo a força motriz por trás do OneTeam. Na abertura do evento, em 14 de janeiro, ele subiu no palco do centro de convenções George R. Brown, no centro de Houston, com um capacete de astronauta, *moon boots* brancas, calça prateada metálica e um casacão branco com o logo da conferência nas costas. Então guiou uma sessão de meditação de quinze minutos. Marcia, a mãe dele, estava radiante na plateia enquanto seu filho os conduzia por exercícios de limpeza da mente — que lembravam uma seita.

Para além da adulação, Dorsey parecia concordar com aquilo. Ainda usando as *moon boots*, fez uma apresentação extensa da sua visão para a empresa. Na fala, parcialmente escrita com emojis no seu iPhone, mostrou slides com figuras históricas, como Martin Luther King Jr., dizendo "Todos podem ser bons, porque todos podem servir". Falou sobre seu desejo de trabalhar na África e o plano de descentralizar a força de trabalho da empresa, de modo que as pessoas não precisassem mais trabalhar no escritório se não quisessem.

Também fez uma previsão de que em breve haveria um incidente global que poderia levar as pessoas a se abrigarem em casa e usar uma plataforma da internet para se comunicar. Ele previu um mundo em que o Twitter — que já era importante, com seus 152 milhões de usuários que o visitavam diariamente — teria uma influência ainda maior. Parecia uma palestra motivacional de Tony Robbins, em que pessoas passando por uma fase ruim gastam alguns milhares de dólares para um guru lhes contar os segredos da vida. Dorsey os convencia a comprar a ideia do Twitter e, mais importante que isso, a si mesmo.

Outros líderes também subiram ao palco para fazer seus discursos. Entre eles, os chefões que trabalhavam para Dorsey: Kayvon Beykpour, um prodígio de produtos; Bruce Falck, um executivo exigente que supervisionava produtos para anunciantes; e Parag Agrawal, um homem tranquilo, especialista em *machine learning*, que liderava as equipes de tecnologia do Twitter. Os três eram responsáveis pela execução das ideias de Dorsey para a plataforma e reuniram-se com outros representantes de Dorsey em um painel que discutiu seus planos para a empresa. Enquanto Beykpour e Falck faziam brincadeiras, Agrawal permaneceu em silêncio, com os ombros levemente caídos, disfarçando sua figura grande. No palco, a apresentação dele não revelou a relação especialmente próxima que tinha com Dorsey, que via Agrawal como sua alma gêmea, alguém que tinha um entendimento profundo da missão e do futuro do Twitter.

Entre conversas sobre as curtidas da atleta olímpica Simone Biles e do superstar da National Football League J.J. Watt, os empregados gastaram copiosamente por conta da empresa em bares e restaurantes de Houston. Certa noite, em uma demonstração especialmente grandiosa da generosidade da empresa, o Twitter alugou o estádio Minute Maid Park, casa do Houston Astros, para uma apresentação de fogos de artifício que não deixou nada a desejar às comemorações da Independência dos Estados Unidos no Quatro de Julho.

Dorsey adorou aquele clima bom. Numa festa de rua na segunda noite do OneTeam, ele circulou com Biz Stone, que em 2017 tinha retornado para a empresa como executivo num papel indefinido. Parados na fila para a roda-gigante ao lado de outros funcionários, eles observavam tudo. Entraram juntos numa cabine e subiram e desceram na noite clara do Texas, em uma das últimas voltas do evento.

O terceiro e último dia da conferência, 16 de janeiro, tinha uma programação mais tranquila. Entre os palestrantes estava Chrissy Teigen, modelo e personalidade da TV, que tinha uma das contas mais populares do Twitter. Ela tinha ficado em segundo lugar num ranking das pessoas que os funcionários do Twitter queriam ver no OneTeam, atrás apenas de um primeiro lugar que foi mantido em segredo para a maioria dos presentes, até aparecer numa videochamada. Sua participação no primeiro OneTeam, em 2018, havia sido programada, mas ele tinha precisado cancelar por motivos profissionais e devido a algumas controvérsias relacionadas a sua conta no Twitter. Finalmente, convencido por Dorsey, uma das celebridades mais seguidas — e polarizadoras — do Twitter ia aparecer.

"Não faço ideia se isso vai funcionar", disse Dorsey ao entrar no palco do centro de convenções, meio atrapalhado com o iPad que carregava, cuja tela estava projetada atrás dele num telão gigante voltado para a plateia. Nos alto-falantes um som alto e estourado de discagem durou alguns segundos. Então, sorrindo e acenando, apareceu Elon Musk.

Houve gritos de alegria e aplausos. "Nós amamos você", gritou um dos funcionários. Outros pegaram o celular para tirar fotos e fazer vídeos da imensa projeção de Musk, que usava uma jaqueta preta aberta por cima de uma camiseta com a frase OCUPEM MARTE. Dorsey já havia definido o diretor da Tesla e da SpaceX como a pessoa mais empolgante e influente da plataforma, por "compartilhar seus pensamentos abertamente" ao resolver "problemas existenciais". Mesmo assim, algumas pessoas da plateia ficaram se perguntando se Musk era um usuário exemplar do Twitter, considerando seu histórico de grandiloquências e problemas jurídicos derivados da sua atividade na plataforma. Fazia apenas algumas semanas que ele tinha vencido o processo do tuíte do "pedófilo".

Nessa videochamada, com Musk sentado a sua própria mesa na sede da SpaceX, ele pareceu diferente da sua persona online. Foi reticente e às vezes mal se pôde ouvi-lo, devido à falta de beligerância ou humor adolescente que permeava seus tuítes. Dorsey tentou incentivá-lo a falar mais, perguntando sobre a missão para estabelecer colônias em Marte. "Quando você acha que teremos os primeiros tuítes postados diretamente de Marte?", perguntou o CEO do Twitter.

Musk gaguejou, fez pausas para pensar. Em outros momentos, interrompeu seu próprio pensamento e pareceu não conseguir formar frases tão rápido quanto seu cérebro exigia. Reclamou de robôs e trolls.

"Tenho certeza de que vocês veem o tempo todo algumas pessoas tentando manipular o sistema", disse Musk. "Elas ficam tentando influenciar a opinião pública, e às vezes pode ser bem difícil entender o que é e o que não é a opinião pública real, e o que as pessoas realmente querem, o que realmente incomoda as pessoas e o que é manipulação do sistema por vários grupos interessados."

Pulou então para uma discussão sobre o *rover* marciano. O bilionário imaginava que tuítes interplanetários fluiriam dentro de nove anos.

Depois, Dorsey pediu feedback. "O que não estamos fazendo bem, o que poderíamos estar fazendo melhor e o que você espera do nosso potencial, enquanto serviço?", perguntou.

E acrescentou: "Se você fosse administrar o Twitter — aliás, você quer administrar o Twitter?".

Os trabalhadores riram alto com Dorsey oferecendo a empresa para Musk. Os dois CEOs pararam de falar por um tempo. Os riscos se dissiparam.

"O que você faria?", Dorsey perguntou.

5.
Uma invasão

O invasor chegou em silêncio. Em meados de fevereiro de 2020, o conselho do Twitter ouviu boatos de compras grandes de suas ações, mas a identidade do comprador estava protegida por swaps de ações — instrumentos financeiros que não preenchem o requisito da SEC para declarações públicas de ações. O valor da compra escalou, escalou de milhares para milhões, até atingir 1 bilhão de dólares no final de fevereiro de 2020.

O comprador era Jesse Cohn, importante sócio do Elliott Management, que era o fundo de 71 bilhões de dólares fundado por Paul Singer e conhecido por reorganizar — ou destruir, dependendo do ponto de vista — conselhos corporativos ao redor do mundo.

Com suas ações garantidas, Cohn enviou uma mensagem para Omid Kordestani, presidente do conselho do Twitter, e pediu uma conversa. Era uma nova etapa na campanha secreta que ele vinha conduzindo havia semanas para tirar Dorsey mais uma vez do topo do Twitter. Kordestani, um vendedor charmoso de origem iraniana, havia liderado o desenvolvimento do Twitter na época dos dias intensos de pontocom. Ao ver o nome de Cohn no visor do celular, entendeu que boa notícia não era. Ele confirmou seu temor durante o telefonema: o Elliott Management possuía 4% das ações do Twitter.

Cohn foi direto ao ponto. Disse a Kordestani que enviaria uma carta com o detalhamento das ações que ele possuía do Twitter e as exigências que imporia. Era uma falta de responsabilidade permitir que Dorsey tocasse o negócio quando estava distraído cumprindo uma jornada dupla na Square, argumentou Cohn.

Em 21 de fevereiro, algumas horas depois desse telefonema com Kordestani, Cohn enviou a carta prometida ao conselho do Twitter, anunciando oficialmente suas ações na empresa. Por pouco a carta não pedia a demissão de Dorsey, mas descrevia suas preocupações em relação à liderança dele em tempo parcial. O conselho entrou em pânico.

O Twitter era diferente do Facebook e do Snapchat, nos quais os diretores executivos que fundaram as empresas tinham se estruturado especificamente para proteger a si mesmos desse tipo de interferência. Essas empresas tinham ações de supervoto, que davam aos fundadores um controle mais extenso sobre suas organizações, mesmo depois de elas abrirem o capital. Dorsey possuía apenas uma fatia pequena do Twitter, uma participação de 2% no valor de 531 milhões de dólares,[1] e não tinha ações de supervoto, o que o deixava vulnerável.

Cohn havia esperado até o último momento para anunciar sua posição, apenas dois dias antes do prazo-limite do Twitter para nomear novos membros do conselho, dia 23 de fevereiro. Havia alguns assentos vagos, que o Twitter planejava ocupar com diretores independentes, aumentando a amplitude de conhecimento e prestígio do seu conselho. Mas o processo de preenchê-los estava caminhando devagar. Em determinado momento, Dorsey tinha sugerido chamar Musk, mas foi mal recebido.

Cohn insistiu para ser imediatamente colocado no conselho do Twitter, com três pessoas leais a ele. Havia apenas três lugares vagos, mas Cohn queria garantir que os controlaria e teria um plano B para agarrar uma quarta cadeira se algum dos diretores atuais se afastasse. Tais assentos permitiram a Cohn entrar depressa na empresa e começar a botar as asas de fora. O conselho se reuniu na última semana de fevereiro, sem Dorsey, para tentar descobrir o que fazer.

O preço das ações do Twitter havia caído mais de 20% no fim de 2019, depois de a empresa não atingir as expectativas de Wall Street e seu serviço de anúncios se revelar tomado por bugs e apagões, impedindo os anunciantes de atingir corretamente os consumidores-alvo. Os números não indicavam que o Twitter fosse uma empresa de alta performance, nem que Dorsey fosse um diretor-executivo muito atento.

Mas quem estava dentro da empresa acreditava em Dorsey e seu time de executivos era leal e muito alinhado — alguns deles talvez acompanhassem Dorsey, se ele fosse obrigado a se retirar.

A intromissão do Elliott Management provocou a cólera de Dorsey. Não queria que os holofotes se voltassem para ele numa contenda pública sobre seus sucessos e fracassos — muito menos depois de já ter sido demitido uma vez e enquanto lidava com a repercussão das eleições de 2016. Ele detestava que executivos de finanças, com seus ternos xadrez e colarinhos abotoados, se metessem na engenharia e na concepção dele para o produto, e não queria ser o foco de uma disputa prolongada.

Ameaçou ir embora, em vez de esperar para ser retirado, numa repetição torturante da primeira demissão. O recado de Dorsey para o conselho era claro: "Ou eu, ou ele". Se Cohn entrasse, ele saía, enfurecido.

Na manhã de uma sexta-feira cinza, o jatinho de Cohn pousou no Aeroporto Internacional de San Francisco. Quando o trem de pouso tocou o asfalto, o saqueador corporativo se preparou para um confronto. Aos 39 anos, nascido em Long Island, Cohn já tinha liderado diversas campanhas de acionistas ativistas contra empresas como o eBay e a AT&T e tinha ganhado dinheiro suficiente para comprar uma cobertura em Wall Street no valor de 30 milhões de dólares.

Ele mirava nas empresas de baixa performance e comprava as ações discretamente. Quando tinha alguma alavancagem financeira, expulsava líderes corporativos ou buscava permissão para melhorar o balanço final. Se o lucro-alvo subia, subia também o preço das ações. Então Cohn poderia vender e ir embora mais rico, destruindo carreiras pelo caminho.

Ele não se importava particularmente com quem substituiria Dorsey como diretor-executivo do Twitter — acreditava que qualquer um dedicado integralmente a isso seria melhor. A empresa estava definhando com uma liderança de meio período e Dorsey nunca colocaria o Twitter como sua prioridade máxima, já que grande parte da sua fortuna vinha da participação dele na empresa de pagamento digital, a Square. O pior de tudo é que o conselho tinha dado corda demais para Dorsey e ignorado os problemas provocados pela sua falta de foco, na opinião de Cohn.

Dois membros desse conselho, que talvez fosse indulgente demais, estavam a caminho do confronto com Cohn. Kordestani entrou num carro com Patrick Pichette, um homem grisalho, investidor de capital de risco que já havia sido diretor financeiro do Google. Atravessaram a água prateada da baía de San Francisco naquela manhã planejando o contra-ataque. Eles estavam de acordo: Dorsey ia ficar.

Cohn os aguardava em uma sala de reuniões particular no terminal, reservada especialmente para o confronto. Quando os membros do conselho chegaram, Cohn os cumprimentou informalmente, apesar da seriedade da situação.

Pichette e Kordestani não estavam animados, mas tentaram manter uma expressão neutra. O golpe de Cohn poderia virar de ponta-cabeça uma das empresas de mídias sociais mais importantes do mundo, um centro para o discurso político que certamente teria um papel fundamental nas eleições presidenciais dos Estados Unidos, que se aproximavam. Ele estava levando tudo isso em conta?

A batalha para o futuro de Dorsey podia então começar.

Cohn era tranquilo e educado, o que não condizia com sua reputação de homem difícil, assassino de CEOs. Vestia-se informalmente, abrindo mão do terno e gravata que eram uniforme de Wall Street, e em vez de um bando de advogados tinha trazido consigo apenas Marc Steinberg, gerente de portfólio do Elliott.

Cohn convidou Pichette e Kordestani a se sentar. Apesar do tom suave, ele foi severo: as ações do Twitter estavam abaixo do desempenho esperado, e o que provocava a situação era a desatenção de Dorsey. Ele precisava deixar o

Twitter ou abandonar a Square. Cohn acreditava ser insustentável que ele continuasse fazendo as duas coisas.

Pichette se baseou na sua experiência no Google para argumentar com Cohn. Na teoria, Sundar Pichai era o líder de apenas uma empresa, a Alphabet, disse ele. Mas, sob o guarda-chuva da Alphabet, havia a empresa de buscas Google, o serviço de vídeo YouTube, o aplicativo corporativo Cloud e projetos ambiciosos de grande investimento, como o de carros autônomos. Pichai administrava tudo isso e Wall Street não estava preocupada com sua distração.

Por que não deixar que Dorsey administre as duas empresas, o Twitter e a Square? O importante não é a quantidade de negócios, e sim ter as equipes certas organizadas em torno de um líder visionário que garanta que tudo funcione bem. Cohn deveria conhecer Dorsey, insistiu Pichette. Só então ele entenderia por que Dorsey era tão especial.

Cohn achou que Pichette e Kordestani estavam na defensiva, e ele e Steinberg tentaram acalmá-los com sua abordagem simpática e informal. Tinham trazido pilhas de documentos para argumentar a favor do seu ponto de vista. Os investidores mereciam mais do Twitter, considerando seu papel no debate público. Para Cohn, o número de empresas que Pichai teoricamente conseguia administrar não importava; boa governança não era ter um diretor-executivo com sua atenção sendo disputada por diferentes problemas. Não é porque um motorista embriagado pode chegar em casa em segurança que é uma boa ideia dirigir depois de passar a noite no bar. O Twitter precisava de um líder focado em corrigir os problemas de performance, que pudesse dedicar todo o seu tempo à empresa, disse Cohn.

Em 29 de fevereiro, no fim de semana seguinte, a intervenção do Elliott vazou. Os funcionários do Twitter se insurgiram, indignados, diante da ideia de afastarem seu diretor-executivo — que era um tanto peculiar, mas amado. Muitos creditavam a Dorsey a criação da cultura única do Twitter, que colocava as pessoas e o debate acima do lucro e da velocidade. Tuitaram apoio a Dorsey com a hashtag #WeBackJack [Nós apoiamos Jack], contando histórias do seu líder e rezando para ele ficar.

Até mesmo alguns líderes da indústria da tecnologia defenderam Dorsey. "Só queria dizer que apoio @jack como CEO do Twitter", tuitou Elon Musk.

Depois do OneTeam, muitos funcionários do Twitter voltaram de Houston se sentindo realmente mal. Talvez as dores e os calafrios se devessem à quantidade de bebida e de festas, mas dezenas deles tiveram febre e ficaram afastados do escritório nas semanas seguintes ao evento. Eles fizeram piada, dizendo que tinham pegado o "OneVirus".

No fim de janeiro começaram a circular no Twitter notícias de um vírus misterioso que estava se espalhando rapidamente pela China. Detectado primeiro em Wuhan, capital da província central chinesa, Hubei, o coronavírus da covid-19 provocou o primeiro caso registrado nos Estados Unidos em 20 de janeiro de 2020, perto de Seattle. *Será que eles tinham contraído alguma coisa que não era uma gripe no OneTeam?*, perguntaram-se os trabalhadores do Twitter.

Justamente quando os empregados começaram a se unir para apoiá-lo, Dorsey os dispensou. Em 2 de março, a empresa estimulou todos a trabalhar de casa. O Twitter foi uma das primeiras grandes corporações a tomar essa atitude — o que não surpreende, considerando que o diretor-executivo já incentivava o trabalho remoto antes. Os trabalhadores se espalharam por suas casas, sem saber nada a respeito das manobras do Elliott.

Dorsey ainda estava furioso. Pediram-lhe que alegasse suspeição nas discussões do conselho sobre possíveis mudanças, e ele se ressentiu de ficar no escuro. Olhando de fora, parecia que ninguém do conselho o defenderia, e ele ficou enfurecido não só com Cohn, mas com os membros do seu próprio conselho.

Enquanto isso, os banqueiros do Twitter no Goldman Sachs preparavam sua própria defesa. Disseram que Dorsey tinha mais chance combatendo dinheiro com dinheiro. Ele precisava de um investidor que fosse seu cavaleiro branco e o salvasse. Dorsey sugeriu imediatamente Laurene Powell Jobs, viúva do fundador da Apple, Steve Jobs. A magnata de cabelos loiros gerenciava o fundo multibilionário do marido e era uma das poucas pessoas com bala na agulha para ajudá-lo. Dorsey era um grande admirador do seu falecido marido e sabia que Laurene apoiava fundadores e gostava dele. Também costumava investir em empresas de mídia, projetos climáticos e outras iniciativas que trouxessem benefício claro para a sociedade; o Twitter se encaixava bem nesse nicho.

Dorsey pressionou o conselho para falar com Powell Jobs e ela se reuniu com os membros para discutir um possível investimento. Mas, apesar da sua fortuna e amizade com Dorsey, não quis apoiá-lo na briga contra o Elliott. O investimento não parecia bom para o portfólio dela por diversos motivos, entre eles o de que uma disputa complicada num conselho não combinava com sua imagem refinada.

Angustiado, sem saber o que fazer, Dorsey recebeu um telefonema inesperado na primeira semana de março. Do outro lado da linha estava Egon Durban, codiretor da Silver Lake, uma empresa de investimentos especializada em tecnologia e entretenimento. Durban era texano e muito bronzeado do sol das excursões de golfe e surfe pelo mundo; diferentemente de Cohn, tinha um longo histórico no Vale do Silício e entendia aonde Dorsey queria chegar no Twitter. Durban tinha ficado conhecido ao intermediar a venda do Skype para a Microsoft por 8,5 bilhões de dólares em 2011. O líder da Silver Lake talvez concordasse que o Twitter não operava no seu potencial máximo — ele mesmo tinha considerado comprar o Twitter anos antes —, mas era um rosto amigo, que havia conhecido o Twitter quando se informara sobre a empresa para uma possível aquisição.

Durban tinha lido as notícias sobre o Elliott Management e estava telefonando para fazer uma proposta. Cohn havia chegado ao Twitter com um aríete de 1 bilhão de dólares. Para mandá-lo embora, Durban poderia se equiparar a ele, injetando igualmente 1 bilhão de dólares no Twitter. A soma seria suficiente para uma trégua com Cohn, mantendo Dorsey onde estava e lhe dando tempo para melhorar o preço das ações do Twitter. Seria um cabo de guerra com apostas altíssimas, mas Dorsey não tinha muita escolha. Ele aceitou a proposta de Durban.

Pichette seguia pedindo para que Cohn se encontrasse com Dorsey. Foi até Nova York argumentar com Cohn em pessoa, atravessando um aeroporto estranhamente vazio num momento em que cada vez mais gente desistia de viajar com medo do vírus. Os banqueiros do Twitter no Goldman conduziram a segunda reunião, e Pichette insistiu que Cohn deveria ver ao vivo o que Dorsey tinha a oferecer.

Cohn concordou e Dorsey aceitou o encontro — não de bom grado, mas entendendo que precisaria seduzir o investidor para manter seu emprego. Cohn voltou para a Costa Oeste e encontrou Dorsey no escritório do Goldman Sachs na Sand Hill Road em Menlo Park, o famoso corredor do Vale do Silício onde os maiores investidores de capital de risco começam negócios ouvindo *pitches* dos mais promissores fundadores de startups.

Se Pichette e Kordestani insistiam que Cohn reconheceria o gênio de Dorsey assim que o visse em pessoa, Cohn pensava que já conhecia muito bem fundadores de empresas reclusos como Dorsey — homens jovens que acreditavam ser os únicos capazes de mudar o mundo e entupiam a estrada de Sand Hill perambulando por reuniões com investidores. Se investidores de capital de risco talvez pensassem que bastava um visionário carregando um laptop para ter sucesso, Cohn era mais da velha guarda. Para ele, negócios exigiam estrutura e disciplina.

Dorsey olhou para Cohn com interesse, mas também com suspeita, tentando parecer amigável. Com sua habitual cadência cuidadosa, tentou explicar para Cohn a importância do Twitter. Mas o ativista tinha vindo pronto para provocar.

"Como você faz para administrar as duas empresas?", perguntou a Dorsey.

Ele respondeu que tinha um método de gestão, explicou que incumbia a Agrawal, Beykpour e Falck, seus acólitos, que haviam subido ao palco do OneTeam ao seu lado, as decisões em suas áreas de especialidade. Na Square, a mesma coisa, disse Dorsey: pessoas em quem confiava tocavam o negócio. Quando precisava intervir e tomar a decisão final, elas sabiam onde encontrá-lo.

Cohn não estava gostando do que ouvia nesse encontro. Seu medo era de que Dorsey estivesse cercado de pessoas que só concordavam com ele. Muitos desses executivos de confiança, incluindo Agrawal, haviam passado a maior parte de suas carreiras no Twitter e não sabiam como um negócio normal devia ser administrado. Nada substituía a conversa direta com o diretor-executivo, e os *tweeps* de Dorsey não tinham acesso a isso como deveriam.

Ao final do encontro, Durban veio direto do escritório da Silver Lake, a poucos metros do Goldman. Sua presença inesperada — e sua promessa de investimento no Twitter — pegaram Cohn de surpresa. O encontro reforçou as preocupações do ativista. Steinberg concordava com ele: Dorsey era um problema. Mas, acima de tudo, o papel do Elliott era melhorar seu próprio investimento. O Twitter estava disposto a brigar para manter Dorsey, e a injeção de dinheiro de Durban era suficiente para protegê-lo, ao menos por enquanto.

Cohn topou fazer um acordo que lhe pareceu suficiente. Pichette e Kordestani iam para lá e para cá, falando com Cohn, Dorsey e Durban para tentar estabelecer uma trégua. Dorsey continuava frustrado com esse martírio. Ele lamentava que não houvesse ações de supervoto no Twitter. Cohn insistia que o Twitter estabelecesse metas agressivas para aumentar a receita e atrair novos usuários e pressionava o conselho a montar um novo comitê focado em governança, numa tentativa de domar a empresa descontrolada. Cohn e Durban tinham assento no conselho do Twitter, cada um com 1 bilhão de dólares investidos. Como parte do acordo, Cohn desistiu de seu pedido de ter mais cadeiras e ficou apenas com a sua.

No fim da semana, Dorsey estava a salvo. "Estamos profundamente orgulhosos da nossa conquista e temos certeza de que estamos no caminho certo com a liderança de Jack e da equipe executiva", disse Pichette num pronunciamento de 9 de março, anunciando a trégua. "Nossa estrutura de CEO é única, assim como Jack e esta empresa são únicos."

Houve também uma dança das cadeiras. Para Cohn, estava claro que a posição de Kordestani como presidente do conselho não vinha dando certo. O diretor-executivo ainda estava ensandecido sob a guarda de Kordestani e parecia que a relação deles tinha azedado. Pichette, um canadense mal-humorado que sempre usava moletons da marca Patagonia, tinha mais experiência em gestão e uma boa recepção, o que fazia dele um candidato melhor para controlar Dorsey. Ele foi colocado como presidente.

Pichette também pegou para si o trabalho de tocar o comitê de governança solicitado por Cohn. Sua primeira tarefa, como estabelecido no acordo de Cohn com a Silver Lake e o Twitter, era avaliar a eficiência da liderança de Dorsey, "considerando que o diretor-executivo da empresa acumula outro cargo de diretor-executivo".

O trato com o Elliott era claro: as firmas de investimentos podiam se intrometer na governança da empresa e tentar amarrar Dorsey à própria mesa, mas ficariam longe das decisões sobre produtos e políticas. Esse acordo deixava Dorsey com alguma margem para ir atrás de suas metas elevadas.

Em 19 de março, pouco mais de uma semana depois da trégua com o Elliott, a Califórnia soltou a primeira ordem de isolamento social, proibindo os moradores de deixar suas casas para atividades que não fossem essenciais. A pandemia começava sua devastação, esvaziando o edifício art déco que era sede do Twitter na Market Street de San Francisco.

Inicialmente, Dorsey ficou recolhido entre suas mansões no bairro de Sea Cliff, em San Francisco, e na região de Big Sur. Mas logo caiu na estrada, viajando para o Havaí, a Costa Rica e a Polinésia Francesa. Seus subordinados reclamavam de às vezes escutar galos cantando no fundo das reuniões virtuais, lembrando todos que ele estava numa ilha enquanto eles estavam presos em seus apartamentos. Em maio, o Twitter se tornou a primeira empresa de tecnologia a anunciar que os funcionários poderiam trabalhar remotamente para sempre — decisão motivada pelo desejo do próprio Dorsey de ficar longe do escritório.

Quando chegou o verão, ele deixou de participar das reuniões completamente. Sempre desligava a câmera e o microfone, e os empregados ficavam em dúvida se ele ainda estava na frente do computador ou se tinha ido embora surfar.

Enquanto Dorsey desaparecia, Cohn e os outros diretores discutiam um plano para dobrar a receita do Twitter em 2023 e aumentar em pelo menos 64% sua audiência diária, para 315 milhões de pessoas. Cohn pressionava por metas ainda mais altas, mas os executivos do Twitter resistiam a seus pedidos, temendo que não fossem realistas. Caso se comprometessem com metas elevadas demais, a ação certamente atingiria o pico e ele venderia bem sua participação. E sobraria a equipe do Twitter, tendo de se virar para cumpri-las.

Em fins de outubro e começo de novembro, Dorsey participou de diversas videoconferências com o Congresso para depor sobre moderação de conteúdo. Com uma aparência macilenta e escondido atrás de uma barba grisalha desalinhada que descia até o peito, Dorsey respondeu com paciência às perguntas dos senadores sobre decisões que a empresa havia tomado de apagar alguns tuítes e permitir que outros permanecessem na plataforma. Ele explicou seus planos iniciais para descentralizar a mídia social — inspirado pela tecnologia por trás dos Bitcoins, acreditava que as mídias sociais poderiam funcionar baseadas num código público, gerido por pessoas comuns no lugar de corporações. Dorsey disse aos senadores que queria dar mais controle aos usuários, permitindo que eles escolhessem os algoritmos que definem que tipos de conteúdo eles veem e liberando o Twitter de sua responsabilidade de moderação. Ele insistiu que esse era o passo seguinte, a ser dado em algum momento por todas as empresas de mídias sociais.

Por mais que Dorsey tenha se dado ao trabalho de posicionar o laptop deixando uma parede branca lisa de fundo, alguns dos funcionários que tinham participado de reuniões virtuais com ele identificaram a localização — ele fazia a chamada de uma casa alugada no Havaí.

Apesar de o Elliott insistir que o Twitter não sobreviveria com um CEO trabalhando meio período, Dorsey estava mais solto do que nunca. Nem mesmo uma audiência pública diante do Congresso o confinaria a sua própria casa ou a sua mesa. Alguns dias depois do depoimento de novembro, paparazzi o registraram passeando com Sean Penn e Jay-Z em uma praia isolada do Havaí.

6.
Férias na Polinésia

Em 25 de março de 2021 Jack Dorsey, Mark Zuckerberg, diretor-executivo do Facebook, e Sundar Pichai, CEO do Google, entraram numa chamada para depor diante do Comitê de Energia e Comércio da Câmara dos Representantes dos Estados Unidos, numa audiência de combate à desinformação e ao extremismo online. Essa era a quinta convocação do líder do Twitter para uma audiência diante do Congresso, e ele estava cansado dessa situação. As audiências pareciam um teatro, com os senadores ou deputados posando de público para o tema do dia da guerra cultural.

Dorsey compareceu à audiência — que ainda foi virtual devido às preocupações com a covid-19 — da cozinha da sua mansão em Sea Cliff, conectando-se em um iPad apoiado no alto de uma pilha de livros. Na tela era possível ver louça, copos e o relógio de Bitcoins por trás do seu cabelo raspado e da barba ficando grisalha.

Ele se esforçou para explicar como o Twitter tinha tomado suas decisões de moderação de conteúdo, tentando mostrar o passo a passo do processo para os legisladores. Mas eles o interrompiam, pedindo-lhe que respondesse sim ou não, deixando pouca margem para nuances. Irritado, Dorsey tuitou uma enquete. "?", escreveu, pedindo para seus seguidores votarem sim ou não.

O tuíte rapidamente chegou aos deputados que o inquiriam.

"Sr. Dorsey, o que está ganhando na enquete da sua conta do Twitter, sim ou não?", perguntou Kathleen Rice, deputada democrata por Nova York, levantando a sobrancelha por detrás da armação grossa de tartaruga.

"Sim", respondeu Dorsey, com o canto dos lábios apontando para cima por trás da barba, tentando reprimir um sorriso.

"Sua capacidade de realizar várias tarefas ao mesmo tempo é impressionante", ela respondeu.

Mas Dorsey não pretendia continuar com todas essas tarefas por muito mais tempo.

Nenhuma lei foi criada a partir dessas longas horas de inquirição. A imprensa caía matando em cima de Dorsey e do Twitter, independentemente do que ele dizia. E a maioria dos legisladores parecia querer saber apenas sobre decisões específicas de conteúdo mantido ou retirado no ar, ou sobre limitações ao alcance de suas próprias contas: "*Por que isso caiu? Por que aquilo ficou? Por que minha conta foi vítima de shadowban?*". Não parecia que eles se importavam com o futuro da tecnologia ou em resolver os problemas dos quais reclamavam.

Determinado, Dorsey insistia que líderes mundiais não deveriam estar sujeitos às mesmas regras que outros usuários do Twitter e se recusava a suspender as contas deles quando postavam ameaças que poderiam resultar em expulsão da plataforma para uma pessoa comum. Também defendeu com firmeza Alex Jones, *podcaster* de extrema direita e conspiracionista do tiroteio de Sandy Hook, depois de ele ter sido banido do Facebook, do YouTube e da rede de podcasts da Apple, dizendo que Jones não tinha violado nenhuma regra do Twitter. Depois, quando a pressão aumentou e Jones usou o Twitter para dizer aos seus apoiadores que preparassem "suas armas" contra a grande mídia e perseguissem um jornalista, Dorsey cedeu e baniu tanto o divulgador de teorias da conspiração quanto a empresa dele, Infowars.

Vijaya Gadde assumiu as críticas do Twitter com mão firme. Ela tinha entrado no Twitter em 2011, no momento em que Dorsey ainda estava tentando voltar para o dia a dia da empresa. Quando ele garantiu o segundo mandato como CEO, em 2015, o assédio crescia numa velocidade galopante na plataforma. Sob os cuidados dele, ela elaborou o código de conduta do Twitter, estabelecendo regras com sua equipe e com a anuência de Dorsey. Para os outros executivos do Twitter, Gadde era, assim como Leslie Berland, uma das poucas pessoas de confiança que conseguiam falar a língua de Dorsey. Ela conseguia convencê-lo a acatar suas sugestões e conseguia traduzir as vontades dele para advogados e investidores, que, sem isso, o achariam inescrutável.

Gadde nasceu na Índia e se mudou com a família para os Estados Unidos aos três anos de idade. Cresceu em Beaumont, uma cidadezinha no sudeste do Texas, onde seu pai tinha que pedir autorização para as lideranças do Ku Klux Klan para sair vendendo seguros de porta em porta. Depois do ensino médio, ela estudou direito na New York University. Durante uma década trabalhou no Vale do Silício para o poderoso escritório Wilson Sonsini Goodrich & Rosati, dedicando-se às aquisições complexas e a questões de governança corporativa. No Twitter, ela evitava os holofotes e às vezes, quando precisava fazer uma declaração pública, sua voz chegava a falhar. Protegia ferozmente sua relação com Dorsey, e alguns colegas reclamavam que ela não lhes passava informações sobre as movimentações e opiniões dele.

Em março de 2020, Gadde entendeu que o Twitter precisaria de novas regras de banimento da desinformação sobre a covid para poder derrubar tuítes que promovessem tratamentos ineficazes ou espalhassem teorias da conspiração, como a ideia de que a tecnologia 5G era a origem do vírus. Mas havia um problema: o Twitter não tinha estrutura para lidar com a desinformação, nem uma equipe responsável por isso.

Diferente das outras empresas de mídias sociais — que simplesmente corriam para remover uma postagem, sem dar explicação, e depois justificavam retroativamente a decisão —, no Twitter era preciso haver primeiro uma regra, e a regra precisava ser pública. Às vezes o Twitter publicava rascunhos de novas regras e passava meses — ou até anos — reunindo feedback antes de finalizá-las e implementá-las. Foi essa abordagem burocrática que havia permitido a Jones permanecer na plataforma por muito mais tempo do que em outras. O Twitter esperou Jones quebrar um número suficiente de regras do site para que merecesse então ser banido.

Mas a covid mudava a situação. Gadde procurou Yoel Roth, um subordinado seu que havia ajudado a identificar e erradicar contas de desinformação russa depois das eleições de 2016.

Roth, um homem sério e com rosto infantil, tinha passado a maior parte da sua carreira no Twitter, combatendo desinformação. Entrou na empresa em 2015, logo depois de defender uma tese de doutorado sobre comunicação e comunidades virtuais, e pouco antes da covid tinha redigido um documento que, na história do Twitter, foi o que mais próximo se chegou a uma política sobre desinformação. As novas regras proibiam os usuários de compartilhar fotos e vídeos modificados por inteligência artificial. Esse conteúdo, conhecido como *deepfake*, incluía vídeos falsos de políticos fazendo declarações falsas, ou pornografia artificial que colocava o rosto de uma pessoa no corpo de outra, e estava se tornando comum com a maior oferta de softwares de edição de vídeo e de IA e a facilidade crescente em usá-los. Depois de debater com sua equipe, Roth decidiu que as pessoas que compartilhassem *deepfake* no Twitter seriam expulsas na grande maioria dos casos, mas se os usuários criassem esse conteúdo como paródia, o Twitter apenas rotularia o tuíte, avisando que ele continha mídia manipulada.

Os executivos do Twitter simpatizaram com a ideia de aplicar rótulos nos tuítes, Dorsey mais do que todos os outros, por estar de saco cheio da pressão do Congresso e do público em relação à desinformação. A empresa não tinha nenhum interesse em se tornar um árbitro da verdade, ele pensava, e essa posição era insustentável num ambiente político polarizado em que a própria ideia de verdade era contestada. Rótulos resolviam, em grande escala, o problema do Twitter, que não precisaria derrubar o conteúdo das pessoas. Cada dia parecia um novo exercício de simulação de incêndio, e Dorsey estava se acostumando a isso.

A decisão de rotular alguns tuítes arriscados permitia que o Twitter protegesse sua reputação — *alguma coisa* ele estava fazendo em relação à desinformação — sem precisar checar a veracidade de cada postagem questionável ou adentrar o terreno da censura de conteúdo não verificado. Dorsey se preocupava com censura e preferia cometer erros deixando tuítes online.

Então a pandemia começou. O uso do Twitter explodiu, com as pessoas abrigadas em suas casas no planeta inteiro, completamente dependentes do telefone para ter contato com o mundo, e o Twitter se tornou um lugar de referência onde médicos podiam dar dicas de como evitar o vírus, cientistas podiam escrever fios imensos sobre as descobertas das pesquisas mais recentes e um exército de especialistas em coisa nenhuma podia espalhar teorias sobre a origem do vírus, questionar a eficiência das máscaras ou fazer suas próprias previsões sobre a duração e a gravidade da pandemia.

O Twitter foi inundado por desinformação sobre a covid, e a equipe de moderação de conteúdo ficou sobrecarregada. Suas únicas ferramentas eram apagar tuítes ou suspender usuários, e eles tentavam reservar essas punições às postagens mais perigosas — como aquelas que incentivavam "curas" falsas que eram na verdade nocivas.

Entre os especialistas que se consultavam com o dr. Google, estava Musk. Em 6 de março, ele tuitou "o pânico com o coronavírus é idiota". Duas semanas depois, num dia em que os Estados Unidos registraram 2 mil casos conhecidos de covid, ele postou que o país chegaria a "quase 0 casos novos" no fim de abril e que "as crianças são basicamente imunes" à doença. (As crianças não são imunes ao vírus, e os Estados Unidos tiveram em média 20 mil novos casos diários de covid no fim de abril.) Munido com aparentemente pouca informação além do que lia na sua timeline do Twitter e em links aleatórios em que clicava, Musk discutia com virologistas e médicos no site, lançava dúvida sobre as taxas de testes com resultado positivo para o vírus no país e recomendava um medicamento — a hidroxicloroquina, para o tratamento de malária — que não tinha efeito verificável na doença.

De certa forma, Musk apenas imitava o método pelo qual havia aprendido sobre foguetes ou desenvolvimento de automóveis, áreas nas quais ele tinha pouca experiência prévia: consumia informações disponíveis, fazia julgamentos rápidos e postulava, com seu típico comportamento de quem discorda de tudo, que sabia mais que os especialistas. Com foguetes e carros, ele foi extremamente bem-sucedido. Então por que não poderia estar certo mais uma vez, agora em relação à covid?

Havia também um motivo financeiro para incentivar Musk a duvidar da gravidade do vírus. Uma pandemia iria desestabilizar a economia e, mais que isso, as operações da Tesla e da SpaceX. As pessoas que trabalhavam na linha de produção seriam obrigadas a ficar em casa. O bilionário sempre havia exigido que as pessoas trabalhassem presencialmente e botassem a mão na massa, e os lockdowns da covid impediriam que isso acontecesse. Em 13 de março, enviou um e-mail para a empresa toda, incentivando os funcionários da SpaceX a continuar indo para o escritório porque havia visto dados que, segundo ele, mostravam que a doença "*não* estava entre os 100 maiores riscos pra saúde nos Estados Unidos".[1]

"Como base de comparação, o risco de morrer de C19 é *substancialmente* menor que o risco de morrer voltando pra casa dirigindo", escreveu. "Há cerca de 36 mil mortes por automóveis [por ano], em comparação com 36 mortes neste ano até agora por C19."

Enquanto a SpaceX permaneceu aberta — definida como um negócio essencial devido aos contratos governamentais —, a Tesla foi obrigada a obedecer às ordens de isolamento social da Califórnia, deixando Musk enfurecido. As ordens de isolamento social significavam que os trabalhadores dele não estavam na fábrica. O bilionário ficou de saco cheio, e às 23h14 de 28 de abril tuitou "LIBERTEM A AMÉRICA AGORA MESMO". Depois respondeu a uma ativista da extrema direita, que tinha declarado que o mais assustador da pandemia era como os americanos facilmente "se curvavam e desistiam da sua liberdade conquistada com sangue em nome de políticos corruptos". Musk disse que a observação dela era "verdade".

Ele seguiu com sua diatribe no dia seguinte, numa reunião de resultados da Tesla. Admitiu que a empresa estava preocupada, sem saber se conseguiria retomar rapidamente a produção de carros em Fremont. "A prorrogação da ordem de isolamento social, ou sinceramente eu chamaria de 'aprisionamento forçado das pessoas em suas casas a despeito de todos os seus direitos constitucionais' — é a minha opinião — e tirar a liberdade das pessoas de maneiras horríveis e erradas, não foram esses os motivos que fizeram as pessoas virem para a América e construir este país", disse. "Que merda é essa? Me desculpem. Afronta. Isso é uma afronta."

"Se alguém quer ficar em casa, ótimo", continuou. "As pessoas têm o direito de ficar em casa e não devem ser obrigadas a sair. Mas dizer que não podem sair de casa e que serão presas se saírem, isso é fascismo. Isso não é democracia. Não é liberdade. Devolvam a merda da liberdade para as pessoas."

No Twitter, o tsunami de tuítes sobre a pandemia era diferente de tudo com que Gadde e sua equipe já haviam lidado. A cada dia surgiam novos detalhes sobre o vírus, de modo que uma postagem de hoje podia ser desinformação amanhã.

Roth apelou para Dorsey. Disse que o Twitter poderia usar os rótulos criados para *deepfakes*, acrescentando avisos sobre tuítes enganosos a respeito do vírus. Mas havia um problema: a mensagem que alertava os usuários sobre mídia manipulada havia sido colocada diretamente no código do Twitter, então só poderia ser usada para isso. Dorsey decretou emergência e pediu que as equipes de produto e engenharia criassem um rótulo capaz de incluir qualquer tipo de aviso solicitado pelos moderadores de conteúdo do Twitter. Roth desenvolveu a nova ferramenta e logo começou a aplicar rótulos na desinformação sobre a covid.

A empresa de fato removeu milhares de tuítes, obedecendo a sua política de avaliar "conteúdo comprovadamente falso ou potencialmente enganador", que tinha "grandes riscos de provocar danos", mas deixou no ar centenas de milhares de outros, incluindo os de Musk, que questionavam a resposta oficial à pandemia mas não chegavam a cruzar o limite do Twitter e ser desinformação nociva.

Sem ter o fim da pandemia em vista, Dorsey apostou na estratégia dos rótulos. Às vésperas das eleições presidenciais de 2020 nos Estados Unidos a empresa estava sob fogo cerrado, sendo cobrada para fazer algo a respeito da enxurrada sem fim de tuítes irresponsáveis do presidente Trump. A política de ignorar violações de regras de líderes mundiais vinha de longe, com o argumento de que o interesse público prevalecia sobre possíveis danos. Mas talvez o Twitter não precisasse apagar mensagens de Trump, pensou Roth. Talvez os tuítes dele pudessem receber um outro rótulo. Dorsey o autorizou a ir em frente com isso.

Trump tinha começado a vociferar contra o processo eleitoral, alertando sobre resultados fraudulentos e reclamando do voto pelo correio, que possivelmente favoreceria seu oponente, Joe Biden.

> Donald J. Trump
> @realDonaldTrump:
>
> Não tem CHANCE NENHUMA (ZERO!) dos votos pelo correio não serem necessariamente fraudulentos. Caixas de correio serão roubadas, cédulas serão forjadas e até impressas ilegalmente e com assinaturas falsificadas. O governador da Califórnia está enviando cédulas pra milhões de pessoas, e qualquer um...
>
> 8:17 AM 26 MAIO 2020
>
> ♡ 34 MIL   ↻ 30 MIL   ♡ 82 MIL

> Donald J. Trump
> @realDonaldTrump:
>
> ... morando no estado, não importa quem seja nem como chegou lá, vai receber uma. Depois disso, profissionais vão dizer a essas pessoas, sendo que muitas delas nunca nem sonharam em votar, em quem e como elas devem votar. Esta será uma Eleição Fraudada. Sem chance!
>
> ♡ 12 MIL   ↻ 11 MIL   ♡ 47 MIL

O Twitter realizou uma pequena intervenção: colocou apenas um link abaixo do tuíte de Trump, sugerindo aos usuários que "verifiquem as informações sobre votos pelo correio" em um artigo da CNN. A reação, no entanto, foi imensa.

Republicanos condenaram a ação, chamando-a de "censura", e Trump atacou o Twitter com mais tuítes nesse dia. A empresa estava "interferindo" na eleição e "reprimindo completamente a LIBERDADE DE EXPRESSÃO", esbravejou. Enquanto Dorsey aguentava a maioria das críticas, os apoiadores de Trump começaram a atacar outros funcionários. Kellyanne Conway, umas das conselheiras mais antigas do presidente, dirigiu sua ira para Roth, depois que tinham começado a vasculhar antigos tuítes dele em busca de alguma prova de viés político de esquerda entre os trabalhadores do Twitter.

Logo encontraram o que estavam procurando. "Só tô dizendo que existe um motivo pra sobrevoarmos esses estados que votaram numa mexerica racista", ele tuitou em novembro de 2016, quando ainda era um funcionário júnior. Numa postagem de 2017, escreveu que havia "NAZISTAS DE VERDADE NA CASA BRANCA". Fizeram capturas de tela dos tuítes e espalharam pelo site, tornando Roth, uma das principais pessoas do Twitter a ajudar a lidar com campanhas contra agressões, o principal alvo de uma delas. Em entrevistas, Conway chamou Roth de censor, e Trump reforçou o ataque posando para fotos em que segurava um exemplar do *New York Post* com uma reportagem de capa sobre Roth e sua suposta censura.

É claro que o Twitter já havia lidado com campanhas violentas, mas poucos funcionários além de Dorsey tinham sido alvejados nesse nível: de repente Roth se tornou uma formiga sob um foco de luz, sendo examinada num microscópio. Enquanto o Twitter fazia controle de danos, Roth interrompeu suas atividades. O Twitter colocou um segurança do lado de fora da casa dele, uma vez que pela internet corriam ameaças de morte. Dorsey também tentou assumir. "Se existe uma pessoa responsável por nossas ações como empresa, em última análise essa pessoa sou eu. Deixem nossos funcionários fora disso", tuitou em 27 de maio.

Os rótulos do Twitter incentivaram Trump a tuitar mais, levando Gadde e sua equipe a estabelecer um protocolo para rotular os tuítes dele. Apenas poucas pessoas podiam tomar a decisão final de colar um rótulo nas postagens do presidente, incluindo a própria Gadde, Del Harvey, diretora de segurança, e Roth. Quando os moderadores de conteúdo marcavam um tuíte de Trump que parecia violar regras do Twitter, Harvey e Roth recebiam um alerta urgente. Se não respondessem, Gadde receberia outro na sequência.

Os executivos moravam na área da baía, perto da sede do Twitter, e cotidianamente eram acordados de repente, de madrugada, por alguma mensagem de alerta sobre Trump, que costumava passar um tempo da manhã tuitando no seu quarto, na Casa Branca, antes de começar o dia. Rapidamente o protocolo deixou de ser algo monumental, com consequências históricas — um funcionário do Twitter que decidia restringir afirmações feitas pelo líder do "mundo livre" — e se tornou um leve incômodo com que lidar entre o toque do despertador, o café, as crianças se aprontando para a escola. Sean Edgett, diretor jurídico da empresa, entrou no grupo que recebia alertas dos tuítes doidos de Trump, mas Dorsey foi propositadamente deixado de fora da lista. Às vezes era difícil encontrá-lo, em suas viagens pelo mundo e ausências frequentes.

Para alguns empregados, Dorsey parecia cada vez mais desiludido com o Twitter e as batalhas diárias pela liberdade de expressão. Ao longo do tempo, o Twitter criou uma política de advertências que expulsava usuários da plataforma depois de receberem diversos rótulos de alerta ao conteúdo. Dorsey começou a se perguntar se Gadde não estava indo longe demais ao banir as pessoas, transformando o Twitter novamente em censor — algo que ele esperava ser possível de evitar com os rótulos. Dorsey também odiava os pedidos de funcionários do governo, incluindo o FBI e a Casa Branca, que marcavam tuítes para serem derrubados, acreditando que eles violavam as políticas da empresa. Parecia que a empresa estava seguindo as ordens de muitas pessoas de fora e se desviando da sua missão, que era ser uma praça pública aberta.

Os desentendimentos de Dorsey com seu maior chefe de segurança vieram a público em outubro, apenas algumas semanas antes das eleições presidenciais dos Estados Unidos. Antes da votação, em novembro, o FBI alertou repetidas vezes o Twitter e outras empresas do Vale do Silício para que se preparassem para campanhas de agressões e vazamento de dados, parecidas com aquelas de 2016, quando os e-mails de Hillary Clinton foram publicados parcialmente no Twitter por um hacker.

Como a equipe de Gadde continuou recebendo alertas do FBI, eles se prepararam para algo parecido. Dois anos antes, a empresa refletira sobre a intromissão dos russos em sua plataforma e Gadde instituiu uma nova regra proibindo usuários de compartilhar informações obtidas por hackeamento. Se isso acontecesse novamente, o Twitter bloquearia a publicação de documentos ou informações obtidos de forma irregular na plataforma e suspenderia qualquer conta que tentasse publicá-los.

Em pouco tempo essa política começou a ser testada. Em 14 de outubro de 2020, o *New York Post* publicou uma reportagem explosiva com e-mails extraídos de um laptop que pertencia a Hunter Biden, filho do candidato à presidência, Joe Biden. As mensagens mostravam que o filho havia intermediado uma reunião entre o pai e um executivo ucraniano com quem ele trabalhava, contradizendo a afirmação de Joe Biden de que nunca havia se envolvido com os negócios do filho. Havia também imagens de Hunter nu, uma violação da política do Twitter que proíbe a publicação de imagens explícitas sem consentimento da pessoa fotografada e imagens que contêm uso de drogas.

A origem dos e-mails era incerta. Segundo o *Post*, o laptop de Hunter havia sido entregue por uma loja de assistência técnica.

Para os executivos do Twitter, a reportagem parecia ter todas as características típicas de uma *hack-and-leak*: e-mails constrangedores vazados por uma fonte desconhecida, bem a tempo de influenciar a eleição presidencial. Rapidamente Gadde decidiu impedir o compartilhamento do link do artigo pelo Twitter. Ela também autorizou a suspensão da conta oficial do *New York Post* na rede social, um gesto que impediu o veículo de compartilhar qualquer outra reportagem até que apagasse o tuíte com o texto sobre Hunter Biden.

A reação foi imediata e raivosa. Legisladores republicanos e membros da campanha de Trump acusaram o Twitter de censura, e até alguns democratas questionaram se, ao cercear um veículo da grande imprensa, o Twitter não teria ultrapassado limites. O próprio Dorsey contestou a decisão. "Nossa comunicação em torno das nossas ações no artigo do @nypost não foi boa", escreveu. "E bloquear o compartilhamento de um link via tuíte ou DM [mensagem privada] com 0 de contextualização ou explicação do porquê bloqueamos: inaceitável."

A declaração foi confusa. Quem ele estava criticando? Internamente, no entanto, os funcionários sabiam a quem a mensagem se dirigia. Apesar de ter incentivado os executivos que ele colocou em posições de poder a tomar decisões por si mesmos, agora estava de fato repreendendo Gadde. Ela acusou o golpe, sobretudo porque ele era mais duro e direto na comunicação pública do que nas críticas que fazia no privado, disse a pessoas próximas.

Em 16 de outubro, o Twitter decidiu limitar a regra de conteúdos hackeados, impedindo apenas que os próprios hackers compartilhassem informações que obtivessem e acrescentando rótulos a outros tuítes sobre os e-mails de Biden, como alerta para os usuários de que a fonte deles era desconhecida. O *Post* poderia voltar a compartilhar seus links, mas a controvérsia ainda durou semanas.

Em 3 de novembro, dia das eleições, o Twitter alocou uma equipe para rastrear ininterruptamente desinformação e resultados dos votos. Quando ficou claro que Biden derrotaria Trump, a equipe identificou tentativas de minar a confiança no processo eleitoral. A empresa rotulou cerca de 300 mil tuítes num período de duas semanas a partir das eleições.[2] Quase 40% dos tuítes de Trump sobre as eleições receberam rótulos, alertando que o conteúdo deles "pode ser enganoso em relação às eleições ou outro exercício de cidadania".

Dorsey endossara a rotulação ou remoção imediata de informação enganosa sobre a covid no começo da pandemia. Mas, com o advento de vacinas recém-criadas por empresas farmacêuticas como Johnson & Johnson e Pfizer, ele hesitou quanto a agirem contra tuítes que questionavam a eficiência das vacinas. Inicialmente, tinha dado total liberdade para Gadde tomar decisões, mas, quando chegou a primavera, passou a acompanhar de perto o protocolo da política de moderação de conteúdo sobre as vacinas e a pandemia.

Pediu para ser incluído nos e-mails internos usados pelos moderadores, que disparavam uma mensagem automática quando um tuíte era removido por violar a política de desinformação em relação à covid, mostrando desconfiança em relação às decisões dos moderadores. Depois, o CEO do Twitter foi contrário aos rótulos aplicados na conta de Alex Berenson, antigo repórter do *New York Times* que havia se tornado um opositor ferrenho das vacinas. Também implicou com a remoção de tuítes que discutiam a vacinação, questionando se eles realmente violavam a política do Twitter sobre espalhar desinformação. Os e-mails de Dorsey, sempre de poucas palavras, chegavam semanalmente à caixa de entrada de Gadde, promovendo pequenos e recorrentes desgastes na relação dela com o chefe.

Nem ela nem os outros conseguiam entender por que ele havia começado de repente a se envolver tanto. Ainda assim, Gadde tentou não tomar decisões a respeito da política de covid antes de falar com Dorsey. "Preciso conversar sobre isso com o Jack, e não sabemos quando ele vai responder", ela dizia para a equipe. Projetos sobre como lidar com tuítes incendiários ou tratavam do tema do vírus ficavam muitas vezes parados.

Algumas pessoas que trabalhavam no Twitter especulavam que Dorsey estava cético em relação às vacinas. Com o passar do tempo, os funcionários mais próximos dele passaram a supor que não tivesse se vacinado, mas, como o escritório do Twitter continuava fechado e ele não aparecia, nunca conseguiram ter certeza.

Em 6 de janeiro de 2021, por volta do meio-dia, Dorsey estava no meio do Pacífico Sul quando recebeu o telefonema de Gadde recomendando que ele deixasse o presidente americano de castigo. Ele estava em Tetiaroa, um atol intocado na Polinésia Francesa, num resort de luxo chamado The Brando. Foi ali, numa ilha de formação vulcânica, protegida do mar aberto por uma fortaleza natural de corais, que Dorsey decidira tocar seus dois negócios enquanto grande parte do mundo permanecia isolada durante a pandemia.

A maioria dos funcionários não fazia ideia de onde Dorsey estava, e alguns executivos tentavam manter sua localização em segredo. Seria horrível para o moral dos trabalhadores — muitos deles confinados a suas próprias camas ou sofás durante o trabalho — se soubessem que seu líder estava numa ilha com 33 chalés particulares, passeios de caiaque e um amplo spa com tratamentos personalizados de massagem. Alguns meses antes, Kim Kardashian gastara 1 milhão de dólares para alugar o resort inteiro para seu aniversário de quarenta anos, sendo amplamente criticada por fazer uma festa durante a pandemia.

Do Brando, com um fuso de três horas a menos em relação à sede de San Francisco, o diretor-executivo do Twitter entrou em uma reunião com as lideranças do Twitter para revisar as metas da empresa para o ano. Foi então que os executivos começaram a receber alertas sobre um grande grupo de apoiadores de Trump se reunindo em Washington, D.C. Eles haviam sido atraídos até lá pelo presidente, com a promessa de uma manifestação épica. Trump tinha tuitado muitas vezes que seu vice-presidente, Mike Pence, poderia reverter o resultado das eleições.

Fazia mais de quatro anos que Dorsey resistia à ideia de expulsar Trump do Twitter, aferrando-se cada vez mais a essa posição quanto mais o criticavam. Os líderes do Twitter decidiram encerrar a reunião de metas, ainda que alguns deles estivessem de olho na plataforma e nas notícias à medida que os apoiadores de Trump rumavam para o Capitólio.

Para os funcionários de confiança e segurança da empresa, era evidente o potencial de violência. Fazia meses que Harvey e Roth avisavam que Trump usaria sua conta para causar problemas e defendiam que ele fosse retirado da plataforma. Algumas semanas depois das eleições de novembro, Roth havia elaborado um documento que chamou de "Protestos pós-eleições e convocatórias para atos violentos", que esboçava que tipo de atividades o Twitter poderia encontrar depois da derrota de Trump e como a empresa deveria responder a isso.

Se houvesse tuítes convocando protestos baseados em desinformação — dizendo que as eleições tinham sido fraudadas ou as cédulas, alteradas —, eles seriam rotulados. Convocatórias para atos violentos de grupos extremistas seriam removidas. Roth também escreveu um código que esquadrinhava o Twitter em busca de expressões cifradas que Trump já havia usado para atiçar seus apoiadores, como *"locked and loaded"* [preparado e pronto para atirar]. Tuítes com essa expressão eram identificados pela equipe de moderação de conteúdo da empresa em trinta minutos, uma resposta rápida para o caso de trazerem ameaças especificamente ligadas às eleições.

Quando começou o ataque, no entanto, Roth percebeu que não havia muita coisa que pudesse fazer. Deixou a televisão de casa no mudo e assistiu horrorizado à turba invadindo o Capitólio, tentando se concentrar no Twitter. Mas poucas pessoas da multidão estavam tuitando sua façanha em tempo real.

A maioria das postagens sobre o ataque vinha de jornalistas, veículos de comunicação ou espectadores apavorados na internet.

Roth também estava observando @realDonaldTrump. Depois de um discurso para seus apoiadores realizado perto da Casa Branca, o presidente se recolheu em sua residência para de lá incitá-los, enquanto eles seguiam para o Capitólio. "Mike Pence não teve coragem de fazer o que deveria ter sido feito", tuitou, vociferando que seu vice não havia interrompido a verificação dos votos e que a eleição lhe havia sido roubada.[3] Tinham "acabado violentamente & sem qualquer cerimônia" com sua "vitória esmagadora e sagrada", ele escreveu.

Roth e sua gerente, Harvey, concordavam que chegara a hora de suspender Trump. Estava claro que ele não seria impedido por centenas de rótulos de alerta colados aos seus tuítes. A postagem sobre Pence apresentava uma ameaça à segurança do vice-presidente e garantia um banimento permanente, argumentou Roth. Com Harvey, ele redigiu uma extensa carta explicando esse raciocínio e apresentou-a para Gadde por chamada de vídeo.

Mas a ideia de expulsar um presidente em exercício da plataforma era demais para Gadde, e temia que Dorsey não aprovasse, mesmo que ela acatasse a sugestão. Para os usuários comuns, sempre havia um processo progressivo até serem banidos. Eles recebiam alertas e eram impedidos de tuitar durante um tempo, para "se acalmar". Se depois disso continuassem a quebrar as regras, eram então suspensos. "Ainda não fizemos isso", argumentou Gadde durante a chamada. "Ainda não o colocamos de castigo."

Quando Gadde desligou, Roth e Harvey ficaram em silêncio, olhando um para o outro. Não havia nada a dizer.

Eles reescreveram a recomendação para Gadde, pedindo um castigo temporário para Trump. "Uma nova violação da política resultará em suspensão", escreveu Roth. Ele ficou olhando para as palavras na tela e editou a frase, aplicando negrito, itálico e sublinhado, para martelar a ideia:

"***Uma nova violação da política resultará em suspensão***".

Enquanto seus apoiadores saqueavam o Capitólio, Trump soltou um vídeo no Twitter repetindo as afirmações de que a presidência tinha sido roubada dele. Cada tuíte seu parecia significar mais violência no mundo real. Não havia como vislumbrar um fim disso se ele continuasse com seu megafone favorito nas mãos. Os executivos de segurança do Twitter atualizaram o arquivo que redigiam para incluir o vídeo de Trump.

Gadde compartilhou o arquivo com os executivos mais seniores do Twitter e eles assinaram embaixo. Beykpour chamou a atenção para a frase enfática de

Roth: "Isso significa que vamos suspendê-lo por qualquer coisa nova?", perguntou. "Muito bom."

"É a coisa certa a fazer", comentou no alto do documento Matt Derella, diretor de atendimento ao cliente. Roth observava os comentários dos executivos aparecendo na lateral do arquivo — mas não via nada de Dorsey.

De seu chalé, Dorsey assistia aos acontecimentos no Twitter e participava de diferentes chamadas emergenciais que tentavam lidar com a loucura. Gadde telefonou para ele para contar a novidade. A ladainha constante de afirmações falsas — e a violência que brotava delas — tinha chegado ao limite. Ao telefone, Gadde disse a Dorsey que tinha decidido bloquear a conta de Trump por doze horas. Do seu refúgio do outro lado do mundo, Dorsey aquiesceu.

Dorsey enviou um e-mail para todos os seus empregados, dizendo que era importante o Twitter seguir suas próprias regras e permitir que qualquer usuário, inclusive Trump, voltasse à plataforma depois de uma suspensão temporária.

Roth estava traumatizado e desabafou com Gadde. "É como se eu tivesse sangue nas minhas mãos", disse a ela.

"Acho que você está se cobrando demais", respondeu Gadde. "Essas decisões não são apenas suas, o sangue não está nas suas mãos. Estamos tomando essas decisões juntos."

Os funcionários estavam furiosos. Seus líderes não tinham reagido à altura. Fazia bastante tempo que muitos deles pensavam que Trump não devia estar na plataforma. Eles viam empresas semelhantes a sua, como o Facebook, banindo unilateralmente o antigo presidente. Enquanto isso, eles iam devolver o megafone favorito do presidente depois de uma noite de pausa.

Mais de trezentos funcionários assinaram uma carta dirigida a Dorsey e outras lideranças da empresa. "Apesar dos nossos esforços para contribuir com o debate público, nós, como megafone de Trump, ajudamos a alimentar os terríveis acontecimentos de 6 de janeiro", dizia a carta, que foi entregue aos executivos na manhã de 8 de janeiro. "Precisamos aprender com os nossos erros para não causarmos mais danos. Temos um papel inédito na sociedade civil e os olhos do mundo estão voltados para nós. Nossas decisões desta semana vão consolidar nosso lugar na história, para o bem ou para o mal."[4]

A carta exigia que Trump fosse suspenso imediatamente. Mas alguns engenheiros seniores da empresa foram ainda mais longe. Começaram a discutir o que fariam se Dorsey se recusasse a fazer isso, e ficou decidido que parariam de trabalhar no fim de janeiro se Trump permanecesse na plataforma — fosse fazendo uma greve ou pedindo demissão em massa.

Trump voltou do seu castigo de doze horas sem nenhum remorso. Declarou que não estaria presente na posse de Biden — uma mensagem que muitos funcionários do Twitter viram como um convite a seus apoiadores para que provocassem mais desordem durante o evento. Em outro tuíte de 8 de janeiro, referiu-se aos seus apoiadores como "grandes patriotas americanos", cujas vozes seriam ouvidas por muito tempo no futuro. "Eles não serão desrespeitados ou tratados injustamente, nem aqui nem em lugar nenhum!!!", escreveu.

Harvey acreditava que os tuítes estavam incitando mais violência, e Roth concordava. Gadde e Edgett estavam resistentes — as mensagens eram de certa forma cifradas e podiam ser interpretadas por alguns leitores como inofensivas. Diversos advogados da empresa pressionaram Edgett a mudar de opinião, enquanto Roth e Harvey apelaram para Gadde. Harvey estava observando as reações à declaração de Trump de que faltaria à posse e via que os apoiadores dele estavam interpretando isso como ela temia: um incentivo para atacar. Ela insistiu com Gadde, dizendo que o risco de violência era insustentável.

À tarde, Harvey e Roth se reuniram para escrever uma nova recomendação: Trump tinha de cair. Enquanto redigiam isso, falavam com Gadde ao telefone e defendiam sua opinião, e ela acabou por ceder. Eles continuaram trabalhando, Gadde desligou para ligar para Dorsey e para o conselho do Twitter.

O conselho concordou com a recomendação de Gadde. Mas Dorsey tinha um pedido: se Trump fosse removido, o Twitter deveria anunciar seus motivos publicamente para que o mundo ficasse sabendo.

De repente, o documento que Harvey e Roth estavam elaborando teria de servir como explicação oficial da decisão histórica de silenciar o líder dos Estados Unidos, interrompendo a comunicação dele com seus 88 milhões de seguidores.

Eles prepararam o documento para publicação bem depressa. Líderes mundiais "não estão acima das nossas regras e não podem usar o Twitter para estimular violência", escreveram os dois executivos de política. Os novos tuítes de Trump "podem estimular outras pessoas a replicar os atos de violência que aconteceram em 6 de janeiro de 2021, e há inúmeros indicativos de que estão sendo recebidos e entendidos como um incentivo".

Harvey não tinha tempo para refletir sobre a decisão. Já estava suficientemente preocupada com as consequências para o próprio Twitter. Remover uma conta como a de Trump, que correspondia a uma imensa parcela do gráfico de interação do Twitter — a rede de conexões entre usuários e seus seguidores — poderia facilmente derrubar o serviço inteiro. Congelar a conta era apenas uma parte do processo. Ela também deveria ser removida do gráfico de interação — das listas de seguidores e de pessoas seguidas de outros usuários — e de milhares de listas de contas bloqueadas das pessoas que tinham ficado de saco cheio de Trump aparecendo no feed delas. Depois de 6 de janeiro, ela havia montado discretamente uma equipe de engenheiros para calcular se seria possível remover Trump sem acabar derrubando o Twitter. Telefonou para diversos engenheiros da equipe e avisou que Trump estava prestes a sair e que a missão deles não era mais hipotética.

Por já ter experimentado a reação dos apoiadores de Trump, Roth estava preocupado com a segurança. Moveu o arquivo que ele e Harvey tinham escrito para uma conta anônima e apagou o nome de todos os outros funcionários que tinham trabalhado no rascunho ou feito comentários nele. Se vazasse, os funcionários que tinham tomado a decisão de banir Trump seriam anônimos.

Então, logo depois das três da tarde, chegou a hora.

No painel de controle interno que administrava todas as contas do Twitter, havia um grande botão vermelho com as palavras "PERM-SUSPEND" [suspensão definitiva]. Se clicado, ele encerraria definitivamente a conta de um usuário, dando início ao processo de engenharia de apagar seu gráfico de interação. Harvey decidiu que ela mesma apertaria esse botão.

Roth se levantou da mesa de trabalho e subiu até a sala de estar, onde seu marido assistia às notícias. "Vai acontecer uma coisa agora", disse. Logo depois, apareceu a notícia: @realDonaldTrump tinha desaparecido.

Ter passado dias numa deliberação coletiva não impediu que mais uma vez Dorsey questionasse em público Gadde e sua equipe. Apesar de ser o CEO, Dorsey tirou o corpo fora mais uma vez, fazendo a decisão sobre Trump parecer algo pelo qual ele não era responsável e que, no fim das contas, não tinha hombridade para defender plenamente. "Acredito que foi a decisão correta para o Twitter. Estávamos diante de uma situação extraordinária e insustentável, que nos forçou a concentrar todas as nossas ações pelo bem da segurança pública", ele tuitou em 13 de janeiro, de seu esconderijo na ilha. "Dito isso, ter de banir uma conta tem consequências reais e significativas. Ainda que haja exceções óbvias e evidentes, sinto que o banimento é um fracasso nosso em promover conversas saudáveis, em última análise."

A expulsão de Trump impactou a equipe de segurança. Logo depois, Harvey se viu às voltas com a ansiedade. Seguranças armados foram posicionados na frente de sua casa, preparados para defendê-la contra ataques. Ela tinha visto o ponto fraco da internet, mas a invasão do Capitólio a deixou mais preocupada, uma vez que alguns comentaristas rapidamente normalizaram o acontecimento. Ela achava que a vida das pessoas estava sendo lançada no meio de um jogo político, um jogo que encobria um fracasso social. Começou a planejar um afastamento do Twitter e programou sua saída para o outono seguinte. Em junho, quando o presidente nigeriano Muhammadu Buhari tuitou uma ameaça contra separatistas regionais, mencionando a Guerra Civil Nigeriana e prometendo tratar seus opositores com "a linguagem que eles entendem", Harvey agiu rapidamente, suspendendo temporariamente a conta de Buhari e exigindo que ele apagasse o incitamento à violência.

Quando Gadde percebeu o que Harvey tinha feito, ficou incomodada de não ter sido consultada. O governo da Nigéria reagiu banindo o Twitter do país, um embargo que foi resolvido apenas depois de meses e tensionou a relação de Gadde e Harvey. Trump fez uma declaração aplaudindo a decisão, dizendo "Parabéns à Nigéria, que acaba de banir o Twitter por ter banido seu presidente". Em outubro, um dia antes de completar seu 13º ano no Twitter, Harvey pediu demissão.

Pessoas próximas a Dorsey dizem que o banimento de Trump também o afetou. Era o limite que, durante quase meia década, ele tinha prometido não ultrapassar. O Twitter não era uma praça pública aberta, livre e idílica. "Era como se ele fosse uma criança que construiu um robô, que depois destruiu o mundo", disse um antigo executivo do Twitter.

7.
Planejamento de recursos

Em 25 de fevereiro de 2021, o Twitter organizou um evento espalhafatoso chamado Dia do Analista para apresentar aos investidores as novas metas corporativas que haviam sido estabelecidas com Cohn: dobrar a receita anual para 7,5 bilhões de dólares até o fim de 2023 e atrair 315 milhões de usuários ativos diariamente até a mesma data.[1]

Kayvon Beykpour, líder de produtos para consumidores do Twitter, e Bruce Falck, que estava à frente da equipe de produtos para os anunciantes, eram os principais responsáveis por essa projeção e confiavam na capacidade deles de atingi-la em cerca de três anos. Beykpour atrairia milhões de novos usuários com funções inovadoras e Falck aumentaria a receita com a segmentação de anúncios cada vez mais precisa.

Mas os valores de Falck pareciam especialmente ambiciosos para outros executivos. Ele tinha afirmado que conseguiria levar o Twitter a obter 10 bilhões de receita até o fim do período. Ned Segal, antigo banqueiro do Goldman Sachs, um homem de cabelo escuro e covinhas que era o diretor financeiro da empresa naquele momento, reduziu os valores de Falck antes que Dorsey os apresentasse aos investidores, alertando o conselho de que eram absurdos.

Até mesmo os números reduzidos pareceram extravagantes para alguns executivos; era como se um jogador reserva da NBA afirmasse ser capaz de fazer trinta pontos por jogo e chegar a um All-Star Game dentro de três anos. Eles significavam que a empresa precisaria aumentar a receita de 2020, de 3,7 bilhões de dólares, e melhorar consideravelmente os números de usuários, que giravam em torno de 192 milhões de contas ativas diárias.

As projeções deixaram líderes da empresa extremamente desconfortáveis. "Nós nos olhávamos, sabendo que não teria como atingir essas metas", disse um deles.

Ainda assim, Dorsey acreditava que Falck e Beykpour conseguiriam atingir os resultados. Para ajudá-los, Dorsey pediu ao conselho para apoiar o que ele chamou de "Planejamento de recursos", que equivalia a um período de muitos gastos. Como a maioria das empresas de tecnologia, o Twitter havia saído do pico da pandemia menos prejudicado do que os líderes tinham previsto.

Houve um grande aumento no engajamento, uma vez que as pessoas ficaram coladas ao celular durante os lockdowns. Dorsey queria usar o dinheiro extra do balanço patrimonial do Twitter para se libertar da fiscalização do Elliott.

O plano dele era contratar e trazer para a empresa o maior número possível de pessoas. As novas contratações — e as diversas startups estratégicas que o Twitter compraria — desenvolveriam novos produtos e trariam inovações para o Twitter, o que por sua vez traria novos usuários. E quando os novos usuários chegassem aos montes, os anunciantes fariam o mesmo. Isso levaria a um aumento expressivo da receita, acreditava Dorsey. O conselho aprovou o plano de Dorsey sem pensar duas vezes, dando-lhe liberdade para gastar tanto quanto precisasse.

No Dia do Analista, Dorsey apareceu com uma barba longa e quase grisalha e o cabelo, que tinha ficado comprido durante a pandemia, estava puxado para trás, preso em um rabo de cavalo. Ele foi surpreendentemente sincero em relação aos pontos fracos do Twitter.

"Somos lentos, não somos inovadores e não confiam em nós", disse, garantindo para Wall Street que tudo isso estava prestes a mudar. Era a vitória de Cohn, que havia tido sucesso em pressionar Dorsey para que focasse na receita. Sua outra obsessão não tinha desaparecido: ainda achava que a atenção de Dorsey era disputada por problemas demais para que conseguisse conduzir o Twitter diligentemente e que precisava cair fora. Mas isso era um beco sem saída. Dorsey se recusava a sair enquanto Cohn estivesse no conselho, e Cohn não queria abrir mão do controle até ter certeza de que Dorsey iria embora.

O comitê de governança concordou em manter Dorsey como CEO do Twitter, mas Cohn pressionou o conselho a criar um plano de sucessão. Eles montaram uma lista de executivos que poderiam substituir Dorsey quando chegasse a hora. O comitê de governança via potencial em Agrawal, engenheiro brilhante e diretor de tecnologia do Twitter, que tinha a intensidade que faltava a Dorsey.

Ainda que não costumasse chamar a atenção para si, Agrawal tinha tido a inteligência de cultivar um bom relacionamento com membros-chave do conselho. Quase nunca perdia uma reunião do conselho e se empenhava em explicar para os diretores a logística da infraestrutura do Twitter. Para Cohn, o essencial era que Dorsey e muitos engenheiros importantes da empresa também confiavam em Agrawal. Seria um sucessor fácil de digerir para todo mundo.

Dorsey foi ficando cada vez mais distante, e Cohn continuou com sua interferência. Numa reunião com toda a empresa, ele tentou se conectar, mas a internet falhou. Em outra conseguiu entrar, de um refúgio na Costa Rica, e fez uma palestra sobre o poder do Bitcoin, com a câmera do iPad virada para cima, num ângulo que não o favorecia. Os funcionários ficaram inquietos.

Nós não fazemos nada com Bitcoin aqui, pensaram. Depois da reunião, alguns fizeram apostas sobre quando Dorsey sairia da empresa.

No fim de março de 2021, Dorsey já estava de saco cheio de Cohn. Um mês antes ele tinha se comprometido, diante de uma câmera, com as metas exigidas por Cohn. Era hora de ele ir embora, disse Dorsey ao conselho. O conselho começou a negociar a saída de Cohn. Era uma conversa delicada — tanto Cohn quanto Dorsey queriam dar a impressão de ter derrotado seu antagonista.

Cohn poderia ir embora de um jeito positivo, sugeriu o conselho. As ações do Twitter vinham apresentando um desempenho muito além das expectativas mais delirantes — o preço estava acima de setenta dólares, 95% a mais do que quando Cohn tinha passado a integrar o conselho, um ano antes. E os planos de sucessão estavam traçados para quando Dorsey estivesse pronto para sair. Em 31 de março, Cohn concordou em deixar o conselho do Twitter quando a empresa encontrasse um diretor para substituí-lo, e no começo de junho esse substituto havia sido definido.

Em 9 de junho, o Twitter substituiu Cohn por Mimi Alemayehou, uma executiva da Mastercard especializada em desenvolvimento e finanças na África. Numa declaração lacônica, Dorsey foi breve em reconhecer o papel de Cohn no redirecionamento das metas da empresa. "Vamos continuar a nos aprimorar a partir dos nossos pontos fortes e estamos orgulhosos do nosso progresso. Agradecemos a contribuição de Jesse e seu apoio durante um ano importante para nós", disse Dorsey.

Tendo livrado a empresa do Elliott, Dorsey continuou suas viagens pelo mundo, uma vez que o escritório do Twitter seguia fechado. Em agosto, viajou com um amigo, o produtor musical Rick Rubin, para Boca Chica Village, uma cidadezinha do Texas no golfo do México, para se maravilhar com a Starbase, o centro de lançamento de foguetes da SpaceX. Fez uma foto de um foguete de testes imenso, de aço inoxidável, consolidando o *bromance* com seu anfitrião. "Obrigado @elonmusk & @SpaceX ♥", tuitou. Nos bastidores, Musk e Dorsey estavam em contato. Às vezes o CEO da SpaceX escrevia para o líder do Twitter falando das suas chateações com a plataforma, particularmente a respeito de uma conta chamada @ElonJet, que rastreava a localização do avião particular de Musk usando informações públicas sobre voos. O bilionário pressionou para que Dorsey banisse a conta, mas Gadde e sua equipe decidiram que ela não violava nenhuma regra do Twitter.

Tirando as distrações com as viagens e as frustrações com o Elliott, Dorsey ainda se importava com o Twitter. Em setembro, Esther Crawford, diretora de gestão de produto, que tinha entrado na empresa depois de a sua startup ter sido comprada pelo Twitter, fez sua primeira reunião com Dorsey. Ela se planejou para explicar sua ideia de permitir que criadores de conteúdo ganhassem dinheiro na plataforma, um novo possível fluxo de receita para o Twitter, que vinha buscando expandir o negócio para não depender de anunciantes. Se os criadores aceitassem pagamentos em criptomoeda, a estratégia dela também seria uma maneira de trazer o Bitcoin para o Twitter.

Do outro lado da chamada, Dorsey a observou com atenção, parecendo mais um rei-filósofo que um diretor-executivo.

"Não queremos que o Twitter vire um cassino", disse. Para Crawford, Dorsey lembrava um pai coruja cuidando da sua cria. Então ele deu uma guinada e começou a criticar o capitalismo.

"A corporação é maior que o indivíduo, e a corporação só quer ganhar dinheiro a todo custo", continuou. "Ainda que você tenha boas intenções, o poder da corporação vai te corromper. Todos nós podemos ser corrompidos. Até eu posso ser corrompido."

Apesar de ter conquistado uma fortuna de bilhões de dólares com o Twitter, ele estava angustiado com o fato de que o seu produto, uma plataforma de comunicação que buscava conectar as pessoas, só sobreviveria e cresceria por ser um negócio. Talvez fosse esse o pecado original do Twitter: tentar ganhar dinheiro. Ele continuou discutindo com Crawford sobre a ética em torno da monetização para criadores.

"Há mulheres na África que literalmente gastariam dinheiro no Twitter em vez de dar para seus filhos", disse.

Essa função, um serviço de assinatura para criadores do Twitter que daria acesso a um conteúdo premium para os assinantes, foi lançada algumas semanas depois. Mas @jack não continuaria ali por muito tempo para ser testemunha do progresso disso.

8.
Parag

Na manhã do Dia de Ação de Graças de 2021, um dos membros do conselho do Twitter postou um tuíte esquisito.

Martha Lane Fox, uma mulher de negócios britânica que fazia parte do conselho desde 2016, desejou um bom feriado "pra todas as pessoas com quem tenho sorte de trabalhar nos Estados Unidos".

Empreendedora da época pontocom, filantropa e baronesa, membra da Câmara dos Lordes, Lane Fox dava um toque internacional ao grupo de diretores do Twitter. Ainda que não comemorasse o feriado, ela enumerou de cabeça os americanos que trabalhavam com ela, por quem ela era grata: Leslie Berland, Sean Edgett, Vijaya Gadde, os líderes dos recursos humanos, Jen Christie e Dalana Brand, e Ned Segal.

A ausência de um nome era gritante: Jack Dorsey.

Para os empregados que ficavam de olho no conselho, era um sinal forte de que podia ter algo de errado com o diretor-executivo. Alguns pensaram: o que será que o Jack fez agora?

Quatro dias depois, em 29 de novembro, Dorsey não estava mais na chefia do Twitter. A notícia vazou para a imprensa antes que Dorsey conseguisse anunciá-la internamente e, ao acordar, os funcionários do Twitter se depararam com artigos da imprensa espalhados por sua timeline. Correram frenéticos para o aplicativo de comunicação da empresa, o Slack, procurando algum indício de confirmação nos grupos de que faziam parte.

Mas Lane Fox, alguns membros que participaram das conversas restritas sobre a sucessão e os poucos executivos do Twitter em quem Dorsey confiava tinham se preparado para isso. Alguns dias antes, Dorsey tinha entrado na reunião trimestral do conselho e anunciado, em tom soturno, que estava pensando em deixar o cargo de diretor-executivo. Muitos membros do conselho, que não estavam a par dos planos do comitê de governança, ficaram espantados com o anúncio repentino.

Aos poucos, a notícia começou a fazer mais sentido. Dorsey estava cada vez mais desiludido. Quando participava das reuniões, parecia emburrado e taciturno. Ele tinha um último pedido para o conselho: queria que seu sucessor fosse Parag Agrawal.

De início, alguns membros do conselho hesitaram. Para eles, Agrawal era o engenheiro de 37 anos afável que labutava nos bastidores para restabelecer a infraestrutura apodrecida da empresa enquanto os líderes de produtos, finanças e política estampavam as capas de jornal. Sim, ele havia sido incluído no plano de sucessão do Twitter como quem passaria a controlar a empresa por algum tempo, caso Dorsey precisasse ser substituído inesperadamente; mas alguns membros pensavam que Agrawal precisava de mais experiência antes de se tornar o chefe. A maioria das grandes empresas fazia planos contingenciais e elegia substitutos para os cargos importantes. Porém, uma coisa era imaginar um líder inexperiente assumindo como interino, outra era entregar o cargo a ele definitivamente. Alguns pensavam que seria bom fazer um processo de recrutamento para encontrar alguém para substituir Dorsey.

Mas Dorsey estava irredutível e não deu muito tempo para o conselho pensar em uma alternativa. Sua saída imediata obrigava-os a fazer o que não queriam. Eles podiam ficar com Agrawal ou sem nenhum CEO definitivo, o que daria a impressão de que os diretores estavam despreparados. A incerteza pairava em relação ao destino da empresa e ao preço das ações.

O conselho, que tantas vezes tinha apoiado Dorsey, decidiu obedecer parcialmente a sua exigência. Não contratariam uma empresa de recrutamento, não fariam um processo seletivo, não entrevistariam candidatos. Em vez disso, membros do conselho lançariam nomes de executivos que acreditavam ser competentes para o cargo, e os outros os levariam em conta. David Rosenblatt, membro de longa data, que havia dirigido a plataforma DoubleClick antes de ela ser vendida para o Google em 2008 por 3,1 bilhões de dólares, e que havia supervisionado o retorno de Dorsey ao Twitter em 2015, sugeriu que entrevistassem líderes de outras empresas de mídias sociais. Outros sugeriram entregar o cargo de chefia para Agrawal interinamente, enquanto buscavam um líder definitivo.

Colocado contra a parede, o conselho concordou em promover Agrawal. Escreveram e entregaram ao engenheiro uma carta-proposta no dia 29 de novembro, a segunda-feira antes do Dia de Ação de Graças. "O Conselho acredita que você trará contribuições valiosas como CEO da empresa", escreveu Bret Taylor, presidente do conselho do Twitter.[1] Era um texto em linguagem-padrão, mas também apresentava o pacote de remuneração, que, como em um típico cargo de chefia no Vale do Silício, somava uma pequena fortuna.

Ele receberia um salário de 1 milhão de dólares e 12,5 milhões de dólares como participação em ações, a serem pagos ao longo do tempo. Caso fosse demitido repentinamente, também estaria protegido: receberia o valor das ações mais rápido, além de indenização compensatória. O presidente do conselho também usou a carta para reagir contra quem duvidasse de Agrawal.

"O Conselho gostaria de reiterar o entusiasmo com que espera seu aceite desse novo cargo de liderança", Taylor escreveu.

Depois que os boatos da saída de Dorsey tinham circulado pela internet desde as primeiras horas do dia 29 e estavam na *home* de todos os principais sites de notícia dos Estados Unidos, ele enfim se pronunciou. "Não sei se todo mundo já ficou sabendo, mas me desliguei do Twitter", tuitou, cheio de sarcasmo, pouco antes das oito horas da manhã. Também compartilhou o e-mail triunfante que havia enviado pouco antes aos funcionários, anunciando sua saída e a indicação de Agrawal. O assunto era "Voar".

"Parag começou aqui como engenheiro, profundamente engajado no nosso trabalho, e agora ele é nosso CEO (minha trajetória foi parecida... e ele foi melhor que eu!)", Dorsey escreveu. Como Taylor, Dorsey fez questão de plantar a ideia de que Agrawal tinha a aprovação completa do conselho.

"O conselho seguiu um protocolo rigoroso, considerando todas as opções, e indicou Parag unanimemente", disse Dorsey aos funcionários. "Já fazia algum tempo que eu vinha pensando nele para esse cargo, considerando o profundo entendimento que ele tem da empresa e de suas necessidades. Parag esteve por trás de todas as decisões cruciais que ajudaram a transformar esta empresa. Ele é curioso, perspicaz, racional, criativo, exigente, humilde e consciente."

Os elogios pareceram sinceros para quem os conhecia bem, ainda que a descrição de um "procedimento rigoroso" não tenha sido muito precisa. Havia sido apressado, justamente como Dorsey queria.

Os empregados ficaram confusos. A saída de Dorsey, anunciada logo depois do feriado, parecia abrupta e vinha em um momento ruim. Será que outro investidor ativista, como o Elliott, estava se imiscuindo no controle acionário, obrigando Dorsey a sair antes que ele quisesse? Muitos funcionários do baixo escalão do Twitter não sabiam que desde o ano anterior Dorsey estava cada vez mais ausente.

Ficaram ainda mais surpresos ao ver Agrawal ser promovido ao cargo de chefia. Ele não era visto como um líder na empresa, e, se tivessem ficado sabendo dos planos de Dorsey de ir embora, muitos teriam apostado em Beykpour, Segal ou Gadde. Beykpour dominava bem o produto, Gadde havia sido o braço direito de Dorsey por anos e assumido as questões políticas mais pesadas e Segal parecia muito capaz de tocar o negócio depois de ter mantido a empresa saudável durante o tumulto da pandemia.

A maioria das pessoas que trabalhavam no Twitter conhecia bem pouco Agrawal — quando conhecia. E apesar de Dorsey atribuir a ele a transformação do Twitter, muitos não conseguiam enxergar sua contribuição.

Agrawal estava ansioso para mudar isso. Em meados de novembro, logo depois de receber a proposta do cargo de chefia do Twitter, mas ainda antes do anúncio, ele telefonou para um amigo de confiança e disse que Dorsey sairia em breve. Ele seria diretor-executivo do Twitter. E queria conversar sobre quem deveria demitir primeiro.

Agrawal desejava reestruturar e descomplicar a empresa, livrando-se de vários líderes nesse processo. Alguns deles eram seus amigos mais próximos e os funcionários mais antigos do Twitter, mas Agrawal não era apegado a isso. Ele pensava que precisava fazer o melhor pelo Twitter, o que significava promover uma mudança radical para revigorar a empresa.

"Preciso que você me ajude", falou ao amigo. Precisava de conselhos e gostava de refletir sobre decisões difíceis conversando com alguém de confiança, para pesar os prós e contras. Gostava de analisar argumentos contrários aos seus próprios pontos de vista e queria discutir a demissão tanto de aliados quanto de inimigos. Para ele, ninguém — nem mesmo ele — era mais importante que o Twitter.

Também queria entender o que fazer com sua própria equipe, que era pequena. Apesar de ser o diretor de tecnologia da empresa, Agrawal tinha menos de quarenta pessoas subordinadas a ele. Era uma estrutura pouco comum, que o havia deixado com poucas responsabilidades de gestão e provocado acusações de detratores, que diziam que ele ficava numa torre de marfim, desconectado dos verdadeiros funcionários da empresa. Ele, que sempre evitou gerenciar pessoas, seria, dentro de alguns dias, responsável por mais de 7 mil empregados. Alguém teria de assumir a gestão da sua pequena equipe.

Enquanto mudava as pessoas de lugar, começou a ter outra ideia, mais arrojada: por que não reestruturar a empresa inteira? Recriar a liderança corporativa do Twitter poderia desmantelar os obstáculos que minaram o segundo mandato de Dorsey como líder e permitir que a empresa avançasse mais rápido. A empresa enfrentava problemas por distribuir entre três homens a responsabilidade por partes variadas do produto: Beykpour supervisionava o lado da plataforma que os usuários viam; Falck dirigia produtos para anunciantes; e Agrawal supervisionava a infraestrutura. Todos eles confluíam para Dorsey, disputando sua atenção enquanto ele se afastava mais e mais do Twitter. A equipe de engenharia, liderada por Mike Montano, *tweep* de longa data, e a equipe de design, dirigida por um antigo executivo do Facebook chamado Dantley Davis, flutuavam no meio disso tudo; eles também se reportavam a Dorsey, mas com tarefas distribuídas por diversas partes do produto. Essa estrutura intrincada fazia a cadeia de comando se enrolar. Agrawal pensava nela como um monstro de cinco cabeças.

Ele não precisava agradar os egos distribuindo títulos de alto escalão e não queria perder tempo escolhendo quem não estava tomando boas decisões. Queria poucos e bons comandantes e uma política clara de responsabilização pelos erros. Sugeriu reduzir os cargos altos para apenas três executivos, incluindo ele mesmo.

O amigo do outro lado do telefonema ficou atônito. Os prazos que Agrawal propunha para demitir os executivos e mudar a empresa eram agressivos. Ele queria fazer muita coisa e estava ansioso para começar.

Fazia mais de uma década que Agrawal vinha trabalhando para chegar a esse cargo. Ele crescera na antiga Bombaim, sua mãe era professora universitária de economia e o pai, homem da ciência, trabalhava para o Departamento de Energia Atômica da Índia. De início ele seguiu os passos do pai, estudando no Junior College de Energia Nuclear de Mumbai, mas logo foi atraído para a ciência da computação. Formou-se como um dos primeiros da turma no Instituto de Tecnologia da Índia, campus Bombaim, e imigrou para os Estados Unidos em 2005, inscrevendo-se em um programa de doutorado na Universidade de Stanford. Os institutos de tecnologia da Índia eram reverenciados no Vale do Silício por sua produção em série de excelentes engenheiros, e Agrawal, um estudante visivelmente confiante e descontraído, foi muito bem recebido em Stanford. Ele avaliou vários possíveis orientadores antes de integrar um grupo de pesquisa dedicado a gestão de dados, liderado por Jennifer Widom.

Quando Agrawal estava no terceiro ano dos seus estudos, Widom tirou um período sabático para viajar. Ela ficou fora o ano todo, isolada dos alunos pela distância e pela internet pouco confiável de alguns lugares remotos que visitou. Alguns alunos tiveram dificuldade sem a supervisão dela. Mas Agrawal, não: "Sua independência e suas habilidades desabrocharam", lembrou Widom.

Antes de terminar a tese, Agrawal recebeu uma proposta curiosa de ir para o norte, para San Francisco, trabalhar no Twitter, uma empresa nascente de mídias sociais que tinha sido fundada um ano depois de ele chegar aos Estados Unidos. Não era uma das gigantes da tecnologia que costumavam agarrar os estudantes de Stanford — muitos deles, fascinados pelos salários mais altos que o Google e o Facebook pagavam —, mas lhe propunha um trabalho com base de dados como aquele que o interessava na universidade.

"Ah, não se preocupe, eu vou terminar a tese", prometeu a Widom. Em outubro de 2011, ele foi sugado pelo trabalho no Twitter. Precisou de mais um ano para terminar a tese, e acabou voltando para Stanford por alguns meses para se dedicar à pesquisa. Quando Widom aprovou a tese, no verão de 2012, Agrawal comemorou com um tuíte raro: "Finalmente", escreveu, compartilhando uma foto do trabalho finalizado e aprovado.

Agrawal não era muito ativo nos debates belicosos, bobos e velozes do Twitter. Quando tuitava, normalmente era para recompartilhar fotos do seu

Instagram ou vislumbres da relação dele com Vineeta, também estudante de Stanford, com quem ele se casaria depois, ou para comemorar momentos-chave do Twitter, como o blackout de 2013 que acabou com a energia durante o Super Bowl e fez um bando de usuários correr para o Twitter para falar do apagão. Às vezes também babava ovo para Elon Musk, retuitando postagens dele sobre lançamentos de foguete ou apresentações de novos modelos da Tesla. Em setembro de 2015, compartilhou uma foto do evento de lançamento do Model X, com o diretor-executivo da Tesla no meio do palco apresentando a nova SUV elétrica branca. Para um grupinho de engenheiros do Vale do Silício, colegas de Agrawal, Musk representava o líder ideal: um tecnocrata visionário pautado por ciência e tecnologia, que ouvia os seus instintos acima de tudo.

Em 2018, o Twitter reuniu todos os seus funcionários no Moscone Center, em San Francisco, para o primeiro OneTeam que realizou. Dorsey subiu no palco, sob aplausos enlouquecidos dos trabalhadores. Ele estava no auge da fase guru e discursou sobre tomar seu suco de sal para obter hidratação máxima. Então falou para os empregados olharem embaixo das cadeiras.

Eles tatearam embaixo dos assentos e encontraram sacolas de presente com uma garrafa de água, um sachê de suco de limão e um pacotinho de sal. Agrawal despejou o suco de limão e todo o sal dentro de sua garrafinha e virou a mistura num gole só antes de Dorsey terminar de explicar a receita: "Só uma pitada de sal", aconselhou.

Para Dorsey, Agrawal era um confidente, alguém que tinha uma visão holística para o Twitter e além disso era fluente no código da plataforma. Às vezes eles se encontravam nos finais de semana, Agrawal conseguia fazer Dorsey, sempre reservado, sair da sua concha e conversar sobre o futuro da plataforma. Dorsey parecia gostar da rispidez de Agrawal: ele não tinha medo de discordar do pai fundador do Twitter e não parecia se intimidar com seu status de celebridade, diferente de outros funcionários, que paravam o diretor-executivo no escritório para pedir uma selfie. Se outros executivos hesitavam diante dele, Dorsey podia contar com Agrawal para uma opinião sincera.

Mas Agrawal era sincero também com seus colegas de equipe e, sendo cabeça-dura, às vezes entrava em conflito com outros engenheiros que trabalhavam com ele. Podia ser muito difícil lidar com ele e, quando a equipe discordava, às vezes seguia em frente e fazia o que queria mesmo assim. Antes de se tornar diretor de tecnologia, começou a defender que a empresa deixasse de ter seus próprios servidores e mudasse tudo para uma nuvem, como Google Cloud ou Amazon Web Services.

O Google e a Amazon ofereciam flexibilidade, permitiam às empresas expandir rapidamente sem precisar comprar ou construir mais espaço de servidor, dando a possibilidade de ser mais ágil e não precisar se preocupar com a manutenção da infraestrutura tanto a startups quanto às quinhentas corporações que figuravam na lista da *Forbes*. Era nesse mundo que Agrawal queria trabalhar. No Twitter não havia servidores suficientemente rápidos para tocar os projetos, e ele ficava incomodado com a velocidade baixa.

Esse plano só tinha um problema: o custo. O valor para o Twitter organizar sua infraestrutura nos seus próprios centros de dados era muito inferior ao que a empresa pagaria para o Google ou a Amazon. Ainda assim, Agrawal não queria desistir. Passou semanas montando um planejamento às escondidas para contratar a Amazon. Por fim, outro gerente ficou sabendo dos valores que Agrawal estava propondo e derrubou o projeto. Anos depois, quando se tornou diretor de tecnologia do Twitter, Agrawal enfim executou seu plano, assinando acordos de centenas de milhões de dólares com o Google e a Amazon, quando o Twitter ainda cuidava dos seus próprios centros de dados. Ele conseguiu. Agrawal levava jeito para transformar o idealismo de Dorsey em planos concretos. Em 2019, Dorsey tuitou que proibiria publicidade política, pegando de surpresa seus especialistas em política. Ele pediu a Harvey que elaborasse uma nova regra com base em seus tuítes, mas disse que Agrawal teria a palavra final — Dorsey estava partindo para um retiro de silêncio.

Dorsey era fascinado por Bitcoin e queria encontrar uma maneira de incorporar na rede social o blockchain, a tecnologia imutável, de registro público, com base na qual a criptomoeda foi criada. Agrawal também enxergava potencial em tecnologias descentralizadas desse tipo, e os dois concordavam que o Twitter deveria parar de moderar conteúdo manualmente, procurando e escolhendo quais tuítes violavam suas regras. Em algum momento, todos os tuítes precisariam permanecer na plataforma, com algoritmos escolhendo quais deveriam circular amplamente e quais deveriam ser visíveis para apenas um grupo pequeno, filtrados pelos poderosos sistemas de distribuição da empresa.

Também estavam ansiosos para construir uma realidade na qual o Twitter seria mais transparente e os usuários entendessem seu funcionamento. Fizeram reuniões com grupos variados de engenheiros que acreditavam no poder da descentralização, ou na ideia de que a tecnologia não deveria ser controlada por uma única pessoa ou empresa, e montaram planos para construir uma nova versão de rede social com um código disponibilizado publicamente. Em vez de esconder os segredos da empresa, o Twitter contaria para todos como funcionava. O novo Twitter se basearia em um protocolo, isto é, seria um serviço de internet que qualquer pessoa poderia aprimorar, parecido com o que centralizava todos os serviços de e-mail e permitia conectar uma conta do Google com uma do Yahoo.

Era um plano audacioso. Se Dorsey e Agrawal conseguissem implantá-lo, ele poderia pôr fim à era dos impérios nas mídias sociais. Adeus aos jardins murados de Mark Zuckerberg ou de outros proprietários da identidade virtual das pessoas. Em vez disso, os usuários poderiam pular do Twitter para o Instagram, de lá para o TikTok, postar na plataforma que achassem melhor com uma única identidade. Um dia, esse plano poderia livrar o Twitter de incômodos permanentes — as perguntas estridentes de membros do Congresso sobre o motivo deste ou daquele tuíte ter sido autorizado, a pressão de anunciantes e banqueiros de Wall Street em relação à receita. A vocação do Twitter o levaria a cumprir sua missão de ser um serviço público de bate-papo.

O projeto foi batizado de Bluesky, nome que simbolizava a liberdade ao passarinho do logo do Twitter, em referência ao céu aberto onde ele um dia voaria.

"Estamos enfrentando desafios completamente novos, difíceis de resolver com soluções centralizadas. Para dar um exemplo, é pouco provável que a longo prazo consigamos ampliar políticas globais centralizadas para lidar com agressões e informação enganosa sem que isso sobrecarregue as pessoas", Dorsey tuitou em dezembro de 2019, num anúncio do projeto. "As mídias sociais estão deixando de ser importantes por hospedarem e removerem conteúdo e estão se tornando relevantes pela maneira como direcionam a atenção por meio de algoritmos de recomendação."

9.
Bluesky

Em 21 de janeiro de 2020, Agrawal se lançou na neblina do distrito de Richmond, em San Francisco. Ele tinha acabado de voltar para a cidade depois das celebrações do OneTeam em Houston e vestia apenas um moletom cinza fino, que não era suficiente para protegê-lo do vento e da friagem. Enfrentou o frio enquanto subiu correndo os degraus de mármore do Internet Archive, uma biblioteca digital fundada em 1996 que ocupava uma antiga igreja da religião Cristo, Cientista, erigida sobre colunas brancas imponentes, para assistir a uma série de palestras sobre o futuro das mídias sociais descentralizadas.

Encontrou um lugar num dos bancos de madeira. Ali, naquela igreja do conhecimento digital, Agrawal se sentia muito mais em casa do que nas festas suntuosas do OneTeam.

A desenvolvedora Jay Graber, uma mulher miúda vestida confortavelmente com um pullover e meias-calças pretas, subiu ao palco e passou depressa por uma apresentação de slides sobre mídias sociais descentralizadas. Fazia muitos anos que ela pesquisava esse ecossistema; via potencial, mas também falhas na tecnologia descentralizada: nada que era oferecido naquele momento conseguiria satisfazer as expectativas do usuário comum de mídias sociais, ela observou.

No fim da tarde, o mestre de cerimônias chamou Agrawal ao palco. Por trás dos óculos de moldura de madeira, Agrawal parecia incomodado; do alto do seu 1,87 metro, ele parecia se encolher, tensionando os ombros como se fosse uma tartaruga recolhida dentro do casco. O Twitter não estava conseguindo lidar bem com questões de desinformação e assédio, ele disse, e o trabalho da empresa estava mudando, em vez de apenas hospedar conteúdo também direcionaria a atenção. "O que vemos é a controvérsia e o ódio, e não a conversa saudável, ganhando mais atenção", admitiu.[1]

Ele esperava que recomeçar com o Bluesky pudesse resolver os problemas do Twitter. "A descentralização não é um fim, é um caminho para um fim", disse. Seu primeiro trabalho era encontrar pessoas para montar uma equipe e escolher um líder que se fazia muito necessário, acrescentou.

Graber estava na plateia, prestando muita atenção. O Bluesky era tudo que ela queria construir: uma plataforma descentralizada elegante, que poderia introduzir uma tecnologia radicalmente nova para usuários comuns, sem exigir que eles aprendessem sistemas blockchain desajeitados ou abrissem mão de serviços convencionais, como Instagram e Twitter. Quando as palestras acabaram, ela foi falar com Agrawal.

Conversando, ele parecia muito mais relaxado do que em cima do palco — na verdade, parecia outra pessoa, menos um engenheiro com a mente perdida no código e mais uma pessoa calorosa.

Um sondava o outro enquanto falavam. Ela queria entender as motivações dele para construir o Bluesky, e ele estava curioso com a visão dela sobre a tecnologia descentralizada. Será que ela era uma nerd, como ele? Era fanática por criptografia ou por protocolo?

"Ninguém tem um direito inato de alcançar milhões", Agrawal disse a Graber. Explicou que Dorsey e ele tinham começado a usar esse slogan, "liberdade de expressão, não liberdade de alcance", para descrever os planos para o Bluesky. Eles imaginavam-na como um lugar onde todo mundo poderia dizer tudo — mas nem todos conseguiriam se aproveitar do potencial viral do algoritmo de recomendação do Twitter.

Graber gostou disso. Agrawal a convidou para participar de um chat sobre o projeto. A sala reunia cerca de uma dúzia de outros desenvolvedores que tinham aceitado o convite de Dorsey para contribuir com o Bluesky. O grupo começou a realizar reuniões virtuais periódicas para debater como seria o futuro deles. Às vezes Agrawal participava e dava uma olhada no chat para avaliá-los, tentando entender quem seria a pessoa certa para liderar a equipe. Dorsey também entrava, mas falava menos.

Graber pareceu ser a melhor opção. Agrawal a convidou para conhecer a sede do Twitter. Parecia que tudo caminhava para que ela liderasse o Bluesky. Foi quando houve duas reviravoltas. O Elliott Management partiu para cima das ações do Twitter e a pandemia de covid-19 começou. A própria existência do Bluesky entrou em questão, no meio desse caos. Agrawal tinha lutado pelo projeto, mas sem Dorsey para garantir o financiamento e torná-lo uma prioridade, Graber temia que toda a concepção se arruinaria. E conforme a pandemia se instalava, Agrawal e os outros funcionários do Twitter ficavam cada vez mais distraídos, trabalhando remotamente e apagando incêndios de desinformação que não paravam de surgir na plataforma.

Graber passou a ter certeza de que o Bluesky precisaria ser completamente independente do Twitter para dar certo. Ela não podia necessitar do apoio de um CEO controverso e muito fácil de ser derrubado para ter dinheiro e proteção. Também não queria depender das equipes de engenharia do Twitter para quebrarem um galho. O Bluesky precisaria do seu próprio dinheiro e dos próprios engenheiros. E mais: ainda que pudesse receber feedback do Twitter, deveria ter autoridade para se afastar da empresa-mãe a qualquer momento. Entre os funcionários do Twitter e os colaboradores do Bluesky, circularam boatos de que o projeto seria derrubado antes mesmo de começar, sendo cortado em outra manobra implacável do Elliott. Mesmo depois de Dorsey ter sido salvo pela Silver Lake, Graber não estava confiante de que ele protegeria o Bluesky para sempre.

No fim de 2021, Dorsey aprovou a criação do Bluesky como uma empresa completamente independente. Ele queria justo um tipo de mídia social que não fosse algemada ou até controlada, fosse por anunciantes, saqueadores de Wall Street, políticos ou acionistas. Um mês depois de os advogados de Graber assinarem a papelada com o Bluesky, Dorsey entregou o Twitter para Agrawal.

Em sua primeira mensagem aos funcionários como CEO, em 29 de novembro de 2021, Agrawal agradeceu a Dorsey, dizendo que era o seu mentor, e reforçou a necessidade de ter um bom desempenho acima de tudo. Então voltou a atenção para os mais de 7 mil empregados que agora estavam sob seu comando.

"Entrei nesta empresa há dez anos, quando havia menos de mil funcionários", escreveu. "Parece que foi ontem, mesmo uma década depois. Já estive no lugar de vocês, vi os momentos bons e os ruins, os desafios e os obstáculos, os acertos e os erros."

Agora era hora de todo mundo pisar com tudo no acelerador.

"O mundo está de olho em nós agora, ainda mais do que antes", disse. "Vamos mostrar todo o potencial do Twitter para eles!"

Agrawal acreditava que, para demonstrar esse potencial, uma das coisas mais importantes a ser feita era corrigir a moderação de conteúdo do Twitter. Nas conversas com Dorsey, tinha ficado claro para ele que a empresa fora longe demais no controle da comunicação virtual; ele queria deixar a plataforma mais aberta. O único recurso da empresa para lidar com tuítes controversos era banir o usuário que o postasse. Isso era uma guilhotina, e ele queria usar uma pinça.

Ele tinha muita experiência em inteligência artificial e pensava que podia usar essa tecnologia para, com um golpe de mestre, resolver muitos dos problemas do Twitter: o assédio que não parava de crescer, o medo de se manifestar, o crescimento lento. Logo depois de assumir como CEO, Agrawal acionou Jay Sullivan para ajudar a dar corpo ao projeto — o homem de cabelo castanho-claro que liderava o setor de produtos.

Agrawal chamou Sullivan ao escritório durante um fim de semana no início de 2022. A dupla tomou posse de uma sala de reuniões e o CEO explicou o conceito que tinha em mente. Ele queria se livrar dos avaliadores humanos e permitir que o *machine learning* agisse mais rápido contra conteúdos que violassem as regras. Agrawal tinha planos de parar completamente de remover conteúdo do Twitter, a não ser em situações mais evidentes.

Com seu jeito característico de pedir que seus subordinados pensassem em todos os lados de uma questão, Agrawal pediu a Sullivan que definisse "liberdade de expressão". Para ele, esse termo tinha perdido todo o seu significado. Ele queria ouvir Sullivan argumentar sobre o que ela era e o que não era.

Os dois ficaram parados olhando para o quadro-branco vazio. "Como tornar a liberdade de expressão possível?", perguntou Agrawal.

Antes de entrar no Twitter, Sullivan tinha trabalhado no Facebook e lidado com alguns dos mais desafiadores problemas de moderação de conteúdo, como a exploração sexual infantil. Também havia defendido que o Facebook utilizasse criptografia nas mensagens diretas, algo de que os advogados não gostaram, pois permitiria que criminosos escondessem suas mensagens quando intimados. Ele tinha muita consciência das escolhas que uma empresa imensa de mídias sociais precisava fazer, equilibrando-se entre privacidade, segurança e liberdade de expressão.

Como gerente de produto, achava que o Twitter já tinha acertado bastante. Disse a Agrawal que o Twitter deveria manter as políticas que evitavam danos à sociedade, derrubando tuítes que promoviam terrorismo, faziam ameaças de violência ou sexualizavam crianças.

Agrawal concordava. O que o preocupava era a zona cinzenta — tuítes que faziam o Twitter parecer uma fossa tóxica, mas não violavam as regras. "Como torná-lo mais divertido e animado, para as pessoas quererem estar ali?", refletia o diretor-executivo.

Eles discutiram a quais partes do Twitter os famosos exércitos de trolls do site não deveriam ter acesso. Contas que compartilhassem conteúdo ruim, mas permitido, não deveriam ser promovidas pelos algoritmos do Twitter ou ter autorização para monetizar — isso preservaria um pouco a empresa dos seus piores defensores. Os anunciantes também teriam de ser protegidos, é claro. As marcas que mais investiam no negócio do Twitter costumavam hesitar quando viam conteúdo de assédio ou discurso de ódio na plataforma, paralisando campanhas de milhões de dólares até o escândalo da semana se dissipar.

Agrawal e Sullivan começaram a rascunhar suas ideias no quadro-branco. Em vez de a empresa ficar tentando encontrar os tuítes ruins, como num jogo de fliperama, cada conta da plataforma teria uma nota de 1 a 5, baseada no tipo de conteúdo que produz. Se uma conta postasse com frequência tuítes que violam as regras do Twitter, ela seria rebaixada a uma nota 5, e assim deixaria de ser promovida pelos algoritmos da empresa e não poderia ser compartilhada.

Se uma conta postasse conteúdo de valor, fosse verificada e seguisse as regras do Twitter, ela receberia nota 1 e teria mais alcance.

O sistema precisava ser transparente, disse Agrawal a Sullivan, permitindo que os usuários e o mundo inteiro soubessem onde sua conta estava nesse espectro e o que precisavam fazer para melhorar a nota. Essa mudança reduziria as teorias da conspiração que sempre circulavam em torno da empresa, quando pessoas em todo o espectro político alegavam que o Twitter as censurava ou aplicava *shadowbanning* nelas.

O desenho no quadro-branco se assemelhava a anéis concêntricos, com as contas nota 0 localizadas no centro gravitacional do Twitter. As bordas externas representavam os contraventores da empresa e o conteúdo deles só seria visualizado por pessoas que escolhessem segui-los.

Sullivan estava intrigado. Começou a copiar a concepção de Agrawal no caderno. "O que é isso aqui?", perguntou.

Agrawal ainda não sabia que nome dar àquilo. Tudo o que sabia era que o Twitter precisava mudar.

Sullivan ficou olhando para o desenho no quadro. Com o Twitter no centro e os usuários em sua órbita, aquele rabisco parecia um planeta. "Que tal 'Saturno'?", sugeriu.

10.
O Twitter em apuros

Agrawal estava preocupado com a situação do Twitter como negócio. No início de fevereiro de 2022, Segal e ele tinham garantido aos investidores que a empresa atingiria as metas ambiciosas de crescimento estabelecidas em resposta à interferência do Elliott Management: 7,5 bilhões de receita total e 315 milhões de usuários ativos por dia até o fim de 2023.

Apesar dessas promessas, o Twitter registrou um prejuízo de 220 milhões sobre 5 bilhões de dólares em vendas em 2021, o que indicava um 2022 tenso para a empresa. O ano precisava correr sem nenhum problema para a empresa continuar avançando e obter a receita e os usuários almejados. Era sua primeira experiência como diretor-executivo, mas Agrawal sabia que tinha pouca margem para erro. Ele já vinha trabalhando com um déficit na reputação; sua indicação fora recebida quase com um bocejo pelo mercado de ações; e a pergunta que não queria calar tinha sido resumida numa manchete do *New York Times*: "Quem é Parag Agrawal?".

Quatro dias depois de ser nomeado diretor-executivo, em 3 de dezembro, Agrawal pôs em marcha a reestruturação dramática que havia prometido. Demitiu Montano, diretor de engenharia, e Davis, líder do design, numa tentativa de criar "tomadas de decisão claras, responsabilização crescente e execução mais rápida", como escreveu em um e-mail interno.[1]

Se, de um lado, Davis havia provocado conflitos internos entre alguns funcionários durante seu mandato, Montano era visto como um soldado leal que, como Agrawal, tinha passado mais de uma década na empresa, subindo de posto na engenharia. A saída dele foi interpretada como um exemplo claro da falta de sensibilidade do novo chefe. Agrawal não teria medo de expulsar alguns dos seus amigos mais próximos.

Ele se preocupava, intimamente, que o Twitter não tivesse se transformado o suficiente desde a tentativa de golpe contra Dorsey promovida pelo Elliott. Agrawal sabia que outro fundo de cobertura ou gestora de capital privado poderia fazer as contas e perceber que a empresa era um alvo de investimentos. A Silver Lake vinha tentando afiançar Dorsey, mas Durban, o líder da empresa de investimento, cheio de dinheiro no bolso, enfatizou que o Twitter precisava melhorar seus números e que ele não ia dobrar a aposta para salvá-lo novamente.

Agrawal cancelou os planos de contratação para 2022 e procurou outras maneiras de enxugar o Twitter. As equipes de produtos e engenharia, a quem tinham sido solicitados planos de crescimento para o ano, foram surpreendidas. As contratações que lhes haviam sido prometidas não aconteceriam mais, e os planos que tinham apresentado antes das férias foram para o lixo.

Para provar que ainda confiavam no progresso do Twitter, Agrawal e Segal anunciaram no início de fevereiro de 2022 um programa de recompra de suas próprias ações, no valor de 4 bilhões de dólares. "Com isso, indicamos confiança na nossa estratégia e na execução", disse Segal. "Estamos colocando dinheiro para mostrar que esse nosso discurso não é só da boca para fora."

Normalmente, quando uma empresa faz uma recompra, observa-se um aumento no preço das ações, uma vez que ela gasta dinheiro do balanço final para diminuir o estoque de ações. Mas, no caso do Twitter, elas quase não saíram do lugar nas semanas seguintes. Talvez o motivo tenha sido um outro anúncio, feito alguns dias depois.

Em 16 de fevereiro, o Twitter anunciou que seu novo diretor-executivo, que havia acabado de tomar posse, tiraria "algumas semanas" de licença parental para que ele e sua esposa, Vineeta, cuidassem do segundo filho que acabava de nascer, um menino. Tratava-se de uma medida progressista em consonância com a cultura do Twitter de equidade e de colocar as pessoas em primeiro lugar; todos os funcionários, independente do gênero, tinham direito a vinte semanas de licença parental. Entretanto, era um gesto radical para um CEO, ainda mais um que tinha assumido o cargo havia menos de três meses, e sobretudo no contexto do Vale do Silício, uma cultura esmagadora dominada por homens.

Alguns líderes da tecnologia compartilhavam da opinião de Musk, que em 2020 disse ao *New York Times* que não precisava passar muito tempo com seus filhos recém-nascidos, inclusive o que ele havia acabado de ter com sua companheira da época, a cantora Grimes.

"Sabe como é, bebês são máquinas de comer e fazer cocô", disse. "Não tem muita coisa que eu possa fazer agora. Grimes tem um papel bem mais importante que o meu neste momento. Quando ele crescer, meu papel vai ser bem maior."

Os executivos do Twitter tentaram evitar qualquer tipo de crítica. O plano de Agrawal era continuar trabalhando alguns dias por semana, e a comunicação oficial reforçou a ideia de que todos os pais deveriam participar do desenvolvimento inicial de seus filhos. "Obrigado, @paraga, por dar o exemplo e tirar a licença parental", tuitou Segal. "Gostaria que outros líderes tivessem feito isso quando eu estava no começo da minha carreira e me tornei pai."

O mercado continuou implacável. No fim de fevereiro, a ação do Twitter caiu mais de 54% em relação ao ano anterior. Agrawal não conseguia fazer nada certo.

Enquanto isso, Musk começou 2022 nas alturas. Com patrimônio líquido de 219 bilhões de dólares, ele figurou no topo da lista de bilionários da *Forbes* pela primeira vez, impulsionado pela performance da Tesla no mercado de ações e pelo valor crescente da SpaceX. Musk temera que a pandemia e a paralisação econômica que ela provocou pudessem refrear o impulso da Tesla, depois de a empresa ter sobrevivido a dias incertos em 2018, mas a fábrica de automóveis deu certo, produzindo carros num ritmo acelerado cuja única limitação era sua capacidade de atender a demanda voraz de consumidores pelo mundo.

A empresa multiplicou seu lucro por seis, atingindo 5,5 milhões de dólares, e seu valor de mercado ultrapassou 1,2 trilhão de dólares em novembro de 2021. Três anos antes, quando Musk sugerira fechar o capital da empresa, ela valia pouco mais de 60 bilhões. A Apple, fundada em 1976, levou 42 anos para se tornar a primeira empresa americana de capital aberto a atingir o marco de 1 trilhão de dólares de capitalização de mercado. A Tesla fez o mesmo em dezoito anos.

Mas muitas pessoas se preocupavam que esse valor fosse superestimado, inclusive Musk. As ações da Tesla pareciam ter se distanciado de qualquer realidade financeira ou métrica tradicional. O advento de aplicativos de investimentos para o celular, como o Robinhood, tinha facilitado a compra e venda de ações para a nova classe de investidores de primeira viagem, formada por *millenials* e pela geração Z, e a Tesla, com seu diretor-executivo bombástico e sempre online, tornou-se uma escolha atraente.

Houve momentos em que Musk se irritou com o valor não realista da Tesla. No começo de maio de 2020, depois de o preço das ações da Tesla mais que triplicar em relação aos doze meses precedentes, ele tuitou: "O preço das ações da Tesla está alto demais na minha opinião". Em trinta minutos, o valor caiu mais de 12%, embora fosse se recuperar nos dias seguintes e disparar para novos picos com o reforço de um fã-clube sem precedentes.

E em novembro de 2021, quando as ações da Tesla estavam quase sempre em alta, Musk perguntou numa enquete do Twitter se seus seguidores apoiavam que ele "vendesse 10% das minhas ações da Tesla" devido a críticas sobre "evasão fiscal". Por mais magnânimo que isso parecesse, ele já sabia que teria de pagar uma soma altíssima em impostos — quase 11 bilhões de dólares — devido a um plano de bonificação em ações que lhe rendeu o valor de 24 bilhões em ações da Tesla. Ao fim de dezembro daquele ano, ele venderia 15,7 milhões em ações da Tesla para cobrir o valor dos seus impostos e doaria mais 5,7 bilhões em ações para sua própria fundação, para economizar mais.

Em 24 de fevereiro, menos de duas semanas depois de Agrawal contar aos funcionários que ficaria algum tempo fora de licença parental, a Rússia invadiu a

Ucrânia, dando início a um conflito que fisgou a atenção do mundo todo com imagens de bombardeios, corpos e sangue que se espalharam por redes sociais como o Twitter. A guerra levou anunciantes a segurar seus investimentos em mídias sociais. Marcas como Ford e Visa não queriam ver seus anúncios no Twitter figurando ao lado de uma imagem sangrenta de batalha; a guerra complicava ainda mais uma situação econômica mundial já sombria, marcada por inflação e taxas de juros crescentes.

Dentro de um mês, tudo estava mais do que claro: os anúncios no Twitter tinham desabado, e Agrawal percebeu que a empresa não conseguiria atingir as metas. Seu foco mudou depressa do sucesso para a sobrevivência.

Ele começou a procurar em que outras áreas podia cortar gordura. Na pandemia, muitos executivos do Twitter tinham trabalhado remotamente do Havaí e propuseram organizar o próximo OneTeam nas ilhas. Ao perceberem quanto custava levar a empresa inteira para o Havaí por alguns dias, voltaram atrás e optaram pela Disneylândia, na Califórnia. O orçamento para essa extravagância, que reuniria todas as pessoas que trabalhavam no Twitter pela primeira vez desde janeiro de 2020, antes da pandemia, era de 37 milhões de dólares.

Para Agrawal, era uma despesa escandalosa. Ainda que a empresa já tivesse pagado por reservas de hotéis e pelo espaço de conferências, ele decidiu que a comemoração corporativa teria de ser cancelada. Queria evitar o que certamente aconteceria: as pessoas verem na timeline fotos dos funcionários do Twitter admirando fogos de artifício ao lado de fotos de corpos ucranianos.

Ele também começou a planejar uma demissão em massa. Esse movimento era uma consequência do excesso de contratações que tinham acontecido durante a pandemia, quando todos os negócios online haviam sido impulsionados; seria a maior redução de quadros do Twitter em anos. Agrawal esperava cortar de 20% a 25% da força de trabalho do Twitter, dispensar muitos prestadores de serviço e consultores e fechar locais de trabalho que haviam acumulado pó durante a pandemia. Chamou essas medidas de corte de custos de "Projeto Prisma", para que os executivos pudessem falar do assunto no escritório sem atrair a atenção dos empregados.

A austeridade que o Prisma propunha seria extrema para os padrões do Twitter. Apenas a suspensão de contratos resultaria em uma economia de 750 milhões de dólares para a empresa e, com a redução de festas, viagens, orçamento de marketing e contratos de armazenamento na nuvem que Agrawal faria pressão para acontecer, ele esperava economizar mais de 1 bilhão de dólares. Os dias de gastança desenfreada e fiscalização permissiva tinham chegado ao fim.

II.
Musk faz a farra

Se os negócios de Musk pareciam ir de vento em popa, na vida pessoal a história era outra. Ele estava cada vez mais instável, misturando Zolpidem com sessões longas de Twitter bem tarde da noite. Dizia-se que usava drogas como LSD e ecstasy em festas,[1] e depois ele declarou publicamente que tinha receita médica para cetamina, um medicamento anestésico dissociativo que pode atenuar a depressão, e a utilizava para sair de estados mentais negativos. Parentes mais próximos estavam tão preocupados com as alterações de humor e mudanças de comportamento de Musk que, no início de 2022, começaram a discutir uma possível intervenção que o conscientizasse de seus problemas. Mas o bilionário não viu isso com bons olhos e conseguiu escapar das tentativas de interferência da família na sua vida pessoal.

O feed do Twitter dele vinha se tornando mais rápido, mais escandaloso e cada vez mais desequilibrado. No fim de 2021, estava publicando uma média de 250 tuítes por mês — e eles tinham dado uma guinada notável para a direita. Filho de empresário, sempre se viu como um homem libertário com tendências liberais; apoiou Barack Obama e chegou a participar dos conselhos de negócios da administração Trump, ainda que a contragosto. A pandemia o transformou.

Musk não costumava se envolver em política, mas suas diatribes contra os lockdowns da covid e sua cruzada para manter as fábricas da Tesla abertas o lançaram no ringue do Twitter. Ele acreditava que as pessoas que o criticavam tinham sido infectadas por um "vírus mental *woke*" que queria destruir o país e impedir o progresso ao focar em questões polêmicas de justiça racial e social. Desdenhou de movimentos de justiça social que obcecaram os Estados Unidos em 2020, depois do assassinato de George Floyd, e odiou a pressão por diversidade, equidade e inclusão que, como consequência de tais movimentos, varreu os conselhos corporativos nos meses seguintes.

Como muitos CEOs homens e brancos da indústria da tecnologia, ele via suas empresas como puro fruto do seu mérito, que progrediram graças a trabalho duro e inteligência. Para Musk, iniciativas voltadas à diversidade impediam o sucesso, enfraquecendo a força de trabalho com candidatos menos qualificados, fossem mulheres ou de outra minoria, e provocando discriminação contra concorrentes brancos ou homens.

Num protesto contra tais angústias do capitalismo, ele combateu iniciativas de sindicalização dos funcionários da fábrica da Tesla. Em 2021, um tribunal federal descobriu que um antigo ascensorista negro da fábrica da Tesla de Fremont havia sofrido violência racial no trabalho e lhe concedeu 137 milhões de dólares. Ainda que um juiz tenha depois reduzido essa soma por meio de um recurso, a decisão abriu precedente para muitos outros processos de discriminação contra o fabricante de carros elétricos.

"traceroute_vírus_mental_woke", Musk tuitou em dezembro de 2021, em referência a um comando de diagnóstico de computador que permite aos engenheiros rastrear a rota de dados pela internet e descobrir sua origem e como se espalhou.

O bilionário tinha se tornado completamente anti*woke*. No Twitter, interagia o tempo todo com influenciadores de direita, criticava com severidade políticos democratas sobre suas iniciativas de taxar fortunas e condenava a insistência de pessoas trans em serem chamadas pelos pronomes que escolhiam, um pedido que ele via como contrário à liberdade de expressão. Ele estava à vontade e continuava usando a plataforma para atacar as pessoas.

Também usava o Twitter para paquerar. Lá havia encontrado Claire Boucher, a cantora conhecida como Grimes, e o casal apareceu junto no Met Gala de 2018. Ela tinha dezessete anos a menos que ele, mas, famosa por seu estilo futurista e por fazer bobagens para chocar, a artista élfica era sua alma gêmea. Também sonhava em morrer em Marte e era fascinada pela possibilidade de um futuro utópico, tecnológico, governado por IA.

Paz era uma coisa que Musk raramente buscava na vida romântica. Ele já tinha namorado a atriz Amber Heard, e na época a relação deles parecia oscilar violentamente entre extremos de paixão e raiva. As brigas, que quase não apareciam nas principais revistas de fofoca, eram famosas na família e entre os empregados dele.

O romance com Boucher também poderia ser instável. Em 2020, logo depois de a cantora anunciar que estava grávida do bilionário, ele deixou de segui-la no Twitter. Era a segunda vez em dois anos que ele fazia isso num momento mais difícil. A confusão não parecia incomodar Musk — afinal, ele tinha anunciado o divórcio da segunda esposa pelo Twitter.

O bilionário também brigava com Kimbal e submetia o irmão ao mesmo tratamento no Twitter, deixando de segui-lo — o que era esquisito, considerando que Kimbal era diretor da Tesla e da SpaceX. Kimbal, que se preocupava com as alterações de humor de Musk, por fim se demitiu do conselho da SpaceX em janeiro de 2022. E apesar de os irmãos terem feito as pazes depois das discussões, a disposição de Musk para cortar outros parentes quando estava com raiva confirmou para a família sua tendência a períodos de instabilidade emocional.

Foi nesse contexto, e aparentemente por impulso, que ele decidiu agir. Enquanto Agrawal fazia cortes no Twitter, Musk gastava dinheiro. A farra foi possível graças ao preço da ação da Tesla, que tinha caído um pouco em relação aos picos no fim de 2021 mas ainda resultava em mais de 1 trilhão de dólares em uma avaliação do mercado no início de janeiro. O que deu um poder de compra impressionante a Musk.

Diferente das pessoas comuns, ele não precisava vender suas ações para ter dinheiro em mãos. Ele de fato vendera algumas ações da Tesla no fim do ano para cobrir o valor dos impostos, mas preferia manter sua participação acionária a maior possível para ter mais controle sobre as decisões da empresa. Então, para ter dinheiro líquido, Musk usou suas ações da Tesla para conseguir empréstimos. Em relatórios financeiros, a Tesla revelou que no fim de 2021 ele havia penhorado mais de 92 milhões de ações, ou quase 40% da sua participação na empresa, "como garantia de alguns débitos pessoais".[2] Na época, as ações penhoradas valiam mais de 32 bilhões de dólares.

A fonte de fortuna imensurável tornou Musk extremamente confiante. A Tesla estava indo notavelmente bem, assim como a SpaceX, que completou 31 lançamentos de foguetes em 2021 como líder do mercado de lançamentos particulares. Como as vendas de ações privadas avaliaram no fim do ano que a SpaceX valia 100 bilhões de dólares, a cabeça de Musk começou a imaginar qual seria o próximo problema da humanidade que ele queria resolver. "Então eu me perguntei de que produto eu gostava, o que era uma pergunta bem fácil. Era o Twitter", disse depois ao seu biógrafo, Walter Isaacson.[3]

Musk passava horas no Twitter todos os dias, e suas mudanças de posição política, assim como sua bolha virtual, tornavam-no especialmente simpático à ideia de que a empresa estava silenciando a liberdade de expressão. Ele acreditava ser o único homem capaz de frear a derrapagem contínua do Twitter para a esquerda. No fim de janeiro, encarregou Jared Birchall de começar a comprar ações do Twitter discretamente.

Birchall tinha seu antigo empregador, o Morgan Stanley, para realizar a negociação, que começou em 31 de janeiro, quando a Bolsa de Nova York abriu com a ação a 35,43 dólares. A instrução era apenas que ele comprasse a maior quantidade possível, o mais rápido possível.

Na ânsia de executar a ordem de Musk, os *traders* passaram por cima de um limite imposto pela SEC, que exige que qualquer entidade que acumular mais de 5% de uma empresa de capital aberto deve divulgar publicamente sua participação. O conselho do Twitter nunca percebeu as transações.

Em 14 de março, Musk já tinha acumulado 9,2% das ações em circulação do Twitter.[4] Essa participação, equivalente a quase 3 bilhões de dólares, o tornou o maior acionista da empresa, maior que a gestora de fundos mútuos Vanguard e que Dorsey, que tinha apenas 2,3%. Poucas pessoas, além do seu círculo mais restrito, sabiam dessa movimentação. Ele era obrigado por lei a divulgar o que possuía até 24 de março, mas não comunicou as compras antes de 4 de abril, num protocolo atrasado na SEC.

Até aquele momento, Musk havia tido um comportamento bastante normal na internet — ao menos para os padrões dele. Tuitou sobre ESG (sigla em inglês para governança ambiental, social e corporativa), sobre iniciativas corporativas ("o diabo encarnado") e sobre a grande imprensa (cheia de "pensamento de grupo"), e se meteu na crise do momento, a invasão russa na Ucrânia.

De início, apoiou firmemente a Ucrânia e fez o papel de herói, dizendo que o serviço de internet por satélite da SpaceX, a Starlink, estaria disponível no país. "Aguente firme, Ucrânia", tuitou nas primeiras semanas da invasão, com seis emojis da bandeira ucraniana. Depois, postou numa mistura de russo e inglês, desafiando Vladímir Pútin "para um duelo".

No entanto, ele foi ficando cada vez menos confortável com sua posição inicial. No começo de março, tuitou que recusara pedidos de governos internacionais para bloquear fontes de informação russas que tinham sido usadas para espalhar propaganda sobre a guerra usando a internet da Starlink.

"Sinto muito, sou um déspota da liberdade de expressão", disse, irritando apoiadores ucranianos que viam sua postura como uma aprovação tácita e facilitadora da guerra de informações do Kremlin. A crítica incomodou Musk, que começou a ver o apoio veemente à Ucrânia como uma posição ortodoxa de alguns liberais *woke* que ele havia passado a odiar.

Dez dias depois dessa postagem sobre a Ucrânia aguentar firme, ele já tinha outra opinião e compartilhou dois memes para reforçar essa reviravolta. Um deles era o desenho de um personagem não jogável (NPC, na sigla em inglês), um termo pejorativo para pessoas que não conseguem elaborar um pensamento independente. "Eu apoio a questão de agora", dizia o texto, e o personagem era emoldurado por símbolos LGBTQIAP+, segurando uma bandeira da Ucrânia. Outro meme, retirado da série *Narcos*, da Netflix, mostrava um homem olhando para o vazio. "A Netflix esperando a guerra acabar pra fazer um filme sobre um ucraniano negro que se apaixona por um soldado russo transgênero", dizia a legenda.

Musk endurecia sua posição quando falava com os sócios mais íntimos. "Vi seu tuíte sobre liberdade de expressão", escreveu-lhe, em 5 de março, Antonio

Gracias, investidor em tecnologia, antigo membro do conselho da Tesla e amigo íntimo do bilionário.[5] "Que merda tá acontecendo, Elon..."

A União Europeia aprovou uma lei banindo o canal de TV Russia Today, e provedores de internet, como a Starlink, deviam negar acesso aos sites deles, respondeu o chefe da SpaceX. "Na verdade, as notícias deles são bem divertidas", disse. "Um monte de bobagem, mas também tem umas coisas relevantes."

"A liberdade de expressão é mais importante quando se trata de alguém que você odeia declamando coisas que você acha que são bobagem", acrescentou, ainda em defesa do Russia Today.

"Tô cem por cento com você, Elon", respondeu Gracias. "Vamos pra cima deles de todo jeito... precisamos defender esse princípio com a nossa vida, ou vamos perder a batalha contra as trevas."

As conversas de Musk com Gracias e outros amigos o animavam. Nesse momento a farra da compra de ações do Twitter já estava bem encaminhada, mas ele tinha uma nova justificativa para querer esse objeto de desejo. Se não era possível confiar nos liberais e seus comparsas da imprensa e da indústria da tecnologia para defender a liberdade de expressão, talvez ele mesmo pudesse resolver isso. Afinal, o Twitter era uma empresa sediada em umas das cidades mais liberais dos Estados Unidos. Ela deve estar sendo sabotada, pensava. "Estou preocupado com a verdadeira parcialidade do 'algoritmo do Twitter' estar afetando profundamente o debate público", tuitou em 24 de março.

Nesse dia, o telefone dele começou a vibrar com mensagens de sua ex-mulher, Talulah Riley. Com o primeiro marido ela não mantinha contato, mas com Musk, sim; ele às vezes tuitava sobre boas recordações da relação deles. Ela estava exasperada com a recente suspensão da conta do Babylon Bee, um site de sátira de direita que os dois achavam divertido. O veículo já tinha recebido alertas do Twitter por quebrar as regras, mas a conta acabou sendo suspeita por violar a política contra o uso equivocado do gênero das pessoas: chamara Rachel Levine, funcionária da administração de Biden e mulher trans, de "homem do ano".

"Será que você pode comprar o Twitter e depois apagar ele, por favor?! Bjos", Riley escreveu numa mensagem para Musk.

"Ou então comprar o Twitter e transformar em um lugar radical da liberdade de expressão?", ela escreveu em seguida, recheando a mensagem de mais beijos. "O Twitter faz tanta idiotice bjos." Musk curtiu a mensagem, reagindo com um joinha, mas não respondeu.

Em vez disso, saiu atacando com vários tuítes postados tarde da noite. "A liberdade de expressão é essencial para uma democracia funcionar. Você acha que o Twitter respeita esse princípio de maneira rigorosa?", perguntou para seus seguidores numa enquete no Twitter. "Votem com cuidado, por favor", avisou.

Em 26 de março, a enquete já tinha mais de 2 milhões de votos. Mais de 70% dos seguidores de Musk tinham uma impressão esmagadoramente negativa da plataforma e de como ela lidava com a liberdade de expressão. "Considerando que o Twitter de fato funciona como uma praça pública, não respeitar os princípios da liberdade de expressão prejudica muito a democracia", ele tuitou. "O que deveria ser feito? Precisamos de uma nova plataforma?"

Muitas respostas brotaram nas notificações dele do Twitter, parabenizando-o por seus tuítes e botando lenha na fogueira. Diziam que o Twitter era um censor, um lixo, uma praga destruindo a liberdade de expressão. "Compre o Twitter", respondeu Mike Cernovich, um influencer de extrema direita que havia estimulado o Pizzagate. Ele escreveu que o Twitter só respeitava "os esquerdistas que ameaçavam os conservadores de morte".

"Não parece muito equilibrado", respondeu Musk.

O bilionário também recebeu mensagens de texto encorajadoras de amigos e conhecidos, entre eles Larry Ellison, fundador da Oracle, que concordava que um novo Twitter se fazia necessário; Mathias Döpfner, um executivo de mídia alemão que pediu a Musk que comprasse o Twitter e entregasse para ele administrar; e Sam Bankman-Fried, o fundador e líder da operadora da bolsa de criptomoedas FTX, que queria investir.

Uma mensagem específica chamou a atenção de Musk. Tinha vindo de uma pessoa que não costumava se manifestar, cujo contato tinha sido salvo como "jack jack" no telefone do chefe da Tesla.[6]

"Sim, precisamos de uma nova plataforma", escreveu Dorsey para Musk. "Não pode ser uma empresa. Foi por isso que eu saí."

Embora meses antes tivesse pedido demissão do seu cargo de diretor-executivo, o cofundador do Twitter ainda não havia se desligado completamente da plataforma de mídia social e permanecia no conselho dela. Apesar da sua posição e da obrigação inerente a ela de proteger o Twitter, ele estava incentivando Musk a criar uma concorrente.

"Certo", respondeu Musk. "E como ela deveria ser?"

Dorsey não perdeu tempo e explicou a ideia que havia apresentado a Agrawal e aos outros executivos antes de sua demissão. "Acredito que ela deveria ser um protocolo de código aberto, patrocinada por uma fundação, ou algo assim, que não operasse o protocolo, apenas o desenvolvesse", respondeu. "Não pode ter um modelo baseado em anúncios. Senão você acaba tendo uma vitrine que governos e anunciantes vão tentar influenciar e controlar."

"Muito interessante essa ideia", respondeu Musk.

Dorsey ficou satisfeito com a resposta e foi além, tentando impressionar Musk. O Twitter estava avariado demais para poder ser salvo, sugeriu.

"Em meados de maio saio do conselho do Twitter e daí tô completamente fora da empresa. Quero fazer esse trabalho e corrigir nossos erros. O Twitter começou como um protocolo. Nunca devia ter se tornado uma empresa. Foi esse o pecado original", escreveu Dorsey. "Queria conversar com você depois que tudo estiver resolvido, porque você realmente liga, entende a importância dele e com certeza poderia ajudar de inúmeras maneiras. Quando o investidor ativista entrou, fiz o máximo pra te colocar no conselho, mas o conselho não quis. Foi quando decidi que precisava me preparar pra sair, por mais difícil que fosse para mim."

Os dois bilionários estavam flertando. Mas também estavam escondendo algumas coisas. Musk não contou que havia acabado de comprar o triplo da participação que Dorsey tinha. Em determinado momento da conversa, Dorsey reclamou que suas ações correspondiam a apenas 3% do total; não chegavam nem perto de lhe permitir tomar decisões unilaterais, de mudança de paradigma, como as que eram necessárias para ressuscitar a rede social.

Dorsey não mencionou que tinha começado a trabalhar em um protocolo anos antes, o Bluesky, nem que o conselho do Twitter se enfiara em uma briga para salvá-lo do Elliott. Não revelou suas obrigações fiduciárias e os conflitos como membro do conselho do Twitter e do Bluesky. E não chamou a atenção para o fato de ter indicado Agrawal pessoalmente como seu sucessor — ainda que estivesse diminuindo a autoridade dele.

Mas o que Dorsey disse deixou Musk excitadíssimo. Ele começou a ficar obcecado por como poderia melhorar o Twitter. Nas semanas anteriores, tinha usado sua conta para criticar o Twitter pela ênfase em funções ligadas a criptomoedas, pela falta de capacidade para lidar com robôs e pelo algoritmo não público. Também tinha feito piadas sobre a plataforma fazê-lo se sentir péssimo, apesar das horas que passava ali todo dia produzindo e consumindo conteúdo. Agora ele era um acionista, e um acionista bem grande. Talvez ele fosse a pessoa certa para provocar uma mudança.

Uma hora depois de conversar com Dorsey, Musk escreveu para Durban. Tinha trabalhado com ele numa tentativa malsucedida de fechar o capital da Tesla em 2018. A Silver Lake havia concordado em apoiar Musk no acordo, mas a transação foi arruinada quando o dinheiro saudita que o bilionário tinha alegado estar garantido se revelou inexistente. A relação entre Musk e Durban, que havia sido boa, ficou tensionada depois desse desastre relacionado à Tesla.

"Aqui é o Elon. Por favor me ligue quando tiver um tempo", escreveu. "O assunto é o conselho do Twitter."

Ao telefone, Musk foi mais direto do que tinha sido com Dorsey. Ele era o maior acionista do Twitter, disse, tendo abocanhado mais de 9% das ações.

E queria usar essa posição para impor mudanças na empresa, talvez entrando no conselho, como Durban tinha feito. Era o homem mais rico do mundo quem dizia isso.

Ninguém da liderança do Twitter tinha ouvido rumores de uma possível interferência. Os contatos de Birchall no Morgan Stanley haviam conseguido impedir que o Twitter detectasse o movimento de Musk de concentrar as ações da empresa, que o levara a possuir quase três vezes mais do que a participação do Elliott.

O diretor da Silver Lake telefonou imediatamente para Martha Lane Fox, que supervisionava as decisões de governança do conselho, Bret Taylor, presidente do conselho do Twitter, e Agrawal. Disse que o Twitter estava com um problema. O grupo concordou em manter boas relações com Musk: era melhor tê-lo como aliado do que como inimigo.

Durban colocou Musk em contato com Lane Fox, Taylor e Agrawal para agendarem um encontro presencial. (O bilionário, que sempre fazia piadas com peitos e indicou poucas mulheres para cargos de liderança em suas empresas, salvou o contato dos dois homens com o nome completo deles no telefone, mas o de Lane Fox como "Martha NomGov Twitter", em referência ao comitê de nomeação e governança.)

Essa interferência podia ser o pesadelo de Agrawal que se tornava realidade — outra pessoa de fora se intrometendo na participação do Twitter. Mas ele não viu a situação assim. Pensava que ele e o Twitter poderiam ficar vulneráveis com a entrada de outro investidor ativista, que exploraria a empresa por alguns meses e depois iria embora. Mas era fã da Tesla e pensou que o grande investimento de Musk na empresa mostrava que ele estava empenhado no sucesso dela.

Com Musk, vinha o caos. Mas se isso significasse que Agrawal, um CEO iniciante, poderia se aproveitar do olhar de uma das pessoas mais bem-sucedidas da indústria, talvez fosse bom para o Twitter. Taylor e ele fizeram uma chamada rápida com o bilionário na noite de 27 de março, depois de o chefe da Tesla encerrar uma reunião com sua equipe de engenharia de pilotagem automática.

Agrawal descobriu que tinha coisas em comum com Musk. Ambos os executivos achavam que o Twitter tinha ido longe demais na restrição à liberdade de expressão na plataforma e queriam encontrar maneiras de afrouxar a moderação de conteúdo da empresa. Ambos podiam ser muito determinados e ansiosos para mudar as coisas. E ambos se viam como grandes engenheiros, capazes de resolver os problemas complexos com que o Twitter estava lidando e que, antes, haviam sido obstáculo para os antigos líderes.

Mas Musk chegou na chamada com uma bomba que preocupou os dois líderes do Twitter. Ele disse para Agrawal e Taylor que estava pensando em assumir um assento no conselho do Twitter. Só que também estava refletindo sobre outras opções que teria em decorrência de sua participação no Twitter, como fechar o capital da empresa ou montar uma rede social concorrente completamente nova. Durban já os tinha avisado que Musk podia ser imprevisível, coisa que ele apenas comprovou na conversa. Poderia estar disposto a trabalhar em parceria, mas também poderia facilmente fazer a vida deles virar de ponta-cabeça.

O primeiro encontro ao vivo aconteceu no último dia de março; assistentes de Musk reservaram um Airbnb perto do aeroporto de San José, na Califórnia, para fugir dos holofotes e encaixar esse compromisso na agenda de viagens dele.

Taylor seria parecido com o príncipe William — caso o membro da realeza inglesa tivesse sido educado não no Eton College, e sim num *bootcamp* de programação. Era veterano no Vale do Silício: havia ajudado a desenvolver o Google Maps e fundado uma startup que vendeu para o Facebook, onde ascendeu ao cargo de diretor de tecnologia. Mas nunca tinha estado numa situação como essa.

Tranquilo e de espírito analítico, ele estava sendo treinado por Marc Benioff, o diretor-executivo bilionário da Salesforce, para liderar a empresa de software de vendas. Benioff o promovera a coCEO na mesma semana em que ele foi escolhido como presidente do conselho do Twitter, quando Dorsey estava entregando a faixa para Agrawal. Taylor era uma estrela em ascensão e uma escolha segura e inofensiva. Quase não tuitava, com exceção de postagens eventuais sobre os San Francisco 49ers e os Golden State Warriors, seus times do coração de futebol americano e basquete.

Ele gostava de fazer negócios pessoalmente e passava boa parte do tempo viajando pelo mundo para se encontrar com clientes da Salesforce. Ainda que respeitasse a política de trabalho remoto do Twitter e tivesse dado continuidade ao costume da empresa de fazer a maioria das reuniões do conselho em chamadas de vídeo, não queria deixar passar a oportunidade de se encontrar pessoalmente com Musk. Ele percebia que sua disposição em ir até os clientes costumava encantá-los, e achou que isso poderia agradar o bilionário.

Taylor viajou para San José naquela noite. Foi o primeiro a chegar ao Airbnb. "E temos o vencedor do prêmio de lugar mais esquisito onde já fiz reunião. Acho que eles queriam um lugar perto do aeroporto, e tem tratores e jumentos aqui", ele escreveu no grupo.

Com algumas interrupções de helicópteros barulhentos da polícia que sobrevoavam o Airbnb, eles jantaram juntos na casa e conversaram sobre o que

Musk poderia oferecer ao Twitter como membro do conselho. Agrawal e Taylor tinham combinado de tratar essa reunião como se fosse uma entrevista de emprego e perguntaram a Musk o que ele levaria ao conselho, investigando as opiniões dele sobre o Twitter e perguntando como gerenciava suas outras empresas.

Musk disse que estava interessado em fazer parte do conselho. Mas ainda estava avaliando suas opções e achava que talvez comprasse a empresa direto, ou começaria uma plataforma de mídias sociais concorrente. Essa revelação era bizarra. Se pretendesse mesmo começar uma empresa concorrente, por que precisaria acumular uma participação tão expressiva do Twitter? E por que os avisaria sobre esse plano? Não havia dúvidas de que os bilhões já investidos no Twitter seriam mais bem gastos na sua própria startup, se quisesse mesmo fundar uma. A impressão de Taylor e Agrawal era de que Musk tinha como alternativas realistas tomar agressivamente o controle da empresa ou participar do conselho. Só dependia deles convencê-lo a escolher essa segunda opção.

"Jantar excelente :)", ele escreveu no grupo de mensagens. "Com certeza pra ficar na memória haha."

Musk não podia ficar muito tempo no Airbnb esquisito de San José. Ele tinha planejado um fim de semana de devassidão em Berlim e seguiu para a capital alemã logo depois do jantar com Agrawal e Taylor. Na noite de sexta, foi visto no lendário KitKat Club, fundado por um pornógrafo austríaco no início dos anos 1990 e que no passado foi conhecido por suas festas fetichistas e por estimular o sexo em público. No sábado ele passou por outro clube, Sisyphos, para a festa de aniversário do seu grande amigo e antigo *roommate* da época da faculdade, Adeo Ressi. Musk vestiu uma máscara de Zorro e partiu com um grupo para o Berghain, a meca do techno, considerado o clube mais famoso, e de mais difícil acesso, de Berlim.

Localizado em uma antiga usina termelétrica construída no pós-guerra, o clube fica na antiga divisa de Berlim Oriental e Ocidental e pode intimidar os outsiders, que não são muito bem-vindos. Leões de chácara mal-encarados e de rosto tatuado tomam conta da fila, que pode durar horas ao longo dos muros grafitados e cercas de tela metálica. Quem pode entrar conhece a etiqueta: roupas descontraídas, de preferência pretas; não fale nada, mas se for necessário fale em alemão.

Musk chegou ali na madrugada para domingo e não obedeceu nenhuma dessas regras. Foi até os leões de chácara, disse quem era e pediu para entrar. Eles o olharam de cima a baixo e negaram. "Hoje não."[7] Nada acostumado à rejeição e não exatamente muito sóbrio, Musk pegou o telefone e apelou para o Twitter. "Escreveram PAZ na parede do Berghain! Me recusei a entrar", tuitou às 4h53.

Enquanto o bilionário curtia sua farra no fim de semana, o conselho do Twitter se reunia naquele mesmo domingo, 3 de abril, numa chamada de vídeo, para conversar sobre ele. A maioria dos membros estava desconfiada. Trazer um diretor famoso e falastrão alteraria a química do grupo e poderia ser uma distração a mais, principalmente no momento em que tentavam orientar o CEO principiante, que também participava da reunião. E, é claro, alguns funcionários do Twitter não iam gostar nada disso, uma vez que Musk costumava espalhar desinformação sobre a covid e incentivar discurso transfóbico.

Lane Fox argumentou que convencer Musk a concordar em participar do conselho traria grande alívio. Caso ele levasse suas ideias a cabo, fechar o capital da empresa ou fundar uma empresa concorrente, iria desestabilizar o Twitter. Trazê-lo ao conselho era a maneira mais fácil de neutralizá-lo, já que isso o incumbiria da tarefa de zelar pelos melhores interesses financeiros do Twitter.

Dorsey pontuou com um comentário: "Ele é meu amigo", disse, acrescentando que as façanhas técnicas de Musk seriam oportunas para o Twitter.

O conselho enfim concordou em incluí-lo em suas fileiras. Os diretores decidiram que a melhor maneira de o impedir de sair dos trilhos seria limitar sua participação do Twitter a menos de 15% e exigir que o bilionário errático assinasse um acordo de cooperação, que definiria como ele poderia se comportar em sua tentativa de influenciar a empresa.

Dorsey rapidamente levou a decisão do conselho até Musk. "Fiquei sabendo que as coisas estão caminhando bem", escreveu.

Enquanto Musk se preparava para ir embora de Berlim, Lane Fox correu para entregar a papelada a ele. Quanto antes ele assinasse, melhor. O bilionário colocou Lane Fox em contato com Birchall e pediu que o diretor do seu *family office* lidasse com "a papelada importante" que fosse necessária para ele passar a integrar o conselho.

Mas, quando os documentos chegaram, Musk não ficou muito feliz com o acordo. A proposta que Lane Fox enviou limitava a quantidade de ações que ele poderia comprar e o proibia de fazer comentários críticos publicamente sobre a empresa e seus líderes. O documento era padrão, quase idêntico àquele que o conselho pedira para Jesse Cohn assinar quando ele concordou em parar com sua campanha agressiva dois anos antes.

A maioria dos diretores não hesitaria diante da ideia de que não poderiam criticar abertamente a empresa que comandavam. Mas Musk não era como a maioria e odiou a ideia de ser amordaçado. Birchall recusou o documento em seu nome.[8]

Na manhã de segunda-feira, 4 de abril, o conselho do Twitter se viu num beco sem saída. Musk havia registrado na SEC, com atraso, sua participação acionária da empresa, e agora a informação tinha se tornado pública, o que provocou uma cobertura intensa da imprensa. O fato de o Twitter não ter feito uma comunicação deixava em dúvida o caráter amigável ou hostil da situação. Essa incerteza provocava turbulências para Taylor e para os outros diretores, que ainda estavam tentando convencer o bilionário a assinar o acordo do conselho. Musk, ainda atordoado da viagem, recebeu de Lane Fox um acordo revisto que era "ainda mais redutor".[9]

Ainda não estava como Musk gostaria, e era ele quem tinha todo o poder. Diante do seu ideal de tornar a conversa no Twitter o mais irreverente possível, ele não podia concordar em ser silenciado. Os diretores do Twitter precisavam que assinasse esse acordo; sem isso, não havia como saber o que esse bilionário errático podia fazer. Mas Musk não cedia. Era do jeito dele ou não era.

"Obrigado por considerarem minha participação no conselho do Twitter, mas, depois de refletir, entendi que meus compromissos atuais me impediriam de ser um membro efetivo", ele escreveu numa troca de mensagens com Birchall, Taylor e Lane Fox. "Espero que isso mude em breve."

Taylor, Lane Fox e Agrawal correram para o telefone quando viram a mensagem. Eles precisavam acatar o desejo de Musk ou corriam o risco de reviver a situação que tiveram com o Elliott. O CEO do Twitter, que ocupava o cargo principal havia menos de quatro meses, insistiu em uma conciliação e acabou conseguindo. O conselho do Twitter voltou rapidamente a Musk com mais uma proposta revista. O teto na participação acionária tinha sido mantido, mas não havia limitações quanto ao que ele poderia ou não falar sobre o Twitter.[10]

> A empresa e o conselho farão o que for necessário para que o sr. Musk seja indicado para integrar o conselho.

O bilionário assinou na linha pontilhada na noite de segunda-feira. Tendo resolvido o problema, Agrawal enviou-lhe o texto do tuíte que ia postar fazendo o anúncio. Era algo que Musk jamais faria: pedir a alguém para aprovar suas postagens, mas ele cooperou.

"É com alegria que compartilho com vocês a notícia de que estamos indicando @elonmusk pro nosso conselho!", tuitou Agrawal na manhã seguinte. "Conversando com Elon nas últimas semanas, ficou claro pra mim que ele vai contribuir de maneira significativa para nosso conselho. Por quê? Acima de tudo, por ser um apaixonado, que acredita no serviço. E também por ser um grande crítico. É exatamente disso que precisávamos no Twitter e no conselho, pra nos fortalecermos a longo prazo. Bem-vindo, Elon!"

Choveram parabenizações, mas poucos foram mais efusivos que Dorsey, que chegou a parecer muito sentimental quando a nomeação de Musk foi confirmada. "Obrigado por se juntar a nós", escreveu. "Parag é um engenheiro incrível. O conselho é maravilhoso. Estou sempre aqui para conversar sobre o que você quiser."

Enquanto tinham chovido e-mails desesperados dos membros do conselho tentando lidar com Musk, Dorsey havia assistido em silêncio. Apesar de ele ter comentado que era amigo do bilionário, os diretores não faziam ideia de que Dorsey tinha incentivado toda essa manobra em mensagens privadas.

Depois de anos tentando, ele havia conseguido colocar seu tuiteiro favorito no conselho da empresa que tinha criado. Dorsey odiava o conselho, que no entanto o havia protegido por anos. Talvez, agora que o bilionário estava na área, conseguisse implementar as mudanças radicais com que tinha sonhado. Musk era a chance dele.

"Que horário é bom pra uma conversa confidencial?", Musk respondeu.

Em catorze segundos Dorsey enviou a mensagem: "Quando quiser".

Musk telefonou logo em seguida.

12.
Uma oferta

Desde que assumira o cargo de CEO do Twitter, no final de novembro de 2021, Parag Agrawal tinha tirado poucas folgas. Seguiram-se a reorganização interna, suas tentativas de ressuscitar o preço das ações da companhia e a dança das cadeiras no conselho com Musk. Até a licença parental de meio período, que supostamente lhe teria dado tempo com o filho recém-nascido no início do novo ano, havia sido interrompida pela guerra na Ucrânia. Ao final da primeira semana de abril de 2022, porém, a maré parecia ter mudado. Ele anunciara Musk como o mais novo membro do conselho e estava pronto para dar uma relaxada.

O CEO do Twitter não foi o único a soltar um suspiro de alívio naquele início de abril. À medida que as restrições da covid eram afrouxadas no mundo todo, funcionários da empresa saíam viajando pelo mundo. O Havaí era um destino popular, e algumas das principais cabeças da equipe financeira seguiram para Maui. Eles ainda estavam longe da base, em San Francisco, quando Musk deu a notícia: o bilionário não assumiria uma das cadeiras do conselho de administração do Twitter.

Em vez disso, pretendia comprar a empresa inteira.

Entre os trabalhadores, a reação inicial à nomeação de Musk para o conselho não foi uniforme. O bilionário criara uma reputação ousada e trolladora no Twitter, e poucas pessoas conheciam melhor essas suas tendências e sua personalidade online do que aquelas que trabalhavam na plataforma. Na verdade, tal reputação é que lhe rendera hordas de seguidores — Dorsey entre eles — que viam a abordagem poste-primeiro-pergunte-depois de Musk em relação ao Twitter como renovadora e exemplar. Para eles, tratava-se de um empreendedor que não podia ser domesticado, e cujas arestas podiam e deviam ser relevadas em nome do tamanho de seus feitos.

Ao longo dos anos, porém, as postagens de Musk tinham afastado muitas pessoas. Os funcionários do Twitter imediatamente começaram a manifestar sua preocupação nos canais da empresa na plataforma Slack. Afinal, um dos valores fundamentais do Twitter era "comunicar sem medo para ganhar confiança". Dorsey sempre incentivara seus empregados a encarar o poder dizendo a verdade, o que na prática significava que tuitavam sobre as preocupações da empresa, tinham voz em reuniões internas e desafiavam a tomada de decisões em salas de chat privadas. Quando Musk foi nomeado, os funcionários do Twitter seguiram fazendo o que sempre haviam feito.

As preocupações deles incluíam o tratamento dispensado aos trabalhadores das fábricas da Tesla, e o fato de terem processado a empresa por discriminação racial. Trouxeram à tona a desinformação que Musk espalhara durante os primeiros meses da pandemia, bem como sua falsa acusação de pedofilia na própria plataforma. Muitos sabiam que seus protestos seriam provavelmente infrutíferos — a decisão tinha sido tomada. Mas se sentiam obrigados a dizer alguma coisa.

"Sabemos que ele causou danos aos trabalhadores, à comunidade trans, às mulheres e outros menos empoderados neste mundo", escreveu um *tweep* no Slack.[1] "Como vamos conciliar essa decisão com nossos valores? Inovação passa por cima de humanidade?"

Um funcionário apontou que, se ele próprio ou qualquer um de seus colegas publicasse qualquer uma das coisas que Musk tuitara, seria submetido a uma investigação pelo RH da empresa. "Os membros do conselho estão sujeitos ao mesmo padrão de tratamento?", perguntavam os funcionários.[2]

Outros na empresa, no entanto, discordavam. Para eles, Musk era um empreendedor único, e a possibilidade de aprender com um homem que construíra uma fortuna multibilionária em setores tão distintos era atraente. Além disso, agora que estava no conselho, ele deixaria de falar mal da empresa, argumentaram. Agrawal, que leu aquelas mensagens discordantes no Slack, posicionava-se firmemente neste último campo. Nenhum membro razoável do conselho prejudicaria a empresa, e trazer Musk para ocupar um dos assentos fora uma das mudanças mais significativas que promoveu como CEO. Ele estava pronto para defendê-la, na iminência mesmo de essa decisão se tornar insustentável bem diante de seus olhos.

As reservas de Musk quanto a entrar para o conselho de administração do Twitter começaram quase imediatamente, mesmo antes do tuíte comemorativo de Agrawal. Como diretor, sua voz seria uma entre dez outras. Ele não teria controle operacional. Durante toda a carreira, Musk conseguira ser o principal tomador de decisões. Seguira seu instinto, sem se deixar amarrar por nenhuma estrutura corporativa ou ter sido contestado por dissidentes. Seu estilo de liderança era completamente antidemocrático. O conselho da SpaceX, por exemplo, era formado por amigos, seus primeiros apoiadores; líderes empresariais; e um executivo do Google, o qual investira na empresa de Musk.

Poucas horas depois de o protocolo de última hora na SEC revelar sua participação no Twitter, em 4 de abril, Musk foi inadvertidamente lembrado das limitações do próprio poder por amigos e conhecidos que lhe enviavam mensagens de parabéns em seu iPhone, entre eles o bilionário de fundos de cobertura Ken Griffin ("Adorei!!"), Döpfner ("Rápido no gatilho 😎") e o investidor de capital de risco libertário Joe Lonsdale ("Tomara que você consiga ter influência lá"). Alguns protestaram contra o que consideravam uma tendência esquerdista fora de controle no Twitter, um lodo progressista que, vazando para as funções executivas da empresa, afetava as decisões sobre moderação de conteúdo e desenvolvimento de produtos.

"Você vai libertar o Twitter da turba alegre da censura?", quis saber Joe Rogan.

"Vou dar conselhos, que eles podem ou não resolver seguir", respondeu Musk.

A incapacidade do bilionário de dar as ordens o corroía. Comentou com um membro do conselho da Tesla que ingressar no conselho do Twitter não tinha sido realmente algo que ele quisera, e que cedera somente depois de muita pressão da plataforma. E quando outros lhe pediam favores — incluindo Kyle Mann, editor do Babylon Bee, site cuja conta fora suspensa por violar as regras da plataforma em relação a assédio —, Musk era obrigado a admitir que não estava em posição de atendê-los.

"É agora que você tira a gente da prisão do Twitter então? kkk", perguntou Mann.

"Não tenho esse poder", devolveu Musk, laconicamente.

Em outra mensagem, para Gayle King, apresentadora da CBS, que lhe pediu para colocar um botão de edição no Twitter, ele escreveu: "Ter ~9% não é exatamente controle".

Em 7 de abril, enquanto se preparava para outro grande evento da Tesla em Austin, Musk estava com o Twitter na cabeça. Batizado de "Rodeio Cibernético" por Omead Afshar, um dos parceiros de maior confiança dele, o evento de gala marcaria a inauguração da nova fábrica da montadora no Texas, cuja instalação tinha sido supervisionada por Afshar. Desde a transferência de mais operações da Tesla e da SpaceX para o Estado da Estrela Solitária, Musk passara a considerar o Texas como sua "casa", ou qualquer que seja a coisa mais próxima de casa para um bilionário do jet set. Mas no voo entre Colorado Springs, onde havia dado uma palestra para cadetes da Academia da Força Aérea, e Austin, ele seguia mais preocupado com o Twitter do que com a fala de dali a pouco, na festa da Tesla. "Tenho uma tonelada de ideias, mas diga lá se não estou botando muita pressão. Só quero que o Twitter seja o mais incrível possível", disse Musk numa mensagem para Agrawal. Ele lembrou ao chefão do Twitter que tinha "metido a mão pesado em desenvolvimento de software por vinte anos", e que ainda queria dar uma olhada no código-base do Twitter.

Agrawal ficou entusiasmado com o fato de um dos ídolos do Vale do Silício querer se aprofundar tanto. "Na nossa próxima conversa, você me trata como engenheiro, em vez de CEO, e vamos ver aonde chegamos", foi a resposta que deu a Musk. Destacou sua experiência com engenharia de software e contou que dedicava longas horas a lidar com código-base como diretor de tecnologia. Também disse a Musk para não se preocupar com vazamentos na imprensa que sugerissem que os funcionários estavam descontentes com a perspectiva de tê-lo no conselho — a "maioria silenciosa" o apoiava, prometeu Agrawal.

De volta à Gigafactory nessa noite, Musk foi recepcionado por um show de luzes com drones, no qual robôs voadores com LED formaram o logotipo da empresa e desenharam vários dos veículos da Tesla no céu noturno sobre o QG de 1 milhão de metros quadrados. Lá dentro, milhares de fãs e adoradores aguardavam a chegada do *technoking* da empresa, que subiu ao palco da festa temática de *Blade Runner* dirigindo um Tesla Roadster preto. Houve aplausos, telefones celulares erguidos e gritos de "Você é meu herói!" e "Eu te amo!". O bilionário saiu do carro com um chapéu de cowboy preto na cabeça, óculos escuros de aviador e uma camiseta com os dizeres "Rodeio Cibernético" bem justa. A adoração típica de estrelas do rock ficou ainda mais caracterizada pela chegada tardia de Musk. "Precisávamos de um lugar onde pudéssemos ser realmente grandes", disse o chefe da Tesla sobre a nova fábrica. "E não há lugar melhor que o Texas!"

Mais de 25 minutos depois, ele interrompeu seu discurso hesitante e parcialmente improvisado por causa dos gritos orgíacos, que subiram ainda mais de volume quando um protótipo do Cybertruck — na descrição do próprio Musk, a *magnum opus* de sua empresa — surgiu no palco. "Aqui na Tesla, acreditamos em dar grandes festas, então que comece mais esta!", ele exclamou antes de sentar no banco do motorista, os fogos de artifício subindo no céu noturno.

Apesar da adulação e da bajulação, a mente de Musk continuava inquieta. Enquanto circulava por seu próprio rodeio gigante e no pós-festa, as pessoas pareciam só querer falar sobre a outra empresa que não era dele. Claro, uma nova fábrica da Tesla era digna de nota, mas havia mais entusiasmo em relação ao Twitter e ao envolvimento de Musk com a plataforma. *O que ele ia fazer lá?* Todos queriam saber, e mesmo as pessoas mais próximas não tinham uma ideia muito clara.

Musk tampouco.

No dia seguinte, sexta-feira, 8 de abril, o chefe da Tesla voou para Lanai, a ilha havaiana de propriedade de Larry Ellison. A viagem era para descansar e relaxar com seu mais recente interesse amoroso, Natasha Bassett, uma atriz australiana de 39 anos, mas Musk continuou a remoer a questão do Twitter.[3] Ligou para Agrawal para discutir os processos de engenharia da empresa[4] e despejou reclamações sobre os usuários falsos e as mensagens de spam que inundavam suas respostas. Agrawal ouviu e tentou acalmar o mais novo membro do conselho assumindo a função de sua caixa de ressonância. Quando, após a ligação, Musk lhe enviou a captura de tela de um bot que encontrara no Twitter, o CEO da plataforma respondeu à mensagem em menos de uma hora. "A gente deveria estar pegando esse tipo de coisa."

As primeiras horas de Musk na pequena ilha havaiana foram tudo menos tranquilas. Ele ficou acordado até tarde da noite navegando no Twitter, e às 2h37, horário local, compartilhou novamente gráficos sobre a confiança de pessoas de partidos políticos diversos em diferentes meios de comunicação. Em seguida concentrou sua atenção num outro conjunto de estatísticas. Uma conta chamada @stats_feed tuitara um ranking das dez contas mais seguidas, colocando a dele em oitavo lugar, com 81 milhões de seguidores. Embora sem o volume de postagens de Musk — algumas daquelas contas não tuitavam havia dias —, à frente dele estavam @BarackObama (131,4 milhões), o jogador de futebol @CristianoRonaldo (98,8 milhões) e a cantora @LadyGaga (84,5 milhões), e Musk queria saber por quê.

"A maioria dessas contas 'top' tuíta raramente e posta muito pouco conteúdo", escreveu ele na madrugada em Lanai. "O Twitter tá morrendo?"

Uma observação que poderia parecer inócua vinda de alguém que era novo na plataforma. Claro, celebridades postavam menos. Mantinham equipes de especialistas em mídia social e pessoal de comunicação ditando, editando e escrutinando o que podiam ou não dizer e, para a maioria dessas figuras, postar tinha a ver com autopromoção ou promoção de produtos (#publi). Musk era daquelas poucas celebridades que tinha controle total da própria conta, tuitando exagerada e imprudentemente. Ele achava incompreensível o fato de ser atípico, uma celebridade fazendo posts provocativos ou absurdos, conhecidos como "*shitposting*", numa plataforma gigante, respondendo aos fãs e brigando no mercado de ideias. Observou que Taylor Swift não postava havia três meses, e que Justin Bieber tuitara apenas uma vez em 2022 — para um sujeito que não conseguia passar algumas horas sem tagarelar online, eram farsantes.

Vindo de um membro do conselho, porém, a postagem de Musk foi um ataque à empresa. Os membros do conselho tinham obrigações legais para com os acionistas, e se perguntar se o Twitter estava morrendo não era exatamente um grande endosso à plataforma.

Coube a Agrawal fazer algum controle de danos. Nas conversas anteriores, ele e Musk haviam concordado que seriam sinceros um com o outro, e

Agrawal não hesitou em repreender o bilionário com franqueza. Sem pensar muito, escreveu uma longa mensagem de texto cheia de erros de digitação e a enviou, despreocupado de ir antes ao conselho. Afinal, era ele o CEO da empresa, e queria ser firme.

"Você é livre pra tuitar se perguntando se 'o Twitter tá morrendo', ou qualquer outra coisa sobre o Twitter — mas é minha responsabilidade te dizer que isso não está me ajudando a melhorar o Twitter no contexto atual", escreveu ele a Musk, uma hora e meia depois do tuíte do bilionário. "Da próxima vez que conversarmos, gostaria de te dar alguma perspectiva sobre o nível de inquietação interna no momento e como [isso] prejudica nossa capacidade de trabalhar."

Musk respondeu quarenta e nove segundos depois.

Bzzzt. "O que você fez esta semana?"

Uma punhalada de seis palavras no coração de Agrawal. Não importava que ele tivesse passado grande parte da semana acompanhando Musk de perto, explicando as operações do Twitter, respondendo a suas perguntas e anunciando sua nomeação para o conselho. Lidar com Musk dava a sensação de um trabalho em tempo integral, e o bilionário agora atirava contra sua ética de trabalho. Agrawal mal tivera tempo de processar a primeira quando veio a bomba seguinte, quarenta segundos depois.

Bzzzt. "Não vou entrar pro conselho. É uma perda de tempo."

Mais quinze segundos.

Bzzzt. "Vou fazer uma oferta pra tornar o Twitter uma empresa privada."

O conselho significava burocracia, e ninguém lhe diria o que fazer ou como fazer. Certamente não um cara que era CEO havia quatro meses.

Musk tampouco desistira totalmente da ideia de criar sua própria plataforma de mídia social. Mais cedo naquela manhã, ele tinha enviado mensagens de texto a Kimbal sobre um site semelhante ao Twitter construído com base em blockchain. Os usuários pagariam pequenas quantias para postar mensagens, eliminando os bots. Enquanto fazia tiro ao alvo com Agrawal, Musk simultaneamente mandava mensagens de texto a Kimbal sobre sua ideia. "Acho que é necessário a gente ter uma nova empresa de mídia social baseada em blockchain, e que inclua pagamentos", escreveu ele ao irmão mais novo.

Ainda assim, para o bilionário, o Twitter era único. Afinal, ali conquistara seguidores leais e se tornara uma das vozes mais proeminentes da plataforma. Outras pessoas, incluindo Donald Trump, tinham tentado, e fracassado, criar sua própria rede social de sucesso. Ser dono de uma era mais do que atraente e, com as ações da Tesla ainda em alta, ele possuía os meios para isso.

Agrawal ficou em estado de choque. Leu novamente o golpe duplo de Musk para, em seguida, concentrar-se naquele que o nocauteara.

"Podemos falar?", Agrawal digitou de volta. Musk não respondeu.

Enquanto esperava por uma resposta que nunca viria, o CEO do Twitter ligou para Taylor, présidente da companhia. Expôs rapidamente o que havia acontecido e disse que não esperava que o bilionário fosse de 0 a 100 por causa de uma mensagem de texto tão inócua. Taylor leu, igualmente surpreso, as capturas de tela que Agrawal lhe enviara. Até então, o presidente achava que o relacionamento dele e do Twitter com Musk estava indo muito bem. Desde a reunião do Airbnb, tinham trabalhado em conjunto para atender às demandas dele e anunciar sua nomeação para o conselho. Alguns dias antes, Taylor chegara a enviar ao chefe da Tesla um link para um tuíte da "próxima reunião do conselho do Twitter" com uma imagem de Musk de sua participação no *Saturday Night Live*, na qual o bilionário aparecia trajado como um personagem da franquia de jogos Super Mario, com os demais jovens profissionais sentados a uma mesa de reunião vestidos normalmente. Musk reagira com "Haha".

Naquela manhã de sábado, Taylor ficou se perguntando como o homem que ele acolhera de braços abertos estava agora apontando uma arma para sua cabeça. "Parag acabou de me ligar e mencionou a conversa de vocês", escreveu Taylor numa mensagem enviada para Musk às 5h10 no Havaí. "Você pode falar?"

Musk deu uma olhada na mensagem e redigiu uma resposta. O tom foi o mesmo. Enquanto trocava mensagens de texto com o irmão, enviou a resposta. "Por favor, aguarde uma oferta de aquisição", escreveu.

"Eu vi a troca de mensagens", respondeu Taylor, os dedos correndo pela tela do iPhone. "Você tem cinco minutos pra que eu possa entender o contexto? Não estou a par."

A tela do telefone se iluminou com quatro mensagens rápidas de Musk num intervalo de dois minutos.

"Consertar o Twitter conversando com Parag não vai funcionar."

"É necessária uma ação drástica."

"O que é difícil fazer com uma empresa de capital aberto, pois eliminar usuários falsos vai fazer parecer que os números estão horríveis, então a reestruturação precisa ser feita como empresa de capital fechado."

"É a opinião de Jack também."

Taylor entendia as preocupações de Musk em relação aos bots — ele havia mencionado o assunto na reunião do Airbnb e com Agrawal — mas por que ele achava que precisava "privatizar" o Twitter para resolver o problema? Ainda menos claro era o comentário sobre Dorsey. Taylor sabia que o cofundador do Twitter havia sido profundamente afetado pelo incidente com o Elliott, mas Dorsey não tinha sugerido fechar o capital da empresa. Ainda assim, sabia que discutir com Musk só iria enfurecer ainda mais o bilionário. Decidiu baixar a temperatura.

"Você pode reservar dez minutos pra conversar sobre isso comigo?", perguntou por mensagem alguns minutos depois. "Faz 24 horas que você entrou no conselho. Reconheço seu ponto de vista, mas só quero entender a mudança repentina, e ter certeza de que entendo profundamente seu ponto de vista e o caminho a seguir."

Musk hesitou, dizendo que estava ocupado e que falaria com Taylor outra hora.

O bilionário passou o resto do dia tocando os grandes hits de sua conta na plataforma: tuitando sobre sua penca de inimigos, incluindo a mídia, o senador Bernie Sanders, de Vermont, e operadores de mercado de curto prazo que apostavam contra a Tesla. Na noite de sábado, Musk se voltou contra o novo inimigo, a administração do Twitter, e afiou suas lâminas. Lançou uma enquete no Twitter para seus seguidores, perguntando se deveria "converter o QG do Twitter em SF num abrigo para moradores de rua já que ninguém aparece por lá mesmo".[5]

Aos olhos dos seguidores, parecia que Musk, recém-batizado membro do conselho, estava começando a trabalhar. Tinham se acostumado com esse comportamento de trollagem, e aquele tuíte, ao atacar tanto os funcionários supostamente preguiçosos do Twitter quanto as questões sociais de San Francisco, era filé mignon para eles. Para Taylor e Agrawal, no entanto, revelava que Musk não levava a sério a ideia de ser um dos diretores. Baixar a temperatura não contribuíra em nada para amenizar a hostilidade. Precisavam agir.

"Ei, você pode falar à noite?", Taylor perguntou numa mensagem para o bilionário. "Vi seus tuítes e sinto que é ainda mais urgente a gente entender que caminho você quer seguir."

Musk não respondeu. Algumas horas depois, porém, disparou outra enquete. "Tirar o w do Twitter?", mudança que faria o nome da empresa deixar de fazer referência a um pássaro e o tornaria uma piada sobre a anatomia feminina. Mais filé mignon.

A essa altura, Musk já estava agindo. Informou Birchall sobre seu plano de deixar o conselho e fazer a aquisição. Birchall contatou alguns ex-colegas do Morgan Stanley, que começaram a trabalhar num plano para o chefe.[6]

13.
Pílula de veneno

Tal como haviam feito quando confrontados pelo Elliott, os conselheiros do Twitter convocaram seus banqueiros do Goldman Sachs para montar uma estratégia de defesa. Se Musk realmente pretendia tirar a empresa de mídia social do controle do conselho, tinha duas opções para fazê-lo. Ele podia oferecer um valor para análise que, se fosse justo, o conselho podia optar por aceitar. Ou podia realizar uma oferta pública de aquisição, definindo o preço que pagaria por ação e convidando os então acionistas do Twitter a venderem as suas para ele. Esta última alternativa era mais arriscada tanto para Musk quanto para o conselho. Uma oferta pública talvez levasse a uma turbulência nas ações do Twitter, com preços muito instáveis e flutuantes à medida que o mercado tentava decidir se apostava no negócio e na probabilidade de que fosse concluído. Musk teria de dar mais informações à SEC, que conduziria o processo — o que equivaleria a um convite para que o regulador que ele mais desprezava colocasse uma lupa sobre seus planos. E para o conselho, era um cenário em que o controle sairia de suas mãos. Era possível que Musk lançasse um valor qualquer, atacasse a empresa por todos os lados e criasse o caos a cada passo.

Popularizadas durante o longo ciclo de alta dos mercados na década de 1960, as ofertas públicas se tornaram a arma preferida dos compradores agressivos, que sitiavam empresas vulneráveis. Um proponente declarava suas intenções colocando num jornal de circulação nacional um anúncio conhecido como lápide. No anúncio, informava o preço, que costumava ser superior ao valor de mercado da ação, para motivar os acionistas a vender. Uma oferta de compra também era enviada aos acionistas da empresa, informando-os da oportunidade de venda. Eram propostas que muitas vezes iam contra a vontade do conselho de administração, mas os acionistas por vezes viam ali a oportunidade de ganhar algum dinheiro rápido e mordiam a isca.

Ao contrário de uma oferta pública, uma oferta direta de Musk era teoricamente mais atraente tanto para o bilionário quanto para o conselho. Musk enfrentaria menos obstáculos regulatórios, e o conselho teria margem de negociação. Seus membros poderiam definir os termos do acordo e tentar controlar Musk até que a transação fosse concluída.

Uma negociação mais longa também daria mais tempo ao conselho do Twitter. Tal como haviam feito no caso Elliott, os conselheiros poderiam procurar investidores mais amigáveis e explorar a possibilidade de venda a um comprador mais estável. Mas, para colocar a empresa à venda, precisavam decidir quanto valia o Twitter. Os banqueiros do Goldman Sachs começaram a desenvolver modelos financeiros para determinar um preço razoável.

No dia seguinte, Taylor quis abandonar o convite para o conselho. Musk era um pé no saco e não fazia sentido manter como conselheiro alguém que não queria estar ali. Além disso, ele e Agrawal dispunham agora de informações obviamente relevantes para as ações do Twitter e para seus acionistas. Se Musk quisesse sair, teriam de comunicar formalmente à SEC — e divulgar a aparente intenção do bilionário de comprar a empresa.

"Informo que estou ciente da troca de mensagens de ontem com Parag na qual você recusa a entrada no conselho. Será anunciado no nosso comunicado 8-K amanhã. Pedi a nossa equipe que compartilhasse um rascunho com seu escritório hoje", escreveu Taylor a Musk, usando o termo técnico para designar um protocolo financeiro na SEC que o Twitter era obrigado a tornar público para os acionistas em geral sempre que grandes mudanças ocorressem na empresa. "Ansioso pela nossa conversa hoje."

Demorou quase duas horas para o bilionário responder.

"Me parece uma boa", escreveu ele. "O melhor, na minha opinião, é tornar o Twitter uma empresa de capital fechado, reestruturar e, assim que isso tiver sido feito, voltar a abrir capital. Essa também foi a opinião do Jack quando conversei com ele."

Mais uma vez, Taylor foi pego de surpresa pelas conversas que um membro efetivo do conselho do Twitter vinha tendo com um crítico público e potencial comprador. Musk seguia mencionando suas conversas privadas com Dorsey como justificativa para a aquisição. Por que Dorsey o estava encorajando?

Taylor achava que o conselho poderia ter tempo para reunir outros compradores em potencial e iniciar um leilão. Mas Musk se movia com sua rapidez típica — e um silêncio atípico. Ficou o mais quieto possível por três dias, deixando para Agrawal, Taylor e o resto do conselho tentar adivinhar seus próximos movimentos. A conta do bilionário no Twitter, uma expressão da identidade de Musk e um termômetro em geral confiável para o que sentia, permaneceu relativamente inativa. Seu único tuíte no período ocorreu na noite de domingo, 10 de abril. Um solitário emoji de um rosto corado com a mão na boca.[1] (A postagem foi excluída posteriormente.)

Na quarta-feira, Musk voou do Havaí para Vancouver para a conferência TED, o evento anual no qual pessoas entusiasmadas davam palestras inspiradoras para pessoas ricas sob o lema "ideias que vale a pena espalhar".[2] Agrawal cruzou com ele no espaço aéreo enquanto ia para o Havaí passar uns dias de folga com a família. Musk trocou uma namorada, Bassett, por outra, pois Boucher viera encontrá-lo no Canadá, aproveitando a oportunidade para levar o filho deles, X, para visitar os avós numa cidade próxima. Mas Musk não se juntou a eles. Em vez disso, ficou trabalhando com Birchall no quarto 1001 do cinco estrelas Shangri-La, lapidando uma oferta pelo Twitter.

Era uma transação incomum para Musk. O bilionário e suas empresas não eram conhecidos por ser grandes gastadores. A SpaceX raramente fazia aquisições, e a Tesla havia concluído apenas cerca de uma dúzia de negócios assim desde sua criação, tendo sido o mais notável deles a aquisição da empresa de energia solar SolarCity por 2,6 bilhões de dólares, em 2016. E mesmo essa tinha sido uma transação altamente suspeita. Musk era o presidente da SolarCity, e especulou-se que havia aprovado o acordo para resgatar uma empresa que, fundada por dois primos seus, Peter e Lyndon Rive, enfrentava dificuldades. Aquisições normalmente iam contra a filosofia de Musk. Ele procurava administrar suas empresas da maneira mais eficiente e barata possível, e em geral pressionava a Tesla e a SpaceX a encontrar soluções internas em vez de comprar outras empresas.

Mesmo tendo em conta os poucos negócios que conduzira na Tesla e na SpaceX, o entusiasmo de Musk pelo Twitter simplesmente não tinha paralelo. Ele não estava comprando a rede social para incorporá-la a uma empresa existente. Queria a plataforma para si. Se havia algum precedente, era a compra do *Washington Post* por Jeff Bezos, por 250 milhões de dólares, em 2013, vista por quase todo mundo como um projeto voluntarista para salvar uma das grandes instituições do jornalismo americano. A compra do Twitter por Musk era duas ordens de magnitude maior do que a aquisição de Bezos, e lhe daria o controle sobre um dos sites com maior tráfego e influência da internet moderna.

Naquela quarta-feira à tarde, Musk quebrou seu silêncio monástico e mandou uma mensagem para Taylor. Ele normalmente tomava decisões impulsivas, e em alguns casos gostava de brincar com fogo, mas dessa vez escolheu com cuidado as palavras. A mensagem parecia haver passado por conselheiros, com um tom formal demais para ter sido digitada de próprios polegares pelo bilionário. Taylor logo entendeu que Musk estava falando sério sobre adotar uma postura agressiva.

"Depois de vários dias de deliberação — esta é obviamente uma questão bastante grave — decidi avançar com a aquisição do Twitter", escreveu Musk. "Vou enviar uma carta com a oferta hoje à noite, que tornarei pública pela manhã. Coloco você em contato com minha equipe com prazer, caso tenha alguma dúvida. Obrigado, Elon."

Os dois executivos tiveram uma conversa telefônica tensa depois de Musk haver enviado a mensagem. O bilionário foi frio e direto. Não toleraria nenhuma negociação, disse a Taylor.

"Não vou entrar num jogo de vaivém", falou Musk. "Fui direto ao ponto." Sua oferta seria firme e definitiva, declarou.

Se o acordo não funcionasse, ele afirmou que consideraria se desfazer de sua participação no Twitter, levando potencialmente a uma queda em espiral no preço das ações. "Isso não é uma ameaça", completou. Simplesmente não confiava em Agrawal, e aquele era um investimento muito ruim se ele não pudesse tomar as decisões e fazer as mudanças que achava adequadas.

Taylor manteve a calma. "Envie a oferta", disse a Musk. O Twitter a avaliaria de forma justa e entraria em contato. Foi só o que ele pôde se comprometer a fazer, e se recusou a ser tragado para uma discussão sobre as qualificações da administração da companhia. Encerraram a ligação com Musk dizendo que quaisquer outras perguntas deveriam ser dirigidas a Birchall.

O bilionário recorreu às conexões de Birchall no Morgan Stanley, e os banqueiros se reuniram para atender à exigência de uma rápida aquisição da companhia de mídia social. Para uma transação tão complexa, a carta que Musk enviou nessa noite foi chocantemente breve, com apenas 145 palavras. Também foi um distanciamento radical do protocolo tardio que Musk apresentara à SEC ao anunciar seu investimento na plataforma, declarando na ocasião que permaneceria um acionista passivo e não usaria sua participação para influenciar a empresa. Tudo havia mudado.

Bret Taylor
Presidente do Conselho,

Investi no Twitter porque acredito no seu potencial para ser a plataforma da liberdade de expressão no mundo todo, e acredito que liberdade de expressão seja um imperativo social para uma democracia que funcione.

No entanto, desde que fiz o investimento, percebo que a empresa não irá prosperar nem servir a esse imperativo social na sua forma atual. O Twitter precisa ser transformado em empresa de capital fechado.

Como resultado, estou me propondo a comprar 100% da plataforma ao preço de 54,20 dólares por ação em dinheiro, um ágio de 54% em relação ao dia anterior à minha entrada como investidor no Twitter e de 38% em relação à véspera do anúncio público de meu investimento. O valor acima é minha melhor e última oferta e, caso não seja aceito, terei de reconsiderar minha posição como acionista.

O Twitter tem um potencial extraordinário. Vou desbloqueá-lo.

A carta era séria, mas ecoava a tradição muskiana. O preço de 54,20 dólares continha uma referência conhecida entre maconheiros, além de relembrar sua tentativa, em 2018, de fechar o capital da Tesla. Aquele valor por ação colocava o preço do Twitter em cerca de 44 bilhões de dólares. Musk riu com Birchall sobre a referência à maconha, e foi passar a noite com Boucher.

Às 4h23, no quarto de hotel com a cantora pop em Vancouver, ele tuitou um link para um protocolo na SEC.

"Fiz uma oferta", escreveu Musk.

Taylor convocou uma reunião de emergência do conselho para a manhã de quinta-feira, 14 de abril. A discussão foi séria. Musk passara rapidamente de ameaças bizarras para o que parecia ser — apesar da piada trollista com o valor proposto — uma oferta real de compra do Twitter.

Precisavam levar o bilionário a sério, recomendou Taylor. Era seu dever para com os acionistas avaliar cuidadosamente a oferta, sobretudo porque propunha um ganho em relação ao preço das ações do Twitter naquele momento. Mas não estava claro para os diretores se o que Musk fazia era uma oferta convicta, ou se ele poderia deixá-los ao léu.

O Twitter precisaria afastá-lo, pelo menos por um tempo, decidiu o conselho. Teriam de pesquisar potenciais compradores para saber se havia a possibilidade de outra oferta competitiva. E embora Musk tivesse dito firmemente que não negociaria, tratava-se do homem mais rico do mundo. Talvez eles pudessem apertá-lo.

Também decidiram que Taylor, Lane Fox e Pichette deveriam ser os responsáveis pela gestão do acordo com o bilionário num comitê especial de transação. Todos os três eram diretores independentes, sem os mesmos vieses e vínculos com a empresa que Agrawal. E nenhum deles havia anteriormente entrado em extensas negociações com Musk como Durban, que atuara como consultor dele em sua tentativa frustrada de aquisição da Tesla, em 2018.

O conselho anunciou publicamente que "revisaria com cuidado" a proposta de Musk. Mas, em privado, seus membros concordaram em implementar um "plano de direitos dos acionistas", ou uma defesa da empresa mais conhecida como "pílula de veneno", uma tática desenvolvida por conselhos de administração na década de 1980 para se protegerem de saqueadores corporativos. Uma pílula de veneno significaria inundar o mercado com novas ações do Twitter que os acionistas atuais poderiam comprar com grande desconto. Se implementada, a medida provavelmente afetaria de maneira negativa o preço das ações do Twitter, ao aumentar a oferta de ações em circulação. Mas também tornaria incrivelmente caro para Musk continuar a comprar ações para se colocar numa posição de controle.

A oferta do bilionário certamente embutia um ágio sobre o preço das ações do Twitter, que, depois de se recuperarem nas semanas anteriores, flutuavam na casa dos 45 dólares. Mas muitos analistas de Wall Street acreditavam que o Twitter valia bem mais — afinal, suas ações haviam estado acima dos setenta dólares apenas um ano antes. A empresa de mídia social poderia atingir esses patamares de novo, insistiam algumas firmas de investimento, instando o conselho do Twitter a tentar um valor mais alto com Musk.

Enquanto o conselho se reunia numa videochamada, o bilionário não parava. Nessa manhã, subiu em um palco iluminado em Vancouver vestindo uma camisa branca sob um sobretudo preto, sentou-se numa poltrona e apoiou o tornozelo esquerdo sobre o joelho direito, revelando botas reluzentes de motociclista. Estes seriam seus primeiros comentários públicos sobre a oferta ao Twitter, e o público do TED nem piscava.

"Acho que isso será um tanto doloroso e, na verdade, não tenho certeza de que vou conseguir fazer a aquisição", disse o bilionário a seu entrevistador.

Nas discussões sobre seu ingresso no conselho, Musk falara a Agrawal de suas preocupações com a liberdade de expressão, a moderação de conteúdo e a suposta influência esquerdista na tomada de decisões internas. Na conferência TED, ele turbinou ainda mais esse raciocínio, posicionando-se como o salvador do Twitter. Não se importava com o dinheiro. Fazia aquilo para arrancar o controle da praça pública da internet das mãos de seus senhores censores.

"É só uma sensação forte e intuitiva que tenho, de que ter uma plataforma pública que seja a mais confiável possível e amplamente inclusiva é muito importante para o futuro da civilização", afirmou Musk. "Não me importo nem um pouco com o lado econômico."

Assim que desceu do palco do TED, o bilionário aumentou a aposta, incitando o conselho com um tuíte. "Tornar o Twitter uma empresa de capital fechado a $54,20 deveria caber aos acionistas, não ao conselho", escreveu ele, insinuando que poderia partir para sua opção nuclear.

Dentro do Twitter, muitas pessoas ficaram horrorizados. Musk podia mesmo comprar a empresa? Que mudanças ele faria?

Mas alguns aplaudiram a ideia. Musk tinha fãs em todo o Vale do Silício, e nisso o Twitter certamente não era exceção. Eles celebraram a ideia de um líder decidido. Outros acreditavam que o Twitter cedia demais aos ideais de esquerda e perdia de vista sua missão moral — permitir que todas as conversas prosperassem.

Sentindo que suas vozes não eram maioria, os líderes da torcida interna de Musk abandonaram a conversa frenética nos canais do Slack da empresa e formaram seu próprio grupo, intitulado #I-Dissent. O nome era um tributo às opiniões opostas sobre Musk, e o canal rapidamente se tornou um campo de batalha. Os empregados discutiam e repisavam os prós e os contras de o bilionário comprar a empresa.

O medo e a raiva entornaram um caldo tóxico, e Agrawal lutava para conseguir se dirigir a suas tropas. Pegou um voo noturno do Havaí em 13 de abril — mesmo dia em que chegara às ilhas — e estava de volta à área da baía de San Francisco na manhã seguinte. Uma vez em solo firme, convocou a reunião do conselho e se preparou para uma reunião geral de emergência com seus funcionários, os quais tinham, diante dos olhos, um caos que avançava publicamente por meio de tuítes frenéticos.

Para muitos *tweeps*, Musk era a antítese da cultura empática, preocupada com as pessoas, que eles haviam abraçado. Alguns tuitavam piadas para disfarçar suas preocupações, como um funcionário que disse ter desmarcado uma sessão de terapia para participar da reunião geral liderada por Agrawal. Outros começaram a atualizar seus currículos. Mais tarde, um engenheiro criaria um documento interno, amplamente compartilhado, sob o título "Razões para não trabalhar para Elon Musk", com duas dúzias de itens sobre as falhas de caráter do bilionário, entre elas o negacionismo precoce da covid, a riqueza extrema e o bullying online.

A resistência à compra em chats internos foi ruidosa e furiosa. Os empregados se apegavam a notícias sobre outros potenciais compradores. Alguns fizeram apelos veementes a seus chefes para que rejeitassem a oferta de Musk, enquanto outros se aferraram a suas timelines do Twitter e começaram um curso intensivo sobre finanças corporativas. O que era uma pílula de veneno e como funcionaria? Aquilo afetaria o valor de seus próprios bônus em ações? Que fundamentos o conselho poderia usar para rejeitar a oferta de Musk e o que seria necessário para tornar viável outra oferta? Funcionários no mundo inteiro sintonizaram a videoconferência, que começou às 14h05, hora de San Francisco.

Agrawal tentou mantê-los coesos, dizendo-lhes que acreditava que "tudo sairia como deveria sair". Os trabalhadores o pressionaram para que falasse mais sobre o negócio, e perguntaram por que não tinha sido mais transparente com eles quando Musk começou a comprar ações da empresa.

"Este é um momento que nos leva, todos nós, a nos sentirmos incomodados, no qual sentimos uma perda de controle", disse Agrawal na reunião. "Pessoalmente, vou usar meu tempo para focar em coisas que posso controlar, e acredito que é isso que importa."

Um funcionário falou que Musk os fizera de reféns, essencialmente forçando a administração da empresa a vender o Twitter.

"Não acredito que sejamos reféns", respondeu Agrawal a todos.

O comentário não inspirou confiança. O pessoal do Twitter queria liderança. Alguns se perguntaram por que Agrawal não usara sua conta na plataforma para revidar os ataques de Musk. Era o tipo de coisa para a qual podiam contar com Dorsey. Tentando manter a calma, Agrawal parecia tenso, e suas respostas, ensaiadas, como se estivesse lendo um roteiro.

"Acredito que o Twitter representa muito mais do que um ser humano, qualquer ser humano, eu ou qualquer outra pessoa, e seus valores. O Twitter significa uma conversa aberta e pública", disse Agrawal. "O que melhor o define são todas as pessoas que usam o serviço."

Por essas respostas, algumas pessoas tiveram a impressão de que Agrawal já estava resignado com o que viria. Tinha dito para ignorarem o barulho que Musk estava fazendo e se concentrarem no trabalho, já que era a única coisa sob seu controle, e que ele faria o mesmo.

O que ele acabou de dizer? Era a mensagem que os funcionários trocavam freneticamente. Será que o executivo-chefe deles ia mesmo enterrar a cabeça na areia enquanto o homem mais rico do mundo os achincalhava no Twitter?

Não foi a primeira reunião com os empregados na qual Agrawal era testado, mas para muitos ele deixou a desejar. Dorsey, com todos os seus defeitos, projetava estabilidade e sabia como exercer sua influência. Agrawal parecia despreparado para a batalha que tinha pela frente.

#　Ato II

14.
"Conduzir a boiada"

Assim que Musk tuitou, em 14 de abril, que havia feito uma oferta pelo Twitter, todos na plataforma começaram a tomar partido. Um contingente de trumpistas, direitistas e libertários que acreditavam que a empresa vinha censurando indevidamente contas que compartilhavam suas crenças políticas, aplaudiram a novidade. O bilionário era o salvador deles, o homem que nobremente sacrificava o próprio dinheiro para salvar a sociedade.

"Elon Musk está disposto a fazer o que só ele pode fazer", escreveu Dinesh D'Souza, um comentarista político de direita conhecido por ter refutado o resultado das eleições presidenciais de 2020 nos Estados Unidos. "Ele está arriscando uma parte substancial de sua vasta fortuna para salvar a liberdade de expressão na América."

Outros ficaram menos confortáveis com a ideia de um único ser humano controlar um dos lotes mais importantes do latifúndio digital. Fred Wilson, um dos primeiros investidores do Twitter e ex-membro do conselho, chamou a plataforma de "importante demais para ser apropriada e controlada por uma única pessoa".

"O oposto deveria estar acontecendo", escreveu ele. "O Twitter deveria ser descentralizado como um protocolo que alimenta um ecossistema de produtos e serviços de comunicação."

Mas, diferentemente de um servidor de e-mail, o Twitter não era um protocolo. Era um negócio de capital aberto, o que permitia a um indivíduo motivado e com o maior patrimônio líquido do planeta fazer uma oferta de compra.

Depois que a notícia da oferta foi divulgada, não demorou muito para que o telefone de Musk começasse a piscar com mensagens. Gayle King, a proeminente apresentadora de televisão, chamou a proposta de aquisição de uma "jogada *gangsta*", e acrescentou que o bilionário "não era igual às outras crianças da classe".[1] Marc Merrill, cofundador da desenvolvedora de video games Riot Games, chamou Musk de "o herói que Gotham precisa", enquanto Adeo Ressi enviou o emoji das mãos em oração, na esperança de que o ex-colega de faculdade pudesse consertar a plataforma. O nível de adoração ao herói que Musk recebia — e ele muitas vezes se apresentava como o salvador dos problemas do mundo — lhe dava confiança. Era o movimento certo a fazer.

Os parabéns também vieram de membros de seu círculo íntimo: alguns de seus amigos mais próximos e os braços direitos empresariais — sujeitos com os quais ele sabia que podia contar. E, feito cortesãos, eles formaram fila para lhe beijar o anel.

"Obrigado pelo que você tá fazendo", escreveu Omead Afshar, na prática o chefe de operações da Tesla em Austin, cujo título oficial era "diretor de projetos do gabinete do CEO". Ex-instrutor de esqui e engenheiro de uma empresa de dispositivos médicos, ele subira na hierarquia da Tesla e conquistara as boas graças de Musk por jamais dizer não. Na montadora, ficou conhecido entre os funcionários por sua capacidade de administrar as expectativas de Musk ou transmitir más notícias ao chefe, ficando responsável por gerenciar grandes projetos, como o da construção da Gigafactory.

"Todos nós amamos você e estamos sempre te apoiando!", dizia uma das mensagens de Afshar. "Não ter uma plataforma global que verdadeiramente permita liberdade de expressão é perigoso pra todos."

Steve Davis, chefe da Boring Company, também entrou na conversa. Assim como Afshar, ele idolatrava o bilionário, embora pessoas que o conheciam dissessem que ia um pouco mais longe. Davis via Musk como seu norte, e a missão da vida dele era ajudar o bilionário a alcançar seus sonhos. Conforme dizia Birchall: "Se o Elon pedisse pro Steve pular de uma janela, ele pulava".

Musk enviou uma mensagem de texto com seu tuíte anunciando a oferta ao chefe da Boring Company na manhã de quinta-feira, juntamente com ideias para o "Plano B" de construir uma "versão do Twitter baseada em blockchain".

"Sensacional!", Davis respondeu depois de acordar e ver as mensagens do chefe. "Não tenho certeza de pra qual plano torcer. Caso ganhe o Plano B, me avise se achar que seria útil ter engenheiros de blockchain."

Nem Afshar nem Davis, entretanto, igualavam em entusiasmo Jason Calacanis, um empresário de tecnologia que passou a apresentar podcasts e investir neles. Uma de suas primeiras empresas recebeu financiamento de Musk e, ao longo dos anos, Calacanis, um homem atento a tudo e dado a soltar nomes de amigos famosos nas conversas, tornou-se um dos mais ferrenhos defensores da Tesla e de seu chefe. Fazia questão de alardear que possuía o primeiro Modelo S fabricado.

Ao longo de um período de 31 horas a partir do dia do anúncio de Musk, o investidor enviou oito mensagens de texto seguidas até que seu amigo se dignasse a responder. Calacanis dizia que remover bots e spams do Twitter era uma questão muito mais fácil de resolver do que as enfrentadas pela equipe de engenheiros da Tesla que trabalhava com carros autoguiados. Argumentava que o sistema de verificação dos selos azuis do Twitter deveria ser estendido para além de gente da mídia e celebridades. E depois de receber sua primeira resposta de Musk, sugeriu que o bilionário imediatamente demitisse funcionários para cortar custos.

"Afiem suas lâminas, rapazes 🗡", escreveu. Ele então enviou a Musk alguns de seus próprios tuítes descrevendo ideias de produtos.

Em troca, Musk lhe forneceu fofocas. Acreditava que Agrawal, que já havia retornado a San Francisco na manhã de quinta-feira, ainda estava de férias. O bilionário criticou a ética de trabalho do chefe do Twitter para Calacanis, mas sem mencionar que ele próprio também estivera no Havaí no início daquela semana. O CEO do Twitter e o esperançoso comprador da plataforma, por coincidência, tinham deixado as ilhas no mesmo dia.

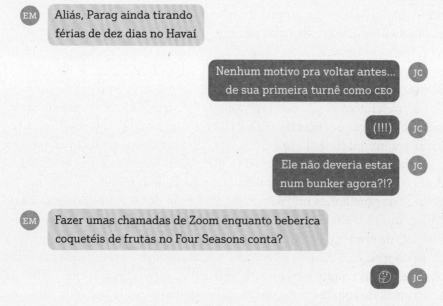

Um membro do círculo íntimo de Musk já escaldado por uma história de rastreamento de mensagens de texto era Birchall. Talvez por ter aprendido com o episódio do "pedófilo", que expôs mensagens constrangedoras para ele, Birchall limitou as comunicações importantes com o bilionário a chamadas telefônicas ou mensagens no Signal, um aplicativo criptografado que podia ser configurado para excluir o histórico de texto.

Birchall não necessariamente idolatrava Musk sem reservas, mas o via como um líder de sua geração capaz de conduzir a humanidade a uma nova era de progresso com seus carros e foguetes. Em 2020, mudou com a família da Califórnia para o Texas, uma vez que o chefe se opôs às políticas da Califórnia para covid, e estabeleceu-se numa mansão nos arredores de Austin para ficar mais próximo de Musk.

"Elon vive nos trilhos e sempre chega perto do limite", Birchall às vezes dizia às pessoas que trabalhavam em estreita colaboração com o bilionário. "Nosso trabalho é mantê-lo nos trilhos."

Foi Birchall quem autorizou as compras de ações do Twitter por Musk — desafiando as regras da SEC no processo — e cuidou da papelada durante o tumulto da discussão sobre o assento no conselho. E foi o mesmo Birchall quem agiu depressa para elaborar um plano quando o bilionário decidiu abruptamente que não queria apenas o assento, e sim toda a empresa. Enquanto o chefe delineava sua visão das coisas no palco do TED em Vancouver, o financista já estava avaliando investidores que poderiam bancar um Twitter liderado por Musk. O homem mais rico do mundo controlaria e financiaria o negócio principalmente com seu próprio dinheiro e compromissos de dívida, mas Birchall procurou aliviar esse fardo atraindo acionistas minoritários.

Entre os potenciais investidores estava Michael Kives, um agente de Hollywood que tinha representado nomes como Katy Perry, Bruce Willis e Arnold Schwarzenegger, além de ter fundado a K5 Global, uma empresa de consultoria de investimentos. Quando estava em Los Angeles, Musk às vezes ficava na mansão de Kives em Beverly Hills e jantava com amigos famosos do agente.[2] Kives era um intermediário e tinha trocado mensagens de texto com Musk dois dias antes do anúncio da oferta à plataforma, sugerindo que o bilionário deveria se encontrar com Sam Bankman-Fried, do comando da FTX, que esperava fazer melhorias no Twitter. (Kives foi um dos maiores promotores de Bankman-Fried em Hollywood e ganhou 125 milhões de dólares depois de o magnata da criptografia investir 700 milhões na K5.)[3]

Kives seria uma das poucas pessoas que Musk ouviria sobre Bankman-Fried, que pressionava muito para investir no Twitter. Birchall escrutinou Bankman-Fried antes de colocá-lo em contato com o bilionário. Ele também trabalhou diligentemente ao telefone, contatando todas as conexões no Vale do Silício.

Encontrar pessoas dispostas a apoiar Musk não foi difícil. No entanto, revitalizar uma empresa estagnada como o Twitter era um desafio completamente diferente de qualquer outro que o bilionário já enfrentara, embora sua reputação fosse tal que os investidores estavam dispostos a correr riscos apenas para favorecê-lo ou ficar próximos dele. Aos olhos dessas pessoas, Musk era a maior mente tecnológica de sua geração, e a entrevista no TED sinalizava que ele estava aberto para negócios. A confiança suprema de Musk em si mesmo o tinha levado ao sucesso na Tesla e na SpaceX, e foi essa mesma confiança que o Morgan Stanley embalou para venda na apresentação a potenciais investidores no novo Twitter.

Os banqueiros prepararam um *pitch deck* sobre o Twitter 2.0 de Musk e o distribuíram a potenciais investidores.[4] Em 2028, afirmava o documento, a receita do Twitter seria de 26,4 bilhões de dólares, um aumento acachapante em relação aos 5 bilhões de 2021. O número surpreendente era muito mais ambicioso do que a trajetória delineada pelo otimista Agrawal no início de seu mandato como CEO, e parecia improvável que Musk pudesse quintuplicar a receita do Twitter.

Para alcançar esse objetivo, os banqueiros disseram aos investidores que Musk reduziria a dependência de publicidade, que respondia por 90% das receitas. Dentro de seis anos, a empresa estaria arrecadando 12 bilhões de dólares em publicidade; 1,3 bilhão viria de um novo negócio de pagamentos; e cerca de 10 bilhões, de assinaturas do Twitter Blue, um produto já existente que oferecia recursos aprimorados para os entusiastas do site. A apresentação também mencionou um produto misterioso conhecido como X. Embora os banqueiros não soubessem exatamente o que isso seria, ainda assim papagaiaram as projeções de Musk de, até 2028, ter 104 milhões de assinantes do serviço desconhecido. No total, o Twitter teria 931 milhões de usuários até lá, mais do que triplicando os 217 milhões que contava no final de 2021.

A imagem projetada do Twitter do bilionário era de eficiência. A empresa se tornaria uma máquina bem lubrificada, rendendo 3,2 bilhões de dólares até 2025 e 9,4 bilhões até 2028, segundo a apresentação.

No Twitter, Segal ficou confuso com esses números. Cabia a sua equipe criar modelos financeiros semelhantes e, a menos que Musk tirasse um coelho da cartola, os valores dele não faziam sentido, especialmente à medida que o quadro econômico global se agravava. Os executivos de vendas do Twitter pensavam da mesma forma. *Será que ele não percebe que a empresa depende de publicidade, e que os planos de assinatura têm pouco impacto nas receitas?*, eles se perguntavam. Alguns especularam que os números tinham sido completamente inventados.

Ainda assim, os investidores — alguns dos mais experientes do Vale do Silício — queriam confiar em Musk. Ele sonhava com uma realidade diferente, na qual os humanos seriam multiplanetários, ou colocariam chips de computador em seus cérebros, ou construiriam túneis para não pegar trânsito. Seu apelo ia além da lógica normal. Ele encontraria um jeito, acreditavam os investidores.

Na manhã de 15 de abril, Sexta-Feira Santa, o conselho do Twitter voltou a se reunir para decidir como lidar com seu novo adversário. No dia anterior, no palco do TED, Musk havia revelado mais sobre seus planos para o Twitter do que nas conversas com Agrawal. Nelas, ele às vezes se fazia de tímido, apresentando-se como um conselheiro voluntarioso que com facilidade errava o alvo.

No TED, porém, declarou sua intenção de abrir o código-fonte do algoritmo de recomendação da plataforma, o que permitiria que qualquer pessoa checasse o mecanismo que impulsionava certos tuítes ao topo da timeline e pudesse combater os "exércitos fraudulentos" de bots no Twitter. Insistiu também que a maioria das regras de moderação de conteúdo do site deveria ser eliminada.

O tuíte sobre ele ir diretamente aos acionistas com sua própria oferta também preocupou os diretores do Twitter. Eles precisavam agir depressa para impedi-lo. Taylor convocou uma votação sobre a implementação da "pílula de veneno" como forma de ganhar tempo. Os diretores concordaram por unanimidade.[5]

Se Musk continuasse comprando ações e acumulasse mais de 15% do Twitter, a pílula seria lançada, tornando financeiramente oneroso para o bilionário prosseguir. A tática de defesa deu à empresa uma folga para entrar em contato com outros financistas e descobrir se algum deles seria capaz de suplantar a "melhor e última" oferta de Musk. Mas o problema era encontrar alguém ou alguma organização com dinheiro suficiente para bater a oferta do homem mais rico do mundo.

A empresa na ponta da língua de todos era a Silver Lake. Egon Durban, seu sócio-gerente, já fazia parte do conselho administrativo do Twitter e estava disposto a usar os recursos da empresa para proteger a plataforma, como já havia feito ao agir rapidamente, dois anos antes, para resgatar Dorsey. Talvez Durban lançasse mão novamente dos recursos da empresa para proteger o Twitter. Como a Silver Lake já possuía uma participação acionária significativa, precisaria gastar menos do que outros potenciais compradores.

Mas a posição de Durban no conselho fazia com que esse arranjo fosse delicado. Ao ingressar, em 2020, a Silver Lake concordara em não adquirir mais de 5% do Twitter como parte de seu acordo com o Elliott Management. O conselho teria de suspender essa limitação, uma medida que Musk sem dúvida acusaria de tratamento preferencial.

O outro nome em vista era o da Thoma Bravo. A empresa sediada em Chicago era uma das maiores em gestão de capital privado no mundo, e tinha um histórico de fechamento de capital de grandes empresas de software — talvez o Twitter pudesse despertar seu interesse. Mas, ainda que a Thoma Bravo tivesse cerca de 100 bilhões de dólares sob sua gestão, desafiar a oferta de Musk era pedir bastante — e o Twitter não se enquadrava no portfólio dela, que se concentrava principalmente em softwares empresariais.

As grandes empresas de tecnologia como Google e Salesforce, e gigantes da mídia como a Disney eram, claro, opções. Mas todas já haviam considerado o Twitter anteriormente, e não tinham gostado do que viram. O presidente Trump não parecia ter tido muito interesse em aplicar a lei antitruste, mas a administração Biden tornou a investigação de fusões e a repressão a gigantes empresariais que engolem concorrentes menores uma prioridade. Qualquer empresa de tecnologia que fizesse uma oferta pelo Twitter provocaria o Departamento de Justiça e a Comissão Federal de Comércio (FTC, na sigla em inglês) a intervirem.

No panteão dos negócios americanos, uma aquisição de 44 bilhões de dólares nem chega a entrar no top 10. Na virada do século, a America Online fez uma malfadada aquisição da Time Warner por 182 bilhões de dólares, o equivalente a 309 bilhões em valores ajustados pela inflação de 2023. Em 2015, a Dow Chemical adquiriu a DuPont, numa fusão de gigantes da indústria química, por 130 bilhões de dólares, ao passo que a Disney pagou 71,3 bilhões pela 21st Century Fox, em 2018, e a United Technologies, 121 bilhões pela Raytheon, empreiteira do setor de defesa, em 2019.

Ainda assim, 44 bilhões de dólares eram, objetivamente, uma montanha absurda de dinheiro. Um valor maior do que qualquer outro jamais pago por uma empresa de mídia social — mais que o dobro dos 19 bilhões desembolsados pelo Facebook para adquirir o WhatsApp em 2014. Também quase igualava o produto interno bruto do Paraguai, e superava os PIBs da Islândia, da Jamaica e do Senegal. Em abril de 2022, representava cerca de 20% do patrimônio líquido de Musk. (Bill Gates foi a primeira pessoa no ranking anual de bilionários da *Forbes* a acumular um patrimônio líquido superior a 44 bilhões de dólares. A revista calculou sua fortuna em 51 bilhões em 1998.)

O fato de um homem poder acumular tal fortuna, e ainda mais de estar disposto a gastá-la numa empresa por razões ideológicas ou pessoais, era uma prova da crescente desigualdade de riqueza no mundo. Isso simplesmente não era o tipo de coisa que a elite fazia com seu dinheiro. Adquirir e operar uma empresa global para o próprio deleite era algo inédito. Musk estava quebrando as regras do que significava ser rico.

Mesmo para uma das pessoas mais abastadas da história, porém, aquela ainda era uma compra cara e complicada. Grande parte da riqueza do bilionário estava vinculada às ações da Tesla, e vender 44 bilhões em ações da companhia era inconcebível. Se o mercado tomasse essa liquidação como falta de confiança na montadora, isso poderia afundar as ações da Tesla e prejudicar seus leais investidores. Musk também estaria diminuindo seu controle sobre a empresa. Alguns fundadores de empresas de tecnologia, como Mark Zuckerberg, garantiam o controle sobre seus negócios com a criação de duas classes de ações e a autoconcessão de um poder de voto descomunal que os mantinham donos de seus conselhos de administração, mas não Musk. Tal como Dorsey antes dele, o bilionário poderia perder o controle de sua empresa se o conselho de administração da Tesla se voltasse contra ele — por mais improvável que isso fosse —, e por isso precisava possuir o máximo possível de ações. Musk teria de encontrar outra maneira de conseguir dinheiro.

No palco do TED, ele foi franco sobre a possibilidade de o conselho do Twitter rejeitar sua proposta. Embora não tenha revelado os detalhes de como poderia forçar o acordo, levar sua proposta diretamente aos acionistas numa oferta pública de aquisição seria a única alternativa se ela não fosse aceita.

Claro, Musk não poderia manter o suspense por muito tempo. No sábado, 16 de abril, enquanto os funcionários e membros do conselho do Twitter tentavam deixar seus telefones de lado para as celebrações do Pessach e da Páscoa com suas famílias, Musk manteve a pressão. "Love Me Tender",* ele tuitou à tarde, enfeitando o título do hit de 1956 de Elvis Presley com emojis de notas musicais.

A referência não tão velada deixou claras suas intenções para os diretores e executivos da plataforma. Em vez de esperar que o conselho concordasse com seus termos, Musk poderia levar a oferta de 54,20 dólares por ação diretamente aos acionistas, dando-lhes uma janela de oportunidade para vender a ele por esse preço, e não pela cotação de mercado, de cerca de 45 dólares. A oferta pública não permitiria ao bilionário contornar a pílula de veneno — o conselho do Twitter ainda poderia inundar o mercado com ações baratas.

Mas, se os acionistas se mostrassem inclinados a aceitar a oferta de Musk, poderiam reivindicar que o conselho abandonasse a estratégia da pílula e lhes permitisse vender suas ações pelo valor mais alto. No passado, o bilionário tinha contado algumas vezes com seus fãs para fazer pressão pública em apoio a suas posições. Com piscadelas em forma de tuítes, ele aumentara o preço da Dogecoin, uma criptomoeda baseada em um meme. O negócio com o Twitter não seria diferente. Por 44 bilhões de dólares, perdia quem piscasse primeiro.

Naquele fim de semana em Austin,[6] alguns amigos do bilionário perguntaram se ele não se preocupava de acabar ficando sobrecarregado. Ele já estava empenhado em eletrificar os carros do mundo e em levar as pessoas a Marte; por que gastar seu tempo com o Twitter? Musk afirmou que precisaria de cinco anos para transformar a plataforma. E enfatizou: gerir uma empresa de mídia social não se comparava em nada a lançar foguetes ou fabricar carros. Para ele, era apenas um site onde as pessoas postavam o que queriam. Não podia ser tão difícil assim.

Com a ameaça de uma oferta pública no horizonte, Agrawal precisava descobrir quantos de seus investidores institucionais poderiam morder a isca de Musk. Outros diretores também estavam ansiosos para saber isso. Se votassem contra o bilionário sem o apoio dos investidores, logo se veriam numa situação ainda mais difícil.

---

* *Tender*, no jargão de mercado, refere-se ao anúncio de uma oferta pública para compra do controle de uma companhia. [N.T.]

Lane Fox, que já tinha contato com alguns grandes investidores, ofereceu-se para coordenar as abordagens. Iniciou o processo de providenciar reuniões de Taylor e Pichette com as empresas, incluindo a Vanguard Group, consultoria de investimentos norte-americana que detinha uma participação de 9,2% na plataforma,[7] e a gestora de ativos BlackRock, dona de 6,8% das ações, para avaliar o humor por ali. Venderiam as ações se Musk chegasse até elas com sua oferta?

Cada videochamada parecia se expandir em novos rostos. Os banqueiros do Goldman Sachs e do J.P. Morgan estavam lá, assim como uma falange de advogados de dois escritórios de advocacia de prestígio: o antigo escritório de Gadde, Wilson Sonsini, e os especialistas em litígio do Simpson Thacher & Bartlett LLP. O Twitter contratou ambos para representá-lo.

As discussões foram vertiginosas. Mas uma coisa ficou clara para Agrawal: pouco mais de quatro meses depois de assumir o cargo, sua liderança estava sendo julgada. Se pretendia rejeitar Musk, teria de apresentar argumentos convincentes de que era capaz de aumentar o preço das ações do Twitter acima da oferta do bilionário — e imediatamente.

Embora a maior parte dos integrantes do conselho estivesse focada em resgatar o Twitter, um membro parecia torcer muito animado por Musk. Nesse fim de semana, Dorsey tuitou: "Como empresa de capital aberto, o Twitter sempre esteve 'à venda'", e prosseguiu dizendo que o conselho "sempre representou a disfunção da empresa". A crítica pública aos colegas ocorreu num momento em que o conselho trabalhava sem parar e irritou a todos. Taylor ligou para Dorsey e lhe pediu que deixasse de fazer críticas públicas à empresa. Dorsey concordou de mau humor. Após a discussão, um usuário do Twitter o pressionou sobre suas críticas ao conselho, do qual Dorsey era membro havia anos, sem ter tentado mudar as coisas, lembrou. Dorsey respondeu: "Tanto a dizer… mas nada que possa ser dito".

Agrawal tentou ignorar os subtuítes de seu ex-mentor. Sabia que o Twitter estava em uma situação lúgubre. A esperança de atingir suas metas de expansão de receita e usuários para 2023 passara de uma possibilidade remota para quase impossível. Para conquistar os investidores, ele teria de argumentar que era capaz de administrar um Twitter mais enxuto — e isso significava acelerar as demissões que vinha cogitando fazer.

Os cortes teriam de ser muito mais significativos do que o que tinha planejado no início. Notícias de demissões costumavam fazer as ações das empresas subirem, já que dispensar funcionários significava mais dinheiro no balanço patrimonial. E quanto maiores os cortes, maior o salto. Agrawal tinha como objetivo 25%, uma redução drástica que destruiria a cultura amigável do Twitter e o tornaria um inimigo de seus empregados, mas possivelmente — apenas isso: possivelmente — salvaria a empresa da investida de Musk.

A forma de fazer as coisas também seria importante. Agrawal não poderia apenas se livrar dos funcionários. Planejava cortar também na parte executiva, e incentivar aqueles que ficassem a desenvolver e lançar novos produtos o mais rápido possível. Já tinha pressionado por uma reforma do processo anual de revisão e do sistema de bônus da empresa, os quais, sob Dorsey, impediam, na prática, que os gerentes classificassem e criassem incentivos para os trabalhadores. O ritmo suave do Twitter; a governança por consenso; e os dias de descanso, datas mensais para recarga das baterias, prática introduzida ainda sob Dorsey — tudo teria de sumir.

O plano para redução de pessoal, o Projeto Prisma, era o ás na manga de Agrawal. Se ele e o conselho conseguissem atrair os investidores com esse plano e mostrar que havia um jeito de compensar mais os acionistas do que com o apresentado por Musk, poderiam rejeitar a oferta de 44 bilhões de dólares.

"Ninguém acha que Elon é confiável... ainda", escreveu Durban numa mensagem para Segal no domingo de Páscoa, tentando confortá-lo enquanto ele e Agrawal desenhavam o plano de cortes. Sem que ele soubesse, a linguagem do investidor se afinava perfeitamente com as mensagens privadas entre Musk e Calacanis. Ambos os lados concentravam esforços em cortes profundos e viam os funcionários como bucha de canhão.

"Você e Parag vão conduzir a boiada", acrescentou Durban, numa referência grosseira de fazendeiro, comparando o plano de demissão à condução do gado para o abate.

Segal respondeu propondo cortes colossais de 1 bilhão de dólares no ano seguinte, com 700 milhões dessa economia provenientes da redução de pessoal. "Senhoras e senhores, temos um vencedor", aplaudiu Durban.

O parceiro da Silver Lake ficou satisfeito. "Acabamos de fechar uma trinca e temos a chance de um full house", disse ele. "Elon tem só um par no momento." Se os números todos continuassem combinando direitinho entre si, o Twitter teria a mão vencedora.

Trazer junto o resto do conselho — e os maiores acionistas do Twitter — era outra questão, advertiu Durban. As demissões e a estratégia para obter mais receitas precisavam ser rigorosas.

"Vocês vão ser uma grande empresa à moda antiga", comentou Durban numa mensagem de texto.

"Estou aprendendo", respondeu Segal. "Parag tem sido ótimo. Já fiz isso antes, mas não neste ritmo e sob pressão."

"Vocês dois vão sair matadores desta", assegurou-lhe Durban. "As reviravoltas é que fazem uma carreira."

Empresas sob pressão moldaram grandes líderes, continuou ele. No fim, essa provação seria boa para Segal. Ferro afiado com ferro. O ataque de Musk tornaria Segal um executivo mais forte.

"Vocês estão com medo de serem descartados", observou Durban.

"O medo é bom!", Segal respondeu, com uma ressalva. "Medo de perder, não de ser descartado."

"São a mesma coisa", escreveu Durban.

Nessa tarde, Durban se atrasou para uma chamada com os banqueiros e consultores jurídicos do Twitter porque estava ocupado em outra ligação com o CEO do Morgan Stanley, James Gorman. Os banqueiros do Morgan Stanley estavam trabalhando com Musk, e Durban queria que eles soubessem exatamente como era arquitetar um negócio com o volúvel executivo da Tesla.

Musk passou a maior parte do fim de semana de Páscoa dando sequência a sua campanha de provocação. Voou de volta para Austin em seu jato Gulfstream no sábado,[8] na expectativa de uma caça aos ovos, no dia seguinte, com sua família e seu cachorro, um shiba inu chamado Floki. O animal tinha sido uma aquisição recente para a comitiva de Musk, e o bilionário o usava como coadjuvante para obter apoio online de investidores em Dogecoin. No domingo, vestiu Floki de Coelhinho da Páscoa e o colocou ao lado de uma cesta de ovos de ouro com o logotipo da Dogecoin. A turma das criptos engoliu tudo.

Entre o agito com a Dogecoin e o tuíte indireto sobre a oferta pública com "Love Me Tender", Musk usou sua conta para atacar os membros do conselho do Twitter. Fora Dorsey, os conselheiros, coletivamente, possuíam poucas ações da empresa, alardeou. Era uma falha que, acreditava ele, significava que os interesses financeiros dessas pessoas não estavam alinhados com os dos acionistas. Também criticou os salários dos membros do conselho, que variavam de 250 mil a 300 mil dólares para o que eram essencialmente empregos de meio período. O Twitter economizaria uma quantia significativa sob sua gestão, disse Musk, apenas por não precisar mais pagar um conselho de administração.

O conselho decidiu que deveria entrar em contato com o bilionário. Seus membros temiam que o silêncio total lhe desse tempo demais para maquinações, e que ele talvez avançasse com a oferta pública caso pensasse que não estava sendo levado a sério pelo conselho.

Taylor enviou uma mensagem educada, mas firme, a Musk. "Elon, queria só reiterar que o conselho está analisando seriamente a proposta delineada em sua carta. Estamos trabalhando numa resposta formal o mais rápido possível, conforme é nossa responsabilidade. Sinta-se à vontade para entrar em contato a qualquer momento."

Musk ignorou a mensagem, mas estava ansioso para conversar com outro membro do conselho do Twitter.

Tinha ouvido falar que Durban, seu ex-parceiro, estivera fofocando com Gorman no Morgan Stanley sobre o quanto ele, Musk, era um estorvo. O acordo de aquisição da Tesla no qual Durban trabalhara com o bilionário em 2018 tinha desmoronado espetacularmente, e o litígio que se seguiu enredou muitos dos banqueiros e apoiadores mais destacados de Musk em depoimentos e quebras de sigilo ao longo de anos. Tinha sido uma confusão sem fim, e não indicava que Musk seria um sujeito fácil com quem trabalhar na maior aquisição da história do Vale do Silício.

Esse bastidor enfureceu Musk. Ele odiava ser criticado, especialmente por alguém que já circulara em sua órbita mais íntima. Atacou Durban numa mensagem de texto. "Você anda ligando para o Morgan Stanley pra falar mal de mim...", escreveu.

Durban não respondeu à mensagem.

15.
A última tentativa de Parag

Na manhã de sexta-feira, 15 de abril, Agrawal estava nos escritórios do Twitter em San Francisco com Gadde, finalizando os planos para implementar a estratégia da pílula de veneno. Mas, em meio a essas discussões, sua mente viajava. Ele chamou Gadde para uma sala de reuniões e esboçou seu plano para o projeto Saturno, a ideia que havia concebido com Jay Sullivan para transformar o Twitter em uma plataforma mais permissiva e livre.

O conceito partia de um produto. Ao longo de mais de uma década no Twitter, Agrawal ouvira todas as versões do debate sobre comunicação virtual. Era uma área em que ele acreditava que poderia deixar sua marca como CEO, mudando radicalmente não só a forma como sua empresa lidava com o conteúdo que fluía através da plataforma, mas também a cultura de toda a indústria das redes sociais nesse quesito.

O problema era que o Twitter dependia basicamente da revisão manual de tuítes, um processo personalizado que não se ajustava ao ritmo vertiginoso da timeline, e no qual todos ficavam querendo questionar cada movimento da empresa. Agrawal pretendia usar tecnologia para criar uma solução elegante.

O Twitter tinha gastos sem fim com prestadores de serviço que analisavam denúncias de assédio, violência e exploração infantil vindas de usuários insatisfeitos em mais de uma dúzia de idiomas, na tentativa de descobrir quais eram as reclamações legítimas. Situações espinhosas, como notícias de tiroteios em massa ou perguntas sobre como lidar com uma conta como @LibsofTikTok, de um usuário que promovia assédio contra pessoas LGBTQIAP+, eram encaminhadas à equipe do Twitter e geralmente acabavam na mesa de Yoel Roth, que, depois da saída de Harvey, tornara-se vice na hierarquia de moderação de conteúdo, abaixo de Gadde. Os problemas com líderes mundiais ou figuras políticas precisavam ser revistos pela própria Gadde antes de qualquer atitude ser tomada. Esse procedimento humano podia ser bastante lento.

Enquanto o conteúdo polêmico passava pelo processo de moderação, os reclamantes ainda o encontravam em suas timelines. Membros do Congresso protestavam contra interferência nas eleições, grupos de interesse especial davam destaque a casos de discriminação e discurso de ódio, e a desinformação viralizava. Todos tinham um tuíte que odiavam e queriam que fosse removido mais rapidamente para, em seguida, questionarem por que um tuíte que aprovavam havia sido removido. Até os funcionários da plataforma se rebelavam às vezes.

O objetivo do Twitter era crescer — só que, se Agrawal conseguisse atrair novos usuários em massa, seu problema de moderação de conteúdo aumentaria proporcionalmente. A plataforma nunca conseguira, de fato, manter o assédio sob controle, e, em pesquisas, os usuários sempre apontavam que não entravam no Twitter com tanta frequência quanto em outros aplicativos de redes sociais por sofrerem agressões, ou por temer que isso acontecesse. A reputação tóxica da plataforma limitava seu crescimento.

Desde a apresentação de Sullivan no quadro-branco, meses antes, o projeto Saturno figurava como um item entre muitos na lista de tarefas de Agrawal. Ele esperava revelar sua nova ideia com um ato de estreia chamativo no verão. O Saturno passaria, aos poucos, a aparecer na plataforma, e Agrawal ordenaria ajustes no sistema enquanto o Twitter o testasse em tempo real. Mas a oferta surpresa de Musk mandou esses planos por água abaixo. Em vez de ter um lançamento público e gradual, o projeto precisaria ser implementado na velocidade da luz.

A agenda de Gadde, por sua vez, andava cheia com a horda de advogados contratados para administrar a oferta de Musk. Por isso ela ligou para Roth no sábado, 16 de abril, interrompendo as celebrações de Pessach do vice com a família. Com ele na escuta, Agrawal explicou mais uma vez sua visão.

"Tenho pensado sobre isso", disse o CEO. "Era uma conversa pro final do ano, mas estamos tendo ela agora por causa do Elon."

Com a aquisição iminente, Agrawal queria turbinar seu plano.

"O papel que o Twitter desempenha gira em torno do que chama a atenção, e não do que é publicado", falou Agrawal aos dois executivos responsáveis por confiança e segurança na plataforma. "Somos nós quem definimos a economia da atenção nas redes sociais. O discurso na internet já é gratuito, mas o alcance não é e não deveria ser."

Agrawal queria que apenas os tuítes do grupo mais restrito, aqueles classificados como de nível 1, fossem impulsionados pelo algoritmo. Eles representariam o melhor que o Twitter tinha a oferecer. Os de níveis mais baixos receberiam menos impulso, e os usuários precisariam procurá-los se quisessem vê-los.

Agrawal usou a conta de Trump como exemplo para explicar sua visão. Trump tinha sido alertado muitas vezes, mas continuara quebrando as regras do Twitter, disse o CEO. Aqueles tuítes teriam colocado o ex-presidente num dos círculos periféricos de alcance, talvez 3 ou 4, e sua audiência haveria diminuído.

Mas, pelo novo plano de Agrawal, Trump nunca teria sido banido e, com o tempo, caso se comportasse melhor, poderia voltar aos círculos mais restritos de impulsionamento.

Roth e Gadde tinham muitas perguntas para Agrawal. Seu plano exigia que revisassem drasticamente o manual que haviam passado a maior parte de suas carreiras escrevendo, e ainda precisariam propor novas consequências para o mau comportamento no Twitter.

Agrawal pressionou Roth para que agisse o mais rápido possível. O CEO queria anunciar o projeto Saturno dentro de uma semana, e precisava que Roth elaborasse as novas regras até lá, e colocasse o produto em funcionamento. Agrawal permitiu que ele convocasse uma pequena equipe de menos de uma dúzia de engenheiros, designers e formuladores de políticas para agilizar o trabalho.

Roth ficou entusiasmado, mas um pouco em pânico. Uma semana não era tempo suficiente, e as manchetes constantes sobre o esforço de Musk para comprar o Twitter eram uma distração a mais. Ele sentira o golpe da oferta do bilionário, e se debatia para reagir ao barulho caótico de Musk sobre o Twitter não estar protegendo a liberdade de expressão.

Mas também era uma oportunidade para Roth fazer os reparos dramáticos no sistema de moderação de conteúdo com os quais vinha lutando por uma década. As regras eram uma colcha de retalhos, e as ferramentas de que dispunha para aplicá-las, muito fracas. Ao longo da pandemia e dos últimos dias de Trump na presidência, o executivo se convencera de que o Twitter precisava de uma abordagem mais sensata na moderação de conteúdo e, embora tivesse feito o seu melhor para tomar as decisões corretas, só o que conseguira em troca fora uma caixa de entrada cheia de e-mails com ameaças de morte.

Tendo delegado a Roth a elaboração das regras do projeto Saturno, Agrawal recorreu a Segal e começou a trabalhar no Prisma, seu plano para reduzir despesas no Twitter.

Com a pílula de veneno lançada, havia três caminhos disponíveis para a plataforma: primeiro, Agrawal poderia elaborar um plano para continuar a administrá-la como uma empresa de capital aberto, com investidores institucionais concordando em apoiar o CEO e resistir a uma oferta pública de Musk. Segundo, o Twitter poderia encontrar outro comprador, de preferência um que partilhasse os valores da empresa e causasse menos caos. E, por fim, o conselho poderia aceitar a oferta do bilionário e entregar as chaves.

Na segunda-feira, 18 de abril, Taylor e Pichette se reuniram com os acionistas.[1] Enquanto Agrawal e Segal elaboravam seus planos para cortar custos no Twitter, os dois membros do conselho se encontraram com os principais investidores institucionais da empresa para lhes perguntar, cheios de dedos, se estavam inclinados a aceitar o preço oferecido por Musk ou se apoiariam a empresa contra o bilionário errático, permitindo que o Twitter rejeitasse a oferta e continuasse independente. Quaisquer que fossem suas opiniões pessoais, Taylor e Pichette precisavam manter um ar de indiferença sobre o destino do Twitter enquanto avaliassem a reação de seus acionistas.

Vinte e quatro horas depois, preocupados com o feedback, convocaram uma reunião com Lane Fox e os outros membros do conselho que faziam parte do comitê de transação especial para discutir as limitadas opções à disposição. Agrawal, Segal, Gadde e os advogados externos do Twitter participaram por videoconferência, além dos banqueiros do Goldman Sachs e do J.P. Morgan. Ninguém trouxe boas notícias para compartilhar.

Taylor e Pichette disseram que gestores de fundos mútuos e empresas de investimento como Vanguard e BlackRock vinham mantendo grandes participações na empresa durante anos porque acreditavam que ela tinha um significativo potencial para ser a plataforma de debate do mundo inteiro — mas o Twitter não conseguira corresponder a essas expectativas. Os gestores, tanto Dorsey quanto Costolo antes dele, tinham sido lentos e desleixados, levando o Twitter a perder oportunidades.

Talvez isso pudesse mudar com Agrawal, concordavam os investidores, mas ele era relativamente desconhecido em Wall Street. Poderiam contar com o CEO para forçar a mudança geral de que o Twitter tanto precisava, ou ele continuaria a se arrastar como Dorsey? Qual era o plano de Agrawal para salvar o Twitter? Os investidores precisavam saber. Alguns estavam dispostos a apoiá-lo, caso conseguisse traçar uma estratégia para a plataforma florescer.

Outros, por sua vez, sentiam-se tentados pelos avanços de Musk. *Levem a sério a oferta dele*, disseram a Taylor e Pichette. O preço de 54,20 dólares representava dividendos significativos. As ações do Twitter poderiam subir por conta própria depois de um tempo sob a liderança de Agrawal, mas seu sucesso futuro não estava garantido, pensavam.

Os banqueiros tampouco traziam a tiracolo um salvador da pátria. A Thoma Bravo e várias outras empresas de investimento tinham telefonado com perguntas sobre uma potencial aquisição do Twitter. Mas nenhuma delas com uma oferta decidida, e não parecia que as gestoras de capital privado estavam falando sério.

Agrawal saiu da reunião tenso e passou a tarde de terça-feira debruçado sobre modelos financeiros com Segal e dando ordens aos gerentes para que finalizassem suas listas de demissões. Com Musk tagarelando no Twitter, não havia tempo a perder. Agrawal precisava apresentar ao conselho o plano de negócios para a plataforma avançar como empresa de capital aberto, e assim seus membros poderiam avaliar se o Twitter tinha chances naquela briga. Se fosse capaz de convencer o conselho de administração e os acionistas de que, sob sua liderança, a empresa em breve valeria mais do que Musk oferecia, eles poderiam rejeitar a oferta do bilionário.

Desde o incidente com o Elliott, a filosofia de Dorsey tinha sido a de apenas desenvolver grandes produtos, que naturalmente trariam novos usuários e receitas. Embora Dorsey tenha contratado mais engenheiros e dado sinal verde para mais produtos, esse foguete nunca decolara.

Agrawal pretendia reverter a estratégia, colocando as finanças em primeiro lugar. Estava pronto para prometer ao conselho que o Twitter seria capaz de obter um lucro ajustado de pelo menos 35% em 2023 — um aumento acentuado em relação aos melhores trimestres da empresa, em que a cifra normalmente oscilara em torno de 20%. Propunha que, dali em diante, as receitas do Twitter aumentassem a um ritmo mais veloz do que suas despesas.

Também haveria cortes severos em toda a empresa. As demissões em massa economizariam centenas de milhões de dólares à plataforma, mas não seriam suficientes. Agrawal planejava demitir os chefes das áreas de receitas e de produtos, Falck e Beykpour, e fechar alguns escritórios ao redor do mundo, bem como vários andares da sede em San Francisco, reduzindo o custo imobiliário do Twitter. O generoso orçamento de marketing da empresa também diminuiria consideravelmente.

As demissões pouparíam cerca de 257 milhões de dólares em 2022, de acordo com as projeções de Segal. Essa economia aumentaria em 2023, vindo somar-se ao 1 bilhão de dólares que ele discutira com Durban. O fechamento de escritórios reduziria custos em outros cerca de 10 milhões de dólares em 2023, e a redução do orçamento de marketing pouparia aproximadamente 80 milhões de dólares naquele ano.

No dia seguinte, 20 de abril, todo o conselho se reuniu para ouvir o plano de Agrawal. Era o momento de defender a si mesmo para salvar seu emprego. Desde que Dorsey o abordara com o convite, ele sonhava em liderar a empresa — mas esse sonho não incluíra estar sob ameaça direta de Musk. Ele pigarreou e encarou a câmera do laptop.

"Os acontecimentos recentes são sintoma, e não causa, dos problemas que nos atormentam. Devemos enfrentar e abordar as causas profundas com urgência e definir um plano imediato para lidar com elas", disse Agrawal, seguindo o roteiro que havia preparado para a videoconferência. A raiz do problema, segundo o CEO, era que o Twitter crescera sem um rumo, agregando novos funcionários e despesas sem resultados sólidos.

"Precisamos mudar como empresa", continuou. "Precisamos tomar decisões difíceis, às quais temos resistido historicamente, impostas de cima para baixo e com urgência."

À medida que sua proposta para salvar o Twitter se aproximou do clímax, Agrawal foi enfático. Sabia que era capaz de transformar a plataforma se tivesse um pouco mais de tempo. Forçou um sorriso, tentando fazer com que seu otimismo fosse visto pelos membros do conselho na tela dos computadores. Em apenas cinco meses, ele já havia conseguido reestruturar a empresa e sentia o ritmo acelerar. Precisava fazê-los sentir o mesmo. Mas, como membro do conselho, não podia se opor abertamente a Musk. Tinha de demonstrar neutralidade.

"Este plano vai nos mudar e nos definir", disse Agrawal. "O futuro e a forma como mostramos resultados aos nossos acionistas estão em nossas mãos, e seremos bem ou malsucedidos com base em nosso foco e nossa liderança em meio a mudanças, e em nossa capacidade de executá-las agora. Nós somos capazes disso."

E como o conselho saberia em que momento o jogo estaria virando a favor do Twitter? "Quando pararmos de pensar como azarões e assumirmos nosso papel como o serviço mais importante do mundo", respondeu Agrawal. O Twitter não seria um time mediano chegando às finais no debate das redes sociais — ele dominaria toda a discussão.

Era o que Durban queria ouvir do apelo entusiasmado de Agrawal. Porém, pareceu que outros membros, como David Rosenblatt, já tinham feito uma escolha. Rosenblatt, que administrava o site de comércio eletrônico 1stDibs, era um observador atento dos mercados financeiros e sabia que Musk estava oferecendo um ótimo preço. O conselho precisava entender a visão de Agrawal para poder decidir quanto valia o Twitter, e assim se certificar de que a oferta do bilionário era realmente tão generosa quanto parecia. Mas era provável que o acordo fosse concretizado, acreditavam alguns membros do conselho, e, quando isso acontecesse, o plano de Agrawal deixaria de ter importância.

Então Segal interveio para informar os conselheiros sobre as perspectivas financeiras do Twitter para o resto de 2022 e o que poderiam esperar do negócio em 2023. A guerra na Ucrânia havia causado uma fuga em massa de anunciantes da plataforma, com as marcas preocupadas com seus anúncios aparecendo ao lado de conteúdo violento. O Twitter ficara 61,5 milhões de dólares abaixo da receita esperada para o primeiro trimestre do ano, contou Segal.

A guerra não era o único percalço enfrentado pela plataforma, ele advertiu ainda. O conflito continuaria a custar dinheiro à empresa, e a economia estava em desaceleração. A inflação subira mais de 8% nesse mês em relação ao ano anterior, enquanto o Federal Reserve, o Banco Central dos Estados Unidos, avisou que poderia aumentar as taxas de juros pela terceira vez, e sob alertas de recessão dos analistas.

O Twitter não estava se saindo bem. Naquela toada, ficaria quase 1,85 bilhão de dólares aquém da meta de receita de 7,5 bilhões até o final de 2023. Também terminaria o ano com 50 milhões de usuários diários abaixo da meta de 315 milhões. Se a economia continuasse em declínio, a situação se tornaria ainda mais terrível, explicou Segal. Caso permanecesse uma empresa de capital aberto, o Twitter teria de dar todas essas notícias aos investidores na próxima reunião de resultados, marcada para 28 de abril.

Os diretores não tinham certeza do que fazer. Instruíram Agrawal a entregar o plano aos banqueiros do Goldman Sachs e do J.P. Morgan para revisão e comparação com a proposta de Musk. Os banqueiros também o usariam para calcular quanto valia o Twitter e, de novo, comparar o valor ao da oferta do bilionário. Se fosse para o conselho votar a favor de Agrawal, seus membros precisavam saber que aquilo que o CEO projetava para o Twitter não era apenas uma ilusão. Os banqueiros tinham de dar seu selo de aprovação, afirmando que o Twitter de Agrawal era capaz de superar o preço oferecido por Musk de 54,20 dólares ao recusá-lo e seguir como uma empresa de capital aberto. Só então os conselheiros poderiam oferecer seu apoio ao CEO sem, com isso, trair suas obrigações para com os acionistas.

O conselho concordou em se reunir quatro dias depois, no domingo, para tomar a decisão final.

Um dia depois dessa última tentativa de Agrawal, Musk surpreendeu novamente o conselho ao anunciar seu plano mais coerente até ali para comprar o Twitter por meio de documentos apresentados à SEC. O Morgan Stanley e um grupo de outros credores lhe haviam oferecido 13 bilhões de dólares em empréstimo consignado, ao passo que Musk colocaria 12,5 bilhões em ações da Tesla como garantia por um empréstimo adicional de outros 12,5 bilhões para a transação, revelou o bilionário.[2] Além disso, ele assinara uma carta de compromisso concordando em investir 21 bilhões de dólares da própria fortuna no negócio. Pela primeira vez, a oferta foi mais substancial do que caberia em um tuíte. Ele estava dizendo que tinha dinheiro para cobrir o preço de venda de 44 bilhões de dólares, mais os 2,5 bilhões adicionais em despesas de fechamento.

Enquanto Musk juntava dinheiro, o Twitter seguia perdendo o seu. Na noite daquela quinta-feira, o conselho de administração recebeu uma nota de Segal. O diretor financeiro lhes escrevia para informar que, em apenas 24 horas, as projeções de receita da plataforma tinham caído ainda mais.

Segal tinha se reunido com sua equipe horas depois da reunião do conselho na quarta-feira, e ouvido que o Twitter estava cerca de 10 milhões de dólares aquém de atingir as metas de receita para o trimestre. O turbilhão causado pela caótica oferta de aquisição de Musk fizera com que alguns anunciantes hesitassem, e os funcionários, que deveriam estar focados nas vendas, se distraíssem. Parecia provável que a empresa viesse a perder mais 10 milhões até o final da semana seguinte, e, se o caos continuasse, chegaria a 100 milhões abaixo da receita anual que Segal havia apresentado ao conselho.

"Reconhecemos que sinalizar essas questões em tão curto espaço de tempo depois da reunião de quarta-feira pode levantar questões adicionais; o ambiente de negócios é muito dinâmico", escreveu Segal.

Plenamente ciente das deficiências nas receitas, o conselho concordou em avançar com os planos de demissão apresentados por Agrawal, enquanto continuava a ponderar a oferta de Musk. Os conselheiros votaram por e-mail para aprovar o plano. Até Dorsey concordou com os cortes, respondendo a sequência de mensagens com um simples emoji de positivo. Embora a oferta de 44 bilhões de dólares pairasse sobre todos, o conselho ainda precisava de mais tempo para avaliar suas opções. O Twitter seguiria o plano de Agrawal por pelo menos mais 72 horas.

Na sexta-feira, 22 de abril, Taylor e Pichette atualizaram o restante dos membros do conselho sobre as conversas que vinham tendo com acionistas institucionais. A maioria deles estava interessada na oferta de Musk, e não parecia que o Twitter pudesse contar com seu apoio para uma demonstração de força, caso o bilionário lançasse uma oferta pública.

A maré estava mudando a favor de Musk, puxando lenta mas vigorosamente o conselho na direção de sua irresistível promessa de 54,20 dólares por ação. Se os próprios acionistas estavam loucos pelo dinheiro dele, o conselho não poderia atrapalhar. Era hora de examinar as minúcias do financiamento da proposta e se assegurar de que o bilionário tinha meios para honrar o pagamento.

O conselho despachou seus banqueiros do Goldman e do J.P. Morgan para se reunirem com a equipe de Musk no Morgan Stanley e obterem mais informações sobre isso. Queriam revisar os termos do bilionário para poder decidir se a oferta era consistente ou não.

16.
Apenas diga sim

O novo financiamento de Musk trouxe consigo novos rostos. Entre os contratados para trabalhar com o bilionário inconstante estava Michael Grimes. Um dos principais captadores de negócios do Morgan Stanley e chefe de investimentos em tecnologia global da empresa, Grimes fazia o que fosse necessário para impressionar, de bater na porta da casa de clientes em potencial até bisbilhotar o uso que sua própria filha fazia da internet para pesquisar hábitos online dos adolescentes. Chegou a trabalhar como motorista de Uber só para ganhar a confiança da empresa antes da IPO dela em 2019, liderada pelo Morgan Stanley. Grimes, um homem de rosto afilado, tinha, no entanto, uma reputação mista, já que havia sido também o supervisor da IPO do Facebook em 2012, na qual a avaliação da empresa despencou bilhões de dólares devido à volatilidade das primeiras reações do mercado. Com 55 anos de vida, já havia visto de tudo no Vale do Silício, mas ainda não tivera a chance de trabalhar em estreita colaboração com a pessoa mais rica de todas. Era sua chance.

Por insistência de seus banqueiros, Musk contratou o escritório especializado em fusões e aquisições Skadden, Arps, Slate, Meagher & Flom para apoiar a transação, em vez de deixar tudo com Birchall e Spiro, seus advogados de defesa. Fundado em 1948, o Skadden era um escritório relativamente jovem que competia com outros nomes grandes da área do direito, muitos deles com raízes que remontavam ao século XIX.

Na década de 1980 — período definido pelos excessos de Wall Street e de saqueadores corporativos audaciosos — o Skadden tornou-se conhecido como o escritório de advocacia internacional referência para aquisições hostis. Enquanto outros mais tradicionais torciam o nariz para a ideia de defender a aquisição de um negócio contra a vontade do proprietário, o Skadden via nas disputas por procuração e guerras nos conselhos administrativos das empresas uma grande oportunidade. O escritório supervisionou acordos históricos, como a aquisição da Revlon pelo bilionário Ronald Perelman no valor de 2,7 bilhões de dólares e a aquisição da ABC pela Capital Cities por 3,5 bilhões.

Na altura dos anos 2010, no entanto, o Skadden tinha se tornado quase alérgico às mesmas aquisições hostis que haviam servido de base para a construção de seu nome. Antes satisfeito em destruir o conselho de uma empresa para fechar um acordo com um cliente de gestão de capital privado, o escritório passou a servir mais às corporações estabelecidas contra as quais havia disputado no passado. Era um negócio mais estável e, em 2021, era um dos cinco principais escritórios de advocacia em receita, com reservas anuais de mais de 3 bilhões de dólares. Ainda assim, apesar de seus sucessos, ele nunca tinha conseguido entrar no mundo das grandes empresas de tecnologia do Vale do Silício.

A negociação de Musk com o Twitter era, para o Skadden, a oportunidade de entrar nesse mundo e realizar um dos acordos de empresa de tecnologia mais inovadores de todos os tempos. O bilionário era um cliente complicado, conhecido por suas exigências legais questionáveis e por dispensar advogados que não previam seus caprichos. O desafio de representá-lo nessa oportunidade única coube a Mike Ringler, um sócio novo na equipe de fusões e aquisições.

Com um diploma de direito de Georgetown e uma careca proeminente e lustrosa, ele tinha passado 22 anos de sua carreira no Wilson Sonsini, que representava a Apple, o LinkedIn e, claro, o Twitter. No Wilson Sonsini, havia trabalhado em estreita colaboração com alguns dos advogados que agora representavam o Twitter no lado oposto da aquisição, e juntos tinham fechado acordos que mudaram o setor, como a venda por 8 bilhões de dólares da Pixar para a Disney em 2006, a venda por 1,7 bilhão do YouTube para o Google no mesmo ano e a aquisição da Compaq pela Hewlett-Packard por 25 bilhões em 2002.

Principal sócio do Wilson Sonsini no acordo, Marty Korman era um dos maiores negociadores do Vale do Silício, e tinha trabalhado ao lado de Ringler por quase duas décadas, o que lhe dava uma perspectiva única do homem que sentava a sua frente na mesa de negociações. Korman, um homem de ombros largos e corte sempre muito curto de cabelo, sabia que seu ex-colega estava em uma situação difícil: Ringler não tinha poder real e estava cumprindo ordens de um homem bastante caprichoso, que muitas vezes não ouvia os advogados.

Às vezes, Ringler nem sequer tinha acesso direto a Musk. Nas reuniões entre os advogados das duas partes, era forçado a admitir que não havia tido a oportunidade de discutir determinados termos com seu cliente. A maioria das interações de Ringler era com Birchall e Spiro, que já tinham deixado claro que a orientação de Musk era que "fechasse o acordo". O bilionário tinha antecipado que poderia haver resistência a sua oferta e tinha dito aos advogados para agir de forma rápida e agressiva, de modo a concluir a aquisição do Twitter sem uma luta prolongada.

Na tarde de sábado, 23 de abril, depois de mais de uma semana de silêncio por parte do Twitter, Musk entrou em contato novamente com Taylor. "Seria possível você e eu conversarmos neste fim de semana?", perguntou por mensagem.

"Seria ótimo", respondeu Taylor. E então sugeriu que fizessem uma chamada nessa mesma noite incluindo Sam Britton, banqueiro que liderava os negócios de tecnologia do Goldman Sachs no escritório de San Francisco. Britton e Segal se conheciam bem dos tempos do Goldman, e Britton tinha passado inúmeras horas em videoconferências com Taylor e o resto da equipe do Twitter na semana anterior, analisando os pontos fortes e fracos do plano de negócios da empresa e do financiamento de Musk.

Às 16h30 do horário de San Francisco, Britton e Taylor ligaram para o celular de Musk. Depois de ter explodido com Agrawal e questionado sua produtividade como CEO, e dos constantes tuítes provocativos, o bilionário enfim pareceu mais amigável. Ele comunicou a Taylor e Britton que seguia inabalável quanto ao preço que estava disposto a pagar pelo Twitter.

Taylor ainda tinha esperança de que houvesse uma forma de arrancar mais alguns dólares de Musk. Garantir um preço ainda mais elevado demonstraria sua capacidade de domar o bilionário errático e satisfaria os investidores que ainda se lembravam do apogeu do Twitter em 2021, quando suas ações flutuavam confortáveis acima de setenta dólares. O Twitter tinha terminado a semana a 48,93 dólares, impulsionado por investidores que esperavam que o negócio fosse fechado pelo preço oferecido por Musk ou acima. Mas, tal como ele já tinha dito a Taylor antes, pagaria 54,20 dólares por ação. Se o conselho o rejeitasse, iria diretamente aos acionistas do Twitter com a oferta.

Taylor sabia, por meio de conversas com investidores institucionais, que se tratava de uma opção explosiva que ele não devia arriscar. Uma oferta pública tiraria qualquer controle do conselho sobre o processo de venda, e o presidente do conselho do Twitter temeu que, se buscasse uma oferta mais alta, Musk colocaria tudo a perder. Taylor disse educadamente ao bilionário que entraria em contato de novo em breve e encerrou a conversa.

O telefone de Taylor tocava o tempo todo, com banqueiros e advogados do Twitter enviando atualizações, e ele mal conseguia dormir umas poucas horas. Mas nessa noite foi para a cama convencido de que o Twitter deveria ser vendido a Musk.

No domingo, 24 de abril, às onze horas da manhã de San Francisco, Taylor se juntou ao restante dos diretores do Twitter em uma videochamada para tomar a decisão final. Lane Fox se conectou de sua casa em Londres, onde tinha passado a maior parte da primavera enfrentando problemas de saúde. Rosenblatt e Pichette estavam na Costa Leste, enquanto Taylor e Agrawal participavam da baía de San Francisco.

Britton explicou ao conselho a recomendação dada pelo Goldman. Com base em tudo o que a administração do Twitter dizia que poderia realizar, no desempenho passado da empresa e na situação do mercado de ações, Musk estava oferecendo um preço justo. O J.P. Morgan era da mesma opinião.

Taylor descreveu calmamente sua conversa com o bilionário no dia anterior. O comportamento do presidente do conselho lembrou a alguns o de um juiz presidindo um tribunal, orientando com frieza seus conselheiros, alguns dos quais aparentavam estar insones e exaustos pelo ritmo frenético das negociações.

O algoz deles não estava disposto a alterar o preço, informou Taylor, e uma tentativa de negociação talvez terminasse em desastre. Musk estava claramente pronto para avançar com uma oferta pública se não conseguisse o que queria, e poderia até vir a oferecer um preço mais baixo aos acionistas do Twitter do que os 54,20 dólares que estavam em jogo nesse momento. O bilionário poderia, ainda, desistir de toda a transação, vindo a deixar os acionistas na mão.

A melhor coisa a fazer, admitiu Taylor, era aceitar a oferta de Musk. Isso garantiria que o bilionário fechasse negócio a um preço aceitável e daria ao conselho algum controle sobre o desenrolar da transação.

Os outros membros do conselho concordaram. A empresa de capital aberto mais comparável ao Twitter, o Snapchat, tinha visto o preço de suas ações cair cerca de 20% naquele mês, enquanto seis gigantes da tecnologia — Apple, Amazon, Google, Meta, Microsoft e Netflix — haviam perdido coletivamente mais de 2 trilhões de dólares em valor de mercado desde o início do ano. Era um momento arriscado para a economia americana em geral. Analistas de mercado que tinham considerado a oferta de Musk baixa apenas algumas semanas antes também haviam começado a mudar de opinião.

A maioria dos membros do conselho estava resignada. Qualquer sentimento em relação à perspectiva de vender a empresa a alguém que planejava derrubá-la tinha desaparecido, restava apenas a determinação sombria de fazer Musk pagar o preço acordado. Estavam agora concentrados em seguir os conselhos de seus advogados para garantir o melhor preço para o Twitter, deixando o resto nas mãos do destino.

A conversa então mudou para como garantir que Musk não pudesse escapar do acordo. Se o conselho aceitasse a oferta, como poderiam ter certeza de que o executivo da Tesla iria cumprir sua parte? Ele já havia concordado em se juntar a eles, e mudado de ideia meros dias depois. Qualquer acordo com o bilionário teria que ser bem amarrado.

Com as recomendações dos banqueiros em mãos, os membros do conselho deram sinal verde: Taylor e o comitê de transação deveriam reunir-se com Musk e tentar discutir um acordo de aquisição que garantisse o preço.

Enquanto os outros membros do conselho deixaram a videoconferência, Taylor permaneceu conectado com Lane Fox, Pichette, a equipe administrativa do Twitter e uma tropa de banqueiros e advogados que deveriam começar a definir os termos do acordo. Os advogados tinham que redigir um contrato do zero, e rapidamente começaram a debater formas de garantir que Musk não pudesse se esquivar.

Ainda na reunião, nessa tarde de domingo, Britton sentiu o telefone vibrar. O banqueiro do Goldman ficou surpreso. Em todos os anos gerenciando negócios complexos da área de tecnologia, nunca tinha visto nada parecido com o e-mail que tinha chegado em sua caixa de entrada. A equipe de Musk tinha redigido por conta própria um acordo favorável ao vendedor e o estava oferecendo ao Twitter. O bilionário estava pulando a etapa de rituais que precedia qualquer transação gigante como aquela, em que o vendedor delineava o negócio, o comprador o revisava e os dois lados negociavam em idas e vindas, por vezes durante meses.

Mas Musk não queria nada disso. Ele havia elaborado seu próprio acordo de aquisição, e insistia que ele estivesse finalizado e assinado na manhã seguinte, para que pudesse ser anunciado ao público antes da abertura do mercado de ações na segunda-feira.

A sugestão de acordo vinha acompanhada de uma carta do próprio Musk. "54,20 dólares é e continuará sendo minha melhor e última oferta, ponto-final. Isto é binário: minha oferta será aceita ou sairei do negócio", ele ameaçava.

Tal como o conselho de administração fizera durante a reunião da manhã, Musk também havia observado o mercado cair, o que tornara sua oferta ainda mais lucrativa.

"Com a sua cooperação, podemos negociar mudanças que forem necessárias para anunciar a transação antes da abertura do mercado amanhã, para que os acionistas possam deliberar. Eu respeitarei o resultado dessa votação, seguindo o acordo se os acionistas preferirem meus 54,20 dólares, e o abandonando totalmente, caso desejem o contrário", acrescentou Musk.

Britton interrompeu a reunião para contar a todos sobre a missiva bizarra que acabara de receber. Na mesma hora a conversa mudou de como abordar Musk com um novo acordo para como revisar o acordo oferecido pelo bilionário.

Quando as negociações começaram, Gadde, diretora jurídica do Twitter, encontrava-se em território familiar. Antes de supervisionar as questões jurídicas e políticas do Twitter, ela tinha passado dez anos como advogada de governança corporativa no Wilson Sonsini, onde vivenciou todos os meandros das disputas por procuração e ofertas públicas de aquisição. Ela fez parte da equipe de advogados — junto com Korman e Ringler — que defendeu a gigante de biotecnologia Genentech contra uma oferta não solicitada da empresa suíça de saúde Roche, tendo-a aconselhado a esperar por uma oferta maior no auge da crise financeira de 2008. No ano seguinte, a Roche adquiriu a Genentech por 46,8 bilhões de dólares, extraindo 3 bilhões a mais da oferta original.

Gadde sabia que o Twitter teria de amarrar Musk numa camisa de força no acordo, sem deixar nenhuma opção de escape depois de assinar. Confiava em Korman, seu antigo mentor, e na capacidade do Twitter de conseguir o que queria, e declarava aos membros de seu departamento jurídico quase desde o início das negociações que o acordo iria acontecer.

A rapidez com que Musk queria fechar o negócio deu ao conselho do Twitter uma vantagem incrível. Aquisições dessa dimensão e complexidade podiam levar meses ou mais de um ano para serem concluídas, enquanto banqueiros e advogados de ambos os lados se empenham na diligência prévia, nas negociações e no envio de documentos, mas Musk queria o Twitter e queria-o agora.

Então seus representantes aceleraram todo o processo. Ainda firme na convicção de não permitir que o conselho do Twitter o amordaçasse, Musk recusou-se a assinar acordos de confidencialidade que teriam permitido a ele e seus conselheiros revisar informações não públicas sobre as operações internas e as finanças do Twitter.

A equipe de negociação do Twitter estava incrédula. Nenhum comprador normal se envolveria em uma transação de tantos dígitos sem primeiro olhar os bastidores. O termo de confidencialidade era comum em qualquer aquisição corporativa e, como disse uma pessoa que trabalhou no acordo, assinar um termo desses era tão natural quanto "vestir calças para sair em público". O Twitter, portanto, não enviou nada a Musk, antes da assinatura do acordo, que já não tivesse sido tornado público a seus acionistas. O próprio bilionário impediu que isso acontecesse.

Se Musk tivesse assinado um acordo de confidencialidade, ele e os seus banqueiros teriam tido acesso às projeções financeiras deprimentes do Twitter. Ou poderiam haver solicitado informações para fazer análises externas dos números de usuários do Twitter ou da quantidade de contas falsas e de spam com as quais ele afirmava se preocupar. Se conhecesse o quadro completo, ele poderia ter reduzido sua oferta ou desistido por completo. Mas seus banqueiros prosseguiram com o negócio sem verificações. Por insistência de Musk, Ringler continuou a pressionar agressivamente para que o negócio fosse fechado.

Os advogados do Twitter acreditavam que Musk podia estar tentando levar o acordo adiante nessa velocidade vertiginosa para forçá-los a recuar. Parecia uma tática: ele aparentava querer que o conselho o rejeitasse, para que tivesse um motivo para lançar uma oferta pública de aquisição hostil.

Então, Korman e seu contraparte no Simpson Thacher, Alan Klein, criaram uma nova estratégia: "Apenas diga sim".

Wall Street estava acostumada com a tática de defesa do "apenas diga não", popular entre os conselhos de administração de empresas de capital aberto na década de 1980 para lidar com saqueadores corporativos. A ideia era simples: os conselhos podiam desencorajar uma aquisição hostil rejeitando qualquer oferta imediatamente e apenas recusando-se a negociar com o proponente. Os advogados do Twitter inverteram essa abordagem. Como acreditavam que o lado de Musk queria que eles procrastinassem ou recusassem, aconselharam o conselho da empresa a concordar com os termos do bilionário — que fixavam o preço inflacionado. Não deem nenhum indicativo de que o Twitter não deseja uma venda rápida e fácil, orientaram.

Korman e Klein mal podiam acreditar na sua sorte. Sabiam que estavam lidando com um personagem escorregadio e buscavam um acordo que colocasse todo o risco jurídico sobre o comprador.

A proposta de acordo de Musk fez a maior parte do trabalho para eles. Ao pressionar os advogados para que o negócio fosse fechado imediatamente, o bilionário tinha minado sua própria posição. Depois que sua equipe enviou o acordo no domingo, ele ficou ansioso para finalizar tudo na manhã de segunda-feira.

Numa videoconferência, Klein, Korman, Ringler e banqueiros de ambos os lados acertaram os termos do acordo durante toda a noite. Ringler insistiu que os banqueiros do Goldman Sachs e do J.P. Morgan parassem de oferecer a empresa a outros compradores no mundo da gestão de capital privado. Não queria que o conselho do Twitter recuasse no último minuto e que outro comprador pudesse ser recomendado aos acionistas. Korman e Klein perceberam ali uma brecha para conseguir algumas concessões e alterar o acordo.

Korman foi inflexível quanto a Musk usar seu próprio nome no acordo. Exigiu que o bilionário assinasse o documento — e não representantes de uma de suas empresas —, um movimento inédito em negócios corporativos que colocou este em uma posição jurídica arriscada. Ele e Klein também insistiram que Musk fosse pessoalmente responsável por conseguir todo o dinheiro da transação, além dos empréstimos que havia garantido junto aos seus bancos, para concluir o negócio. Aos olhos dos dois advogados do conselho, tinha que ser assim. Se concordassem com a transação e Musk desistisse, os danos à reputação da empresa e ao preço das ações seriam irreparáveis.

Cada lado concordou com uma alta taxa de rescisão para mantê-los comprometidos: 1 bilhão de dólares. Se o conselho do Twitter encontrasse um novo comprador, teria que pagar essa quantia a Musk para ele desistir. O bilionário teria que desembolsar o valor apenas se o negócio fracassasse devido ao colapso de seu empréstimo de 13 bilhões. Mas ele não poderia escapar. Os advogados do Twitter incluíram uma cláusula de "execução específica" no contrato, que permitia que a empresa o processasse para forçar a conclusão do acordo. Musk não poderia simplesmente mudar de ideia e pagar a taxa de rescisão para se safar.

Sem muita contestação, o Skadden concordou com as alterações propostas. Por volta das dez horas da manhã de segunda-feira em San Francisco, pouco depois do prazo da abertura do mercado imposto por Musk, os detalhes do acordo de fusão, um contrato que previa a união do Twitter com uma holding controlada pelo bilionário, foram firmados. O conselho do Twitter se reuniu em outra videochamada para discutir os acertos finais.

A reunião foi um enterro virtual. Os onze diretores sabiam que tinham cumprido o seu dever: conseguir o melhor preço possível para os acionistas. Durban, que havia apoiado Agrawal quando ele esboçara o plano de manter o Twitter independente, tinha agora uma nova obsessão: fazer seu antigo cliente pagar.

Outros, como Agrawal, estavam na empresa havia mais de uma década e tinham passado por altos e baixos. Ele sentia orgulho, mas também uma angústia avassaladora. Acreditava no potencial do Twitter e na capacidade dele próprio de ajudar a empresa a atingir o seu máximo, e a venda era como uma admissão de derrota. Agrawal era CEO havia apenas 147 dias, e parecia que metade desse tempo tinha sido passado cortejando ou discutindo com Musk. O que restava de seu mandato como líder do Twitter seria gasto na transição da empresa para o novo proprietário.

Lane Fox também tinha tido um longo mandato no conselho do Twitter e considerava sagrada a missão da empresa. Refletiu sobre a situação em que ela e os outros membros do conselho se encontravam, forçados a colocar o preço acima de tudo. O preço das ações era realmente a única coisa que importava? E quanto ao impacto sobre os funcionários ou à provável destruição da plataforma?

Os advogados lembraram todos que seu papel era simples: estavam ali para representar os interesses dos acionistas. A única coisa a considerar era se os proprietários das ações do Twitter estavam obtendo um preço justo e o melhor resultado possível.

Dorsey permanecia em silêncio. Seus colegas membros do conselho o pressionaram — não pela primeira vez — sobre seu relacionamento com Musk. Queriam saber se os dois homens haviam feito planos nos bastidores. Dorsey havia jurado diversas vezes a seus colegas que não tinha concordado em ajudar o bilionário na transação. Embora a maioria dos membros do conselho possuísse pequenas frações das ações do Twitter, Dorsey detinha uma participação de cerca de 2% e poderia ganhar quase 1 bilhão de dólares com o negócio.

E Dorsey não precisaria vender suas ações se não quisesse. Musk tinha lhe dado a opção de as transferir, permitindo-lhe continuar envolvido com a empresa muito depois de o resto dos diretores terem se desligado. *Será que Dorsey havia conversado com Musk sobre continuar no Twitter?*, era o que o conselho queria saber. Dorsey jurou que não tinha planos de transferir sua participação para depois da transição.

Ninguém tinha certeza se poderia acreditar nele. Dorsey, sempre um mistério, havia se tornado ainda mais difícil de prever depois de ter renunciado ao cargo de CEO, cinco meses antes. Até mesmo os executivos do Twitter presentes na reunião — Agrawal, Gadde e Segal —, que haviam passado anos trabalhando ao lado de Dorsey, não conseguiam entendê-lo.

O potencial envolvimento de Dorsey num novo Twitter não mudava o preço que Musk estava disposto a pagar aos acionistas. Mas vários de seus colegas membros do conselho estavam furiosos com ele e o consideraram uma cobra. Depois de anos trabalhando juntos, achavam que Dorsey havia falado mal deles e agido por suas costas. Qualquer confiança que outrora haviam tido em seu amado tecnólogo tinha desaparecido.

Com isso, o conselho votou por unanimidade pela aprovação dos termos da venda, e concordou que recomendaria o mesmo voto de aprovação aos acionistas quando chegasse a vez deles de validar o negócio.

Enquanto o conselho do Twitter votava, Musk estava em Austin, na Tesla Gigafactory, reunindo-se com Luhut Binsar Pandjaitan, um funcionário do governo indonésio que supervisionava os investimentos no país asiático. Os dois deveriam estar discutindo mineração, já que a Indonésia possuía reservas de minerais cruciais para as baterias usadas nos carros da Tesla. Mas o bilionário estava um tanto distraído pela comoção em torno do acordo com o Twitter, que deveria ser anunciado a qualquer momento.

"Acho que essa é a coisa mais maluca que já fiz", disse Musk a Luhut. "Acho que vou me arrepender disso pelo resto da minha vida."

Pouco antes das 11h45 em San Francisco, as ações do Twitter pararam de ser negociadas na Bolsa de Valores de Nova York.[1] Funcionários e usuários se prepararam para o anúncio que sabiam ser iminente.

Cinco minutos depois, a empresa publicou um comunicado à imprensa.

> **Twitter, Inc.** (NYSE: TWTR) anunciou hoje que celebrou um acordo definitivo para ser adquirida por uma entidade de propriedade integral de Elon Musk, por 54,20 dólares por ação em dinheiro, em uma transação avaliada em aproximadamente 44 bilhões. Após a conclusão da transação, o Twitter se tornará uma empresa de capital fechado.

O comunicado também incluía declarações de Taylor e Agrawal. O presidente optou por se concentrar "no melhor caminho para os acionistas do Twitter". O CEO se disse "profundamente orgulhoso" de seus funcionários e do trabalho deles. Nenhuma das declarações mencionou o que estava reservado para o futuro da empresa. Essa parte foi deixada ao novo proprietário.

"A livre expressão é a base de uma democracia funcional e o Twitter é a praça pública digital onde são debatidas questões vitais para o futuro da humanidade", disse Musk. "Também quero fazer com que o Twitter seja melhor do que ele jamais foi, aprimorando o produto com novos recursos, tornando os algoritmos de código aberto para aumentar a confiança, derrotando os bots de spams e autenticando todos os humanos. O Twitter tem um potencial tremendo — estou ansioso para trabalhar com a empresa e a comunidade de usuários para desbloqueá-lo."

Logo depois que o comunicado à imprensa foi ao ar, Dorsey, que havia permanecido bastante silencioso durante as reuniões do conselho enquanto o acordo era fechado, procurou Musk. "Obrigado", seguido de um emoji de coração, foi a mensagem que enviou ao bilionário.

"Eu basicamente seguindo seu conselho!", Musk respondeu, tão animado que nem percebeu que faltava algo no começo da mensagem.

"Eu sei e agradeço", escreveu Dorsey. "Este é o caminho certo, o único possível. Continuarei fazendo o que for preciso para que isso funcione."

O anúncio do acordo pegou as pessoas que trabalhavam no Twitter de surpresa. A maioria foi informada junto com o resto do público, ao ler o comunicado à imprensa ou notícias divulgadas em trocas de mensagens ou postadas no próprio Twitter. A indignação e a frustração se espalharam pelo Slack.

"Cara, seria péssimo se alguém lesse todas as minhas mensagens do Slack e descobrisse que acho o Elon Musk um troll egoísta que não aceita críticas, arrogante, com um estilo de gestão autoritário e uma compreensão das questões das mídias sociais que quase regula com a de uma criança sabida de oito anos?", escreveu uma pessoa em um canal do Slack chamado #social-watercooler, onde os funcionários se reuniam para contar piadas e fazer brincadeiras.

Era fácil identificar os dissidentes, já que eles desabafavam no Slack, e as críticas vinham desde quando a empresa anunciara a entrada de Musk no conselho, semanas antes. Ainda assim, muitos trabalhadores receberam bem o bilionário, ou pelo menos não o desconsideraram imediatamente.

Este último grupo tinha ficado desiludido com a falta de crescimento e inovação no Twitter, ou visto suas próprias ambições e ideias serem postas de lado por um Dorsey ausente. Ao mesmo tempo, consideravam o histórico de Musk na Tesla e na SpaceX prova mais do que suficiente de que ele poderia liderar uma reviravolta na empresa. Eles tinham encontrado um espaço para solidarizarem-se em canais do Slack como o #I-Dissent, e suas reações variavam de otimistas moderadas a francamente alegres. Apostar no bilionário era melhor do que enfrentar o mal-estar que vinha se abatendo sobre a empresa desde a gestão de Dorsey.

"Lembro-me de uma vez que o Elon foi o convidado no OneTeam e todos o adoraram", escreveu um funcionário no Blind, aplicativo de bate-papo anônimo para os empregados. "Só que depois essa turma descobriu que Elon discordava deles em algumas questões e ficaram furiosos, fazendo birra no Slack e o escorraçando da raça humana."

Dorsey postou no Twitter nessa noite. Optou por comunicar seus sentimentos sobre a venda de sua empresa por meio de uma música, compartilhando um link não tão sutil para uma canção do Radiohead intitulada "Everything in Its Right Place" [Tudo está no seu devido lugar].

Só para ter certeza de que todo mundo tinha entendido, Dorsey disparou outros tuítes, expondo sua visão complexa sobre a própria criatura e exaltando Musk.

> Jack
> @jack:
> Eu amo o Twitter. O Twitter é a coisa mais próxima que temos de uma consciência global.
> **10:03 PM 25 ABR. 2022**
> ♡ 1,1 MIL   ↻ 5,9 MIL   ♡ 27 MIL

> Jack
> @jack:
> A ideia e o serviço são tudo o que importa para mim e farei o que for preciso para proteger ambos. O Twitter como empresa sempre foi meu único objetivo e meu maior arrependimento. Ele virou propriedade de Wall Street e de seu modelo de publicidade. Retirá-lo de Wall Street é o primeiro passo certo a ser dado.
> ♡ 569   ↻ 5 MIL   ♡ 31 MIL

> Jack
> @jack:
> Em princípio, não acredito que alguém deva ser dono ou administrador do Twitter. Ele deve ser um bem público em nível de protocolo, não uma empresa. Porém, sendo uma empresa, Elon é a única solução em que confio. Confio na sua missão de expandir a luz da consciência.
> ♡ 4,7 MIL   ↻ 17 MIL   ♡ 70 MIL

Para os funcionários do Twitter ficou a impressão de que Dorsey estava procurando um bode expiatório. Ele sabia dos riscos e das expectativas envolvidos em administrar o Twitter como um negócio desde quando voltou à empresa como CEO em 2015 e, embora fosse nobre pensar que o Twitter poderia ser um protocolo em vez de uma corporação, ele e os outros cofundadores tinham tomado a decisão de seguir na direção oposta anos atrás. Os empregados também acharam que era uma incrível ironia chamar o Twitter de bem público e depois endossar sua venda ao homem mais rico do mundo. E zombaram das frases de efeito de Dorsey como "a única solução em que confio" e "expandir a luz da consciência" nos grupos de chat.

Alguns executivos, que também tinham se desiludido com Dorsey ao final de seu mandato, começaram a especular sobre o ex-chefe. Eles se perguntaram se o criador do Twitter teria de fato conversado com Musk sobre a compra da empresa antes do que se sabia, e cogitaram que a conversa sobre a aquisição tenha se iniciado em sua visita em agosto de 2021 à Starbase da SpaceX no Texas. Nunca foram encontradas evidências sólidas para essas teorias.

Uma pessoa que ficou incomodada com a mensagem de Dorsey foi Agrawal. Dorsey era a razão de ele ter se tornado CEO, mas a proximidade com Musk tinha levantado suspeitas. Depois que a aquisição foi anunciada, Agrawal não comemorou como Dorsey. Em vez disso, enviou um breve e-mail a sua equipe executiva, dizendo-lhes para suspender as demissões. "Dado o anúncio de hoje, não avançaremos com o Prisma", escreveu Agrawal. "Vamos seguir com o trabalho para construir o melhor Twitter e operar com eficiência, mas aquele plano não é mais o caminho certo a seguir. Por favor, lembrem-se de que vocês ainda estão sob um contrato de confidencialidade, e devem manter o Prisma estritamente confidencial. Obrigado pelo trabalho feito até aqui e por sua liderança neste momento que avançamos." Embora eles não soubessem disto, o acordo poupara Falck e Beykpour dos cortes.

Os executivos não receberam outras diretrizes do seu líder durante o resto do dia, e acompanharam tudo pelas manchetes, como os seus subordinados. Foi a primeira de muitas vezes em que a comunicação de Agrawal diante das altercações de Musk se provaria insuficiente para os funcionários. Mas ele não sabia mais o que dizer. O processo o deixara esgotado. Na reunião geral com os empregados nesse dia, sua mensagem não foi animadora. "Assim que o negócio for fechado, não sabemos qual direção esta empresa irá tomar", declarou às pessoas que trabalhavam no Twitter.[2]

Agrawal relataria mais tarde a um confidente que Musk era diferente de qualquer pessoa com quem já havia lidado. Simplesmente não havia como aferir o comportamento-padrão do bilionário em um dia qualquer. Agrawal costumava conseguir medir as habilidades e os limites das pessoas com quem trabalhava, e usar isso como um indicador para prever como agiriam a seguir, disse ele ao amigo.

"Com Elon, ele sempre pode levar isso a outro nível", falou. Musk sempre poderia fazer algo mais maluco. Trabalhar com ele era quase impossível.

17.
De ouro, de ouro

Quando o negócio foi, enfim, fechado, Vijaya Gadde estava quase sem dormir. As negociações tinham sobrecarregado a diretora jurídica do Twitter, que precisara manter comunicação constante com os advogados do conselho. Qualquer conforto que pudesse advir de se reunir com rostos familiares no Wilson Sonsini desapareceu rápido, conforme eles tentavam cumprir a exigência de Musk de vender uma das mais proeminentes empresas de mídia social do mundo em 24 horas.

Era seu primeiro contato com um dos truques operacionais favoritos de Musk: impor um prazo impossível e testar as pessoas, verificando a rapidez com que conseguiam cumprir uma tarefa.

Na tarde de segunda-feira, 25 de abril, Gadde reuniu os funcionários das áreas jurídica e de políticas da empresa. Foi direta, sua voz forte se tornava ainda mais grave e gutural quando falava para um grupo grande de pessoas — um efeito colateral de seu nervosismo. Gadde procurou ser firme, ainda que sua voz soasse um pouco embargada: o Twitter tinha firmado um acordo com Musk. Isso significava que, a qualquer momento, o bilionário poderia se tornar dono da empresa e, com isso, viriam algumas mudanças drásticas.

Gadde tinha reputação de ser estoica. Porém, ao falar sobre as conquistas e o impacto alcançados por sua equipe, começou a chorar. Todos deveriam se orgulhar do trabalho realizado e se sentir encorajados a continuar em frente, independentemente do resultado da venda, disse ela. O fato de o Twitter valer 44 bilhões de dólares era uma prova de tudo o que tinham feito de bom pela empresa.

Com o acordo assinado, Dorsey arregaçou as mangas. Nessa terça-feira, conversou seriamente com Musk, comunicando ao executivo da Tesla que ajudaria a definir prioridades para a transição e a alinhar tudo com a administração do Twitter. Numa mensagem de texto, minimizou as habilidades de Agrawal, apesar de tê-lo declarado seu sucessor ideal apenas cinco meses antes.

"Ele é ótimo em realizar as coisas quando recebe um direcionamento específico", escreveu Dorsey, fazendo Agrawal parecer um novato a quem é necessário passar um dever de casa. "Que tal fazermos uma reunião com ele para discutir os próximos passos e esclarecer o que é necessário? Acho que o ajudaria a fazer as coisas mais rápido."

O trio se reuniu em uma videochamada às cinco horas da tarde, horário de San Francisco. Dorsey preparou uma pauta que tratava dos maiores problemas do Twitter e delineava objetivos de curto e longo prazo, e Musk abordou-a de imediato. Seguindo o conselho de Dorsey, passou a orientar Agrawal sobre como queria que o Twitter fosse administrado.

Agrawal tentou explicar seu ponto de vista. Havia motivos para o Twitter ter se movimentado lentamente e obstáculos específicos que precisavam de tempo para serem resolvidos, argumentou. Dorsey se recostou na cadeira, observando seu sucessor e seu ídolo debaterem.

Logo foi ficando claro que Musk estava ficando insatisfeito. Ele então disparou uma nova exigência a Agrawal: demitir Gadde. Para o bilionário, ela era a arquiteta do regime de censura do Twitter. O Twitter precisava se tornar um ambiente mais flexível, um vale-tudo, e ele não estava disposto a esperar pela mudança.

Agrawal ficou horrorizado. Musk parecia não entender que, embora tivesse assinado um contrato de compra do Twitter, ainda não era dono da empresa. Até a transferência do dinheiro ser finalizada, Agrawal ainda era o CEO, e contrataria e demitiria quem quisesse. Agrawal olhou para Dorsey, que havia trabalhado em estreita colaboração com Gadde durante anos, mas ele permanecia impassível.

Agrawal recusou a sugestão. Gadde fica, disse, com firmeza. Musk podia fazer o que quisesse depois de finalizar a compra do Twitter, mas, até então, era ele quem dava as ordens por ali.

Musk ficou furioso. Tudo o que assimilou da conversa foi Agrawal apresentando desculpas e justificativas para não se esforçar nos próximos meses e para não atender as suas expectativas. O bilionário achava que insistir em manter Gadde no comando da moderação de conteúdo do Twitter era indesculpável.

"Você e eu estamos totalmente de acordo", escreveu Musk a Dorsey, depois que a reunião terminou em um impasse. "Parag está muito lento e tentando agradar pessoas que não ficarão felizes, não importa o que ele faça."

Dorsey não apenas abdicou da oportunidade de defender Gadde, como também atacou Agrawal. "Pelo menos ficou claro que vocês dois não podem trabalhar juntos", respondeu Dorsey.

Demorou dois dias até que a notícia de que Gadde se reunira com sua equipe vazasse, e na quarta-feira, 27 de abril, o *Politico* publicou uma matéria: "Diretora jurídica do Twitter tranquiliza equipe, mas chora durante reunião sobre aquisição de Musk". Saagar Enjeti, apresentador de um podcast conservador, tuitou uma captura de tela dessa manchete e deu a ela um tom particular. "Vijaya Gadde, principal defensora da censura no Twitter, que notoriamente criticou o podcast de Joe Rogan e censurou a história do laptop de Hunter Biden, está muito chateada com a aquisição de @elonmusk", escreveu, marcando o futuro novo proprietário do Twitter.

Em duas horas, Musk reagiu. Se Agrawal não a despedisse, ele estava disposto a aumentar a pressão. "Suspender a conta do Twitter de uma grande organização de notícias por publicar uma história verdadeira foi obviamente inapropriado", escreveu.

A decisão do Twitter de bloquear links para a matéria do *New York Post* sobre o laptop de Hunter Biden era fácil de atacar, uma vez que a própria empresa já havia admitido ter tomado a decisão errada. Mas Musk precisava desabafar, e esse era o seu jeito de jogar os brinquedos para fora do berço quando não conseguia o que queria.

Ao longo dos anos, Gadde enfrentara ondas de agressões por causa das políticas e das decisões do Twitter. Havia recebido até ameaças de morte quando o Twitter baniu a conta de Trump depois da invasão de 6 de janeiro no Capitólio. Essas experiências tinham-na preparado para as agressões resultantes de decisões políticas difíceis. Mas a postagem do bilionário desencadeou algo diferente. O comentário foi retuitado mais de 50 mil vezes, inclusive por muitos simpatizantes de direita. Alguns deles acrescentaram comentários racistas, chamando-a de imigrante ingrata. À medida que a violência se espalhava, alguns líderes empresariais, incluindo o ex-CEO do Twitter, Dick Costolo, criticaram Musk por atacar uma funcionária.

Os advogados do Twitter tinham incluído uma cláusula no acordo de fusão que proibia Musk de menosprezar a empresa ou seus executivos em tuítes, mas ele não tinha grande consideração por obrigações contratuais. Diria o que quisesse.

Os funcionários do Twitter começaram a tentar encontrar algo de bom no que se agarrar, conforme choviam ameaças sobre sua diretora jurídica. Talvez os tuítes de Musk representassem uma violação do compromisso de não falar mal da empresa e a aquisição pudesse ser cancelada, especularam.

Gadde tentou acalmá-los. Sabia que, ainda que as missivas de Musk quebrassem tecnicamente o acordo, a empresa nunca arriscaria um negócio de 44 bilhões de dólares por causa de um tuíte.

"Deixar esse ciclo passar e focar no trabalho importante que fazemos todos os dias é o melhor caminho", escreveu Gadde no Slack.

O ciclo não passou — pelo menos não como esperado. Ao ver muitos comentários sobre a diretora jurídica aparecerem em sua conta do Twitter, o bilionário ficou ainda mais obcecado por Gadde e pelo que considerava uma grande injustiça contra o *New York Post*.

Agrawal tentou controlar a situação como pôde. Não querendo atrapalhar o acordo, postou um tuíte vago algumas horas depois do de Musk, no qual tentou defender a colega sem atiçar ainda mais as chamas. "Aceitei este trabalho para mudar o Twitter para melhor, corrigir o curso onde fosse necessário e fortalecer o serviço", escreveu. "Tenho orgulho do nosso pessoal, que continua a trabalhar com foco e rapidez, apesar do barulho."

No Twitter, a postagem do CEO foi criticada como covarde. Não mencionava Gadde ou Musk pelo nome e parecia uma mensagem estéril elaborada por funcionários de relações públicas. Agrawal sabia que não podia dizer mais nada e, nesse meio-tempo, assumiu a culpa e tratou de assuntos mais imediatos. Autorizou a equipe de segurança do Twitter a vigiar 24 horas por dia a casa de Gadde em San Francisco, caso os ataques online se traduzissem em ameaças na vida real.

Tendo aprendido a se desassociar da plataforma, Gadde parou de ler as notificações de sua conta no Twitter — mas seu marido protetor, Ramsey Homsany, fundador de uma startup, não conseguiu fazer o mesmo. E monitorou as mensagens agressivas.

Gadde queria seguir com seu trabalho e sua vida. Nessa noite, para marcar a assinatura do acordo, os executivos do Twitter tinham organizado um passeio juntos. Era o quinto jogo de uma série de play-offs melhor de sete da NBA entre o Denver Nuggets e o Golden State Warriors, e o Twitter detinha algumas das melhores cadeiras do ginásio.

O descarrego aconteceria num "camarote bunker" no Chase Center de San Francisco. O Twitter tinha um contrato plurianual, que custara milhões de dólares, garantindo acesso a uma sala subterrânea com serviço completo de buffet abaixo das arquibancadas, e também a cadeiras bem próximas à quadra. O camarote era um dos escapes favoritos de Segal e, com a permissão de Dorsey, ele havia aprovado o alto custo do local com o intuito de dar aos executivos e à equipe de vendas um lugar ao qual atrair clientes importantes. (Dorsey mantinha um camarote próprio no ginásio, com assentos que não precisava compartilhar com seus funcionários.) Porém, nessa noite, o bunker, totalmente abastecido de vinho, bebidas e frios de primeira qualidade, seria usado apenas para o próprio prazer dos executivos.

Gadde estava animada para assistir ao jogo — qualquer coisa para afastar seus pensamentos das alucinantes e insones 96 horas anteriores ao fechamento do acordo. Estava determinada a não se deixar afetar pela trollagem de Musk. Porém, a ideia de Gadde poder ser vista na quadra enquanto o bilionário criticava suas políticas de moderação de conteúdo afligiu a equipe de comunicação do Twitter, e a equipe de segurança se preocupou quanto a mantê-la a salvo. Um importante funcionário da área de comunicação ligou para Gadde e disse que seria estranho aparecer torcendo feliz enquanto tantas pessoas se sentiam mal pelo que ela estava passando. E se uma câmera a capturasse torcendo e transmitisse para uma audiência de televisão nacional? E se Musk soubesse disso?

Gadde, que tinha permanecido em silêncio durante uma semana de provocações do bilionário, ficou decepcionada. Enquanto os executivos que haviam trabalhado no acordo puderam assistir aos Warriors vencerem e avançarem para a próxima rodada dos play-offs, ela teve que acompanhar o jogo de casa.

Gadde tentou se distrair trabalhando. Agrawal convocou outra reunião com ela e Roth para discutir o projeto Saturno. Dessa vez, trouxe Sullivan, seu líder de produto, para se reunir com a equipe de confiança e segurança e discutir qual seria o futuro do Twitter.

"Nossa abordagem atual sugere que estamos nadando contra a corrente. Parece insustentável", disse Agrawal, sua voz denotando exaustão. O executivo-chefe havia sido levado ao limite por Musk nas últimas duas semanas e não conseguia se lembrar de uma ocasião em que tivesse trabalhado tantas horas resolvendo problemas tão frenéticos.

"Não importa que nossas políticas sejam boas, sem mudanças fundamentais no produto, na transparência e no controle não será uma solução para o ideal global de pessoas que sentem que podem confiar em nós e que podem se sentir seguras ao falar no nosso serviço", continuou.

Roth repassou aos executivos seu rascunho do Saturno. Eles odiaram.

Embora Agrawal tivesse insistido que os usuários deveriam saber em qual nível de impulsionamento estavam e como progredir para um melhor, não gostou quando viu o projeto no papel. Parecia assustador e invasivo, ele disse.

Gadde e Sullivan concordaram. O sistema de classificação parecia uma pontuação de crédito social, o tipo de sistema de vigilância que um regime autoritário talvez usasse para monitorar seus cidadãos e determinar quem é ou não confiável. Em seu período no Twitter, Gadde tinha apostado sua reputação no combate à vigilância e aos excessos do governo. Ela lutara contra governos que tentaram convencer o Twitter a identificar usuários que usavam pseudônimo e resistira aos apelos para remover tuítes dissidentes. Bloqueara o acesso da CIA ao *firehose* do Twitter e contestara as ordens de silêncio do Departamento de Justiça, que impediam a empresa de falar publicamente sobre os pedidos de vigilância que recebia do governo dos Estados Unidos.[1] Gadde não queria que o Twitter instituísse um sistema de moderação de conteúdo que se assemelhasse a um aparelho de vigilância.

Sullivan tentou resumir de uma forma gentil: a ideia estava certa, mas a implementação, não.

"Se há regras e normas claras publicadas, se existe transparência sobre por que alguém está no nível em que se encontra, há informações suficientes para que exista justiça e confiança", disse Sullivan. "Só que, mesmo assim, a pessoa pode não gostar do fato de uma empresa a estar julgando."

Depois de ter passado pela semana angustiante que culminara com a venda do Twitter, Roth estava cansado e frustrado. E tinha precisado voltar à prancheta.

Um gerente de produto chamado Keith Coleman interveio para ajudar. Coleman era um ex-executivo do Google que chegou ao Twitter em 2016, depois de a empresa comprar sua pequena startup, e que tinha se mudado para o Havaí durante a pandemia para perseguir a paixão pelo surf. No início de sua carreira no Twitter, Coleman foi responsável por impulsionar o estagnado crescimento de usuários da plataforma. Mas, nos últimos anos, tinha começado a experimentar produtos de moderação de conteúdo.

Inspirado pela Wikipedia, que permite a usuários anônimos da internet escrever e editar entradas da enciclopédia, Coleman idealizou um sistema semelhante para o Twitter. Chamou de Birdwatch. O sistema permitia que os usuários do Twitter verificassem os fatos de tuítes controversos e adicionassem anotações a eles para dar mais contexto. As notas poderiam desmascarar a desinformação ou corrigir os registros à medida que surgissem novas manchetes. O exército de editores da Wikipedia permitia que o site se movesse na velocidade da luz, e o site era frequentemente atualizado minutos depois da notícia da morte de uma celebridade ou de um conflito internacional.

A ideia de Coleman era que o Twitter pudesse fazer o mesmo, permitindo que os usuários corrigissem informações erradas na plataforma mais rápido do que os moderadores de conteúdo podiam fazer. Em janeiro de 2021, ele começou a trabalhar no Birdwatch, que logo se tornou popular entre os líderes do Twitter. Ao lado do investimento inicial de Dorsey no Bluesky, o Birdwatch sinalizava que o Twitter começava a abrir as portas aos usuários, permitindo-lhes ter mais controle sobre as suas experiências nas redes sociais.

Tendo se tornado o queridinho do alto escalão por conta do sucesso do Birdwatch, Coleman parecia ser um parceiro natural para Roth redesenhar a estratégia de moderação de conteúdo do Twitter.

Enquanto Roth e Coleman tentavam reimaginar como seria o projeto Saturno, Agrawal e Sullivan se concentraram na tarefa de unir as tropas. Roth não era o único empregado do Twitter que estava esgotado e frustrado — os funcionários estavam abandonando a empresa em massa, e aqueles que não o faziam pouco se importavam em trabalhar.

Em 4 de maio, Agrawal convocou uma reunião com toda a empresa para falar sobre a iminente aquisição de Musk. Enquanto ele esperava os empregados ao redor do mundo se conectarem à reunião virtual, o hit de sucesso de Jill Scott, "Golden", tomava estranhamente o escritório, encobrindo e desafiando o clima sombrio. *"I'm living my life like it's golden, golden"* [Estou vivendo minha vida como se ela fosse de ouro, de ouro], cantava Scott enquanto funcionários descontentes entravam no Aviary, espaço de eventos na sede do Twitter onde os trabalhadores se juntavam pessoalmente para reuniões gerais.

Agrawal estava com covid e teve de ficar em casa, mas disse a sua equipe pelo vídeo: "Estamos trazendo o foco de volta para o nosso trabalho".

Logo o executivo-chefe transferiu a palavra para Sullivan, para decepção de algumas pessoas que ainda esperavam que o líder falasse com franqueza sobre Musk. Sullivan fez o possível para injetar ânimo nos funcionários.

"Uma coisa que tenho ouvido com frequência é: 'Por que me importar?'", falou Sullivan. "Nós temos uma responsabilidade diária para com centenas de milhões de pessoas em todo o mundo. Eles estão usando nossos produtos para se comunicar e participar de conversas sobre coisas urgentes e importantes que acontecem no planeta."

"Não sabemos o que o futuro nos reserva, só o que podemos fazer é dar nosso melhor para as pessoas que confiam em nós todos os dias", disse ele.

Sullivan então apresentou o trabalho que estava por ser implantado, mencionando a visão de Agrawal para o projeto Saturno. Embora a moderação secreta de conteúdo não estivesse pronta para ser revelada a todos os trabalhadores do Twitter, Sullivan deu a entender o que vinha por aí.

"A mídia social está sofrendo uma crise de confiança neste momento", explicou ele. "Estivemos à frente de nossos pares no assunto, mas ainda há muito o que fazer em relação à mecânica do nosso produto. Assim, as pessoas que produzem conteúdo mais saudável podem obter mais exposição, e podemos ter mais controle pelas que optarem por ver coisas menos reguladas."

Alguns funcionários reviraram os olhos para a conversa motivacional, e outros se sentiram de fato revigorados. Mas a maioria dos presentes ficou atenta a Agrawal, sentado em silêncio diante da tela enquanto seus representantes conduziam a conversa. Era ele que as pessoas queriam ouvir.

Com o acordo de fusão assinado, a busca de Musk por financiadores avançou a todo vapor. Os banqueiros do bilionário garantiram 13 bilhões de dólares em um empréstimo consignado que seria usado na compra do Twitter, deixando Musk com a responsabilidade de arcar com 33,5 bilhões de dólares — valor que faltava para cobrir os 44 bilhões acordados e mais os 2,5 bilhões em despesas de fechamento.

O dinheiro necessário para cobrir essa cifra inacreditável viria de diferentes fontes. Musk, claro, já tinha uma participação de 9,6% no Twitter, que valia 4 bilhões de dólares. Existia a possibilidade de vender ações da Tesla ou da SpaceX para arrecadar mais dinheiro. Ele também garantira um empréstimo pessoal de 12,5 bilhões de dólares, usando suas ações na Tesla como garantia.²

O bilionário via o empréstimo pessoal como uma espécie de paliativo. Sabia que era incrivelmente arriscado sobrepor um empréstimo a um ativo volátil como as ações da Tesla — já que as decisões de Musk poderiam alterar o preço delas em bilhões de dólares num único dia. Por isso, em meados de abril o bilionário já havia começado a cortejar investidores para captar recursos externos. Nessas conversas, uma pessoa em particular se destacou perante os conselheiros dele como uma potencial fonte de renda.

Junto com Jared Birchall e Michael Kives, Michael Grimes pressionou para que Sam Bankman-Fried investisse no negócio. Seduzido pelo acúmulo de riqueza do líder da FTX — ele já acumulava mais de 22 bilhões de dólares aos trinta anos de idade — e por seu círculo de conhecidos que ia de Tom Brady a Bill Clinton e Tony Blair, Grimes disse a Musk que o criptobilionário estaria disposto a investir de 3 bilhões a 10 bilhões no Twitter. Grimes definiu Bankman-Fried como "ultragênio e empreendedor", bem nos moldes de seu cliente atual.

"Sam realmente tem $3 bi líquidos?",³ Musk perguntou ao banqueiro, cético em relação ao criptoempreendedor, e continuou a evitá-lo.

"Desculpe, quem está enviando esta mensagem?", Musk respondeu a Bankman-Fried em 5 de maio, quando o bilionário das criptomoedas lhe enviou uma mensagem de texto — apesar de já ter falado com o líder da FTX duas vezes antes por mensagem.

Bankman-Fried nunca chegou a investir nenhum dos bilhões que prometeu a Grimes, embora Musk o tenha convidado a transferir sua participação no Twitter — cerca de 100 milhões de dólares — para ações da sua empresa de capital fechado. (Musk alegaria mais tarde que Bankman-Fried nunca o fez.) Seis meses depois, a FTX entrou em colapso e Bankman-Fried foi preso por fraudar clientes. Mais tarde, foi condenado a 25 anos de prisão.

Musk descreveu, em conversas particulares, a oportunidade de investir no Twitter dele como uma corrida com "excesso de interessados", o que sugeria que houvesse mais investidores do que ações disponíveis. Podia ser verdade ou conversa de vendedor, fato é que Musk andava com uma caixa de doações nas mãos, como se fosse membro da associação de pais e mestres arrecadando dinheiro para uma nova biblioteca escolar. As cifras que discutia com os amigos eram surpreendentes, difíceis de mensurar, exceto pela classe de proprietários de iates. Ele enviou uma mensagem de texto a Ellison, em 20 de abril, recomendando que o fundador da Oracle investisse pelo menos 2 bilhões de dólares ou mais, dizendo-lhe que a empresa tinha um "potencial muito alto".

"Já que você acha que eu deveria investir pelo menos $2 bi... Vamos com $2 bi 👍", escreveu Ellison, quatro dias depois, um antes de o Twitter anunciar o acordo de fusão.

"Haha obrigado :)", respondeu Musk.

Embora o Morgan Stanley tenha se encarregado de enviar uma apresentação a potenciais investidores, alguns amigos de Musk o apoiaram mais por instinto. Eles tinham uma fé inabalável em sua capacidade empreendedora, e alguns pediram para entrar no negócio apenas para estabelecer conexões mais estreitas com Musk. Marc Andreessen, o aclamado chefe da empresa de capital de risco Andreessen Horowitz, enviou uma mensagem a Musk informando que seu fundo estava pronto para investir 250 milhões de dólares "sem necessidade de trabalho adicional".

As conversas de Musk eram travadas entre os mais ricos da elite mundial. Houve Reid Hoffman, ex-associado da PayPal e cofundador do LinkedIn, que disse a ele que provavelmente conseguiria investir 2 bilhões de dólares de um de seus fundos de capital de risco. Também Satya Nadella, CEO da Microsoft, que foi recomendado a Musk por Hoffman; Sean Parker, cofundador do Napster e primeiro presidente do Facebook; e John Elkann, herdeiro da família dinástica italiana, os Agnelli. Musk mandou mensagem para James Murdoch, filho do magnata da News Corp, Rupert Murdoch, e membro do conselho da Tesla, e para sua esposa, Kathryn, que perguntou se o bilionário traria Dorsey de volta como CEO ("Jack não quer voltar", respondeu Musk. "Ele está focado em Bitcoins.")

Porém, nem todos os ricos abordados por Musk e seus banqueiros desembolsaram cheques. O Founders Fund, fundo de capital de risco de Peter Thiel, cofundador e rival dele na PayPal, estava entre os investidores em tecnologia que não pareceram impressionados com o empreendimento.

Thiel não era fã do Twitter. "Queríamos carros voadores, mas, em vez disso, ganhamos 140 caracteres", declarou certa vez Thiel, zombando da proposta de valor real do Twitter. Sua empresa não aceitou participar do investimento quando foi abordada pela equipe de Musk. O Morgan Stanley contactou ainda um grupo diversificado de potenciais financiadores que incluiu o conglomerado de investimentos japonês SoftBank, o antigo prefeito de Nova York, Michael Bloomberg, e Joe Rogan.

Mesmo alguns dos parceiros mais próximos do bilionário não puderam contribuir de forma significativa. Kimbal recusou o investimento. Antonio Gracias, o financista que prometeu que iria "pra cima deles de todo jeito" pelo seu velho amigo, não aplicou dinheiro da sua gestora de capital privado, fez apenas um investimento pessoal.[4] O mesmo aconteceu com David Sacks, ex-colega da X.com que tinha ajudado a demitir Musk décadas antes. Desde então, os dois tinham feito as pazes e Sacks, um empresário de sucesso por mérito próprio, tinha se apaixonado pelo poder e pelas oportunidades que advinham da proximidade com Musk. Porém, quando o bilionário perguntou se o fundo de Sacks, Craft Ventures, poderia investir, ele hesitou.

"Não tenho como fazer isso (a Craft é um fundo de capital de risco)", foi a mensagem de texto enviada a Musk em 28 de abril. Os fundos de risco, que arrecadam dinheiro de investidores externos, como fundos de pensão e fundos patrimoniais, costumam ter mobilidade limitada em relação ao que podem investir. "Estou pessoalmente envolvido", acrescentou Sacks, observando em seguida que seu investimento pessoal "seria uma loucura em termos relativos".

Um amigo que se mostrou entusiasmado em ajudar foi Jason Calacanis, investidor anjo e podcaster que continuamente o aconselhava sobre como administrar o Twitter e oferecia seus serviços. "Membro do conselho, conselheiro, tanto faz... serei seu fiel escudeiro", dizia a mensagem que Calacanis mandou para Musk dias antes de o bilionário assinar a linha pontilhada. Embora Calacanis nunca tivesse se envolvido em uma aquisição de empresa de capital aberto, pressionou para que o bilionário lhe permitisse estabelecer uma Sociedade de Propósito Específico" (SPV, na sigla em inglês), empresa de fachada na qual investidores pudessem reunir dinheiro para investir juntos. Em vez de caçar cheques de centenas de milhões em instituições individuais, uma SPV permitia que entidades que quisessem investir cheques milionários de menos dígitos pudessem entrar no negócio. Mas isso deu a Musk menos controle sobre quem ele queria que entrasse no grupo, o que o fez ficar frustrado com seu escudeiro.

"O que está acontecendo? Você está oferecendo a SPV para pessoas aleatórias?", o bilionário perguntou numa mensagem para Calacanis. "Isso não está certo."

Calacanis recuou como um cachorrinho que recebe uma bronca do seu dono. Esse era o jeito como ele investia, garantiu a Musk, e já tinha arrecadado mais de 100 milhões de dólares em compromissos. Calacanis não tirou os olhos da tela do celular enquanto uma enxurrada de mensagens de seu mestre foi chegando.

> As pessoas realmente querem ver você ganhar. — JC

> Morgan Stanley e Jared acham que você está fazendo mau uso da nossa amizade. — EM

> Isso faz parecer que estou desesperado. — EM

> Por favor pare. — EM

O ruidoso grupo de microinvestidores de Calacanis fazia parecer que Musk não estava conseguindo garantir os executivos famosos e as empresas de primeira linha necessários para fechar o negócio. Implorar por 1 milhão aqui e 2 milhões ali minava a afirmação de Musk de que ele estava "com excesso de interessados". Era como se o Twitter fosse menos o negócio do século e mais uma campanha de financiamento coletivo.

Calacanis entrou em contato com Birchall para tentar acalmar as coisas antes de retornar às mensagens com Musk. Esse negócio tinha capturado a atenção do mundo todo, disse Calacanis, massageando o ego do bilionário. Não havia quem não quisesse participar.

"E você sabe que estou aqui para o que der e vier, irmão — eu pularia em uma granda por você", Calacanis escreveu, digitando errado "granada". Musk faria o mesmo por seu amigo leal?

Em 5 de maio, Musk havia garantido uma contribuição de investidores externos de 7,1 bilhões de dólares para seu negócio. Ele apresentou um documento à SEC para divulgar o dinheiro e mostrar que estava falando sério, embora nos bastidores os planos dele não fossem de todo otimistas. Apesar da mensagem trocada com Ellison alguns dias antes sobre o investimento de 2 bilhões de dólares, no final das contas, o dono da Oracle contribuiu com apenas 1 bilhão.

Havia outras entidades interessadas, no entanto. A Autoridade de Investimento do Catar, que tinha mais de 460 bilhões de dólares em ativos, comprometeu-se com 375 milhões de dólares. Porém, como condição para fechar o acordo, o país do golfo pediu que Musk comparecesse à final da Copa do Mundo de 2022, que seria realizada mais adiante naquele ano. Houve também financiamento da Vy Capital, um fundo de capital de risco com sede em Dubai e fundado por ex-banqueiros do Goldman. A empresa — que contava com o filho de Birchall como analista — já havia investido centenas de milhões de dólares na Boring Company e na Neuralink de Musk e concordou em contribuir com 700 milhões de dólares para o acordo com o Twitter.

A Sequoia Capital, famosa financiadora da Apple, concordou em participar com 800 milhões de dólares. A Andreessen Horowitz aumentou seu compromisso anterior de 250 milhões para 400 milhões de dólares. Musk havia ganhado fortunas para algumas dessas empresas no passado, e elas botavam fé em seu histórico.

O bilionário também reservou espaço para as criptomoedas. Mesmo sem Bankman-Fried, ele considerou muitas oportunidades com contemporâneos da FTX. O Morgan Stanley apresentou o negócio a Brian Armstrong, executivo-chefe da Coinbase, e à Web3 Foundation, uma organização que buscava desenvolver outras moedas digitais descentralizadas além do Bitcoin. Mas foi a Binance, a maior negociadora de criptomoedas do mundo, quem mordeu a isca. A empresa, liderada por um enigmático fundador nascido na China, Changpeng Zhao, ia de vento em popa. Naquele momento, era responsável por mais de 75 bilhões de dólares em volume diário de negociação de criptomoedas, incluindo Ethereum, Dogecoin e outras. A empresa investiu 500 milhões, com a intenção de incorporar a tecnologia blockchain na rede social.

Na tarde de 6 de maio, Musk adentrou as portas de vidro da sede do Twitter pela primeira vez desde que o acordo tinha sido anunciado. Estava cerca de meia hora atrasado, mas atravessou o saguão sem pressa.

Embora costumasse se cercar de um punhado de parceiros confiáveis, nessa sexta-feira nublada, o bilionário estava acompanhado por duas pessoas que mal conhecia: Kristina Salen, uma executiva loira que havia pouco deixara o cargo de responsável pelas finanças da World Wrestling Entertainment, e Pat O'Malley, outro executivo financeiro com décadas de experiência na área de tecnologia.

Salen e O'Malley tinham sido enviados por Grimes e sua equipe de banqueiros do Morgan Stanley, que pareciam estar cientes de que o bilionário provavelmente precisaria da supervisão de adultos em sua jornada para reorganizar o Twitter. Qualquer um deles daria um excelente diretor financeiro, pensava Grimes.

Ficou claro que Musk não havia entendido os termos do negócio de 44 bilhões de dólares. No dia anterior, ele havia finalmente assinado um acordo de sigilo que lhe dava acesso a informações privadas sobre as finanças e a tecnologia do Twitter. E disse a James Murdoch que estava em San Francisco para realizar uma "diligência prévia na situação" do Twitter.

Mas o período para uma diligência prévia já tinha passado. Se Musk queria dar uma espiada nos bastidores para se certificar de sua compra, deveria ter feito isso antes de assinar o acordo de fusão. Como comprador do Twitter, tinha direito a informações sobre a empresa — mas qualquer coisa que descobrisse já não podia alterar os termos do seu contrato.

Salen e O'Malley seguiram Musk até uma sala envidraçada bastante chamativa dentro da área de conferências no segundo andar da empresa. A sala ficava no centro de um cômodo decorado com hashtags gigantes e parafernália de pássaros, que o Twitter usava para entreter estadistas, celebridades e grandes anunciantes.

Segal apertou a mão do bilionário e o convidou para se sentar a sua frente na mesa. A sala estava lotada por cerca de vinte banqueiros, advogados e funcionários do Twitter, mas a ausência de uma pessoa se fazia notar: Agrawal. Ele participaria por meio de uma tela de vídeo colocada na cabeceira da mesa, já que ainda lutava contra a covid.

O diretor financeiro do Twitter tentou superar o constrangimento de sentar-se junto a Salen e O'Malley, seus potenciais substitutos. Não estava claro para a equipe do Twitter por que os dois executivos estavam participando da reunião, se estavam lá para aconselhar Musk sobre o negócio ou se estavam sendo considerados para cargos de tempo integral. Segal repassou ao bilionário uma única folha de papel que continha o básico do desempenho do Twitter nos últimos anos. Havia apenas cerca de dez linhas na planilha, percorrendo os principais dados financeiros da empresa como receitas, lucros, perdas e números de usuários.

Musk zombou do papel. "Quero ver a planilha mais detalhada que você tiver", exigiu.

Vários membros da equipe de Segal estremeceram. O departamento financeiro usava centenas de planilhas para gerenciar orçamentos, números de vendas e projeções de receitas. Os números de usuários ativos do Twitter eram calculados por equipes de engenharia que ficavam fora da cadeia de gestão direta de Segal, e esses funcionários provavelmente usavam sua própria centena de planilhas de dados para chegar aos números. A planilha financeira mais detalhada da empresa não era algo que alguém já tivesse pensado em fazer.

Segal tentou redirecionar a conversa. "Vamos começar com uma visão geral", sugeriu. O Twitter poderia, mais tarde, agregar os dados para Musk.

Mas o bilionário foi persistente. Não estava interessado numa visão panorâmica do que estava acontecendo na plataforma. Queria mergulhar nos dados, onde quer que estivessem. Na Tesla e na SpaceX, ele era conhecido por alertar engenheiros sobre minúcias relacionadas a peças de automóveis ou o design dos motores dos foguetes, esperava que aqueles que trabalhavam para ele soubessem as respostas ou pudessem encontrá-las rapidamente. E ordenou que Segal lhe trouxesse um detalhamento.

Enquanto discutiam — Segal tentando manter Musk concentrado na página que tinha em mãos e o bilionário insistindo que precisava ver o resto — alguns membros da equipe do diretor financeiro acreditaram estar presenciando seu chefe perder o emprego em tempo real.

Por fim, Musk concordou. "Tudo bem", disse. "Faremos como você sugeriu." Segal se endireitou e começou a apresentar os números do Twitter, como já tinha feito dezenas de vezes a investidores ao longo de seus cinco anos na empresa.

Salen e O'Malley, seguindo deixas de Musk, pressionavam Segal por detalhes e levantavam questões esotéricas para demonstrar sua habilidade e experiência. Segal foi educado, mas teimosamente continuou se esquivando, tentando manter a reunião nos trilhos, enquanto Agrawal permanecia mudo, escondendo a tosse.

Embora a reunião tivesse foco nas finanças, por um instante o bilionário voltou sua atenção para o problema dos bots. Bastava ele abrir a seção de respostas para se deparar com mensagens que obviamente não tinham sido escritas por usuários reais. Ele pegou o celular e demonstrou.

Sua própria experiência na plataforma era bem vívida, e Musk estava convencido de que o Twitter permanecia infestado por muito mais bots do que admitiam aos investidores. A empresa incluía uma prestação de contas em cada um de seus relatórios de lucros que afirmava que menos de 5% de seus usuários eram bots ou contas de spam. Ele não acreditava. Tinha sua própria experiência, já que muitas tinham sido as vezes em que golpistas criaram contas imitando seu nome de usuário e detalhes de perfil para promover fraudes de criptomoedas ou vender produtos falsos.

Agrawal quebrou o silêncio para explicar a forma como o Twitter tinha chegado à porcentagem apresentada. A empresa extraía uma amostra aleatória de usuários a cada trimestre e as revisava para ver quantas contas de spam haviam enganado os filtros dela. O Twitter vinha trabalhando também para melhorar sistemas automatizados de detecção, acrescentou Agrawal, o que dificultaria a criação de perfis falsos antes que pudessem postar algo. Além disso, a conta de Musk não era um bom exemplo da experiência de um usuário médio da plataforma — ele tinha dezenas de milhões de seguidores, o que o tornava um alvo natural para golpistas que queriam enganar seus fãs e envolvê-los em esquemas com criptomoedas.

O bilionário se sentiu ludibriado. O pessoal do Twitter dizia: *Confie. Nós temos um sistema. Você não precisa olhar tão de perto.* Mas ele queria fazer sua própria avaliação a partir de dados brutos, e parecia que os executivos ainda estavam paralisados. A reunião durou mais de três horas e se estendeu até a noite, enquanto Musk continuava a insistir para obter mais detalhes. Saiu do escritório, quando já começava a escurecer em San Francisco, totalmente insatisfeito.

Na mesma hora, ligou para Alex Spiro, certo de que a administração do Twitter estava mentindo, e insistiu para que o advogado fizesse o que ele queria. Naquele exato momento.

Spiro, acostumado com esse tipo de exigência de ação urgente no fim do dia, enviou um pedido aos advogados do conselho do Twitter na mesma noite. Como todos os que trabalhavam ao lado de Musk sabiam, era inútil fazer-lhe um resumo vago — ele insistia em analisar os detalhes e tomar suas próprias decisões.

Incluído em uma lista de itens que o bilionário queria checar na preparação para a aquisição, Spiro pediu acesso ao chamado *firehose* do Twitter, um feed em tempo real de todos os tuítes que fluem pela plataforma e os engajamentos associados a esses tuítes, como curtidas e retuítes. O *firehose* era semelhante a uma timeline do Twitter que seguia absolutamente todas as contas. Era do *firehose* que a plataforma tirava as informações para fazer suas estimativas trimestrais de bots, Agrawal tinha dito a Musk na reunião. Então o bilionário queria ver o *firehose*.

O *firehose* era uma peça peculiar da tecnologia do Twitter. A informação bruta e não filtrada era, em teoria, pública, mas nenhum usuário seguia todas as contas existentes na rede social, já que isso tornaria a experiência no site inutilizável. A empresa permitia que organizações de notícias acessassem uma versão do *firehose* para que pudessem detectar as últimas notícias antes que elas chegassem às mesas de seus repórteres, e alguns meios de comunicação pagavam para receber alertas, à medida que os tópicos surgiam no Twitter. Pesquisadores também podiam obter acesso ao *firehose* e estudar a forma como a plataforma reagia a discursos de ódio, desinformação e outras questões polêmicas.

Mas a empresa, sendo proprietária da tecnologia, mantinha em segredo alguns conjuntos de dados. Depois que Dorsey se envolveu nos protestos em torno do assassinato de Michael Brown Jr. pela polícia, o Twitter impediu o acesso da CIA e de outras agências de inteligência a seu *firehose* em 2016. A empresa acreditava que esses dados poderiam ser facilmente usados contra ativistas e outros usuários, e que as agências de inteligência não deveriam ter permissão para tirar proveito deles.

As nuances sobre quem tinha permissão para acessar o *firehose* e quantos dados podiam ser coletados faziam com que o assunto fosse um terreno perfeito para Musk e o Twitter se enfrentarem. O bilionário não respeitava a forma deliberativa e sinuosa de governança da plataforma. Os executivos da empresa, talvez ingenuamente, pensavam que, se explicassem os anos de raciocínio envolvidos em cada uma de suas decisões, o bilionário entenderia. Mas poucos conseguiam argumentar com Musk quando ele se decidia sobre alguma coisa.

18.
💩

Musk quis puxar o freio.

No domingo, 8 de maio, mandou uma mensagem para Michael Grimes apresentando suas preocupações. No dia seguinte, o presidente russo, Vladímir Pútin, faria um discurso sobre a situação da guerra com a Ucrânia — num feriado destinado a comemorar a vitória da União Soviética sobre a Alemanha nazista. Musk vinha dizendo a pessoas próximas que estava em contato com Pútin e autoridades ucranianas desde o início dos combates, e que mais tarde pressionaria por uma solução pacífica em que a Rússia ficasse com o território disputado na Crimeia. Era uma solução totalmente inaceitável para a maioria dos ucranianos, mas ele apelaria para o apaziguamento dos agressores russos para evitar uma guerra global.

"O discurso de Pútin amanhã é extremamente importante",[1] escreveu para Grimes no final da tarde. "Não faz sentido comprar o Twitter se estivermos caminhando para a Terceira Guerra Mundial."

Era uma grande guinada. O bilionário já havia assinado a linha pontilhada da compra da empresa — e estava em processo de negociar o investimento com amigos. Por que estava sugerindo que poderia não seguir em frente? Vamos esperar para ver o que Pútin tem a dizer e "então faremos um balanço de como as coisas vão ficar depois disso", respondeu Grimes.

A cabeça de Musk então se voltou para algo completamente diferente: o encontro com Segal e a falta de respostas claras sobre os bots e spams. O bilionário acreditava que a administração do Twitter estava brincando com ele, e queria investigar tudo a fundo. Quanto mais se preocupava, mais irritado ia ficando e, em conversas com membros de seu círculo íntimo, chegou a aventar a possibilidade de processar os executivos da empresa.[2]

"Um item extremamente fundamental para minha diligência prévia é entender exatamente como o Twitter confirma que 95% de seus usuários ativos diários são pessoas reais e que não estão sendo contadas em duplicidade", escreveu Musk, numa mensagem de texto enviada a Grimes. "Eles não conseguiram me explicar isso na sexta-feira, o que é uma loucura."

O banqueiro não respondeu.

"Se esse número for mais próximo de 50% ou menos, que é o que eu acho, com base na experiência do meu feed, eles têm deturpado fundamentalmente o valor do Twitter para os anunciantes e investidores", escreveu o bilionário, treze minutos mais tarde.

Nenhuma resposta.

Pouco mais de uma hora depois, Musk teve um estalo. Se os bots estivessem invadindo o Twitter em maior número do que a empresa jamais havia admitido, ele poderia desistir da aquisição.

"Pra ser muito claro, esse acordo avança se minha diligência prévia for aprovada, mas obviamente não vai em frente se houver grandes problemas pendentes", disse a Grimes por mensagem de texto.

Agrawal lutava em diversas frentes, mas parecia estar perdendo a batalha pela confiança de seus empregados. Quando foi nomeado CEO, alguns nem sabiam que ele trabalhava na empresa.

O alto escalão e o conselho do Twitter, que mantinham contato regular com o CEO, gostavam dele. Semelhante a Dorsey, Agrawal podia ser quieto e cerebral, mas era mais caloroso quando em pequenos grupos e dedicava tempo para ouvir ou explicar conceitos complexos de engenharia. A imagem que faziam dele era a de um carvalho que se impunha com sua sombra.

No entanto, os empregados do Twitter continuaram a trabalhar remotamente depois da pandemia, e a maioria deles só havia interagido com Agrawal por meio de videochamadas, nas quais ele ficava reduzido a um quadradinho na tela do computador. Nessas reuniões com toda a empresa, Agrawal se comportava quase como um robô, frequentemente olhando para fora da tela, como se estivesse lendo um roteiro. Também não ajudava em nada o fato de ele não poder dizer muita coisa sobre o acordo, já que os funcionários ansiavam por qualquer informação que sinalizasse se ainda teriam seus empregos quando Musk assumisse o cargo.

Agrawal ou não tinha as respostas ou estava amarrado por vários acordos de confidencialidade e pela linguagem jurídica em torno de informações não públicas que acompanhavam a complexa transação multibilionária. Um passo em falso poderia pôr em risco o acordo, e como Musk parecia estar à procura de qualquer desculpa para puxar o freio, o inexperiente executivo-chefe acabou errando ao optar pela cautela e por respostas elaboradas com banalidades vazias.

O pouco apoio interno que podia ter sobrado a Agrawal evaporou em 12 de maio. Nessa manhã, ele enviou um e-mail aos funcionários do Twitter notificando-os de que a maioria das novas contratações seria congelada e os gastos seriam cortados. Mais importante, porém, era a notícia de que ele estava demitindo dois executivos relevantes que tinha planejado dispensar um mês antes, antes da oferta de Musk interromper tudo: Kayvon Beykpour, chefe de produtos, e Bruce Falck, chefe de produtos geradores de receita. Os funcionários foram pegos de surpresa.

A demissão de Beykpour foi particularmente dura. Bem-apessoado, com 33 anos, queixo quadrado e sorriso fácil, Beykpour tinha começado sua carreira criando aplicativos em seu dormitório em Stanford e era um dos executivos que os empregados especulavam que poderia substituir Dorsey quando chegasse a hora. Ele tinha muitas regalias no Twitter e era casado com outra executiva da empresa. Porém, Beykpour havia de fato cometido vários erros em relação aos produtos da empresa, e alguns funcionários consideraram a decisão de Agrawal uma jogada de poder, já que a empresa se preparava para transferir a propriedade a Musk.

Ao se explicar, o CEO não mediu palavras. "É fundamental ter os líderes certos no momento certo", escreveu Agrawal.[3] E acrescentou que Jay Sullivan, que tinha ingressado no Twitter seis meses antes, durante a fase de crescimento da empresa, substituiria Beykpour.

Na opinião de Agrawal, era uma decisão simples. No início da pandemia, a empresa tinha decidido que o objetivo era crescer dramaticamente, ideia estimulada pela consultoria do Elliott Management. Beykpour e Falck haviam sido responsáveis por impulsionar esse crescimento, e suas projeções tinham fornecido a base do anúncio dos objetivos de longo prazo da empresa aos investidores. Mas ambos ficaram muito aquém do que haviam prometido a si próprios e "como empresa, não atingimos marcos intermédios que permitam confiança nesses objetivos", continuou Agrawal. Então, o CEO colocou os dois homens para caminhar na prancha e abriu o alçapão.

O raciocínio empresarial pode ter sido sólido, mas a falta de inteligência emocional de Agrawal acabaria por prejudicá-lo. Beykpour foi completamente surpreendido, estava em licença parental, comemorando o nascimento do primeiro filho, quando soube de sua demissão. Foi uma maneira brutal de concluir seus sete anos na empresa e ele levou para o lado pessoal, especialmente depois de ter presenciado Agrawal, em sua própria licença-paternidade, lidar com as travessuras de Musk, alguns meses antes.

"A verdade é que não foi assim que imaginei deixar o Twitter, e essa não foi uma decisão minha", tuitou Beykpour nesse dia. "Parag me demitiu depois de me avisar que tinha intenção de seguir uma direção diferente."

Sullivan parecia, na visão de Agrawal, o substituto natural para Beykpour — ele já estava substituindo o executivo durante sua licença parental e tinha o estilo de liderança eficiente de um ex-executivo do Facebook. Mas Sullivan ficara horrorizado com a decisão e, numa ligação no fim de semana antes de a guilhotina cair, batera boca com Agrawal, implorando-lhe que reconsiderasse.

Sullivan, sujeito de modos suaves e com um tique ao falar, era leal a Beykpour. O executivo de produto tinha sido quem o trouxera para o Twitter, e suas conversas animadas haviam sido uma das principais motivações de Sullivan para ingressar na empresa. Agrawal disse-lhe que o desempenho de Falck tinha sido ruim e que a plataforma precisava desesperadamente pôr em ordem os produtos que geravam receitas, mas foi vago sobre os motivos para se livrar de Beykpour.

A demissão teria um efeito enorme sobre todas as mulheres que trabalhavam no Twitter, argumentou Sullivan. Se vissem um alto executivo ser demitido durante uma licença parental, hesitariam em usar seus próprios benefícios. E o próprio Sullivan se tornaria a personificação viva de uma decisão que acreditava estar profundamente errada.

Agrawal concordou com tudo. "Entendo as consequências", disse. "Eu sei o que estou fazendo."

Agrawal ainda iria mais longe. Informou a Sullivan que ele não apenas supervisionaria os produtos de consumo que Beykpour havia construído, como também assumiria os produtos de receita, que eram da competência de Falck. Sullivan tinha um pouco de experiência na criação de recursos para anunciantes, mas esse não era seu ponto forte, e ele deixou isso claro. "Você é o líder certo na hora certa", respondeu simplesmente Agrawal.

Sullivan desligou e ligou para Beykpour. Sem querer, viu-se pedindo desculpas. "Isso é horrível", repetia.

Para alguns funcionários, as demissões não faziam sentido. Era como começar uma reforma completa no banheiro de uma casa que outra pessoa já concordou em comprar. Com Musk cada vez mais próximo, eles se perguntavam por que Agrawal tinha decidido criar mais insegurança e demitir um braço direito, e ainda por cima enquanto ele estava de licença parental com a família. O Twitter era supostamente um local de trabalho compreensivo — pelo menos até então. E alguns *tweeps* achavam que a empresa tinha de cumprir esses padrões até que as chaves fossem entregues.

Sentindo que a maré estava virando contra si, Agrawal usou sua conta no Twitter para expor o raciocínio por trás das recentes decisões. Ao contrário de Musk ou Dorsey, não era um usuário prolífico. Ele iniciou sua profusão de tuítes reconhecendo o seu papel de CEO prestes a "entregar o crachá". Embora tenha deixado claro que esperava que o negócio fosse fechado, acrescentou que a empresa precisava "estar preparada para qualquer cenário". E que não estava trabalhando apenas para manter as luzes acesas. "Nosso setor enfrenta um ambiente macro muito desafiador — neste momento", tuitou Agrawal. "Não vou usar o acordo como desculpa para evitar a tomada de decisões importantes para a saúde da empresa, nem outros executivos do Twitter farão isso."

> Parag Agrawal
> @paraga:
> As pessoas também se perguntam: por que gerenciar custos agora vs. depois do fechamento? Nossa indústria está num ambiente macro muito desafiador — no momento. Não vou usar o acordo como desculpa para deixar de tomar decisões importantes para a saúde da empresa, assim como nenhum líder do Twitter fará isso.
> 3:10 PM 13 MAIO 2022
> ♡ 33 ↻ 134 ♡ 2,7 MIL

Mais uma vez, seus tuítes não faziam menção direta ao bilionário que tinha chacoalhado seu mandato e tornado sua vida um inferno. Mas havia uma referência velada. Agrawal disse que não seria "o cachorro que ladra alto" [mas não morde] e prometeu se concentrar "no trabalho em andamento, contínuo e desafiador que nossas equipes estão fazendo para melhorar a conversa pública no Twitter".

A mensagem não repercutiu bem nas bases e levantou mais perguntas do que respostas. Parecia a mesma baboseira de relações públicas que eles vinham recebendo desde o início do circo de Musk. E embora Agrawal tivesse dito que acreditava que o negócio seria fechado, a conversa sobre se preparar para "qualquer cenário" levou os funcionários — e o público — a questionarem mais uma vez se o bilionário estava falando sério. Se os empregados tinham alguma esperança de ouvir uma voz de conforto e confiança, perceberam que ela não viria do CEO.

Em sua primeira reunião com a antiga equipe de produto de Beykpour, Sullivan pareceu desanimado. "Eu não concordo com isso. Não sei como defender isso", foi o que disse, sobre a repentina demissão. A abordagem sincera de Sullivan fez com que ele parecesse um executivo mais humano.

A mudança no cenário econômico não poupou nenhuma empresa, nem mesmo a Tesla. Embora as ações da companhia — e consequentemente o patrimônio líquido de Musk — tenham entrado em 2022 atingindo marcos históricos, elas começaram a despencar no início de abril, afetadas pelo ambiente macroeconômico e pelas ações do bilionário. Um dia depois de Musk ter anunciado pela primeira vez o acordo com o Twitter, as ações da Tesla caíram mais de 12%, porque os investidores temiam que ele vendesse ações da empresa de automóveis para financiar a compra. Em 4 de maio, as ações da empresa caíram quase 17% em relação ao mês anterior, fechando o pregão a 317,54 dólares.

O valor da Tesla era de importância crucial para o bilionário. Não apenas grande parte de sua fortuna pessoal estava vinculada à participação acionária de cerca de 20% na Tesla, como ele havia empenhado algumas dessas ações como garantia, inclusive para um empréstimo pessoal de 12,5 bilhões de dólares para financiar a compra do Twitter. (Esse empréstimo pessoal foi posteriormente reduzido para 6,25 bilhões no início de maio, depois que Musk conseguiu levantar financiamento externo.)

Os acionistas da Tesla também temiam que o Twitter desviasse o foco de Musk. Adicioná-lo à constelação de empresas do bilionário apenas dividiria ainda mais o tempo já limitado dele, pensavam, e a montadora de carros elétricos precisava continuar a entregar novos carros e produtos. Além disso, analistas, acionistas e a própria administração da Tesla estavam preocupados com os potenciais efeitos financeiros do pagamento pela rede social. Num relatório financeiro de 2022, a empresa já tinha delineado os riscos nos quais incorria com os empréstimos pessoais concedidos a seu CEO, "que são parcialmente garantidos por penhores de uma parte das ações ordinárias da Tesla atualmente de propriedade do sr. Musk".[4]

"Se o preço de nossas ações ordinárias caísse substancialmente, o sr. Musk poderia ser forçado por uma ou mais instituições bancárias a vender ações ordinárias da Tesla para satisfazer suas obrigações de empréstimo, caso não pudesse fazê-lo por outros meios", a empresa escreveu. "Qualquer venda desse tipo poderia fazer com que o preço de nossas ações ordinárias caísse ainda mais."

Em essência, os investidores e a própria empresa temiam um efeito dominó. Se Musk não conseguisse pagar seus empréstimos, teria de vender suas ações da Tesla. E se vendesse suas ações da Tesla, os investidores da empresa poderiam ficar assustados e colocar as próprias ações à venda. Isso reduziria ainda mais o preço das ações, levando o bilionário a ter de vender mais ações com um desconto ainda maior para levantar o dinheiro necessário para pagar os empréstimos. E assim por diante.

Na semana seguinte ao dia 4 de maio, as ações da empresa caíram mais 23%, reduzindo a avaliação da companhia em 226 bilhões de dólares. Um dos superpoderes de Musk era a sua capacidade de inspirar confiança. Mas o acordo com o Twitter havia semeado dúvidas e o bilionário começou a duvidar de si mesmo. Ele confessou a pessoas próximas que não tinha certeza se deveria levar adiante a aquisição.[5] (No final de maio, já havia se livrado completamente dos 6,25 bilhões de dólares remanescentes do empréstimo pessoal, tendo conseguido mais financiamento externo, embora o dano às ações da Tesla já tivesse sido feito.)

À medida que as ações da Tesla despencavam, Musk insistia mais na questão dos bots, e suas dúvidas sobre spams e perfis falsos evoluíam para uma teoria da conspiração completa. Os executivos do Twitter deviam estar escondendo algo dele, e o bilionário pressionava seus advogados e banqueiros a passarem um pente-fino.

No dia 9 de maio, advogados do Skadden começaram a enviar mensagens às equipes da plataforma para obter acesso ao *firehose*. Naquele mar de dados, acreditavam, poderiam conduzir suas próprias pesquisas e potencialmente comprovar a hipótese de seu chefe.[6]

Para o Twitter, os pedidos pareciam absurdos. Os executivos tinham dado aos conselheiros de Musk a oportunidade de conversar com os engenheiros da empresa para uma demonstração ao vivo em que pudessem analisar os cálculos. Além disso, fornecer acesso ao *firehose* não permitiria à equipe do bilionário determinar a diferença entre um usuário real ou falso, para isso seriam necessárias informações de contas privadas que não provinham do enorme conjunto de dados que incluía apenas tuítes públicos. O Twitter analisava informações pessoais, incluindo localização de usuários, e-mails, endereços IP e outros dados que simplesmente não podiam ser compartilhados devido às leis globais de privacidade de dados.

A situação desafiava a lógica. O Twitter tinha dado a Musk a oportunidade de fazer a diligência prévia em suas finanças e no número de usuários antes de concordar em assinar o acordo, e o bilionário recusara a ideia. A empresa quase tinha retirado a mão dele do aperto que selaria o acordo.

Musk, talvez exasperado com sua própria conspiração ou irritado com a situação complicada em que se encontrava, começou a desabafar da única forma que sabia, desencadeando um fluxo constante de críticas ao Twitter no próprio Twitter. Praguejou contra as recomendações algorítmicas da rede social e, em 12 de maio, tuitou que acreditava que "Trump deveria ser restabelecido no Twitter". Então, depois de uma noite postando sobre spams, a guerra cultural dos canudos de papel e supostas fraudes da mídia, disparou algo que pegou todos de surpresa.

"O acordo do Twitter está temporariamente suspenso, aguardando detalhes que comprovam o cálculo de que spam/perfis falsos realmente representam menos de 5% dos usuários", Musk tuitou às 4h44, horário de Austin, em 13 de maio.

Esse foi o primeiro indício real público de que ele estava com dúvidas. Os repórteres tentaram investigar se era possível o bilionário interromper o negócio depois de ter assinado o contrato.

Para o círculo íntimo de Musk, a medida foi vista como autossabotagem. Mesmo que o bilionário acreditasse que podia encontrar uma saída para o acordo, qual seria a vantagem de anunciá-la ao mundo e sinalizar seu próximo movimento no jogo? Seu hábito de recorrer ao Twitter para desabafar mais uma vez o tinha metido numa enrascada, e Spiro e Birchall enviaram várias mensagens de texto para pedir ao chefe que consertasse a situação.[7]

Foram necessárias duas horas e seis minutos para convencer o bilionário a agir. "Ainda comprometido com a aquisição", tuitou às 6h50, um horário em que grande parte da imprensa financeira americana começava a se agitar. Foi uma miscelânea incrível e confusa de tuítes consecutivos. Ninguém sabia o que pensar. As ações do Twitter caíram quase 10%.[8] As da Tesla subiram 5%. Musk parou de tuitar por treze horas.

Na noite de domingo, 15 de maio, Agrawal estava de saco cheio da postura do bilionário sobre o chamado problema dos bots. Para o CEO e o conselho do Twitter, a lógica dele era particularmente equivocada. Afinal, corrigir bots e spams era uma das razões que ele tinha oferecido para justificar a compra da empresa.

"Se nossa oferta pelo Twitter for bem-sucedida, derrotaremos os bots e spams ou morreremos tentando", Musk tinha tuitado em 21 de abril. E repetiu a frase quatro dias depois em um comunicado à imprensa, quando anunciou sua oferta para a compra do Twitter. Três semanas depois, o que tinha mudado?

Agrawal estava farto. Os funcionários mais críticos tinham reprovado a atuação do CEO quando Musk liderou uma campanha de assédio contra Gadde, embora ele houvesse resistido à exigência do bilionário de demiti-la. Agrawal tinha guardado silêncio enquanto os dedos inquietos de Musk usavam a plataforma que o CEO administrava para iniciar uma confusão no conselho e promover uma aquisição hostil de fato. Então, depois de ter usado o Twitter alguns dias antes para explicar as demissões de Beykpour e Falck, Agrawal subitamente se sentiu confiante. O chefe da Tesla estava elevando sua loucura a outro nível, dessa vez para minar o trabalho dos funcionários de Agrawal.

Nessa noite, o CEO do Twitter elaborou um conjunto de quinze tuítes, e os mandou para análise criteriosa do comitê de transação e dos advogados. Muitos dos que viram os tuítes recomendaram que ele não os enviasse. Estaria apenas antagonizando com Musk, disseram, e não adiantava tentar argumentar com alguém tão errático usando fatos e lógica. Agrawal ainda corria o risco de comprometer o acordo, dando ao bilionário mais motivos para rescindir seu contrato.

Mas o CEO acreditava na solidez do acordo de fusão e, além disso, não mencionaria o nome do potencial comprador em nenhum de seus tuítes. No jargão da empresa, seria um "subtuíte", uma postagem que faz uma crítica clara a outro usuário sem nomeá-lo diretamente. Quando Agrawal apertou o botão de publicar às 9h26 de segunda-feira em San Francisco, ficou bastante claro de quem estava falando: "Vamos falar sobre spam. E vamos fazer isso levando em conta dados, fatos e contexto...".

O problema do spam, disse ele, era complexo e dinâmico, uma situação em constante evolução que levava a empresa a suspender 0,5 milhão de contas por dia. Usando técnicas sofisticadas e o estudo de dados, o Twitter estimava que as contas de spam representavam menos de 5% dos usuários ativos diariamente. Isso posto, era impossível para qualquer parte externa avaliar com precisão o problema dos bots, já que não conseguiria acessar toda a riqueza de dados da plataforma.

Musk não se importou. De início respondeu com um único emoji:

Elon Musk
@elonmusk:
@paraga 💩
1:03 PM 16 MAIO 2022
💬 3,7 MIL   🔁 8,7 MIL   ♡ 50 MIL

uma trollagem que atraiu 51 mil curtidas, três vezes mais do que o tuíte principal de Agrawal sobre o tópico. Foi infantil, mas eficaz: um aluno do ensino fundamental ganhando uma discussão contra um estudante de doutorado ao lançar contra ele um insulto de parquinho.

Catorze minutos depois, Musk recorreu a palavras reais.

"Então, como os anunciantes sabem o que estão ganhando com seu investimento?", ele escreveu. "Isso é fundamental para a saúde financeira do Twitter."

Não importava que a empresa tivesse divulgado esses números em relatórios financeiros públicos. E não importava que o bilionário já houvesse concordado em comprar a empresa. Ele mais uma vez tinha vencido a batalha na tribuna de opiniões do Twitter. A conta de Agrawal silenciou por uma semana.

19.
Bots e cavalos

Até a última sequência de tuítes de Agrawal aparecer, Musk havia expressado a maior parte de sua ira contra o CEO no privado. Às vezes parecia até gostar das discussões com Agrawal, quando eram relacionadas a engenharia.

Antes de registrar seu interesse na compra do Twitter, o bilionário já tinha feito uma brincadeira de mau gosto com Agrawal logo depois de o executivo assumir o lugar de Dorsey, em dezembro de 2021: tuitando um meme que mostrava o rosto do recém-CEO sobreposto ao corpo do ex-líder da União Soviética Ióssif Stálin, como se ele estivesse executando Dorsey. Embora Musk tivesse provocado o conselho, Gadde e a empresa em geral durante as negociações hostis, Agrawal havia sido poupado de ataques diretos online. As mensagens muito bem formuladas do CEO, no entanto, mudaram isso. Se você cutuca Musk, ele responde.

Ao longo de maio, o bilionário continuou a criticar Agrawal pela questão dos bots, marcando-o em diversos tuítes que traziam reclamações de usuários, como um chefe intrometido direcionando reclamações a um gerente regional. Numa dessas ocasiões, perguntou por que alguns usuários não conseguiam carregar os tuítes dele: "O que tá acontecendo @paraga?". Noutra, desafiou Agrawal a tomar medidas em relação a um tuíte de 2016 de Hillary Clinton, considerado por Musk "uma farsa da campanha de Clinton", insistindo que a postagem violava as políticas do Twitter contra a desinformação. Observadores políticos apontaram que o bilionário estava apenas repetindo falas de Trump. Agrawal nunca respondeu.

As bases do Twitter viam a falta de reação pública de Agrawal como uma extensão de sua personalidade mansa nas reuniões da empresa inteira. Musk estava ridicularizando abertamente o trabalho dos funcionários do Twitter — na plataforma que eles haviam construído — e seu líder não dizia nada. Embora o bilionário fizesse publicações semelhantes às de um garoto de doze anos tomando Ritalina, essa abordagem ainda parecia melhor do que o apagão de comunicação de Agrawal.

Os funcionários começaram a zombar abertamente de seu subjugado CEO. Depois de sofrer uma série de invasões constrangedoras de hackers ao longo dos anos, o Twitter tinha aumentado a segurança e forçado os principais executivos a usar *yubikeys*, dispositivos de hardware que geram senhas aleatórias, para blindar seu império digital. Certa feita, Agrawal apareceu de surpresa em um grupo do Slack aberto a todos os empregados. Mas, em vez de mandar um recado reconfortante, sua mensagem era uma coleção de letras e números gerada de modo aleatório, aparentemente copiada de seu *yubikey*. Os funcionários zombaram dele postando suas próprias senhas absurdas.

À medida que a confiança de Agrawal entre as bases diminuía, ele também perdia um dos seus primeiros apoiadores no conselho. Em 25 de maio, Dorsey saiu sem cerimônia do conselho do Twitter, ao final de seu mandato como diretor. Já não escondia seu desdém pelo conselho de administração, e suas interações por trás dos panos com Musk o haviam tornado um risco potencial durante as negociações. O homem que tinha ajudado a criar o Twitter, que lutara tanto para ser nomeado CEO, não tinha mais nada que o ligasse à empresa além de sua participação multimilionária.

Em 27 de maio, o jato particular de Musk decolou de Los Angeles com destino a Saint-Tropez e à Riviera Francesa.[1] A viagem deveria ser rápida, era apenas para que ele e Natasha Bassett pudessem comparecer ao casamento de Ari Emanuel, magnata língua solta de Hollywood. Emanuel era CEO da Endeavor, conglomerado de entretenimento; dono de uma agência de talentos, a World Wrestling Entertainment, e do Ultimate Fighting Championship (UFC); e tinha se tornado amigo e confidente de Musk. As núpcias de Emanuel com a estilista Sarah Staudinger estavam repletas de estrelas, como Larry David, Sean "Diddy" Combs e Mark Wahlberg. O evento, realizado numa vila privada no topo de uma colina com vista para a costa, também contou com a presença de parceiros de negócios de Emanuel, entre eles Egon Durban.

Ao longo do acordo do Twitter, Durban tinha evitado interagir com Musk sempre que possível. Embora tivesse aconselhado Agrawal e Segal — e feito críticas ao bilionário por trás dos panos para outras pessoas no mundo financeiro —, ele tentou não brigar. As bodas, no entanto, tornaram a interação entre eles inevitável. Um pouco apartado do evento, Musk, vestido com um terno azul sem gravata, enfrentou Durban verbalmente enquanto os convidados circulavam sem saber que o litígio em torno de um dos negócios mais importantes do mundo acontecia a poucos metros deles.[2] Nenhum dos dois conseguiu o que queria com a discussão, e Musk voltou para casa depois de menos de dois dias na França.

Em 6 de junho, o bilionário ainda estava tentando obter os dados do *firehose* do Twitter e perdia cada vez mais a paciência com a recusa da empresa em fornecê-los sem barreiras de proteção que controlavam como esses dados poderiam ser usados. A ameaça de Musk de construir uma empresa concorrente ainda ressoava nos ouvidos do conselho, e eles não tinham intenção de lhe dar acesso ilimitado a todos os tuítes que compunham o Twitter.

Mike Ringler entregou uma carta contundente a Gadde nesse dia. "O sr. Musk deixou claro que não acredita que as metodologias frouxas de teste adotadas pela empresa sejam adequadas, ele é quem deve conduzir sua própria análise", insistiu Ringler. Se o Twitter não entregasse os dados imediatamente, o comprador consideraria desistir do acordo, acrescentou o advogado.

A mensagem disparou um alarme no conselho. Eles haviam convencido Musk a assinar o que achavam ser um contrato inescapável, mas a ameaça dele de desistir ainda era preocupante. Se o bilionário prosseguisse com isso, causaria ainda mais perturbações entre os funcionários e investidores do Twitter, e a empresa teria de abrir uma ação judicial confusa para forçar Musk a comprá-la.

O conselho e o CEO do Twitter consideravam de sua maior responsabilidade fazer com que a aquisição fosse concluída. Tudo — as preocupações dos trabalhadores, o orgulho e até os empregos do conselho e do CEO — ia para segundo plano para garantir que Musk pagasse os 44 bilhões de dólares. E com o mercado no fundo do poço, sabiam que não havia como fazer o valor do Twitter flutuar perto dos 54,20 dólares por ação.

O conselho propôs um acordo em relação ao *firehose*. Musk teria acesso limitado a um fluxo de dados que remontava a janeiro de 2021, com trinta dias de informações históricas do *firehose*. Isso poderia amenizar as preocupações do bilionário de que a empresa estivesse escondendo algo, mas sem entregar tudo de bandeja a ele.

Agrawal também tentou trazer Musk de volta ao grupo, convidando-o para conhecer os funcionários do Twitter. Não fazia muito tempo que liderava a empresa e sabia que um acordo fechado provavelmente representaria o fim de seu curto mandato. Mas não havia muitas opções. Se a oferta do bilionário fracassasse, Agrawal teria a tarefa quase impossível de reconstruir uma empresa com a reputação prejudicada. Se a venda desse certo, poderia embolsar dezenas de milhões de dólares — resultado da aceleração do pacote de remuneração do CEO — por menos de um ano de trabalho, limpar as mãos e começar de novo, depois de ter enfrentado Musk e vencido.

Internamente, as pessoas que trabalhavam no Twitter continuaram a pressionar o CEO para obter mais informações sobre que diabos estava acontecendo. Agrawal não podia oferecer muito, mas viu no bilionário uma solução potencial para sua lacuna de comunicação. Talvez pudesse permitir que os funcionários fizessem suas perguntas direto ao futuro chefe.

Na segunda-feira, 13 de junho, Agrawal enviou um e-mail aos funcionários comunicando que Musk conversaria com eles na quinta-feira, durante a reunião geral. O CEO do Twitter, porém, não seria o moderador. Em vez disso, as responsabilidades recairiam sobre Leslie Berland, diretora de marketing da empresa.

Berland nunca havia interagido diretamente com Musk, então, com o intuito de se preparar, agendou duas conversas com ele. Já tinha convivido com grandes egos empresariais masculinos durante a maior parte de sua carreira e havia desenvolvido uma maneira não apenas de navegar, mas de aproveitar a situação em seu próprio benefício ou em benefício mais amplo da empresa. Conhecida como a "mensageira do Jack", ela tinha se tornado a caixa de ressonância do ex-CEO do Twitter. Berland não era capaz de lidar com tudo o que Dorsey fazia — às vezes ele tomava decisões ou tuitava notícias importantes da empresa sem passar por ela —, mas tentava canalizar a energia de seu chefe e seu desrespeito inato pela autoridade para o bem da empresa. Musk era uma versão ampliada disso.

O homem do outro lado da linha, porém, mostrou-se diferente daquele que havia atormentado o conselho e os executivos do Twitter com suas postagens. Nesse dia, Musk estava numa chave mais pessoal e chegou até a conversar um pouco sobre sua família. Parecia engajado, chegou a questionar o que os trabalhadores da empresa achavam do negócio e intercalou a conversa com pequenas piadas nas quais riu de si mesmo. Era um padrão que se repetiria nas várias conversas dele com os executivos do Twitter nas semanas e nos meses seguintes. Alguns dias, o bilionário era completamente agradável, normal até. Em outros, tinha sangue nos olhos. Tudo dependia do que mais houvesse acontecido no dia, do que ele tivesse visto no Twitter e de quem o estivesse acompanhando.

Berland o pegou num bom dia. Terminada a conversa fiada, a executiva o preparou para perguntas que acreditava que os funcionários fariam, e Musk compartilhou ideias sobre como as responderia. Ela avisou que eram esperadas perguntas sobre por que ele queria comprar a empresa e previu que haveria dúvidas sobre trabalho remoto e iniciativas de diversidade e inclusão. A conversa foi sinuosa, mas Berland tentou manter Musk nos trilhos. Ele mencionou o carinho que sentia pela plataforma e que a via como uma praça pública global.

Berland já tinha liderado dezenas de reuniões desse tipo com funcionários do Twitter, e alertou que não haveria apenas perguntas fáceis. A cultura interna da empresa era focada na transparência, e muitas vezes seus empregados aproveitavam a oportunidade para fazer perguntas desconfortáveis, até mordazes, à administração. Era uma prática que também tinha sido empregada no Facebook e no Google, por permitir aos executivos das empresas avaliar o que era importante para a sua força de trabalho e dar aos funcionários uma sensação de que poderiam responsabilizar seus líderes por suas promessas. Era trabalho dela prepará-lo para isso.

Então Berland enumerou algumas cascas de banana. Perguntou a Musk como responderia se alguém questionasse sobre uma ação coletiva iminente a ser ajuizada por trabalhadores negros de uma das fábricas da Tesla que alegavam sofrer racismo desenfreado. Perguntou como ele responderia às questões sobre possíveis demissões. E então perguntou sobre seus tuítes de viés político, incluindo os que falavam sobre pessoas trans.

Em 2020, Musk havia tuitado que "pronomes são uma droga", juntando-se à crescente reação contra pessoas cuja identidade de gênero não se conforma a uma estrutura binária. Os funcionários do Twitter temiam que algo pudesse acontecer a seus colegas trans quando o bilionário assumisse o cargo.

Mais tarde naquele mês, o filho mais velho de Musk, um dos gêmeos que ele teve com sua primeira esposa, mudou o nome para Vivian Jenna Wilson, removendo o sobrenome do pai. Posteriormente, os meios de comunicação noticiariam a mudança de nome, primeira indicação de que Musk tinha uma filha trans. Num documento jurídico, Vivian Wilson escreveu que o motivo da mudança era a "identidade de gênero e o fato de já não desejar ser parente ou estar associada a meu pai biológico em nenhuma forma ou circunstância".

Na manhã da reunião geral, quinta-feira, 16 de junho, Korman e Klein escreveram a Ringler, notificando-lhe que o conselho havia decidido entregar alguns dos dados do *firehose*. O advogado transmitiu a mensagem enquanto Musk se preparava para a ligação.

Alguns funcionários do Twitter estavam ansiosos para ouvir o bilionário. De fato, havia um grande contingente de trabalhadores que já tinham formado uma opinião sobre o futuro proprietário da empresa, mas alguns permaneciam ambivalentes. A última vez que tinham ouvido Musk havia sido na celebração do OneTeam em janeiro de 2020. Eram circunstâncias muito diferentes e alguns questionavam se não seria o momento em que ele finalmente revelaria a sua grande visão para a empresa.

Mas o bilionário se atrasou. Não conseguiu fazer seu laptop funcionar com o software de videoconferência do Google e acabou conectando-se por meio do seu iPhone.[3] Antes de o vídeo dele começar, o avatar de uma conta do Google apareceu brevemente nas telas de alguns empregados. Mostrava duas mãos em forma de 69, número associado a um ato sexual.

Depois de uma breve e hesitante introdução de Agrawal, que decerto estava sendo lida a partir de um roteiro, Berland assumiu. Musk ajustou a câmera para enquadrar seu rosto, como se estivesse conversando por vídeo com um amigo. Um homem desconhecido podia ser visto ao fundo, mexendo em um laptop. Era um começo de conversa estranho e um tanto decepcionante para os funcionários.

"Por que você ama o Twitter e também por que você deseja comprar o Twitter?", Berland perguntou, iniciando a conversa.

Ela estava levantando a bola para ele cortar, mas, ainda assim, Musk parecia estranhamente despreparado. Colocou as mãos no queixo em uma pose pensativa e olhou para o nada por oito segundos, antes de dar uma resposta grosseira e incoerente que abrangeu o prazer pessoal que sentia no uso da plataforma, a necessidade de se expressar, seu desdém pelos meios de comunicação que reproduziam suas mensagens de maneira equivocada e a necessidade de um lugar para se comunicar com liberdade. Explicou ainda por que o Twitter precisava ser mais parecido com o WeChat, aplicativo popular na China.

"Por que não há mais pessoas usando o Twitter e por que algumas pessoas estão desistindo do Twitter?", Musk disse. "Pensem no WeChat na China, que é um ótimo aplicativo. Não existe um equivalente ao WeChat fora da China e penso que há uma oportunidade real para criar isso aqui. Na China as pessoas praticamente vivem no WeChat porque ele é muito útil para a rotina diária delas."

A declaração soou estranha para muitos funcionários. Durante anos, os líderes tecnológicos americanos, incluindo Zuckerberg e o CEO do Snapchat, Evan Spiegel, tinham sonhado em criar o WeChat do Ocidente — um único aplicativo universal no qual as pessoas pudessem conversar com amigos, chamar táxis, pedir comida ou fazer pagamentos —, mas o plano não tinha avançado. Era verdade que o WeChat tinha mais de 1,3 bilhão de usuários, mas isso acontecia porque o aplicativo era usado num país cujo governo policiava de perto a internet e escolhia quais aplicativos e empresas poderiam ter sucesso e serem utilizados pelos cidadãos. A China certamente também não permitia a liberdade de expressão.

Berland mudou o rumo da conversa para preocupações mais imediatas dos funcionários. Muitos temiam que Musk acabasse com as políticas de trabalho remoto e com os bônus em ações numa empresa de capital fechado. Eles também estavam preocupados com as demissões, já que os meios de comunicação noticiavam cortes iminentes. Musk não deu respostas definitivas, mas reforçou que preferia o trabalho presencial ao remoto, por sentir que isso contribuía para o "espírito corporativo" dos empregados. Em seguida, expôs seu princípio básico. "Se a pessoa está fazendo seu trabalho bem, então ótimo, adoro essa pessoa", disse ele. "Se não está, então não gosto dela."

"Qualquer pessoa que contribua significativamente para a empresa não deve ter nada com que se preocupar", acrescentou Musk mais tarde. "Não tomo atitudes que sejam prejudiciais para a empresa."

A conversa durou cerca de 45 minutos, nos quais ele falou sobre suas preferências políticas ("Minhas opiniões políticas, acho, são moderadas", disse, acrescentando que acabara de votar nos republicanos), sobre publicidade ("Eu gostaria de conversar com os anunciantes pra dizer: 'Ei, vamos tornar os anúncios o mais divertidos possível'") e sobre vida alienígena ("Para ser claro, não vi nenhuma evidência real de alienígenas"). Depois de todo o alarde sobre bots que havia feito nas últimas semanas, Musk tinha pouco a dizer sobre o assunto além de ecoar comentários anteriores de que buscaria melhorar a plataforma, dificultando a proliferação de contas falsas e de spam. Berland pulou a questão trans.

"Quero que o Twitter contribua para uma civilização melhor e mais duradoura, onde possamos ter uma compreensão mais densa sobre a natureza da vida", disse Musk.[4]

A reunião terminou sem que a maioria dos funcionários conseguisse ter uma noção mais clara do que ele faria quando assumisse o cargo. Aqueles que esperavam por um plano mais bem delineado ficaram decepcionados; o bilionário não tinha nada. Mas pelo menos agora sabiam o que ele pensava sobre vida extraterrestre.

Enquanto Musk conversava com seus potenciais futuros empregados, também trabalhava para reprimir uma pequena rebelião na SpaceX. No mês anterior, o site Business Insider tinha divulgado uma matéria bombástica, na qual relatara a existência de um acordo entre a empresa de foguetes e uma ex-funcionária, uma comissária de bordo que alegava que Musk lhe fizera uma proposta sexual durante um voo para Londres, em 2016.[5] Para trabalhar em seus jatos particulares, que incluíam um Gulfstream G650ER, o bilionário frequentemente contratava comissárias de bordo que eram massagistas profissionais.

No voo, ele teria tocado a perna da comissária de bordo sem consentimento e exposto seu pênis ereto. De acordo com o relato da moça, Musk, sabendo que ela era uma amazona entusiasmada, teria oferecido comprar-lhe um cavalo se fizessem sexo. A funcionária recusara.

A comissária de bordo em questão ainda trabalhou para Musk durante mais dois anos, antes de ser informada de que as suas oportunidades no trabalho estavam se tornando limitadas devido a sua recusa em ceder a Musk. Ela apresentou uma reclamação à SpaceX no final de 2018, época em que o bilionário estava num embate com a SEC sobre o fiasco do "financiamento garantido", e em novembro daquele ano, ele e a moça chegaram a um acordo de 250 mil dólares.

Em resposta às alegações, Musk recorreu a sua conta no Twitter para classificá-las como "totalmente falsas" e com motivação política. Ao Insider, afirmou: "Se eu tivesse alguma tendência a me envolver em assédio sexual, é improvável que esta fosse ser a primeira vez ao longo de toda a minha carreira de trinta anos que algo viria à tona".

Quando a história do Insider foi divulgada, alguns funcionários do Twitter alimentaram uma breve esperança de que isso poderia prejudicar o negócio. No Slack, as reações variaram do nojo ao humor ácido, e houve zombarias e piadas sobre equinos e emojis de cavalos. Na SpaceX, algumas pessoas se questionaram se a matéria não seria apenas a mais recente evidência de uma cultura tóxica e machista, liderada por um CEO que tinha tuitado sobre atos sexuais e sobre fundar uma universidade batizada com o acrônimo TITS, forma vulgar de se referir a seios em inglês. Meses antes, funcionárias da SpaceX já haviam trazido à tona histórias de assédio sexual e discriminação, e a empresa tentou colocar panos quentes. Musk seguiu negando o conteúdo da matéria do Insider, alegando que não contratava comissárias de bordo e exigindo que sua acusadora indicasse quaisquer "cicatrizes" ou "tatuagens" no corpo dele que não fossem conhecidas do público.

Para algumas pessoas que trabalhavam na SpaceX, essa história passava dos limites. Tinham entrado para a empresa porque acreditavam no avanço da exploração espacial pela humanidade, mas não haviam previsto a mudança de foco de seu CEO. Enquanto Musk se preparava para falar com os funcionários do Twitter na sua reunião geral em 16 de junho, uma carta aberta foi distribuída dentro da SpaceX chamando o comportamento do diretor-executivo de "uma fonte frequente de distração e constrangimento para nós".

"Elon é a face pública da SpaceX — cada tuíte que Elon escreve é uma declaração pública da empresa", dizia a carta, assinada por mais de quatrocentas pessoas, a maioria das quais anônimas.[6] "É fundamental deixar claro para nossas equipes e para nosso potencial conjunto de talentos que suas mensagens não refletem nosso trabalho, nossa missão ou nossos valores."

No dia seguinte, cinco dos organizadores da carta foram convocados e demitidos pelo que a presidente e diretora de operações da SpaceX, Gwynne Shotwell, chamou de "ativismo exagerado".[7] Outros funcionários foram chamados para reuniões com seus gerentes, que tinham sido claramente instruídos a disciplinar seus subordinados. Numa delas, Jon Edwards, vice-presidente da área que supervisionava lançamentos, classificou a carta como um ato extremista. Um funcionário perguntou a ele se Musk tinha o direito de assediar sexualmente uma pessoa da empresa sem consequências. Edwards não respondeu com clareza, mas deu uma desculpa. "SpaceX é Elon e Elon é SpaceX", ele disse.[8] A empresa acabou demitindo nove empregados por causa da carta.

No Twitter, algumas pessoas viram essas demissões como uma amostra do que estava para acontecer. Musk, o suposto defensor da "liberdade de expressão", nunca toleraria críticas ou dissidências. E se os funcionários questionassem alguma coisa, ele poderia sempre usar sua conta no Twitter para minar os fatos. Musk tinha muitos executivos poderosos e bem pagos que vinculavam seu próprio sucesso ao dele e estavam dispostos a protegê-lo. Apesar da revelação do acordo, o conselho do Twitter continuou focado na venda da empresa para ele. Nada poderia atrapalhar o negócio.

Enquanto Musk se reunia com as pessoas que trabalhavam na plataforma, seus advogados continuavam a lançar granadas nos bastidores. O Twitter continuava a negar os pedidos de acesso total ao *firehose*, fornecendo apenas acesso parcial aos dados, uma vez que o bilionário dissera que talvez lançasse uma rede social concorrente, e os executivos temiam que ele desviasse os dados da plataforma para tal projeto.

Os argumentos de Musk de que os engenheiros do Twitter eram negligentes na detecção de bots pareciam ridículos para os líderes da empresa, que começavam a se perguntar se ele planejava fazer outra coisa com os dados. Depois de uma série de cartas venenosas entre Ringler e Korman, o advogado do Skadden disparou um tiro certeiro em 17 de junho. "O sr. Musk quer deixar claro que a falha contínua do Twitter em lhe fornecer os dados e informações que vem solicitando desde 9 de maio de 2022 constitui uma violação de seu acordo de fusão com o Twitter", escreveu.[9] "Essa violação permanece sem solução."

Korman e a equipe jurídica da plataforma ficaram surpresos com a declaração, mas consideraram-na apenas mais uma tentativa dos conselheiros do bilionário de fazer pressão. Responderam três dias depois, em uma carta bastante contundente. "O sr. Musk insistiu numa negociação rápida para um acordo de fusão na base do pegar ou largar", escreveram, e o acordo de venda não lhe dava direito a "acesso irrestrito à grande quantidade de dados sensíveis do ponto de vista de propriedade e competitividade". E então veio a pancada.

"Foi somente quando os mercados de ações entraram em declínio acentuado, depois da execução do acordo de fusão, que o sr. Musk começou a fazer declarações questionando as divulgações do Twitter na SEC e afirmando que o Twitter havia violado o acordo de fusão, tudo em uma aparente tentativa de criar uma situação de excepcionalidade caso mudasse de ideia sobre o acordo", escreveu Korman.

Ainda assim, a empresa concordou em conceder acesso parcial aos conjuntos de dados do *firehose* e se preparou para fornecer amparo para que os engenheiros do bilionário entrassem em contato com as informações. Os engenheiros do

Twitter, porém, configuraram as informações em uma ferramenta que lhes permitia rastrear como o lado de Musk executava consultas aos dados, de forma a auditar o que estavam vendo. Desde logo perceberam que a equipe do bilionário não estava fazendo muita coisa com os dados ou realizando pesquisas particularmente significativas. O pedido, na opinião deles, tinha sido uma encenação.

20.
Sun Valley

No dia 17 de junho, Ringler enviou uma nova carta, exigindo que o Twitter disponibilizasse ainda mais informações. Agora já não exigia apenas tuítes, queria acesso à correspondência entre o conselho da empresa e seus principais executivos a respeito de cálculos de spam, incluindo e-mails pessoais e mensagens de texto.

O advogado também pedia atualizações da situação financeira da plataforma. Insistia em ver os orçamentos e as projeções atualizados para 2022, assim como os modelos financeiros que o Goldman Sachs havia elaborado quando tinha recomendado que o conselho do Twitter aceitasse a oferta de Musk.

Segal tentou apaziguar o bilionário, oferecendo-lhe a chance de se reunir com Agrawal, que poderia orientá-lo pessoalmente no processo de estimativas do uso de bots. Um dos melhores e mais antigos engenheiros da empresa, o CEO seria capaz de mostrar de forma precisa como funcionava cada detalhe, disse Segal, em uma ligação.

Musk concordou com a reunião pessoal e a marcou para 21 de junho — porém, mais tarde, desistiu, alegando um conflito de agenda.[1] Enquanto isso, sua equipe começou a usar a enorme quantidade de dados oferecida pelo Twitter. Em duas semanas, tinham atingido o limite imposto pela empresa — passando das mais de 100 mil consultas por mês acordadas — e começaram a exigir mais margem de manobra. O Twitter aumentou o limite para 10 milhões de consultas.

Klein e Korman, advogados que vinham orientando o conselho durante a transação, ficaram preocupados. O pedido de acesso a mensagens pessoais dos executivos feito pela equipe de Musk estava totalmente fora dos limites e sugeria que o bilionário não planejava prosseguir com a compra. A coisa toda estava mais para um *discovery request* [pedido de instrução] — tipo de investigação que, nos Estados Unidos, pode preceder um processo judicial entre empresas. Os advogados também ficaram intrigados com o repentino interesse dele nas finanças do Twitter. Num TED, o bilionário tinha declarado orgulhosamente que não estava preocupado com a viabilidade econômica do negócio. Por que a reviravolta?

Naquele mês, o mercado de ações tinha despencado, vindo a atingir mínimos históricos. Os preços da gasolina dispararam. Uma recessão parecia inevitável. A oferta de Musk tinha sido generosa em abril, mas parecia alta demais em junho. O bilionário estava prestes a pagar a mais pela aquisição.

Se Musk ainda estava irritado com os bots ou com as informações sobre o compartilhamento de dados, absteve-se de tuitar sobre isso. Em 22 de junho, um dia depois do encontro marcado com Agrawal, o bilionário iniciou um período de silêncio de nove dias no aplicativo. Alguns executivos do Twitter, que monitoravam as postagens dele como se fossem a previsão do tempo, começaram a questionar se ele estava bem. Musk também cortou comunicações privadas com seus banqueiros e advogados, deixando sua equipe hesitante em tomar decisões em sua ausência. Em uma semana, os meios de comunicação, que normalmente noticiavam com entusiasmo as postagens de Musk, começaram a reportar a ausência do bilionário em sua plataforma favorita.

Segal conseguiu uma pista do paradeiro de Musk. Um boato intrigante chegou a seus ouvidos: o bilionário não estava disponível para resolver aspectos do acordo porque acabara de ter outro filho.

Quando Segal transmitiu a informação ao Twitter, alguns executivos e membros do conselho chegaram a aventar se não seria um truque. Algumas informações sobre as negociações haviam vazado, e o lado de Musk poderia estar usando essa história de novo filho como balão de ensaio para entreter a imprensa ou a página de fofocas do *New York Post*. Dessa forma, os executivos mantiveram a informação em segredo — com medo de atrapalhar o acordo —, embora tenham considerado enviar um presente. O que acabaram por não fazer.

Os membros do conselho especularam que Natasha Bassett, a namorada mais recente de Musk, era a mãe do novo bebê. Mas a criança, um menino que recebeu o nome de Techno Mechanicus Musk, na verdade havia nascido de uma barriga de aluguel para Boucher e o bilionário. Era o terceiro filho que tinham juntos, depois de uma filha nascida no mês de dezembro precedente. Tanto o nascimento da filha anterior quanto o do novo filho tinham sido mantidos em segredo para a imprensa, mas, dessa vez, o próprio Musk estava estranhamente discreto quanto ao nascimento de seu 11º filho conhecido. Antes, durante o mês de junho, ele havia tuitado sem parar sobre o medo que sentia do declínio da população humana e da queda das taxas de natalidade em países de todo o mundo. "Os últimos dois anos foram um desastre demográfico", tinha escrito em meados de junho. "Quer dizer, pelo menos tô fazendo minha parte haha."

Quando se tratava da destruição iminente da humanidade pelo declínio populacional, o complexo de herói de Musk atuava em pleno vigor. Ele e sua primeira esposa, Justine, tiveram seis filhos juntos, embora o primeiro tenha morrido tragicamente de síndrome de morte súbita com apenas dez semanas de vida, traumatizando os pais e contribuindo para o divórcio em 2008.

Depois de dois períodos em que esteve com a atriz Talulah Riley, nos quais não gerou filhos, Musk e Boucher tiveram X Æ A-12 Musk em 2020. Dois anos depois, uma segunda filha, uma menina chamada Exa Dark Sideræl Musk, que nasceu por meio de uma barriga de aluguel.

Exa não tinha sido o nome planejado para a criança. Boucher queria chamá-la de Valkyrie, mas não sabia que Musk esperava gêmeos com uma de suas funcionárias, Shivon Zilis. Canadense de olhos azuis penetrantes, Zilis era uma investidora de capital de risco e conhecera o bilionário quando fez parte do conselho da OpenAI, organização sem fins lucrativos de inteligência artificial que ele cofundou. Em 2017, ele a recrutou para trabalhar na Tesla e na Neuralink, como diretora de operações e projetos especiais.

Em 2021, já grávida dos gêmeos, ela manteve segredo até mesmo para os colegas de trabalho sobre a identidade do pai, dizendo que havia usado tecnologia in vitro para concebê-los. Em novembro, Zilis deu à luz Valkyrie Alice Zilis, uma menina, e Strider Dax Zilis, um menino, e no ano seguinte solicitou a adição do sobrenome de Musk, de acordo com documentos judiciais obtidos pela repórter Julia Black, do Business Insider.[2]

Boucher, cuja filha nasceu poucos meses depois dos gêmeos de Zilis, ficou furiosa ao saber que Musk não apenas tivera outros filhos quase ao mesmo tempo, mas também usara um nome, Valkyrie, que ela vinha reservando para sua futura filha. Foi para cima do bilionário, num dos muitos episódios de um relacionamento de altos e baixos, e confessou a pessoas próximas que os segredos dele prejudicavam a tentativa de construírem e manterem uma família. Ela escreveu um poema, intitulado "Carta a S", no qual fez referência a sua dor pela traição de Musk e mencionou o nome Valkyrie, postado no Twitter alguns meses depois: "Há uma coisa que não posso suportar:/ Quem a honra da minha filha insultar".

Zilis e Musk mudariam o nome da filha para Azure, talvez numa tentativa de abafar o drama. Mas não foi suficiente. Boucher oscilava entre amor e animosidade em relação ao bilionário. Ela foi mantida longe dos gêmeos e resolveu enfrentá-lo em relação ao acesso ao próprio filho, X, com quem Musk convivia muito. Assim como nos negócios, a vida pessoal de Musk estava caótica.

Em 28 de junho, Roth e sua equipe enxuta apresentaram um novo documento técnico para Agrawal, que aparava algumas das arestas mais assustadoras do projeto Saturno e incluía modelos de produtos para mostrar o que os usuários veriam quando investigassem em qual nível de impulsionamento estavam, e como poderiam passar a um mais popular.

"No centro dos recentes debates sobre moderação de conteúdo e liberdade de expressão está um conjunto de preferências opostas: por um lado, muitas das pessoas que usam o Twitter querem que a moderação seja mais efetiva e que tomemos medidas mais significativas para conter a propagação de conteúdo potencialmente prejudicial online", escreveu Roth. "Por outro, está bastante claro que algumas pessoas sentem que moderamos demais, ou de maneira injusta, e que não deixamos espaço suficiente para que se expressem e se conectem com as comunidades que lhes interessam, nos seus próprios termos."

Agrawal gostou da nova versão e insistiu que o Twitter a publicasse o mais rápido possível, ainda que a aquisição de Musk parecesse mais precária do que nunca. Ele deixou um conjunto de diretrizes e comentários no rascunho de Roth: "1. assumir responsabilidade; 2. permitir que as pessoas tenham controle; 3. não existe uma solução única para todos".

O projeto Saturno estava quase pronto para ser lançado. E Agrawal sentia-se entusiasmado em mostrar ao mundo que era um líder visionário que podia rivalizar com Dorsey quando se tratava de inventar tecnologias. A nova abordagem em relação à moderação de conteúdo podia dar a Musk o que ele queria — um Twitter que abrigasse quase todo tipo de discurso — ao mesmo tempo que aderia ao princípio da empresa de manter uma conversa saudável. Todo o setor de redes sociais, que lutava com os mesmos problemas, veria o que o Twitter estava propondo e seguiria o exemplo.

Musk permanecia em abstinência do Twitter, mantendo seu silêncio no dia 28 de junho, seu 51º aniversário. Mesmo assim, a falação sobre o acordo continuava. O conselho do Twitter estava cada vez mais preocupado com a possibilidade de ele desistir, então instruiu seus advogados a entrar em contato com a equipe do bilionário no dia de seu aniversário e perguntar em que pé estava o financiamento da compra, para que pudessem saber melhor se Musk já tinha o dinheiro.

Klein e Korman alertaram o bilionário de que estava chegando a hora de fechar negócio e que era necessário conseguir financiamento o mais rápido possível. "Atualmente, você não está dedicando recursos e atenção suficientes a essas obrigações", escreveram.[3]

O pedido formal de informações sobre suas condições financeiras pareceu irritar Musk, que acusou Segal e Agrawal de usarem seus advogados para "causar problemas".

"Isso precisa parar",[4] foi a mensagem que enviou a Segal e Agrawal no dia seguinte.

Segal fez então um último esforço para reconquistar Musk. Ligou diretamente para ele no dia 30 de junho e perguntou o que o Twitter poderia fazer para apaziguar suas preocupações quanto aos bots. Será que ele se disponibilizaria, por favor, a conversar com Agrawal? O diretor financeiro tentou de todas as formas entender o que o bilionário de fato queria.

Mais tarde, Segal disse a colegas que implorou a Musk que desse uma nova olhada no processo de amostragem que o Twitter lhe enviara em maio, no qual delineava sua estratégia de dimensionamento dos bots.

Musk, parecendo entediado, admitiu que nunca tinha lido o documento. O problema, na verdade, é que o Twitter está gastando demais, afirmou o bilionário, que perguntou em seguida se Segal já havia considerado cortes de pessoal. Também informou que um de seus parceiros de confiança de longa data, Antonio Gracias, assumiria as questões financeiras relacionadas ao negócio.

Gracias era um homem bonito, filho de imigrantes que cresceu em Grand Rapids, Michigan, e fez seu nome ao pegar carona no sucesso de Musk. Durante o período em que estudou na Universidade de Chicago na década de 1990, conheceu o empresário por meio de um amigo da faculdade de direito e manteve contato com ele na época em que desenvolveu o Zip2.

Enquanto Musk começava a avançar no Vale do Silício, Gracias terminava o curso de direito, depois, trabalhou no Goldman Sachs e iniciou carreira na gestão de capital privado. Abriu duas empresas próprias e, em 2001, dirigia a Valor Equity Partners em Chicago. Gracias reencontrou Musk quando ele havia assumido o controle da Tesla, que precisava urgentemente de capital. Gracias concordou em ajudar, financiando tanto a Tesla quanto seu amigo, e a certa altura fez um empréstimo pessoal a Musk no valor de 1 milhão de dólares. Este acabou recompensando-o com o segundo Roadster, primeiro carro da Tesla, e com assentos no conselho da montadora e da SpaceX. A estatura de Gracias cresceu junto com Musk, assim como o tamanho do seu fundo de capital privado, que acabou contando com a Igreja de Jesus Cristo dos Santos dos Últimos Dias como um de seus maiores investidores.

O bilionário disse a Segal que aguardasse notícias de Gracias. Mas Gracias nunca contatou o CFO do Twitter.

Gadde estava cética quanto ao lançamento iminente do projeto Saturno. Tinha sido a principal arquiteta das políticas de moderação de conteúdo do Twitter e já havia visto em primeira mão quanto trabalho era necessário para implementar um conjunto de regras funcional. Todos os dias, os usuários encontravam maneiras criativas de testar os limites de suas políticas, e era necessário um esforço humano significativo para determinar quais tuítes deveriam ser moderados. Não que a tecnologia não pudesse ajudar — ela tinha certeza de que o plano de Agrawal podia resolver essa parte.

Mas Gadde preferia se concentrar na ferramenta que conhecia melhor: o litígio. Por anos ela estivera bastante preocupada com as crescentes exigências de censura vindas da Índia. Embora o primeiro-ministro Narendra Modi governasse ostensivamente uma democracia, tornava-se cada vez mais autocrático em relação a publicações online críticas a seu governo. O Twitter estivera no epicentro da repressão proposta por Modi. Na tentativa de conter protestos de agricultores em 2021, o governo de Modi tinha aprovado uma nova legislação sobre redes sociais que exigia que as empresas removessem publicações críticas ao governo e que aplicassem sanções penais a seus empregados caso se recusassem a fazê-lo.

Gadde tinha vários funcionários moderando conteúdo na Índia, e eles recebiam visitas frequentes de funcionários do governo. Ela temia que fossem presos se o Twitter continuasse a resistir aos apelos de remover conteúdo de políticos da oposição, jornalistas e grupos sem fins lucrativos. Em 5 de julho, ela instruiu a empresa a processar o governo indiano, argumentando que Modi havia interpretado a lei de maneira muito ampla.[5] A melhor forma de lutar pela liberdade de expressão, pelo menos na opinião de Gadde, era no tribunal.

Antes do nascer do sol de sexta-feira, 8 de julho, Ringler enviou uma carta a Gadde, confirmando os temores do conselho do Twitter.

"O sr. Musk está rescindindo o Acordo de Fusão porque o Twitter violou materialmente várias disposições desse Acordo", escreveu. A carta alegava que a empresa tinha incorrido em várias faltas e que Musk havia sido enganado — ele e o público geral — nos relatórios de lucros trimestrais, documentos nos quais o bilionário havia se baseado ao concordar com a aquisição.[6]

Os advogados argumentaram que a recusa da empresa em fornecer os dados do *firehose* era motivo suficiente para abandonar o acordo. Musk também citou a decisão de Agrawal de demitir Beykpour e Falck, e a de Gadde de prosseguir com uma ação judicial contra as exigências de censura do governo indiano. O acordo para comprar a empresa estipulava que a administração devia manter as coisas funcionando normalmente até que o negócio pudesse ser concluído — um requisito rotineiro que impede que vendedores ressentidos ou relutantes se divirtam de maneira imprudente na empresa durante meses antes de entregá-la em mau estado para o novo dono. Ao demitir os executivos, argumentou Musk, Agrawal tinha dado um passo à frente no procedimento operacional normal e, com isso, havia prejudicado o Twitter.

Para alguns membros do conselho, a declaração chegou como um alívio. Por dois meses, vinham pisando em ovos com os acessos de raiva do bilionário.

Haviam tentado apaziguar as coisas, enchendo-o de informações como uma mãe oferece chupetas diferentes para uma criança agitada. Finalmente podiam declarar guerra.

Um dos diretores que desabafou foi Durban. "Vamos fazê-lo pagar cada maldito centavo", disse durante uma reunião.

Taylor foi mais circunspecto. "O Conselho do Twitter está empenhado em fechar a transação com base no preço e nos termos acordados com o sr. Musk e planeja entrar com uma ação judicial para fazer cumprir o acordo de fusão", tuitou o presidente nessa tarde. "Estamos confiantes de que venceremos." Foi a única coisa que Taylor falou de forma pública sobre a batalha com Musk.

Desde abril, quando ajudara a redigir o acordo de fusão, era óbvio para Korman que Musk tentaria recuar. Tinha sido essa intuição que o fizera insistir que o próprio bilionário assinasse os termos pessoalmente. Porém, ver seus instintos confirmados não foi muito reconfortante nesse momento.

Korman não tinha sido o único advogado a ler claramente as intenções de Musk. As travessuras do bilionário tinham chamado a atenção também de vários sócios do Wachtell, Lipton, Rosen & Katz, um dos principais escritórios de advocacia empresarial dos Estados Unidos, que na década de 1980 inventou a tática da pílula de veneno que o Twitter utilizaria. Eram bem conhecidos na defesa de aquisições, muitas vezes rechaçando adquirentes hostis como Musk, e eram especialistas em julgamentos, ao contrário de Korman e Klein.

Quando Musk começou a reclamar, no início de junho, sobre o Twitter não partilhar os seus dados, Benjamin Roth, um dos sócios do Wachtell, aproveitou a oportunidade. "Tenho acompanhado com interesse as notícias sobre a transação pendente com Elon Musk", escreveu Roth em um e-mail, em 7 de junho, para Gadde, Segal e Edgett, conselheiro-geral do Twitter. "Se meu palpite estiver correto, parece que há um risco significativo de litígio para fazer cumprir os termos do seu acordo de fusão. Estaríamos extremamente interessados em representar o Twitter na preparação para essa possibilidade, no infeliz caso de isso vir a ocorrer."

Roth destacou os laços profundos de seu escritório com o Tribunal de Chancelaria de Delaware, onde qualquer litígio com Musk inevitavelmente ocorreria. Embora a sede do Twitter fosse em San Francisco, a empresa — assim como a maioria das companhias americanas — reivindicava como sede o paraíso empresarial de Delaware, que oferecia impostos favoráveis e transparência limitada. Uma das características mais atraentes de Delaware era seu sistema judicial especificamente dedicado a disputas corporativas. O Tribunal de Chancelaria de Delaware, fundado em 1792 com raízes na Inglaterra feudal, é onde ocorrem deliberações sobre as fusões malsucedidas e as falhas nos deveres fiduciários de forma rápida, para que as empresas não tenham de esperar anos pelo penoso sistema judicial federal. O processo é acelerado por ser presidido por especialistas em governança corporativa — um chanceler, seis vice-chanceleres e três magistrados — e por oferecer chance reduzida de recurso, com a garantia de que as decisões serão firmes e acionáveis. Numa fusão ordenada pelo tribunal, o dinheiro muda de mãos rapidamente.

Em seu e-mail, Roth destacou ainda que um dos especialistas mais confiáveis quanto aos procedimentos do tribunal "senta-se a cerca de 7,5 metros de mim no corredor", referindo-se a Leo Strine, o ex-vice-chanceler do Tribunal de Chancelaria, que figurava agora entre os sócios do Wachtell. Strine tinha ganhado fama no tribunal em 2001, ao forçar a produtora de aves Tyson a comprar o IBP, um frigorífico de carne bovina pelo qual haviam sido oferecidos 3,2 bilhões de dólares antes da desistência do negócio. A decisão provou que o tribunal de Delaware era disposto a forçar uma fusão, mesmo que uma desavença significativa tivesse se acumulado entre as partes, em vez de permitir uma taxa de rescisão.[7]

"Essa experiência nos foi passada e é transmitida à próxima geração, como para meu colega Bill Savitt, que é copresidente de práticas de litígio e, acredito, o principal advogado de Delaware", escreveu Roth. Ele copiou Strine e Savitt na proposta para os altos escalões do Twitter.

Em resposta a essa iniciativa, a empresa logo começou a negociar com o Wachtell. Korman e Klein continuariam a lidar com a troca de correspondência diária com a equipe do bilionário, enquanto o Twitter trabalharia discretamente em segundo plano com Savitt para começar a se preparar para a eventualidade de a empresa precisar processar Musk para concluir a transação.

Savitt tinha um rosto anguloso e sobrancelhas escuras e arqueadas, que lhe davam uma aparência ligeiramente perplexa, mas ele perdia o passo quando se tratava de confrontos nos conselhos de administração. Depois da faculdade, passou o final da década de 1980 na cidade de Nova York, tocando guitarra em bandas de rock e dirigindo um táxi para sobreviver. Embora tenha conseguido encampar alguns shows no famoso bar punk CBGB, decidiu mudar de rumo e matriculou-se na faculdade de direito em Columbia. Em 1998 já era secretário da juíza da Suprema Corte Ruth Bader Ginsburg, e dois anos depois, juntou-se ao Wachtell, onde prestava homenagem a suas raízes roqueiras exibindo uma Fender Stratocaster Robin-Egg azul em seu escritório.

A formação peculiar e o comportamento descolado faziam de Savitt uma escolha óbvia para o Twitter, onde alguns chegaram a compará-lo a Dorsey — era como se o fundador da empresa tivesse cursado direito em vez de hackear e desenvolver softwares. A plataforma contratou o Wachtell oficialmente em 21 de junho, quando a correspondência com Ringler começara a subir de tom.

O passado de Savitt tinha outro aspecto que o tornava instigante para seus novos clientes: um desentendimento anterior com Musk. A Tesla tinha contratado o Wachtell para defendê-la em uma ação judicial ajuizada por acionistas decorrente da aquisição da SolarCity em 2016, mas quando o pedido de extinção do processo apresentado pelo escritório foi negado pelo juiz, a Tesla demitiu Savitt e sua equipe, o que deu ao advogado uma ideia do quanto Musk podia ser inconstante.

A Tesla venceu o processo em questão, e Savitt se viu frustrado com a perda do cliente. Agora, lá estava ele se preparando para um novo confronto com o bilionário.

Um dia depois de Musk cancelar o acordo, em 9 de julho, Agrawal, Segal e Taylor se encontraram no saguão do Sun Valley Lodge, um grande resort com painéis de madeira situado nas montanhas da região central de Idaho. No inverno, o local recebia turistas ultrarricos e atletas olímpicos de folga que se reuniam para desfrutar da melhor neve e dos esquis mais exclusivos dos Estados Unidos. No verão, os esquiadores davam lugar a cavaleiros e praticantes de golfe com contas bancárias polpudas, que andavam pelos corredores do resort refazendo os passos de Ernest Hemingway, que em 1940 reservou uma suíte no hotel para terminar seu romance *Por quem os sinos dobram*.

Agrawal, vestindo uma camiseta preta e, por cima, um moletom de capuz ultramacio para se proteger do frio ar da montanha, e sua esposa, Vineeta, haviam chegado na terça-feira anterior.[8] Os primeiros dias da conferência tinham sido ocupados por um conjunto relativamente pacífico de reuniões de negócios. Vineeta, que liderava o portfólio de investimentos em biotecnologia e saúde da empresa de capital de risco Andreessen Horowitz, tinha seu próprio trabalho a fazer; então, cumprimentou os demais executivos do Twitter e saiu à procura de um café.

A manhã de sábado, porém, seria diferente. De canto de olho, Agrawal conseguia perceber as cabeças girando quando passava. Mesmo depois de Dorsey tê-lo nomeado CEO, Agrawal tinha permanecido relativamente anônimo, podia passear por San Francisco sem ser incomodado. Mas em Idaho, na conferência anual da Allen & Company, conhecida como parque de diversões de verão para aqueles com fortunas de muitos zeros, Agrawal tinha se tornado de súbito uma celebridade, devido a seu confronto público com Musk. Era a primeira vez que participava da conferência; embora Taylor e Segal fossem frequentadores assíduos do evento, o diretor de tecnologia do Twitter nunca tinha recebido um convite.

Também não ajudava o fato de Musk ter chegado a Sun Valley na noite de quinta-feira. Na manhã de sexta, quando o mundo acordou com a notícia de que o bilionário estava abandonando o acordo com o Twitter, ele respirava o mesmo ar das montanhas que Agrawal, Taylor e Segal. As chances de um encontro casual nas trilhas arborizadas do resort mantinham todos de olho na equipe deles, com medo de perder um encontro fortuito.

Taylor não se intimidou e desenhou um plano para o dia. Juntos, os três representantes do Twitter compareceriam à fala que Musk devia fazer nessa manhã. Permaneceriam calmos e tranquilos, mesmo que ele os insultasse diretamente. Depois, se reuniriam para uma conversa com sua equipe jurídica.

Musk figurava na lista de magnatas de tecnologia e de mídia que fariam uma fala naquela semana; a lista incluía Shari Redstone, presidente da Paramount Global, e Bob Iger, da Disney. Do lado de fora do resort, espectadores lotavam o gramado à espera de discursos. Mas como havia muita imprensa e curiosos, somente os participantes receberam fones de ouvido para ouvir as palestras, de modo que as falas não foram transmitidas para as massas através de um sistema de alto-falantes.

A equipe do Twitter se aproximou e sentou, cumprimentando outros executivos ao redor antes de posicionar os fones de ouvido. Musk subiu ao palco com um sorriso no rosto, bem ciente da pergunta que estava na ponta da língua de todos.

Quase de imediato, começou um discurso inflamado. O Twitter tinha sido completamente invadido por spams, disparou o bilionário. Então se virou para o público. "Alguém acredita mesmo que os bots são menos de 5% do total?", perguntou.

Talvez fosse pelos fones de ouvido, mas a multidão não parecia preparada para uma palestra com participação do público. Ninguém tinha certeza se deveria responder em voz alta ou levantar a mão, ou só ficar sentado em silêncio enquanto Musk continuava a reclamar. Os bilionários e multimilionários olhavam uns para os outros, inquietos.

Musk permaneceu imperturbável, avançando no discurso como se o público tivesse aplaudido em concordância. "Olha aí, foi o que eu disse", declarou. Taylor permanecia sentado sereno, com as mãos cruzadas preguiçosamente no colo.

Musk não respondeu a outras perguntas a respeito do acordo, com a justificativa do processo iminente que o Twitter ameaçava abrir. Mas não se esquivou das notícias da imprensa de que havia pouco ele tinha tido em segredo um casal de gêmeos com uma de suas funcionárias, Zilis. O mundo sofria uma grave crise de subpopulação, disse ao público, e a única maneira de iniciar uma colônia em Marte seria ter mais filhos.

No domingo, enquanto Segal aguardava seu voo sentado num dos bancos de metal de um pitoresco aeroporto de Idaho, perto do resort, seu telefone tocou.

Jay Sullivan, gerente-geral e chefe de desenvolvimento de produtos do Twitter, estava na linha. Os dois tinham combinado de discutir o projeto de uma plataforma de desenvolvedores, um portal para programadores independentes que desejavam criar novos recursos para o Twitter. Mas Sullivan queria discutir outro assunto. Não podia parar de pensar no acordo e não conseguia mais ficar em silêncio.

Ele implorou a Segal que reconsiderasse processar o bilionário. Musk claramente seria um péssimo proprietário do Twitter, argumentou. E agora que nem queria ser o proprietário, será que não dava apenas para deixá-lo de fora?

"Não quero trabalhar com alguém que age dessa forma", disse Sullivan a Segal, com veemência, tentando deixar claro que Musk era uma pessoa péssima para assumir o Twitter.

"Tente manter a cabeça aberta", sugeriu Segal. O conselho acreditava que vender o Twitter para Musk era o melhor a fazer, argumentou com o líder de produtos. Era o preço certo para os acionistas, e todos tinham a obrigação de levar a negociação até o fim, mesmo que isso significasse processar o bilionário para forçar o acordo.

Sullivan ficou furioso com a explicação. "Eu li meu Milton Friedman, ok?", retrucou, citando o famoso economista do livre mercado. Sabia que o conselho tinha a obrigação fiduciária de vender à oferta de valor mais alto e não precisava que isso lhe fosse explicado pelo CFO. "Tem coisas mais importantes em jogo aqui."

Sullivan continuou a pressionar, perguntando a Segal por que ele não tinha sido chamado para falar com o conselho quando estavam avaliando a oferta de Musk. Certamente, como chefe de produtos, deveria ter tido a oportunidade de apresentar sua visão ao conselho e defender que o Twitter poderia ser administrado de forma independente. Era difícil para qualquer pessoa, com exceção de Musk, afirmar saber o que era melhor para a proeminente plataforma de comunicação virtual, mas Sullivan queria pelo menos defender seu ponto de vista. Não sabia que Agrawal já havia apresentado a proposta, como parte do Prisma — a única parte do plano compartilhada com ele tinha sido a das demissões.

"Eu me importo muito com a plataforma", suspirou Sullivan. Mesmo sabendo que não havia como voltar atrás no acordo, aproveitou para desabafar, esperando que Segal reconhecesse seu argumento.

Segal tentou confortá-lo, dizendo que talvez Elon viesse em paz. Havia a linguagem bombástica que tinha aparecido no palco, as reclamações sobre o declínio populacional e, online, os tuítes de emojis de cocô enviados para seu CEO. Mas Segal ainda achava que tinha de haver também um Musk mais razoável em algum lugar por trás de todo esse teatro, um homem que de fato queria fazer a coisa certa e só precisava aprender como o Twitter funcionava. Tudo até o momento, mesmo o processo judicial, talvez fosse só histrionismo. Além disso, ele estava de mãos atadas. O que sentia pessoalmente em relação ao bilionário não importava — ele era obrigado a concluir a transação.

21.
Tribunal de Chancelaria

Em 10 de julho, Savitt se apresentou aos advogados de Musk por meio de uma carta curta de três parágrafos.[1] "O acordo não foi rescindido", escreveu a Ringler. As desculpas de Musk não passavam disso, acrescentou Savitt. Nesse meio-tempo, os engenheiros do Twitter tinham ficado atentos à forma como o bilionário orientava seus advogados e engenheiros a consultar os dados do *firehose*. O comportamento dele sinalizava uma encrenca enorme.

Embora Musk tivesse supostamente cancelado o acordo, sua equipe havia continuado a realizar milhares de consultas nos dados da empresa. A análise em andamento era bastante preocupante para os funcionários do Twitter. Se o acordo tinha sido cancelado de fato, Musk não deveria mais estar interessado nos dados da empresa e nas informações dos usuários. Em vez disso, os acessos estavam dobrando. Depois das ideias que ele havia compartilhado com Agrawal em abril sobre talvez começar uma empresa concorrente, parecia ao Twitter que o bilionário tinha a intenção de usar os dados dos proprietários da empresa para fazer isso.

Para os advogados da empresa, porém, a explicação era menos conspiratória. Na opinião deles, as consultas mostravam que, embora Musk alegasse que o problema dos bots estava fora de controle e estivesse usando esse argumento para escapar da aquisição, ele ainda não tinha encontrado nada concreto. E ainda estava buscando alguma coisa que justificasse sua decisão, o que significava que provavelmente não tinha chances concretas de ganhar.

Savitt apresentou o caso do Twitter no Tribunal de Chancelaria de Delaware em 12 de julho. O documento era chocante, e dava vazão às frustrações reprimidas de um conselho e de uma empresa que tinham sido amordaçados durante meses.

"Musk se recusa a honrar suas obrigações para com o Twitter e seus acionistas porque o acordo que assinou não atende mais a seus interesses pessoais", dizia o processo. "Musk aparentemente acredita que ele — ao contrário de qualquer outra parte sujeita à lei contratual de Delaware — é livre para mudar de ideia, destruir uma empresa, interromper suas operações, minar o valor de suas ações e ir embora."[2]

O documento de 62 páginas expunha o que o conselho de administração e os consultores jurídicos do Twitter acreditavam ser a verdadeira motivação de Musk para desistir — perdas financeiras infligidas pela queda no preço das ações da Tesla.

Savitt atacou a obsessão de Musk pelos bots, chamando-a de "um modelo de hipocrisia".

"Musk disse que precisava comprar a empresa por que de outra forma, segundo ele, eliminar os spams seria comercialmente impraticável", escreveu. "Mas quando o mercado declinou e o acordo com preço fixo tornou-se menos atraente, Musk mudou a narrativa, exigindo de súbito uma 'verificação' de que os spams não eram um problema sério na plataforma do Twitter e alegando uma necessidade urgente de conduzir uma 'diligência' à qual ele havia expressamente renunciado."[3]

O bilionário agiu como se ser processado tivesse sido parte de seu plano maior durante todo o tempo. Tuitou um meme com uma figura dele próprio rindo. "Disseram que eu não podia comprar o Twitter. Depois não divulgaram as informações sobre os bots", dizia a legenda. "Agora querem me forçar a comprar o Twitter na justiça. Mas para isso vão ter que divulgar as informações dos bots no tribunal."

Seus fãs adoraram. É claro, o herói deles estava jogando xadrez quadridimensional, atraindo o Twitter para processá-lo e, em seguida, obrigando a empresa a divulgar as informações. Mas Musk falava sério sobre sair do acordo e viu a ação judicial como uma malandragem dos desobedientes executivos do Twitter.

O bilionário optou por ignorar o processo e delegar o problema a Alex Spiro, seu fiel advogado. Mas no Tribunal de Chancelaria as regras eram diferentes daquelas correntes nos tribunais federais onde Spiro havia garantido vitórias para Musk, e tudo em Delaware corria bem mais depressa.

Spiro reuniu uma equipe de especialistas em Delaware para apoiá-lo. Usou Andrew Rossman, um advogado de seu próprio escritório com experiência nesse tribunal, e Ed Micheletti, um veterano do Tribunal de Chancelaria que tinha atuado no Skadden e conduzido outros casos de negócios de alto nível. Micheletti representara a Toys "R" Us em ações judiciais ajuizadas por acionistas sobre a aquisição da empresa ocorrida em 2005, argumentando perante Strine quando este era vice-chanceler no tribunal.

O caso apresentado por Micheletti foi direto: o Twitter era administrado por completos idiotas. Eles não tinham ideia de como contar seu número de usuários de forma correta, o que tornava suas estimativas sobre o número de bots na plataforma completamente não confiáveis. E o pior: eram mal-intencionados;

sabiam que os números estavam errados e, em vez de resolver o problema, haviam feito de tudo para escondê-lo de Musk pelo maior tempo possível.

"Musk ficou pasmo ao saber como o processo do Twitter era deficiente", escreveu Micheletti em resposta à ação do Twitter em 15 de julho. "Os revisores humanos usam amostras aleatórias de cem contas por dia (menos de 0,00005% dos usuários diários) e aplicam padrões não identificados para, de alguma forma, concluir a cada trimestre, há quase três anos, que menos de 5% dos usuários do Twitter são falsos ou spam. É isso. Sem automação, sem IA, sem *machine learning*."

Micheletti pintou o Twitter como uma empresa de tecnologia apenas no nome. De acordo com ele, o Twitter acessava cem contas aleatórias todos os dias, para depois um revisor idiota, mascando seu chiclete, olhar para elas e carimbar todas como de usuários reais. A falta de rigor ou habilidade técnica atingia o cerne do plano de negócios de Musk, argumentava o advogado. O bilionário queria se livrar dos spams por meio da verificação da identidade dos usuários quando eles se inscreviam, para depois vender-lhes assinaturas que pudessem diminuir a dependência do Twitter em relação a anunciantes. O plano de negócios só funcionaria se os usuários fossem reais — bots não pagavam assinaturas.

As constantes críticas de Musk aos executivos do Twitter não estavam prejudicando a empresa, mas sim promovendo os interesses econômicos dela, afirmava Micheletti.

"Com o senso de humor de um bot, o Twitter afirma que Musk está prejudicando a empresa", escreveu. "O Twitter ignora que Musk é seu segundo maior acionista, com uma participação econômica muito maior do que a de todo o conselho da empresa."

Além de lançar farpas ao conselho, Micheletti tinha outro objetivo. Pediu à chanceler que adiasse o julgamento até fevereiro. Isso, afirmava, daria a Musk tempo suficiente para chegar ao fundo do problema dos bots. O Twitter, por outro lado, pressionava por um julgamento o mais rápido possível, citando o prazo para o fechamento do negócio: 24 de outubro. Ambos os lados sabiam que a única maneira de Musk sair do acordo de aquisição era se seus empréstimos não fossem concretizados, o que lhe permitiria pagar o valor de 1 bilhão de dólares de taxa de rescisão e ir embora. Os empréstimos expiravam em abril de 2023. Ao solicitar uma audiência em fevereiro, Musk estava tentando ganhar tempo — algo que Savitt não podia permitir.

Mas o bilionário estava para aprender uma lição sobre como o Tribunal de Chancelaria funcionava.

A chanceler Kathaleen McCormick estava à espera do processo do Twitter. Com 43 anos, cabelos castanhos grossos cortados bem abaixo dos ombros, ela vinha acompanhando as manchetes sobre as disputas entre Musk e a empresa e sabia que a briga acabaria em seu tribunal. McCormick chegou a manter uma conta secreta no Twitter, sob pseudônimo, para ocasionalmente acompanhar as notícias. Quando a plataforma deu entrada no caso no tribunal, a secretária de McCormick imprimiu o documento e colocou em cima de uma pilha de papéis. "Aqui está", disse a secretária, sem precisar explicar a que caso se referia.

McCormick, primeira mulher a liderar a corte desde a sua fundação, colocou-se à disposição para supervisionar a disputa do Twitter, seguindo uma tradição judicial em que o principal chanceler pegava os casos que necessitavam de um maior escrutínio e deixava os litigantes menos problemáticos para os seis vice-chanceleres. Nesse verão, o pequeno tribunal de Delaware operava no limite de novos casos, mas o Twitter exigia urgência. Apesar de ter contraído covid em 17 de julho, McCormick deu sequência ao processo com uma audiência virtual e declarou que o julgamento começaria em outubro.

A data se tornou um ponto de não retorno para todos os envolvidos. Para os advogados, era o prazo para descobrir uma bala de prata, e eles começaram a enviar intimações a qualquer pessoa que já tivesse trabalhado no Twitter ou se associado a Musk. Para os funcionários do Twitter, era a data-limite para o sofrimento deles — pelo menos a partir dela saberiam o que ia acontecer. Alguns começaram a fazer entrevistas para outros empregos, decidindo abandonar o navio. Outros agendaram licenças para o outono, na esperança de evitar totalmente a aquisição.

Tal como já tinham feito quando o conselho instituiu a pílula de veneno para bloquear a aquisição de Musk em abril, os empregados agora recorriam ao próprio Twitter para saber mais sobre o obscuro processo de julgamentos no tribunal de Delaware, tentando acompanhar relatos de juristas e observadores judiciais. Não havia júri nem testemunhas — apenas uma partida de sumô entre advogados, e McCormick decidindo o destino do Twitter.

22.
"Desculpe não pedir seu drinque especial"

Embora tenha deixado os procedimentos judiciais para os advogados, Agrawal permaneceu intimamente envolvido na estratégia do litígio. Não tinha experiência jurídica; tudo o que sabia sobre fusões e aquisições viera da supervisão de acordos que o Twitter fizera para comprar startups. Aquisições de empresas de capital aberto eram novidade para ele, e negociações agressivas que terminavam no tribunal pareciam coisa de outro planeta.

Ainda assim, Agrawal mergulhou a fundo e aprendeu a esse respeito. Tinha uma personalidade obsessiva e adorava entender todos os possíveis cenários — precisava conhecer todos os movimentos possíveis a sua disposição no tabuleiro de xadrez. Ele leu a jurisprudência resultante de aquisições hostis anteriores e sentou-se com os advogados em discussões estratégicas, tendo chegado a comentar com seus parceiros que achava ter aprendido mais das complexidades desses negócios do que Spiro. Se esse ia ser o seu legado como CEO do Twitter, Agrawal queria ficar marcado como um tomador de decisões, não um jogador passivo que passou o bastão para o homem mais rico do mundo.

No entanto, enquanto ganhava proficiência nesses aspectos da administração de uma empresa, se debatia em outros: era incapaz de se comunicar com eficiência com seus funcionários, ávidos para saberem mais sobre o futuro do seu local de trabalho. O déficit de confiança entre o executivo-chefe e as bases só crescia. A maioria dos empregados só via ou interagia com Agrawal em videochamadas, então, sua equipe propôs uma turnê por diferentes escritórios do Twitter, para que ele pudesse se apresentar pessoalmente aos trabalhadores.

A ideia começou a ser colocada em prática em junho, no escritório da empresa em Londres, onde havia um café para os funcionários. Embora baristas profissionais normalmente atendessem no quiosque, a equipe de comunicação do Twitter fez com que Agrawal e outros executivos trabalhassem lá por cerca de uma hora, servindo café e conversando com qualquer pessoa que passasse por ali. Todos colocaram aventais cáqui e serviram um menu diferenciado que incluía opções como o drinque com café "Parag Special" e os "Ned's Cookies" — em homenagem à receita do CFO do Twitter de biscoitos de chocolate polvilhados com sal marinho.

O principal executivo de vendas do escritório do Reino Unido organizou uma entrevista no palco com Agrawal antes de dar a ele um retrato emoldurado em estilo emoji, no qual sobressaíam os óculos que eram marca registrada do executivo-chefe e a barba por fazer. Agrawal aceitou timidamente o presente e continuou o encontro com as pessoas no escritório seguinte, em Dublin, ao final daquela semana.

Nos últimos dias de julho, o CEO visitou o escritório do Twitter em Nova York, no elegante bairro do Chelsea, em Manhattan. Tudo estava indo bem, ele cumprimentava todos os funcionários que se aproximavam para fazer o pedido. Até que um engenheiro júnior chegou ao balcão e tentou impressionar o chefe de seu chefe com uma piada.

"Posso tomar apenas um cappuccino normal?", perguntou a Agrawal, com um sorriso. "Desculpe não pedir seu drinque especial. Espero não ser demitido por isso, ou algo do tipo!"

O chefe do Twitter desviou os olhos do sistema de pedidos para mirar o funcionário.

"Por que... por que eu demitiria você?", Agrawal quis saber.

O CEO encarou o funcionário, que começou a entrar em pânico ao perceber que o chefe não tinha entendido sua piada. Rumores de demissões circulavam entre os empregados. Sem dúvida Agrawal sabia que todos estavam ansiosos, não?

O funcionário gaguejou baixinho e saiu rápido da fila para esperar sua bebida.

Enquanto o Twitter travava sua guerra de papel em Delaware, tentando enterrar a equipe jurídica de Musk em intermináveis processos, o projeto Saturno tinha sido forçado a ficar em segundo plano. A equipe do Saturno incluía algumas das estrelas mais brilhantes do Twitter em termos de produtos e políticas, e a maioria delas havia sido arrastada para intermináveis conversas com advogados para explicar como detectavam os bots na plataforma.

Outro projeto revolucionário de Agrawal também estagnara. Jay Graber e sua equipe de engenheiros do Bluesky esperavam pacientemente para saber dele se a oferta de Musk iria atrapalhar o esforço para construir um ecossistema descentralizado de mídia social que poderia algum dia se tornar a espinha dorsal do Twitter, do Facebook e de qualquer nova plataforma que emergisse.

Agrawal garantiu a Graber que não havia com o que se preocupar. Os cheques continuariam a ser compensados, e ela teria liberdade para continuar a construir o protocolo.

Os documentos corporativos do Bluesky garantiam um assento no conselho para um representante do Twitter, de modo que a empresa fosse capaz de supervisionar o processo de Graber e trabalhar para incorporar o que ela construísse de volta na gigante de mídia social. Sem Dorsey, o assento deveria ser de Agrawal.

Era a escolha natural. Dorsey sempre tinha se preocupado com o "o quê" — construir um protocolo descentralizado para mídias sociais —, mas era Agrawal quem se interessava pelo "como", quem estava sempre ansioso para mergulhar nas discussões técnicas com ela. Porém, Agrawal, talvez num gesto de respeito a seu mentor, cedera o assento do conselho a Dorsey.

Graber estava ficando cada vez mais impaciente com toda aquela provação. Não conseguia arrancar uma resposta direta do CEO sobre quando o trabalho seria retomado e, então, resolveu contratar uma pequena equipe para criar seu próprio aplicativo para o Bluesky. Ele ainda poderia se integrar ao Twitter mais tarde, imaginava, mas as pessoas poderiam começar a usar o Bluesky imediatamente, não havia necessidade de esperar pela resolução do processo contra Musk.

Em agosto, a batalha judicial do Twitter já estava bem encaminhada e os seus líderes sentiam-se cada vez mais confiantes de que forçariam o errático oponente deles a comprar a empresa. Na segunda-feira, 1º de agosto, Agrawal entrou em seu escritório em San Francisco com um senso de propósito renovado. Queria levar o projeto Saturno adiante, de modo a deixar sua marca no Twitter antes de entregar a plataforma a Musk.

"O que não está mudando: o fato de o Twitter assumir responsabilidade pelo seu impacto no mundo", escreveu ele aos colegas que estavam trabalhando na iniciativa. "O que está mudando: estamos minimizando o controle centralizado e entregando maior controle e transparência para as pessoas." Agrawal disse a Gadde e Sullivan que o Saturno seria lançado ao público no outono e os instruiu a incluí-lo em seus planos para o ano.

O CEO também deu a notícia a sua equipe de comunicação. A ideia era que começassem a editar postagens e informar os repórteres sobre o lançamento. Uma das funcionárias se negou a seguir as ordens. Ela vinha trabalhando com Gadde durante anos, suportando o peso das críticas da imprensa pelas decisões polêmicas do Twitter sobre o *New York Post*, covid e Trump, e ficou horrorizada com a ideia de permitir que Trump e outros usuários banidos retornassem à plataforma. Parecia uma regressão absurda e ela se recusou a trabalhar no projeto.

Foi uma pista para Agrawal de que sua visão ambiciosa poderia não ser bem recebida por muitas pessoas que tinham passado a confiar nas regras do Twitter. Ainda assim, seguiu em frente.

Agrawal informou Savitt sobre seus planos. E este último também ficou preocupado com relação a eles. Cada vez que o diretor-executivo tomava uma decisão com o intuito de melhorar o Twitter, uma carta dos advogados de Musk chegava à caixa de entrada do advogado, alegando que ele tinha feito alterações materiais nos negócios da empresa, o que abria mais uma brecha para o bilionário escapar da aquisição.

"Você está operando no curso normal dos negócios?", Savitt perguntou a Agrawal. Subverter toda a estratégia de moderação de conteúdo do Twitter — que era um dos objetivos declarados de Musk quando se ofereceu para comprar a empresa — parecia arriscado. Mas o CEO já vinha trabalhando no projeto Saturno antes do acordo de fusão ter sido assinado, argumentou. O normal não seria continuar com seus planos como se nada tivesse acontecido?

Savitt pediu que seus advogados analisassem todos os documentos relacionados à iniciativa, e acabou concordando com o lançamento.

No comecinho da manhã de 23 de agosto, o telefone de Agrawal começou a vibrar freneticamente, perturbando seu sono. Ele o apanhou e começou a ler as notícias. As manchetes, que traziam um ex-executivo do Twitter chamado Peiter Zatko, abriram um buraco em seu estômago. O projeto Saturno teria que esperar — de novo.

23.
Mudge

Contratado por Dorsey em novembro de 2020 para ser chefe de segurança, Peiter Zatko era mais conhecido por seu apelido hacker, Mudge, e tinha ganhado renome na área de segurança digital na década de 1990 por pesquisar um tipo de vulnerabilidade conhecido como *buffer overflow*. Enquanto muitos hackers partilhavam o ceticismo anarquista de Dorsey em relação ao governo, Zatko acreditava que poderia defender reformas mais amplas na área de segurança trabalhando com o governo em vez de bombardeá-lo com ataques anônimos. E ele conseguiu um emprego na ala de pesquisa do Departamento de Defesa do Governo Americano, o DARPA, na administração de Bill Clinton, para mitigar ataques cibernéticos.

Quando Dorsey o contratou, havia apenas um problema: poucas semanas antes, o Twitter já tinha contratado outra executiva para exercer essencialmente essa mesma função. Seu nome era Rinki Sethi e, embora não se igualasse quanto ao prestígio de Zatko no setor, tinha experiência em administrar organizações de segurança. Sethi foi instruída a se reportar a Zatko.

Uma luta por poder rapidamente tomou conta da segurança do Twitter. Ambos tinham o desafio de reconstruir a empresa depois de um ataque violento sofrido em julho de 2020, quando um grupo de adolescentes tomara o site. Para seus novos funcionários, Sethi tinha um estilo intransigente e desconfiava deles, muitas vezes tentando controlá-los nos mínimos detalhes. Assim que assumiu o cargo, elaborou uma lista de pessoas que queria demitir, afastando funcionários antigos. Zatko tinha prestígio, mas seus subordinados suspeitavam que ele vivia do auge de sua fama nos anos 1990 e não tinha conhecimento prático dos sistemas de segurança modernos.

Tanto Zatko quanto Sethi buscaram demarcar território, tentando apoderar-se de partes da segurança da organização. Às vezes, atribuíam tarefas conflitantes e os funcionários não sabiam qual executivo deveriam seguir — o preferido do CEO ou a que de fato os gerenciava. Algumas pessoas do setor de segurança do Twitter suspeitavam em especial dos laços profundos de Zatko com o governo — que era visto por parte da equipe como um adversário a ser impedido de espionar os usuários. O ex-funcionário do DARPA aparecia em videochamadas com uma bandeira americana e troféus militares exibidos ao fundo.

Não era segredo que Zatko e Sethi estavam em desacordo, e ambos registraram queixas um contra o outro no departamento de recursos humanos, mutuamente pondo em questão as respectivas éticas de trabalho. Em um ano, estava óbvio que o esquema não funcionava.

Zatko, ao menos, pareceu perceber que a maré estava virando contra ele. Então fez um convite para que Agrawal, novo CEO do Twitter, fosse visitá-lo em sua casa, em Nova Jersey, durante uma viagem de férias à Costa Leste. O diretor-executivo inicialmente concordou, mas depois adiou a reunião, dizendo que não tinha como arranjar tempo durante a viagem. Porém, Zatko usou seu acesso aos sistemas do Twitter para verificar os preparativos da viagem de Agrawal e não encontrou nenhum ajuste de última hora. Concluiu, assim, que ele estava mentindo.

Em janeiro de 2022, Agrawal começou seu mandato. Em uma de suas primeiras ações como CEO, decidiu demitir Zatko e Sethi e começar do zero.

Num último esforço para salvar o emprego, Zatko recorreu ao conselho de administração, alegando que Agrawal o tinha impedido de informar o conselho sobre a extensão dos problemas de segurança do Twitter. Milhares de funcionários tinham amplo acesso à plataforma e poderiam derrubar o site se suas contas fossem comprometidas, alertou. Era um cenário provável, continuou Zatko, já que os empregados não estavam instalando atualizações de segurança programadas regularmente que protegeriam seus dispositivos contra hackers. Zatko argumentou ainda que as lacunas na segurança não estavam sendo informadas à Comissão Federal de Comércio (FTC, na sigla em inglês) havia anos — o Twitter declarava ter um programa de segurança robusto ao qual os usuários podiam confiar seus dados pessoais.

"Entrei no Twitter porque tenho um 'apego à missão' da empresa", escreveu Zatko num e-mail queixoso para Pichette em fevereiro, várias semanas depois da sua demissão. "Sou diferente de grande parte das pessoas nesse sentido."

Zatko fechou um acordo de 7 milhões de dólares com o Twitter em junho, depois que seus advogados argumentaram que sua demissão tinha sido injustificada. Porém, seguiu ferido e teve de assistir de fora a Musk detonar a empresa. Zatko acreditava que Agrawal estava brincando com o bilionário da mesma forma como fizera com ele. O ex-chefe de segurança não havia supervisionado os registros de bots do Twitter enquanto estava na empresa. Porém, achava que Agrawal não estava sendo honesto sobre a escala do problema.

O ex-executivo de segurança assinou, então, um contrato com a Whistleblower Aid, uma organização jurídica sem fins lucrativos, e o grupo concordou em ajudá-lo a apresentar uma queixa ao Congresso, à FTC e à SEC. O órgão regulador de valores mobiliários pagava uma recompensa aos denunciantes cujas reivindicações levassem a ações coercivas, então Zatko se preparou para somar mais uma bolada a seu acordo com o Twitter. A Whistleblower Aid garantiu que faria as reivindicações se espalharem. E em 23 de agosto o grupo cumpriu o prometido, coordenando notícias sobre o relatório de denúncia de Zatko no *Washington Post* e na CNN.

O programa de segurança do Twitter era um desastre completo, afirmava Zatko. A companhia sempre enfrentara problemas para proteger os dados dos usuários. No início porque tinha crescido rápido demais e seus bancos de dados eram mantidos remendados com o equivalente virtual de fita adesiva e barbante. Depois, por ter sido reconhecida pelos hackers como uma plataforma de influência no discurso global, tornou-se um alvo muito atraente. A FTC já tinha feito uma intervenção em 2011 e mantinha os olhos na empresa desde então.

A supervisão contínua do Twitter pela FTC dava relevância à apelação de Zatko. Os problemas de segurança enfrentados naquele momento pelo Twitter violavam o acordo feito em 2011 com a agência para regularizar a atuação da empresa, argumentava Zatko.

A história veio como uma bênção para Musk e seus advogados. Eles estavam tendo dificuldades, já que não conseguiam apresentar provas de que o Twitter havia fabricado as estimativas de spam. Mas finalmente aparecia alguém disposto a confirmar as teorias do bilionário. E o que era ainda melhor, o Twitter havia sido generoso no pagamento do funcionário em troca de um acordo de sigilo. O que fazia parecer que a empresa sabia do problema dos bots o tempo todo e o tinha encoberto.

Spiro fez questão de intimar Zatko na mesma hora. Agrawal, por sua vez, frustrou-se. Para ele, Zatko era mais um problema herdado de Dorsey. Tinha tentado agir com eficiência, como sempre fazia, e limpar tudo depressa. Mas lá estava Zatko, usando uma brecha para contornar o sigilo e espalhar sua denúncia pela internet.

Agrawal lançou uma defesa estridente da empresa perante seus funcionários — muitos queriam saber se as afirmações de Zatko eram verdadeiras. Em 24 de agosto, um dia depois da publicação da denúncia, o CEO do Twitter convocou os trabalhadores para uma reunião geral.

"É uma acusação sem provas", disse Agrawal. A equipe do Twitter percebeu a frustração em sua voz e, para alguns, parecia que o CEO por fim se mostrava mais acessível. "Honestamente, algumas coisas não fazem nenhum sentido. A narrativa que foi criada é falsa."

Sean Edgett, conselheiro-geral do Twitter, foi quem assumiu o microfone em seguida. "Nunca fizemos declarações falsas a nenhum órgão regulador, ao nosso conselho, a vocês", falou. "Estamos em total conformidade com o termo de consentimento firmado com a FTC."

Os principais executivos de segurança e privacidade do Twitter, Damien Kieran e Lea Kissner, desmentiram as alegações de Zatko uma a uma. O Twitter ainda tinha algum trabalho a fazer em termos de segurança, mas as coisas não eram tão desesperadoras, disseram. Ao final da reunião, a maioria dos funcionários estava convencida de que o ex-executivo não era confiável — afinal, tinha sido seu trabalho consertar os problemas de segurança do Twitter e, em vez disso, ele havia recebido dividendos enormes e ido embora.

Spiro e a equipe de advogados de Musk, por outro lado, não perderam tempo. Em 29 de agosto, uma semana depois da publicação das alegações de Zatko, escreveram ao Twitter para romper o acordo novamente.[1] A sugestão de que a empresa havia enganado a FTC era razão suficiente para encerrar a aquisição, mesmo que as preocupações de Musk sobre os bots viessem a se revelar absurdas, argumentava a equipe jurídica dele. "Essas violações teriam consequências materiais, se não existenciais, para o Twitter", escreveu Ringler na uma nova carta de rompimento.

Spiro também incorporou as alegações de Zatko ao processo, exigindo que Musk fosse autorizado a desistir do acordo porque o relatório contundente do denunciante revelava que o Twitter tinha enganado o público sobre seus números de usuários, que a empresa chama de usuários ativos diários monetizáveis (mDAUs, na sigla em inglês).

"Os acontecimentos impressionantes da última semana revelaram que as declarações falsas sobre os mDAUs são apenas um componente de uma conspiração mais ampla dos executivos do Twitter para enganar o público, seus investidores e o governo sobre a disfunção que mina o coração da empresa", escreveram os advogados de Musk ao tribunal em meados de setembro.[2] "A Musk e muitos outros investidores do Twitter foi vendida uma empresa muito diferente do Twitter que realmente aparece agora — era uma empresa de maior valor, mais popular, mais segura e mais compatível com a legislação vigente."

A chanceler McCormick concordou que as alegações de Zatko deveriam ser incorporadas ao julgamento, mas parecia um tanto cética em relação à abordagem de Musk. Numa audiência sobre o relatório do denunciante, quando a parte do bilionário argumentou que não haveria forma de descobrirem sobre Zatko se ele não tivesse se manifestado em público, McCormick gentilmente contrapôs.

"Nunca saberemos, não é?", disse, com leveza. "Não houve diligência prévia."

À medida que a data do julgamento de outubro se aproximava, McCormick ficava mais preocupada com a fúria midiática e os riscos de segurança que isso poderia trazer ao seu tribunal. Sua equipe providenciou uma entrada secreta pelo acesso de cargas, para que Musk pudesse entrar e sair sem ser visto. Ela também ficou apreensiva com pichações misteriosas que apareceram fora do tribunal e nos arredores de Wilmington, Delaware, que faziam referências enigmáticas ao caso. "Disinvestir", dizia uma pichação com erro ortográfico, feita em tinta azul brilhante da cor do Twitter, espalhada na parede do estacionamento usado por McCormick e outros funcionários. "Twitr pago." Seria uma mensagem de apoio para Musk? Uma ameaça? Um sinal de apoio ao Twitter? McCormick ameaçou levar uma lavadora de alta pressão para o trabalho e remover ela mesma o grafite, até que o dono da garagem apagou a estranha mensagem.

Com a data do julgamento se aproximando, a liderança do Twitter ficava cada vez mais otimista de que venceria. As desculpas de Musk para anular o acordo eram demasiado escassas para serem sustentadas no tribunal. Ao longo do litígio, Savitt preparou-se para surpresas, sabendo que o bilionário tiraria mais cartas da manga no processo. Embora o relatório de Zatko fosse um desafio, o advogado achava que seria necessário mais do que um ex-funcionário insatisfeito para quebrar o acordo de fusão.

A melhor rota de fuga para Musk era o próprio conselho recomendar que os acionistas votassem contra o acordo. Mas em 13 de setembro o conselho levou o acordo aos acionistas do Twitter e eles votaram esmagadoramente — 98,6% — a favor. As ações da empresa estavam custando cerca de 41 dólares, e a oferta de Musk, de 54,20 por ação, era boa demais para ser recusada. Só restava o julgamento iminente.

24.
Um acelerador para o X

Os advogados de Musk solicitaram à chanceler McCormick o direito de exibir no tribunal as alegações de Zatko, mas ali eles já sabiam que seu cliente tinha poucas chances de vencer. Havia uma escassez de provas. Zatko havia deixado o Twitter muito tempo antes de o bilionário fazer sua oferta, e jamais se envolveu diretamente com a supervisão da empresa pela FTC. Alguns membros da equipe jurídica de Musk passaram a desconfiar que McCormick apresentava um grande ceticismo em relação ao bilionário, dado que ela continuava a aceitar as petições do Twitter. Eles começaram a dizer uns aos outros que Musk não teria um julgamento justo.

Por isso, ele decidiu testar a temperatura junto ao conselho do Twitter. Através de Durban, Emanuel, um amigo de Musk, conseguiu um pouco de abertura para negociar o imbróglio com o conselho. Os representantes de Musk insinuaram que ele estaria disposto a comprar o Twitter com um desconto de 30%, o que na prática significaria pagar cerca de 31 bilhões de dólares pela empresa.[1] O conselho descartou de imediato a oferta subvalorizada.

O interrogatório de Musk pelos advogados do Twitter estava marcado para 29 de setembro, em um tribunal perto de sua casa em Austin, mas alguns dos advogados dele acharam melhor evitar que o bilionário depusesse sob juramento. Ele mal conseguia se conter para não tuitar comentários prejudiciais ao caso. Como saber o que diria pessoalmente?

Spiro e o conselho do Twitter começaram a discutir uma nova oferta — um desconto de 10%. O preço significava avaliar a empresa de rede social em cerca de 39,6 bilhões de dólares, montante um pouco superior à capitalização de mercado, de 39,2 bilhões. Entrar em discussões sobre um desconto era arriscado, pois os acionistas já haviam votado e aprovado a oferta inicial de Musk, e debater uma redução poderia expor o conselho a processos judiciais. O objetivo dos membros do conselho era colocar o dinheiro de Musk nas mãos dos acionistas, e por mais confiantes que estivessem de uma vitória nos tribunais, nada era garantido. Uma derrota processual deixaria os acionistas sem nada, e um pequeno desconto poderia ser interessante — contanto que Musk garantisse que iria pagar.

O desconto menor deixou o bilionário desgostoso. Desde abril, quando ele concordara em comprar a empresa, as taxas de juro haviam subido, e uma alteração do preço de compra o obrigaria a renegociar os termos de seu financiamento de dívida. Os juros mais altos anulariam uma parcela significativa de suas economias.

Ainda assim, os representantes de Musk alertaram que, caso o conselho do Twitter não aceitasse um acordo, o bilionário bombardearia a empresa por todos os lados com ações judiciais. *Vocês não querem ter Musk como inimigo*, disseram aos membros do conselho. A ideia de pagar aos executivos do Twitter os assim chamados "paraquedas de ouro" — acordos multimilionários como indenização pela saída — irritava o bilionário, e ele queria dar início a uma nova campanha de terra arrasada para varrer do mapa todos aqueles que, segundo seu entendimento, o haviam prejudicado durante a negociação do acordo. O conselho do Twitter ficou preocupado com as ameaças de Musk. Alguns dos membros já haviam contratado seguranças para suas casas depois de terem recebido mensagens sinistras pela internet, e pediram garantias de que o bilionário não os processaria enquanto pessoas físicas caso aceitassem um desconto. Spiro considerou esse pedido absurdo e nebuloso. Para ele, o conselho tentava obter novas garantias de proteção jurídica depois de um verão de litígios brutais — mais um sinal de que tinham algo a esconder.

O depoimento de Musk em 29 de setembro foi aberto e encerrado sem sua presença. Ele agendaria uma nova data, afirmaram seus advogados.

No Twitter, Roth já não tinha muitas esperanças de que o projeto Saturno visse a luz do dia. Ele dava como certo que Musk perderia a ação, e então todo o seu trabalho seria descartado imediatamente pelo novo proprietário do Twitter.

Sullivan também tinha suas dúvidas. Ele estava ansioso para desenvolver a tecnologia que havia bolado com Agrawal vários meses antes. Mas o Saturno tinha sido reduzido de um imenso projeto de produto para um punhado de postagens publicadas em um blog enquanto todos esperavam para ver o desfecho do imbróglio. Para Sullivan, não havia por que anunciar com alarde um produto que ainda não existia, muito menos se Musk estava prestes a assumir o comando e jogar tudo fora.

Ele apresentou seus receios a Gadde. A advogada, que alimentava havia meses dúvidas sobre o Saturno, concordou. Era muita atenção para pouca substância. Assim, os dois executivos tentaram persuadir Agrawal a desistir dele. O argumento deles era que, por mais que o CEO estivesse comprometido a deixar um legado, não havia por que insistir sem ter alguma garantia de que o projeto continuaria a existir sem ele.

No início de outubro, o diretor-executivo prestou seu depoimento sem cair em nenhuma armadilha nem dizer nenhuma estupidez, o que deu mais confiança aos funcionários do Twitter quanto à solidez das alegações da empresa. Algumas horas depois de Agrawal terminar o depoimento, a equipe de Musk sugeriu que talvez o bilionário enfim estivesse pronto para pagar o preço cheio pelo Twitter. Talvez a vontade de ser dono do Twitter tenha prevalecido, ou ele simplesmente pode ter sido encurralado pela equipe jurídica do Twitter. Ele disse a seus advogados que, mesmo se vencesse a ação judicial, acabaria derrotado a longo prazo, pois não seria o proprietário do Twitter.

"Parecia-me inevitável que ele acabasse comprando a empresa. Não há nada na face da Terra que esse homem ame mais do que o Twitter", falou um advogado que atuou na defesa de Musk. "Pode ser que ele jamais tenha tido a intenção de ir a julgamento, que nunca tenha achado que tinha chance de ganhar. Mas usou isso como tática para renegociar o acordo."

Gadde ainda não sabia ao certo o que esperar quando adentrou o saguão cinza e enfadonho do One Market Plaza no dia 3 de outubro e subiu de elevador até o escritório do Wilson Sonsini, no Embarcadero de San Francisco. Ela era uma das poucas executivas do Twitter e uma das poucas integrantes do conselho que ainda não tinha prestado depoimento à equipe de advogados de Musk, mas nessa manhã de segunda-feira sua hora finalmente havia chegado.

Apesar da oferta do bilionário para comprar o Twitter pelo preço original, Gadde não acreditava que ele fosse cumprir isso e compareceu disposta a depor. Ela confiava na própria capacidade de enfrentar o estilo incendiário de Spiro. Mas ele estava atrasado.

Conforme os minutos passavam, Gadde foi ficando confusa. Será que se tratava de uma tática para exasperá-la, aumentando sua disposição para entrar em uma discussão? Seria uma manobra amadora, mas àquela altura nenhuma bizarrice vinda do estimado advogado de Musk a surpreenderia.

Depois de meia hora, Gadde se deu conta: Spiro não apareceria. Ela conversou com seus advogados a respeito do possível significado daquela ausência. As equipes responsáveis pela fiscalização do envio de spam e manipulações na plataforma se reportavam a ela — não era concebível que os advogados de Musk perdessem a oportunidade de interrogá-la sobre o problema dos bots no Twitter.

A equipe dele afirmou que o interrogatório havia sido cancelado e, por alguma razão, Gadde não tinha sido informada. Finalmente, nessa mesma tarde, chegou uma carta de Musk que confirmou o motivo de ela ter levado um cano. Era oficial: o acordo estava na mesa de novo. No fim das contas, o bilionário ia comprar o Twitter por 44 bilhões de dólares, o que poria um ponto-final ao processo que a empresa movia contra ele e o livraria de depor sob juramento.

No dia seguinte, tudo correu como se jamais houvesse existido nenhuma tentativa de desmanchar o acordo. "A compra do Twitter servirá de acelerador para a criação do X, o app de tudo", ele tuitou.

25.
"Não pertencer a um otário cuzão"

"Estou tentando entender qual seria a vantagem para o Twitter caso NÃO aceitasse uma oferta exatamente igual", escreveu no Slack um gerente de engenharia da empresa em reação à notícia inesperada. Ele compartilhou sua dúvida em um canal com 2 mil pessoas chamado #stonks, onde os empregados trocavam conselhos de como gerir suas opções de compra de ações do Twitter e debatiam a performance financeira da empresa.

O canal foi inundado por respostas amargas:

"Ações muito mais baixas", respondeu um trabalhador.

"O fato de Elon Musk não ser o seu dono", disse outro.

"Não pertencer a um otário cuzão?", sugeriu um engenheiro.

Embora estivessem contrariados, os funcionários naquele chat entendiam que a oferta de 44 bilhões de dólares era superior ao valor real da empresa para a qual trabalhavam. As ações do Twitter dispararam com a confirmação de que o acordo estava quase fechado. A venda de ações foi temporariamente interrompida, e depois de ser retomada a empresa fechou a terça-feira com alta superior a 22%, com cada ação custando quase 52 dólares. O acordo, como disse no #stonks outro funcionário, "encheria o bolso dos acionistas", e para Wall Street isso era a única coisa importante.

Edgett enviou uma mensagem sucinta agradecendo aos funcionários pela paciência. "Recebemos a carta dos representantes de Musk que foi protocolada na SEC", dizia. "Nossa intenção é fechar o negócio a 54,20 dólares por ação."

O e-mail pareceu de uma redundância ridícula. Claro que o Twitter pretendia fechar o acordo — os executivos haviam repetido isso feito um disco riscado durante o verão inteiro. Mas os membros do conselho e o esquadrão de advogados não sabiam como interpretar o pronunciamento repentino de Musk. Ele já havia puxado o tapete sob seus pés, e eles não tinham motivos para acreditar em nada do que ele dizia. Poderia ser uma tática de enrolação, uma forma de se livrar da necessidade de depor ou de postergar o processo até que seus empréstimos vencessem no mês de abril seguinte. Ainda assim, o pronunciamento intensificou o rigoroso senso de dever do conselho. Os membros sabiam que precisavam concluir a venda, mas qualquer ilusão otimista de que Musk seria um bom gestor para a plataforma caíra por terra muito tempo antes.

Nos tribunais, os advogados do Twitter lutavam para ter acesso a mais mensagens de texto de Musk[1] que pudessem revelar sua verdadeira motivação para obliterar o acordo — o bilionário não havia entregado as mensagens do período entre 24 e 30 de maio, quando providenciava recursos para substituir seu empréstimo consignado de 6,25 bilhões de dólares, nem do período de 1º a 7 de junho, quando Musk atacou fervorosamente o suposto problema dos bots e instruiu seus advogados a informar o Twitter que ele talvez desistisse do negócio.[2] Savitt não encontrara provas concretas de que as queixas de Musk sobre os bots eram uma cortina de fumaça, mas ainda se aventava essa possibilidade.

Fossem quais fossem as motivações de Musk, Savitt insistia que o Twitter deveria pressionar até que os 44 bilhões de dólares caíssem na conta da empresa. Ele ainda queria ir a julgamento em Delaware.

Mas os advogados de Musk tinham outro plano. Eles disseram à chanceler McCormick que fechariam o acordo até 28 de outubro e, portanto, o julgamento deixara de ser necessário. Na noite de 6 de outubro, a chanceler concordou em dar a Musk o que ele queria. Ela disse ao Twitter que, caso o negócio não fosse concluído até o fim do mês, a empresa poderia agendar uma nova data de julgamento para novembro.[3]

O prazo final para a compra do Twitter deixou a equipe de Musk em polvorosa. Após um verão inteiro insultando os principais executivos do Twitter na internet e dizendo que não compraria a empresa, o bilionário precisava levantar de uma hora para outra os recursos prometidos por seus amigos em abril. Não importava que, no meio-tempo, alguns haviam passado a questionar o real valor do Twitter — Musk iria cobrar.

Desde o início, o Morgan Stanley tinha apresentado a compra do Twitter como uma oportunidade para respaldar o empreendedor símbolo de uma geração. Mas a alta dos juros tornara os investidores mais cautelosos. Alguns dos potenciais financiadores de Musk, como Reid Hoffman, que antes cogitara investir 2 bilhões de dólares de seu fundo de capital de risco, deram irrestritamente para trás.

Outros investidores precisaram de algum nível de convencimento. Dorsey estava hesitante em cumprir o combinado com Musk. Embora houvesse sido um dos principais entusiastas da compra em abril, de uns tempos para cá ele já não tinha a mesma confiança para apostar suas ações do Twitter, que totalizavam quase 1 bilhão de dólares, na versão da empresa idealizada por Musk. Dorsey tinha duas opções: ou permitia que o bilionário comprasse todas as suas ações a 54,20 dólares cada, como os demais acionistas, ou mantinha uma pequena parcela de propriedade da futura versão do Twitter, fosse ela como fosse, e apostava na chance de ampliar sua fortuna se Musk voltasse a listar a empresa na bolsa em uma data futura.

Desde o início de maio, os dois bilionários vinham discutindo a melhor forma de gerir a rede social, mas Dorsey não parecia tão convencido por aquele homem que, em outros tempos, havia classificado como "a única solução em que confio". Dorsey tinha uma fortuna de 6 bilhões de dólares, mas a maior parte desse montante era representada pelo patrimônio de sua empresa, a Block, novo nome da Square, e em Bitcoins — ou seja, ele não tinha muito dinheiro em mãos para investir. Cogitou vender as ações a 54,20 dólares cada e virar a página, deixando para trás o site que ajudara a criar.

Essa hesitação deixou Musk no limbo, e por isso ele ofereceu ao amigo um acordo bem vantajoso. Ele não só jurou não causar danos ao Twitter, como também garantiu que, se algum dia Dorsey mudasse de ideia, ele pagaria o valor integral de 54,20 dólares por cada uma de suas ações.[4] Ao contrário dos outros investidores, o cofundador do Twitter teria um preço mínimo garantido se o valor da companhia caísse sob a administração de Musk. Na prática, isso significava que Dorsey não correria nenhum risco — além de depender da palavra de Musk —, e ele aceitou. Para Musk essa concessão era necessária para garantir a disponibilidade de mais 1 bilhão de dólares para a aquisição. Ele achava que era impossível que o Twitter perdesse valor sob sua administração.

Outro grande investidor do Twitter que nutria dúvidas quanto ao negócio era Al Waleed bin Talal Al Saud, príncipe saudita de dezessete anos de idade. Neto do mandatário do Reino da Arábia Saudita, Al Waleed era um sujeito espalhafatoso que havia estudado em faculdades americanas antes de se tornar gerente de investimentos do dinheiro da família real.

Em 2011, a Kingdom Holding havia injetado 300 milhões de dólares no Twitter, assumindo mais de 3% do controle da plataforma que, à época, tinha valor estimado de 8 bilhões de dólares. A empresa de Al Waleed mantinha o investimento havia mais de uma década e ele se tornara um usuário ativo, tuitando fotos do complexo palaciano, de encontros com líderes internacionais e de seu jatinho particular.

A Kingdom Holding ainda era dona de uma parcela do Twitter quando Musk foi à carga, mas já não era tão fácil dizer quem estava de fato no comando da empresa de Al Waleed. Em dezembro de 2017, o bilionário saudita tinha sido um dos 320 membros da realeza e funcionários do governo detidos a mando do príncipe coroado Mohammad bin Salman, primo de Al Waleed. O príncipe, que acabou ficando conhecido pelas iniciais MBS, manteve parentes e burocratas presos no Ritz-Carlton de Riade durante meses, extorquindo concessões, pagamentos em dinheiro e promessas de apoio a sua causa de se tornar o próximo líder do país. O *Wall Street Journal* relatou que MBS cobrava um pagamento de, pelo menos, 6 bilhões de dólares para a liberação do primo, e que Al Waleed pretendia obter sua liberdade em troca de transferir uma parte da Kingdom Holding a MBS.[5] Ele foi liberado em janeiro de 2018.

Em 2022, Al Waleed era fiel a MBS. No papel, ele ainda era o presidente da Kingdom Holding, e não gostou da oferta de Musk para comprar o Twitter. Como outros acionistas de longa data, ele se lembrava com carinho da época em que as ações do Twitter tinham subido acima de setenta dólares, em 2021, e tuitou que se opunha à oferta por julgar que 54,20 dólares era muito pouco se comparado ao "valor intrínseco" da empresa.

O insulto incomodou Musk. Ele nutria ressentimento contra a Arábia Saudita desde que o fundo soberano do país não aceitara transformar a Tesla numa empresa de capital fechado, e comentava com pessoas próximas que o dinheiro saudita estava impregnado em todo o setor de tecnologia dos Estados Unidos — o que, segundo ele, representava uma ameaça à segurança nacional. Muito embora parte desse dinheiro acabasse no bolso do próprio Musk, o argumento não estava errado. O governo saudita investira bilhões de dólares em empresas do Vale do Silício. Ele reagiu ao post de Al Waleed com um tuíte mordaz a respeito da execução de Jamaal Khashoggi, colunista do *Washington Post* assassinado a mando de MBS.

"Interessante. Permita-me apenas duas perguntas", escreveu Musk em 14 de abril. "Que porcentagem do Twitter pertence à Kingdom, direta e indiretamente? O que a Kingdom pensa a respeito da liberdade de expressão no jornalismo?"

Em outubro, contudo, os dois homens haviam mudado o tom. Talvez Al Waleed tenha visto vantagem em se manter próximo do homem mais rico do mundo; já Musk, convicções morais à parte, precisava de dinheiro. A Kingdom Holding manteve toda a sua parcela de ações, estimada em 1,9 bilhão de dólares, tornando-se um dos maiores acionistas externos do Twitter.

Com a venda do Twitter quase certa, Agrawal começou a discutir em privado com seus altos executivos se eles deveriam ou não trabalhar para Musk. Ele pediu aos colegas que ignorassem a forma como o bilionário o havia tratado.

Fiel a sua formação de engenheiro, ele os estimulou a coletarem informações sobre o novo proprietário antes de tomarem suas decisões. "Não é porque as coisas foram assim comigo que não podem ser diferentes com vocês", disse Agrawal. "Reúnam dados para tomar a decisão certa."

Esses dados, é claro, incluíam cálculos pessoais em torno do dinheiro. Muitos dos altos executivos do Twitter, entre eles Agrawal, tinham contratos com cláusulas referentes à mudança de proprietário. Isso significava que, caso o Twitter fosse comprado por alguém ou mudasse a administração, eles receberiam grandes montantes de dinheiro, incluindo um bom número de ações ganho ao longo dos anos que tivessem permanecido na empresa. A função desse dinheiro era apaziguar indisposições entre os líderes mais antigos, mantendo-os dispostos a tratar de uma possível venda sem temer perdas salariais. Se Musk quisesse que eles permanecessem, precisaria lhes apresentar novas propostas de trabalhos. No entanto, para os que tinham um pé atrás com ele e temiam acabar demitidos, os pacotes serviam de garantia financeira. Agrawal receberia os salários devidos e teria opção de compra para ações não disponíveis, um paraquedas de ouro que ultrapassava 57 milhões de dólares.[6] Segal receberia mais de 44 milhões de dólares, e Gadde, cerca de 20 milhões.

Para os trabalhadores de fora do âmbito executivo, contudo, as garantias eram poucas. Alguns decidiram que só aceitariam trabalhar para um chefe tão errático se Musk lhes oferecesse pacotes melhores de remuneração. Outros, percebendo que seus chefes provavelmente desapareceriam, começaram a sonhar com formas de galgar degraus mais elevados na hierarquia. A notícia de que o acordo estava de pé outra vez gerou pânico e medo generalizado de demissões ou cortes dos benefícios oferecidos pelo Twitter aos empregados. Os executivos tentaram acalmar os ânimos, lembrando todos que o acordo obrigava Musk a manter os salários e benefícios intocados por um ano depois da compra, mas essas promessas soaram vazias. Os funcionários sabiam que ele nem sempre cumpria seus compromissos.

Os pacotes de indenização pela saída dos executivos, revelados ao público nos registros financeiros da empresa, criaram um abismo entre os líderes e o restante dos funcionários. Os valores eram superiores ao que um trabalhador comum sonhava em ganhar ao longo de uma vida inteira. Eles não conseguiam acreditar que Agrawal receberia tanto dinheiro tendo passado menos de um ano no cargo principal. Será que ele e os demais executivos haviam aceitado o acordo porque ganhariam todo aquele dinheiro em troca de seus empregos? Supostamente, o Twitter era um lugar onde os executivos se importavam com o destino dos funcionários. Agora, eles estavam entregues à própria sorte.

Com o acordo de pé outra vez, os executivos do Twitter foram convocados para uma série de reuniões de última hora para elaborarem algo semelhante a um plano de transição antes de 28 de outubro, prazo final estipulado pela Justiça.

A maioria das aquisições preveem um período muito bem coordenado para que comprador e vendedor tracem juntos um caminho para o futuro ao longo de meses. Essa, contudo, não era uma compra como a maioria. Em meados de outubro, Musk e Gracias tiveram uma reunião virtual com dois líderes financeiros: Julianna Hayes, vice-presidente do setor financeiro do Twitter, e Robert Kaiden, chefe do setor de contabilidade.

Kaiden não era o funcionário-padrão do Twitter. Ele havia trabalhado quase 27 anos como contador na Deloitte. Entrou no Twitter em 2015 e se destacava em meio à multidão de moletons por trajar camisa social azul e calça cáqui. Kaiden construíra a reputação de ser um pé no saco, pois esquadrinhava as finanças da empresa até levar os colegas de outros departamentos à loucura.

Kaiden e Hayes foram incumbidos da tarefa de apresentar a Musk um panorama geral das finanças da empresa, mas os advogados do Twitter ainda temiam que o bilionário desistisse do acordo no último segundo; por isso, insistiram que ninguém deveria lhe passar informações sigilosas. Os executivos não demoraram para perceber que ele não tinha noções básicas sobre o acordo de fusão que ele mesmo havia assinado.

Hayes e Kaiden trouxeram à tona o fato de que em 1º de novembro — portanto, depois da data em que Musk supostamente assumiria o comando — muitos empregados receberiam um bônus em ações da empresa que constituía uma parte importante de suas remunerações. No entanto, como o Twitter não seria mais uma empresa de capital aberto, eles teriam direito à distribuição dos dividendos equivalente a 54,20 dólares para cada uma dessas ações. Esse pagamento custaria cerca de 200 milhões de dólares aos cofres da empresa.

Musk, porém, ficou confuso e perguntou por que eles não podiam emitir novas ações daquela empresa que, muito em breve, seria sua. Simplesmente porque isso não estava previsto no acordo, disse-lhe Kaiden. Isso desagradou muito o bilionário, que agora precisava de uma quantia imensa para resolver um problema do qual nem sequer estivera ciente.

"Não, você concordou com isso", apontou Gracias.

"Interessante", respondeu Musk.

Em 26 de outubro, uma quarta-feira, a sede do Twitter fervilhava de nervosismo e desconfiança. O prazo final estabelecido pela Justiça para o cumprimento do acordo, a sexta-feira seguinte, já se aproximava, e os funcionários ainda não sabiam muito bem o que esperar.

Na hora do almoço, um punhado de empregados se reuniu em torno de uma mesa no refeitório para compartilhar boatos sobre Musk e as coisas que ele poderia fazer com a empresa que tanto amavam. Enquanto debatiam abertamente sobre quais executivos poderiam ter a cabeça cortada, uma das mulheres fez cara de espanto. "Olha, é o Ned", ela sussurrou para os colegas.

O bem-apessoado diretor financeiro havia se colocado detrás deles e bisbilhotava a conversa em silêncio. Ele abriu um sorriso simpático, tentando acalmá-los. Apesar do clima soturno no prédio, Segal parecia muito alegre. Após meses de espera e ansiedade, chegara a hora de trabalhar para a transição e definir todos os detalhes financeiros.

"Ned, o que vai acontecer?", perguntou um dos empregados.

"Acho que vai ficar tudo bem", disse o diretor. "Estamos em boas mãos."

A aparente confiança de Segal pegou o grupo ali reunido de surpresa. Ele não podia estar se referindo a Musk, certo? Mas o diretor financeiro parecia muito calmo e relaxado. *Ele deve saber de algo que não sabemos*, pensaram os empregados. Foi um dos poucos momentos em que eles sentiram que, ora, talvez, quem sabe, o bilionário não fosse tão ruim assim.

Segal bateu papo com eles durante alguns minutos e contou piadas para a equipe. Eles haviam enfrentado juntos meses de sofrimento e incerteza, colocando a empresa em primeiro lugar enquanto outros colegas pediam demissão ou jogavam tudo para o alto, e Segal parecia muito disposto a confortá-los. Então ele pediu licença e foi embora. Musk chegaria em poucas horas. Ele precisava se preparar.

26.
Let That Sink in

Musk visitou a sede do Twitter na tarde de 26 de outubro, uma quarta-feira, para conhecer a sua futura empresa e fazer uma mise en scène.

Muito sorridente, o bilionário entrou pelas portas envidraçadas de um dos saguões do Twitter carregando uma pia de porcelana branca como se fosse uma pilha de caixas de pizza. Ele soltou risadinhas guturais enquanto caminhou até a mesa de recepção vazia.

"*Let that sink in*",* ele disse para ninguém em especial.

Mais tarde, postou no Twitter um vídeo de sua entrada ensaiada com a mesma frase batida: *Let that sink in!* O trocadilho, digno de um suspiro cansado, simbolizou a mudança no comando. Agrawal usava sua conta no Twitter de forma frugal. Mas Musk era cria do Twitter. Ele se deliciava com os picos de dopamina que sentia quando um tuíte seu viralizava, e sabia da importância de frases chamativas para impulsionar uma postagem.

A expressão era utilizada nas redes de forma tão corriqueira que até já existia um meme de uma pia esperando no umbral de uma porta, mas no Twitter seu uso era ainda mais intenso, pois o bordão havia sido muito utilizado por progressistas raivosos durante a presidência de Trump. Lançar um "*let that sink in*" no final de um tuíte sobre o último escândalo de Trump era uma artimanha para ganhar retuítes.

O próprio Musk havia mencionado essa piada nesse mesmo ano. "Vou me fantasiar de pia no Halloween, assim eles não terão como não me deixar entrar", tuitara em junho, em uma postagem que ganhou 150 mil curtidas.

Vestindo camiseta preta justa, jeans e uma corrente prateada pendendo no pescoço, Musk parecia se esforçar para parecer uma espécie de Senhor dos Memes, bem em dia com as piadas do mundo online. Alguns funcionários perceberam que a performance falava a língua do Twitter e enxergaram nisso

---

* Em tradução livre, a expressão significa algo como "acostumem-se com a ideia". *Sink* tanto significa "pia" quanto faz parte do verbo frasal *sink in*, assimilar, fazer-se entender, no sentido figurado. No entanto, o trocadilho torna a expressão literal: "deixe essa pia entrar" — daí a performance de Musk descrita no capítulo. [N.T.]

a confirmação de que o bilionário via a aquisição da empresa como uma piada cara. Outros ficaram ansiosos. Ele finalmente estava ali. O acordo era real.

Musk executou a piada da pia no saguão de um dos escritórios menores do Twitter, um prédio construído nos anos 1970 ao lado do arranha-céu art déco que abrigava a operação principal da empresa e ao qual os funcionários se referiam pelo endereço, "1 Tenth". Agrawal planejara recepcionar Musk no 1 Tenth para evitar que sua chegada provocasse muito rebuliço, e também para oferecer ao bilionário uma recepção digna de celebridade. O prédio adjacente contava com um conjunto reluzente de salas de reuniões recém-reformadas, com decoração de hashtags gigantes, paredes de selfies e estátuas do passarinho.

A chefe do Twitter aguardou pacientemente enquanto Musk filmava sua entrada em grande estilo, e então o acompanhou até o elevador e juntos eles subiram ao segundo andar.

Mais cedo nesse mesmo dia, Leslie Berland havia pegado um avião até San Francisco para recepcionar Musk pessoalmente. A caminho do escritório, ela digitou no celular um breve e-mail para os funcionários.

"Como vocês logo verão ou ficarão sabendo, Elon irá ao escritório de SF esta semana para conhecer a equipe, visitar as instalações e se familiarizar ainda mais com o importante trabalho que todos vocês desempenham", escreveu Berland. "Se estiver em SF e se deparar com ele, diga oi! Para os demais, aviso que essa é a primeira de muitas conversas e reuniões que teremos com Elon, e todos vocês ficarão sabendo das novidades diretamente por ele na sexta-feira." Ela vinha trocando mensagens com Musk, em uma tentativa de atuar mais uma vez como mensageira do CEO, assim como fizera antes traduzindo os despachos de Dorsey para o corpo de funcionários.

Mas os planos de Musk pareciam mudar o tempo todo. Embora ele contasse com uma assistente de olhos grandes e ternos da Boring Company chamada Jehn Balajadia, o bilionário controlava sua própria agenda. Os líderes do Twitter não conseguiram entender ao certo se ele tinha algum plano para o primeiro dia, além de filmar sua elaborada piada interna.

Musk permitiu que Berland o conduzisse em uma visita guiada ao prédio principal. Ao longo dos anos, muitas celebridades haviam visitado o Twitter. Os trabalhadores tentavam guardar uma distância respeitosa, e de vez em quando se aproximavam para pedir uma selfie. Mas a quantidade de olhares estupefatos que Musk atraiu foi sem precedentes. Fileiras de empregados angustiados o acompanharam à distância, como um cardume de peixes curiosos na esteira de um tubarão. Alguns ergueram seus telefones para fotografar o possível novo proprietário como se ele fosse um astro de rock durante um show. Ninguém o cumprimentou.

Algumas pessoas em cargos de liderança achavam que a presença de Berland poderia tornar a chegada de Musk mais palatável para os funcionários, que estavam claramente nervosos por causa das incertezas. Mas os trabalhadores não sabiam como agir. O bilionário permaneceu calmo e elegante ao ser conduzido por Berland até a Perch, cafeteria situada no décimo andar, onde as pessoas se reuniam com frequência para conversar e tomar um expresso ou um café gelado grátis servidos pelos baristas. Musk pediu um café e ficou remexendo as mãos enquanto a diretora de marketing tentava chamar as pessoas para perto, com pouco sucesso. A maioria deles preferia manter distância, usando o telefone como escudo para observar seu novo soberano.

Esther Crawford viu a peregrinação de Musk pelo edifício como uma oportunidade. Ela tinha vendido a Squad, sua startup de chamadas de grupo em vídeo, para o Twitter em 2020, e estava focada em atrair influencers e criadores de conteúdo para o Twitter. Enquanto aplicativos como Snapchat, Instagram e TikTok trabalhavam duro para atrair influencers, em alguns casos até pagando-os para postarem, o Twitter acabara ficando para trás. A rede era utilizada por políticos, comediantes e jornalistas não necessariamente interessados em convencer seus seguidores a gastar dinheiro. Crawford, como gerente de produto responsável por supervisionar algumas tentativas da empresa de criar novas fontes de faturamento, tentava mudar isso.

Ela observou Musk ir até o balcão pegar um café, e comentou com uma colega como era estranho ninguém falar com ele. "Não deveríamos ir lá dar oi?", Crawford perguntou à amiga. "Ou vai parecer que estou forçando a barra?"

Elas decidiram abordá-lo. Crawford se apresentou e começou a listar os produtos do Twitter pelos quais era responsável. Quando mencionou os pagamentos, Musk se interessou. Os pagamentos tinham papel essencial em seus planos, disse o bilionário. Ele havia elaborado diretrizes no X.com para facilitar as transações online, e esperava finalmente colocá-las em prática com a compra do Twitter.

"Me mande um e-mail hoje à noite", ele falou a Crawford. "Quero uma reunião com você amanhã."

Depois dessa interação, um homem de cabelos grisalhos e sotaque polido de New Orleans foi conversar com Crawford. Ele se apresentou como Walter Isaacson, biógrafo de Leonardo da Vinci, Benjamin Franklin e Henry Kissinger. No mundo da tecnologia, era mais conhecido por seu livro de 656 páginas sobre Steve Jobs, que consolidou sua imagem de um escritor que buscava explicar — e, às vezes, bajular — indivíduos da espécie humana responsáveis por grandes mudanças. Isaacson vinha acompanhando Musk para a elaboração de seu próximo projeto, uma biografia autorizada do gênio por trás da Tesla e da SpaceX.

Isaacson pediu a Crawford seu contato e abriu um grande sorriso. "Dá pra ver que você será importante", ele disse.

Crawford por fim se afastou, mas sua interação serviu para quebrar o gelo. Logo havia dezenas de empregados em semicírculo ao redor de Musk, tirando selfies e fazendo perguntas. Escorado no balcão, o bilionário acariciava uma xícara de café e falava abertamente com seus futuros trabalhadores, discorrendo sobre suas expectativas para o Twitter. Eles ouviam atentos, buscando formas de impressioná-lo.

"Muitas vezes abro o Twitter e as pessoas dizem coisas que me deixam muito triste", ele disse. "E eu não quero ficar triste. As pessoas não deveriam sentir tristeza quando entram no site, e eu fico triste."

Os funcionários assentiram. Uma delas reuniu coragem para perguntar o que estava na cabeça de todos ali. "Desculpe, queria perguntar outra coisa", disse. "Todos nós estamos superempolgados em conhecê-lo, mas acho que todos devem estar se perguntando se você vai mesmo demitir 75% da nossa equipe."

A pergunta desencadeou uma onda de risos nervosos. Todos os empregados haviam lido a reportagem do *Washington Post* publicada na semana anterior, segundo a qual Musk teria dito a possíveis investidores que planejava mandar embora três quartos do quadro da empresa.[1] O bilionário arqueou a sobrancelha esquerda, segurando firme a xícara.

"Sabe, não sei bem de onde tiraram esse número, porque, ahn, não é real", respondeu Musk, olhando diretamente para ela. Algumas pessoas do grupo sorriram, como se houvessem tirado um peso dos ombros.

"Espalhem a notícia", Berland disse, assentindo. "Espalhem a notícia."

À tarde, os testas de ferro de Musk — Birchall e Gracias entre eles — já haviam montado acampamento nas salas de reuniões do 1 Tenth. Nos dias seguintes, eles se reuniram com um pequeno grupo de conselheiros e membros de seu círculo íntimo, incluindo Balajadia e Steve Davis, da Boring Company; os investidores David Sacks e Jason Calacanis; Sriram Krishnan, um investidor de capital de risco da Andreessen Horowitz que já havia trabalhado no Twitter; e até X, o filho bebê de Musk, que perambulava ao lado da babá e de seu próprio destacamento de segurança.

Durante o verão tenso e litigioso não houvera praticamente nenhum contato entre os dois lados, exceto pelo vaivém entre os advogados. Mas a trupe de Musk tinha suas demandas. Eles queriam saber quais funcionários eram responsáveis por quais operações e quem fazia um bom trabalho. Era evidente que eles estavam planejando cortes, mas os executivos do Twitter não queriam repassar informações sensíveis dos empregados ou do setor de finanças porque temiam que o acordo desse errado no último segundo.

Dentro do Twitter, os executivos também falavam em cortes. A equipe de transição se encalacrara nos escritórios para uso exclusivo da equipe de Agrawal. Vários sabiam que não tinham muito futuro na empresa, mas desejavam garantir uma boa transição, tentar proteger suas equipes contra demissões vindouras e preservar a plataforma que haviam aprendido a amar.

Outros só queriam ir embora. Roth procurou Gadde e implorou por um acordo de demissão que lhe permitisse receber as devidas indenizações tão logo Musk assumisse o comando.

"Não tenho direito à mesma indenização que você, e isso me preocupa", Roth confidenciou à chefe. Ele tinha certeza de que Musk o mandaria embora, e por isso queria evitar os constrangimentos online de que, segundo acreditava, seria alvo assim que o bilionário o mandasse para a guilhotina. Gadde recusou, dizendo que seria injusto com os outros funcionários dar a Roth uma rota de fuga.

Kathleen Pacini, uma das executivas de recursos humanos do Twitter, assumiu a tarefa de manter um registro mental dos nomes de quem sairia e de quem assumiria seus cargos depois disso. Ela não podia escrever esse plano de sucessão no papel, para evitar que caísse nas mãos de Musk. Mas todas as pessoas interessadas em saber quem daria as ordens depois da demissão de seus chefes passaram a procurá-la em busca de informações.

Embora excluísse a cúpula do Twitter de muitas das reuniões — e de seus planos —, Musk sempre mantinha Berland por perto e utilizava as informações que ela dava para decidir com quais empregados falar. Ele se interessou de imediato pelo Twitter Blue. Responsável por uma pequena parcela do faturamento da empresa, o serviço oferecia recursos especiais para usuários fiéis, como a possibilidade de editar tuítes ou mudar a aparência do ícone do Twitter em seus telefones a um custo de 4,99 dólares ao mês. Musk o considerava uma oportunidade de receitas subaproveitada. Se as pessoas usavam o site tanto quanto ele, elas sem dúvidas estariam dispostas a pagar o valor. Berland marcou uma reunião entre o bilionário e Tony Haile, diretor sênior de produto que geria o Blue.

Haile estava estressado e exasperado. Ele havia preparado para Musk uma apresentação que encapsulou todos os experimentos que o Twitter já desenvolvera na tentativa de criar novas fontes de receita, incluindo serviços de newsletter, projetos com criadores de conteúdo e o Twitter Blue. Ele fora instruído a manter Sacks informado sobre tudo, mas então uma de suas subalternas, Crawford, decidiu conversar diretamente com Musk em um movimento precipitado. Haile ficou em uma posição difícil: em vez de participar de uma reunião com Sacks, ele precisaria convencer o bilionário a ignorar os comentários de Crawford e analisar o panorama geral.

Berland também havia sugerido a Musk se reunir com Gadde, ideia que de início parecera irrazoável a ele. Ela era a inimiga, a líder de uma equipe jurídica que o prendera em uma armadilha com o acordo irrevogável para comprar a empresa. Embora já tivesse desistido de anular o negócio, ele ainda considerava os executivos do Twitter trapaceiros que o haviam enganado e tinham corroído sua imagem lendária de gênio empreendedor. Aparentemente, ele também acreditava ter transformado a vida de Gadde em um inferno com seus ataques no Twitter, e não entendia como era possível que ela ainda quisesse encontrá-lo.

"Ela quer uma reunião comigo?", perguntou Musk, incrédulo.

Claro, respondeu Berland. Ela disse que aquelas pessoas amavam o Twitter e queriam o sucesso da rede.

Musk aceitou, e sua assistente agendou uma reunião de trinta minutos para o fim desse dia.

Gadde se preparou para momentos difíceis antes de entrar na sala de reuniões. Era a primeira vez que encontraria Musk em pessoa. Seis meses antes, ele havia usado a conta dele no Twitter para incitar uma turba enfurecida contra ela, que ainda estava receosa.

Musk, que preferia trabalhar até tarde da noite, havia agendado a conversa com Gadde para seis da tarde. Mas, como as outras reuniões sobre a transição demoraram mais que o previsto, ele postergou algumas vezes o encontro com sua nêmese. Por fim, já depois das oito horas, ele estava pronto.

Ela passou pelo bebê X, que perambulava pelo corredor com a babá a tiracolo, e sentou diante da mesa comprida de madeira, ciente de que teria pouco tempo para transmitir mais de uma década de dificuldades e aprendizados jurídicos para Musk.

O homem sentado diante dela não se parecia em nada com o troll por trás de @ElonMusk. Era um sujeito reservado, e em alguns momentos mal dava para escutar sua voz. Ele estava exausto depois da maratona de compromissos no escritório.

"Estou moído", o bilionário admitiu, desculpando-se. "Foi um dia e tanto."

Com pouco tempo para cordialidades, Gadde deu início a sua apresentação. O Twitter enfrentava uma miríade de desafios jurídicos tensos, explicou. A FTC mantinha-se em estado de alerta intenso por causa das práticas de privacidade da empresa, mesmo depois das duas partes terem firmado um acordo para que o Twitter adotasse medidas mais restritivas em maio. A União Europeia estava prestes a implementar a Lei de Serviços Digitais, marco legislativo que impunha novas responsabilidades de moderação para o Twitter e as demais plataformas da internet. Para se adequar à nova legislação europeia, a empresa ainda passava por uma reformulação, e caberia a Musk a obrigação de supervisionar o processo para evitar grandes penalizações financeiras.

Musk escutou tudo, mas não ficou claro para ela se ele registrava suas palavras. Ela sabia que ele não se importava muito com leis e normas, mas mesmo assim ficou chocada com seu desinteresse. O descumprimento das leis poderia levar o bloco europeu a até mesmo banir o Twitter no continente.

Com o desenrolar da conversa, Gadde seguiu focada em questões externas aos Estados Unidos. Ela queria que Musk entendesse que o Twitter era um serviço global. Embora os veículos de notícias tivessem a tendência de tratar de questões de moderação de conteúdo dentro dos Estados Unidos, havia preocupações muito maiores e mais urgentes envolvendo governos autoritários no exterior, e as relações empresariais de Musk poderiam gerar uma série de conflitos. Ele tinha uma empresa automotiva dependente de manufaturas e vendas na China, ela apontou. *O que aconteceria se o governo chinês o pressionasse a censurar alguma coisa na rede social e ameaçasse a Tesla?* Ela apresentou um cenário similar na Índia, mercado que a Tesla prospectara enquanto Gadde encabeçava um processo contra o governo local.

Musk assentiu. "Interessante, interessante", ele disse. "Ainda não pensei em uma solução para isso."

A resposta deixou Gadde atordoada, pois vinha de um homem que defendia a bandeira da liberdade de expressão. Como era possível ele não ter pensado nas implicações de suas relações empresariais e nas difíceis decisões relativas à moderação de conteúdo que a empresa precisava tomar todos os dias e em diversos países?

Sentindo que não chegariam a lugar algum, Gadde decidiu apelar para o ego dele. Ela queria garantir o sucesso do Twitter, e nos últimos tempos o crescimento da empresa estava estagnado. Talvez, sugeriu, Musk pudesse usar a Starlink para conectar locais com pouca cobertura de internet — como parte da Índia — e fornecer sinal a novos usuários do Twitter em potencial. A verdadeira liberdade de expressão implicava democratizar o acesso à plataforma não só nos Estados Unidos, mas no mundo inteiro. O bilionário assentiu com desinteresse.

A conversa prosseguiu e Musk se concentrou em uma única decisão de Gadde: banir Trump da plataforma. *Por que ela havia feito isso? E como isso havia sido implementado?*

A pergunta pegou a diretora jurídica de surpresa. A decisão referente a Trump havia sido veiculada na imprensa diversas vezes ao longo do último ano, e Dorsey exigira que o Twitter publicasse seu argumento para a remoção da conta de um presidente em exercício. A questão havia sido debatida exaustiva e repetidamente em audiências no Congresso e pelo Comitê do 6 de Janeiro, que convocara diversos ex-funcionários para falar sobre os riscos oferecidos pelas postagens de Trump. Se a curiosidade de Musk era essa, bastava uma busca rápida no Google.

Mas ele insistiu para que ela explicasse mais uma vez.

"Essa foi uma decisão bastante divulgada", lembrou Gadde. "Jack estava muito envolvido, e foi ele o responsável pelas aprovações finais."

Havia sido difícil para todos, prosseguiu a advogada. Não era possível encarar de forma leviana a expulsão de um líder global de uma plataforma mundial de conversa. A violência era sempre o limite final, Gadde disse a Musk. Se um líder mundial usava a plataforma para incitar violência, seria banido do Twitter, e o mesmo valia para qualquer outro usuário.

Musk fez pouco-caso de sua explicação, e passou a discutir uma decisão de moderação de conteúdo mais recente que o obcecava havia meses: por que o Twitter tinha banido o Babylon Bee?

Para Gadde, rever decisões pontuais de moderação — especialmente aquelas que haviam recebido ampla cobertura midiática — era desperdício de tempo. Ela queria que Musk enxergasse o panorama geral: as responsabilidades e o poder que ele passaria a ter enquanto proprietário do Twitter, e as pressões e armadilhas que acompanhavam isso. Mas ele parecia mais interessado nas guerras culturais americanas.

Gadde mencionou o projeto Saturno, o queridinho de Agrawal. Ele poderia criar para Musk uma estrutura capaz de abrigar o tipo de conteúdo pelo qual o bilionário se interessava. Era um modelo sensato e bem estruturado para alcançar seus objetivos.

A reunião acabou depois de quase trinta minutos e Gadde deixou a sede do Twitter — para nunca mais voltar.

Não restavam dúvidas. Musk não comprara o Twitter para conduzir de forma responsável um dos sites e fóruns mais utilizados para a comunicação no mundo inteiro. A compra tinha sido motivada por uma obsessão pessoal, e ele moldaria a plataforma conforme seus caprichos. O bilionário se apaixonara pelo Twitter e acreditava que o site havia perdido o rumo por culpa de seus gestores.

Ele os faria pagar por isso.

27.
Trick or Tweet

Às 5h11 de quinta-feira, 27 de outubro, o telefone de Bret Taylor apitou. Em sua caixa de entrada havia uma carta de Alex Spiro instruindo que "em preparação à iminente conclusão da fusão" naquele mesmo dia, Taylor e os executivos do Twitter deveriam congelar imediatamente o pagamento de fornecedores e colaboradores externos. Após ter sobrecarregado o Twitter com dívidas, Musk já tentava reduzir custos.

Taylor deu um suspiro antes de encaminhar a mensagem a Gadde, Edgett e Savitt quatro minutos depois. A velocidade vertiginosa da concretização do acordo o deixara exausto, e ele ainda precisava lavar o rosto e arrumar o cabelo antes da última reunião com o conselho do Twitter, às sete da manhã.

A mensagem de Spiro seguiu reverberando nas caixas de entrada das lideranças do Twitter. Edgett repassou-a a Segal e Kaiden com um adendo. "Para ciência. A segunda metade desta carta pede para revogarmos internamente todas as autorizações de pagamento a partir do fechamento do negócio. Vamos discutir a melhor forma de garantir que isso seja feito sem quebrar nada", escreveu Edgett.

Mais uma vez, Musk parecia estar se excedendo. Enquanto a empresa não era sua, os empregados do Twitter eram livres para ignorá-lo. Claramente ele não pensava assim.

Às sete da manhã, Taylor ingressou em uma chamada de vídeo com diversos outros diretores do Twitter para encerrarem suas últimas tarefas. Os diretores planejavam entregar suas cartas de demissão assim que a reunião terminasse — eles já não teriam função quando a empresa passasse a ser de capital fechado. Mas vários dos membros já haviam caído fora e não participaram do encontro.

Em uma chamada alguns dias antes, Edgett informara Taylor e Pichette acerca de uma proposta de Savitt. O advogado contratado havia pedido que a empresa considerasse o pagamento de 95 milhões de dólares pelos serviços de seu escritório. Escritórios de advocacia de alto escalão, como o Wachtell, cobravam em algumas ocasiões os chamados "honorários por êxito": remuneração generosa concedida apenas quando saíam vitoriosos de um processo. Tais honorários excediam em muito os contratuais, por si só bastante polpudos, cobrados pelo escritório, e podiam significar a riqueza dos sócios por muitos e muitos anos. Segundo o Wachtell argumentava, ao garantir que Musk pagasse o preço de 54,20 dólares por ação, o escritório elevara o valor de mercado do Twitter em bilhões de dólares. Após discutirem o pedido com Edgett, Taylor e Pichette concordaram em pagar um bônus que elevaria a fatura do Wachtell pelos poucos meses de trabalho a 90 milhões de dólares. Para um ser humano comum, o valor era extravagante, mas como porcentagem do negócio ele representava cerca de 0,2% do preço do Twitter.

Às 7h29, enquanto o conselho discutia os temas programados para a reunião, Edgett encaminhou um e-mail para os diretores com uma tabela do pagamento proposto.

Lane Fox respondeu Edgett quase no mesmo instante.

Meu
Deus
Do
Céu

Ela quebrou a frase em formato de haikai para acrescentar ênfase. Lane Fox jamais sonhara que a soma total seria tão elevada.

Mas o conselho sabia que não tinha tempo a perder. Se não pagassem o Wachtell antes de o negócio ser concluído, era improvável que Musk pagasse o valor que fosse. Ora, os advogados não mereciam uma compensação por terem obrigado o executivo tão avesso a cumprir as regras a fazer a transação?

Sheen Austin dormia em sua casa em South Bay quando seu telefone tocou. Passava pouco das quatro horas da manhã naquela quinta-feira. Austin trabalhava na Tesla havia oito anos como engenheiro de infraestrutura, fazendo a manutenção dos serviços e servidores dos quais a montadora elétrica dependia, e se acostumara a receber mensagens de trabalho em qualquer horário. Afinal de contas, ele estava a serviço da Tesla — e, portanto, de Musk —, e tinha a missão de garantir que todos os carros do mundo fossem elétricos para retardar as mudanças climáticas. Era uma missão maior que ele ou qualquer outro empregado, e os funcionários deixavam suas convicções em segundo plano quando Musk lhes pedia alguma coisa.

Esse pedido, contudo, era diferente de todos os anteriores. A mensagem dizia para ele e alguns de seus colegas se apresentarem nesse mesmo dia na sede do Twitter em San Francisco pela manhã.

Os empregados da Tesla que receberam a mensagem ficaram em dúvida se deviam levá-la a sério. Eles sabiam que seu chefe planejava comprar o Twitter, pois os veículos de imprensa estavam saturados de notícias sobre cada um de seus movimentos, mas muitos deles sentiam não ter nada a ver com isso. Eles trabalhavam para a Tesla.

Mas era inevitável. Os funcionários da Tesla trocaram mensagens entre si, perguntando se haviam recebido ordens similares, e saíram da cama resmungando para se prepararem antes de percorrerem uma rota atípica até o trabalho. Austin dirigiu durante uma hora pela Route 101 em direção ao norte até a península de San Francisco, cortando a neblina da cidade.

Nascido na Índia, Austin, um homem de cara arredondada, barba densa e sorriso fácil, morava em Toronto em 2013 quando um dos recrutadores da Tesla telefonou convidando-o a se mudar para a Califórnia e trabalhar em uma montadora que seria criada em breve. A Tesla havia acabado de lançar o Model S sedã no ano anterior. Austin agarrou a oportunidade.

De início, a instrução deixou Austin confuso. Ele era um engenheiro talentoso e de boa formação, mas, de modo geral, ele e os outros fiéis funcionários da Tesla evitavam ler qualquer notícia a respeito do chefe. Eles acreditavam que a imprensa era tendenciosa e não gostava de Musk, e consideravam as notícias publicadas todos os dias a respeito dele um empecilho que atrapalhava sua missão. Dentro da Tesla, os empregados gostavam de brincar que as próximas ordens ou prazos poderiam surgir em um tuíte do bilionário. Alguns deles acessaram a conta do chefe em busca de pistas e se depararam com uma mensagem postada às 6h08 que começava com "Caros anunciantes do Twitter".

Sarah Personette, diretora de atendimento ao cliente do Twitter, pedira a Musk que ele dissesse alguma coisa. Como principal nome da articulação de vendas de anúncios na empresa, Personette sabia que as grandes marcas nutriam preocupações profundas com a mudança de gestão, e estavam ansiosas para ouvir alguma garantia de que Musk protegeria a plataforma contra conteúdos ilícitos. Os anunciantes, principal fonte de renda da empresa, estavam apreensivos com a perspectiva de tê-lo como dono, pois temiam que o bilionário flexibilizasse a moderação de conteúdo e permitisse maior circulação de mensagens agressivas ou de ódio, alertou Personette. Em vez de fazer uma piada impertinente, como de praxe, Musk postou uma mensagem de adulto. O Twitter não seria um "lugar infernal onde cada um pode fazer o que bem entender", tuitou, mas uma plataforma onde "será possível debater uma vasta gama de crenças".

"Foi pra isso que comprei o Twitter", ele escreveu. "Não porque seria fácil. Não para ganhar mais dinheiro. Pra tentar ajudar a humanidade, que eu amo. E faço isso com humildade, sempre reconhecendo que o fracasso é uma possibilidade real para quem tem esse objetivo — mesmo que nos esforcemos ao máximo."

Austin foi um dos primeiros a chegar nessa manhã, e logo se juntaram a ele algumas dezenas dos engenheiros mais confiáveis da Tesla e da SpaceX. Entre eles estava Ross Nordeen, jovem engenheiro de supercomputação, e dois primos de Musk: James Musk, engenheiro de pilotagem automática na Tesla, e seu irmão mais novo e ruivo, Andrew, que trabalhava na Neuralink.

Uma hora depois de chegarem à sede do Twitter, os engenheiros foram percebendo que não tinham muito o que fazer por ali. Eles não ficaram sabendo de nenhum plano claro de transição, e nem mesmo se Musk tinha um plano. A maioria deles ficou andando em círculos pelo edifício de apoio do Twitter no 1 Tenth, mas alguns dos engenheiros visitaram os dois prédios, maravilhados com a decoração temática de pássaros, os lanchinhos grátis e as preparações para a festa de Halloween da empresa — coisas impensáveis nos escritórios espartanos da Tesla ou da SpaceX.

Os olhos desconfiados e atentos dos *tweeps* facilmente detectaram os invasores. Eles não usavam os crachás azuis ostentados pelos empregados da casa, mas cartões vermelhos (de visitantes) ou verdes (destinados aos fornecedores). Em sua maioria eram homens. Alguns usavam roupas com o logo da Tesla ou da SpaceX. A equipe do Twitter não confiou nos forasteiros, e não demorou a surgir um apelido para os intrusos: "os capangas".

Por volta das nove horas da manhã, Agrawal convocou a equipe de líderes a comparecer em uma das salas de reuniões com amplas portas envidraçadas que integrava o conjunto de escritórios, no sétimo andar da sede do Twitter, em San Francisco. Após meses de tensão e receios, havia uma clareza alegre no ar: Musk finalmente concluiria a aquisição.

Os membros do alto escalão do Twitter se abarrotaram no recinto. Os colaboradores de Agrawal estavam lá, assim como os vice-presidentes financeiro, de produto, de vendas e de recursos humanos. Executivos em Nova York e outros lugares do mundo se fizeram presentes via conferência de vídeo, e seus rostos estavam projetados na extremidade da sala.

Era evidente para todo mundo que essa seria a última reunião de Agrawal. Ele sentou à mesa da sala de reuniões ao lado de Segal. O clima era de gravidade — todos sabiam que muitos ali poderiam ser levados pelo tsunâmi de Musk em breve.

Nenhuma demissão era tão garantida quanto a de Agrawal. Durante meses o bilionário tinha deixado claro seu desprezo pelo CEO do Twitter em tuítes pungentes, mensagens de texto rudes e chamadas de vídeo explosivas. Agrawal tinha aguentado a maior parte dos arroubos de Musk em silêncio: o esquadrão de advogados do Twitter o havia aconselhado a não discutir com ele nem falar sobre o acordo com funcionários — e nem mesmo executivos —, pois qualquer coisa que ele dissesse poderia vazar para a mídia.

Após meses de silêncio quase absoluto diante daquele grupo, Agrawal falou, permanecendo calmo e analítico. "Talvez a gente feche o negócio hoje", anunciou. O prazo máximo imposto pela Justiça para Musk concluir a transação acabaria no dia seguinte, sexta-feira, mas o cenário indicava que ele poderia fazê-lo com um dia de antecedência. Agrawal disse aos executivos que estava orgulhoso da façanha deles.

Não havia pauta, ele anunciou, abrindo para debate. "O que vai acontecer agora?", perguntou um executivo ali presente. Segal tentou explicar como seria a conclusão do acordo, mas foi sincero e disse que ninguém sabia ao certo. Afinal de contas, o homem na outra ponta do negócio era imprevisível.

Havia muito trabalho a ser feito para finalizar o acordo, mas Agrawal permitiu que os líderes do Twitter tergiversassem, compartilhassem impressões e perguntassem o que quisessem. Eles nunca haviam participado de uma reunião assim. Os executivos de venda queriam saber o que dizer aos anunciantes. Os líderes de RH queriam saber o que podiam dizer aos empregados, e a partir de quando estavam autorizados a compartilhar qualquer informação.

Então um dos funcionários no recinto fez a pergunta que estava na cabeça de todos, mas que ninguém ousava proferir: "O que vai acontecer com vocês?".

Segal repetiu a mesma coisa que já havia dito antes: "Eu ainda não falei com ele", disse. "Deixarei meu futuro em aberto até que isso aconteça." Agrawal assentiu em concordância.

"Cada um de vocês terá que tomar sua própria decisão", falou o CEO.

As perguntas dos executivos eram infinitas, mas seus chefes tinham poucas respostas para dar. Segal conseguia sentir a frustração deles e, depois de meses encarando perguntas que era incapaz de responder, finalmente desabou. Esforçando-se para manter a compostura, ele disse a todos que não sabia o que aconteceria dali em diante. "As pessoas se lembram de como agimos não em tempos fáceis, mas em tempos difíceis", falou, a voz embargada de emoção. Ele tentou expressar o peso da responsabilidade que todos eles tinham — com a empresa e uns com os outros — de garantir o sucesso do negócio.

Muitos dos executivos presentes ficaram espantados ao ver Segal, em geral um homem polido, alegre e pragmático, demonstrar tanta emoção. Quando a reunião acabou, alguns se abraçaram e outros permaneceram na sala para se despedirem de seus chefes.

Gracias, o responsável de fato pelas finanças de Musk, havia dito à equipe do Twitter na quarta-feira que o magnata já tinha levantado todo o dinheiro necessário para fechar o negócio. Foi uma surpresa agradável para Segal, que, ao saber que Gracias dispunha dos recursos, informou o conselho. Eles deviam antecipar o fechamento, sugeriu o diretor financeiro. O término antecipado da transação daria a Musk um dia a menos para dar para trás. O objetivo principal do conselho sempre havia sido garantir o fechamento do negócio, e agir depressa para receber o dinheiro antes que outra crise imprevista fizesse tudo desandar era só mais um jeito de o Twitter transmitir algum grau de certeza a seus acionistas. Embora as lideranças da empresa não conhecessem a origem de parte do dinheiro de Musk — um novo investidor de nome não revelado havia se juntado ao esforço de compra —, elas estavam mais que dispostas a receber os 44 bilhões de dólares.

Alguns integrantes da equipe financeira do Twitter vinham lidando com o acordo a partir de um humor mórbido, e começaram a tentar rastrear de brincadeira a origem do dinheiro de Musk. Quando ele vendia ações da Tesla e divulgava publicamente os detalhes da transação conforme a lei exigia, eles calculavam o montante total disponível, em uma tentativa de descobrir se o bilionário já tinha em mãos dinheiro suficiente para comprar a empresa. Em dado momento, os advogados dele enviaram por acidente à equipe financeira do Twitter uma planilha completa com todas as pessoas físicas e firmas de investimento a quem haviam pedido dinheiro. Logo depois dessa trapalhada, os funcionários do Twitter destinatários do e-mail receberam uma segunda mensagem, instando-os a deletar o e-mail e o conteúdo se não quisessem sofrer consequências legais.

Claro, não havia como saber onde o bilionário mantinha todo o seu dinheiro ou como planejava usá-lo. Os empregados do Twitter debatiam se Musk mantinha uma reserva secreta de criptomoedas ou se havia obtido novos empréstimos usando suas ações da SpaceX como garantia. O *Wall Street Journal* noticiou mais tarde que Musk havia tomado 1 bilhão de dólares emprestados da SpaceX em outubro, e que pagou o valor de volta com juros no mês seguinte.[1]

Para o Twitter, a origem do dinheiro de Musk não tinha importância real — contanto que ele pagasse. Mas, dado o número de compromissos que Musk já havia tentado romper, nada era garantido. Eles não descartavam que o homem mais rico da Terra decidisse testar se o prazo estabelecido pela Justiça era mesmo inflexível e simplesmente alegasse não ter os recursos necessários para honrar o acordo.

Em uma transação normal, o comprador seria transparente com o vendedor quanto à origem de seus recursos. Mas Musk havia depositado todos os recursos em uma única conta para que o Twitter não pudesse rastrear sua origem — movimento que os executivos do Twitter liam como um esforço para proteger seus investidores de qualquer escrutínio.

Na chamada com Segal e os advogados e executivos financeiros do Twitter, Gracias mudou de tom. Na verdade, seu chefe estava com poucos recursos, explicou. Faltavam mais de 400 milhões de dólares para o bilionário atingir o montante necessário, e Gracias exigiu que o Twitter transferisse dinheiro de seu próprio caixa para Musk fechar o negócio. Segal ficou estupefato. Kaiden e a outra meia dúzia de pessoas que participavam da conversa não acreditaram em seus ouvidos.

Gracias sabia que o Twitter tinha mais de 2,5 bilhões de dólares em dinheiro segundo seu balanço contábil. E como Musk ainda precisava de financiamento — parte dos recursos esperados não havia chegado até aquele momento —, o especialista em patrimônio privado tentou uma manobra digna de mafioso.

"Vocês precisam nos transferir o dinheiro", ele vociferou. Para os executivos do Twitter na escuta, não ficou claro o que havia mudado desde quarta-feira, quando Gracias havia dito que Musk já tinha os recursos disponíveis. Mas o Twitter declarara ter dinheiro em caixa, e em breve os recursos e a empresa pertenceriam a Musk, raciocinou Gracias. Por que não usar o dinheiro do Twitter para completar o financiamento necessário e facilitar as coisas para todo mundo?

Porém, depois de tantas tentativas da parte de Musk de melar o negócio, os executivos do Twitter não confiavam em Gracias. E se eles transferissem o valor e o bilionário tentasse anular o acordo outra vez? "Nenhum participante desta chamada tem autoridade para fazer isso", respondeu Segal.

Desde que Musk havia acenado com a oferta em abril, o Twitter tinha adotado uma tática de defesa no estilo "balance a cabeça e não diga nada". Segal não era tolo de recusar o pedido de Gracias, pois o bilionário poderia usar isso como desculpa para anular a compra de última hora. Ele não diria não, mas tampouco concordaria. Por isso, saiu-se com uma resposta evasiva, mas honesta, destacando o fato de que somente o conselho tinha autoridade para debater e autorizar uma transferência de recursos de última hora.

"Você não vai me transferir a porra do dinheiro?", disse Gracias, cada vez mais impaciente. "Você está dizendo não a Elon Musk?"

"Só estou dizendo que nenhum dos aqui presentes pode tomar a decisão de enviar o dinheiro", respondeu Segal. Ele era o executivo mais alto na hierarquia do Twitter participando da reunião, que não contava com nenhum dos membros do conselho. Se Segal ainda tinha alguma chance de trabalhar para Musk, ela evaporou nesse instante. Em dado momento, Korman, que também participava da chamada, pediu que os advogados do Skadden controlassem Gracias.

Após a chamada ser encerrada, os executivos financeiros do Twitter comentaram a exigência que lhes pareceu indecente. Musk havia se disposto a levantar os recursos, independentemente do Twitter, para honrar um preço que ele mesmo estipulara. Eles não podiam ficar movimentando recursos de uma conta para a outra, em uma espécie de dança das cadeiras corporativa, apenas para apaziguar os ânimos dele. "Parece meio zoado", um executivo do alto escalão comentou com Hayes, vice-presidente do financeiro. Outros acharam que a medida poderia ser considerada fraudulenta, e até criminosa.

Mais ou menos uma hora depois, Gracias voltou a ligar. Ele disse que havia arranjado dinheiro em outro lugar. Alguns executivos do Twitter especularam que novamente ele havia recorrido ao fundo soberano do Catar, mas jamais foram capazes de confirmar o palpite. O negócio podia seguir em frente.

Os funcionários comuns do Twitter jamais ficaram sabendo das movimentações finais para o fechamento do negócio ou desses estranhos telefonemas clandestinos. Mas a atmosfera era tensa em todo o edifício. Alguns empregados chegaram cedo ao escritório na quinta-feira, com a esperança de vislumbrar o bilionário e testemunhar a história sendo feita. Outros já haviam se planejado para comparecer na sede e participar de uma festa de Halloween agendada para aquela tarde desde muito tempo antes.

O Twitter e seus trabalhadores levavam a data muito a sério, e chamavam a festa — que ocorria nos escritórios ao redor do mundo — de "Trick or Tweet".[*] Em Londres, a equipe de eventos corporativos havia coberto o escritório com pilhas de abóboras decorativas e morcegos recortados em cartolina preta,[2] enquanto a sede de Nova York havia sido enfeitada com fardos de feno e teias de aranha de mentirinha, penduradas em hashtags gigantes ou estátuas com o sinal de arroba.[3] Na Cidade do México, os trabalhadores se prepararam para uma sessão de arte macabra em que cada um receberia uma tela para pintar sua própria abóbora.[4] No horário do almoço, em San Francisco, os empregados preparavam os toques finais para a festa, pendurando luzinhas na área comum do nono andar, organizando fantasias conjuntas e ajeitando mesas para os filhos dos funcionários que visitariam o local brincarem de "gostosuras ou travessuras".[5] Todos haviam sido incentivados a convidar seus entes queridos para a festa.

---

[*] Um trocadilho com a expressão *trick or treat*, "gostosuras ou travessuras", emblemática das festas de Halloween, e o nome da empresa. [N.T.]

Mas nenhum drink de abóbora ou doce especial foi capaz de aliviar a tensão. As pessoas se reuniam nas áreas comuns, ignorando tarefas que lhes pareciam vãs, dada a iminência da troca de comando. As pessoas fofocavam e trocavam informações, transformando a sede de San Francisco em um imenso jogo de telefone sem fio. *O que você viu ontem? Com quem você conversou? O que você ouviu?*

Outros tentaram manter a normalidade. Do outro lado da Market Street, de frente para a sede do Twitter, alguns trabalhadores abriram as portas do Neighbor Nest, centro comunitário fundado pela empresa em frente a sua sede. O Neighbor Nest estava em atividade desde antes da pandemia, quando o Twitter firmara um acordo com o governo local para manter a sede da empresa em San Francisco e, em troca, ter isenção fiscal sobre a folha de pagamento. Em vez de debandar rumo à península e construir uma nova sede perto do Google e do Facebook, o Twitter aceitou permanecer na decadente Market Street e contribuir para sua revitalização. O centro comunitário, uma das contrapartidas da empresa, ofereceria cursos de tecnologia para os vizinhos, ajudando-os a acompanhar a onda de recém-chegados do ramo da tecnologia que invadia a cidade e elevava o preço dos aluguéis. Mas a iniciativa havia sido interrompida durante os anos da pandemia de covid.

Na quinta-feira, o Neighbor Nest enfim foi reaberto ao público. O Twitter havia comprado centenas de laptops e firmado parcerias com grupos locais para que uma multidão de imigrantes recém-chegados da América Central e da América do Sul participasse de um curso de tecnologia com distribuição gratuita de notebooks. Uma jovem mãe de três filhos gritou de empolgação ao receber seu computador, e os empregados do Twitter desovaram os notebooks o mais depressa possível, pois temiam que Musk aparecesse e interrompesse a ação. Eles estavam dolorosamente cientes de que o primeiro evento do Neighbor Nest tinha uma grande probabilidade de ser também o último.

Após o término do curso, os empregados relutantes atravessaram a rua outra vez e se dirigiram à festa de Halloween. Não demorou para que a empolgação por terem feito algo de bom para a comunidade desse lugar ao medo.

Na ala executiva, algumas lideranças ponderavam se deveriam convidar Musk e seus fiéis escudeiros para lhes mostrar um pouco como as coisas funcionavam na empresa. Eles até cogitaram arranjar às pressas uma fantasia para X, o filho pequeno de Musk, para que ficasse em pé de igualdade com as outras crianças e participasse da festa. Como ninguém sabia ao certo como seu futuro chefe reagiria, acabaram desistindo da ideia. No final de setembro, quando Musk tinha concordado em fechar negócio, o Twitter encomendou para ele um kit de boas-vindas com uma jaqueta estilo colegial customizada e outros brindes com a marca do Twitter, em um gasto total de 6397 dólares.[6] Talvez comprar mais alguns presentes para X já fosse um pouco demais.

Os capangas de Musk foram à sede sem fantasias. Eles ficaram vagando pelas salas à espera de instruções, sentindo os olhares dos funcionários do Twitter arder em suas nucas. Alguns estavam constrangidos por terem invadido o Twitter, mas todos sabiam que estavam a serviço dos caprichos de um homem. Em uma breve reunião nessa manhã, Austin e mais alguns engenheiros haviam recebido instruções claras do chefe.

"Garantam que o site não saia do ar", disse o bilionário. "Garantam que ninguém faça nada."

Conforme o fechamento do acordo se aproximava, Musk ia ficando cada vez mais paranoico, assim como já havia acontecido em tempos de crise na Tesla e na SpaceX. Ele acreditava que todas as pessoas que trabalhavam no Twitter o detestavam, pois tinha visto alguns deles tuitarem abertamente que eram contra a mudança de dono. Musk não esperava uma recepção calorosa dos novos empegados, e havia esmiuçado um cenário imaginário em que um justiceiro deletaria parte do código do Twitter ou desencadearia um ataque cibernético para derrubar o site e humilhá-lo.

Austin e diversos outros funcionários do bilionário abordaram os executivos do Twitter que consideravam capazes de evitar sabotagens de algum empregado insatisfeito, incluindo Lea Kissner, chefe de segurança da informação; Carrie Fernandez, vice-presidente de engenharia; e Damien Kieran, diretor de privacidade, para relatarem as preocupações de Musk. Eles exigiram que o Twitter implementasse um *code freeze* para evitar quaisquer mudanças no site ou nos aplicativos do Twitter. Na prática, isso significava interromper metade da atividade da empresa.

Os executivos do Twitter reagiram. Embora a equipe de Musk estivesse na sede e nos escritórios, o negócio ainda não havia sido fechado. Ele não era o dono da empresa e, portanto, não tinha poder para lhes dar ordens. As pessoas que trabalhavam no Twitter haviam recebido instruções para não seguir nenhuma orientação da equipe de Musk, exceto aquelas aprovadas por Segal ou Edgett.

"Elon é o chefe de vocês", Kissner disse aos forasteiros. "Mas não é o nosso."

Além disso, Kissner e Kieran tinham outras tarefas a cumprir. Eles eram os responsáveis por elaborar relatórios de auditoria trimestrais para a FTC, documentando de forma contínua a conformidade do Twitter com as exigências da agência governamental para o programa de privacidade da empresa. Eram relatórios extenuantes e profundamente detalhados, em que documentavam cada medida do Twitter para preservar a privacidade dos usuários, bem como o funcionário específico responsável por garantir que a medida fosse cumprida. O próximo deveria ser entregue em duas semanas, e tanto Kissner como Kieran eram legalmente responsáveis pela precisão dele — se algo desse errado, os executivos poderiam enfrentar processos legais.

Kissner telefonou para Roth e pediu que ele fosse até o segundo andar do 1 Tenth, onde Musk e seus assistentes estavam reunidos, para dar um jeito de apaziguar a paranoia do bilionário. Roth abriu seu notebook e mostrou a Musk a conta @ElonMusk no painel de moderação do Twitter. Roth explicou que era um dos únicos funcionários com acesso a contas de pessoas famosas como ele, explicando que esse mecanismo de segurança fazia com que poucos empregados pudessem manipular uma conta. Musk pareceu ficar mais tranquilo.

Roth aproveitou a oportunidade para lembrá-lo que o segundo turno das eleições presidenciais do Brasil ocorreria no domingo. Por isso, a empresa precisaria estar em alerta total para combater a desinformação. Musk assentiu. "Muito arriscado", ele disse.

Depois da reunião com o bilionário na noite anterior, Gadde decidiu trabalhar de casa para fugir do caos que poderia estar a sua espera no escritório. Ela acreditava que a compra poderia ser concluída nesse dia, e Segal confirmou suas suspeitas.

A maior parte da papelada já havia sido assinada e liberada pelos advogados, mas o Twitter ainda esperava a transferência da soma total em dinheiro. Levando em conta que se tratava de um negócio imenso com participação de alguns dos maiores bancos e escritórios de advocacia do mundo, aquele havia sido um processo extremamente caótico, Gadde disse aos seus colaboradores. A venda do Twitter — um dos maiores momentos da história do Vale do Silício — fora reduzida a uma série estocástica de transferências bancárias.

Os gerentes da conta do Twitter no Goldman Sachs esperavam sentados, atualizando a tela de seus navegadores de internet. Eles estavam autorizados a observar uma conta administrada por terceiros, que mantinha o pagamento de Musk em custódia até que o montante total — 44 bilhões de dólares, mais 2,5 bilhões em despesas de fechamento — fosse reunido. Gadde telefonou várias vezes para os gerentes da conta naquela tarde, fazendo a mesma pergunta das crianças durante as viagens de família. *Ainda falta muito?*

Enquanto esperava o pagamento de Musk, Gadde também mexeu os pauzinhos para garantir os honorários de Savitt e seus advogados no Wachtell. O conselho havia firmado a ordem de pagamento no valor de 90 milhões de dólares nessa manhã, e cabia a ela garantir que o pagamento fosse concluído antes de o Twitter mudar de mãos. Logo depois do almoço, o departamento de contabilidade do Twitter aprovou a transferência, um montante de arregalar os olhos, a partir da conta da empresa no Citibank. Às 15h50, apenas dez minutos antes de o acordo ser fechado, a transferência foi efetuada.

Depois da chegada do dinheiro de Musk, coube a Gadde o passo final para a execução do negócio. Ela já havia assinado seu nome no contrato de fusão e acenou com a cabeça para que ele fosse despachado, transferindo oficialmente o controle do Twitter para Musk. Então seus advogados enviaram o documento recém-assinado para a Divisão de Corporações de Delaware, agência governamental responsável por supervisionar mais de 1 milhão de empresas com endereço no pequenino estado dos Estados Unidos.

Gadde se recostou na cadeira e deixou que ondas de alívio e pesar invadissem seu corpo de forma intermitente. Seu celular parou de vibrar o tempo todo, e um estranho silêncio tomou conta do escritório da sua casa, repleto de estantes de livros e plantas meticulosamente dispostas.

Ela tinha vendido o Twitter.

Enquanto Gadde se preparava para despachar o contrato de fusão com sua assinatura, o último passo necessário para a concretização do acordo, Segal foi até o escritório de Agrawal. Era chegada a hora.

Agrawal nunca teve a chance de terminar de decorar o espaço, e algumas obras de arte que ainda não haviam sido penduradas estavam recostadas nas paredes. A escrivaninha do CEO, projetada para ele trabalhar em pé, ficava de frente a um conjunto de janelas altas e estreitas com vista para a Market Street.

Com uma das mãos, Segal segurava o celular conectado a uma conferência de vídeo com Gadde e os advogados terceirizados do Twitter. Os participantes da chamada viram-no fazer um gesto para que Agrawal o acompanhasse. O negócio era iminente. Era melhor eles deixarem o edifício por conta própria antes que Musk os obrigasse a fazer isso. Agrawal assentiu solenemente e enviou um e-mail explicando que os termos de mudança de posse de seu contrato haviam sido ativados, e que ele estava pronto para discutir o futuro da empresa com Musk. Em seguida, reuniu suas coisas e saiu do escritório pela última vez.

Segal, ainda conectado à chamada de vídeo, enquadrou seu rosto no iPhone enquanto caminhava pelo escritório. Ele não alertou os empregados que ainda trabalhavam ali sobre o que estava por vir, embora tenha dito a alguns executivos seniores de confiança que planejava sair. Ele escancarou a porta corta-fogo e desceu as escadas com Agrawal a tiracolo. Os dois desceram do nono andar até o estacionamento, evitando as equipes de TV que esperavam na rua de câmera nas mãos. A conexão wi-fi começou a falhar, e a imagem de Segal surgia e desaparecia da tela, dando aos demais participantes da chamada a impressão de que o CFO estava prestes a desaparecer. Ele se despediu apressado de Agrawal antes de entrar no carro e, ainda conectado à chamada, saiu da garagem. Agrawal também entrou em seu carro e dirigiu sob a luz clara do sol de outubro de San Francisco — era só mais um engenheiro de software a caminho de casa.

Jack Dorsey (à dir.) e Biz Stone, um de seus colegas fundadores do Twitter, no topo do prédio que abriga a sede da empresa deles. San Francisco, 2008.

Elon Musk aos 29 anos, antes de perder o cargo de diretor-executivo do X.com.

Jack Dorsey em uma chamada de vídeo com Elon Musk, durante o evento OneTeam de 2020. Logo depois, o diretor-executivo do Twitter perguntaria ao bilionário se ele tinha alguma sugestão para melhorar a empresa.

Vijaya Gadde, que ocupou o cargo de diretora jurídica no Twitter antes de Musk adquirir a empresa, presta depoimento durante uma audiência na Câmara dos Representantes. 8 de fevereiro de 2023.

Leslie Berland, diretora de marketing do Twitter, era responsável por ajudar a traduzir os caprichos de Jack Dorsey em mensagens palatáveis para os funcionários da empresa.

Yoel Roth chegou a ser o diretor de moderação de conteúdo do Twitter, mas pediu demissão após a chegada de Musk.

Ned Segal foi o diretor financeiro do Twitter, responsável por supervisionar não apenas os rendimentos da empresa como também o relacionamento desta com os acionistas. Na foto, ele posa em frente à cafeteria do Twitter.

Gadde, Segal e Dorsey participam de uma corrida de bicicletas no escritório do Twitter que ficava em Boulder.

Em novembro de 2021, Dorsey — direto de uma região tropical cujo nome não foi divulgado — envia um comunicado aos funcionários do Twitter para dizer que está deixando o cargo de diretor-executivo. Ele também declara que Parag Agrawal passará a ser o novo diretor.

Parag Agrawal, diretor-executivo do Twitter, chega à Allen & Company Sun Valley Conference com a esposa, Vineeta. 7 de julho de 2022.

Bret Taylor, presidente do conselho do Twitter, foi o responsável por negociar a venda da empresa com Elon Musk.

Egon Durban, sócio-gerente da Silver Lake que fazia parte do conselho do Twitter. Ele investiu no Twitter em 2020, para resgatar Dorsey das garras de um investidor ativista que queria expulsá-lo do cargo.

Musk e sua então namorada, Claire Boucher (mais conhecida como a cantora Grimes), posam para fotos durante um evento na sede da SpaceX. Hawthorne, Califórnia, 2018.

Elon Musk e Steve Davis, diretor-executivo da Boring Company, em um evento que promovia a startup especializada em construção de túneis. Maio de 2018.

Jared Birchall, antigo vice-presidente sênior do Morgan Stanley e o responsável pela gestão do patrimônio da família Musk, é considerado o braço direito do bilionário.

Alex Spiro, um dos advogados de Musk, se prepara para entrar em um tribunal e defender o bilionário contra um processo movido por um acionista da Tesla. San Francisco, janeiro de 2023.

Michael Grimes, banqueiro do Morgan Stanley e principal investidor na área de tecnologia, foi o responsável por garantir os fundos para que Musk comprasse o Twitter.

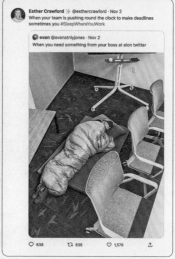

Em 26 de outubro de 2022, um dia antes de finalizar a aquisição do Twitter, Musk entrou na sede da empresa carregando uma pia.

A diretora de produtos Esther Crawford logo encontrou um espaço para progredir na carreira depois que Musk adquiriu o Twitter.

Depois de passar horas a fio trabalhando sem parar no escritório do Twitter para tentar relançar o Twitter Blue, Crawford pediu para outro funcionário tirar uma foto dela em um saco de dormir. A imagem logo se transformou em um dos primeiros e mais polêmicos símbolos da gestão Musk.

Musk e a mãe, Maye Musk, chegam à festa de Dia das Bruxas organizada por Heidi Klum. Nova York, 31 de outubro de 2022.

Musk e o filho, X Æ A-12, conhecem um piloto de Fórmula 1 durante um evento ocorrido em Miami, em maio de 2023. Já nos primeiros dias após Musk comprar o Twitter, o menino — mais conhecido como X — se tornou presença constante no escritório, sempre perto do pai.

Musk e Steve Davis distribuíram camas pelo oitavo andar da sede do Twitter como forma de incentivar os funcionários a trabalharem por mais tempo. O arranjo logo ganhou o nome de "Hotel Twitter" e foi alvo de investigação por parte das equipes de vistoria predial de San Francisco.

Depois de adquirir o Twitter, Musk reformulou um mural que ficava perto da cafeteria da empresa e celebrava grandes momentos da liberdade de expressão ao longo da história humana. Entre esses momentos estavam a *Areopagítica* de John Milton, um tratado sobre o tema; a constituição dos Estados Unidos; uma foto de 1964 do Movimento pela Liberdade de Expressão da Universidade da Califórnia em Berkeley; e, por fim, a foto do próprio Musk carregando uma pia pelos corredores da empresa.

Em julho de 2023, o Twitter passou a se chamar X e o novo logotipo da empresa foi projetado pelas paredes da cafeteria, que àquela altura quase não era mais utilizada e no entanto ainda contava com a presença de um enorme pássaro azul.

Em julho de 2023, Musk mandou subir um imenso X no topo da sede da empresa, em San Francisco. Durou apenas alguns dias.

28.
"O pássaro foi libertado"

Segal havia deixado o edifício com pouco alarde. Entre os membros de sua equipe que não estavam cientes da partida dele estava Jon Chen, vice-presidente de desenvolvimento corporativo.

Veterano do Twitter com nove anos de casa, ele morava em Los Angeles e viajara até a sede no Norte apenas um punhado de vezes nos últimos anos. Geralmente, o lugar era vazio, mas com a festa de Halloween e o rebuliço em torno da venda a sede estava mais cheia que nunca. As pessoas haviam ido até lá para testemunhar a história sendo feita ou para beber e esquecer as preocupações.

Chen havia chegado ao Aeroporto Internacional de San Francisco naquela manhã de céu atipicamente limpo com a passagem só de ida, a pedido de Segal. Ele não tinha feito reserva em nenhum hotel e não sabia quanto tempo passaria na cidade, mas no dia anterior tinha participado de uma chamada de vídeo na qual se deparou com Gracias, Birchall, Davis e Sacks olhando de volta para ele.

Musk havia encarregado seus amigos, que se tornaram a equipe de transição na prática, de identificarem os funcionários mais indicados para a implementação de suas ideias. Ele acreditava que o Twitter era uma empresa inchada, com gente demais nos cargos de gestão. Por outro lado, também acreditava que ali havia alguns indivíduos motivados, externos à cúpula de administradores na qual não confiava, que agarrariam qualquer oportunidade de trabalhar para ele. Cabia à equipe de transição a tarefa de identificá-los.

Chen, ex-analista de investimentos no banco Morgan Stanley e um sujeito sociável, era uma das pessoas na lista. Ao contrário de alguns de seus colegas, ele não se opunha moralmente à ideia de trabalhar para Musk. Mas ainda estava hesitante. Para Chen e o seleto grupo de funcionários convidados a se reunirem com os capangas de Musk, essas conversas pareciam um concurso no qual se pavoneavam para os recém-chegados em uma tentativa de manter seus empregos.

Chen estava a par das discussões financeiras em torno da negociação repleta de idas e vindas de Musk, e tinha se preparado para enfrentar certo antagonismo dos amigos do bilionário. Mas, quando conversou com eles por chamada de vídeo na quarta-feira, não encontrou nenhum tipo de animosidade. Os homens o bombardearam com perguntas sobre a estratégia do Twitter para fusões e aquisições, e Chen percebeu que tinha pontos em comum com eles. Gracias e Sacks eram eles próprios investidores, e Chen lançou mão de sua experiência como gerente de investimentos. Após uma hora, ele encerrou a chamada com um suspiro de alívio. *Até que foi... normal*, pensou consigo mesmo.

A reunião havia sido boa, Segal disse a ele em uma chamada posterior na noite dessa quarta-feira. A equipe de Musk queria conhecer Chen pessoalmente. Ele pegou o voo de uma hora até San Francisco na manhã de quinta-feira levando pouco mais que o notebook e algumas mudas de roupa. Como não possuía estação de trabalho no escritório, ficou socializando com os empregados do Twitter e da Tesla enquanto esperava ser chamado ao gabinete de guerra de Musk.

Pouco depois de Segal e Agrawal deixarem o edifício, Chen por fim foi chamado e se dirigiu ao setor de salas de reuniões onde Musk havia se instalado. Chen esperou pessoas entrarem e saírem da sala e reconheceu alguns dos homens que o haviam entrevistado por vídeo no dia anterior. Eles trocaram apertos de mão e deram prosseguimento à mesma conversa.

Chen sentiu que os havia conquistado. Davis e Birchall falaram sobre o que Musk queria como se fossem discípulos, expondo de forma reverente seus planos para transformar o Twitter. Farejando uma oportunidade, Chen deu corda às proclamações e compartilhou suas próprias expectativas acerca do que o bilionário poderia construir. Financista de profissão, ele não estava envolvido com produtos ou questões de engenharia no Twitter, e sabia que suas sugestões não eram exatamente novidade. A equipe de transição de Musk se interessou tanto pelo que disse que Chen se perguntou se eles haviam pensado o suficiente em como administrariam a empresa.

"Sem dúvidas, precisamos explorar os pagamentos através da plataforma", ele disse. Os olhos dos capangas brilharam como se tivesse dito as palavras mágicas.

"Talvez possamos aprimorar a experiência de comunidades pouco apreciadas que já estão no Twitter", ele sugeriu mais tarde.

"Tipo quem?", perguntou Davis.

"Os gamers, por exemplo", citou Chen em tom de quem aponta o óbvio. "São comunidades altamente monetizáveis. Eles gastam uma dinheirama em compras dentro dos aplicativos. Por que não focamos nesse tipo de coisa?", disse Chen. Os homens ficaram de queixo caído.

"Você precisa dizer a Elon isso que está nos dizendo", afirmou Davis.

Após a longa conversa, Musk entrou na sala e sentou-se em frente a Chen. Ao vivo, ele era muito mais alto do que o executivo financeiro esperava. No início, Chen havia se sentido em uma entrevista de emprego, mas agora estava confiante de que continuaria ali. Por que outra razão o homem mais rico do mundo estaria interessado em ouvir suas ideias?

Musk escutou quando Chen compartilhou sua visão para o "app de tudo", mas foi uma conversa fragmentada. Advogados entravam e saíam da sala o tempo todo carregando pilhas de papel, que Chen espichava os olhos para ler. Ele achava que a efetivação da venda só ocorreria no prazo final de sexta-feira, mas a enxurrada de advogados, banqueiros e documentos fizeram com que percebesse: *Caralho, estão fechando o acordo agora mesmo.*

Chen foi o único empregado do Twitter presente na sala quando o bilionário comprou o Twitter. Musk assumiu uma postura blasé e mal olhava para os papéis que assinava, como se estivesse preenchendo um cheque ao final da noite para pagar o jantar. Foi espantoso ver a informalidade dele ao fechar um dos maiores acordos financeiros de todos os tempos.

Então alguém abriu a porta: "Fechamos!". Uma onda de empolgação percorreu a sala e um sorriso se formou no rosto do novo proprietário do Twitter.

Os banqueiros trocaram cumprimentos e Musk riu: depois dos meses de compro-ou-não-compro, aquele espaço internacional de encontro finalmente lhe pertencia, graças a algumas assinaturas e transferências bancárias. Chen estava sentado diante de seu novo chefe, pasmo.

"Vocês preferem que eu saia?", o vice-presidente do Twitter perguntou aos presentes.

"Não, não, não, você tudo bem", respondeu Musk. Então deu um soco na mesa e proferiu o que só poderia ser descrito como um grito de guerra.

"Pau no cu do Zuck!", gritou Musk.

Chen não conseguiu entender por que Musk, em um momento de comemoração, estava pensando no fundador do Facebook. Talvez a compra do Twitter fosse uma tentativa de confrontar o império de redes sociais de Zuckerberg, ou quem sabe ele desejasse vencer alguma disputa antiga. Independentemente do que fosse, Chen não se sentiu com liberdade para perguntar.

A conversa entre Chen e Musk durou mais alguns minutos. Conforme a comemoração foi se dissipando, o executivo do Twitter ficou com dificuldade de focar no que estava sendo dito. Ele saiu da sala de reuniões entorpecido e começou a caminhar de volta para o edifício principal. No saguão, passou por um grupo de banqueiros do banco Morgan Stanley, que comemoravam o fechamento do acordo em um frenesi, rindo e gritando. Chen não disse nada. Ele cruzou um conjunto de portas que separava a área restrita de Musk do local em que os funcionários comuns do Twitter trabalhavam, um escritório sem divisórias.

Essa fronteira demarcava o limite entre dois mundos drasticamente diferentes. Atrás dele estava a alegria extasiante da conquista corporativa. À sua frente, pessoas choravam. Eram assistentes executivos que haviam trabalhado para gente como Agrawal, Segal e Gadde. Enquanto Chen testemunhava Musk fechando o acordo na sala de reuniões, quatro dos principais executivos do Twitter tinham sido demitidos.

Antes de fechar o acordo, o bilionário já havia deixado instruções para seus primeiros atos oficiais. Musk determinou que Agrawal, Gadde, Segal e Sean Edgett, o conselheiro-geral da empresa, fossem demitidos "por justa causa".

A distinção legal insinuava que os executivos haviam feito algo nefasto para prejudicar a empresa, o que permitiria a Musk deixar de pagar 120 milhões de dólares em indenizações aos quatro líderes em razão do Twitter ter trocado de mãos e suas ações terem sido removidas da Bolsa de Nova York. Os dois acontecimentos eram gatilhos previstos nos contratos dos executivos, que lhes garantiam o recebimento de salários e bônus de ações que, em outro cenário, teriam recebido ao longo de vários anos de serviço.

Musk estava determinado a barrar esse pagamento. Ao demiti-los "por justa causa", ele os privaria de seus paraquedas de ouro. Era um tapa na cara das pessoas que o haviam forçado a comprar a empresa, e ele iria se certificar de que nenhum deles fosse recompensado por seus esforços. O bilionário havia pedido que sua equipe esboçasse cartas determinando os termos da demissão dos executivos, e elas foram enviadas minutos antes da conclusão da venda, às quatro horas da tarde. Ele também desejava que eles fossem retirados do prédio pela equipe de segurança, um gesto simbólico que remetia aos senhores medievais que fincavam cabeças cortadas em lanças depois de suas conquistas.

Embora Musk e seus conselheiros se achassem sagazes o suficiente para executar esses assassinatos corporativos, a maioria dos executivos estava preparada. Gadde sabia que o bilionário não mudaria de ideia por ter conversado com ela durante trinta minutos, por mais educado que houvesse sido na ocasião. Ela permaneceu em sua casa em San Francisco nessa quinta-feira, e só saiu para assistir a uma apresentação da escola de um dos filhos. Agrawal e Segal também tinham suas suspeitas — por isso haviam deixado o escritório.

Eles também haviam preparado cartas para Musk especificando os termos que autorizavam suas saídas. Sempre otimistas, Agrawal e Segal mencionaram seu amor pelo Twitter e sua disposição a permanecer. No entanto, os critérios que liberavam a saída deles com a respectiva indenização haviam sido atendidos, segundo observaram. Caso Musk desejasse que permanecessem, precisaria pedir para ficarem. Ao informarem sobre os critérios, os executivos acreditavam ter dado início a uma contagem de tempo que garantiria o recebimento de seus paraquedas de ouro.

Edgett foi o único a não perceber que corria um risco iminente. O advogado passara mais de uma década na empresa como braço direito de Gadde, e chegou a depor no Congresso a respeito da disseminação de desinformação pelos russos na plataforma, mas preferia atuar nos bastidores. Embora seus últimos meses no Twitter houvessem sido tomados pelo trabalho jurídico em torno da venda e ele tivesse atuado como secretário do conselho durante as muitas reuniões, não acreditava ter feito nada que o situasse na linha de tiro de Musk. Edgett chegou ao escritório na quinta-feira preparado para um dia qualquer de trabalho.

Como o acordo seria concluído naquela tarde, ele havia agendado uma reunião com Marianne Fogarty, diretora de *compliance* do Twitter, no nono andar do prédio. Embora os empregados fantasiados estivessem reunidos a algumas dezenas de metros dali dando início às festividades de Halloween, Edgett e Fogarty se enfurnaram em uma sala de reuniões envidraçada em um setor de acesso exclusivo para os executivos, ficaram empoleirados em banquetas discutindo uma investigação interna de *compliance* ao redor de uma mesa elevada. O conselheiro-geral do Twitter conferiu seu telefone por reflexo e, então, olhou para Fogarty em choque. Voltou depressa para o telefone, tentando compreender o e-mail que acabara de receber.

"Acho que acabo de ser demitido", ele disse baixinho.

Naquele momento, Kathleen Pacini entrou na ala dos executivos. Edgett botou a cabeça para fora da sala de reuniões e sinalizou freneticamente para que ela entrasse, dando logo em seguida a notícia de seu desligamento.

Eles trocaram olhares estupefatos. Os dois haviam presumido que Musk esperaria ao menos um dia antes de demitir alguém.

"Você foi demitida?", Edgett escreveu para Gadde. A confirmação foi imediata: ela também havia sido vitimada. Agrawal e Segal, idem. Enquanto assistiam a Edgett digitar freneticamente no celular, Fogarty e Pacini perceberam que, de um instante para outro, haviam se tornado as executivas mais antigas na empresa.

De imediato Pacini virou a chave para o modo planejamento. Agrawal, um amigo próximo, alertara-a de que isso poderia acontecer, e ela começou a repassar o plano de transição que havia memorizado. Agora que metade da cúpula da empresa havia sido demitida, centenas de empregados do Twitter respondiam diretamente a Musk, que, ela presumiu, assumiria o papel de CEO.

Cinco minutos depois de Edgett receber o e-mail, alguém bateu na porta da sala de reuniões. Eram guardas da equipe de segurança do Twitter: era chegada a hora de partir. Mais cedo, a equipe de segurança corporativa da empresa tinha combinado com a de Musk que, caso houvesse alguma demissão, eles seriam os responsáveis por conduzir seus ex-colegas até a saída. Os guardas conheciam o prédio e os procedimentos para recuperar quaisquer objetos da empresa, alegaram, e sabiam também que isso daria alguma dignidade às pessoas com quem haviam trabalhado. Edgett recolheu suas coisas e se despediu de Fogarty e Pacini antes de entrar em um dos elevadores dourados do Twitter pela última vez.

Conforme a notícia das demissões se espalhava, outros membros da equipe de transição do Twitter começaram a irromper na sala de reuniões executivas do nono andar. Eles começaram a traçar um esquema da nova logística — quem se reportaria a quem, qual seria o plano de comunicação para relatar o que acabara de acontecer no Twitter ao corpo de funcionários. Os membros da equipe financeira de Segal também estavam no nono andar e estiveram entre os primeiros a saber da defenestração dos executivos. Não demorou para que a zona executiva ficasse repleta de pessoas, os rostos repletos de choque e revolta. As demissões brutas eram um banho de realidade e uma amostra de como Musk levaria a transição. *A coisa vai ser muito feia*, pensaram alguns.

A essa altura, #TrickOrTweet estava a pleno vapor. Crianças vestidas de super-heróis da Marvel, princesas e monstros corriam de um círculo de funcionários a outro, pedindo gostosuras e comendo algodão-doce.[1] Diversas pessoas se amontoavam diante de um painel de selfies com seus chifres de diabo e máscaras de monstros para tirar fotos em grupo.[2] O refeitório estava decorado com teias de aranha feitas de algodão, e mágicos passeavam pelo andar apresentando truques de cartas a quem estivesse disposto a esquecer a venda por alguns instantes.

Um homem de ombros largos e fantasia de pirata usava uma máscara. Começou a correr o boato de que era o próprio Musk infiltrado na festa. Outra pessoa, fantasiada de tubarão, também atraiu comentários discretos — não seria o novo dono? A festa tinha um toque de ridículo típico do humor do Twitter. Era ao mesmo tempo perturbadora e engraçada, como se a internet houvesse transbordado para o mundo real.

Pouco depois da conclusão da venda às quatro horas da tarde e das subsequentes demissões, os veículos de imprensa começaram a noticiar que o acordo havia sido concluído. Os funcionários presentes na festa começaram a atualizar freneticamente seus feeds do Twitter. "Parag e Ned foram mandados embora", murmuravam uns para os outros. "Vijaya também!" Não houve nenhum comunicado interno anunciando a venda grandiosa ou a mudança de gestão, e os empregados, que já se sentiam excluídos antes pela pouca comunicação de Agrawal, ficaram ainda mais às cegas.

A cem metros dali, nos escritórios executivos do nono andar, os líderes restantes batiam cabeça na tentativa de conduzir a transição do Twitter. Não havia nenhum plano para comunicar as mudanças aos trabalhadores, e sem sinal verde do novo proprietário eles nem sequer sabiam se tinham poder para tomar alguma decisão.

Musk e seus capangas se mantiveram distantes da festa de Halloween, preferindo comemorar com os banqueiros do Morgan Stanley em seu gabinete de guerra. Eles beberam um bourbon da marca Pappy Van Winkle oferecido por Michael Grimes, um pequeno gesto depois das taxas de fechamento do acordo terem rendido milhões de dólares ao Morgan Stanley.[3]

Embora estivesse sorrindo e de copo na mão, Musk não estava satisfeito com sua conquista. Ele estava ávido por dar início a uma nova limpa. Livrar-se dos executivos era um bom começo, mas estava ansioso para colocar sua marca pessoal no produto.

Uma das queixas de Musk era que o site do Twitter exigia que as pessoas fizessem login para poderem ler a timeline de tweets novos. Para ele, esse era um dos problemas que impedia o Twitter de atrair novos usuários — ninguém entendia direito como o site funcionava até começar a utilizá-lo. Musk acreditava que o Twitter deveria ser convidativo para que as pessoas o experimentassem, e por isso exigiu que a página em branco de login fosse substituída por uma página "Explorar", composta de uma seleção de *trending topics* e tuítes populares. Ele tinha certeza de que essa mudança aumentaria o tráfego e atrairia maior interesse.

Musk deixou Davis encarregado de encontrar alguém para executar essa tarefa, e o líder da Boring Company foi correndo atrás de resultados sem fazer perguntas. A decisão não se amparava em nenhuma pesquisa, estudo de comportamento dos usuários ou consulta com engenheiros e especialistas de produto do Twitter, senão no tino de Musk. Se tivesse perguntado às pessoas que trabalhavam no produto, ele talvez descobrisse que a página de login era uma defesa fundamental contra bots e *spammers* que roubavam conteúdo do Twitter, e forçar o login dos usuários era uma forma de fazê-los provar que tinham uma conta.

Às dez horas da noite, Davis telefonou para Sullivan. Embora o chefe de produtos do Twitter fosse um dos oponentes mais histriônicos de Musk dentro do corpo executivo, ele havia sobrevivido à primeira rodada de demissões do alto escalão. "Isso precisa ser resolvido hoje de noite", Davis disse a Sullivan depois de descrever a tarefa.

Sullivan falou que o Twitter já havia testado essa ideia antes. Ela tinha vantagens e desvantagens, explicou ao amigo de Musk, e no fim das contas a empresa decidira não deixar uma timeline aberta e acessível a quem não tinha uma conta. Davis menosprezou os alertas. Essa cautela nada tinha a ver com o desenvolvimento de produtos no mundo do bilionário. Musk dava ordens, e elas eram cumpridas.

Sullivan deu de ombros. Era o tipo de maluquice que ele esperava de Musk desde o início. Ele encerrou a chamada com Davis e foi trabalhar, procurando empregados ainda despertos e capazes de implementar a solicitação do novo dono. Passou a tarefa para pessoas que trabalhavam no Twitter em Londres, que estavam iniciando sua jornada de trabalho recentemente.

Não era a única mudança em curso. Embora na conversa com os funcionários na Perch no dia anterior Musk tivesse dado a entender que não haveria demissões em um futuro próximo, seu plano real era realizar cortes drásticos. Ele queria começar as demissões imediatamente e economizar dinheiro se livrando daqueles salários. O bilionário incumbiu alguns de seus colaboradores, incluindo os primos James e Andrew, dessa tarefa, e pediu que elaborassem listas de quem deveria ficar e quem deveria ser dispensado. Não haveria clemência.

Parte da lista ficou nas mãos de Austin, que, assim como os primos de Musk, tinha doze horas de experiência no Twitter. O engenheiro de infraestrutura não estava familiarizado com o plano de demissão imediata dos cargos de chefia, mas a medida não o surpreendeu. Musk nunca escondeu sua ojeriza pelos executivos do Twitter, e a maioria dos capangas percebeu que eles seriam mandados embora mais cedo ou mais tarde. O corte imediato de empregados, todavia, era outra história. A pressa podia causar desfechos cruéis e potencialmente danosos para a empresa.

Musk também queria remover o acesso de empregados do Twitter aos sistemas internos, em preparação à demissão em massa. Um grupo de trabalhadores da Tesla e da Boring Company chamou Roth e pediu que ele cortasse o acesso de todos ao Agent Tools, sistema interno do Twitter que administrava as contas. Funcionários com acesso ao Agent Tools podiam resetar senhas, suspender contas e atualizar informações de contato dos usuários — ou, caso decidissem revidar a Musk, sabotar o site e criar problemas para usuários famosos. Roth concordou e começou a remover o acesso dos colegas ao sistema.

Nessa tarde, Musk enfim fez uma pausa. Após deixar o escritório, digitou uma mensagem em seu aplicativo do Twitter: "O pássaro foi libertado".

Ato III

29.
Análise de código

Sullivan acordou às quatro da manhã na sexta-feira, 28 de outubro, e, ainda sonolento, abriu o notebook para confirmar que a tela de login do Twitter tinha sido alterada. Sim, ela agora exibia tuítes populares e *trending topics*, exatamente como solicitado por Davis na noite anterior. Ele telefonou para informá-lo de que havia passado no teste de Musk.

Em seguida, começou a redigir sua carta de demissão. Por volta das sete horas da manhã, enviou o aviso para Spiro e alguns executivos de RH remanescentes. Então fechou o notebook e se dirigiu ao escritório.

Embora soubesse que jamais conseguiria trabalhar para alguém como Musk, Sullivan se sentia no dever de deixar a casa em ordem antes de partir. Quando tinha decidido sair do Facebook, passou semanas redigindo documentos de transição que descreviam seu trabalho para o futuro substituto e redistribuindo projetos, e pretendia fazer a mesma coisa no Twitter. Ao chegar à sede, atualizou-se sobre quem ainda estava ali.

Nick Caldwell, seu equivalente no departamento de engenharia de infraestrutura da empresa, não estava presente. A esposa dele tinha morrido de forma repentina em meados de outubro, e o executivo estava de licença para lidar com o luto. Ele planejava organizar o funeral dela no fim de semana, e entregou sua carta de demissão nesse mesmo dia. Dalana Brand, diretora do departamento de pessoal, também se preparava para sair. Sarah Personette, executiva da área de publicidade, sabia que o desprezo de Musk pelos anunciantes inviabilizava o seu trabalho, e por isso também planejava sair. Os três se demitiriam, embora Musk tenha afirmado mais tarde que alguns foram mandados embora "por justa causa" no intuito de privá-los das indenizações.

Funcionários continuavam procurando os executivos para perguntar quando as demissões em massa ocorreriam e se não seria melhor pedirem demissão antes. Nenhum dos chefes sabia o que responder — embora soubessem que eles próprios seriam mandados embora, ninguém na equipe de Musk respondera ou anunciara os pedidos de demissão.

Por fim, uma das funcionárias mais jovens de Brand no RH foi até a mesa de Sullivan. "Talvez seja melhor você não vir mais", ela disse com um sorriso constrangido. "Seria horrível vê-lo sendo levado pelos seguranças."

Enquanto isso, os primos de Musk instalaram um centro de comando no refeitório do nono andar, agora já sem as decorações de Halloween da noite anterior. Eles se reuniram com um punhado de engenheiros da Tesla, James e Andrew Musk para estudar cortes na equipe de engenheiros do Twitter, formada por cerca de 2500 pessoas. Eles se questionavam em voz alta se deveriam pedir ajuda a gestores do Twitter. Decidiram não fazê-lo — sabiam que os *tweeps* não confiavam neles, e o sentimento era recíproco. Mesmo assim, exigiram que a equipe de recursos humanos da empresa entregasse dados das avaliações de performance de todo mundo.

O time de Musk acreditava-se mais esperto que os funcionários do Twitter. Eles pensavam que os empregados do Twitter, muitos dos quais ainda não haviam chegado ao escritório nessa manhã, eram corresponsáveis pela decadência de uma empresa incapaz de realizar plenamente seu potencial. Por que confiariam neles para escolher as pessoas que ficariam para construir um futuro melhor? Eles poderiam tentar proteger amigos ou, pior ainda, selecionar pessoas que não gostavam de Musk.

Musk insistia o tempo todo com sua equipe que a folha do Twitter estava inchada com gente que não fazia nada. Em reuniões, ele citava a equipe de pilotagem automática da Tesla. Ela era quinze vezes menor que o quadro de engenheiros do Twitter, mas mesmo assim cumpria prazos apertados e entregava atualizações de software a intervalos regulares.[1] O piloto automático era uma questão de vida ou morte para seus clientes, raciocinou. O Twitter era só um site com fluxo constante de texto e mídia.

Musk instruiu seus primos a darem uma olhada no banco de códigos do Twitter — base do site, dos aplicativos e das funcionalidades — para determinar quais engenheiros contribuíam com ele. Os engenheiros seriam julgados pelo volume: ele queria manter quem houvesse escrito mais linhas de código.

"Imprima 50 páginas de código escritas por você nos últimos 30 dias", dizia uma diretiva enviada por um assistente executivo no Slack aos engenheiros do Twitter.[2] Os empregados foram informados de que deveriam se preparar para apresentar seu trabalho nas assim chamadas análises de código, realizadas em reuniões com membros da equipe de transição ou até mesmo com o próprio Musk. O material seria avaliado pela eficácia, clareza e contribuição para a operação do Twitter em geral.

A ordem gerou pânico entre as pessoas que trabalhavam no Twitter. Os engenheiros que haviam comparecido às sedes de Nova York e San Francisco para o primeiro dia de Musk correram para conectar seus notebooks às impressoras. Os aparelhos começaram a cuspir papéis sem parar.

No Slack e em mensagens privadas, os empregados se queixaram do exercício. Mesmo que alguém fosse capaz de provar que havia escrito muitas linhas de código, volume não era necessariamente sinal de trabalho bem-feito. Às vezes, os melhores trechos de código eram curtos e elegantes.

Até alguns dos funcionários de Musk demonstraram ceticismo. Eles sabiam muito sobre softwares de carros e foguetes, mas não faziam ideia de como construir, manter ou operar uma grande rede social. Era como pedir a um encanador que julgasse o trabalho de um eletricista — simplesmente não fazia sentido.

Austin não se sentia confortável para analisar os códigos. O trabalho colocava em suas mãos um imenso poder sobre o ganha-pão de pessoas de uma empresa para a qual nem sequer trabalhava. Ele buscou conversar com o maior número possível de especialistas em infraestrutura do Twitter — alguns deles na empresa havia uma década —, para tentar entender a tecnologia *back-end* da empresa. Sabia que, mais tarde, acabaria tendo que explicar essas complexidades ao próprio Musk.

De fato, o bilionário logo consultou Austin para saber se ele gostaria de administrar a infraestrutura do Twitter. O engenheiro detestou a ideia, mas conseguiu escapar dando-lhe uma resposta direta. Austin trabalhava para o bilionário porque acreditava na produção de carros elétricos em massa, não queria trabalhar em uma rede social.

Na rede, os *tweeps* debochavam das análises de códigos. O Twitter tinha um humor autodepreciativo, e os empregados muitas vezes lidavam com os momentos difíceis postando memes no Slack ou falando bobagem no Twitter. Eles temiam por seus empregos, e haviam acabado de ver quatro executivos de alto escalão serem mandados embora sem nenhuma cerimônia, mas ainda eram capazes de rir dos colegas correndo de uma impressora a outra em busca de papel.

Leah Culver, engenheira que trabalhava no aplicativo do Twitter para dispositivos Apple, tuitou: "Uma feliz sexta-feira a todos", com uma foto sua segurando uma pilha de papéis com códigos impressos da funcionalidade Spaces, que permitia às pessoas realizar transmissões de áudio.

```
//LockScreenManager.swift
//TwitterAudiospaces//
//Created by Leah Culver on 7/26/22.
//Copyright © 2022 Twitter, Inc.
```

A selfie de Culver — e o código nela exposto — assustou alguns dos executivos restantes do Twitter, em especial Damien Kieran, diretor de privacidade. Quando soube das ordens de Musk nessa tarde, ele ficou fora de si. Logo enviou uma nova diretiva: "Parem de imprimir".

De acordo com um termo de consentimento firmado com a FTC, o Twitter tinha ordens rígidas para proteger a privacidade de seus usuários e dados. Cada folha de papel impressa com o código-fonte da empresa era um risco de privacidade em potencial. Qualquer engenheiro poderia sair pela porta da sede levando consigo uma cópia impressa de segredos corporativos ou informações dos usuários. Inadvertidamente, Musk e sua equipe haviam criado milhares de possíveis violações do acordo do Twitter com o governo dos Estados Unidos, o que poderia gerar multas de milhões de dólares.

O irlandês Kieran, um antigo mecânico de motocicletas, era o responsável por supervisionar o cumprimento pelo Twitter das normas internacionais de privacidade. Ele comunicou o problema a Austin e diversos outros capangas, que repassaram a preocupação a seus superiores. Não bastava que os engenheiros parassem de imprimir o código: quem já tinha feito isso precisava receber ordens para se livrar do material, afirmou o diretor de privacidade.

Kieran instalou um triturador de papel no décimo andar e pediu que os seguranças de Musk ficassem de guarda ao lado dele. Antes de ir para casa, os engenheiros deveriam destruir pessoalmente o código impresso inserindo os papéis nas máquinas. Formaram-se filas diante dos trituradores, sob o olhar de rapina de seguranças musculosos.

Roth, o responsável pela moderação de conteúdo de mais alto escalão desde a partida de Gadde, presumiu que estava na lista de cortes. Todavia, quando Musk o convocou para uma reunião em uma das cozinhas do prédio naquele mesmo dia, foi com a intenção de colocá-lo para trabalhar. Havia algo que ele queria que Roth fizesse imediatamente: reintegrar a conta do Babylon Bee. O site de sátiras conservadoras havia sido banido do Twitter em março depois de errar de propósito o gênero de uma funcionária do governo.

Roth sabia que não devia se opor — as eleições presidenciais no Brasil e as votações de meio de mandato nos Estados Unidos ocorreriam em poucos dias, e ele desejava permanecer no Twitter tempo o bastante para monitorar a plataforma em busca de desinformação durante esses eventos cruciais. Mas precisava testar a linha de raciocínio de Musk.

"Você pretende alterar a política a respeito do uso proposital de pronomes errados?", perguntou Roth.

Musk hesitou, sem saber ao certo se desejava rever as diretrizes. "Que tal um perdão presidencial?", ele perguntou a Roth. "É uma coisa que existe na Constituição."

Roth continuou pressionando com delicadeza. "E se alguém tuitar as mesmas coisas pelas quais você perdoou o Bee?", perguntou. Se a publicação satírica ganhasse uma licença especial para tuitar conteúdo transfóbico, Musk certamente precisaria encarar a revolta de quem postasse coisas semelhantes e enfrentasse problemas por isso. Não seria justo.

Musk entendeu. Ele reconheceu que as regras não poderiam ser diferentes para as contas das quais gostava — isso não seria compatível com seus planos de maximizar a liberdade de expressão e permitir que qualquer pessoa dissesse o que bem entendesse no Twitter. Eles precisavam alterar as diretrizes, concluiu.

Roth, que havia ajudado a desenvolver a regra contra o uso proposital de pronomes errados em 2018 e tinha dedicado um longo período de sua carreira a estudar o assédio a comunidades queer na internet, concordou em mudar as regras conforme ordenado por Musk. Mas fez um alerta.

"Nesse caso, sua primeira mudança de política afetaria uma questão que corresponde a uma guerra cultural altamente politizada nos Estados Unidos", disse Roth. "Ao ver isso, muita gente dirá: 'Esse é o primeiro passo dele — desmanchar uma política voltada à proteção de grupos marginalizados'. Você já está enfrentando uma repercussão negativa junto aos anunciantes. Acredito que essa decisão não trará os resultados que você espera."

"O uso proposital de pronomes errados não é nada legal", Musk disse a Roth. Mas o bilionário queria diferenciar ameaças à integridade física de comentários grosseiros — em sua opinião, esta última categoria deveria ter punições mais leves.

Roth tentou mais uma vez direcionar a atenção de Musk para o panorama geral, oferecendo outras opções. Em vez de devolver imediatamente a conta do Babylon Bee, que tal se o bilionário pensasse em uma moderação geral de conteúdo? Ele queria manter as advertências utilizadas pelo Twitter no passado para sinalizar a conta de Trump quando ele compartilhava desinformação sobre o processo eleitoral? Como pretendia lidar com postagens que não constituíam uma ameaça imediata, mas ainda assim violavam as regras?

Musk pareceu gostar de ser consultado acerca de decisões maiores. Ele ouviu com atenção quando Roth lhe ofereceu opções para alterar a comunicação no Twitter.

As marcações, explicou Roth, não eram só uma ferramenta para avisar os usuários que um tuíte continha informações enganosas. Quando um tuíte era marcado, o Twitter restringia sua circulação, desativando curtidas e retuítes para que ele não pudesse viralizar. "Estamos limitando o alcance, não a expressão", disse Roth, apesentando a Musk a frase de efeito que norteava os trabalhos da equipe de moderação.

Musk gostou dessa solução de engenharia para a moderação de conteúdo. Mais confiante, Roth passou a detalhar o projeto Saturno. O plano de Agrawal era permitir todo tipo de conteúdo no Twitter, mas impor limites de alcance — visão que se adequava aos desejos apresentados por Musk. Roth sabia que a menção do nome de Agrawal condenaria o projeto a uma recusa imediata, de modo que relatou a ideia sem dar crédito a ninguém.

"Por que não desenvolvemos alguns recursos do produto que tornem as regras menos punitivas e nos permitam reativar contas?", sugeriu Roth. Era uma forma de avançar sem alterar as regras vigentes.

Musk concordou, e disse a Roth para começar a preparar isso. Enfim, o projeto que passara o verão todo na geladeira por causa da mudança de dono tinha autorização para prosseguir. Por enquanto, o Babylon Bee continuaria fora do Twitter.

Claramente, a conversa deixou o bilionário impressionado. Naquele fim de semana, em resposta a usuários conservadores que exigiam a demissão de Roth, Musk respondeu: "Todo mundo aqui já postou algo questionável, e eu que o diga, mas quero deixar claro que apoio Yoel. Ele me parece um homem muito íntegro, e todos têm direito a suas crenças políticas".

Roth, que temia que Musk o odiasse, também ficou impressionado. Ele percebeu que era capaz de persuadir Musk, e que seu novo chefe gostava de pensar as nuances da tecnologia. Talvez, no fim das contas, ele até pudesse continuar no Twitter.

Os cortes na equipe de engenheiros do Twitter não seriam suficiente para gerar a economia desejada por Musk. Ele e Spiro convocaram diversos executivos dos departamentos jurídico, financeiro e de recursos humanos para a sala de reuniões do segundo andar do 1 Tenth para discutirem um programa mais amplo de demissões. Pacini participou da reunião com Musk, assim como Mary Hansbury, advogada trabalhista, e Tracy Hawkins, executiva que geria os imóveis do Twitter e o plano de retomada do trabalho presencial.

Musk e Spiro informaram que as demissões precisavam ser feitas o mais breve possível. Porém, Musk não parecia ter um plano claro. Ele desejava cortes profundos e sugeria que cerca de metade dos 7500 funcionários da empresa fossem mandados embora, mas não sabia ao certo quantas vagas de quais setores desejava cortar. Disse que queria manter os profissionais de desempenho excepcional, mas não tinha critérios evidentes para julgá-los.

Musk e seu advogado ressaltaram que os cortes deveriam ocorrer até segunda-feira, 31 de outubro. Em 1º de novembro, muitos empregados receberiam seu bônus, e a equipe de Musk parecia interessada em dar um jeito de evitar o pagamento.

Pacini e Hansbury sabiam que demissões apressadas e feitas ao acaso não eram o melhor procedimento. Elas ainda tinham em mãos o projeto Prisma, o plano de demissões em massa elaborado por Agrawal em abril, que definia economias específicas e compensava as demissões com pagamentos de indenização. Os gestores haviam até chegado a elaborar listas de pessoas a serem mandadas embora. Os executivos de RH sugeriram resgatar esse plano. Cortes em massa como o que Musk desejava não podiam ser executados em poucas horas. As pessoas ficariam ressentidas, e o Twitter provavelmente violaria contratos de empregados e legislações trabalhistas dos muitos países onde possuía funcionários.

"Estou acostumado a pagar multas", disse Musk aos executivos do Twitter. "Ainda vou sair por cima."

"As pessoas processam ele o tempo todo", contou Spiro, entrando na conversa. Seu intrépido cliente não se deixaria intimidar pela ameaça de processos. A velocidade era sua única preocupação.

Nesse dia, Spiro também se reuniu com a antiga equipe de Gadde para explicar como seria o trabalho sob Musk. Estavam presentes advogados da casa, executivos de políticas públicas que garantiam o cumprimento pela empresa dos regulamentos de diferentes países e especialistas em moderação de conteúdo que haviam desenvolvido as regras do Twitter.

Ele deu uma breve garantia de que não estava no Twitter para desmanchar as coisas que funcionavam bem. Mas então passou depressa ao tema central: corte de custos. Ele perguntou aos executivos onde seria possível reduzir os custos legais do Twitter e quem poderia ser mandado embora.

O advogado informou aos executivos ali reunidos que, dali em diante, todos prestariam contas a ele, que tomaria as decisões como procurador de Musk. "Elon não quer vir aqui", disse, explicando com sutileza que ninguém passaria por cima dele para recorrer diretamente ao chefe. Alguns executivos ficaram com a sensação de que, na visão de Spiro, Gadde geria uma equipe de advogados semelhante à do escritório dele, e não um time de lobistas, especialistas em políticas de uso e moderadores de conteúdo.

A vice-presidente Sinead McSweeney, uma mulher loira de cabelo curto e sotaque cantado irlandês, pediu a fala. McSweeney supervisionava a equipe internacional de políticas públicas do Twitter desde seu escritório em Dublin e trabalhava na empresa havia uma década, garantindo sua conformidade com leis europeias e internacionais. Uma das atribuições dela era lembrar o tempo todo seus colegas americanos da presença internacional do Twitter e dos problemas legais com que a empresa se deparava em nível global. Pareceu-lhe que Spiro tinha a mesma visão limitada desses colegas acerca do Twitter.

Qual seria o destino das operações de política pública do Twitter, ela perguntou ao advogado de Musk. "Não acredito na ideia de ter cinquenta empregados para realizar o trabalho que pode ser feito por cinco", respondeu Spiro.

Ele sugeriu que, em razão da fama internacional de Musk, boa parte do trabalho de políticas públicas do Twitter se tornaria redundante. "Ele pode falar amanhã diante do Parlamento britânico ou se encontrar com qualquer rei ou primeiro-ministro", zombou Spiro. "Agora estamos em um novo mundo."

Todos no departamento jurídico deveriam mantê-lo informado quanto às grandes decisões para que não houvesse nenhuma surpresa ruim, disse Spiro. A maior prioridade devia ser a redução de custos, e todos deveriam encerrar contratos caros com advogados externos imediatamente.

Musk e ele não desejavam parar a máquina, acrescentou, e, embora nem sempre o bilionário e o advogado fossem conferir o andamento das coisas com os próprios olhos, queriam tudo funcionando com eficácia. Ao encerrar a reunião se desculpou mais uma vez pela ausência de Musk — ele provavelmente estava no andar de baixo implementando novos cortes na folha, disse Spiro.

Nessa noite, o advogado se reuniu mais uma vez com McSweeney e outros membros das equipes de políticas públicas do Twitter para começar a delinear as demissões. "O céu não vai desabar", falou, e acrescentou que os trabalhadores do Twitter deveriam encarar aquele como um novo mundo em expansão e repleto de oportunidades.

Em seguida, abriu um estranho parêntese para falar das ideias políticas de Musk. Embora o chefe fosse um queridinho da direita, ele pediu que os executivos não levassem a ideia pública de Musk muito a sério, porque, em seu âmago, ele era de centro. Musk seria direto e transparente com eles, mas não cederia um centímetro sequer na questão dos custos, alertou Spiro. McSweeney deveria preparar um corte de 25% de sua equipe, ou Musk interviria e faria isso com as próprias mãos.

Os desligamentos deveriam ocorrer naquele fim de semana, acrescentou o advogado. "Na segunda-feira esta empresa não terá 8 mil empregados", disse. "E na segunda posterior, não restarão 7 mil empregados."

"Elon não é um animal", complementou Spiro. Se os trabalhadores demitidos precisassem encontrar novos empregos em outros lugares, o bilionário telefonaria a amigos e arranjaria trabalho para eles.

Os executivos que restaram no Twitter não demoraram para entender o modus operandi de Musk. Até ali, a empresa tinha sido gerida — e, em alguns casos, atravancada — por uma tomada socrática de decisões, mas o bilionário impunha um regime absolutista. Ele queria tomar todas as decisões, por menores que fossem, e só delegaria escolhas para um punhado de leais seguidores capazes de traduzir em ações seus pedidos por vezes vagos. Ele distribuía projetos entre os membros de sua entourage conforme os interesses de cada um. Spiro cuidava de questões legais e políticas, enquanto Gracias era o encarregado de vendas e finanças. Davis supervisionava o orçamento. Calacanis fora instruído a participar das reuniões de produto, mas, tão logo os engenheiros do Twitter perceberam que Musk não o tinha em alta conta, ele passou a ser motivo de piada.

Ninguém naquele saco de gato tinha o hábito de dizer não ao chefe. A família de Musk também aparecia na sede do Twitter. Ele parecia considerar seu filho, X, uma espécie de naninha: ficava com o garoto no colo ao sopesar decisões e permitia que a babá o levasse à sala de reuniões quando chorava. A mãe do bilionário, Maye Musk, uma modelo de 75 anos, participava inexplicavelmente de algumas reuniões, enquanto sua assistente, Balajadia, entrava e saía do recinto levando comida, Coca Diet ou qualquer coisa que o rei da tecnologia desejasse. Todos tratavam Musk com urgência e apreciação, reforçando que ele era o centro do universo deles.

Musk limitava ao máximo a interação com integrantes da equipe do Twitter, mantendo a maioria deles no escuro e deixando-os descobrir suas decisões em um jogo de telefone sem fio com os confidentes dele que, não raro, distorciam o conteúdo. Embora Leslie Berland tivesse prometido uma reunião com toda a empresa e participação de Musk na sexta-feira, o encontro jamais ocorreu.

Não raro, o novo proprietário sabotava as reuniões sobre detalhes da operação do Twitter com os poucos executivos com quem se dignava a conversar, embarcando em discursos raivosos ou atendendo a telefonemas aleatórios. Durante uma reunião sobre questões legais e de privacidade realizada pouco depois da compra, ele interrompeu abruptamente a discussão quando viu uma chamada em seu telefone. Era Shaquille O'Neal, gabou-se Musk. Ele parou a reunião para atender a estrela aposentada do basquete, que se tornara investidor do Twitter quando o bilionário buscou ajuda para levantar o dinheiro do acordo. Os executivos do Twitter presentes na sala, que haviam trabalhado até muito tarde com Musk e sua equipe, foram ficando cada vez mais impacientes enquanto Musk batia papo e bajulava o famoso.

Seus novos funcionários estavam aprendendo depressa que Musk odiava se desculpar ou dar explicações, mas amava ser admirado. Ele adorava contar piadas — e, por isso, o seu núcleo próximo estava sempre disposto a rir.

Em dado episódio, um executivo do Twitter foi chamado pela primeira vez para participar de uma reunião com Musk. O profissional já havia trabalhado no Google e, ao saber do currículo dele, Musk desatou a contar histórias sobre sua antiga relação com os fundadores do site de buscas e seu atual CEO. Ele disse ter raiva de Sundar Pichai, presidente do Google, porque não havia dotado os telefones Android de antenas para conexão com a Starlink, o serviço de internet por satélite pertencente à SpaceX.

Então, empolgado com a história que ele mesmo contara, Musk tentou impressionar ainda mais o executivo. Falou que um amigo trabalhava para os principais produtos de busca da empresa e ouvira dizer que o Google mantinha intencionalmente sua parcela do mercado de buscas abaixo de 70% para, assim, evitar medidas antitruste.

"Sacou?", disse Musk com um sorriso malicioso. "Sessenta e nove por cento?"

O bilionário olhou ao redor antes de repetir mais alto. "Sessenta e nove por cento!"

A situação não estava mais tranquila no escritório do Twitter em Manhattan. Quem aparecia no arranha-céu no Chelsea — em sua maioria executivos e gerentes de venda — consultava o tempo todo os chats que mantinha com os colegas de San Francisco, ansioso por qualquer informação. Um vice-presidente recebeu instruções para não reunir grupos grandes, e assim não dar a impressão de que estariam se organizando contra a nova chefia.

Embora Musk e a maioria dos seus fiéis escudeiros estivessem na Califórnia, o bilionário tinha planos de voar a Nova York na semana seguinte para enfrentar o problema dos anúncios. O novo dono do Twitter, contudo, tinha enviado Gracias na frente para preparar o terreno e entender melhor as operações de venda da empresa e sua relação com as agências de publicidade da Madison Avenue.

Na noite de sexta-feira, 28 de outubro, Gracias convocou duas reuniões por vídeo com executivos de venda. "Meu nome é Antonio e conheço Elon há muitos anos", disse o financista. "Participei de seus conselhos. Trabalhei ao lado dele e estou ajudando-o neste processo."

Os participantes da chamada não sabiam o que pensar daquele fantoche de Musk. Gracias parecia arrogante. Em dado momento, depois de um gerente de vendas de Tóquio se apresentar, Gracias disparou algumas palavras em japonês e fez perguntas sobre um restaurante local. Ele havia trabalhado e morado no Japão por um tempo, disse, confiante.

Gracias deu algumas garantias vazias de que os anúncios eram importantes para a empresa. Quem participou da reunião teve a impressão de que ele, assim como Musk, não entendia muito bem como o Twitter ganhava dinheiro em suas relações publicitárias. Cerca de 20% das marcas correspondiam a mais de 80% do dinheiro que entrava na empresa, disse Jean-Philippe Maheu, ocupante do segundo cargo mais elevado de vendas na empresa. Por isso, a maior prioridade da empresa era garantir a felicidade desses grandes pagadores.

Depois de repassarem o básico do setor de publicidade, Gracias olhou ao redor da sala e perguntou, impassível: "Então, vocês têm alguma ideia nesse âmbito? O que posso dizer a vocês, rapazes?".

Após um breve silêncio intrigado, os membros da equipe de vendas perguntaram sobre as demissões. O clima era de autopreservação, e os cargos de liderança, muitos dos quais estavam preparados para ser demitidos durante os cortes de custos por causa de seus salários elevados, tentaram justificar por que os funcionários sob sua tutela deviam seguir na empresa. Afinal de contas, eram eles que faziam as marcas gastarem milhões de dólares por anos com a rede social. Gracias não ofereceu muitas orientações, e pediu que eles mantivessem somente os empregados de performance "excepcional".

Outra executiva também apresentou dúvidas sobe os planos de Musk acerca da moderação de conteúdo. O que eles deveriam responder quando os anunciantes perguntassem como eles planejavam lidar com conteúdo belicoso ou discursos de ódio, perguntou ela.

Gracias pensou por um instante e então repetiu frases de Musk sobre "liberdade de expressão" e livre manifestação. Na visão de Elon, as regras do Twitter devem seguir de perto o que está escrito na Constituição dos Estados Unidos, ele disse. Para ilustrar o argumento, contou que as pessoas deveriam estar preparadas para falas das quais não gostariam, e citou o fato de que até mesmo nazistas tinham o direito de se reunir e fazer manifestações públicas.

Alguns participantes da chamada, que eram judeus, foram pegos de surpresa. Claro, a Constituição garantia direitos aos cidadãos que não podiam ser infringidos pelo governo, mas o Twitter era uma empresa privada. Eles não tinham nenhuma obrigação de fornecer uma plataforma para nazistas, e nenhuma marca gostaria de ver seus anúncios ao lado de conteúdo nazista.

Após o término da reunião, Maheu abordou o investidor de capital de risco para contestar a pressa nas demissões. Mandar as pessoas embora antes do bônus de 1º de novembro destroçaria o ânimo de quem ficasse e prejudicaria ainda mais a já tensa relação entre Musk e seus funcionários. "Não faça isso", disse Maheu. "É a pior imagem que vocês podem passar."

Gracias não pareceu muito comovido.

30.
Nobres e plebeus

Na manhã de sábado, os funcionários do Twitter acordaram em pânico. Os gerentes compilaram listas sigilosas no Google Docs e trocaram os links. Se havia um funcionário específico que os chefes desejavam manter, eles deviam não só descrever suas funções, mas também incluir a explicação de por que ele ou ela era excepcional. Mais tarde, os testas de ferro de Musk avaliariam essas justificativas.

Musk participara de reuniões com o RH do Twitter, mas ainda não tinha definido a porcentagem da equipe que deveria ser eliminada. Os primos dele haviam recomendado cortes profundos no departamento de engenharia, mas os alvos que seus representantes transmitiam aos executivos da empresa pareciam mudar a cada hora. Em um dado momento, eles pediram à equipe de vendas que se livrasse de um quinto dos trabalhadores, e o departamento de *compliance* recebeu ordens para se desfazer de 27% de seus membros. A área de confiança e segurança, que monitorava as postagens enquanto aconteciam as eleições no Brasil e se preparava para a eleição de meio de mandato nos Estados Unidos, recebeu ordens para cortar 15%.[1] A equipe de recursos humanos foi instruída a reduzir seu próprio tamanho pela metade, mas com o tempo esses cortes se aprofundariam até restar somente um quarto das pessoas.

A tarefa se tornava ainda mais complicada porque os amigos de Musk se contradiziam o tempo todo. Todos insinuavam que os recados que transmitiam vinham do próprio Musk, mas não chegavam a um acordo. Spiro mencionava uma quantidade de cortes necessários, mas Davis apresentava outra. Até Musk mudava de ideia, influenciado em parte pelo último conselheiro com quem conversara.

Os líderes remanescentes do Twitter colocaram em andamento uma missão de resgate. Eles fizeram uma dança das cadeiras, transferindo empregados para equipes que tivessem uma ou duas vagas em aberto — uma tentativa de salvar as pessoas que residiam nos Estados Unidos graças a vistos de trabalho, contavam com dependentes que precisavam do plano de saúde ou precisavam permanecer na empresa por algum outro motivo pessoal. Pacini tomou para si a missão de convencer Musk a pagar o bônus de 1º de novembro.

Primeiro, Musk precisava ser convencido de que demitir metade da empresa imediatamente à revelia da lei era um tiro que sairia pela culatra. Integrantes dos departamentos jurídico, financeiro e de RH elaboraram às pressas um modelo financeiro comparando o montante de dinheiro que Musk economizaria com cortes imediatos e o montante que precisaria dispender para enfrentar processos de ex-funcionários e pagar multas. A simulação mostrou que, a longo prazo, Musk economizaria caso fizesse os desligamentos conforme a lei determinava.

O outro desafio era garantir a distribuição dos dividendos aos empregados. Como já não estava mais listada na bolsa, a empresa transferiu seu programa de benefícios da Charles Schwab para a Shareworks, serviço filiado ao Morgan Stanley que lidava com pagamentos de bônus atrelados a ações em empresas de capital fechado. Mas Pacini precisava convencer Musk a aceitar a Shareworks se quisesse que as pessoas recebessem seus pagamentos.

Na manhã de sábado, Esther Crawford, a gerente de produtos que havia abordado Musk corajosamente na Perch, comia uma tigela de cereal na mesa da cozinha da casa onde vivia, perto de Berkeley, na Califórnia, quando recebeu uma ligação de um número desconhecido.

"Opa, está ocupada neste instante?", disse a voz do outro lado da linha. Era Sriram Krishnan, o ex-gerente de produto no Twitter que havia sido mandado embora no final de 2019. Desde sua saída da empresa de rede social, Krishnan se reinventara e passara a atuar como investidor do setor tecnológico, celebridade de podcast e sócio na Andreessen Horowitz, uma das firmas investidoras do Twitter de Musk. Ele estava auxiliando com a transição, segundo explicou.

"Em quanto tempo você consegue chegar aqui?", perguntou Krishnan. "Elon quer que você venha agora mesmo."

Embora Crawford conhecesse o passado questionável de Krishnan na empresa, ela não teve muito tempo para pensar por que ele estava atuando como conselheiro de Musk. Ela terminou o café da manhã, despediu-se da família e cruzou a Bay Bridge até a sede de San Francisco. Ali, recebeu instruções diretamente de Musk, alojado em uma sala de reuniões do 1 Tenth com Krishnan, Calacanis e Sacks. Ela chefiaria uma reforma do Twitter Blue, o serviço de assinaturas da empresa.

Musk acreditava que as receitas de assinaturas eram o santo graal. A apresentação para investidores que ele havia elaborado projetara um valor de 10 bilhões de dólares em 2028 para elas,[2] e ele se julgava capaz de explorar o verdadeiro potencial do Blue com uma nova mudança. O bilionário explicou a Crawford que o serviço passaria a conceder aos assinantes os cobiçados selos de verificação — assim, qualquer um poderia pagar para obter um distintivo que, até então, era restrito a celebridades, políticos e outras figuras e instituições de notoriedade.

Representado por um sinal de visto contornado de azul, o selo de verificação era um símbolo de status no Twitter. Anteriormente, a empresa o distribuía segundo critérios próprios, distinguindo contas de pessoas famosas de impostores. Justin Bieber e Barack Obama tinham selos de verificação, assim como Musk e mais de 420 mil outros usuários.

Como muitas funcionalidades do Twitter, o sistema de verificação não era perfeito. As contas verificadas podiam ser compradas e vendidas ilegalmente, e os critérios de distribuição eram opacos e aleatórios. De sua parte, Musk odiava o sistema, que via como uma divisão do Twitter entre duas classes — a dos verificados e a dos não verificados. Incomodava-o, sobretudo, que jornalistas, com quem discutia com frequência, pudessem obter o selo com facilidade. Ele não entendia por que qualquer repórter, e particularmente aqueles que considerava novatos ou pertencentes a veículos de segunda linha, recebiam a distinção apenas por causa de sua profissão.

"É um sistema de nobres e plebeus", ele disse aos presentes no gabinete de guerra. Citou exemplos em que qualquer pessoa trabalhando para o Business Insider ou o BuzzFeed, dois veículos online, eram contemplados pelo antigo sistema do Twitter.

"Quem diabos é esse sujeito?", ele perguntou, discutindo uma conta verificada hipotética de um repórter do Business Insider com poucos seguidores. "Só o que ele faz é escrever matérias copiando e colando alguma coisa que eu tuitei, e ganha uma conta verificada por isso. Eles que se fodam, sabe?"

Para Musk, a venda de selos de verificação significaria a democratização total do serviço. Ele também achava que cobrar pela verificação ajudaria a acabar com os bots, que ainda considerava um problema de grande magnitude no Twitter. Os assinantes do Twitter Blue precisariam associar suas contas a dados de pagamento, e para o bilionário isso indicaria que a conta pertencia a uma pessoa real.

Crawford achou que alguns dos argumentos de Musk eram bons, e concordou que o sistema atual de verificação tinha suas falhas. Para ela, contudo, a ideia de que as assinaturas pudessem gerar bilhões de dólares de faturamento era absurda. Pesquisas internas e o próprio lançamento inicial do Blue haviam demonstrado que muito poucas pessoas — só os fanáticos por Twitter — estavam dispostas a pagar por funcionalidades extra.

Ainda assim, ela aceitou a incumbência com um sorriso. Crawford gostava de tarefas aparentemente impossíveis, e essa ao menos lhe garantiria estabilidade no trabalho e proximidade do poder. Musk estabeleceu 7 de novembro como prazo máximo para o relançamento do Twitter Blue; ela começou na mesma hora a telefonar e mandar mensagens para as pessoas que queria recrutar para sua equipe. Ou apresentava resultados em dez dias, ou arriscava ser demitida.

Ao meio-dia, os executivos de RH se encontraram para esquematizar uma rearticulação. Musk tinha concordado em reduzir o ritmo das demissões, aceitando a opção mais barata. Ele também topara migrar para a Shareworks. Mas havia uma exigência, afirmou Pacini.

O bilionário, atormentado pela paranoia, estava convencido de que nem todos os funcionários do Twitter eram reais. Seus receios de que a plataforma era incapaz de diferenciar bots de usuários humanos tinham se transformado na suspeita de que a empresa tampouco era capaz de manter registros de trabalhadores. Nas reuniões, ele discorria sobre supostos "empregados fantasmas" que talvez estivessem recebendo salário da empresa sem ter direito a isso. Antes que o Twitter realizasse qualquer pagamento, seria necessária uma auditoria para garantir que todos os funcionários existiam. Quando Pacini expôs a demanda na reunião do meio-dia, diversos executivos caíram na gargalhada frente ao absurdo da ideia.

Para lidar com a solicitação atípica de Musk, a equipe de RH recorreu a Kaiden.

O círculo de Musk conhecia Kaiden. Ele havia se reunido com o bilionário antes do fechamento do acordo e participado da chamada em que Segal rejeitou a audaciosa solicitação de Gracias de que o Twitter transferisse dinheiro a seu futuro dono. Kaiden montou uma equipe com profissionais do financeiro e pôs mãos à obra, contatando gerentes ao redor do mundo e pedindo que confirmassem que seus empregados eram humanos. Dali a dois dias, data prevista para o pagamento do bônus, ele e sua equipe precisariam ter confirmado a identidade de 7 mil empregados fixos.

A paranoia crescente de Musk não se manifestava apenas em sua desconfiança dos gestores anteriores do Twitter. Na tarde de 28 de outubro, Musk se encontrava instalado na mansão de cinco andares de Sacks[3] no bairro Pacific Heights, em San Francisco, conhecido como Beco dos Bilionários. Algumas quadras mais adiante, um homem perturbado e adepto de teorias de conspiração da extrema direita sobre as eleições de 2020 dos Estados Unidos invadiu a casa de Nancy Pelosi, presidente da Câmara dos Representantes dos Estados Unidos, pouco depois das duas horas da manhã. Embora ela não estivesse lá, Paul, seu marido, estava. O homem de 82 anos chamou a polícia e confrontou o intruso, que, depois de exigir falar com "Nancy", golpeou o marido dela com um martelo, fraturando seu crânio.

O ataque foi amplamente noticiado. A polícia de San Francisco manteve as informações sob sigilo durante as investigações. Mas grandes nomes da direita tentaram explorar a situação envolvendo a família da deputada democrata. Nos dias seguintes, Donald Trump Jr. postou memes em suas contas no Twitter e Instagram alimentando a teoria descabida de que Paul Pelosi conhecia seu agressor, e os dois teriam um caso amoroso. Outros entraram na conversa, incluindo a congressista da Geórgia Marjorie Taylor Green, muito afeita a teorias conspiratórias, e Roger Stone, ex-consultor político de Trump. A desinformação fervilhou na internet através do Twitter e do 4Chan, fórum repleto de discursos de ódio e muito popular entre a extrema direita, antes de ser veiculada por sites conspiratórios sem prestígio.

Musk acompanhou toda a movimentação. Em meio a dificuldades para executar as demissões no fim de semana, ele encontrou tempo na manhã de domingo para responder a um tuíte da ex-candidata presidencial democrata Hillary Clinton, que condenava "o Partido Republicano e seus porta-vozes" pela disseminação de "ódio e teorias conspiratórias dementes".

"Existe uma pequena possibilidade de que existam mais coisas por trás dessa história", Musk respondeu à ex-primeira dama, e incluiu o link para uma reportagem do Santa Monica Observer com a manchete "A terrível verdade: Paul Pelosi estava bêbado mais uma vez, e se desentendeu com um michê no início da manhã de sexta".

À primeira vista, o Santa Monica Observer até podia ser confundido com um blog de notícias locais. Mas, na realidade, tratava-se de um entre as dezenas de sites não confiáveis surgidos nos últimos anos para veicular informações falsas. Em 2016, ele tinha alimentado a narrativa de que Hillary Clinton teria morrido e sido substituída por uma dublê. Conforme capturas de tela da resposta de Musk se espalhavam pela internet, os executivos da empresa trocavam mensagens frenéticas. Será que Musk acreditava mesmo naquele lixo?

Musk deletou o tuíte depois de algumas horas, mas o estrago estava feito. Os anunciantes, já nervosos com a perspectiva de tê-lo como dono da empresa, tiveram a maior prova até ali de que o novo comandante do Twitter não levava a sério a missão de combater desinformação. Os executivos de venda da empresa telefonaram para os clientes em uma tentativa de chegarem antes da polêmica, mas pouco adiantou.

31.
"Me ensinem"

O jatinho particular de Musk aterrissou no Aeroporto Teterboro, em Nova Jersey, às duas da manhã do dia de Halloween — a primeira segunda-feira depois da aquisição. Ele já planejava visitar o maior escritório da empresa na Costa Leste, mas o temor dos anunciantes, exacerbado por seu tuíte sobre Pelosi, tornou a viagem muito mais urgente.

No escritório do Chelsea, a equipe de manutenção e os assistentes haviam recebido instruções para prepararem a chegada do novo chefe, e todos queriam impressioná-lo. Mas eles tinham poucos itens para acomodar, e ainda menos para entreter, o filho bebê de Musk que acompanhava o pai. Não havia área de recreação nem lugar para ele cochilar, e foi preciso improvisar abrindo espaço num quartinho de almoxarifado, que geralmente abrigava cadeiras e mesas, e espalhando alguns cobertores. Os trabalhadores juntaram diversas almofadas com o logo do Twitter e confeccionaram uma cama improvisada, e alguém saiu para comprar um jogo de blocos de montar. A equipe assistiu à criança e à babá se alojarem nesse pequeno espaço, protegidas por dois seguranças parrudos que vigiavam o rebento de Musk em todas as ocasiões.

Fora do almoxarifado, Musk iniciou uma série de reuniões com líderes de algumas das principais agências de publicidade do mundo. Confirmada a demissão de Personette, ele pediu para ver Maheu. Berland havia feito campanha em prol de Maheu, e informou Musk das conexões do colega com as maiores agências de publicidade do mundo.

Maheu logo agendou reuniões entre Musk e a WPP, o Publicis Groupe e a Horizon Media. O objetivo era tranquilizar as agências de publicidade que, sob o bilionário, o Twitter não se tornaria um poço de desinformação e discurso de ódio. Na sexta-feira anterior, a General Motors anunciara a interrupção de seus anúncios no Twitter, e corriam boatos de que outras marcas seguiriam pelo mesmo caminho. Aquele caos não era nada ideal para corporações multibilionárias que tinham por objetivo vender carros ou convencer pessoas a assistirem a um novo filme. (Antes de retomar o investimento em publicidade, a General Motors, concorrente da Tesla, pediu garantias de que os dados referentes a seus anúncios não seriam compartilhados entre as empresas de Musk.)

Maheu, um francês sagaz com relações profundas com o setor publicitário desenvolvidas ao longo de uma década no Twitter, sabia agir depressa para evitar a disseminação do contágio. Era questão de dias até que outros seguissem o exemplo da General Motors em fila indiana, causando uma queda drástica de faturamento. Ele tentou fazer as reuniões de forma organizada, mas foi impossível.

Para os encontros com os anunciantes, o bilionário foi acompanhado de seu séquito heterogêneo. Compareceram X e a mãe de Musk, Maye, que estava em Nova York para um evento naquela noite. Calacanis se juntou a eles, assim como Michael Tucker, produtor musical mais conhecido como BloodPop, que havia composto canções para Justin Bieber, Britney Spears e Lady Gaga. Não foi dada nenhuma explicação para a presença de Tucker, muito embora ele tenha ficado sentado em silêncio durante algumas reuniões. Os anunciantes também ficaram intrigados com a apresentação espontânea deles próprios ao círculo de Musk.

O bilionário disse as coisas certas aos anunciantes e se comprometeu com uma diretriz de continuidade na moderação de conteúdo. Mas Maheu também percebeu o desenrolar de uma dinâmica estranha. Embora estivessem inquietos, os diretores das agências não pressionaram Musk — na verdade, pareciam querer agradá-lo, fazendo perguntas fáceis e buscando deixá-lo à vontade. Afinal de contas, ele não era só chefe do Twitter, mas também da Tesla e da SpaceX, duas empresas com valor de mercado de bilhões de dólares que gastavam pouco ou nada com publicidade. E se um dia elas decidissem começar a veicular anúncios?

A bajulação estava a pleno vapor nessa tarde, quando Bill Koenigsberg, CEO da Horizon Media, agência de publicidade que representava a Hershey's e o Burger King, fez a mesma pergunta que vinha sendo repetida o tempo todo desde que Musk anunciara a compra.

"Meus clientes perguntaram: 'Ele vai levar Donald Trump de volta à plataforma?'",[1] disse.

Musk já estava cansado dessa pergunta. Então, em vez de dar a resposta séria de praxe, ele pegou seu iPhone, abriu o aplicativo do Twitter e esboçou um tuíte: "Se eu ganhasse um dólar cada vez que me perguntam se Trump voltará à plataforma, o Twitter estaria afundado em dinheiro!". Ele olhou para os presentes.

"Vocês são os meus consultores de conteúdo", disse Musk com um grande sorriso. "Devo tuitar isso ou não?"

Para Maheu, o bilionário parecia um aluno de quinta série perguntando aos pais se podia acender um rojão dentro de casa. Calacanis, rindo, falou sim. Sua mãe também. Koenigsberg, que claramente não estava disposto a criar problemas, deu sua aprovação. O produtor musical ergueu os polegares.

"Não", disse Maheu, a voz discordante solitária, sabendo que qualquer menção a Trump geraria um ciclo desnecessário de cobertura da imprensa. Musk o fitou por um instante, e deu de ombros. Apertou o botão de publicar.

À noite, Kaiden ainda corria para confirmar que todos os funcionários do Twitter eram pessoas de verdade antes do prazo final na manhã de terça-feira. Ele trabalhou até tarde, atazanando os gerentes para que entrassem em contato com cada um de seus empregados e confirmassem a existência deles, reiterando impaciente que não, aquilo não era uma brincadeira.

Na noite de segunda-feira, o contador enviou um e-mail para diversos gerentes referente à "auditoria da folha de pagamento".

"Precisamos saber até as oito da manhã no horário do Pacífico se vocês conhecem os seguintes funcionários e podem atestar que são humanos", escreveu Kaiden. "Caso não saibam, por favor, façam o esforço de perguntar a seus subordinados diretos se eles conhecem." Anexada à mensagem havia uma lista de trabalhadores não contabilizados do Twitter. Kaiden sabia que precisava cumprir a ordem insana de Musk.

Em Nova York, a equipe de vendas se preparava para defender seus empregos. A Tesla e a SpaceX tinham como base as indicações de boca em boca e a legião de fãs de Musk. Seu séquito era tão fiel que o bilionário passara a considerar a publicidade desperdício de dinheiro. "Odeio publicidade", ele tuitou por impulso em outubro de 2019.

Mas a publicidade era o ar que o Twitter respirava. O faturamento com anúncios constituía 90% do faturamento total da empresa, ou cerca de 5 bilhões de dólares por ano.

Após as reuniões com Maheu, Musk receberia um informe sobre a atual situação de negócios publicitários da empresa. Ele finalmente chegou ao encontro três horas depois do marcado, às seis da tarde, e entrou apressado em uma sala de reuniões onde era esperado pelos principais líderes de venda do Twitter — sem Maheu —, desculpando-se pelo atraso. Os especialistas em vendas de anúncios estavam tensos, pois esperavam hostilidade de Musk, mas acabaram saindo dali com uma impressão muito diferente do bilionário. Talvez ele tivesse sido impactado pela reação dos anunciantes. Os profissionais do Twitter tinham todo o tempo que desejassem para lhe explicar detalhes sobre o panorama de anunciantes.

"Tenho uma festa hoje à noite, mas não tem problema", disse Musk, referindo-se a uma festa de Halloween onde era esperado. "Isso é muito mais importante."

"Sou novo nisso", prosseguiu. "Me ensinem."

O que deveria ser um encontro de trinta minutos de duração se estendeu por mais de duas horas durante as quais os líderes lhe ensinaram os aspectos básicos do mercado de anúncios. Eles listaram os maiores clientes do Twitter e as vantagens e desvantagens técnicas da plataforma em relação aos dois principais nomes do mercado de anúncios digitais: Google e Facebook. Musk falou manso, mas fez perguntas incisivas. Ainda mais importante, ele ouviu as apresentações dos profissionais. Muitos ali presentes, a maioria dos quais se reuniam com Musk pela primeira vez, não estavam preparados para essa faceta do magnata.

No entanto, ainda existiam preocupações. Alguns executivos do Twitter se perguntaram por que ele não havia reservado um tempo para esse tipo de diligência antes de comprar a empresa. E eles relembraram que, quando Musk e os banqueiros partiram em busca de investidores para financiar a aquisição do site, afirmaram em suas apresentações (vazadas para a imprensa) que até 2028 o Twitter de Musk chegaria a um faturamento anual de 12 bilhões de dólares com anúncios, mais que o dobro do valor atual. Se ele começara recentemente a aprender o beabá do Twitter, no que havia baseado essa estimativa?

Quando a reunião terminou, o bilionário foi escoltado da sala até o carro, onde era esperado por Maye, sua mãe. No dia seguinte, os tabloides veiculariam fotos dele vestindo um traje-armadura de couro de 7500 dólares com uma insígnia diabólica, ao lado da mãe fantasiada de Cruela Cruel, personagem da Disney, no tapete vermelho de uma festa de Halloween de gala organizada pela ex-top model Heidi Klum.[2]

Em grupos de chat, alguns funcionários brincaram que as fantasias eram um pouco literais demais. Outros perguntaram: quantos homens de cinquenta anos se fantasiavam para ir a festas com suas mães?

32.
Um coração azul

Na manhã de 1º de novembro, Kaiden sentiu que seu trabalho estava pronto. Ele confirmara que todos os funcionários do Twitter de fato existiam. O medo de fantasmas de Musk era um delírio. Pouco afeito a usar o Slack para conversas informais, ele fez um anúncio em linguagem gerencial: "A partir de agora, a equipe da folha de pagamento deve trabalhar para processar os bônus", redigiu no chat do escritório. A mensagem foi respondida com dezenas de emojis de polegar erguido e de mãos em oração.

Musk não ficou tão contente. A distribuição de dividendos lhe custaria 200 milhões de dólares, dinheiro que seria destinado a um corpo de trabalhadores que, segundo achava, eram preguiçosos e não merecedores. Além disso, embora tivesse incumbido Kaiden de realizar a auditoria, sua equipe não dera ao chefe do setor de contabilidade a autoridade necessária para fazer aquele anúncio. No dia seguinte, os capangas bloquearam o acesso do contador ao seu notebook e a equipe de segurança o conduziu até a porta do escritório de San Francisco. Ele saiu como herói.

Em 1º de novembro, Spiro deu novas ordens a McSweeney. Em vez de cortar 25% da própria equipe, ela precisaria dar um jeito de subir esse número para 50%. Durante todo o fim de semana, ela estivera em contato direto com ele trocando listas de possíveis cortes, e ficou chocada com a mudança repentina.

Poucos dias antes, Spiro a tranquilizara e prometera auxiliá-la durante o processo, mas agora ela passaria a se reportar a Sam Teller, antigo chefe de pessoal de Musk que de algum modo tinha sido arrastado para o olho do furacão. Teller pediu um curso intensivo sobre as operações de políticas públicas do Twitter, fazendo com que McSweeney tivesse que repetir tudo o que havia dito a Spiro na sexta-feira. Ela recitou mais uma vez um discurso que já sabia de cor.

McSweeney achava que não havia motivo para cortes dessa magnitude, e ficava preocupada com seguir instruções dadas por pessoas como Spiro e Teller, sem funções formais dentro do Twitter. Tinha a impressão de que se envolveria em problemas caso seguisse as ordens deles, principalmente quando demitisse funcionários da Europa, muitos protegidos por leis trabalhistas mais rígidas que as dos Estados Unidos e com direito ao recebimento de aviso-prévio em cenários de demissão em massa. Ela escreveu para os departamentos jurídico e de recursos humanos da empresa, relatando os receios. Mas ninguém pareceu disposto a contradizer Musk.

Enquanto isso, a viagem de Musk a Nova York de pouco adiantara para acalmar os anunciantes. O Interpublic Group, ou IPG, gigante da publicidade que representa clientes como American Express, Coca-Cola e Mattel, orientou seus clientes a congelarem temporariamente os gastos no Twitter.[1]

A notícia não caiu bem para Musk, que começou a desconfiar que havia outras forças em jogo. Ele elaborou uma narrativa — muito parecida com as que tinha aventado nos primeiros dias da Tesla, quando alegou que empresas petrolíferas, *short sellers* e veículos de imprensa estariam mancomunados para levá-lo à falência — segundo a qual grupos de ativistas estariam forçando os anunciantes a abandonar o Twitter. Estava convencido de que tais grupos, incluindo a Media Matters for America, organização de monitoramento midiático de esquerda, e a Liga Antidifamação (ADL, na sigla em inglês), grupo de advogados judeus, conspiravam contra ele, patrocinados por gente rica e interessada em impedi-lo de construir uma plataforma de livre expressão para as massas.

Esses grupos haviam manifestado seus temores aos anunciantes. "Estamos receosos de que a aquisição do Twitter pelo sr. Musk possa acelerar um processo que a ADL já conhece muito bem: a expulsão de comunidades marginalizadas das redes sociais", afirmou Jonathan Greenblatt, presidente da liga, em uma declaração no dia em que Musk efetuou a compra. Mas não se tratava necessariamente de um novo fenômeno. Estudos realizados por grupos ativistas já apontavam as empresas de redes sociais como responsáveis por essa dinâmica havia muitos anos; as ações de Musk apenas intensificaram o escrutínio. Mais tarde, Musk pediria que fossem banidas do site postagens favoráveis a boicotes publicitários, argumentando que isso seria uma forma de chantagem.[2] A regra jamais entrou em vigor.

Depois da decisão do IPG, Maheu soube que o Twitter não conseguiria impedir que as peças de dominós caíssem. Mas logo isso não seria mais problema dele. Gracias não tinha gostado de seu conselho sobre as demissões, e Musk estava com ranço dele por ter se oposto ao tuíte sobre Trump. Assim, quando lhe telefonaram para avisar que seria escoltado até a saída do prédio do Twitter em Nova York, ele já estava preparado. Deixou o notebook sobre a mesa e, ao caminhar em meio aos integrantes da equipe de vendas que havia liderado, não carregou nenhum objeto consigo. Maheu foi a primeira pessoa a ser demitida na Costa Leste.

Berland viria logo depois. Sentada em um andar diferente da equipe de vendas, ela não soube do que acontecera ao executivo de vendas. Nesse dia, porém, sua comunicação com Musk e seus capangas estava mais escassa. Ela tinha defendido Maheu perante Musk, e a tentativa dele de impedir o bilionário de tuitar não pegaria bem para ela.

À tarde, seu telefone tocou: era uma ligação de Pacini. Berland entrou em uma cabine privada. Pacini tinha voz de choro.

"Não queria fazer isso, de verdade, mas preciso te contar", disse Pacini, a voz minguando. "Você não é mais funcionária do Twitter."

Berland tomou alguns instantes para organizar as ideias. Não era tão inesperado assim, mas ela tinha planejado sair de outro jeito. Com menos frieza.

"Qual a razão pra isso?"

"Não faço ideia", respondeu Pacini. "Daqui a pouco vai aparecer um guarda para conduzi-la até a saída."

O guarda já estava na porta da cabine. Berland deixou o computador ali e começou a caminhar.

Ao contrário de Maheu, Berland teve poucas testemunhas ao sair. A diretora de marketing acenou uma despedida para a antiga assistente antes de entrar no elevador. Após um breve trajeto, saiu por uma porta dos fundos e foi escoltada até um carro que a conduziria pelo frio pardo de Manhattan. Conforme a notícia de sua demissão abrupta se espalhou pelo escritório, Berland tuitou um adeus simples: apenas um emoji de coração azul.

Os designers, engenheiros e gerentes de produto do Twitter sabiam que tinham poucos dias, ou mesmo horas, para provarem seu valor. Afora o Twitter Blue, Musk não parecia ter uma lista clara de produtos nos quais os empregados deveriam trabalhar. Seguir com os projetos escolhidos pela gestão anterior parecia arriscado — o bilionário deixara claro que não respeitava a visão de Agrawal.

As ideias chegavam de todos os lados, e projetos foram iniciados e encerrados enquanto os testas de ferro de Musk disputavam os cargos, cada um deles com a certeza de que suas ideias para transformar o Twitter eram brilhantes. Como Musk estava ocupado planejando operações e demissões, alguns dos capangas posavam de responsáveis pela tomada de decisões e davam instruções referentes aos produtos.

Calacanis se impunha o tempo todo. Ele participava de reuniões com profissionais das áreas política e de produto, e depois tuitava suas descobertas e impressões como se estivesse falando em nome da empresa. As postagens davam a entender que ele recebia sugestões de seguidores no Twitter e depois as encaminhava para cima. Mas Musk não aceitaria deixar outra pessoa a cargo dos produtos. Após ver os tuítes de Calacanis, despachou um subordinado para o gabinete de guerra com instruções para seu amigo parar de fingir que tinha a palavra final.

"Para deixar claro, Elon é o diretor de produto e CEO", Calacanis tuitou mais tarde, pouco depois da reprimenda.

Desesperados para salvarem seus empregos, os funcionários atiraram para todos os lados. Uma equipe foi direcionada para trabalhar em mensagens diretas pagas, funcionalidade que permitiria a pessoas normais enviar mensagens privadas para os assim chamados Tuiteiros Muito Importantes. Simulações apresentadas à trupe de Musk mostravam um cenário no qual um usuário hipotético pagava alguns dólares para enviar uma mensagem ao músico Post Malone, e o Twitter ficava com parte da renda.

Outro projeto queridinho de Musk eram as mensagens diretas criptografadas, que impediriam qualquer pessoa além do remetente e do destinatário de lê-las. Durante anos, a empresa tinha debatido se deveria ou não criptografar as mensagens, o que significaria lacrá-las de tal modo que nem mesmo o Twitter seria capaz de acessá-las ou compartilhá-las com agentes da lei. Gadde queria propiciar maior privacidade aos usuários, mas temia que as mensagens criptografadas facilitassem assédios e trocas de conteúdo ilícito. Os engenheiros se mexeram para agilizar a iniciativa, apelidada de Night Parrot.

Certa noite nessa semana, um membro da equipe de Musk telefonou para um dos engenheiros de cibersegurança do Twitter que tinha sido designado para auxiliar na transição. Ele estaria disponível para comparecer a uma reunião com o chefe? O especialista em segurança suspirou — ele tinha chegado em casa havia pouco e tomado uma ducha depois de um longo dia no escritório. Vestiu-se outra vez e cruzou as ruas vazias de San Francisco em direção ao trabalho.

Musk estava instalado na sua sala de reuniões, e dois guarda-costas de sotaque texano matavam tempo em uma cozinha próxima. Por volta da meia-noite, ele enfim convidou o engenheiro a entrar. Musk foi cordial: fez perguntas sobre o currículo do funcionário e sua atividade no Twitter ao longo dos anos. A reunião pareceu uma entrevista de emprego. Musk estava decidindo se podia confiar no engenheiro.

Então a paranoia veio à tona. "O Twitter lia minhas DMs?", perguntou Musk. Ele parecia convencido de que os antigos executivos o haviam espionado durante o processo de venda.

O engenheiro deu a melhor resposta que podia. A empresa tinha feito com que fosse extremamente difícil os funcionários acessarem as mensagens privadas de um usuário, mas alguns empregados tinham autorização para vasculhá-las ao responder a denúncias de agressão ou intimações. Até onde ele sabia, ninguém tinha lido as mensagens de Musk — mas isso não era impossível.

Musk continuou a investigação, certo de que o antigo regime o havia espionado. Quem tinha tido acesso? E como fazer para descobrir se isso havia acontecido? O engenheiro tentou redirecionar delicadamente a conversa para o tema da encriptação, dizendo que os receios de Musk eram um bom exemplo de por que o Twitter deveria encriptar as mensagens. O frio em seu estômago aumentou, e ele sentiu que qualquer palavra que dissesse faria diferença entre ser promovido ou mandado embora. Musk acabou deixando o assunto de lado.

Em outras reuniões, o bilionário ventilou a ideia de implementar vídeos com *paywall* na plataforma — como o site de conteúdo adulto OnlyFans —, permitindo aos usuários cobrarem por esse conteúdo especial. O Twitter ficaria com parte das receitas, mas de pronto os funcionários expressaram preocupações com a veiculação de pornografia e filmes pirateados, o que reduziria a confiança dos anunciantes na plataforma. As funcionalidades de vídeos com *paywall* e mensagens pagas jamais foram implementadas, e as mensagens diretas passaram a ser encriptadas alguns meses mais tarde, embora de forma muito limitada.[3]

Os empregados correram para se alistar nos projetos queridinhos de Musk, trocando mensagens privadas para tentar arranjar vaga no Night Parrot ou participar do projeto secreto de Crawford, que não era mais segredo desde que Musk e Calacanis tuitaram sobre a ideia de vender selos de verificação. Como Musk tinha aprovado o relançamento, trabalhar no Twitter Blue parecia a forma mais certeira de sobreviver às demissões vindouras.

Crawford fez circular uma planilha com setenta funcionários ao redor do mundo que estavam trabalhando na verificação paga. O documento passou a ser chamado de "lista segura", e alguns membros da equipe começaram a acrescentar amigos e colegas na esperança de que isso servisse de colete salva-vidas. A lista começou a transbordar de nomes de pessoas que precisavam do plano de saúde do Twitter, fosse para elas ou membros da família, ou dependiam do emprego para poderem seguir no país. No fim, um diretor colocou um ponto-final no esforço e bloqueou o documento contra novas edições.

"A equipe precisa ser enxuta", o diretor escreveu aos fraudadores.

Nem mesmo Crawford, que tinha linha direta com Musk, estava imune aos rumores. Após as demissões de Maheu e Berland em Nova York, ela presumiu que a debandada de executivos também afetaria seu chefe, Tony Haile.

Conforme se espalhou uma paranoia sobre a suposta demissão de Haile, com o boato de que ele teria sido levado até a rua pelos seguranças, Crawford ficou desapontada.

"Pra que fazer isso?", ela disse a alguns de seus empregados no Blue. "É tão desnecessário. Tipo, eu faço o que for preciso quando quero alguma coisa, mas tenho meus limites. Estamos aqui pra lançar o projeto e faremos isso. Mas, se tivermos que ir embora, será nos nossos termos."

Haile, porém, não havia sido mandado embora.

"Ei, sigo por aqui", ele escreveu no Slack para sua equipe mais tarde no mesmo dia. "Correm boatos de que fui demitido, mas até onde sei ainda trabalho aqui." (Haile acabou pedindo demissão.)

Como não estavam dispostos a esperar o leite ser derramado, as pessoas tentaram se conectar umas com as outras fora das plataformas controladas pelo Twitter, que, como sabiam, eram monitoradas pela equipe de Musk. Eles adicionaram uns aos outros no LinkedIn, criaram grupos externos no Slack e trocaram números de telefones para criar redes de apoio caso todos perdessem o acesso a suas contas de e-mail. Também começou a circular um "Guia de demissão", que listava os direitos dos trabalhadores nos Estados Unidos e dava dicas de como lidar com solicitações dos novos administradores e vigilância no ambiente laboral.[4] Alguns até tuitaram para Musk, pedindo para serem demitidos a fim de poupar colegas que dependiam de vistos de trabalho.

Os funcionários de RH responsáveis por efetuar o sem-número de demissões também estavam confusos. Parecia-lhes que Sacks, Calacanis, Davis e demais testas de ferro de Musk davam pitacos sobre a redução de pessoal numa competição por quem seria visto como o mais inclemente. A lista de futuras demissões crescia cada vez mais para atender às demandas deles.

Birchall se revelou uma voz solitária da razão em meio aos conselheiros de Musk. As equipes de RH descobriram que podiam procurá-lo para defender a permanência de uma equipe ou empregado específico, pois ele escutaria a justificativa. O resto da equipe de Musk parecia se deleitar com a destruição do Twitter.

Birchall, Spiro e Teller tentaram instruir os novos colegas do Twitter sobre como falar com Musk. Jamais finja saber uma resposta que não sabe, disseram. Tampouco recomendavam qualquer discussão aberta com o bilionário. O ideal era lhe oferecer algumas opções, de preferência não mais que duas ou três, e convidá-lo a escolher entre elas. Se quisessem recomendar algo, também deveriam escolher uma das opções, permitindo a Musk avaliar seus argumentos.

Pacini seguiu as recomendações à risca. Ela e os demais empregados do Twitter designados para estruturar as demissões elaboraram opções para Musk. Brian Bjelde, vice-presidente de recursos humanos que ele trouxera da SpaceX, contribuiu detalhando o modo como haviam acontecido os desligamentos na empresa de foguetes no passado. Assim, as opções apresentadas a Musk tiveram a vantagem de contar com a chancela de alguém que trabalhava havia vinte anos para o bilionário.

Uma das opções apresentava o que Musk tinha obrigação legal de pagar, e a outra era ligeiramente mais generosa. Ele não se interessava muito pelos meandros das demissões. Disse para Pacini deixar Bjelde escolher o que achasse melhor. Tampouco especificou o número total de funcionários a serem eliminados, preferiu delegar a decisão ao seu círculo íntimo.

Enquanto buscavam migalhas de informação sobre a demissão em massa, os funcionários descobriram que a equipe de transição de Musk não tinha tido o cuidado de manter seus planos em segredo. Na quarta-feira, os trabalhadores encontraram um canal aberto do Slack chamado #tundra-ec-comp, no qual a equipe de recursos humanos falava abertamente sobre cortes e demissões. Os empregados fizeram capturas de tela e as espalharam na mesma hora em chats privados.

"O cálculo do número de demissões está atualizado conforme a lista geral atualizada às 12h30 de hoje", dizia uma representante do RH, apontando que a lista era "praticamente definitiva".[5]

Os funcionários se concentraram na última mensagem. "Pela minha planilha, a contagem final é de 3738", ela escreveu.

O número representava quase metade dos 7500 trabalhadores em tempo integral do Twitter, a confirmação mais sólida possível de que muitas pessoas estavam prestes a perder o emprego. As investigações continuaram. Nessa tarde, um empregado percebeu que as agendas online de parte da equipe de transição ainda estavam abertas ao público, e encontrou um link de convite na de Sacks para o projeto Tundra — uma discussão sobre o assim chamado "corte de pessoal". Também haviam sido convidados para a reunião Gracias, Spiro, Birchall e Teller. Depois de os funcionários trocarem capturas de tela da agenda de Sacks, as agendas se tornaram privadas repentinamente.

Mais tarde nesse mesmo dia, um engenheiro na sede de San Francisco percorria um corredor quando se deparou com um dos empregados trazidos da Tesla absorto em uma conversa ao telefone. Ele não pareceu ter reparado na aproximação do empregado do Twitter, e seguiu falando em seu aparelho.

"Corte o acesso deles às cinco horas da tarde. Não dá pra confiar em nenhum deles."

33.
O Estalo

Na manhã de terça-feira, 3 de novembro, os funcionários já haviam praticamente confirmado suas demissões ao interceptar as agendas e os grupos de mensagem internos. Mas ainda não tinham ouvido nenhuma palavra de Musk. Em vez de dizer aos seus novos empregados que eles seriam mandados embora, o bilionário estava ocupado dando a notícia aos anunciantes.

Musk fez uma chamada com o Conselho de Influência do Twitter, grupo com mais de cem anunciantes e executivos de corporações como General Motors, Mastercard e Microsoft. O grupo marcava reuniões eventuais para transmitir orientações à empresa,[1] e embora estivessem programados para se reunir no início de 2023 em uma viagem com tudo pago à região vinicultora do vale do Napa, Musk cancelara o evento.

"Estamos fazendo um corte de pessoal no Twitter, que será implementado nos próximos dias", ele disse ao abrir a chamada. "E não pareceria adequado se fizéssemos um grande corte de pessoal e então... e daí vocês vão em uma viagem nababesca pra Napa."

Entre as pessoas na escuta estavam Linda Yaccarino, chefe de anúncios globais da NBCUniversal, e Roth, um dos executivos de política e segurança remanescentes da empresa, bem como Robin Wheeler, executiva de vendas que tentava manter o foco de Musk nas tarefas mais urgentes.

Wheeler fora promovida abruptamente depois das saídas de Maheu e Personette, e agora se deparava com uma espécie de teste na frente do novo chefe. Enquanto profissionais do marketing que, juntos, controlavam bilhões de dólares em anúncios escutavam, Wheeler afagou o ego de Musk.

"Temos o maior, o maior de todos os inovadores da engenharia de produto de todos os tempos à frente desta empresa, e estou muito empolgada com o que isso significa para as perspectivas do nosso produto", disse Wheeler. Mais tarde, ela alegou que o Twitter havia atraído o maior número de usuários ativos de sua história simplesmente porque a empresa agora pertencia a Musk. Era o comentário de quem vê a própria casa pegando fogo e se maravilha com a quantidade de vizinhos assistindo atônitos.

Embora demonstrassem deferência, os líderes de marketing também despejaram seus receios sobre Musk e fizeram perguntas relativas à moderação de conteúdo, ao planejamento de produto e ao costume do bilionário de tuitar durante a madrugada. Ele tentou responder a tudo, e prometeu que a empresa não tomaria grandes decisões acerca da moderação de conteúdo até "pelo menos daqui a uma semana", quando as eleições de meio de mandato nos Estados Unidos já teriam ocorrido. Ele também focou na ideia recém-cooptada de "liberdade de expressão, não de alcance" que Roth lhe apresentara na reunião da semana anterior.

Detavio Samuels assistiu cético ao discurso de Musk. Samuels era CEO da Revolt, empresa de mídia fundada por Sean "Diddy" Combs voltada para públicos negros. Ele tinha lido relatórios que afirmavam que os insultos raciais tinham crescido drasticamente no Twitter desde a aquisição da plataforma por Musk, pois os trolls se sentiam autorizados pelo novo proprietário a disseminar ódio. As comunidades negras colaboravam de forma essencial com o Twitter, afirmou ele, e preocupava-o a postura de Musk em relação à moderação de conteúdo. Ele desenvolveu a metáfora de Musk para corroborar suas alegações.

"Enquanto homem negro, não quero caminhar por um bairro onde as pessoas insultam negros aos sussurros, e pouco me interessa se chego ou não a escutar. Não quero caminhar por um bairro onde escuto alguém sussurrando insultos contra mim. Talvez ninguém mais esteja escutando, mas eu estou", disse Samuels. "Se você pretende seguir por esse caminho, recomendo muito que converse com essa comunidade em particular, e que busque garantir a criação de soluções para que ela se sinta segura e acolhida."

Musk concordou que o Twitter deveria "acolher as pessoas". Mas então sugeriu que talvez a premissa de Samuels não tivesse importância.

"Não sei se você sabe disso, mas Puff é um dos investidores do Twitter", ele disse, usando um dos apelidos de Combs. "Sabe, nós somos bem amigos. Trocamos muitas mensagens."

Alguns dos executivos do Twitter precisaram se esforçar para não enfiar as cabeças nas mãos.

Três de novembro foi um dia de calor atípico para o mês em Manhattan, e o sol esquentava o terraço do Twitter, onde fazia uns vinte graus. Mais de cinquenta empregados foram ali para cima se reunir pela última vez. Eles trocaram números de telefone e conversaram sobre oportunidades de emprego antes de se acomodarem nos móveis do pátio e posarem para uma foto. Viram-se alguns sorrisos forçados.

Todos estavam convictos de que esse seria seu último dia no Twitter. Mais cedo, os empregados tinham reparado que os "dias de descanso", a data do mês sem reuniões criada para que todos reabastecessem as energias, haviam desaparecido de suas agendas.² O novo dono estava passando um recado.

A equipe de transição de Musk também tinha ordenado o fechamento do diretório interno da empresa, conhecido como Birdhouse, que listava o cargo de cada funcionário e delineava a cadeia de comando. Sem ele, os trabalhadores não saberiam quem ainda estava na empresa nem, por tabela, quem havia sido demitido.

Por volta das cinco horas da tarde em San Francisco, alguns funcionários já achavam que tinham sobrevivido a mais um dia. Ao redor do mundo, porém, outros que continuavam online muito depois do término do expediente seguiam atentos.

"O casamento vermelho começou? 👀", brincou um funcionário do marketing residente em Londres em um canal público do Slack, em alusão a um episódio da popular série de TV *Game of Thrones* no qual diversos dos personagens principais são assassinados de forma brutal e surpreendente.³

"Não consigo encontrar o organograma no birdhouse", escreveu outro funcionário às 17h04. "Mudaram isso também?"

agorinha, né?
a pasta também sumiu.
dá problema volta e meia

Treze minutos depois, eles receberam o e-mail que todos esperavam: "Atualização a respeito do quadro de funcionários".

> Em um esforço para colocar o Twitter em um caminho saudável, passaremos por um árduo processo de redução do quadro de funcionários global na sexta-feira. Reconhecemos que isso impactará muitos indivíduos que fizeram contribuições valiosas para o Twitter, mas, infelizmente, trata-se de uma ação necessária para garantir o sucesso da empresa daqui para a frente.
>
> Para ajudar a garantir a segurança de cada funcionário, dos sistemas do Twitter e dos dados dos usuários, nossos escritórios serão temporariamente fechados e todos os crachás de acesso serão suspensos. Se você está em um escritório ou a caminho de um escritório, por favor, volte para casa.
>
> Reconhecemos que este é um momento incrivelmente desafiador, tanto para os impactados quanto para os demais. Obrigado por continuar cumprindo com as políticas do Twitter que o proíbem de discutir informações confidenciais nas redes sociais, com a imprensa ou em outros lugares.

O e-mail, assinado por um "Twitter" sem rosto e não pelo próprio Musk, explicava que aqueles com o emprego garantido receberiam confirmações em seus e-mails de trabalho. Os demais seriam notificados de sua demissão em seus endereços pessoais até as nove horas da manhã do dia seguinte.

Porém, embora Musk não estivesse preocupado com a magnitude dos cortes, ele insistiu em ter a palavra final sobre a mensagem a ser enviada para os empregados. Pacini tinha escrito três versões do e-mail para ele. A primeira era a cara do antigo Twitter: a empresa se desculpava pelos cortes e desejava o melhor a seus funcionários. A segunda era um meio-termo que combinava a notícia com algumas platitudes. A versão final era a mais fria e brusca. Foi esta que Musk escolheu.

Quando o e-mail chegou às caixas de entrada, alguns empregados estavam reunidos na Lodge, área comum coberta de painéis de madeira dentro da sede do Twitter que imitava duas cabanas de madeira em miniatura, onde de vez em quando eles descansavam ou participavam de chamadas de vídeo. Na Lodge eram servidos cerveja e café, e não raro os televisores presos às paredes transmitiam partidas desportivas. Pouco depois, seguranças apareceram e removeram todos das mesas redondas e das cabanas aconchegantes. Avisaram que o prédio estava sendo fechado.

Os funcionários do Twitter desceram para esperar por seus destinos. No térreo do edifício ficava um *food hall* chamado Market, que vendia comida e refeições para viagem. Mais importante, havia também um pequeno bar nos fundos. Os trabalhadores inundaram o recinto, sobrecarregando uma atendente solitária que não fazia ideia do banho de sangue que pairava nos andares de cima. Ela serviu cervejas a um ritmo frenético para o bar superlotado com clima de último dia de acampamento de férias, em que todos lamentam o final do verão enquanto esperam os pais virem buscá-los. Alguns dos empregados das outras empresas de Musk também foram até lá e se reuniram em um canto do ambiente.

Todos estavam de telefone em mãos atualizando o Slack freneticamente e bebendo. Embora a mensagem de Musk prometesse que quem fosse demitido receberia notificações por e-mail, muitos deles não receberam nem sequer esse pingo de dignidade. Foi uma onda de demissões sem precedentes na história do Twitter, e os engenheiros apenas não tiveram tempo suficiente para construir um sistema de desligamento capaz de enviar os e-mails solicitados e cortar o acesso aos sistemas internos ao mesmo tempo. O sistema entrou em colapso, e de repente as pessoas descobriram que tinham perdido o acesso a seus computadores de trabalho ou contas de e-mail.

Alguns foram banidos do Slack, outros seguiram com acesso mesmo depois de perderem seus e-mails. Os funcionários restantes manifestaram tristeza e frustração postando emojis de coração azul no Slack, enquanto outros compartilharam memes. Uma pessoa postou a imagem de uma cena de *Vingadores: Guerra infinita* em que Thanos, o grande antagonista, ganha poderes que lhe permitem eliminar metade da vida no universo em um estalar de dedos. Esse era o evento de extinção em massa do Twitter. As pessoas começaram a se referir a ele como o "estalo" deles.

Enquanto os empregados conversavam sobre suas próprias experiências de demissão ou abriam a boca para dizer que ainda pareciam estar seguros, os *tweeps* começaram a inundar o Slack com o emoji de continência. O emoji de cara fechada era um favorito dos funcionários do Twitter por encapsular perfeitamente a solidariedade e o senso de dever que sentiam ao seguirem no trabalho nesse ano assombrado pelas distrações de Musk.

"Não consigo acessar os e-mails. O Mac não liga", tuitou um *tweep* residente em Londres, compartilhando fotos da tela de seu notebook e a página de login do seu e-mail. "Mas fico muito agradecido por isso ter acontecido às três horas da manhã. Aprecio muito a consideração com quem vive em um fuso mais adiantado."

As demissões se alastraram feito incêndio em campo aberto. Elas chegaram a Nova York e varreram a Costa Leste, e mais tarde os empregados em Londres e Dublin receberam e-mails dizendo que suas vagas haviam sido "identificadas como potencialmente impactadas ou com risco de redundância". Algumas pessoas em Seattle e na Califórnia receberam e-mails de demissão por volta das onze horas da noite. Em Tóquio, os funcionários trabalharam a maior parte do turno de sexta-feira antes de receberem seus avisos ao final do dia.

No Market, os empregados consultavam seus telefones o tempo todo. Quem recebia um aviso de desligamento gritava para os demais na sala que estava fora.

"Acabo de receber a mensagem", gritou um.

"Foi bom trabalhar com vocês", disse outro.

Conforme a noite avançava e os e-mails de demissão continuavam a chegar, a força de trabalho do Twitter foi deixando aos poucos a Market Street e se dirigindo ao Beer Hall, bar escuro que havia sediado inúmeras festas de despedida de *tweeps* ao longo dos anos. Eles continuaram bebendo ali até tarde da noite. Alguns funcionários só receberam avisos de desligamento ao chegarem em casa cambaleantes, e outros acordaram e se depararam com a mensagem na manhã seguinte.

Nem mesmo quem trabalhava para os projetos queridinhos de Musk estava seguro. Depois das nove horas da noite de quinta-feira, Crawford convocou sua equipe para uma reunião noturna de "atualização", em que os membros do Blue Verified compartilharam detalhes do andamento do projeto.

"Admito que é um momento insano. Muitos *tweeps* estão perdendo acesso a suas contas e os desligamentos ainda estão em curso", ela escreveu à equipe em um grupo do Slack. Incluiu um emoji de coração partido e o link para uma videoconferência.[4]

A reunião teve início às 21h30, e quando Crawford estava começando a discutir o trabalho realizado no dia, de repente a conexão de dois empregados caiu. Eles não conseguiram retornar à chamada porque seus e-mails e computadores haviam sido bloqueados. Ao perceberem o que havia acontecido, enviaram mensagens para os colegas do Blue dizendo que estavam fora. Conforme a notícia dos desligamentos se espalhou pela reunião, os rostos foram tomados por expressões de abatimento, mas Crawford insistiu em continuar.

34.
O depois

Os empregados remanescentes do Twitter abriram o Slack na manhã de sexta-feira, 4 de novembro, como sobreviventes que deixam o abrigo antibombas após uma explosão nuclear.

Os gerentes tentaram dimensionar a tragédia. Alguns não sabiam quais membros de sua equipe ainda estavam ali, e pediram no Slack que todos usassem o emoji de mão erguida para confirmarem a presença. Ella Irwin, chefe de confiança e segurança, anunciou a sua equipe que ainda estava no cargo, e em seguida enviou um link para um documento solicitando que centenas de pessoas o preenchessem para provarem que continuavam na empresa.

A dimensão dos cortes foi se tornando mais clara conforme os funcionários conseguiam identificar quem havia saído e quem permanecera. Cerca de metade da equipe de turno integral da empresa tinha sido eliminada. O departamento de infraestrutura, conhecido internamente como Redbird, perdeu cerca de 80% da equipe de engenharia.[1] Dezenas de gerentes de produto foram desligados de diversos setores, e as equipes focadas em marketing, direitos humanos e experiência para usuários com deficiência foram reduzidas a times esqueléticos.[2] O departamento de *compliance*, que monitorava a conformidade da empresa com regulamentações globais, esperava perder pouco mais de um quarto de seus integrantes, mas acabou perdendo a metade.

As equipes que cuidavam de integridade cívica e moderação de conteúdos também foram retalhadas, muito embora o Twitter estivesse fazendo malabarismos para lidar com um importante período eleitoral. O resultado do segundo turno das eleições presidenciais no Brasil ainda estava sendo contestado online, e os Estados Unidos se preparavam para as eleições de meio de mandato que ocorreriam em menos de uma semana. Musk e seus amigos decidiram reduzir drasticamente as equipes responsáveis por detectar desinformação política. Eles demitiram algumas das únicas pessoas que sabiam como operar as ferramentas que detectavam tuítes enganosos sobre as eleições.

Alguns dos restantes sentiam culpa de sobrevivente, e se perguntavam por que haviam sido poupados na onda caótica de demissões em detrimento de amigos e colegas que tiveram as cabeças cortadas. Não fazia muito sentido. Algumas equipes, como a de comunicação, foram reduzidas de centenas de pessoas para um punhado de gente. Outras permaneceram intocadas. Algumas pessoas de desempenho sabidamente insatisfatório não receberam o e-mail, mas engenheiros considerados essenciais para as operações perderam seu acesso sem a menor cerimônia. Grávidas e funcionárias em licença-maternidade foram demitidas. O mesmo ocorreu com pessoas que dependiam de seus vistos de trabalho.

Ex-funcionários se organizaram em chats de grupo criptografados e salas privadas no Slack para lamentar e discutir ações jurídicas contra Musk frente às demissões repentinas.

Na manhã de sábado, Dorsey, que pouco tinha dito sobre a compra depois de ter incensado Musk em um fio no Twitter em abril referindo-se a ele como a "única solução em que confio", sentiu-se compelido a opinar. Nos meses que se seguiram a sua sinalização de ser favorável ao negócio ele havia tuitado muito pouco, falando principalmente sobre Bitcoin. Mas nem mesmo Dorsey pôde ignorar os emojis de continência, tuítes de despedida e a devastação que tomava conta de sua timeline. "Entendo que muitos estão com raiva de mim", tuitou. "Sou responsável por todos os que se encontram nessa situação: expandi a empresa rápido demais, e peço desculpas por isso."

> Sou grato e amo todas as pessoas que já trabalharam no Twitter. Não espero que o sentimento seja mútuo no momento… ou em qualquer outro… e eu entendo. ♥

Era a primeira vez que Dorsey reconhecia em público que o crescimento que tinha promovido como CEO colocara a empresa em uma rota insustentável, fato aceito havia muito tempo pelos executivos e diretores antigos do Twitter. No entanto, não disse que ele — e o conselho do Twitter — haviam colocado o poder nas mãos de um homem com 44 bilhões de dólares sobrando para que cortasse e eliminasse impiedosamente essas mesmas pessoas que ele dizia amar.

A mensagem de Dorsey foi enviada após vinte pessoas no escritório do Twitter em Accra, em Gana, receberem a notícia de que haviam sido demitidas e receberiam um mês de salário como indenização.[3] A maioria havia sido contratada no ano anterior, quando o Twitter inaugurou o escritório no país em abril de 2021.

Conforme a notícia do tratamento dos funcionários do Twitter em Accra começou a circular, Lara Cohen, vice-presidente de parcerias também demitida, tentou informar Dorsey da situação marcando-o em um tuíte. Dorsey respondeu Cohen por mensagem direta perguntando o que exatamente ela esperava que ele fizesse.

"Talvez você possa usar sua influência para ajudar essas pessoas", ela respondeu. "Elas merecem mais do que isso. Nós assumimos um compromisso com elas."

Dorsey não pareceu comovido. "Vou tentar contratá-las", respondeu.

35.
Verificado ou não

Para Esther Crawford, o Twitter Blue representava uma oportunidade. Em privado, ela disse aos colegas de projeto que a ideia de vender contas verificadas tinha pouca chance de sucesso. Ao mesmo tempo, a empreitada era uma chance de impressionar Musk e conquistar influência. Os fãs e testas de ferro de Musk haviam detonado a empresa, alegando que o quadro de funcionários era inchado e preguiçoso.

"É a nossa chance de mostrar o que o Twitter tem de melhor", ela disse a sua equipe. Também era uma chance de ganhar créditos com Musk. Se conseguissem cumprir a tarefa em tempo, ela sugeriu, ganhariam a confiança dele e poderiam negociar qualquer coisa — aumentos, cargos, novos produtos.

Embora percebesse as vantagens de cair nas graças de Musk, Crawford também sabia que a solicitação para que lançassem um produto sob medida em menos de duas semanas e durante uma onda de demissões era absurdo. Em uma reunião do grupo, ela deu de presente à equipe canecas personalizadas que poderiam muito bem ser vendidas em lojas temáticas de tecnologia. Elas tinham os dizeres: "O acaso nos fez colegas, a psicopatia nos tornou *tweeps*".

A depender do interlocutor, Crawford era descrita como fiel seguidora de Musk ou uma simples carreirista. Fosse qual fosse o caso, ela não era a única. Havia fãs do bilionário em todos os cantos, e alguns saíram do armário logo depois da aquisição, quando começaram a comemorar a mudança de dono e a criticar colegas recém-demitidos. Após o Estalo, uma atmosfera de autopreservação pairava pesada sobre o Twitter. Uma engenheira que estava desesperada para manter o plano de saúde criticava Musk diante dos colegas em um ambiente privado, mas o exaltava nos canais públicos do Slack, alegando que "Elon é o Steve Jobs de que precisamos". Outros achavam que o turbilhão de Musk poderia ser uma oportunidade de promoção ou mudança de cargo impensável na antiga estrutura do Twitter.

A maioria dos funcionários que Crawford levou para a equipe do Blue Verified passou a encarar o projeto como, na melhor das hipóteses, sem sentido, e, na pior, algo com potencial para sabotar drasticamente a confiança na plataforma. Para eles, a venda dos selos disseminaria fraudes e acabaria com o propósito das contas verificadas. Crawford compartilhava essa preocupação. Mas era o que Musk queria. Não havia raciocínio ou aprendizado anterior do Twitter capaz de fazê-lo mudar de ideia.

Antes dos selos de verificação, pessoas se passando por outras no Twitter — como no caso da primeira conta @ElonMusk — eram um fenômeno comum. Embora os criadores da empresa soubessem da existência do problema, fechar contas que fingiam ser de famosos sempre foi uma preocupação secundária, os esforços principais se dirigiam a manter o site no ar. Em junho de 2009, porém, a situação se tornou insustentável.

Tony La Russa, gestor do St. Louis Cardinals, time de beisebol campeão do torneio nacional dos Estados Unidos, irritou-se com uma conta-paródia que debochava de episódios desagradáveis envolvendo a equipe (incluindo a morte de um dos jogadores) e processou o Twitter por abrigar o conteúdo. Os tuítes falsos eram "derrogatórios e degradantes" e prejudicavam a imagem dele, segundo argumentaram os advogados de La Russa.[1] Como resposta, o Twitter derrubou a conta do impostor e criou uma solução: contas verificadas.

A empresa começou a distribuir selos de verificação para contas de atletas, políticos, músicos e autoridades públicas. Com a introdução do selo azul, o Twitter se tornou a primeira rede social a verificar a identidade dos usuários, um de seus legados mais duradouros para a cultura virtual. Outros serviços também passaram a verificar usuários proeminentes (incluindo o Google+, em 2011, o Facebook, em 2012, e o Instagram, em 2014), criando assim símbolos de status muito cobiçados nas plataformas e estabelecendo um sistema de classes na internet moderna.

Embora muitas pessoas encarassem o selo apenas como atestado de fama, ele contribuiu muito para a utilidade pública do Twitter. Ao assinalar as contas verdadeiras de marcas como McDonald's e Coca-Cola, ele tornou a plataforma muito mais atraente para anunciantes, órgãos de governo e serviços de emergência, criando serviços muito úteis para quem desejasse saber o horário do próximo trem ou buscar informações após desastres naturais.

O programa Blue Verified de Musk destruiria todo esse sistema. Se o serviço de assinatura pago de Musk permitisse a qualquer um ser verificado, então ninguém seria verificado, ao menos não no sentido tradicional. O selo perderia a utilidade. Como comentou mais tarde um empregado do Blue Verified: "Era uma catástrofe tão previsível que o trabalho principal da equipe consistia em garantir que essa catástrofe causasse o menor dano possível".

Crawford e sua equipe tentaram desenvolver salvaguardas para proteger a utilidade da verificação. Em 31 de outubro, eles apresentaram duas opções a

Musk e sua equipe. Na primeira, existiriam dois tipos de selo: as pessoas já verificadas manteriam seus emblemas de fundo preenchido, designando sua importância, e os assinantes do Blue Verified teriam selos transparentes. Para ilustrar a diferença, eles mostraram duas postagens hipotéticas. Uma delas, da conta verificada já existente @JoeBiden, convocava as pessoas a votar. A outra, do Blue Verified @JoeBlden, que trocava o "i" por "l", dizia: "Entrando em guerra nuclear com a Rússia". A única indicação de diferença entre as duas, além da ligeira mudança na grafia, era o selo de fundo transparente da conta falsa.

A segunda opção apresentada pela equipe do Blue mostrava ambas as contas com selos idênticos de verificação. Mas, além do selo, contas oficiais como @JoeBiden recebiam outro rótulo descrevendo sua importância. No caso de Biden, a conta exibiria a frase "representante do governo dos Estados Unidos".

As tentativas de estabelecer distinções mais claras entre usuários já verificados pelo sistema antigo e os assinantes pagos, contudo, não foi bem vista por alguns amigos de Musk. A primeira opção "parece criar cidadãos de segunda classe", escreveu Sacks em um e-mail naquela noite, acrescentando que isso "desestimularia a compra". Ele se mostrou mais inclinado à segunda opção, mas sugeriu que não houvesse frases explicativas para quem não fosse um agente governamental.

O e-mail de Sacks desencadeou uma onda de respostas com todos os destinatários em cópia. Crawford observou que a escolha entre as duas opções era uma "decisão de alta prioridade", porque determinaria o trabalho futuro do restante da equipe. Não demorou para que o e-mail recebesse uma enxurrada de respostas dos engenheiros, de Sriram Krishnan e da própria assistente de Musk. Como o chefe estava assistindo, todos se sentiam no dever de opinar.

"Há cozinheiros demais nesta cozinha", ele escreveu. "Com o tempo, podemos incluir planos com novas funcionalidades, mas o objetivo agora é maximizar o número de usuários verificados o mais rápido possível para aprimorar a experiência de todos (verificados ou não) no Twitter."

A fixação de Musk no Blue ultrapassava questões de design. Ele também se envolveu em deliberações aparentemente intermináveis a respeito do preço a ser cobrado. No meio-tempo, os anunciantes corriam para as portas de saída e o faturamento do Twitter minguava. Sacks insistiu que eles deveriam elevar o preço, do valor atual de 4,99 dólares ao mês, para vinte dólares por mês. Qualquer valor inferior a este lhe parecia barato demais, e ele queria apresentar o Blue como artigo de luxo. Nos e-mails, comparou o Blue a uma bolsa de marca.

"A Chanel poderia ganhar uma fortuna vendendo bolsas a 99 dólares, mas só poderia fazer isso uma vez", escreveu. "Talvez um 'torra-torra' não seja a postura ideal para nós. As marcas de luxo sempre podem descer a um degrau inferior, mas depois fica muito difícil subir de volta."

Calacanis, porém, discordava veementemente. "Deveria custar cem dólares por ano", insistiu. Durante uma reunião, ele argumentou que era mais provável que os usuários do Twitter abrissem o bolso e pagassem cem dólares por uma inscrição anual se ela parecesse um pouco mais barata, a 99 dólares, como se houvesse assistido recentemente a um vídeo no YouTube explicando os preceitos básicos da psicologia do consumidor.

Musk parecia mais inclinado a aceitar o preço de Calacanis que o de Sacks, exceto pelo fato de odiar o número nove. A Tesla jamais usava esse número no site, e ele considerava brega toda tentativa de jogar com o psicológico do consumidor.

"Isso é burrice. Não queremos fazer isso, não faz o menor sentido", ele disse ao repreender o *podcaster*.

"Beleza, pode ser cem, mas deveria custar 99 dólares", cedeu Calacanis.

Musk também pediu conselho ao seu biógrafo. "Walter, o que você acha?", ele perguntou durante uma reunião sobre preços.

"Deveria ser um preço acessível a todos", disse Isaacson, deixando de ser um observador neutro. "O valor precisa ser muito baixo, porque todos vão querer assinar o serviço."

Para os desenvolvedores do Blue Verified presentes na sala, as discussões eram desconcertantes. Musk, o suposto gênio que tinha criado e liderava empresas bilionárias, estava pedindo conselhos a um pequeno círculo íntimo de conselheiros com pouca experiência em redes sociais. Claro, todos eles eram usuários do Twitter, mas esses ricaços não eram representativos das centenas de milhões de pessoas ao redor do mundo que acessavam a plataforma diariamente. Eles tomavam suas decisões por instinto, tendo como base suas próprias bolhas filtradas pelo Twitter — e Musk aceitava as ideias deles.

O bilionário estava muito convencido de que o ideal era cobrar cem dólares anuais pelo Blue. Mas, durante uma reunião para discutir os preços, sua assistente, Jehn Balajadia, sentiu-se compelida a opinar.

"Vivemos um momento em que muitas pessoas não conseguem pagar nem sequer a gasolina", ela disse, referindo-se à inflação galopante. Era difícil presumir que alguma delas desembolsaria cem dólares de bom grado em troca de um símbolo de status em uma rede social.

"Mas pensa só quanta gente tem um iPhone", respondeu Musk. "Se você consegue comprar um iPhone, sem dúvidas consegue pagar isso."

Ele parou para pensar. "Sabe, tipo, quanto custa um café no Starbucks? Tipo uns oito dólares?" Antes que alguém pudesse contestá-lo, ele tirou o celular do bolso para deixar sua palavra gravada na pedra.

"O atual sistema de segregação do Twitter, separando nobres & plebeus de quem tem ou não um selo azul de verificação é uma besteira", tuitou em 1º de novembro. "Poder para o povo! Blue por $8/mês."

Crawford se tornou mais próxima de Musk. Os dois começaram a trocar mensagens com frequência, e o círculo íntimo dele passou a se abrir mais para ela. Nos dias caóticos do início de novembro, Balajadia chamou Crawford e lhe deu dicas de como lidar com Musk. Ela era uma das poucas mulheres em quem Musk confiava, e embora tecnicamente trabalhasse como coordenadora de operações da Boring Company, na prática era uma espécie de assistente especial. Ela monitorava a agenda dele, acompanhava-o em eventos públicos e configurava o notebook dele quando Musk precisava trabalhar em algo que não podia ser feito pelo iPhone. Balajadia também representava a Boring Company em algumas aparições públicas[2] e, em 2018, apresentou um plano de "prova de conceito" à Câmara Municipal de Culver para a construção de um túnel de dez quilômetros entre a sede da SpaceX, na cidade de Hawthorne, na Califórnia, e West Los Angeles. O túnel jamais foi construído, mas Balajadia continuava devotando a vida a Musk.

"Percebo que você vai ficar conosco por um bom tempo, então me permita dizer uma coisa", disse Balajadia. "Elon é uma pessoa especial neste mundo. Nosso trabalho é protegê-lo e garantir que o que ele quer que aconteça, aconteça. Precisamos proteger a missão."

Para Crawford, a mensagem tinha uma semelhança sinistra com as que tinha ouvido durante a juventude em um culto cristão de Oklahoma. Mas, em vez de um profeta, Balajadia seguia Musk. Ela havia passado imensos períodos longe dos filhos para viajar com ele. A missão justificava esses sacrifícios.

Crawford desenvolveu seu próprio modo de lidar com Musk. Ciente de que precisava da aprovação dele, evitava incomodá-lo a todo custo. Talvez ela fizesse jus a sua xará do Antigo Testamento, que protegeu seu povo de um rei que planejava exterminá-los. Ela não demorou a perceber que até podia contestá-lo, mas de preferência em reuniões sem a participação de terceiros, quando ele se mostrava jovial e disposto a aprender com o interlocutor. Individualmente, Musk podia ser charmoso, engajando-se em discussões e escutando o que o outro sabia. Porém, quando se via em grupos maiores com pessoas externas a seu círculo íntimo ou gente em quem não confiava, perdia o controle sobre o próprio ego. Nunca podia parecer inferior ou desinformado. Quem permanecia em sua órbita aprendia isso depressa.

Em uma reunião poucos dias depois de fechar o negócio, Musk estava sentado na sala de reuniões do segundo andar e rolava o feed do Twitter enquanto membros da equipe de transição debatiam ideias de produto. Após ler um tuíte sobre o FBI e Hillary Clinton — uma obsessão constante da direita na internet —, ele anunciou aos presentes que desejava postar sobre Clinton, na esperança de provocar algumas risadas. Crawford se posicionou. "Você não pode fazer isso agora!", disse dramaticamente. Eles precisavam discutir questões de produto, e ela não queria distrações. Quem sabe você não deixa isso para mais tarde, sugeriu, antes de cair na gargalhada. A abordagem histriônica e jocosa deu certo. "Agora você é minha consultora de tuítes?", Musk perguntou, arqueando uma sobrancelha para Crawford. Ele jamais fez a postagem.

Publicamente, contudo, Crawford era vista como tiete dele. Durante o caos e a insensibilidade dos dias que se seguiram à aquisição, ela passou uma imagem otimista, levando outros a pensar que tinha se tornado uma entusiasta de Musk. Na noite de 1º de novembro, depois de trabalhar muitas horas com a equipe do Blue, ela e os colegas decidiram tuitar uma brincadeira. Ela havia levado uma máscara e um saco de dormir prateado ao escritório para tirar pequenos cochilos, e depois de um designer de produto chamado Evan Jones flagrá-la dormindo, ela pediu que ele refizesse a foto para postá-la. Ele subiu em um sofá do escritório para conseguir um ângulo melhor dela no saco de dormir, e então tuitou a foto. Em seguida Crawford retuitou com o comentário: "Quando sua equipe precisa varar a noite para cumprir prazos, às vezes você #DormeOndeTrabalha".

A imagem se espalhou pela internet a toda a velocidade. Para os detratores de Musk, ela era um símbolo da constrangedora cultura de trabalho extenuante que imperava no mundo da tecnologia — uma normalização da prática de trabalhar todas as horas do dia para acalmar um monarca corporativo. Para os apoiadores de Musk, a foto mostrava o impacto que um grande inovador estava tendo em uma empresa que precisava de uma revolução. Na realidade, tudo não passava de uma autopromoção jocosa, e talvez astutamente calculada, de Crawford. Ela e Jones receberam uma enxurrada de críticas no Twitter, e o designer de produto quis deletar a postagem. Mas Crawford exigiu que ele deixasse a foto no ar. Era o momento dela de brilhar.

Mas o trabalho era, de fato, extenuante. A equipe do Blue trabalhava até altas horas para cumprir exigências de Musk e sua equipe de transição, e criou um sistema rotativo de 24 horas em que funcionários ao redor do mundo passavam o bastão uns para os outros de modo a garantir que o trabalho não parasse nunca.

Crawford tentou compartilhar com Musk o receio de que alguns colegas sofressem *burnout*. Certas pessoas da equipe do Twitter Blue passaram a monitorar seus batimentos cardíacos elevados no Apple Watch e a compartilhá-los com os colegas para descontrair a situação. "Não quero que minha equipe trabalhe até a morte nesse projeto", Crawford disse a Musk.

"Bem, garanta que eles trabalhem até um pouquinho antes de morrer", Musk respondeu aos risos. Quem ouviu o diálogo entendeu que era uma brincadeira, mas também se perguntou se ali não havia um fundo de verdade. Eles haviam escutado histórias sobre a Tesla e a SpaceX.

Dado o prazo exíguo, a equipe do Blue sabia que, muito provavelmente, entregaria um produto pouco viável, e só lhes restava rezar para que não houvessem grandes bugs ou problemas. O ritmo de trabalho era tão acelerado que eles temiam violar alguma regulação sem perceberem. Em uma reunião, Crawford elencou uma possível arapuca. Os advogados da empresa tinham avisado que algumas leis de proteção ao consumidor fora dos Estados Unidos exigiriam que a empresa reembolsasse assinantes suspensos por violarem as regras da empresa. Talvez sejamos obrigados por lei a devolver parte do dinheiro, explicou Crawford.

"Tô nem aí", disse Musk. "Foda-se. Pareço preocupado com batalhas jurídicas? Vá em frente. Termine esse negócio."

A única coisa que parecia despertar algum leve receio em Musk era o medo de passar vergonha em público no Twitter. Em uma reunião, ele deixou escapar o temor de que a deputada Alexandria Ocasio-Cortez, usuária proeminente do Twitter e queridinha da esquerda progressista, o achincalhasse se o relançamento do Blue desse errado. Calacanis concordou na hora, e apontou que, em sua opinião, Ocasio-Cortez ainda seria candidata a presidente.

Na Tesla e na SpaceX, os engenheiros costumavam brincar que as únicas leis que respeitavam eram as da física e as exigências de Musk. No Twitter, a equipe do Blue aprendeu isso na marra. O bilionário queria revisar em uma só reunião as descrições do Twitter Blue a serem utilizadas tanto no site quanto na Apple Store. "Deveria ser assim: 'Pegue um foguete para o topo dos *trending topics*, das menções, das buscas, e das respostas'" ele disse, passando os olhos por uma versão. "Tirem essa vírgula antes do 'e', está me incomodando."

Crawford, fã dessa vírgula, de uso opcional nas construções em inglês, tentou defendê-la. "Tenho uma opinião contrária a respeito dessa vírgula", ela falou com um sorriso. Algumas pessoas na sala se ajeitaram nervosas em seus assentos.

"Que pena, eu sou a lei", respondeu Musk.

As funcionalidades do Twitter Blue passaram a ser o novo foco e, com elas, o receio de como seriam utilizadas em fraudes. O que aconteceria se um perfil que fingisse ser um quartel de bombeiros declarasse uma emergência? E se uma conta falsa se passando por um político ou autoridade eleitoral disseminasse desinformação sobre uma eleição próxima?

Coibir a interferência nas eleições era um objetivo central para os empregados do Twitter. O Brasil, um dos maiores mercados da plataforma fora dos Estados Unidos, tinha realizado o segundo turno das eleições presidenciais no fim de semana seguinte a Musk assumir o Twitter. O populista ocupante do cargo, Jair Bolsonaro, fora derrotado por Luiz Inácio Lula da Silva, mas disse que contestaria os resultados. Enquanto Musk desmanchava a equipe de confiança e segurança do Twitter, hashtags em português questionando a legitimidade da votação bombavam na rede social. Os trabalhadores ainda alocados em iniciativas de integridade cívica mapearam situações em que Bolsonaro, com quem o bilionário dizia conversar de vez em quando, conseguiu espalhar desinformação utilizando contas verificadas.

Os empregados e usuários do Twitter também relataram preocupação com as eleições de meio de mandato nos Estados Unidos, marcadas para 8 de novembro. O FBI tinha os mesmos receios. Cerca de uma semana antes do dia das eleições, um agente da Força-Tarefa de Influência Estrangeira do FBI entrou em contato com a empresa para entender melhor os planos para o Twitter Blue.

Musk foi informado desse contato durante uma reunião em 3 de novembro, quando lhe foi dito que o FBI queria saber se haveria alguma alteração nas contas eleitorais oficiais de governo estadual e federal. A agência também perguntou se contas fraudulentas fingindo ser funcionários do governo poderiam obter o selo de verificação.

"De modo geral, eles estão preocupados com qualquer mudança capaz de impactar operações de desinformação durante as eleições", disse Crawford.

A resposta de Musk não gerou muita confiança. "Podemos lançar o Blue agora, mas esperar as eleições passarem para mudar a classificação das contas", ele falou. Musk planejava priorizar tuítes de assinantes do Blue na timeline algorítmica do Twitter, dando aos usuários pagos vantagem na disputa por atenção na plataforma.

Ele também disse que planejava dar um "selo oficial" a todas as entidades de governo "de vulto" para indicar que as contas eram autênticas. Mas Musk não definiu o que entendia por "de vulto".

Os empregados sabiam que era impossível filtrar os milhares de contas verificadas com alguma possibilidade de envolvimento nas eleições nos Estados Unidos e determinar se elas deveriam ou não receber um selo oficial faltando apenas cinco dias para as eleições.

Na noite de 4 de novembro, enquanto a empresa sangrava com as demissões, Crawford e sua equipe apresentaram as alterações finais para o lançamento do

Twitter Blue na Apple App Store. De início, o serviço de assinatura ficaria disponível para venda somente através de dispositivos Apple, em parte porque a pressa fizera com que o aplicativo Android fosse negligenciado, em parte porque Musk achava que seria possível aproveitar os sistemas de ID e pagamento da Apple. Segundo argumentava, como todos os usuários Apple tinham que ter um ID único para utilizar os dispositivos e fazer pagamentos por meio deles, o Twitter teria menos trabalho para verificar os usuários por conta própria.

O bilionário telefonou para Crawford a fim de parabenizá-la pessoalmente pelos esforços. Foi um momento de validação. A gerente de produto tinha provado a Musk que os funcionários do Twitter eram competentes. Mas os cumprimentos não apagaram a tristeza dela por ter visto alguns colegas que haviam trabalhado no projeto serem mandados embora.

Ela também seguia aflita com o plano de Musk de inaugurar a verificação paga em 7 de novembro. Apesar dos alertas do FBI, Musk não parecia reparar nos problemas de seu cronograma.

Na sexta-feira, uma empregada acessou o canal do Slack do qual participava a empresa inteira e detonou o timing do lançamento.

"Por que fazer uma mudança tão arriscada um dia antes das eleições se ela tem o potencial de provocar interferências eleitorais por parte de grupos mal-intencionados, que poderiam explorar as novas regras em benefício próprio e espalhar desinformação?", ela perguntou.

Crawford realizou uma última tentativa nesse fim de semana em uma conversa privada com o chefe. "Você quer ser culpado pelo desfecho desta eleição?", ela perguntou.

"Ué, quando vai ser?", respondeu Musk.

"Daqui a dois dias", disse Crawford, chocada por ele não ter gravado a data para a qual ela e sua equipe o alertavam desde o início do projeto.

Musk parou, processando a informação. "Ah, não tinha me dado conta", ele falou depois de um instante. "Tá bem, sim, tudo bem. Podemos esperar. Por que não esperamos?"

O lançamento foi postergado para 9 de novembro.

36.
Eleições

Em 4 de novembro, a sexta-feira após o Estalo, Musk estava de péssimo humor. Ele estava acostumado a ser escrutinado, mas o caos da venda do Twitter o expusera a um novo patamar de atenção. Musk era o personagem principal da plataforma, e cada decisão dele era esmiuçada e ridicularizada pelos usuários do site. O Twitter valia muito menos dinheiro que a Tesla e a SpaceX, mas era um centro de cultura, acontecimentos da atualidade e notícias, e a plataforma em si era um dos assuntos favoritos dos usuários.

Agitado, Musk lidou com as críticas da única forma que sabia: tuitando o tempo todo. Sua conta publicou um fluxo de consciência a partir dessa sexta-feira, totalizando 105 postagens ao longo do fim de semana. Incomodado com a enxurrada de críticas, ele mudou a descrição de seu perfil de "Chief Twit" [Chefe do Twitter] para "Twitter Complaint Hotline Operator" [Operador da Central de Reclamações do Twitter].

De início, ele voltou a atenção aos anunciantes do Twitter. Após dedicar uma semana a tentativas de tranquilizá-los, Musk culpou "grupos de ativistas pressionando os anunciantes" pela "queda drástica de faturamento" da empresa e atribuiu toda a responsabilidade aos seus inimigos que desejavam destruir a liberdade de expressão. Em seguida, passou à intimidação: prometeu liberar na noite de sexta-feira "uma lista bombástica de nomes" dos anunciantes que tinham ousado parar de gastar dinheiro com o Twitter.

Durante o fim de semana, ele publicou piadas sobre masturbação envolvendo o Mastodon, serviço alternativo ao Twitter para o qual alguns usuários ameaçavam migrar depois da mudança de proprietário. Soltou farpas contra a comediante Kathy Griffin, que decidira transformar sua conta no Twitter em uma paródia de Musk para testar os limites da "liberdade de expressão" e, por conseguinte, acabou banida pelo bilionário. E ainda respondeu a um tuíte que citava um nacionalista branco. Musk jamais teve muito filtro, mas naquele fim de semana seu comportamento foi especialmente maníaco.

Na manhã de segunda-feira, os empregados começaram o dia chocados com um tuíte de Musk.

"Caros eleitores de pensamento independente", escrevera Musk no domingo, 6 de novembro, dois dias antes das eleições de meio de mandato nos Estados Unidos. "O controle simultâneo do Parlamento e da presidência impele os dois partidos a cometerem os piores excessos, e por isso recomendo votar em um Congresso republicano, dado que a presidência é dos democratas."

O tuíte era o indício final da guinada de Musk à direita. Em junho, ele tinha previsto uma "gigantesca onda vermelha" nas eleições de meio de mandato, e em agosto comparecera como convidado especial do líder da minoria republicana na Câmara, Kevin McCarthy, em um refúgio do Partido Republicano em Wyoming, onde apertou alegre as mãos de políticos que, alguns anos antes, poderiam facilmente ter sido alvo de sua ira pelas ligações deles com petrolíferas e o negacionismo climático.[1] O bilionário havia encontrado um novo lar político, e esperava carregar seu séquito consigo.

Os antigos líderes do Twitter sempre tinham se esforçado ao máximo para conservar uma imagem de plataforma apartidária sem candidatos favoritos. Dorsey fizera doações privadas a candidatos presidenciais dos Estados Unidos como Tulsi Gabbard e Bernie Sanders no passado, mas jamais utilizou sua conta para pedir que os cidadãos votassem em um partido ou candidato específico. Como muitas empresas, o Twitter chegou a manter um comitê de ação política e fazer doações idênticas a candidatos democratas e republicanos — mas ele foi encerrado em 2020, quando a plataforma baniu anúncios políticos e passou a afirmar que influência é algo a ser conquistado, e não comprado.

Na manhã de 7 de novembro, uma segunda-feira, os advogados internos que haviam sobrevivido às demissões de Musk fizeram uma chamada de vídeo às 8h30 para escutar os planos de Spiro. Enquanto os profissionais entravam na chamada preenchendo janelinhas na tela do computador, Spiro irrompeu na reunião vestindo uma camiseta justa com ARMY escrito bem grande.

Só de ver os rostos amuados, ele soube que as quarenta pessoas das equipes jurídica e de políticas públicas do Twitter ali reunidas desconfiavam dele. Elas queriam garantias. Por isso, tentou falar de um jeito que, segundo pensava, todos ali conseguiriam entender. Ele disse que as demissões haviam chegado ao fim, e que um novo capítulo começava para o Twitter. Os cortes de custos continuariam, mas a partir dali as reduções de gastos se dariam com o cancelamento de contratos.

"Olha só, eu sei que é duro, mas se todos conseguirem aguentar um pouquinho mais", disse Spiro. "Vocês precisam ter em mente que Elon é um cara que criou carros elétricos e lançou foguetes." A crença dele nos poderes superiores do chefe parecia irrestrita. Havia um cenário positivo no horizonte, prometeu.

"Todos ganharemos muito dinheiro com isso", ele prosseguiu, enquanto alguns dos rostos na chamada se contorciam em caretas. Os advogados perguntaram quem seria o novo chefe deles. Nos dias seguintes à compra, o advogado de Musk tinha passado um bom tempo na sede, impondo sua autoridade acerca das decisões legais e de políticas, e alguns dos participantes da chamada queriam saber se Spiro tinha a ambição de chefiar o departamento jurídico.

"Vocês serão seus próprios chefes", disse Spiro. "Cada equipe tem um líder, e não acredito em barreiras nem em limites. Não existe nenhuma regra dizendo que precisamos de um conselheiro-geral ou diretor jurídico. O mundo em que vocês vão viver a partir de agora não é assim." Ademais, não seria útil designar um chefe que poderia ser mandado embora três semanas depois caso irritasse Musk, prosseguiu.

Os advogados do Twitter tentaram esconder suas emoções, mas trocavam mensagens em privado enquanto Spiro falava. Alguns diziam que fazia sentido que Musk não apontasse superiores — o bilionário tinha deixado bem claro seu desprezo pelas chefias durante a onda de demissões, e parecia querer tomar as decisões por conta própria. Outra funcionária deu sua opinião sobre o ambicioso conselheiro de Musk: "Esse cara é um cretino do caralho".

Os advogados bombardearam Spiro com perguntas sobre suas funções e o modo como Musk planejava administrar a empresa. Musk conversaria com eles em breve, disse Spiro. "Tomem cuidado com o que desejam. Se eu jogasse vocês agora na frente de Elon, metade estaria em apuros", acrescentou.

Os advogados deveriam conduzir seu próprio trabalho dali em diante sem esperar que alguém lhes desse instruções, prosseguiu o advogado de Musk. "Não tenham medo de fazer perguntas", ele aconselhou. "Ninguém vai ser demitido, embora talvez seja bom ter o juízo de ponderar se vocês querem fazer uma pergunta na frente de cinquenta pessoas." Spiro sabia que a melhor forma de convencer o bilionário de alguma coisa era conversar com ele em privado.

Sua fanfarrice parecia se intensificar conforme ele respondia às perguntas. Alguns perguntaram por que as demissões tinham sido tão repentinas, e se o processo não havia violado leis trabalhistas. Outros perguntaram como Musk pretendia cumprir as diversas novas regulamentações internacionais para as redes sociais que, segundo esperavam, passariam a vigorar em breve.

"É o seguinte, conheço Elon há muito tempo", disse Spiro, olhando para a câmera. "Elon está disposto a correr riscos legais extraordinários." Algumas pessoas na videochamada levaram as mãos à cabeça, sem acreditar que um advogado experiente fosse capaz de dizer algo assim em voz alta. "Ele está lançando foguetes no espaço", o advogado falou. "O pior que pode nos acontecer é um interrogatório da FTC, isso não será muito problema para nós."

"Profissionais de empresas não devem conversar com a imprensa. Quem fizer isso achando que eu sou trouxa e não sei, saibam que estou ciente e acompanhando o desenrolar das coisas, e estou pronto para intervir caso ache conveniente", disse Spiro, corroborando o desejo de Musk de fechar o cerco ao redor de quem vazasse algo para a imprensa. A chamada acabou pouco depois.

Quanto mais a equipe do Blue trabalhava sob a direção de Musk, mais percebia que as decisões dele eram tomadas por puro instinto. O sucesso sem paralelo de Musk em duas empresas que mudaram o mundo fizeram com que ele — assim como seus aliados — acreditasse que ninguém era tão bom em decisões sobre produto. Ninguém era melhor nem mais qualificado, e ele deixou isso claro de saída.

Embora administrasse suas outras empresas, Musk parecia estar sempre disponível, se não em pessoa, por e-mail ou mensagem de texto, e queria tomar cada decisão, por menor que fosse. Após mandar muitos gestores e executivos para a rua durante a rodada inicial de demissões, Musk tinha mais de cem pessoas se reportando diretamente a ele.

A intensidade desse cenário — jornadas de dezoito horas, e-mails e mensagens em plena madrugada, mudanças repentinas de orientação — começou a pesar sobre eles. Até Crawford começava a sentir algum desconforto. Ela se equilibrava na tênue linha entre agradar Musk e restringir os danos que ele poderia causar ao site. Muitas vezes, comentou com seus subordinados que não estava sendo fácil aguentar isso. Após o bilionário exigir novamente durante uma reunião que fossem removidas quaisquer designações oficiais de contas verificadas, ela disse a um colega: "Não quero que o efeito Dunning-Kruger nos impeça de tomar boas decisões".

Ela e os outros funcionários começaram a entender que o conhecimento dele em outras áreas nem sempre se traduzia em uma boa gestão ou compreensão do Twitter. Na essência, a SpaceX era um problema de física. A Tesla era um desafio de manufatura. Mas o Twitter era um problema social e psicológico. À parte os desafios de engenharia para manter no ar um dos sites de maior tráfego do mundo, o cerne da empresa era se colocar no lugar de outros seres humanos para entender por que eles utilizavam a plataforma para compartilhar ideias sem filtro ou ler, clicar e interagir com qualquer coisa que passasse pelo feed. Ficou claro que Musk não conseguia compreender o uso que as outras pessoas faziam da plataforma.

"É da natureza humana superestimar sua própria experiência de vida", disse um membro da equipe do Twitter Blue depois de sair da empresa. "Mas Elon toma más decisões a partir de suas próprias experiências limitadas, e o poder e o dinheiro dele fazem com que ninguém seja capaz de impedi-lo."

Enquanto os empregados que restavam no Twitter tentavam preparar a plataforma para as eleições de meio de mandato, Musk estava concentrado em uma preocupação mais imediata: novos cortes de gastos.

"Em relação ao 'corte de pessoal' do Twitter, infelizmente não resta escolha para uma empresa que perde 4 milhões de dólares por dia", ele tuitou alguns dias antes. Mas não mencionou em seu tuíte a dívida de 13 bilhões que impusera à empresa, uma bomba-relógio que, segundo acreditava, poderia explodir em uma economia global em deterioração. Ele encarregou Steve Davis de buscar outras formas de cortar despesas no Twitter, e na mesma hora o puxa-saco marcou reuniões com membros das equipes de planejamento financeiro da empresa.

Em uma reunião, Davis, que a essa altura tinha um aspecto adoentado e dormia no escritório para atender ao ritmo frenético de Musk, perguntou a um empregado do financeiro por onde ele começaria um contingenciamento. O empregado ficou surpreso.

"Nas equipes, você diz?", perguntou ele, que vira recentemente metade da empresa sair porta afora após o Estalo alguns dias antes.

Davis riu. "Isso nós já fizemos!", ele respondeu. Não era preciso demitir mais ninguém. "Agora precisamos cortar mais 500 milhões de dólares do orçamento."

O número era de cair o queixo. Em 2021, os custos gerais e administrativos da empresa, que englobava aluguéis ao redor do mundo, benefícios para os empregados, alimentação e suprimentos, haviam totalizado 580 milhões de dólares.[2] Agora, Musk e Davis queriam extirpar da empresa o equivalente a esse orçamento. Custos com centros de processamento de dados, refeições dos funcionários, gastos com software… nada estava a salvo.

No início da noite de terça-feira, Musk entrou na sua sala de reuniões no segundo andar da 1 Tenth quando os primeiros resultados das eleições de meio de mandato começavam a ser divulgados. Os primeiros sinais sugeriam que a "onda vermelha" prevista pelo chefe da Tesla se transformara em marolinha, embora ele parecesse mais preocupado com a reunião que teria com os líderes financeiros do Twitter, na qual esperava receber um diagnóstico de gastos, previsões de vendas e possíveis economias para a empresa. Mais de trinta pessoas se reuniram ao redor da mesa de carvalho com design personalizado para se apresentar ao novo chefe e explicar suas funções. Quando um dos empregados disse ser o chefe de previsão de receitas da empresa, Musk o interrompeu.

"Eu queria falar com você, qual é a sua previsão geral para a economia em 2023?", perguntou o bilionário. "Porque falei com Ari Emanuel hoje e ele disse que enfrentaremos uma grande recessão."

O nome fez alguns presentes na sala arquearem as sobrancelhas. Musk estava ouvindo conselhos de um magnata de Hollywood. O chefe de previsão de receitas tentou explicar o melhor que pôde que as receitas com publicidade do Twitter haviam caído por causa da guerra na Ucrânia, da pandemia e dos protestos em prol de justiça racial na esteira do assassinato de George Floyd pela polícia, e apontou que os grandes eventos globais impactavam de forma singular a alocação de dinheiro pelos anunciantes. Musk assentiu durante a explicação e em seguida perguntou como o Twitter havia lidado com a grande recessão de 2008. Após alguém comentar que a empresa não dava lucro naqueles primeiros anos, Musk iniciou uma longa discussão sobre como a recessão quase levara a Tesla à falência.

"Fiquei traumatizado", ele disse aos presentes, reiterando sua convicção de que a economia global estava prestes a entrar em queda livre.

Depois ele ressaltou seu comprometimento com a saúde financeira da empresa que acabara de comprar. "Aliás, isso ainda não é público, mas vendi mais algumas ações da Tesla e o dinheiro será direcionado para o Twitter", falou. Mais cedo naquele dia, Musk revelara em uma prestação de contas à SEC que tinha vendido 19,5 milhões de ações da Tesla por um valor total de quase 4 bilhões de dólares.[3]

Durante mais de duas horas, Musk escutou seus empregados detalharem os custos do Twitter. Ele agiu de forma um tanto razoável com os trabalhadores ali reunidos, muitos dos quais interagiam com ele pela primeira vez. Compareceu à reunião não o incendiário bravateiro que comprara o Twitter, mas alguém que parecia em controle de suas funções executivas. Eles também sabiam que o bilionário não se comportaria como os gestores anteriores do Twitter. Musk queria fazer cortes, muitos cortes, e se perguntou em voz alta por que os funcionários tinham sido tão mimados até então.

Quando um diretor descreveu os contratos de aluguel do Twitter ao redor do mundo, o bilionário franziu o cenho e se contorceu no assento. A empresa alugava escritórios de San Francisco a Londres, passando por Singapura, e alguns tinham contrato de preço fixo como contrapartida pelo longo prazo de vigência. Musk não conseguia acreditar.

"Não me importa o que dizem os contratos", ele falou.

"Mas alguns desses contratos foram firmados para os próximos trinta anos", disse um diretor. "Não há como negociar. Eles já foram firmados."

"Tudo pode ser renegociado", respondeu Musk. "Ou renegociamos ou não pagamos."

Com Davis na escuta, as palavras do bilionário se converteram em instrução divina. Os empregados responsáveis pelo relacionamento com as empresas de aluguel de escritórios, e também com revendedores de software, serviços de computação em nuvem e até fornecedores de benefícios para os trabalhadores, contataram os parceiros e pediram uma redução drástica de preços. Não interessava se a antiga gestão havia assinado um contrato. Havia um novo proprietário e eles não podiam fazer nada.

Foi um movimento de mafioso. Muitos dos fornecedores tinham no Twitter, uma grande empresa de marca imensamente reconhecida, seu principal cliente. Isso valia em especial para os proprietários de escritórios em grandes cidades como San Francisco e Nova York, onde o preço de aluguel de escritórios despencara durante a pandemia. Com a consolidação da tendência de home office, a demanda por salas comerciais era cada vez menor, e Musk e seus capangas sabiam disso. Se um proprietário não reduzisse o aluguel, eles simplesmente não pagariam a conta. Musk sabia que a empresa era grande demais para ser despejada, e em cidades onde a presença do Twitter era menor, como Boulder e Seattle, essa era uma forma de quebrar o contrato.

Com a reunião se arrastando noite adentro, alguns funcionários receavam não poder votar antes do fechamento das urnas. No encontro, Musk, em uma de suas divagações, disse ao grupo que votaria nos republicanos para puxar a política do país de volta para o centro. Embora houvesse tuitado a respeito disso mais cedo, os empregados ficaram pasmos ao ouvirem o CEO deles defender um resultado político de forma tão explícita no ambiente de trabalho.

Mais tarde, os registros de votação mostrariam que Musk nem sequer votou.

37.
Ataque zumbi

Crawford chegou cedo à sede do Twitter na manhã de 9 de novembro, uma segunda-feira. A nova versão do Twitter Blue estava pronta para ser lançada, e seu momento havia chegado. Ela foi a primeira da equipe a aparecer e se instalar na Caracara, uma sala de reuniões no décimo andar, enquanto o sol ainda se erguia sobre o centro da cidade.

Mas Musk, mesmo sem pisar no escritório, já havia atravancado os planos dela. Angustiava-o ter que decidir se criava ou não um novo selo para comprovar a identidade de uma pessoa ou organização, a ser utilizado em paralelo com o selo azul — medida desejada por Crawford para garantir que o sistema de verificação não ruísse de todo. Isaacson, que havia estimulado Musk a implementar somente as verificações fornecidas pela assinatura do Blue, teve uma influência especial sobre o pensamento do bilionário.

"Andei falando disso com Walter", dissera Musk em uma reunião anterior. "Walter insistiu muito que o poder do Twitter vem do fato de ser um espaço democrático onde líderes internacionais e pessoas comuns estão em par de igualdade. Ele disse que não seria interessante para nós criar um sistema de classes, e sim, confio em Walter. Ele é um cara muito sabido."

Apesar disso, Crawford e sua equipe haviam conseguido convencer Musk de que contas de usuários muito, muito proeminentes deveriam ter selos "oficiais". Ela começou a aplicá-los no dia das eleições. Os selos cinza e transparentes ficavam abaixo do nome de usuário da conta e, como Crawford descreveria em um tuíte, havia uma forma de "distinguir entre os assinantes do @TwitterBlue, com seus selos azuis, e as contas confirmadas como oficiais". Basicamente, o selo "oficial" teria a função do antigo selo de verificação, garantindo que os usuários soubessem se uma conta de fato pertencia a um político, marca ou celebridade.

Na manhã de quarta-feira, porém, Musk tinha passado a odiar isso. O distintivo estava sendo ridicularizado no site, e Musk acusou os golpes. Um usuário, dono de uma conta anônima de fãs da rapper Nicki Minaj chamada @NipTuckReload, com 5 mil seguidores, tuitou que o distintivo era "feio". O bilionário fez uma captura de tela da postagem e mandou por e-mail para Crawford e sua equipe, que precisaram se virar para criar na hora uma alternativa antes que Musk tomasse decisões drásticas.

Mas era tarde demais. Às 8h38, Musk tuitou que havia "eliminado" o distintivo e declarou que ele não existiria mais.

"Por favor, tenha em mente que o Twitter fará muita bobagem nos próximos meses", ele postou seis minutos mais tarde. "Vamos manter o que funciona e mudar o que não funciona."

Naquela manhã, Damien Kieran telefonou para McSweeney em Dublin. O advogado especialista em privacidade trabalhava intensivamente com Lea Kissner, principal chefe de segurança jurídica do Twitter, e Marianne Fogarty, chefe de *compliance*, para concluir uma auditoria periódica destinada à FTC. O órgão mantinha-se atento às práticas de privacidade da empresa, e esperava atualizações trimestrais sobre o progresso dos trabalhos de garantia de privacidade.

Como advogado do grupo, Kieran era o responsável por assinar a auditoria e declarar que seu conteúdo era preciso. Em outubro, um antigo executivo de segurança jurídica da Uber havia sido declarado culpado por mentir para a FTC no contexto de um inquérito sobre privacidade na firma,[1] e, embora ainda não houvesse condenação, ele corria o risco de passar anos na prisão. Outros executivos no Vale do Silício acompanhavam o julgamento de perto, e Kieran estava bastante ciente de que poderia acabar na mesma situação se o Twitter cometesse algum erro em sua auditoria.

Mas as demissões em massa de Musk haviam tornado todos esses equívocos inevitáveis. O Twitter precisava apontar os empregados responsáveis por programas de privacidade específicos, e muitos deles haviam sido mandados embora. A equipe que estava fechando o relatório para a FTC sofria de falta de pessoal e tinha dificuldades para concluir a tarefa. Kieran, Kissner e Fogarty passaram a discutir se deveriam mesmo colocar seus nomes naquele documento, e decidiram buscar conselhos de um advogado.

A sugestão que ouviram não foi otimista: era preferível eles pedirem demissão a assinar um relatório no qual não confiavam.

No telefonema com McSweeney, Kieran foi cauteloso. Ele contou que havia recebido aconselhamento jurídico sobre o cumprimento das solicitações da FTC pelo Twitter. Por acaso ela estaria interessada em ouvir? Ele não quis dizer a McSweeney exatamente o que estava acontecendo, mas falou que era uma "situação precária".

Enquanto executivo responsável por elaborar declarações semelhantes sobre privacidade de dados para agências reguladoras da União Europeia, McSweeney queria saber o que estava acontecendo. Ela concordou em convocar uma reunião com outros funcionários em Dublin para que todos pudessem ouvir o que o advogado havia dito a Kieran e decidir o que fazer.

Nessa tarde, Musk cruzou a porta envidraçada da sala de reuniões e sentou no centro da mesa da Caracara, ao lado de duas caixas de *donuts* abertas desde o início da manhã para uma reunião com a equipe de lançamento do Blue. Os designers e engenheiros ali presentes fizeram silêncio e ajeitaram a postura.

"Há muitas pessoas morrendo de vontade de provar que sou um tremendo idiota", disse Musk. Ele decidiu fazer um lançamento discreto, temendo que um anúncio oficial provocasse uma sobrecarga de sistema do Twitter.

Mesmo assim, o bilionário esperava que pessoas e organizações ansiosas pelo selo de verificação ou dispostas a apoiar sua causa assinassem o serviço aos bandos. "É melhor lidar com um pouquinho de confusão e fazer um lançamento discreto, assim não derrubamos o sistema", disse aos empregados. Ele temia ainda a ação de agentes mal-intencionados, pois previa uma onda de impostores, falsários e gente disposta a pregar peça ao estilo do "ataque zumbi" em *Guerra mundial Z*, filme de ação e horror de 2013 estrelado por Brad Pitt. Por volta da metade da manhã, os veículos de comunicação começaram a perceber as novas funcionalidades do Blue e publicar matérias sobre o relançamento do serviço.[2]

Musk permaneceu sentado na sala por mais de seis horas, de olho na movimentação. O serviço era sua aposta para revolucionar o Twitter, e ele o julgava capaz de libertar a empresa da dependência quase exclusiva das receitas publicitárias. Ele estava ali para capitanear o processo, assim como fazia durante a decolagem de um foguete da SpaceX ou como tinha feito na entrega do primeiro veículo da Tesla.

Crawford e outros presentes na sala, inclusive Jonah Grant, engenheiro experiente chamado para o projeto, estavam fora de si. Musk eliminara o selo oficial nessa manhã, argumentando que bastaria "coibir agressivamente as fraudes" para torná-lo desnecessário, mas sem especificar as medidas agressivas que seriam tomadas. Dias antes, ele tinha mandado embora uma legião de trabalhadores responsáveis pela confiança e segurança, e a gerente de produtos perguntou como os moderadores de conteúdo restantes no Twitter iam elaborar soluções para conter os perfis falsos. Ela apresentou um cenário hipotético em que um assinante do Blue fingia ser uma autoridade do governo municipal com poucos seguidores. Como um moderador de conteúdo faria para determinar qual das contas era verdadeira?

"Devemos levar em conta a magnitude do que pode acontecer antes de agirmos", respondeu Musk. "Quero prestar muita atenção e reagir com rapidez, mas não reagir com medo de algo que pode ou não ocorrer."

Era uma resposta absurda. Quem trabalhava no Twitter sabia que era quase impossível patrulhar a plataforma em busca de cada problema em tempo real, mesmo com o auxílio de tecnologias automatizadas e milhares de moderadores de conteúdo terceirizados ou contratados — muitos dos quais tinham sido mandados embora pela equipe de Musk. O serviço era utilizado por milhões de pessoas ao redor do mundo. Alguém se fazendo passar pelo Departamento de Bombeiros de Nova York provavelmente seria denunciado cedo, mas e se fosse uma delegacia de polícia em um vilarejo da Índia? Ou um político ucraniano durante a guerra? Ou uma embaixada dos Estados Unidos no Oriente Médio?

Crawford e Grant continuaram a alertar Musk sutilmente para possíveis armadilhas, mas em vez de sugerir de forma assertiva que eles teriam problemas, ela apresentou cenários prováveis como hipotéticos, tomando cuidado para não desafiar o chefe. "Acho que também será interessante observarmos o comportamento de agentes patrocinados pelo Estado. Será que eles também vão tentar explorar isso?", ela disse, com alguns *donuts* pela metade ao lado do notebook. "Porque esses são alguns dos mais sofisticados…"

Musk a interrompeu. Claro que eles tentariam explorar o sistema, não havia dúvidas. "O nosso sistema aqui, a vinculação do selo de verificação a um cartão de crédito e número de telefone, é a pior coisa imaginável para agentes de Estado maliciosos", ele disse, balançando as mãos como um maestro. "Não por falta de dinheiro. Mas por não terem telefones nem cartões. Isso é o que eles não têm. Não dá pra criar do nada 1 milhão de telefones e cartões em um dia."

Ninguém na sala falou nada, mas muitos se perguntaram do que ele estaria falando.

"Os governos são péssimos na parte de execução", prosseguiu Musk. "O governo é o DMV.* É isso que estamos combatendo aqui."

Musk falou com tanta confiança que ninguém ousou questioná-lo. Mas, para quem já trabalhava no ramo de tecnologia quando a Rússia interferiu nas eleições dos Estados Unidos em 2016, aquela resposta não fazia o menor sentido. O Twitter Blue não impediria propagandistas financiados por Estados de criar contas não verificadas, que não exigiam número de telefone nem cartão de crédito. E quem garantiria que um agente estatal com intenções maliciosas não seria capaz de providenciar um número de telefone nos Estados Unidos e um cartão de crédito para comprar um selo de verificação? Em 2016, a Agência de Pesquisa na Internet da Rússia utilizou cartões de crédito para comprar

---

* Department of Motor Vehicle, equivalente americano dos Departamentos Estaduais de Trânsito (Detrans). [N. T.]

200 mil dólares em publicidade no Facebook e semear o caos social nos Estados Unidos.³

Nessa mesma reunião, Musk deixou claro sua opinião. Ele não tinha os hackers do Kremlin em alta conta porque eles não haviam sabotado a Starlink, serviço de internet por satélite desenvolvido pela SpaceX e utilizado pelo Exército da Ucrânia na guerra contra a Rússia. "Vou até bater na madeira, mas até aqui as tentativas russas de hackear a Starlink não foram muito boas", ele disse, revelando informalmente segredos de guerra para um punhado de civis.

Quando Musk saiu do recinto alguns minutos mais tarde para conversar com sua assistente, aqueles que haviam permanecido em silêncio durante toda a explicação bizarra voltaram à atividade. O dia de lançamento do Twitter Blue já ia pela metade, e eles seguiam tratando de preocupações básicas com problemas do mundo real. Eles temiam o que aconteceria em outros países quando entidades governamentais e agentes públicos perdessem a verificação. "Pessoas em diversos países dependem de uma marca, um selo de algum tipo, para saberem se uma conta é real e digna de atenção", disse Crawford. "E esses selos serão sequestrados."

Christian Dowell, advogado que supervisionava o lançamento, interveio com a hipótese de que uma conta verificada era capaz de deslocar uma equipe da SWAT até a casa das pessoas. "Alguém pode até acabar morto", ele disse.

Quando Musk voltou para a sala, os comentários cessaram. Todos cravaram os olhos nos notebooks que usavam para monitorar o lançamento enquanto Musk fitava o telefone. Ninguém esperava que ele permanecesse ali por tanto tempo, mas ele continuou sentado à mesa, aparentemente sem outros compromissos ou obrigações, beliscando os lanchinhos (em dado momento, comeu metade de um *donut* com uma só mordida) e dizendo de vez em quando o que passasse pela cabeça.

"Quando olho meu feed do Twitter, as piores coisas vêm de contas verificadas pelo sistema antigo", ele disse, esperando uma resposta da sala.

Grant pressentiu uma oportunidade. "Como assim, as piores?", ele perguntou.

"Tipo... as respostas mais entediantes. O tipo de resposta que nem dá vontade de ler", respondeu Musk, tateando à procura de uma linha de argumentação. "Não dos novos verificados, mas dos cretinos de antes."

Musk tinha a esperança de pôr de joelhos repórteres, celebridades e veículos de imprensa que julgava inúteis e incômodos. "Odeio essa merda de verificação antiga", bradou Musk. Grant apenas o fitou de volta.

Yoshimasa Niwa, veterano do Twitter com doze anos de casa e maior especialista no aplicativo para dispositivos da Apple, tentou fazer Musk entender os danos que a venda dos selos poderia causar. Niwa era japonês e tinha visto uma conta aleatória do Twitter utilizar um novo programa de inteligência artificial para criar uma foto falsa de uma região inundada em seu país de origem durante uma tempestade recente.

"A conta dizia 'Ó meu Deus, fujam daí!'", Niwa explicou a Musk, destacando que se tratava de uma situação de vida ou morte. "E lembro de acreditar que aquilo era verdade." Imagine se agora essa mesma conta tivesse um selo de verificação, ele disse.

"Com certeza suspenderíamos essa conta", respondeu Musk. "E ficaríamos com suas oito pratas. Pode não parecer muito, mas as pessoas não gostam de perder oito dólares. Então, vamos ver o que acontece."

Niwa olhou para ele, assentindo, embora claramente frustrado. Na altura que o Twitter agisse para suspender uma conta dessas, o dano já estaria feito.

"Precisamos ser ousados, e seremos ousados", continuou Musk.

Alguns minutos depois, ele fez duas arminhas com as mãos. "Vamos atirar por reflexo e em tempo real", ele disse.

Um engenheiro de software de Toronto que participava por videoconferência perguntou a Musk a respeito dos selos oficiais. "Que incidente seria sério o bastante para nos obrigar a reinstaurar os selos ou alguma diferenciação entre as contas?", perguntou.

O bilionário entrelaçou os dedos e fez uma pausa de alguns segundos. Ele gaguejou. "Se tiver, tipo, uma morte, ou um ferimento grave, ou, alguma coisa assim, que, ahn, hm, sabe, ahn", disse Musk, impacientando-se. "Algo para além de incômodos ou confusões de média intensidade — isso já bastaria. Vamos ver o que acontece depois de enfrentarmos a onda inicial de tentativas de fraude. Haverá esse ataque inicial no estilo *Guerra mundial Z*, e as forças inimigas vão nos testar nesse aspecto. Não será interessante para nós reagir. Antes, precisamos conter a onda zumbi. Seremos capazes de conter a onda zumbi? Eu acho que sim, e depois vemos o cenário posterior. Acho que precisamos guardar posição por algum tempo."

A resposta era incompreensível, mas os funcionários já tinham desistido de argumentar com Musk. Não havia diretrizes concretas para instruir os moderadores de conteúdo a identificarem e agirem em reação a tuítes que causassem algo "além de incômodos ou confusões de média intensidade". Também não era possível dizer a eles para esperar até que alguém fosse gravemente ferido ou morto.

A pressa de Musk para lançar o produto o levara a descartar qualquer processo de checagem dos novos assinantes do Twitter Blue. Bastava fornecer informações de um cartão de crédito para que o usuário ganhasse o selo de verificação e tivesse acesso a todas as novas funcionalidades.

E foi exatamente o que aconteceu. Um usuário fingiu ser a empresa de jogos Nintendo, comprou um selo de verificação e compartilhou uma imagem do Mario, o simpático encanador dos jogos *Super Mario*, mostrando o dedo do meio. Outra conta verificada do Blue copiou a conta da American Girl, famosa marca de brinquedos, e tuitou que uma de suas bonecas, Felicity, era "proprietária de escravizados". Houve pronunciamentos falsos da Tesla, um O. J. Simpson impostor que admitiu ser assassino e uma postagem de um senador Ted Cruz falso declarando que amava se alimentar de bebês humanos. As contas falsas verificadas provocaram tanta confusão que a madrasta e agente de Kyrie Irving, armador dos Brooklyn Nets, telefonou para a equipe de parcerias do Twitter para persuadir a empresa a excluir um tuíte de uma conta que fingia ser um repórter da ESPN. A postagem afirmava que a estrela do basquete havia sido demitida de seu time.

No gabinete de guerra do Blue, Musk achou algumas das contas falsas verificadas hilárias. Ele jogou a cabeça para trás e uivou ao ver o tuíte falso do Mario, que ficou mais de duas horas no ar até a conta ser suspensa por fraude.

Grant mostrou a Musk um tuíte que começava a viralizar. "Levei menos de 25 minutos para criar um ID falso anônimo da Apple usando VPN e um e-mail descartável, vincular um cartão de débito mascarado (usando o endereço da sede do Twitter) e providenciar uma conta verificada em nome de uma pessoa proeminente", escreveu @JackMLawrence, aluno de doutorado. "Imaginem só o que um Estado-nação ou alguém mal-intencionado poderia fazer..."

Musk deu de ombros, aparentemente sem ver problema nisso. "Vinte e cinco minutos é muito tempo", ele disse. "Obrigado pelos oito dólares, cara."

Os empregados da equipe do Blue ficaram perplexos. Musk dizia ladainhas enquanto assistia a um ataque massivo de falsificações que tinha por objetivo constrangê-lo. Como o líder da empresa podia achar que aquilo era motivo para riso? As postagens falsas, por mais engraçadas que fossem, estavam causando danos não só às pessoas e instituições alvo das falsificações, mas também ao próprio Twitter. E no entanto, Musk se deleitava com o caos.

Perto do final do dia, Calacanis se reuniu com Musk e a equipe do Blue para monitorar as últimas horas do lançamento. Os dois compararam o novo sistema reformado de verificação com a inauguração de um clube de campo ou noite de abertura de uma balada VIP, e a partir disso começaram a listar os locais exclusivos aos quais haviam ido juntos. Calacanis citou para um grupo de engenheiros pouco interessados a sede do Burning Man, pertencente ao antigo CEO do Google, Eric Schmidt, enquanto Musk comentou casualmente que eles haviam visitado a casa da atriz Bella Thorne pouco tempo antes.

O bilionário deixou a Caracara com a sensação de um sucesso razoável naquela quarta-feira. Ele havia capitaneado o lançamento como um general que dirige suas tropas em uma cabeça de ponte, tendo angariado mais de 78 mil assinaturas do Blue até o final do dia. Embora houvessem ocorrido alguns problemas, as baixas faziam parte do custo da missão, e o dono do Twitter ria da situação. Ele deixou a sala de reuniões pouco antes das seis horas da tarde de bom humor, conversando com Crawford e perguntando por que ela achava que havia tão poucos funcionários no escritório.

"É só que, pra mim, é bizarro ver um escritório vazio em pleno dia", ele disse à gerente de produto.

Naquela noite, porém, algo mudou. A alegria do dia evaporou. Musk ficou sabendo que alguns executivos que ainda estavam no Twitter discutiam a possibilidade de pedir demissão conjunta em protesto à gestão dele. Também havia a questão da auditoria a ser entregue à FTC na manhã seguinte. O relatório do Twitter era uma bagunça — a empresa não sabia mais especificar os trabalhadores responsáveis pelas práticas de privacidade, e toda a distribuição de funções precisava ser revista.

No Slack, um funcionário avisou que passariam a exigir dos funcionários uma "autocertificação" de que seus projetos estavam em conformidade com as regras da FTC. Na prática, isso significava que eles precisariam assumir uma responsabilidade jurídica que cabia a seus executivos. "Elon já deixou claro que a única preocupação dele é recuperar o dinheiro que perdeu tentando escapar de sua obrigação contratual de comprar o Twitter", escreveu o funcionário.[4]

Musk também tinha começado a se debruçar sobre os custos administrativos do Twitter, e temia o colapso geral da economia que, segundo acreditava, ocorreria nos próximos doze meses. Por isso, ele decidiu fazer algo que ainda não tinha feito desde que assumira as rédeas da empresa: enviar um e-mail para todos os empregados. "Não há um jeito agradável de dizer isso", escreveu, alertando-os para os "tempos difíceis que teriam pela frente."[5]

"A estrada a nossa frente é árdua, e precisaremos trabalhar duro para alcançar o sucesso", prosseguia Musk. Ele alertou para um "quadro econômico calamitoso". Os funcionários, que havia muitos anos tinham permissão para trabalhar de casa, precisariam passar pelo menos quarenta horas semanais no escritório. Era uma mudança radical. Dorsey prometera que eles nunca mais precisariam voltar ao escritório, e alguns aproveitaram a oportunidade para ir morar em outras partes do mundo.

Musk era conhecido na Tesla e na SpaceX por enviar e-mails bombásticos tarde da noite, e havia desencadeado uma onda de pânico semelhante na montadora de automóveis mais cedo nesse mês de junho,[6] mas para os funcionários do Twitter aquilo foi especialmente chocante. Era o primeiro anúncio do novo proprietário que chegava a eles.

Musk enviou outra mensagem mais tarde na mesma noite. "Nos próximos dias, nossa prioridade absoluta é detectar e suspender todos os bots, trolls e *spammers* com selo de verificação", escreveu. Já não havia motivo para riso.

Na manhã de quinta-feira, Kissner, Kieran e Fogarty pediram demissão. Era um sinal de que os membros do alto escalão que ainda estavam na empresa não confiavam em Musk — algo especialmente preocupante tendo em vista as responsabilidades do trio. O pedido de demissão deles indicava que o Twitter estava em maus lençóis com a FTC, e que os executivos tinham preferido ir embora a se posicionar em meio ao fogo cruzado.

Os pedidos de demissão foram feitos antes que Kieran tivesse tido a chance de conversar com McSweeney e transmitir suas preocupações, mas ela ficou horrorizada ao saber da saída dos executivos. Em breve, as responsabilidades deles recairiam sobre ela.

Spiro entrou em cena para conter os danos. A FTC já havia entrado em contato para saber mais sobre o pedido de demissão dos executivos, e exigiu que a empresa explicasse como faria para cumprir suas obrigações de privacidade. Em um e-mail enviado para Musk na quinta-feira, o advogado disse que os empregados estavam equivocados ao pensar que poderiam ser responsabilizados judicialmente se o Twitter deixasse de cumprir as obrigações previstas no decreto de consentimento da FTC. "Não é assim que funciona, simples assim. É obrigação da empresa. É tarefa da empresa. É responsabilidade da empresa", escreveu, com todo o quadro de funcionários copiado na mensagem.

Quando chegou ao escritório na quinta-feira, Musk estava taciturno. Seu e-mail não tinha desencadeado a resposta retumbante que esperava. Ele perambulou pelo escritório, perguntando-se em voz alta por que havia tão poucas bundas nas cadeiras. As tentativas de fraude por contas verificadas também tinham continuado a acontecer durante a noite, e a imprensa internacional fazia questão de relatar cada um dos casos. Musk estava ciente do problema, e embora os achasse engraçados, a pressão crescente contra os perfis falsos começou a impactá-lo. Ele decidiu lidar com a situação postando, o que revelou seu incômodo.

"Amo quando as pessoas reclamam do Twitter... no Twitter", ele tuitou, incluindo dois emojis chorando de tanto rir na mensagem.

Pouco depois do meio-dia, Musk deu uma nova chacoalhada no quadro de funcionários. Com apenas vinte minutos de antecedência, convocou uma reunião com os funcionários, obrigando-os a se desdobrar para arrumar um jeito de se conectar e ver os primeiros comentários do bilionário enquanto proprietário do Twitter. Em um discurso de uma hora, ele pintou um cenário desolador para o futuro da empresa, e a si mesmo como um salvador que queria resgatá-la.[7]

"Definitivamente precisamos botar mais dinheiro para dentro do que para fora", ele disse. "Se não fizermos isso, e no momento o déficit é imenso, a falência não está fora de cogitação."[8]

Ele falou para os empregados se prepararem para "um ou dois anos de grave recessão" — a palavra "recessão" foi mencionada nada menos que doze vezes — e disse acreditar que a empresa ainda tinha "excesso de pessoal".

"Talvez vocês tenham lido que vendi uma porção de ações da Tesla. Fiz isso para salvar o Twitter. Não porque não acredite na Tesla. Eu acho que as ações da Tesla valerão muito dinheiro no futuro. Eu vendi as ações pelo Twitter. Para manter o Twitter vivo."

Os empregados saíram da reunião exaustos. Todos haviam retesado o corpo ao ouvirem a menção ao "excesso de pessoal", e entenderam isso como uma certeza de que haveria novas demissões. A autocongratulação de Musk irritara todos. Ele havia atolado a empresa em dívidas. A culpa era dele.

Enquanto Musk falava aos trabalhadores, a enxurrada de falsificações no Blue prosseguia. Nessa manhã, uma conta verificada Blue fingindo ser a Eli Lilly, empresa farmacêutica multinacional, tuitou: "Estamos contentes em anunciar que agora distribuiremos insulina de graça". A postagem, que atraiu mais de 3 mil retuítes e ficou pelo menos seis horas no ar, levou a empresa real a emitir um pronunciamento dizendo que a mensagem era falsa e que ela estava tomando medidas para lidar com os boatos.[9] As ações da Eli Lilly caíram mais de 5% nesse dia.

Os presidentes das principais empresas anunciantes começaram a telefonar para a equipe de vendas do Twitter, ameaçando deixar a plataforma se a empresa não fizesse nada a respeito das contas falsas. Em uma ligação, executivos da Nike afirmaram que nunca mais anunciariam na plataforma se não fosse tomada nenhuma medida em relação ao Blue.

Então vieram as interferências nas eleições. Embora Musk tivesse postergado o lançamento do Blue até depois do dia da votação, algumas disputas, incluindo o embate muito acirrado pelo governo do Arizona, ainda estavam em apuração. Concorriam à vaga a democrata Katie Hobbs, secretária de Estado do Arizona, e Kari Lake, republicana apoiada por Trump e afeita a teorias conspiratórias que incentivara com grande alarde a compra do Twitter por Musk e se oferecera para estender um tapete vermelho se Musk transferisse a empresa para o Estado. Com Lake meio ponto atrás na contagem de votos, uma conta verificada se fazendo passar pela candidata republicana surgiu do nada e postou: "É com grande pesar que me vejo obrigada a reconhecer a vitória da minha oponente, @katiehobbs".[10] Era uma conta falsa, mas gerou milhares de engajamentos — prova de que as besteiras de Musk podiam atingir qualquer um, inclusive seus aliados políticos.

Embora gostasse de listar e tripudiar dos anunciantes que abandonavam o Twitter, a nova onda de ameaças deixou Musk com medo. Perder centenas de milhões de dólares em receitas em um piscar de olhos causaria um belo dano ao seu negócio, e talvez tornasse ainda mais difícil pedidos de empréstimo pela empresa, a ampliação ou venda de dívidas já existentes e até mesmo a garantia de uma solvência mínima. Ele passou um tempo emburrado, e então chamou um de seus engenheiros.

"Desliguem", ele disse, pouco depois das cinco horas da tarde no horário de San Francisco. "Desliguem!"

Os funcionários do Blue que já haviam ido para casa depois da jornada de trabalho ou desligado o computador foram convocados a voltar para a sede de San Francisco ou se reconectar de forma remota. Tendo sofrido grande pressão 24 horas antes para lançar o maldito projeto dentro do prazo, agora eles estavam recebendo ordens para revertê-lo em um piscar de olhos e tirá-lo do ar. Mais caos. Quem se deparou com Musk nesse dia sentiu a tensão e a instabilidade dele, que estava visivelmente perturbado depois de conversar com os presidentes das empresas. Uma pessoa observou: "Foi a primeira vez que ele pareceu ter sido destratado por outra pessoa".

Alguns dos engenheiros do Twitter que trabalhavam no Blue brincaram dizendo que já tinham previsto esse desfecho. Era como se alguém pedisse um bife bem passado em um restaurante, apesar dos alertas enfáticos do garçom, e depois mandasse a comida de volta para a cozinha ao receber uma refeição preparada conforme as especificações.

Os engenheiros se desdobraram para descobrir uma forma de desativar o Blue, e colocaram de volta no ar o selo de verificação "oficial" para marcas e patrocinadores. Assim, os anunciantes tinham como enfrentar qualquer tentativa de fraude por parte das contas que já haviam assinado o Blue.

Ao longo das semanas seguintes, oscilações de humor e períodos depressivos de Musk se tornariam rotina. As ameaças dos anunciantes colocaram o bilionário em estado de queda livre e expuseram um lado particularmente humano dele — ele podia ser aterrorizado a ponto de se submeter.

Nos dias seguintes, algumas pessoas da equipe financeira também começaram a receber solicitações estranhas para aprovar campanhas publicitárias. Eram pedidos de última hora, e embora não fosse atípico para os anunciantes do Twitter enviar contratos às pressas para começar uma grande campanha publicitária de um dia para o outro, tratava-se de um cliente atípico: a SpaceX.

"Equipe, estou ajustando o lançamento de última hora de uma campanha para a SpaceX (para Elon)", escreveu um funcionário de vendas em uma mensagem para a equipe financeira, enviando junto um link para uma série de contratos. Os documentos mostravam que os anúncios da SpaceX figurariam na página de exploração do Twitter graças a um pacote promocional. Em situações normais de temperatura e pressão, isso custaria ao cliente centenas de milhares de dólares por dia. "É um grande pepino enviado por Elon", escreveu o funcionário de vendas em outra mensagem.

Membros da equipe financeira do Twitter arquearam as sobrancelhas. Eles sabiam que a empresa estava perdendo dinheiro de anúncios na velocidade da luz enquanto Musk saltava de uma polêmica a outra. De repente, o novo proprietário da plataforma tinha decidido transferir a verba de anúncios de uma de suas empresas para outra, em uma aparente tentativa de impulsionar seu novo brinquedo.

A saída de Kissner, Kieran e Fogarty desencadeou uma sensação de histeria entre os empregados e gerentes do Twitter, que ficaram se perguntando se não deveriam fazer o mesmo. Pacini e Roth entregaram pedidos de demissão. Robin Wheeler, vice-presidente e um dos principais nomes do setor de vendas dentro da empresa, também foi embora. Ela havia sido pega de surpresa pelas saídas, especialmente de Kieran, com quem participara de reuniões na mesma manhã sem dar nenhum indício de seus planos.

Roth, de consciência limpa por ter ajudado a plataforma durante as eleições, estava pronto para entregar os pontos. Embora tenha persuadido Musk a desistir do plano de reincorporar o Babylon Bee à plataforma, ele sentia que Musk precisaria de incentivos constantes para seguir no bom caminho. Tão logo um de seus conselheiros tivesse sua atenção, o bilionário se lançaria a uma nova empreitada insana, descartando com convicção qualquer plano comedido sugerido por Roth.

A confusão com a auditoria do FTC e o Blue também impactaram muito o especialista em segurança. Musk não queria ouvir os conselhos de ninguém sobre as armadilhas óbvias do Blue, e Roth acreditava ser mera questão de tempo até que alguém lhe pedisse para descumprir a lei em prol de Musk.

Às 12h29, Roth enviou seu pedido de demissão para o departamento de recursos humanos. Então entrou em seu carro e voltou para casa em East Bay. Nas horas seguintes, recebeu mensagens de texto de Musk, Spiro, Krishnan e diversas outras pessoas do círculo íntimo de Musk implorando para que ele repensasse a medida.

Musk telefonou pessoalmente para Roth, e os dois debateram a decisão dele por meia hora. Porém, Roth se manteve firme. Explicou suas razões para sair, mas tentou ser gentil — ele tinha medo do que o bilionário poderia fazer caso se irritasse. "Eu amo o Twitter tanto quanto você", disse Roth. Musk concordou em deixá-lo partir, e mais tarde colocou em seu lugar Ella Irwin, executiva do setor de confiança e segurança que havia pedido demissão nos primeiros dias depois da compra.

Ao contrário dos outros executivos, porém, Wheeler foi persuadida. Ela atendeu uma ligação de Birchall, que lhe pediu para botar fé em Musk e ofereceu o cargo de chefe do setor de vendas. Em poucas horas, ela deu uma guinada de 180 graus e começou a organizar chamadas de vídeo para que os capangas de Musk tentassem convencer outros executivos de vendas, até então hesitantes, a ficar.

Em uma chamada sem Musk, uma executiva de vendas do Twitter se irritou com as promessas vazias. Em meio às demissões e partidas, algumas equipes de segurança e integridade da marca haviam sido dizimadas, ou até eliminadas. "Vocês têm um plano? Vão substituir essas pessoas?", ela perguntou.

Spiro ficou estupefato. *É claro que ele tinha um plano.* A SpaceX e a Tesla resolviam problemas muito mais difíceis; sendo assim, por que a equipe de Musk não seria capaz de automatizar a moderação de conteúdos, questionou ao grupo. Gracias interveio e pediu que as pessoas dessem uma colher de chá a Musk. "Não dá pra vocês terem um pouco de empatia por Elon neste momento?", ele disse, usando a cartada da vítima em favor do homem mais rico do mundo. "Ele está fazendo de tudo para consertar esta empresa, mas ninguém confia nele."

Mais tarde, em uma ligação individual, Musk tentaria convencer a mesma executiva de vendas a ficar. Birchall fez a mesma coisa, sem a participação do chefe. Após reconhecer que a equipe de Musk tinha chegado à empresa como uma retroescavadeira, o solucionador dele tentou explicar que o bilionário era pouco charmoso e compreensivo porque estava "dentro do espectro". (Em maio, Musk tinha participado de um episódio de *Saturday Night Live* no qual afirmou ter síndrome de Asperger.)

"Ele não entende como suas próprias ações podem ser interpretadas", disse Birchall. Que tal se a executiva escrevesse um feedback e o enviasse diretamente a Musk? "Não há nada que ele ame tanto quanto um feedback direto", contou Birchall.

Birchall também revelou um segredo à executiva: os capangas estavam aventando a ideia de exigir um compromisso de lealdade dos empregados, ou então dariam um ultimato para a permanência no Twitter. A chefe de vendas ficou pasma. "Essa é uma das piores coisas que vocês poderiam fazer", disse, destacando que muita gente ainda estava indecisa quanto a permanecer ou não na empresa, e que essas pessoas precisavam de motivos para ter fé no futuro da plataforma. Se vocês impuserem um ultimato antes de mostrar resultados, previu ela, todos vão simplesmente dar no pé.

A executiva saiu da reunião com a sensação de ter participado do processo seletivo não de uma empresa, mas de um culto. Antes de se demitir oficialmente, ela escreveu uma nota com um "feedback direto" para Musk, que enviou na noite seguinte. Ele jamais respondeu.

Spiro contatou McSweeney nessa noite. Durante a videoconferência, ele disse que ela assumiria parte das funções deixadas para trás por Kieran e Kissner, bem como a de Roth. "Confio em seu juízo", falou a McSweeney. "Quero que você assuma um papel mais importante."

Embora o advogado de Musk apresentasse isso como uma promoção, McSweeney estava a par da realidade. Roth supervisionava uma grande equipe e era responsável por aspectos cruciais das operações, incluindo duras decisões sobre moderação de conteúdo durante ciclos eleitorais. Ela já tinha tarefas demais, e vinha trabalhando doze horas por dia desde que Musk assumira a empresa. Aceitar as funções de Roth era incogitável. Além disso, ela não queria substituir Kieran como responsável legal se alguma coisa desse errado com a FTC. De qualquer modo, disse a Spiro que ajudaria o quanto fosse possível.

38.
Motivo da demissão: *shitposting*

A saída repentina dos executivos só serviu para reforçar a crença que Musk alimentara quando assumiu o controle do Twitter: não dava para confiar na velha guarda.

O bilionário atiçou os advogados a irem atrás das pessoas que tinham comandado a empresa antes dele, na expectativa de que descobrissem algum motivo capaz de justificar a suspensão dos paraquedas de ouro do grupo ou então de deixá-los em maus lençóis. Nos dias seguintes a Musk ter adquirido o Twitter, Alex Spiro e seu escritório de advocacia Quinn Emanuel começaram a enviar cartas para os executivos que ainda não tinham abandonado o barco. O teor das mensagens era um só e pedia que eles preservassem documentos importantes e se preparassem para entrevistas com advogados, pois uma investigação interna precisaria acontecer.

As cartas eram um mau agouro. E ainda que não acusassem ninguém de agir de má-fé, pareciam escritas com o objetivo único de transformar em informantes aqueles que as recebessem. Uma delas, por exemplo, dizia: "Acreditamos que você pode ter informações relevantes, pois trabalhou com as pessoas que estão sob investigação". As entrevistas poderiam abarcar assuntos variados como os últimos relatórios financeiros do Twitter, as medidas que a empresa tomara para estimar e eliminar perfis falsos, os alertas sobre segurança que Peiter Zatko já tinha levantado, o modo como o dinheiro da empresa era alocado e outras questões relacionadas à recente aquisição. "Eles basicamente estavam jogando verde para colher maduro", um dos recipientes das cartas afirmou.

As pessoas que tiveram acesso às cartas e participaram das entrevistas com os advogados do Quinn Emanuel não sabiam ao certo qual era o objetivo de Musk. Alguns achavam que o bilionário só queria se vingar de quem tinha se envolvido no processo que o Twitter movera contra ele, de modo que aquilo tudo seria apenas uma forma de identificar para quem é que ele deveria apontar o dedo. No entanto, também havia um grupo que achava que Musk estava apenas buscando uma forma de rejudicializar o acordo e talvez até recuperar parte do valor de compra, ainda mais se conseguisse provar que havia sido ludibriado pela gestão anterior da empresa. Mas, para uma boa parcela dos executivos, a investigação não passava de uma desculpa. O que Musk queria era encontrar motivos que embasassem a demissão "por justa causa" de Parag Agrawal, Ned Segal, Vijaya Gadde e tantos outros, pois assim não teria que pagar os milhões de dólares em distribuição de dividendos.

Os capangas de Musk começaram a fuçar por todos os cantos. Um dos pontos de maior interesse era descobrir quanto a empresa gastava antes da aquisição, e isso levou Davis e os demais a examinarem as ações de Segal com atenção especial. Como diretor financeiro da empresa, Segal aprovara gastos extraordinários para regalias corporativas cheias de luxo, tal como um camarote para assistir aos jogos dos Warriors no Chase Center de San Francisco. Musk ficou revoltado quando soube, chegando a ridicularizar o diretor por ter gastado tanto dinheiro com aquilo. Além disso, os lacaios ordenaram que a antiga assistente de Segal fizesse um relatório completo detalhando as movimentações financeiras do chefe.

Só que os advogados de Musk não foram lá muito meticulosos com esse pente-fino. Nick Caldwell, o líder de engenharia do Twitter que pedira demissão enquanto organizava o funeral da esposa, recebeu um e-mail afirmando que sua saída estava ligada a uma série de fatores — como, por exemplo, o fato de que ele havia aprovado o orçamento de gastos para a luxuosa celebração do OneTeam em janeiro de 2020. Mas tinha um problema. Caldwell começara a trabalhar no Twitter em julho, seis meses depois do evento.

Após o fracasso do Blue e os pedidos de demissão em massa, Musk começou a questionar se a aquisição tinha sido mesmo um sucesso. Além disso, no dia 11 de novembro ele tinha tido o fatídico encontro com o cientista de dados sênior, que reclamara do tuíte sobre Paul Pelosi. Para lamber as feridas, o bilionário foi passar o final de semana em sua casa situada na cidade de Austin.[1]

Aquele sábado e domingo foram marcados por uma paranoia cada vez mais palpável. Sob a liderança de Christopher Stanley, engenheiro especializado na área de segurança da informação que trabalhara na SpaceX, um pequeno grupo de funcionários começou a analisar uma planilha feita logo depois de Musk ter assumido o controle da rede social. Criada com o objetivo de determinar quem ficaria na empresa e quem seria mandado embora durante as demissões em massa, ela continha os nomes de empregados altamente especializados ou com muito tempo de casa.

Só que Stanley ressignificou a planilha, transformando-a em um documento para determinar quais eram as pessoas com o conhecimento necessário para tirar do ar os aplicativos e até o site do Twitter. Um dos maiores medos de Musk, afinal, era de que um ou dois funcionários rancorosos pudessem tentar sabotar o site, fazendo com que passasse vergonha.

Muitas pessoas que ainda estavam no Twitter tentaram conversar com Stanley, chamando a atenção para a estranha investigação interna que só queria saber do alto escalão da empresa. Se a preocupação maior era ter de lidar com sabotagens vindas de dentro, por que não oferecer às pessoas uma forma mais descomplicada de saírem da empresa? Do jeito que as coisas estavam, o pessoal que tinha escapado dos cortes só tinha duas opções: ou pediam demissão e abriam mão da indenização, ou continuavam trabalhando naquele ambiente caótico. Mas as coisas poderiam ser diferentes caso tivessem uma terceira alternativa. Stanley se mostrou todo ouvidos, mas não achou que era uma boa ideia levar a proposta até o chefe.

Por mais que fosse verdade que alguns *tweeps* estivessem sofrendo, também havia aqueles que estavam mais do que felizes em seguir as ordens de Musk. Neste segundo grupo estava Luke Simon, um diretor sênior de engenharia de software que, antes da aquisição, não tivera papas na língua ao falar sobre como estava insatisfeito com a conduta do bilionário. Mas depois que o negócio foi fechado, ele encontrou um lugar para chamar de seu dentro da reestruturação interna do Twitter, chegando a tirar uma selfie cheia de joinhas com o novo chefe no dia em que Musk entrou na sede da empresa.[2] Simon compilou listas de nomes para as demissões e trabalhou horas extras só para impressionar a nova chefia. Em um grupo do Slack com outros gestores da empresa, ele disse que estava preocupado com "o pessoal preguiçoso": funcionários que não tinham sido mandados embora no Estalo e ainda estavam por ali, com salários caindo na conta. A mensagem foi enviada no sábado, dia 12 de novembro.

Simon, assim como outros em cargos de gestão, viu-se em uma posição curiosa. Precisava recontratar pessoas que haviam sido demitidas uma semana antes, pois elas desempenhavam funções essenciais para o funcionamento da empresa. Ele inclusive precisava chamar quatro pessoas de volta para tocar algumas iniciativas de segurança da marca e retenção de anunciantes, mas não estava nem um pouco feliz com isso.

"Os engenheiros que eu vou recontratar são fracos, preguiçosos, têm zero motivação e podem até ser contra o novo Twitter do Elon", Simon escreveu no Slack. "A gente mandou eles embora por causa disso."

"Acho que o certo é pensar nessas pessoas como funcionários que só precisam ficar por aqui até que a transferência de todo o conhecimento seja feita", ele continuou.

Em menos de um minuto, um funcionário revoltado que recebeu a mensagem tinha feito uma captura de tela e compartilhado tudo no canal #social-watercooler.

"@lsimon que tal você explicar um pouco isto aqui?", escreveu um engenheiro que compartilhou a captura de tela e adicionou o próprio Simon ao grupo. Foi o estopim para uma avalanche de mensagens. Simon não abriu a boca para se defender, e quando a mensagem começou a ganhar o mundo das notícias, ele mudou as configurações de sua conta no Twitter para deixar o perfil fechado.

Musk não ficou preocupado com o que aconteceu com Simon; ficou, isso sim, apreensivo pelo vazamento de mensagens internas. A situação só reforçou a crença de que os *tweeps* estavam contra ele. Na noite de domingo, convencido de que agentes mal-intencionados dentro da empresa tentariam tirar o site do ar, ele ordenou um *code freeze*. Na prática, isso significava que até as mudanças mais básicas no site ou nos aplicativos do Twitter teriam que ser aprovadas por ele, o que inviabilizava o bom funcionamento da empresa.

Um dia depois de ter batido de frente com o cientista de dados, Musk postou um tuíte para dizer que a plataforma estava operando com lentidão em diversos países. Ele insinuou que o problema fora causado pela antiga gestão da empresa, dizendo que o aplicativo tinha sido construído de um jeito tão vagabundo que esse tipo de coisa era recorrente.

"Ah, só queria pedir desculpas pelo Twitter estar superlento em um monte de países. O app tá fazendo menos de 1000 RPCs só pra renderizar a página inicial!", Musk postou no sábado. Era um tuíte meio capenga que não queria dizer muita coisa para a grande maioria dos usuários da plataforma. Mas, para os engenheiros da empresa, era uma grande mentira. No canal #social-watercooler do Slack, eles começaram a apontar o que havia de errado na mensagem, dizendo que Musk tinha misturado vários termos técnicos. Também usaram emojis de gargalhada para rir da falta de conhecimento que o bilionário tinha daquele universo.

Enquanto as risadas rolavam pelo Slack, um dos engenheiros decidiu ir a público para rebater a alegação. Na tarde de domingo, Eric Frohnhoefer retuitou a postagem original de Musk: "Faz uns seis anos que eu trabalho com o Twitter para Android e posso te dizer que isso aí tá errado".

Frohnhoefer era um engenheiro de software que vivia em San Diego. Ele acreditava que sua resposta estava alinhada à ideia de que "uma comunicação intrépida é o que gera confiança", um dos lemas centrais do Twitter enquanto empresa. Depois de postar o tuíte, Frohnhoefer saiu de casa para tomar café em um Starbucks e deu o assunto como encerrado.[3]

Até que ele recebeu uma mensagem de um colega, dizendo que o tuíte tinha começado a gerar atenção. Muita atenção.

À primeira vista, parecia que Musk estava aberto a receber aquele tipo de feedback. O bilionário chegou mesmo a responder, pedindo que o engenheiro mostrasse onde é que ele tinha errado. Mas a verdade é que, para Elon Musk, aquilo era um insulto. E ele entrou no modo palestrinha.

"O Twitter tá lento demais no Android. Você já foi consertar isso?", Musk escreveu. O engenheiro respondeu, e a discussão entre os dois se estendeu até a segunda-feira.

Foi na manhã do novo dia que Musk colocou um ponto-final: "Ele tá demitido", tuitou, mas a frase não ficou muito tempo no ar. Algumas horas mais tarde, Frohnhoefer afirmou que seu acesso ao computador da empresa tinha sido suspenso e que seu contrato com o Twitter fora encerrado. Para alguns empregados, o bilionário diria mais tarde que ele até teria aceitado bem as críticas de Frohnhoefer se elas tivessem sido feitas de modo privado. Mas ele tinha sido humilhado pelo engenheiro de maneira pública no Twitter, e aquilo era inadmissível.

"Críticas ficam no privado, mas elogios são para o olhar público", Musk disse a alguns membros da sua equipe. Pelo visto, ele não tinha se dado conta de que os tuítes que postava sobre a velocidade da plataforma eram nada mais nada menos do que acusações contra as pessoas que trabalhavam na empresa. Numa reunião que aconteceu logo depois, um dos nomes de liderança da área de engenharia pediu que os funcionários parassem de postar tuítes que mencionassem o novo dono da empresa.

Só que Musk não desligou o "modo demissão" depois do caso Frohnhoefer. Ele também demitiu várias outras pessoas naquele mesmo dia, incluindo Sasha Solomon, uma engenheira de software que vivia em Portland. Ela era muito ativa no Twitter e postava coisas variadas sobre sua rotina, vagas de emprego e Bosworth, seu buldogue francês. A vida inteira dela acontecia em tuítes, e assim que Musk passou a insinuar que compraria a empresa, Solomon começou a postar sobre o assunto. Lá em abril, quando o bilionário começara as negociações, ela tuitou: "ai dele se também decidir comprar a cafeteria que eu mais amo". Depois do Estalo, suas críticas ao novo dono do Twitter só cresceram.

Durante o embate entre Frohnhoefer e Musk, Solomon até respondeu a um dos tuítes do bilionário com uma menção explícita à linguagem de consulta na qual ela havia se especializado: "Ah tá, depois de fazer a demissão em massa do departamento todo você vem com essa palhaçada sobre como a gente faz programação em batch [...] tipo, você nem sabe como o graphql funciona". Esse tuíte, assim como o de Frohnhoefer, chamou bastante a atenção. E assim como aconteceu com o colega, Solomon também perdeu o acesso ao computador da empresa e foi demitida. Ela publicou um último tuíte com toda a pompa e circunstância da ocasião: "kkkk, acabei de ser demitida por fazer shitpost. vou dizer de novo, elon vsf".

A mensagem de adeus postada por Solomon atingiu a marca de 3500 retuítes e 28 mil curtidas, aparecendo até no feed do próprio Musk — que ficou fulo da vida. Na tarde desse mesmo dia, ele deu uma ordem imediata a James, seu primo, que tinha ido conversar com ele sobre um outro assunto referente às equipes de engenheiros do Twitter, mas que recebeu uma tarefa mais urgente: "Ache as pessoas que estiverem falando assim comigo e mande todo mundo embora". James nem sequer conseguiu completar uma frase inteira antes de sair do escritório com uma nova tarefa nas mãos.

Um homem alto e com cabelos morenos e bagunçados, James tinha um certo ar de presteza digno de um menino. Ele costumava ficar quieto num canto durante as reuniões, passava longe dos holofotes para deixar que o primo aproveitasse o palanque e trabalhava duro para garantir que as vontades de Elon se tornassem realidade. Sempre que recebia uma tarefa do primo mais velho, lá ia ele, pedindo ajuda dos empregados do Twitter com um sorriso no rosto, pronto para fazer o que fosse.

Em sua nova missão para encontrar dissidentes, James e seus comparsas transformaram o Slack em uma ferramenta de espionagem. Eles pediram acesso administrativo às equipes responsáveis e começaram a buscar por palavras-chave como "Elon" e "Musk", para descobrir o que é que os funcionários estavam falando sobre o novo chefe. Alex Spiro, por exemplo, perguntou se a equipe de segurança do Twitter conseguia monitorar os nomes de quem fazia publicações no Blind, um quadro anônimo de mensagens. Assim, quem sabe, eles conseguiriam desmascarar os dissidentes anônimos e também os demagogos.

Foi nessa mesma época que a tropa de Musk chegou a demandar que um funcionário fosse demitido por conta de um único tuíte. O xis da questão, no entanto, estava no fato de que a conta do tal funcionário era privada, então ninguém a não ser os seguidores dele deveria ter acesso ao conteúdo postado. O gerente de recursos humanos responsável por dar cabo da demissão achou aquilo suspeito e quis saber como é que a equipe descobrira o tuíte privado. A demissão só foi finalizada depois que alguns executivos de RH da SpaceX foram chamados para intervir.

O episódio serviu para que os trabalhadores da empresa ficassem preocupados com o nível de vigilância que Musk queria implementar, e muitos começaram a especular que os grupos leais ao bilionário tentariam acessar as mensagens privadas de todas as pessoas ligadas ao Twitter atrás de provas de mau-caratismo. Tal nível de acesso só era concedido em algumas raras ocasiões, sobretudo em investigações criminais, mas de modo geral costumava ser evitado caso existissem outras formas de obter as informações. Só que, na nova gestão, Musk concedera o acesso "Modo Deus" a boa parte de seus capangas, permitindo que eles pudessem acessar os dados públicos e privados de qualquer usuário.

Muitos funcionários testemunharam, horrorizados, o ocorrido com Frohnhoefer e Solomon. Uma boa parcela deles preferiu não comentar sobre a situação no Slack, com medo de que estivessem sendo monitorados. Mesmo assim, alguns reagiram de cabeça erguida frente às demissões movidas por caprichos e ao péssimo tratamento que os colegas receberam. E alguns poucos, como bom *tweeps* que eram, recorreram à estratégia de *shitpost* para tentar lidar com a tristeza que sentiam. Um engenheiro que trabalhara no mecanismo de busca do Twitter escreveu: "A porrada só vai estancar quando o estado de espírito da empresa melhorar".

Outro funcionário brincou: "Então quer dizer que isso aqui virou aquele filme, *O mistério de Candyman*? Se a gente falar o nome do Elon três vezes a gente é demitido?". Ele se referia ao filme de terror lançado em 1992, sem saber que o primo de Musk e o resto de seus lacaios estavam de fato contabilizando e monitorando as menções ao nome do bilionário.

No final da terça-feira, cerca de trinta empregados foram mandados embora por posturas dissidentes. Alguns deles haviam postado tuítes em que não escondiam como estavam desgostosos com o novo chefe. Outros tinham conversado sobre o homem com colegas no Slack. E vários não faziam nem ideia do motivo pelo qual tinham sido demitidos. Yao Yue, uma veterana com doze anos de casa que fora uma das principais engenheiras do Twitter, deixou uma mensagem para todos dizendo que era melhor ser mandada embora do que pedir demissão, porque pelo menos dava para sair com a rescisão. "Sério: não peçam demissão. Façam por onde e sejam demitidos."

Todas as pessoas classificadas como dissidentes receberam um mesmo e-mail, dizendo que elas haviam "violado as políticas da empresa". Contudo, as tais políticas nunca foram especificadas.

Uma das dissidentes foi a arquiteta Kiko Smith, que tinha supervisionado o projeto para os centros de processamento de dados do Twitter. Com mais de duas décadas de carreira no corporativismo americano, Smith já tinha visto de tudo um pouco. Ela trabalhara para a Enron Energy Services, o braço da gigante de energia que entrou em colapso lá em 2001. Smith era dura na queda, conhecida por ser uma mulher que não só conquistara uma posição de sucesso dentro de uma área dominada por homens, mas também por ser uma profissional que abria portas para outras engenheiras.[4] Ela havia alimentado esperanças de que a empresa agora teria espaço para as mudanças de infraestrutura que precisavam acontecer e por isso mesmo decidiu não abrir o bico, acreditando que não havia motivo para fazer coro às reclamações no Slack que tomaram conta de boa parte de seus colegas mais jovens. Mesmo assim, ela foi demitida sem grandes explicações.

Alguns dias mais tarde, Smith recebeu uma ligação de James Musk. Pelo visto, vários de seus colegas tinham reclamado do ocorrido, dizendo que as habilidades dela eram de suma importância para a empresa. James reconheceu que não fazia ideia de qual tinha sido o motivo por trás da demissão: "A gente queria pedir desculpas. Não sabemos como você foi parar naquela lista e queremos muito que você volte a trabalhar aqui".

Ela achou impossível não rir desse absurdo, mas ainda assim não pensou duas vezes. Seu marido estava com câncer e eles precisavam do plano de saúde da empresa. Ela não tinha escolha e tanto fazia se o Twitter estava um caos ou uma maravilha. Então, aceitou.

Dias mais tarde, Elon Musk postou um tuíte em que declarou: "Eu gostaria de pedir desculpas por demitir tantas pessoas geniais. O imenso talento delas com certeza vai ser útil em outro lugar".

O desdém pela política "quem não é por mim, é contra mim" que o bilionário tinha implementado ganhou força. No escritório da empresa em Nova York, alguém pendurou uma foto da discussão que Frohnhoefer tivera com o chefe bem na frente da televisão próxima às pequenas cozinhas do prédio. Ninguém sabia ao certo se aquilo era uma homenagem à ousadia do engenheiro ou um sinal de alerta — tal qual uma cabeça decapitada que, enfiada em uma lança, ficava à mostra nos arredores de um vilarejo medieval.

Já em San Francisco, os acontecimentos daquele início de semana só serviram para aumentar ainda mais o nível de desconfiança que Musk nutria pelos funcionários. Em reuniões que contaram com a presença de executivos "emprestados" da Tesla e da SpaceX, Musk afirmou que queria demitir cerca de 80% da força de trabalho que ainda restava na empresa até a sexta-feira. Ele, assim como parte de sua panelinha, não parava de comparar o Twitter ao Telegram: um serviço de mensagens instantâneas que contava com 800 milhões de usuários ativos[5] e apenas trinta trabalhadores desempenhando as funções mais cruciais. Eles não entendiam como é que o Twitter também não funcionava desse jeito.

O percentual de demissão parecia uma loucura, sobretudo para quem estava lidando com a empresa no dia a dia. Era o caso de Sheen Austin, o engenheiro de infraestrutura da Tesla que agora comandava a infraestrutura geral do Twitter, e os primos Andrew e James. O trio vinha demitindo funcionários sem parar, aqui e ali e onde mais era possível. E por mais que acreditassem que a empresa estava infestada de gente que não acreditava na visão de Musk e mesmo assim continuava ali só para recolher o salário, eles sabiam que a vida só ficaria progressivamente mais difícil se todas as vontades do chefe fossem realizadas. A situação inclusive poderia ficar ainda mais complicada, tendo em vista a proximidade do período das festas de fim de ano — que era crucial para os anunciantes na plataforma — e a Copa do Mundo, que sempre gerava muito tráfego.

Foi então que eles decidiram apresentar uma nova ideia, que já tinha sido aventada por funcionários do Twitter. E se Musk oferecesse um incentivo para quem quisesse ir embora? Muitas empresas que precisavam reduzir o número de trabalhadores adotavam a chamada prática de *buyout*, em que a demissão era oferecida junto com um pacote de benefícios — como plano de saúde e salário prolongados por alguns meses, por exemplo. Assim, empregados que estivessem em cima do muro poderiam tomar a decisão de ir embora com mais segurança. Para os fiéis conselheiros de Musk, seria a solução ideal para não apenas liquidar o peso morto, mas também garantir que só restassem no Twitter as pessoas que realmente queriam estar ali. A proposta final que levaram ao chefe foi esta: oferecer um pacote de indenização equivalente a três meses de salário.

De início, o novo dono do Twitter se mostrou resistente à ideia do *buyout* por acreditar que isso nada mais era do que uma forma de recompensar pessoas que o odiavam, mas, por fim, concordou. Era a única maneira de garantir que os funcionários que continuassem na empresa fossem realmente fiéis a ele. À noite, os conselheiros mais próximos de Musk foram para suas casas sentindo que tinham convencido o chefe a fazer a coisa certa.

Na mesma noite, o bilionário embarcou em um jatinho privado rumo a Delaware, pois no dia seguinte deveria se apresentar como testemunha no julgamento de um acionista da Tesla. Antes de aterrissar, à meia-noite no horário de San Francisco, ele enviou um e-mail. Carregando o título "Dois caminhos possíveis", a mensagem foi enviada para todos os empregados do Twitter e vinha com um link para um formulário do Google.

> Para construir o Twitter 2.0 e alcançar sucesso real em um mundo cada vez mais competitivo, vamos adotar uma postura extremamente radical. Vamos trabalhar muitas horas e com muita intensidade. Só o desempenho mais excepcional vai ser aceito, e mesmo assim isso vai ser o mínimo esperado.
>
> A partir de agora, o Twitter vai ser muito mais focado na engenharia. As áreas de design e gestão de produto ainda são muito importantes e devem tratar direto comigo, mas a grande maioria da empresa vai ser composta só de quem está elaborando códigos incríveis de verdade. É esse pessoal que vai ter mais influência também. Afinal, o Twitter é uma empresa de software e servidores, então acho que isso faz sentido.

Se você quer fazer parte desse novo Twitter, abra o link abaixo e clique em "sim": formes.gle

Quem não fizer isso até as 14h de quinta-feira (horário de San Francisco) vai receber um pacote de indenização totalizando três meses de salário.

Qualquer que seja a sua decisão, obrigado por trabalhar pelo sucesso do Twitter.

Elon

Ele tinha ignorado uma das recomendações mais importantes feitas pelo seu núcleo duro, pois não deixou que as pessoas interessadas em sair levantassem a mão. Ele fez o contrário e pediu que as pessoas se comprometessem a trabalhar para ele. O que Musk queria, no final das contas, era um voto de lealdade.

No dia seguinte, os funcionários da empresa estavam em choque. Se a ideia de Musk era despertar a força de trabalho ou motivá-los a ficar, a coisa claramente não saiu conforme o planejado. Algumas pessoas estavam de licença ou então haviam tirado férias, e portanto não viram o e-mail dentro do prazo estipulado pelo bilionário. Também teve gente que nem sequer clicou no link, achando que era golpe. Na quarta-feira de manhã, um dos poucos empregados que ainda restava no departamento de recursos humanos publicou no Slack: "Só queremos avisar que estamos montando uma FAQ referente ao e-mail que Elon mandou ontem à noite. Vamos enviar para vocês ainda hoje. E só para reforçar que o link fornecido no e-mail não era uma tentativa de *phishing*".[6]

O documento que foi enviado conseguiu ser ainda mais sem noção do que o e-mail de Musk, pois dizia que daquele momento em diante os funcionários deveriam "otimizar as horas de trabalho no escritório" e se preparar para turnos de trabalho mais alongados, começando cedo pelas manhãs, indo até tarde da noite e ocupando também os finais de semana. Se a abordagem anterior de Musk tivera como base um morde e assopra, ele agora estava abocanhando tudo com presas imensas.

A manhã de quinta-feira foi passando e o bilionário não estava nem perto de obter a resposta que desejava receber. Por volta das dez horas da manhã no fuso de San Francisco, alguns funcionários que ainda estavam em cima do muro começaram a receber convites para reuniões com um ou mais dos seguintes personagens: o próprio Musk, seu círculo íntimo de conselheiros ou então executivos de alto escalão da Tesla ou SpaceX. Eram tentativas apressadas de convencer as pessoas a ficarem, aos 45 minutos do segundo tempo.

Em uma dessas reuniões, da equipe financeira com Jared Birchall e Bret Johnsen, diretor financeiro da SpaceX, os funcionários ouviram diretamente da boca deste último que a presença deles no Twitter teria um grande impacto na sociedade: "A gente vai, por fim, defender a democracia e a liberdade de expressão neste país. A gente vai salvar a democracia".

Algumas pessoas tiveram que desligar rápido a câmera do computador para que pudessem rir em paz. Não fazia o menor sentido Johnsen falar "a gente". Ele não trabalhava no Twitter e, ao que tudo indicava, nem sequer usava o serviço. Quando alguém perguntou se ele se tornaria o novo diretor financeiro da empresa, ele respondeu dizendo que já tinha um emprego.

Com o prazo das 14h para a nova era "radical" da empresa cada vez mais próximo, o próprio Musk entrou em uma reunião com os times de engenharia de infraestrutura para tentar convencê-los a continuar no Twitter. Durante a conversa, fez questão de ressaltar os marcos que ele próprio já conquistara no passado.

"Eu sei o que fazer pra ter sucesso", ele disse. Era uma alusão ao sucesso financeiro da Tesla e da SpaceX.[7] Sob o comando dele, os engenheiros que construíram as duas empresas tinham acumulado muito dinheiro.

"E se vocês quiserem ter sucesso, deveriam trabalhar comigo", Musk completou.

Musk seguiu falando até estourar o prazo final, mas para muita gente presente na reunião aquilo era a última gota. Alguns funcionários nem ficaram para ouvir o fim do discurso. Vinte e cinco minutos mais tarde, o bilionário traduziu em comédia o quão grave tinha sido o próprio ultimato. Era, afinal, a única linguagem que ele conhecia.

Em um tuíte, gracejou: "Quer saber como fazer uma pequena fortuna nas redes sociais? É só ter uma grande fortuna, para começo de conversa".

O Twitter, por sua vez, foi inundado por emojis de continência e postagens de adeus. Conforme os recém-demitidos iam anunciando o fim de suas jornadas na empresa, a hashtag #RIPTwitter começou a bombar no mundo inteiro e vários usuários postaram elegias fúnebres para o site, além de tuítes para relembrar momentos inesquecíveis vividos ali e mensagens antigas que tinham viralizado. Se o Twitter estava mesmo prestes a fechar as portas, os usuários queriam aproveitar um último suspiro coletivo e nostálgico, uma última gargalhada mórbida enquanto subiam em direção ao cadafalso.

O departamento de RH demorou dias para descobrir os nomes de todo mundo que tinha pedido demissão. A equipe encarregada da tarefa montou uma imensa planilha com todos os funcionários da empresa e foi comparando o conteúdo que estava ali com a nova lista de pessoas "radicais" de Elon. A equipe também precisou entrar em contato com vários empregados de maneira individual, para perguntar se eles realmente tinham ido embora. Semanas mais tarde, a planilha do RH ainda continha nomes cujo status dentro da empresa era incerto, mas que o Twitter tentava manter a todo custo por conta das funções que desempenhavam.

No frenesi para capturar possíveis sabotadores, Musk acabou criando uma situação em que a porteira ficou aberta para que funcionários recém-saídos da empresa tivessem uma chance de se intrometer nas operações do Twitter. Como não dava para saber, com certeza absoluta, quais eram as pessoas que não trabalhavam mais ali, as equipes de segurança do Twitter tiveram que quebrar a cabeça para descobrir quem é que precisava ter o acesso aos sistemas internos interrompido. Diferente do que acontecera na demissão em massa, em que os empregados demitidos perderam o acesso quase que instantaneamente, os funcionários que decidiram ir embora depois da operação "Dois caminhos possíveis" passaram semanas com seus acessos aos sistemas ainda intactos até a empresa enfim revogar as credenciais.

Quando a poeira baixou, mais de 1100 pessoas tinham ido embora. Algumas simplesmente não responderam ao e-mail de Musk, mas outras optaram pelo *buyout*. O número correspondia a quase 31% da força de trabalho do Twitter. Era um pouco longe dos 80% que o bilionário queria, mas ele pareceu satisfeito. Ainda que tivesse se mostrado resistente à ideia de dar aos funcionários um jeito de deixar a empresa, ele ficou contente com o fato de que muitas pessoas haviam se mostrado leais. Tomado por um raro momento de bondade, Musk permitiu que o RH enviasse um acordo rescisório para quem estava de partida e aceitou as cartas de demissão de alguns trabalhadores que tinham titubeado na hora H, permitindo assim que eles tivessem direito ao pacote de benefícios que fora prometido.

Porém, o voto de lealdade significava coisas diferentes para quem tinha ficado na empresa. De fato, havia aqueles que acreditavam na visão de Musk ou então viam na situação uma chance de progredir em suas carreiras. Mas havia também aqueles que não tinham outra opção: precisavam do plano de saúde, do visto de trabalho ou então não tinham conseguido juntar dinheiro o suficiente para passar um tempo sem salário até encontrar outro emprego. Para estas pessoas, compactuar com um novo Twitter radical parecia a melhor alternativa.

Passado o prazo de quinta-feira, os empregados que restaram receberam um e-mail avisando que os escritórios da empresa estariam fechados no dia seguinte. Só que então Musk voltou atrás. Um pouquinho depois da uma hora da manhã de sexta-feira, ele ordenou: "pessoal que trabalha escrevendo software, quero todo mundo no décimo andar às duas horas da tarde de hoje". Parecia uma prova de fogo para comprovar a lealdade de quem ficou, e muita gente comprou passagens aéreas de última hora para estar em San Francisco no horário determinado.

Uma parte da tropa de elite de Musk passou a sexta-feira pendurada no telefone, tentando convencer alguns ex-funcionários a voltar para a empresa. James Musk, Christopher Stanley e outros montaram pequenas listas com pessoas que eles queriam trazer de volta, incluindo algumas que haviam sido mandadas embora sem mais nem menos durante o expurgo dos dissidentes. Em uma dessas ligações, Stanley perguntou se a pessoa no outro lado da linha acreditava no novo chefe.

"O que eu quero saber é: você é leal?", ele perguntava a elas.

Sinead McSweeney fazia parte do grupo de pessoas que tinha apenas revirado os olhos e ignorado a mensagem de Musk. Ela acreditava que, pelas leis em vigor na Irlanda, não precisava fazer nenhum voto besta de lealdade e poderia continuar trabalhando dentro das condições estipuladas em seu contrato. Mas não demorou muito até que recebesse um e-mail do RH, comunicando que sua carta de demissão tinha sido aceita e que ela agora estava sem acesso ao computador da empresa. Os advogados de McSweeney entraram em contato com o Twitter, alegando que ela não pedira demissão. Foi o pontapé inicial para uma rodada de negociações jurídicas que tentariam determinar se ela ainda tinha um emprego ou não. O processo se arrastaria por meses a fio, enquanto McSweeney tentava de todos os jeitos retomar o trabalho.

Com Yoel Roth e boa parte do alto escalão original da empresa jogados para escanteio, Musk estava livre para esculpir a plataforma do Twitter e deixá-la do jeito que queria. A tarefa começou na própria sexta-feira. Lá em outubro, ele tinha prometido criar um "conselho para a mediação de conteúdo" que ficaria responsável não apenas por grandes decisões, mas também por reativar contas que haviam sido suspensas. Contudo, depois da grande ameaça da "lista bombástica de nomes", o novo dono do Twitter sentiu que não havia mais necessidade de tentar agradar ninguém — até porque a receita de anúncios nos Estados Unidos tinha atingido um patamar 80% menor do que as expectativas internas.[8]

Na mesma manhã de sexta-feira, Musk reativou as contas do Babylon Bee e de Jordan Peterson, comentarista conservador do Canadá que fora suspenso por violar as regras da plataforma que proibiam o uso proposital de pronomes errados para se referir a outras pessoas.

Em um tuíte, o bilionário anunciou: "A nova política do Twitter é proporcionar liberdade de expressão, mas não liberdade de alcance". Era uma insinuação clara de que mensagens de ódio continuariam a circular no site, só não seriam amplificadas pelo algoritmo da plataforma. Estava longe de ser algo novo no mundo das redes sociais e já era, em grande medida, o que o Twitter vinha fazendo antes. Mesmo assim, Musk fez questão de cantar essa vitória para si próprio.

A mudança na gestão e nas regras do Twitter fez com que muita gente se sentisse impelida a retornar para a plataforma; gente como Andrew Anglin, fundador do site neonazista Daily Stormer, que tinha sido suspenso em 2013 por violar o código de conduta do serviço e incitar o discurso de ódio.[9] Andrew Tate, o misógino ex-boxeador que havia se reinventado como celebridade na internet e seria posteriormente acusado de estupro e tráfico de pessoas, também voltou de peito estufado. Assim como Kanye West, suspenso em outubro depois de postar um tuíte dizendo que iria "aniquilar TODOS OS JUDEUS".[10] (West seria suspenso de novo, dessa vez pelo próprio Musk, ao postar a foto de uma suástica. Contudo, essa segunda suspensão não durou muito tempo.)

O retorno dessas pessoas deixou Musk entusiasmado e ele começou a cogitar a possibilidade de reativar a conta do usuário mais infame da plataforma. Afinal, ele vinha recebendo inúmeras perguntas sobre o que faria com a conta @realDonaldTrump desde o instante em que anunciara sua vontade de comprar o Twitter.

Em conversas com seu círculo mais íntimo, o bilionário havia dito que Trump deveria estar no Twitter se ele fosse mesmo concorrer à presidência. Deixá-lo de fora da plataforma seria o mesmo que interferir nas eleições, impedindo que o povo americano pudesse entrar em contato com as mensagens e declarações do candidato sobre a corrida eleitoral. Para não falar dos níveis de arranca-rabo e engajamento que a reativação da conta poderia causar.

Na noite de sexta-feira, 18 de novembro, sem pestanejar e sem consultar ninguém, Elon Musk fez uma enquete no Twitter perguntando se deveria "reativar a conta do ex-presidente Trump". Passadas 24 horas, a enquete contabilizava mais de 15 milhões de votos e um percentual de 51,8% a favor da reativação. O dono do Twitter então declarou: "O desejo de vocês é uma ordem".

O problema é que reativar a conta de Trump não era tão simples assim. Na verdade, por ser uma das contas com o maior número de seguidores na plataforma inteira — à época da suspensão, por volta de janeiro de 2021, o número estava na casa dos 88 milhões —, @realDonaldTrump era uma verdadeira anomalia. Reativar o perfil significava reconstruir todas essas conexões e recriar as centenas de milhões de relações entre contas, tuítes e engajamentos que existiam antes de a suspensão acontecer. A plataforma foi ficando cada vez mais lenta conforme os sistemas tentavam não só reestruturar tantas conexões, mas, ainda por cima, gerenciar o imenso número de pessoas que acessavam o site só para ver se o perfil de Trump estava mesmo de volta. Em um determinado momento, o Twitter quase saiu do ar.

Além disso, ainda havia outra questão a ser tratada: Musk nem sequer sabia se Trump queria voltar. Depois de ser suspenso do Twitter e do Facebook em janeiro de 2020, o ex-presidente tinha migrado para o Truth Social, uma rede social própria que ele entupira com antigos aliados políticos. Na ocasião, declarou que nunca mais retornaria ao Twitter.[II]

A tarefa de começar as negociações com o pessoal de Trump caiu nos ombros de Ella Irwin, a nova diretora de moderação de conteúdo que substituíra Yoel Roth. Irwin tinha mais de duas décadas de experiência na área de gestão de riscos e abusos e já trabalhara com bancos, com um serviço de namoro online e até com a Amazon. Ainda assim, ela não sabia sequer por onde começar.

Musk tanto pedinchou que por fim conseguiu o contato de Stephen Miller, o antigo assessor de extrema direita de Trump para políticas de imigração, que ele imaginou poder fazer a ponte entre o Twitter e a equipe do ex-presidente. Ao longo das semanas seguintes, os assistentes de Trump sinalizaram que ele tinha interesse em retornar à plataforma, então Irwin e sua equipe arregaçaram as mangas. Já na expectativa para o grande evento, a equipe do Twitter consertou um problema de login na conta do ex-presidente e alterou o endereço de e-mail a ser usado. Não mais um endereço da Casa Branca, mas sim o pessoal de Trump.

Por mais que Musk tivesse batido muito na tecla de que todos os usuários receberiam o mesmo tipo de tratamento, não havia como negar que o tratamento dado a Trump tinha um nível de esmero sem precedentes. O novo dono do Twitter sabia que a presença do ex-presidente na plataforma atrairia muita atenção, mas, ainda assim, Trump e sua equipe tinham lá suas dúvidas sobre uma possível colaboração com Musk. Apesar de ter recuperado a conta, o antigo presidente dos Estados Unidos só publicou um novo primeiro tuíte depois de alguns meses. Afinal, ele já tinha aprendido a viver sem a rede social do passarinho.

39.
Orçamento base zero

A situação estava ficando cada vez mais complicada. Os anunciantes, que até a chegada de Musk eram responsáveis por gerar cerca de 90% da receita do Twitter, não estavam mais trabalhando com a plataforma nem mesmo nos meses de fim de ano, em que o movimento de tráfego pago costumava ser maior do que o normal. Muitas marcas haviam expressado receio sobre como ficaria a moderação de conteúdo no momento em que Musk assumisse o controle do Twitter, e a apreensão só aumentara depois das ações mais recentes do dono da empresa. Quando não dava mais para ignorar o fato de que o Twitter não conseguiria bater as metas internas de receita com publicidade, os colaboradores de vendas da plataforma, acostumados a fechar negócios milionários com empresas do naipe da Disney e da Netflix, receberam instruções para buscar novas parcerias com empresas de menor porte, como a Associação de Odontologia de Nova Jersey.

Ao final do quarto trimestre de 2022, a receita do Twitter referente a esses últimos três meses tinha sido de pouco mais de 1 bilhão de dólares. Era uma queda de 35% se comparada ao mesmo período do ano anterior.[1] Para piorar, a empresa apresentava sinais de que não iria se recuperar tão cedo, o que era uma péssima notícia para os bancos que tinham financiado as ações de Musk e agora não conseguiam se livrar da dívida. No final das contas, eles acabariam tendo que pagar o pato.

O empréstimo consignado no valor de 13 bilhões de dólares acabou por se transformar numa espécie de corda no pescoço na empresa e, por mais que o novo chefe da plataforma tivesse cantado a pedra sobre a possibilidade de falência, a culpa era toda dele. O Twitter não tinha nenhum tipo de dívida em seu balanço patrimonial quando Musk tomou posse; mas, em pouco tempo, os juros pagos pela empresa atingiriam a quantia astronômica de mais de 1,5 bilhão de dólares ao ano,[2] o que se traduzia numa dívida de cerca de 3 milhões de dólares por dia só para o pagamento de juros.[3] Para piorar o que já estava ruim, o prazo de quitação da primeira parcela de juros era no início de dezembro.

Musk e Jared Birchall chegaram a considerar a possibilidade de usar uma parcela das ações da Tesla para gerar uma margem consignável e, dessa forma, quitar as dívidas mais pesadas do Twitter.⁴ Outra opção era tentar levantar, de novo, algum dinheiro com investidores externos, mas havia dois problemas. Primeiro, as ações da Tesla estavam caindo, pois aos olhos do mercado de acionistas parecia que Musk estava passando tempo demais no Twitter. Além disso, as finanças da rede social iam de mal a pior. Na cabeça de Musk, a única solução era passar mais um pente-fino em sua nova empresa e realizar um corte de gastos. Por sorte, ele tinha a pessoa certa para cuidar disso.

Pouca gente era mais leal a Elon Musk do que Steve Davis, diretor-executivo da Boring Company. Dono de um olhar traiçoeiro e de presença inescapável, Davis tinha um tipo de energia meio nervosa que volta e meia precisava ser extravasada, fosse no trabalho ou em alguma outra atividade. Depois de se mudar para Washington em 2011 com a missão de inaugurar o escritório da SpaceX, ele abriu uma rede de *frozen yogurt* na cidade e, mais tarde, montou um dos primeiros bares a aceitar pagamentos em Bitcoin.

Numa entrevista para a televisão, ele certa vez declarou: "Eu gosto de tentar uma coisa nova a cada seis ou nove meses, e muitas vezes essas coisas não dão certo". Ainda em 2011, Davis também concluiu o doutorado em economia pela George Mason University.

Ele nem titubeou quando o chefe ligou pedindo ajuda naqueles primeiros dias de transição depois da compra do Twitter. Pouco importava que sua esposa, Nicole Hollander, tivesse acabado de dar à luz. A nova família de três pessoas mergulharia inteira naquela missão. Davis mudou-se, de mala e cuia — e esposa e bebê —, para uma sala de reuniões do Twitter, e os três passaram a dormir lá para não ter que gastar dinheiro com diárias de hotel.⁵ Hollander, que trabalhava no ramo imobiliário, assumiu para si a função de administrar a rede de escritórios da empresa espalhados pelo mundo. Às vezes ela participava de reuniões com a criança ainda no peito, ou então lavando as roupinhas do bebê nas pias instaladas dentro das cozinhas do escritório. Em determinado momento, funcionários da empresa receberam a missão de lavar as roupas da família e tiveram que esfregar as cuecas de Davis, porque ele já não tinha nenhuma peça limpa.

Ele era de uma lealdade tão sincera que se dedicou de corpo e alma a tentar sanar os descontentamentos de Musk, em especial o problema do aluguel e os custos disso para o Twitter. A empresa contava com cinquenta escritórios espalhados em mais de trinta cidades no mundo inteiro,⁶ o que significava cerca de 130 milhões de dólares todos os anos só para manter os escritórios funcionando. O valor deixava Musk enfurecido e, por isso mesmo, Davis também ficava enfurecido. Em reuniões e e-mails, o ajudante de Musk sempre comparava o Twitter à SpaceX, que tinha um número de trabalhadores bem maior e ainda assim gastava apenas 26 milhões de dólares por ano com aluguel.

Mas os funcionários do Twitter responsáveis por administrar essa parte da empresa sabiam que a coisa não era tão simples assim. A SpaceX tinha escritórios em cidades com um custo de vida muito mais barato, incluindo áreas rurais no Texas e outras regiões industriais projetadas para acolher fábricas inteiras. Já os escritórios do Twitter ficavam localizados em áreas metropolitanas, nas quais o custo de vida era mais caro, ou então em cidades universitárias, pois a ideia era atrair as pessoas altamente qualificadas que viviam nessas regiões.

Davis, contudo, não queria largar o osso. Em uma reunião com o corpo executivo do Twitter, ele compartilhou sua incrível solução para reduzir os custos: "A gente não vai mais pagar o aluguel. Simples assim".[7]

Aos olhos dos *tweeps* que tinham sobrevivido até ali, Davis era o membro mais explosivo da equipe de transição. Por mais que Alex Spiro e Jared Birchall fizessem as vontades de Musk, ainda dava para conversar com eles e tentar convencê-los do contrário. Com Davis, a banda tocava de outro jeito. Se a diretiva tinha vindo de Musk, então não havia nada a fazer a não ser seguir essa ordem divina. Sempre que os funcionários do Twitter brincavam sobre Musk ser o líder de uma seita, diziam que Davis era o braço direito mais fanático de todos, o primeiro a seguir as ordens do mestre. Até mesmo os aliados mais íntimos do bilionário tinham um pé atrás com a obediência cega desse homem.

Em meados de novembro, o dedicado seguidor de Musk estava perambulando pelos corredores da sede do Twitter com um olhar meio baratinado, como se estivesse havia dias sem dormir. Ele ainda remoía a questão dos custos de aluguel e se intrometeu na conversa de dois engenheiros que estavam parados ali perto. A pergunta dele foi simples: "Vocês moram aqui em San Francisco?". Um deles disse que não. O outro disse que sim, e ainda informou quanto pagava de aluguel.

Davis, então, fez uma nova pergunta: "Você moraria aqui no escritório se fosse pra pagar metade desse valor?". Os outros dois se entreolharam, sem saber ao certo o que dizer, e em seguida fizeram que não com a cabeça. Davis declarou que o Twitter estava gastando milhões de dólares por mês só para manter os escritórios e que, por isso mesmo, ele queria "transformar uma parte desses prédios em apartamentos".

A dupla de engenheiros achou que isso era uma piada, mas ainda assim decidiu que talvez valesse a pena entrar no experimento mental. Um deles vivia em Nova York, mas ia com frequência a San Francisco por conta do trabalho. Ele brincou: "Se eles me deixassem vir pra cá de classe executiva, eu com certeza cogitaria a possibilidade de ficar hospedado no escritório".

Davis rebateu: "Você sabe onde é que eu tô dormindo?". E, logo em seguida, informou aos dois interlocutores que morava ali no escritório, com a esposa e o bebê recém-nascido.

Agarrado à esperança de que outros trabalhadores da empresa fossem tão dedicados quanto ele e a família, Davis desenvolveu a ideia do "Hotel Twitter". Algumas semanas mais tarde, Ella Irwin, que vivia em Seattle, acabou esbarrando com Davis em uma de suas visitas periódicas ao escritório de San Francisco. Ele logo declarou, faceiro como uma criança: "Que bom que você tá aqui. Quero te mostrar o Hotel Twitter".

Os dois haviam se encontrado no décimo andar do prédio, então entraram em um elevador para descer até o oitavo andar, onde funcionários da empresa vinham desmontando algumas mesas e trocando a mobília de lugar segundo as ordens de Davis e sua esposa. O casal também restringira o acesso ao andar, de modo que a grande maioria das pessoas que trabalhavam no prédio não conseguia mais entrar ali.

Durante o passeio, Davis mostrou uma sala de reuniões com um colchão inflável no chão e um console de video game ao lado. Outras salas agora exibiam persianas de blackout. Ele então abriu uma porta para revelar um cômodo mais completo, equipado com uma cama de verdade. Mas sem nenhum banheiro à vista. Ali, ele poderia declarar a quem quer que fosse que o hóspede do espaço era ninguém mais, ninguém menos do que Elon Musk. E agora todo mundo poderia ter o privilégio de dividir um banheiro de escritório com o bilionário, pois valia tudo na missão para salvar o Twitter.

Na opinião daquele aliado de Musk, a situação só trazia vantagens. No Hotel Twitter, as pessoas que estavam comprometidas de verdade com a empresa e sua nova postura radical poderiam forjar laços sinceros de camaradagem. E se tivessem sorte, quem sabe até esbarrariam com o estimado líder.

Ella Irwin recusou a oferta de se hospedar no oitavo andar e mais tarde o espaço acabou virando uma academia particular para a esposa de Davis. No entanto, nem todo mundo teve a mesma sorte. Dali em diante, hospedar-se no Hotel Twitter virou parte da política da empresa, e muitos funcionários passaram a acreditar que não receberiam reembolso se optassem por ficar em um hotel de verdade. A situação toda ajudou a economizar alguns milhões de dólares por ano, se muito. Mas, no fim das contas, aquilo não servia para economizar: servia de teste. Para fazer parte do Twitter, você tinha que ser radical como eles.

Musk e Davis seguiam irredutíveis na missão de cortar gastos. Mas a impressão que os trabalhadores tinham era de que os dois homens estavam indo além da economia de dinheiro e estavam maravilhados com os níveis de sofrimento que podiam gerar. A desconfiança de Musk quanto à antiga gestão do Twitter seguiu inabalada com Davis, que fez questão de renegociar contratos com imobiliárias, provedores de internet e serviços de catering. O trabalho dele era fundamentado na crença de que todas as pessoas que tinham vindo antes eram idiotas, e que o mundo inteiro havia passado a perna nelas.

A primeira coisa a ser eliminada foi a comida. Antes de Musk assumir o comando da empresa, o Twitter oferecia refeições completas aos funcionários. Era uma prática comum nos tempos de vacas gordas do Vale do Silício, especialmente entre as empresas de tecnologia. Isso garantia que os empregados chegassem ao trabalho mais cedo para aproveitar o café da manhã e ficassem no escritório durante a hora do almoço, evitando que perdessem tempo para ir procurar um restaurante. Algumas empresas chegavam mesmo a oferecer o jantar, e assim os funcionários trabalhavam até tarde da noite esperando a refeição.

Só que o novo dono do Twitter vinha de outros tempos. O desdém com o qual ele encarava as refeições grátis só crescia quando se lembrava do fato de que o número de pessoas que trabalhavam presencialmente no escritório era bem menor do que gostaria. No dia 13 de novembro, lançou um tuíte lamentando que "quase ninguém" estava indo trabalhar: "A estimativa é de > $ 400 por almoço nos últimos 12 meses".

Era um número assombroso, até porque servia para enfatizar a suposta incompetência da gestão anterior. No entanto, faltou esclarecer os cálculos por trás dessa conta. Tracy Hawkins, que servira como diretora de patrimônio imobiliário e logística do trabalho, tuitou uma resposta: "Isso é mentira. Eu gerenciava o programa de refeições até semana passada e pedi demissão porque não queria trabalhar pro @elonmusk. O gasto por pessoa, pra café da manhã e almoço, era de $20-$25. Assim dava pra trabalhar durante o horário de almoço e reuniões. E o número de funcionários variava entre 20% e 50%".

Não importavam os números escondidos por trás das refeições, até porque Musk estava convencido de que aquilo precisava acabar. E os cortes não pararam ali. Com a ajuda de Davis, o bilionário interrompeu a parceria com uma empresa de serviços de limpeza que disponibilizava dezenas de zeladores e outros profissionais para os escritórios do Twitter em San Francisco, Los Angeles e Nova York.[8]

O novo chefe também fez algumas mudanças nos escritórios de San Francisco, onde os funcionários agora precisavam se amontoar em apenas dois andares do prédio. Não era uma questão problemática apenas em termos de espaço. Havia também o cheiro acumulado e misturado de axilas fedidas, caixas de pizza e pacotinhos de delivery de comida chinesa, sem falar das tralhas que os fãs de Musk enviavam como presentes. Um desses fãs era Mike Lindell, o magnata dos travesseiros que não só era pró-Trump mas também gostava de circular teorias da conspiração. Ele enviou cópias de seu livro de memórias *What Are the Odds?: From Crack Addict to* CEO [Quem diria?: Como larguei o vício em crack e me tornei CEO] e vários travesseiros MyPillow, que os funcionários agora usavam sempre que precisavam tirar um cochilo.

As lixeiras começaram a transbordar, os tapetes passaram a acumular sujeira e a raiva dos empregados só crescia. Os banheiros, em especial, transformaram-se em um problema sério, já que a diretiva de Musk para que o trabalho ficasse concentrado em apenas dois andares restringia também o número de privadas disponíveis para uso. Em Nova York, o mau cheiro dos banheiros era tamanho que ficou impraticável trabalhar em algumas partes do escritório[9] e muitos funcionários reclamavam do fato de que havia baratas entrando e saindo dos ralos de pia. Em San Francisco, as equipes que trabalhavam presencialmente faziam saídas rápidas até restaurantes ou cafeterias sempre que precisavam fazer xixi. Além disso, alguns empregados traziam o próprio papel higiênico de casa. Em um dos banheiros do prédio, alguém chegou a instalar um cabide de metal próximo a uma das barras de apoio para armazenar os rolos de papel higiênico. Um luxuoso presente para os colegas.

Musk também encontrou outros jeitos de deixar sua marca nos escritórios do Twitter. Ele, assim como seus capangas, enxergava nessa situação toda uma recompensa que superava até o mais alto ganho financeiro. Eles haviam desmantelado as estruturas daquilo que entendiam ser o grande baluarte liberal da cidade mais à esquerda de todo o país, e portanto eram os conquistadores que colhiam, agora, os louros da vitória. Entre esses louros estavam não só o Twitter, mas também os funcionários da empresa.

No dia 22 de novembro, Musk tuitou um vídeo em que mostrava algumas prateleiras do escritório de San Francisco abarrotadas com camisetas personalizadas do Twitter. "Olha essa pilha de camisetas #woke", ele dizia na gravação, apontando para uma blusa cinza com a hashtag #StayWoke estampada em branco.

Na opinião do bilionário, empresas como o Twitter haviam sido infectadas por esse "vírus da mente *woke*". David Sacks compartilhou o vídeo em seu perfil, com o tuíte: "Nossa missão para conquistar a *Wokeland* está concluída".

Para quem ainda continuava no Twitter e mesmo para quem já tinha ido embora, a mensagem de Musk era estarrecedora — em especial para os funcionários negros da empresa. Aquelas camisetas tinham sido feitas pelos Blackbirds, um grupo composto de afro-americanos que trabalhavam na rede social, logo depois dos protestos na cidade de Ferguson. Elas tinham ganhado algum destaque graças a Jack Dorsey, que sempre era visto todo orgulhoso vestindo uma delas em eventos diversos. Era uma forma de chamar a atenção para os casos de violência policial que afligiam as comunidades negras em números alarmantes.[10]

O novo chefe do Twitter cortou o apoio financeiro da empresa aos Blackbirds e grupos similares. Também fez outras mudanças bastante emblemáticas, como ordenar a remoção do mural Black Lives Matter, que tinha sido instalado no escritório de San Francisco depois dos protestos pela morte de George Floyd.

A equipe do bilionário ainda aproveitou para começar a redecorar o prédio. Na sala de reuniões situada no décimo andar, que Musk ocupava quando estava por lá, foi instalada uma galeria de memes: uma compilação com as piadinhas de internet que ele mais adorava. Já outras escolhas de design pareciam feitas para alimentar o ego do chefe. Antes, a cafeteria do nono andar tinha uma parede com vários tuítes famosos. Agora, uma dessas imagens fora substituída por um tuíte de abril de 2022 feito pelo próprio Musk, em que ele brincou que iria comprar a Coca-Cola só para ordenar que a receita do refrigerante voltasse a incluir cocaína. A postagem tinha acumulado quase 5 milhões de curtidas. A entrada da sala de descanso, por exemplo, tinha um mural que celebrava grandes momentos da liberdade de expressão ao longo da história e exibia fotos da Constituição dos Estados Unidos, da *Areopagítica* de John Milton e do Movimento pela Liberdade de Expressão da Universidade da Califórnia em Berkeley, na década de 1960. Agora, contava também com uma foto de Musk carregando uma pia pelos corredores da empresa.

Alex Spiro também vinha pensando que tipo de legado poderia deixar ali. O advogado declarara para os colegas que não tinha planos de administrar a empresa, mas a verdade é que ele havia, sim, começado a cogitar essa possibilidade. Spiro até pensara em um esquema próprio, que se desse certo ele conseguiria exportar para o resto do mundo a visão que Musk tinha sobre a liberdade de expressão. A ideia era oferecer a Starlink para países com governos autoritários e fazer com que o acesso à internet acontecesse através da empresa do chefe. E só fechariam negócio com uma condição: para que a internet funcionasse, os países teriam que permitir o uso do Twitter. Na cabeça de Spiro, fazer com que países que restringiam a comunicação virtual passassem a usar o Twitter seria tão simples quanto a ideia de Musk de transformar o Twitter em um aplicativo de transações bancárias. Ele, inclusive, já tinha começado a cuidar da papelada necessária para que o Twitter pudesse processar pagamentos.

O problema era que alguns colegas de Spiro, que trabalhavam com ele no Quinn Emanuel, estavam preocupados. Eles sabiam que o advogado havia praticamente corrido contra o tempo para deixar tudo preparado antes do julgamento que acabou suspenso, e sabiam também que ele não tinha descansado nada desde aquela época. Para piorar, Spiro era responsável por inúmeros clientes na firma de advocacia, além de todas as suas novas responsabilidades no Twitter. Esses colegas nem sabiam quando, e se, Spiro estava conseguindo descansar e a opinião geral era de que, se ele não abrisse o olho e puxasse o freio de mão, aquilo não terminaria bem.

Dois dias antes do feriado de Ação de Graças, Musk decidiu que precisava saber qual era a estratégia para o novo lançamento do Blue. Ele reuniu a equipe responsável pelo projeto na sala de reuniões Caracara, e aqueles que tinham voltado para casa para passar o feriado com as famílias participaram online. Não foi bem uma reunião que aconteceu ali, mas sim um monólogo todo desconexo. Por algum motivo que ninguém sabia qual era, o bilionário trajava um smoking.

"Todo dia eu penso nisso, caralho", ele declarou. "Todo dia. Meu talento pra avaliar produtos é bom pra caralho."

Ainda que o motivo por trás da conversa fosse discutir o novo lançamento do Blue e evitar a onda de imitações que tinha inviabilizado o sistema lá atrás, ela acabou se transformando em uma oportunidade para que Musk falasse o que lhe viesse à cabeça. Um dos tópicos foi o SR-71 *Blackbird*, um caça furtivo que ele adorava e que tinha conseguido a façanha de escapar de mísseis soviéticos durante a Guerra Fria. Ele destacou que a equipe deveria se inspirar na agilidade do *Blackbird*: "A gente tem que ser rápido, rápido mesmo". (O nome do filho de Musk, X Æ A-12, carregava uma homenagem ao Lockheed A-12, precursor do SR-71.)

A agilidade nas operações era crucial porque, segundo o chefe do Twitter, havia uma crise econômica batendo à porta. A relação da empresa com os anunciantes estava se deteriorando e o Blue era a solução para erradicar tamanha dependência do tráfego pago. Musk então afirmou: "Eu acabei de ter uma conversa com o pessoal da Disney. Eles trocaram o CEO meio de emergência, porque a situação financeira deles vai ficar feia no ano que vem. A Disney. A Disney, porra".

"2023 vai ser o ano das falências", ele disse.

Assim como o burburinho de uma crise econômica em escala global tinha feito com que Musk tentasse pular fora da compra do Twitter, agora era o burburinho do "ano das falências" que funcionava como uma espécie de norte sempre que ele precisava tomar alguma decisão na empresa. Nas últimas semanas de novembro e durante todo o mês de dezembro, o bilionário afirmou sem parar que não iria pagar aluguel de lugar nenhum. Em determinado momento chegou mesmo a dizer, na cara de um dos funcionários do setor de finanças, que o Twitter só voltaria a pagar aluguel "depois que eu estiver enterrado a sete palmos do chão".¹¹

Ao longo dos dois meses seguintes, a empresa não pagou os 6,8 milhões de dólares referentes ao aluguel da sede em San Francisco que cobriria os meses de dezembro e janeiro.¹² O aluguel dos escritórios em Nova York, Seattle e outras cidades também não foi pago, fazendo com que o número de processos contra a empresa aumentasse. O mesmo aconteceu com o aluguel do prédio que o Twitter ocupava em Londres. A Crown Estate, corporação responsável por administrar os imóveis do rei Charles na capital inglesa, foi mais uma a entrar com processo judicial.¹³

Complicações jurídicas à parte, o Twitter continuava a operar em locais que Musk considerava de importância vital. Era o caso de San Francisco e Nova York, ainda que os trabalhadores desses escritórios estivessem confinados a espaços cada vez menores dentro dos prédios. Mas em outras cidades, como Boulder e Seattle, a empresa simplesmente deixou que os processos se estendessem até o momento do despejo, e foram os funcionários que tiveram que lidar com as consequências. Em alguns casos, as equipes tiveram menos de 48 horas para reunir todos os seus pertences antes que ficassem trancadas do lado de fora. Os empregados do Twitter em Singapura, por exemplo, tiveram que ser retirados do prédio pelo pessoal que fazia a gestão do edifício.¹⁴

Steve Davis e Nicole Hollander eram os responsáveis por grande parte dessas decisões e, conforme o Twitter foi diminuindo de tamanho, eles tiveram mais uma ideia para ajudar o chefe a fazer dinheiro: um leilão online — com a ajuda de uma empresa gerida pelo marido de uma funcionária do Twitter. Os itens à venda incluíam uma estátua do passarinho azul, por 30 mil dólares; uma máquina de café expresso que já fora usada por baristas na Perch, por 25 mil; bem como cadeiras de escritório, geladeiras industriais e projetores.¹⁵ Pois é, o homem mais rico do mundo estava fazendo um bazar corporativo para tentar ganhar uma graninha extra.

Era segunda-feira, 28 de novembro, e Elon Musk acordou só para dar de cara com a notícia de que a Apple App Store tinha rejeitado a atualização mais recente feita ao aplicativo do Twitter. Sem nem parar para tentar entender os motivos por trás da decisão da Apple, o bilionário usou sua arminha favorita para se lançar em um ataque sem volta. Às 9h45 da manhã do horário de San Francisco, ele tuitou: "A Apple praticamente não tem mais anúncios no Twitter. Será que a empresa odeia tanto assim a liberdade de expressão nos Estados Unidos?". Uma hora mais tarde, outro tuíte: "A Apple também ameaçou tirar o Twitter da App Store, mas não quer explicar o motivo por trás disso".

Até aquele momento, a empresa com o logo da maçã vinha sendo uma parceira amigável ao novo Twitter de Musk — tanto que costumava gastar cerca de 100 milhões de dólares por ano com anúncios na rede social. Ainda no início desse mesmo mês de novembro, com a equipe do Blue correndo para lançar de novo o serviço de assinatura e desenvolver o aplicativo, Musk mexera seus pauzinhos dentro da fabricante do iPhone em Cupertino para tentar acelerar o processo de avaliação de aplicativos da Apple, que costumava ser incrivelmente rigoroso. De fato, a coisa vinha correndo bem mais rápido do que o normal, para a alegria dos engenheiros do Twitter que nunca tinham recebido um tratamento assim. Algumas pessoas na equipe do Blue chegaram até a ouvir rumores de que a Apple estava interessada no lançamento do serviço, já que ficava com 30% de todas as compras realizadas em iPhones.

Mas nem tudo ia às mil maravilhas nessa parceria. A empresa tinha preocupações reais sobre como a moderação de conteúdo seria feita na gestão de Musk, e por isso reduzira de forma drástica o valor que gastava com publicidade na plataforma. Uma outra preocupação eram os relatos de que o Twitter estaria usando um serviço do OnlyFans para exibir, mediante acesso pago, vídeos de criadores de conteúdo pornográfico. A App Store da Apple não permitia aplicativos com "material abertamente sexual ou pornográfico",[16] e ainda que o Twitter tivesse permitido conteúdos com nudez e pornografia consensual ao longo de sua história, estes vinham sempre com alertas ou então eram excluídos das recomendações feitas pelo algoritmo. Ou seja: até aquele momento, o Twitter sempre respeitara a diretiva da Apple. E até aquele momento, nunca tentara ganhar dinheiro com conteúdo desse tipo.

A situação levou a fabricante do iPhone a adotar uma postura ainda mais exigente, e os funcionários responsáveis por avaliar os aplicativos começaram a encontrar um número cada vez maior de conteúdo pornográfico até nas varreduras mais simples. Por mais que a Apple tivesse alertado o Twitter, a situação acabara ficando de lado durante os caóticos primeiros meses de Musk no comando e, em determinado momento, a App Store rejeitou a atualização do aplicativo do Twitter com base nos resultados encontrados. Ela também solicitou que alguns ajustes fossem feitos antes do lançamento.

Só que, na opinião de Elon Musk, aquela rejeição — para não falar do gasto reduzido com anúncios no Twitter — era pura e simplesmente uma declaração de guerra. Nessa mesma manhã, ele tuitou: "Sabia que a Apple cobra um imposto secreto de 30% sobre o valor de tudo o que você compra na App Store?". Com essa pergunta, o bilionário se enfiou no meio de um debate que já rolava havia tempos entre os desenvolvedores de aplicativo e a Apple no Vale do Silício.

Quando chegou para uma reunião que aconteceria no mesmo dia, Musk já tinha colocado a cabeça inteira para assar dentro de um forno de teorias da conspiração. Sem nenhum tipo de prova, começou a alegar que Phil Schiller e Tim Cook estavam de conluio com *short sellers* que apostavam na queda das empresas que ele controlava. Schiller e Cook eram, respectivamente, o chefe da App Store e o CEO da Apple. As pessoas presentes na reunião não entenderam se aquilo era uma piada ou não, até porque o Twitter era uma empresa de capital fechado. Ele também insinuou que mandaria seus seguidores organizarem um protesto em Cupertino, na sede da Apple, caso a gigante da tecnologia tirasse o Twitter da App Store.

Só que a Apple não queria arranjar sarna para se coçar. Na opinião de Tim Cook e do alto escalão da empresa, partir para um quebra-quebra público com um empreendedor tão estapafúrdio, que certa vez chegara até a tentar convencer a empresa de Steve Jobs a comprar a Tesla, era simplesmente impensável. Ainda que Cook tivesse um pé atrás com Musk, a Apple acabou convidando o chefe do Twitter para uma visita à sede da empresa.

Na quarta-feira, dia 30 de novembro, Musk chegou ao Apple Park: o famoso prédio futurista de 5 bilhões de dólares projetado por Norman Foster para parecer uma nave espacial. Uma vez dentro do prédio circular, ele foi recebido por Tim Cook para uma reunião privada.[17] Durante a conversa, o CEO da Apple explicou que, assim como outras marcas, a empresa estava preocupada com a possibilidade de o Twitter acabar permitindo mais e mais discurso de ódio e desinformação. Musk disse que isso não aconteceria. Cook então garantiu que a Apple continuaria a anunciar na plataforma, e também afirmou que o aplicativo do Twitter não seria removido da App Store caso as exigências dos programadores fossem cumpridas. Ele ainda ofereceu uma colher de chá para selar o acordo de paz, afirmando que a Apple ficaria com apenas 15% da receita gerada com o Twitter Blue e não os 30% que eram de praxe. O dono da Tesla se deu por satisfeito e, caminhando ao lado de seu anfitrião, foi conhecer o laguinho artificial construído no meio do terreno.

A alegria, no entanto, durou pouco. Nesse mesmo dia, a FTC enviou uma minuciosa lista de exigências, solicitando que o Twitter realizasse a devida prestação de contas sobre sua política de privacidade, uma vez que todos os executivos responsáveis pela questão haviam se demitido. Eram 27 perguntas, todas com o mesmo objetivo expresso de descobrir quem assumiria a responsabilidade em caso de problemas. O foco da investigação, claro, era o próprio Musk. A FTC queria entender quais eram as responsabilidades do bilionário na empresa e solicitava também cópias de absolutamente todos os e-mails, mensagens de Slack e memorandos que mencionassem o nome dele. A principal suspeita da agência reguladora era de que o novo chefe do Twitter estivesse destruindo a política de privacidade da empresa, e nesse caso seria necessário que as medidas cabíveis fossem tomadas contra ele — apesar de todas as promessas feitas por Alex Spiro, que dizia que nenhum funcionário do Twitter poderia ser considerado legalmente responsável por nada. O prazo para resposta era de duas semanas.

Na sexta-feira, 2 de dezembro, Musk começou a se preparar para aquilo que, segundo ele, seria um evento inesquecível. Já fazia dias que ele vinha reclamando sem parar da gestão anterior do Twitter e, tal como muitos de seus fãs conservadores, o próprio bilionário acreditava na teoria de que a plataforma censurava de propósito os perfis conservadores e promovia aqueles de orientação democrata.

Para provar que estava com a razão, Musk fechou um acordo com Matt Taibbi, um jornalista que tinha trabalhado para a *Rolling Stone*. Taibbi ganharia acesso irrestrito aos arquivos internos do Twitter e a todas as comunicações sigilosas para poder vasculhar à vontade e documentar o viés liberal que, em teoria, havia se espalhado pela empresa. A única demanda de Musk era que o jornalista divulgasse a matéria no próprio Twitter antes de levá-la para o Substack, uma plataforma independente dedicada à publicação de newsletters na qual Taibbi contava com um número considerável de leitores. Ao escolher o jornalista, o bilionário conseguia assegurar que teria o tipo de conteúdo que queria, pois Taibbi tinha uma postura reacionária e, por isso mesmo, jamais daria razão à antiga gestão do Twitter.

As equipes do setor de segurança, no entanto, ficaram chocadas com o pedido para conceder tamanho nível de acesso a uma pessoa que nem sequer trabalhava na empresa. Além disso, deixar que Taibbi chegasse tão perto das informações dos usuários possivelmente configuraria uma violação das obrigações de privacidade que o Twitter firmara com a FTC e o Regulamento Geral de Proteção de Dados em vigor na Europa. No entanto, ninguém teve coragem de levantar essas preocupações.

A primeira parte do Twitter Files discutiu a decisão, tomada pela empresa em 2020, de impedir momentaneamente que o *New York Post* publicasse uma matéria sobre os arquivos encontrados no laptop de Hunter Biden. A reportagem veio ao mundo com aplausos especiais. Já na expectativa, Musk tuitou: "Isso vai ser fantástico", completando a declaração com um emoji de pipoquinha.

Na noite da publicação, Taibbi escreveu em um imenso fio que a situação era "uma história com ares de Frankenstein: um mecanismo criado por um homem, mas que saiu de controle". Ele postou também capturas de tela com e-mails internos e mensagens de Slack trocados por Vijaya Gadde, Yoel Roth e outros nomes do alto escalão do Twitter. Parecia que o jornalista ia montando a história ali mesmo. Ele fazia longas pausas entre a postagem de um tuíte e outro e às vezes até chegava a apagar coisas que já tinha postado. Embora fosse uma leitura enfadonha, o fio chamou a atenção e contou com mais de 145 mil retuítes.

No entanto, apesar de todos os esforços para revelar a dita conspiração que teria colocado Joe Biden na Casa Branca, a rede de comunicação interna exposta por Taibbi parecia comprovar exatamente o oposto. Na verdade, ela mostrava que os funcionários do Twitter tinham era tentado entender a decisão de bloquear a matéria do *New York Post*, e muitos haviam se posicionado contra a diretiva.

Yoel Roth, por exemplo, alertara em uma de suas mensagens: "A situação ainda está muito incipiente e não temos todos os fatos".

Jim Baker, vice-conselheiro-geral que trabalhava junto com Vijaya Gadde e Sean Edgett, também tinha declarado em uma de suas mensagens: "Eu concordo que precisamos ter mais fatos em mãos antes de avaliar se os materiais foram mesmo hackeados".

No sábado, dia 3 de dezembro, as equipes de segurança receberam ordens para conceder acesso interno a Bari Weiss, mais uma jornalista de direita. O fio de Matt Taibbi, então, tinha sido só o início. A preocupação com as repercussões legais só aumentava.

Coube a Baker, um dos poucos advogados sênior que ainda restavam no Twitter, intervir. Ele ordenou que todos os materiais teriam que ser aprovados por ele antes que pudessem ser disponibilizados para a dupla de jornalistas. Desse modo, daria para garantir que nenhum dos dois tivesse acesso a dados de usuário que o Twitter tinha a obrigação legal de proteger. Durante aquele final de semana, Baker acabou atrapalhando os planos de Taibbi e Weiss, que faziam demandas cada vez maiores em escopo e menores em especificidade.

Frustrada com a situação, Weiss foi atrás de saber quem era a pessoa responsável pela liberação dos arquivos e ficou "absolutamente chocada" quando se deparou com o nome de Baker. Ela nem pensou duas vezes: era hora de alertar Elon Musk sobre o que estava acontecendo.

Na opinião do novo chefe do Twitter, Baker e Vijaya Gadde eram os dois grandes nomes por trás do regime de censura que havia dominado o Twitter. Além disso, ele também alimentava uma desconfiança especial por Baker, que servira como conselheiro-geral do FBI e nutria laços tão fortes com o governo que só poderia mesmo ser um agente do chamado Deep State, ou Estado paralelo. Depois de ter expurgado tantas pessoas que não eram leais à causa do novo Twitter, Musk acreditava que Baker já era página virada na empresa.

Contudo, o advogado tinha sobrevivido ao primeiro mês da nova gestão graças a Alex Spiro, que não o listou como demissionário, e estava de boca fechada trabalhando no escritório da empresa em Washington. Como Musk estava impaciente para ler as próximas descobertas do Twitter Files, ficou irado ao descobrir que Baker não só ainda trabalhava na empresa como também estava responsável pela liberação dos arquivos aos jornalistas.

Espumando raiva, Musk emitiu um ultimato para que Baker fosse até San Francisco. Enquanto isso, Jared Birchall pediu que o RH da empresa começasse a esboçar um acordo rescisório para a demissão do ex-funcionário do FBI. Ele explicou que as equipes responsáveis pelo setor jurídico e de relações governamentais da SpaceX estavam conduzindo uma investigação interna para avaliar a conduta de Baker, e que o resultado dela determinaria se o funcionário receberia ou não uma indenização ao ser mandado embora.

Quando chegou a San Francisco, Baker entrou em reunião com Musk só para ouvir: "Você tá demitido". O advogado, por sua vez, insistiu que não fizera nada de errado e chegou até a explicar todos os pormenores por trás da decisão de examinar os arquivos antes de liberá-los para os jornalistas. Era só um jeito de proteger o bilionário, de evitar repercussões dos órgãos reguladores.

Quase pareceu que o chefe tinha entendido o recado e que Baker ia conseguir manter o emprego. Mas, ao final da reunião, o funcionário foi convidado a se retirar do prédio. Pouco tempo depois, Alex Spiro também deixou o Twitter. A opinião de muita gente que ainda trabalhava na empresa é de que a confusão com Baker foi a última gota; contudo, o próprio Spiro já vinha alimentando dúvidas sobre o nível de gerência que teria para conseguir concretizar seus planos de liberdade de expressão no Twitter. Ele havia declarado para vários funcionários que as rodadas de demissões tinham chegado ao fim, e ficou desconfiado quando soube dos planos de Musk para continuar a demitir ainda mais gente. Por mais que ele tivesse se posicionado como a pessoa que comandaria as operações da empresa nas frentes jurídica e de políticas regulatórias, o próprio Spiro admitiu para colegas próximos que o plano dele sempre tinha sido trabalhar no Twitter apenas por um tempo. Ele voltou a ser o advogado de Musk fora da empresa e passou a concentrar seus esforços num caso pleiteado por acionistas da Tesla, que iria a julgamento dali a pouco.

No sábado seguinte, dia 10 de dezembro, Elon Musk era um poço de frustração. O Twitter não parava de dar prejuízo, então decidiu cuidar, ele mesmo, do orçamento da empresa. O bilionário convocou os funcionários de San Francisco para irem até a Caracara e ordenou que todos os executivos da área de finanças, bem como as lideranças de equipes variadas, participassem remotamente de qualquer canto do mundo onde estivessem.

Durante a reunião, Musk abriu uma planilha que registrava todos os gastos do Twitter para examinar tudo linha a linha. Sempre que chegava a um novo gasto, exigia que os responsáveis pela respectiva área ou setor explicassem o orçamento alocado. Se ele concordava com a explicação, tudo certo e os funcionários podiam seguir conforme o planejado. Se ele não concordava, o orçamento da equipe era imediatamente reduzido a zero.

Uma vez que Musk queria ouvir explicações de quase todas as áreas da empresa, os responsáveis começaram a enviar mensagens freneticamente, convocando gente que até minutos atrás estava fazendo compras no supermercado ou apenas aproveitando o final de semana. Como consequência, o número de participantes da reunião aumentava cada vez mais.

O bilionário seguia em frente como um trator, examinando todos os mínimos detalhes. Ele descobriu que o Twitter pagava por 15 mil licenças de um determinado software, sendo que mesmo em seus tempos mais áureos a empresa tinha contado com menos de 8 mil pessoas. Agora que o número de funcionários caíra para pouco menos de 2 mil, o valor parecia ainda mais absurdo. Ele ordenou que alguém renegociasse o contrato com o provedor do software.

A empresa também estava gastando cerca de 20 milhões de dólares só com taxas de registro de domínio para preservar o controle do endereço twitter.com e outros sites corporativos. Musk perguntou: "Alguém pode me explicar por que esse valor é tão alto?".

Rebecca Falk, uma advogada que gerenciava a área de *compliance* e mitigação de riscos, levantou a mão para responder e explicou que era uma questão de segurança. O Twitter precisava gastar esse valor para evitar que os domínios da empresa na internet fossem roubados ou hackeados.

"Mas a Tesla não gasta isso tudo", Musk rebateu.

Falk repetiu a frase que tantas pessoas antes dela já haviam dito para o novo chefe: "É um gasto importante. É pela segurança da empresa".

Ele foi ficando cada vez mais irritado, insistindo que a advogada explicasse aquela história direito. Só que Falk não dominava muito bem o linguajar específico usado no mundo dos registros de domínio e não conseguiu oferecer o nível de detalhamento que Musk tanto queria. Os demais executivos que também não conseguiram se justificar tentaram desconversar ou ganhar um pouco de tempo, dizendo que iriam primeiro averiguar os custos para só então oferecer uma resposta mais acertada. Falk, no entanto, não arredou pé e insistiu que o Twitter deveria continuar pagando as taxas de registro de domínio.

"Quanto mais você fala, mais estúpida você parece", foi o que ela ouviu de Musk em determinado momento.

Outro participante da reunião por fim intercedeu, tentando fazer a pauta continuar, e Musk seguiu cutucando cada uma das linhas da planilha. Muita gente ali se compadeceu da situação com Falk. No entanto, aos olhos de alguns executivos que gerenciavam orçamentos bem menores, parecia que o chefe estava enfim expondo a época de excessos que fora comandada por Jack Dorsey e Parag Agrawal. Na cabeça deles, o raciocínio era mais ou menos este: *Como é que essa gente pode ter um orçamento tão grande se não consegue nem explicar onde o dinheiro tá sendo gasto?*

A reunião acabou se transformando em um verdadeiro campo de batalha, com cada executivo tentando proteger o seu quinhão e sugerindo cortes em outras equipes. A planilha de Musk revelou outros custos desnecessários: a empresa gastava milhões de dólares com os serviços de computação em nuvem da Amazon Web Services — um braço da gigante do varejo online — só que também tinha um contrato quase idêntico com o Google, para o uso do Google Cloud. Isso para não falar dos gastos com escritórios. Havia prédios com duzentas mesas equipadas para o trabalho, mas apenas sessenta funcionários.

Em determinado momento, Musk esquadrinhava os gastos do Twitter com infraestrutura digital e uma das pessoas ali presentes disse que era necessário conversar com Rebecca Falk antes que uma decisão fosse tomada. A réplica do bilionário foi curta e grossa: "Ela não trabalha mais aqui". (Na verdade, Falk só pediria as contas em novembro de 2023.)

A reunião durou seis horas e acendeu um sinal de alerta na cabeça de Musk. Ele achava que Steve Davis já tinha eliminado todos os gastos possíveis, mas a planilha só comprovava que o Twitter ainda estava jogando milhões de dólares no lixo. Não havia mais explicações plausíveis. De agora em diante, o novo dono do Twitter teria que fazer uma gestão ainda mais extrema.

40.
"Eu sou rico, porra!"

Pouco tempo depois de sua demissão, Yoel Roth publicou um ensaio nas páginas de opinião do *New York Times*. O dia era 18 de novembro, e o outrora executivo do Twitter usou o texto para elaborar uma estratégia de combate ao poderio de Elon Musk. O bilionário estava fora de controle e seguia em suas tentativas de concretizar uma visão da liberdade de expressão que era não só tendenciosa, mas também indefensável. Na opinião de Roth, as mudanças feitas pela nova gestão do Twitter eram "súbitas e muito alarmantes", e estava bem claro que Musk comandaria tudo de acordo com seus próprios caprichos.

Roth queria, com isso, estabelecer uma distância entre ele e Musk — principalmente depois de ter caído nas boas graças do chefe, que chegara mesmo a dizer que Roth não era mais um homem da censura, mas sim alguém que compartilharia informações de confiança sobre o que de fato estava acontecendo no Twitter. Ainda que o texto tenha cumprido essa missão, também pegou o bilionário de surpresa e o deixou furioso. Elon Musk não tolerava críticas públicas, ainda mais se elas viessem impressas em um jornal que ele odiava. Logo depois da publicação do ensaio, Musk deixou de seguir Roth no Twitter.

Ella Irwin, que por sua vez havia assumido a função de Roth, estava determinada a erradicar todo e qualquer conteúdo com pornografia infantil do Twitter. Ao longo de algumas semanas entre os meses de novembro e dezembro daquele ano, ela e Musk tuitaram sobre o tópico, descrito pelo bilionário como a "prioridade n. 1" da empresa.

No dia 9 de dezembro, o Twitter começou a cantar vitória e declarou em um tuíte[1] que, durante o primeiro mês de Musk no comando, já suspendera quase 300 mil contas que violavam as regras de prevenção contra pornografia infantil. Era um aumento de 57% se comparado às suspensões feitas pela gestão anterior.

O novo chefe foi além e alegou que a antiga liderança do Twitter sabia do problema: "Isso é um crime. Eles não fizeram nada pra impedir a exploração sexual de crianças!". O insulto gerou uma raríssima resposta de Jack Dorsey, que tuitou: "Isso é mentira".

No dia seguinte, os críticos de Roth já haviam vasculhado todos os tuítes antigos dele, bem como seu histórico de atividades na internet. Um deles até encontrou uma tese de doutorado com o nome do antigo funcionário.

Na tese, ele falava como era comum que usuários menores de idade tentassem usar o Grindr, um aplicativo de namoro voltado para a comunidade gay e conhecido por ser um espaço de sexo casual. Por isso mesmo, o Grindr deveria encontrar maneiras de garantir a segurança desses usuários, em vez de bani--los ou simplesmente ignorá-los. Em determinado trecho, ele afirmava: "Provedores de serviço não deveriam tentar se eximir da responsabilidade legal que têm nesses casos e muito menos expulsar os adolescentes. Na verdade, esses provedores precisam elaborar estratégias de segurança capazes de acomodar situações diversas — e isso inclui, por exemplo, a criação de um ambiente seguro para que adolescentes e jovens queer possam conversar". A bandeira que Roth defendia, portanto, era a da necessidade de se criar medidas de segurança que protegessem os adolescentes no mundo virtual.

Musk estava só esperando uma chance de atacar Roth, e agora tinha a oportunidade perfeita em mãos. Aquela tese de doutorado seria a comprovação de que o antigo executivo do Twitter era a favor de adolescentes terem relações sexuais com adultos. Ele logo tuitou que "Yoel disse no doutorado dele que é a favor de crianças terem acesso a serviços sexuais para adultos na internet".

Num piscar de olhos, o perfil de Roth no Twitter ficou abarrotado de gente desconhecida dizendo que ele era pedófilo. Logo depois começaram a aparecer as ameaças de morte. Em pouco tempo os cães de caça da internet divulgaram os dados pessoais de Roth e o telefone dele começou a tocar, uma ligação desconhecida depois de outra. O endereço da casa que ele dividia com o marido em San Francisco também foi vazado e o tabloide inglês *Daily Mail* publicou uma matéria sobre a situação, incluindo informações sobre a residência do casal.[2]

A escala dos ataques era sem precedentes na carreira de Roth, que tinha sido alvo de operações parecidas vindas da Casa Branca quando Donald Trump era o presidente. Naquela época, o Twitter colocara um guarda de prontidão na porta de sua casa, mas, desta vez, Roth estava desempregado e não podia contar com nenhum tipo de proteção corporativa. Ele chegou até a cogitar a possibilidade de comprar uma arma para se defender, mas a ideia toda lhe pareceu perigosa demais.

No meio das inúmeras ameaças que pipocavam em seu celular, Roth se deparou com uma mensagem de Del Harvey. Ela tinha sido a primeira funcionária contratada pelo Twitter para a equipe de confiança e segurança e trabalhara lado a lado com Roth para rascunhar as justificativas que embasaram a decisão de banir o perfil de Donald Trump. Agora, Harvey tinha pedido ajuda a Vijaya Gadde e a antiga executiva do alto escalão respondeu à altura, encontrando um lugar para que Roth e o marido pudessem se abrigar enquanto a tempestade não passava.

Ele ficou magoado pelo fato de que Gadde tinha preferido enviar a mensagem por Del Harvey, mas ainda assim aceitou a oferta.

Semanas mais tarde, quando os ataques por fim começaram a amainar, o casal voltou para casa e encaixotou tudo. Eles não se sentiam mais seguros ali e decidiram que era hora de colocar o lugar à venda por um preço bem menor do que o esperado, pois a residência carregava a marca do assédio online ordenado por Musk.

O chefe do Twitter precisava de novos correligionários para contrabalancear a saída de Alex Spiro, e por isso decidiu importar um punhado de pessoas da SpaceX. Nesse grupo estavam o diretor jurídico Chris Cardaci e Tim Hughes, diretor sênior de relações governamentais e negócios internacionais. Cardaci ficou responsável pelo setor jurídico do Twitter, e Hughes assumiu o departamento de *compliance*. Em uma reunião com os poucos advogados que ainda restavam na empresa, Steve Davis declarou que Hughes era a pessoa ideal para o cargo porque trabalhara no projeto da Starlink na SpaceX e, portanto, tinha experiência com a FTC.

O leal seguidor de Musk disse ainda que, dali em diante, "a nossa conduta tem que ser impecável quando o assunto for *compliance*". Antes tão focado em reduzir custos de toda e qualquer maneira possível, Davis tinha passado a apoiar a ideia de que o Twitter deveria contratar uma equipe para resolver aquele pepino. De fato, o órgão regulador americano vinha monitorando a plataforma de perto com perguntas que pareciam apenas um grande pretexto para imputar a Musk a responsabilidade penal caso fosse determinado que o Twitter não estava agindo em conformidade com o decreto de consentimento. Spiro fizera pouco-caso da investigação da FTC, dizendo que Musk não tinha motivo para ter medo disso, mas na verdade a questão era séria e precisava de atenção especial. O Twitter já havia estourado o prazo dado pela agência fazia várias semanas e ainda não tinha compilado nem metade do material solicitado.

Em uma carta confidencial enviada à FTC ainda no mês de dezembro, os porta-vozes do Twitter usaram a mesma desculpa para responder a todas as perguntas que haviam sido feitas: "A empresa tem recursos limitados, mas vem trabalhando com a devida atenção para oferecer uma resposta adequada". Realmente, não havia como negar que apenas Musk ditava as regras por ali.

Talvez tenha sido por isso que a carta também trouxe a seguinte declaração: "O sr. Musk é o diretor, CEO, presidente, tesoureiro e gestor da empresa.

Além disso, o sr. Musk também tem autoridade supervisora geral em áreas diversas, incluindo a criação, o estabelecimento e a implementação de um programa completo de segurança e privacidade".

Um dos primeiros tuítes que Elon Musk publicou logo depois de comprar o Twitter, no final de outubro, era nada mais nada menos do que um aceno ao Babylon Bee. Com a tinta ainda fresca no contrato, ele afirmou: "A partir de agora, a comédia está legalizada no Twitter".

O bilionário sempre quis ser visto como um cara engraçado. E depois de passar boa parte do dia 11 de dezembro criticando sem parar os funcionários que trabalhavam na sede do Twitter, ele foi até o Chase Center para se divertir. A atração, contudo, não era um jogo de basquete dos Golden State Warriors, mas sim um stand-up de Dave Chappelle, um amigo próximo. A casa estava cheia.

"Senhoras e senhores, uma salva de palmas para o cara mais rico do mundo", Chappelle anunciou quando Musk foi entrando no palco, paramentado com um microfone.[3]

O show já estava terminando e a ideia do comediante era encerrar a noite com um momento de impacto. Musk levantou os dois braços e, depois de ouvir uma onda de aplausos, deu um tchauzinho. Mas aí começaram as vaias. Ele foi andando pelo palco, trocando olhares com o amigo como se esperasse a deixa certa para falar alguma coisa.

"Tem gente aplaudindo e tem gente vaiando, pelo visto", Chappelle enfim declarou, tentando apaziguar os ânimos no estádio com lotação para 18 mil pessoas.

"Elon, cara..."

"Fala, Dave."

"Polêmico, hein."

"Você não tava esperando uma coisa dessas, né?", Musk questionou.

"Acho que aquele pessoal que você demitiu tá aqui na plateia", o comediante enfim disse, angariando uma ou outra risada. Mas as vaias voltaram com força total depois que Chappelle acendeu um baseado e começou a sacanear a parte do estádio onde ficavam os assentos mais baratos. O dono do Twitter balbuciou uma coisa ou outra, o microfone murcho próximo aos lábios. Os dois por fim deixaram o palco, mas logo estavam de volta para o bis na companhia de Chris Rock e o resto do séquito de Chappelle. Eles fizeram uma nova tentativa de reabilitar a imagem de Musk quando o comediante ofereceu o microfone ao amigo e o incentivou a falar um de seus clássicos bordões. Musk então soltou o berro: "Eu sou rico, porra!".[4] Foi recebido por uma avalanche de vaias.

Ele quase não pregou o olho naquela noite. Às quatro horas da manhã, estava tuitando sobre erradicar o "vírus *woke*" e a covid, mas aquilo que ocorrera em cima do palco seguia vívido em sua cabeça. Por mais que ele frequentemente se deparasse com insultos no Twitter, era um tanto fácil criar uma bolha de proteção para não ter que lidar com os comentários raivosos. Só que o stand-up de Chappelle tinha acontecido na vida real, e Musk tinha experimentado um gostinho da rejeição cada vez maior que vinha sofrendo por conta da aquisição do Twitter, de seu posicionamento político e comportamento online. Segundo ele próprio, o que aconteceu tinha sido culpa dos "esquerdistas sem noção" de San Francisco. Em uma resposta a um usuário do Twitter, Musk alegou: "Tecnicamente foi 90% aplausos e 10% vaias (tirando os períodos de silêncio). Ainda assim, é um percentual alto de vaias, e isso nunca tinha acontecido na vida real (mas é frequente aqui no Twitter)".[5]

Um batalhão de gente apareceu para tirar sarro da declaração e do ego fragilizado do bilionário, que apagou o tuíte. A comédia, afinal, também corria solta fora das bolhas da internet.

Os tuítes sobre Yoel Roth também tiveram consequências financeiras. Na cabeça dos acionistas que investiam dinheiro na Tesla, o comportamento cada vez mais errático de Musk era um imenso sinal de perigo e indicava que o dono da fábrica de carros elétricos estava mais preocupado com outras coisas. Para esses acionistas, o nome de Musk e as operações da Tesla eram indissociáveis, e nada garantia que a empresa sobreviveria sem a devida atenção do bilionário. Como resultado, as ações da montadora despencaram em 6% quando o mercado abriu para operações na segunda-feira seguinte.[6]

Na terça-feira, as ações registraram uma nova queda de 4%. E ainda que só por alguns instantes, Musk perdeu o título de homem mais rico do mundo.

Enquanto isso, Jared Birchall pedia que os funcionários do Twitter tivessem um pouco mais de empatia pelo chefe, declarando em reuniões que "o Elon não é um cara malvado". Por mais que o comportamento recente do bilionário passasse a impressão contrária, Birchall jurava de pé junto que tudo o que Musk fazia era porque ele acreditava, de verdade, que o Twitter era a melhor plataforma social do planeta. Yoel Roth podia até ter questionado o comprometimento de Musk com a questão da segurança, mas fato era que Musk já estava levando essa questão a sério. Afinal, os carros da Tesla eram os mais seguros do mercado. "Ele acorda todo dia pensando o que fazer pra melhorar a humanidade", Birchall afirmava.

O rebuliço, contudo, seguia firme no feed e na cabeça de Musk. Muitas pessoas que o viram durante aquelas semanas ficavam se perguntando se ele por acaso teria parado de tomar os antidepressivos (um tema que ele abordava sem rodeios) ou quem sabe começara uma medicação nova. Em seu escasso tempo livre, o chefe do Twitter se entocava na Caracara, que agora era uma espécie de sala de comando. Os empregados sempre o viam enfurnado lá dentro com uma Coca Diet, rolando a tela sem parar. Um belo dia, a comitiva de Musk decidiu revestir a sala com vidro fosco para protegê-lo dos olhares alarmados.

Ao longo daqueles meses, parecia que o filho de Musk — X Æ A-12 (cujo nome se pronuncia "X Ash A 12") — era uma das poucas influências positivas na vida do bilionário. Enquanto outras crianças da idade de X estavam na creche ou preparando-se para a pré-escola, o garotinho engatinhava pelos corredores da sede do Twitter. Musk e a mãe de X, Grimes Boucher, haviam dito às pessoas mais próximas que o pequeno era o "escolhido"; uma existência quase messiânica que seguiria os passos do pai. Na opinião do casal, Musk era o arquiteto que planejava um futuro aperfeiçoado pela tecnologia e X, por sua vez, poderia muito bem assumir o império da Tesla, SpaceX e Twitter que se colocava diante dele. A um dos executivos do Twitter, Boucher contou que "X está sendo criado no mundo dos negócios pra poder superar o pai".

Musk de fato tinha uma enorme afeição pela criança, e costumava dizer ao seu esquadrão de aliados que X iria aprender com ele a gestão de negócios. Contudo, muitos funcionários do Twitter achavam que a presença do menino em um ambiente de trabalho parecia um estranho experimento em cuidados paternais. X muitas vezes ficava acordado até altas horas da noite e não interagia com quase ninguém a não ser o pai, a babá e seus seguranças. Além de não conviver com outras crianças da própria idade, ele também costumava ficar engatinhando pelas salas de reuniões enquanto Musk trabalhava. Nessas ocasiões, muitas vezes balbuciava e chegava até a soltar palavrões — algo que aprendera com o pai. Os funcionários da empresa não sabiam exatamente o motivo pelo qual precisavam explicar algo para o chefe enquanto X ia falando junto com eles.

Musk sempre olhou o papel de pai com certa hesitação e, apesar de ter pelo menos onze filhos biológicos, os anos de criação deles não foram tarefa fácil. Seus filhos mais velhos — dois meninos gêmeos e os trigêmeos que vieram logo depois — também tinham corrido pelos corredores dos antigos escritórios de Musk, tal como X fazia agora. O problema era que eles haviam se cansado de conviver com um pai ausente que estava sempre trabalhando e acabaram se distanciando. O maior exemplo disso era Vivian, que o pai achava que tinha se tornado neomarxista e sofrido lavagem cerebral na escola liberal em que estudara.[7] Musk muitas vezes confidenciava a pessoas mais próximas que nenhum dos filhos adolescentes queria ter contato com ele, e isso fazia parecer que o tipo de atenção que ele dava a X nada mais era do que uma forma de garantir que a história não se repetisse.

Na mesma semana do dia 11 de dezembro, Musk enviou X Æ A-12 de jatinho particular até Los Angeles, para que o menino passasse alguns dias com a mãe. Lá, o carro que levava X até a residência começou a ser seguido por um homem um pouco perturbado, convencido de que o bilionário estava dentro do veículo. Os seguranças fizeram uma parada em um posto de gasolina para questionar o indivíduo, registrando tudo em um vídeo que logo depois foi tuitado pelo próprio Musk. Aquilo tinha sido uma ameaça a sua família, e a culpa era de um perfil do Twitter que monitorava os trajetos do seu jatinho particular.

Na época em que Musk comprou o Twitter, ele explicitamente citou o perfil @ElonJet e afirmou que a conta não seria suspensa. Naquelas duas primeiras semanas de sua nova gestão, ele declarou: "Meu compromisso com a liberdade de expressão é tão sério que não vou banir nem a conta que fica monitorando o meu avião, mesmo que isso signifique que eu vá correr um grande risco". A verdade, no entanto, era que por trás dos panos o @ElonJet era tópico constante de discussão e Ella Irwin reiterava que a suspensão do perfil era algo necessário, pois revelava informações sensíveis de localização. Ainda que Musk tivesse discordado da ideia a princípio, o incidente com X fez com que ele mudasse de opinião num piscar de olhos.

O Twitter se organizou para suspender @ElonJet no dia 14 de dezembro, e o chefe da empresa esboçou uma nova política dizendo que qualquer conta que compartilhasse "dados e informações de localização em tempo real" seria suspensa. A diretriz causou dúvidas. O Twitter sempre havia sido uma plataforma na qual as pessoas postavam dados e informações sobre si mesmas e sobre outras pessoas em tempo real, estivessem elas em eventos esportivos, protestos na rua ou apenas passeando por aí. Se um usuário por acaso postasse uma foto do Tom Cruise entrando em um McDonald's e o tuíte mostrasse a localização do restaurante, a conta então seria banida?

A plataforma não baniu apenas o @ElonJet, mas também outras contas que compartilhavam links diretos de sites que usavam dados públicos para monitorar voos diversos. Um exemplo foi o perfil da rede social Mastodon, que divulgou a informação de que @ElonJet ainda estava disponível naquela rede. O mesmo aconteceu com alguns jornalistas que trabalhavam para o *New York Times*, o *Washington Post* e a CNN e estavam reportando as suspensões em tempo real.*

---

* Ryan, um dos autores deste livro, foi um desses jornalistas. [N.A.]

Em um tuíte, Musk alegou que "essas contas postaram minha localização real. Resumindo: postaram coordenadas para quem quer me assassinar. É uma violação (óbvia) dos termos de serviço do Twitter". Àquela altura, a teoria da conspiração já havia dominado sua cabeça.

Pessoas que pertenciam ao séquito de Musk, como Jason Calacanis e David Sacks, tentaram impedir que o bilionário tomasse novas decisões sobre esse assunto. Ele já tinha ido longe demais e costurado vários eventos aleatórios para construir uma narrativa de subterfúgios. Assumira um semblante taciturno e dizia aos seguidores mais íntimos que, afinal de contas, a compra do Twitter tinha sido um erro. A sobrecarga financeira e o fato de que ele já não conseguia dedicar tanto tempo às outras empresas, como a Tesla e a SpaceX, só agravavam a situação. Um executivo do Twitter que já havia deixado a empresa resumiu a situação da seguinte forma: "Ele chegou achando que era o salvador da pátria e ia resgatar a humanidade. Só que aí se deu conta de que as pessoas enxergavam ele como o vilão, e não como o herói. E é pesado ter que lidar com uma coisa dessas".

Mas Musk simplesmente não conseguiu deixar o Twitter de lado na noite seguinte às suspensões. Foi assim que ele descobriu que Katie Notopoulos, uma repórter do BuzzFeed News, havia criado um Twitter Space para conversar ao vivo com os jornalistas que tinham sido banidos, dentre eles Drew Harwell, do *Washington Post*, e Matt Binder, do Mashable. Eles conseguiram se conectar graças a uma falha: o Spaces tinha sido construído em uma base de dados diferente da usada no Twitter propriamente dito. Ao longo da conversa, os três foram destrinchando a inacreditável hipocrisia do novo dono do Twitter. Em determinado momento, o próprio Musk se enfiou lá e, ressentido, tentou se defender: "Mostrar informações em tempo real sobre a localização de uma pessoa é errado".

Depois disso, começou sua ladainha de sempre sobre os inimigos de longa data e ainda declarou: "No futuro, não vai ter mais diferença entre quem é jornalista — ou quem se diz jornalista — e o pessoal normal. Todo mundo vai ser tratado do mesmo jeito. Você não é nada especial só porque é jornalista. Você é só… Você é só um tui… Você é só uma pessoa como qualquer outra".[8]

Notopoulos, Harwell e Binder perguntaram o que ele queria dizer com isso, mas o bilionário apenas levantou o tom de voz e saiu da conversa sem mais nem menos. Minutos mais tarde, ordenou que os engenheiros do Twitter fechassem todos os Spaces e, logo depois, postou um tuíte para dizer que a empresa estava "arrumando o bug de um código legado". Parece que, no final do dia, havia sim limites para a liberdade de expressão.

41.
Insegurança

A Copa do Mundo de 2022 era a oportunidade que o Catar estava esperando para brilhar. A final estava marcada para o dia 18 de dezembro, um domingo. O mundo inteiro estava ligado e os jogadores de futebol da Argentina e da França já estavam no gramado do estádio dourado, construído em forma oval, esperando o juiz apitar o início da partida mais importante de suas vidas.

Elon Musk também estava lá, em seu camarote de luxo, junto com outras pessoas poderosas que tinham viajado até o golfo Pérsico só para assistir à partida. O único porém era que o bilionário não estava lá para se divertir. Ele detestava esportes e tinha passado a juventude fuçando em computadores, jogando video games ou então perdido nos livros. A aquisição do Twitter, no entanto, havia mudado um pouco as suas prioridades. Uma parte considerável dos usuários usava a plataforma por conta dos esportes, fosse para acompanhar a especulação sobre as transferências da NBA, fosse para ficar de olho nas Olimpíadas ou simplesmente para não perder as fofocas sobre o Super Bowl. Além disso, a transmissão ao vivo de grandes eventos esportivos sempre impulsionava o número de usuários e o número da receita com anúncios, já que as equipes do Twitter aproveitavam a oportunidade para vender pacotes especiais ou então exibiam anúncios próximos ao conteúdo licenciado de perfis oficiais dos times.

Entre tantos esportes e competições que se esparramavam para dentro do Twitter, a Copa do Mundo, com suas dezenas de partidas diferentes ao longo de um mês, era sem sombra de dúvidas o maior evento de todos. Apesar de acontecer apenas de quatro em quatro anos, o torneio já vinha trazendo recordes de tráfego para o Twitter havia pelo menos uma década. A edição de 2010 na África do Sul, por exemplo, foi a primeira Copa com uma forte presença no Twitter, e à época a empresa alertou os usuários que o serviço da plataforma poderia sofrer algumas interrupções[1] — o que de fato aconteceu quando a seleção da Holanda venceu o Brasil nas quartas de final.[2] A edição de 2014, que aconteceu em terras brasileiras, gerou cerca de 672 milhões de tuítes. Foi o maior número de postagens relacionadas a um único evento até então.[3] O Twitter foi melhorando com o passar dos anos, até desenvolver uma infraestrutura mais robusta para que o site conseguisse lidar com esses picos de tráfego. Contudo, a situação havia mudado desde a chegada de Musk e os cortes gigantescos que ele fizera no número de funcionários. Muita gente que sobrevivera às demissões acreditava que a empresa não tinha mais nem a mão de obra nem as habilidades necessárias para resolver uma grande interrupção no serviço. Alguns engenheiros diziam que o Twitter era como um carro rodando na estrada. Parecia que tudo estava funcionando conforme o esperado, mas eles não sabiam dizer se os mecânicos certos estariam por ali para consertar o estrago caso a luz da injeção aparecesse no painel ou acontecesse alguma pane no câmbio.

Apesar de todos os possíveis problemas, as 63 partidas de futebol que aconteceram entre novembro e dezembro não causaram nenhum tipo de estrago no Twitter e, quando Musk aterrissou no Catar naquele dia 18 de dezembro, tudo parecia ter corrido às mil maravilhas. O bilionário havia encarado um voo com mais de quinze horas de duração[4] e chegara ao estádio pouco antes do início do grande jogo. Lá, ele se dedicou a apertos de mão, acenos para os fãs e fotos com gente de todo tipo: o ditador turco Recep Tayyip Erdoğan, o influenciador e chef Nusret Gökçe, que ganhara fama na internet com a alcunha de "Salt Bae", e até mesmo uma apresentadora de televisão russa conhecida por sua postura pró-Pútin.[5] Depois de toda a comoção, o dono do Twitter se sentou ao lado de Jared Kushner, que era não só o genro de Donald Trump mas também um de seus assessores mais próximos. Próximo deles estava Mansoor Bin Ebrahim Al-Mahmoud, diretor-executivo da Autoridade de Investimento do Catar.

Musk tinha ido àquele estádio de futebol para cumprir sua promessa aos investidores do Catar e para tratar de negócios, tentando levantar algum tipo de capital e, quem sabe assim, diminuir os encargos financeiros que pesavam em suas costas. Os camarotes estavam cheios de gente rica e famosa das mais diversas estirpes, do famoso ex-jogador de futebol inglês David Beckham até Lakshmi Mittal, o empresário indiano da indústria do aço. Era a oportunidade perfeita para Musk fazer os contatos de que precisava. Até esse momento, a arrecadação de fundos para o Twitter vinha acontecendo sem muito alarde, comandada por Jared Birchall e Pablo Mendoza. Este último era associado da Vy Capital, um fundo de capital de riscos baseada em Dubai, e estava temporariamente trabalhando no Twitter para oferecer auxílio na parte de finanças. Em um e-mail[6] aos investidores, Birchall havia declarado que "recebemos várias solicitações de pessoas interessadas em investir no Twitter, e por isso temos o prazer de anunciar que vamos disponibilizar ofertas subsequentes de ações ordinárias, com o mesmo preço e termos acordados anteriormente, até o fim do ano fiscal".

Era uma proposta ousada — para não dizer absurda —, uma vez que o objetivo era arrecadar cerca de 3 bilhões de dólares.[7] Além disso, Musk tinha passado o último mês e meio fazendo picadinho das fontes que geravam receita com publicidade e demitindo funcionários. Essa abordagem caótica, aliada à prática recorrente de negociação excessiva de ativos por parte dos mercados financeiros, fez com que os bancos que antes tinham oferecido empréstimos de 13 bilhões de dólares agora tentassem vender os títulos de dívida a preços bem abaixo do mercado. Muitos críticos e analistas financeiros achavam que era ridículo supor que qualquer pessoa normal pagaria o valor cheio de 54,20 de dólares para controlar uma ação daquele novo Twitter administrado por Musk. Na realidade, a situação só iria piorar agora que o bilionário tentava atrair novos investidores.

Com a Copa do Mundo chegando ao fim e a Argentina tendo garantido a vitória, o Twitter decidiu que era hora de anunciar uma nova política de uso. Em um de seus feeds oficiais, a empresa declarou: "Vamos remover perfis que foram criados exclusivamente com o propósito de promover outras redes sociais, bem como conteúdo que apresenta links ou nomes de usuário relacionados às seguintes plataformas: Facebook, Instagram, Mastodon, Truth Social, Tribe, Nostr e Post". Os usuários ficaram em polvorosa. A mudança vinha a pedido de Musk e tinha como objetivo preservar o tráfego de usuários, evitando que as pessoas fossem para outros domínios. Também tinha sido motivada por uma certa raiva que o bilionário sentia de Jack Dorsey, que incentivara as pessoas a migrarem para uma nova rede social descentralizada chamada Nostr.

O anúncio da nova política gerou revolta nos quatro cantos do Twitter e em todas as frentes políticas. Também ia contra as normas que regiam o funcionamento das redes sociais e contradizia, por completo, o próprio conceito de liberdade de expressão. Para piorar, era incompatível com um dos alicerces do Vale do Silício, que incentivava as empresas a trabalharem para construir o melhor produto possível, e não forçarem as pessoas a usarem aquele produto.

Nomes como Edward Snowden, Aaron Levie e Balaji Srinivasan estavam na lista de críticos. Levie era o diretor-executivo da Box; Srinivasan era um empreendedor da área de criptomoedas e já tinha trabalhado na Andreessen Horowitz. No entanto, poucos foram tão vocais em suas críticas como Paul Graham, que fundara a incubadora de startups YCombinator. Um mês antes, Graham havia postado um tuíte dizendo: "Incrível como tem um pessoal aí que nunca administrou nada na vida e acha que sabe gerenciar uma empresa de tecnologia muito melhor do que o cara que comanda a Tesla e a SpaceX". O tom de Graham mudou da água para o vinho depois do anúncio da nova política, e o empresário tuitou apenas um link para seu perfil no Mastodon. A decisão de Musk, segundo ele, tinha sido "a última gota". Foi banido logo em seguida.

Algum tempo depois, Graham fez a seguinte declaração em um fórum de discussão online muito frequentado por fundadores de startups:[8] "Eu ainda acho que o Elon é um cara esperto. É só ver o trabalho que ele fez com os carros e os foguetes. Eu também não acho que ele é esse vilão que o pessoal fica dizendo que ele é. Ele é excêntrico? É sim, mas isso não deveria ser novidade pra ninguém. E tem mais: eu acho que ele não se deu conta de que aquilo que funciona para carros e foguetes não funciona pras redes sociais. Na minha opinião, só isso já explica boa parte do comportamento dele".

Passadas algumas horas desde o anúncio do Twitter, Musk apareceu na plataforma com uma nova informação. A política tinha sido ajustada de novo para suspender apenas contas cujo "propósito *principal* era divulgar sites da concorrência". Logo em seguida, veio outro tuíte: "A partir de agora, toda e qualquer grande mudança em alguma política vai passar por uma votação. Peço desculpas. Isso não vai se repetir". Depois disso, veio uma enquete. Na verdade, era mais um plebiscito sobre o papel do bilionário como líder.

À 1h20 da madrugada do horário de Doha, ele postou: "Será que devo renunciar ao cargo de chefe do Twitter? Vou agir de acordo com os resultados da enquete". Ele passou o resto da noite acordado, postando um tuíte atrás do outro, até o dia seguinte. Só então embarcou no avião com destino a Austin, que faria uma conexão em Londres.

A ida até o Oriente Médio não tinha trazido os resultados esperados e o bilionário saiu de lá com as mãos abanando. Ele agora voltava para casa num estado psicológico ainda pior, pois não conseguira atrair novos investidores e carregava nas costas o polêmico anúncio da política. Ainda assim, não estava preparado para os resultados da enquete, que chegava ao fim enquanto ele estava em pleno voo.

Quando Elon Musk desembarcou em Londres para sua conexão, mais de 17,5 milhões de perfis haviam votado na enquete e 57,5% dos participantes pediam a renúncia. Ele, que passara a infância lendo ficção científica e histórias de super-herói, ficou em choque. Era como se Gotham tivesse votado em um plebiscito para exilar o Batman. Foi um golpe profundo na confiança tão forte que ele tinha em si mesmo, e as coisas só pioraram quando soube que as ações da Tesla estavam em situação deplorável. No dia 20 de dezembro — o mesmo dia em que retornaria aos Estados Unidos — as ações da empresa registraram a maior queda dos últimos 24 meses: 66% em comparação ao valor acumulado no início daquele mesmo ano.[9] Ele passou o dia todo na sede da montadora, tentando apagar os incêndios e provar para o mercado que não era um chefe ausente. Mas o valor das ações continuaria a despencar.

Quando voltou a San Francisco, Musk parou de responder a alguns e-mails e mensagens de texto. As poucas pessoas que conseguiam conversar com ele alertaram o séquito mais próximo, pois tudo indicava que o bilionário estava no auge de um episódio maníaco. Era o comportamento que precedia os chamados "imprevistos". O termo era usado por Marc Andreessen, um dos fundadores da Andreessen Horowitz e, portanto, investidor do Twitter. Andreessen ficou tão preocupado que passou a mandar mensagens para os empregados da plataforma querendo saber notícias do bilionário, que estava escondido na sala de reuniões.

Durante uma conversa com um correligionário de confiança, Musk revelou que estava começando a duvidar da própria capacidade de administrar o Twitter. A moral da história é que ele queria ser admirado, e a constatação de que milhões de pessoas — incluindo até mesmo seus amigos e apoiadores — podiam se virar contra ele sem mais nem menos o havia atingido em cheio, potencializando o sentimento de depressão. Com a voz embargada, chegou a declarar que "Eu nunca vou conseguir sair dessa".

Os funcionários do Twitter passaram a vigiar o feed do chefe bem de perto, tentando encontrar indícios do que poderia acontecer. Ele continuava postando tuítes como "Vou deixar o posto de CEO assim que encontrar alguém idiota o suficiente pra ficar no meu lugar! E depois vou ficar só com as equipes de software & servidores".

Alguns dos engenheiros da empresa, que tinham votado a favor da renúncia de Musk, cultivaram uma pontinha de esperança com a situação toda. Quem sabe isso não indicaria que eles afinal teriam uma folga daquele ritmo absurdo de trabalho que se instaurara no Twitter. O sentimento, porém, não durou muito tempo e logo foram tomados pelo pânico quando se deram conta de que os dados da enquete não eram criptografados. Portanto, qualquer pessoa com acesso aos sistemas internos do Twitter poderia descobrir quais perfis haviam votado. Apavorados com a possibilidade de serem não só descobertos, mas também demitidos, os engenheiros correram para ocultar os dados.

Foi durante esse "imprevisto" que os funcionários do Twitter fizeram uma constatação importante sobre o bilionário. A Tesla e a SpaceX eram empresas construídas de modo a casarem com a imagem pública de Musk, e contavam com gente e com processos internos que tinham como objetivo gerenciar as expectativas e as demandas inconstantes que vinham daquele homem. Além disso, havia o fato de que Musk nunca passava vários dias seguidos em uma única empresa. Na verdade, o mais normal era ele pular de uma para a outra, aparecendo só para resolver algum problema mais urgente como uma mudança em um design ou um revés na linha de produção. O problema era que, no Twitter, não era assim. O que ele tinha, isso sim, era uma rotina estressante para tentar resolver um problema que ele próprio havia criado.

Além disso, o bilionário parecia estar levando a sério a possibilidade de abrir mão do cargo de CEO. Alguns dias mais tarde ele chegou a convidar um possível candidato para fazer uma entrevista. O escolhido era Emil Michael, que fora o braço direito de Travis Kalanick na Uber até ser demitido em 2017. Michael tinha passado os últimos anos brincando aqui e ali com o mundo dos investimentos, mas cogitava a possibilidade de retornar à realidade implacável das startups do Vale do Silício. A reunião, contudo, não resultou em nenhuma oferta de emprego.

Sheen Austin tinha trabalhado como líder de infraestrutura da Tesla e sabia que as pessoas que diziam "não" para Musk não duravam muito tempo perto do chefe. Austin também sabia que, para todos os efeitos, sua escolha pessoal de permanecer no Twitter nada mais era do que um atestado de óbito. Ele já tinha visto gente perder o emprego por transgressões ínfimas, como acontecera com Nelson Abramson, diretor da mesma área em que Austin trabalhava. Na época, ele até tentara ensinar ao colega o jeito certo de falar com Musk e seus lacaios e, claro, administrar as demandas do grupo. Mas não deu certo. Abramson fora demitido no início do mês, por discordar de Steve Davis quanto aos cortes orçamentários.

Agora, no entanto, Austin estava consumido por uma sensação de fatalismo. Seu trabalho se resumia à atividade de manter um dos sites mais movimentados da internet funcionando direitinho enquanto o novo dono fazia de tudo para tirar o serviço do ar. Não dava mais.

E manter o Twitter funcionando não era barato. Para além dos custos com mão de obra, a empresa gastava cerca de 1 bilhão de dólares todos os anos na manutenção de servidores e serviços de computação em nuvem; era, sem sombra de dúvidas, um dos maiores gastos operacionais. Boa parte desse valor contemplava os três centros de processamento de dados da plataforma, situados em Atlanta, Portland e Sacramento. As três cidades eram, para todos os efeitos, os cérebros do Twitter. Lá estavam armazenados todos os perfis, tuítes, curtidas e quaisquer outros dados importantes. O espaço de armazenamento desses servidores era tão vasto que colocava muito campo de futebol no chinelo.

O maior centro de processamento da tríade era aquele localizado em Sacramento. Carregando o apelido de SMF, a sigla usada para o aeroporto da região, ele estava situado na região norte da capital californiana, num imóvel que pertencia à organização japonesa Nippon Telegraph and Telephone (NTT). Já fazia mais de uma década que o Twitter alugava o local, mas uma onda de calor que aparecera em junho desse ano tinha deixado o espaço sem energia. Parte do alto escalão da empresa se questionava se o Twitter deveria mesmo continuar a operar em Sacramento e, quando Musk apareceu tomado pelo frenesi do corte de gastos, não houve nem mais o que discutir. Estava na hora de dizer adeus ao SMF.

Sheen Austin concordava que era a decisão certa. Mas ele também sabia que fechar um dos três centros de processamento de dados não era algo que daria para fazer num piscar de olhos, pois envolvia muito mais do que só apertar um botão para desligar tudo. Seria necessário fazer a portabilidade de todos os dados para que nada fosse perdido. Todos os servidores precisariam ser embalados e enviados para o novo local. Os engenheiros teriam que rotear o tráfego por novos canais, para evitar interrupções no serviço. Se tudo desse certo, o processo levaria semanas, quiçá meses. Austin tentou elencar essas preocupações ao chefe, e Musk por fim concordou que era melhor definir os pormenores da transição apenas no início de janeiro.

No dia 23 de dezembro, um dos colaboradores mais próximos de Austin enviou um e-mail aos empregados do Twitter para anunciar não apenas o encerramento das atividades do SMF, mas também o fato de que o centro de processamento de dados localizado em Atlanta teria suas operações reduzidas no mês seguinte.[10] Nenhuma justificativa foi oferecida, mas muita gente sabia que a origem dessas decisões era o corte de gastos. Austin não sabia muito bem o que pensar. Ele entendia a lógica por trás do fechamento do SMF, só que direcionar mais tráfego para Atlanta e Portland poderia gerar instabilidade no serviço ou até tirar o Twitter do ar. Afinal de contas, centros de processamento de dados funcionam de acordo com a premissa da redundância, que nada mais é do que a ideia de que se um sistema falhar, os demais podem assumir o trabalho e manter o site funcionando.

Na noite de 23 de dezembro, o jatinho privado de Elon Musk decolou do Aeroporto Internacional de Oakland carregando o bilionário, Steve Davis, Andrew e James Musk, bem como as famílias de todos eles. Austin, por sua vez, tinha trabalhado a semana inteira para deixar a transição do centro de processamento de dados já pronta para ser feita logo depois das festas de fim de ano. Naquele exato momento, ele preparava a festa de aniversário dos filhos. Até que recebeu uma ligação inesperada de James Musk.

A rota tinha sido reajustada, o primo de Musk contou, com as risadas dos demais passageiros ao fundo. Elon não conseguia parar de pensar no SMF e no tempo que a transição levaria, então James sugeriu que eles mesmos começassem a remover os servidores de lá. O bilionário gostou da ideia e pediu que o piloto desse meia-volta. O SMF ia deixar de funcionar de vez dali a algumas horas.

Poucos funcionários do Twitter sabiam o que estava acontecendo. Austin, que tentara em vão convencer o chefe a não fazer aquilo, apenas disse a alguns engenheiros que tinha um "problema" acontecendo, mas não entrou em detalhes sobre uma possível solução. Logo depois da meia-noite do dia 24 de dezembro, Musk, ladeado pelos primos e por Steve Davis, chegou ao prédio do SMF e começou a perambular por lá; Austin, enquanto isso, ligou o computador de casa para monitorar à distância os sistemas do Twitter e identificar possíveis estragos. Em determinado momento da madrugada, Musk chegou a usar um canivete para desconectar um dos servidores e, em poucos instantes, os serviços que monitoravam discurso de ódio, agressões ou qualquer tipo de atividade ilegal na plataforma saíram do ar. Depois disso, parou de puxar fios a torto e a direito.

Mas, em seus tuítes, ele insistia que tudo corria às mil maravilhas. Numa mensagem enigmática sobre as atividades do dia, o bilionário declarou: "E ainda assim tudo funciona, mesmo depois de eu ter desconectado um dos mais importantes racks para servidor".

No meio disso tudo, Sheen Austin implorava para que Musk e Davis não fizessem mais nada no SMF. Havia o risco de que o Twitter inteiro saísse do ar, e a equipe de infraestrutura levaria dias até rodar os diagnósticos e restaurar tudo. Além disso, existia a possibilidade de que os dados dos usuários pudessem ser danificados ou perdidos, o que seria uma violação do acordo com a FTC. O pedido do funcionário também tinha segundas intenções. Ele queria ganhar tempo suficiente para rotear até os outros dois centros de processamento o tráfego que passaria pelo SMF.

Deu certo. Musk não desconectou mais nenhum cabo e quase todo o tráfego que passaria pelo SMF foi interrompido ao longo das doze horas seguintes. Os engenheiros de infraestrutura trabalharam sem parar para garantir que tudo saísse conforme o planejado e, por sorte, o site se manteve no ar quase sem nenhum engasgo. Enquanto isso, uma fila de caminhões equipados com AirTags ia se formando do lado de fora do SMF para transportar os servidores. O próprio Musk foi embora logo nas primeiras horas da manhã do dia 24 de dezembro, depois de ter atirado uma granada daquele tamanho em seus funcionários.

Na semana seguinte, usuários do mundo inteiro começaram a encontrar alguns problemas. Tinha gente que não conseguia usar o Twitter na versão para computadores; outras pessoas não conseguiam ver as respostas em um tuíte que tinham postado ou então davam de cara com mensagens de erro quando rolavam o feed.[II] As previsões de Austin haviam se tornado realidade. Alguns dias mais tarde, o Twitter parou de funcionar para muita gente da Austrália e Nova Zelândia e, nos meses seguintes, a plataforma registraria diversos episódios de instabilidade.[12] A reinstalação dos servidores que antes estavam em Sacramento e agora iriam para o centro de processamento de dados situado em Atlanta levou mais de quatro meses para ser finalizada, e isso porque as equipes trabalharam dia e noite no projeto.

Àquela altura do campeonato, Austin nem ligava mais se estivera certo ou não, pois aquilo tudo tinha servido para destruir a imagem que ele tinha do chefe. Musk podia até ter construído empresas que valiam milhões de dólares, mas ele não passava de um homem que não estava nem aí para as outras pessoas e usava a lealdade delas como desculpa para obrigá-las a trabalhar em um ritmo incessante. Austin chegara a acreditar que tinha conquistado o respeito e a confiança de Musk, mas percebeu que na verdade não passava de um peãozinho sem importância.

No dia 1º de janeiro, ele e a arquiteta Kiko Smith, que fora demitida por engano algum tempo antes, foram até Portland. Os dois tinham a tarefa de supervisionar a transferência dos racks para servidor que haviam sido despachados de Sacramento.

Durante o café da manhã do dia seguinte, no restaurante do hotel Embassy Suites, Austin abriu o coração com a colega: "Ficar recebendo essas ordens dele, isso não dá mais pra mim. E como é que eu posso mandar outras pessoas fazerem o que ele quer se nem eu acredito mais na visão dele?".

O funcionário ainda passou mais algumas semanas envolvido com o projeto do SMF até que por fim pediu demissão — não apenas do Twitter, mas também da Tesla. Sheen Austin, afinal, perdera a fé.

Esther Crawford também estava perdendo a fé. Por mais que ela tivesse visto a chegada de Musk com bons olhos e rasgasse elogios para dizer que ele era um homem visionário capaz de fazer as pessoas moverem montanhas, a situação mudara ao longo das oito primeiras semanas da nova gestão. O Blue tinha sido um desastre, os rendimentos da empresa estavam numa situação catastrófica e os funcionários andavam cada vez mais desmotivados. Ela tinha observado de longe o "imprevisto" de Musk e, ao final de janeiro, decidiu que estava na hora de tentar ajustar o percurso do chefe.

Ciente de que o temperamento que a aguardava era bastante infantil, ela preparou uma apresentação em que misturava as notícias ruins com pitacos elogiosos. Crawford e Musk se reuniram na Caracara e ela começou a apresentar os dados, mostrando como o rendimento da empresa caíra desde o início da nova gestão.

As datas de alguns dos tuítes mais polêmicos de Musk coincidiam com momentos em que os anunciantes haviam removido os anúncios da plataforma, mas a funcionária se manteve firme: "Foi por causa desses tuítes que os anunciantes saíram da plataforma ou então pausaram os anúncios. Mas a boa notícia é que você consegue reverter essa situação!".

Crawford acreditava, no fundo de seu coração, que Musk mudaria de opinião quando se deparasse com esses números. Na verdade, o que ele fez foi começar a discutir. "O motivo para essas quedas está nos fatores macroeconômicos", declarou, lançando mão dos argumentos que ele tanto gostava para falar das taxas de juro mais altas e da possível recessão no horizonte. O bilionário estava convencido de que o problema não era com ele.

Musk também sugeriu que a possibilidade de bancarrota seguia viva no Twitter, afirmando que "ainda tem gente demais trabalhando na empresa". A frase era repetida como um mantra sempre que Crawford indicava novos dados para comprovar o impacto do comportamento dele nos lucros da empresa.

A gerente de projetos começou a perceber que a reunião não iria para a frente. Ela sabia que empresas que disputavam o mercado com o Twitter, como a Meta, não tinham números tão ruins na área de publicidade. A verdade era que os problemas do Twitter eram bem mais complicados do que o cenário macroeconômico.

Quando ela se levantou para ir embora, Musk lançou um comentário condescendente:

"Não se preocupa não, Esther. Eu sei que você se importa de verdade."

Em pouco tempo, ela deixou de receber mensagens e convites para as reuniões de produto.

42.
A pílula vermelha

As demissões continuaram durante todo o mês de janeiro. Nos Estados Unidos, rodadas intermináveis de cortes foram desmantelando as equipes de engenharia que trabalhavam na parte de produto e anúncios, bem como na área de confiança e segurança. Na Austrália, os poucos funcionários que ainda restavam foram mandados embora. No meio disso tudo, havia gente que não sabia se tinha sido demitida ou não.

No início de janeiro, um designer que vivia na Europa e pedira demissão havia dois meses tentou descobrir de uma vez por todas o que é que estava acontecendo. Ele continuava com acesso ao e-mail corporativo e aos canais do Slack mesmo depois de ter saído da empresa. Além disso, ainda estava recebendo o salário. O ex-funcionário tentara entrar em contato com o pessoal do RH, mas não sabia se tinha alguém recebendo suas mensagens, já que várias pessoas do departamento também haviam sido mandadas embora durante as rodadas de demissão em massa.

Sem ter mais para onde correr, o designer enviou uma mensagem de Slack para algumas pessoas que poderiam ser as responsáveis pela gestão dos funcionários: "Eu sou tipo o cara do grampeador que aparece no *Como enlouquecer seu chefe*", declarou. Era uma referência ao filme de 1999, em que um dos personagens acaba transferido para um escritório no meio do porão e o resto da empresa se esquece dele. Em determinado momento, alguém do Twitter finalmente tomou as rédeas da situação e concluiu o desligamento do designer.

Steve Davis, por sua vez, continuava a eliminar os benefícios corporativos, incluindo o auxílio para planejamento familiar e o suporte financeiro para fertilização in vitro. As funcionárias do Twitter que haviam congelado seus óvulos ficaram atônitas, sem saber como arcar com um custo que até pouco tempo atrás era responsabilidade da empresa. Fora que tudo isso parecia cruel demais e até mesmo traiçoeiro: afinal, não era Elon Musk que dizia que as pessoas deveriam repovoar o planeta?

O bilionário havia se recuperado do "imprevisto" no final de dezembro, mas seus tuítes continuavam no mesmo tom desvairado de sempre. Neles, era possível entrever uma mente fervilhando dentro de um filtro-bolha muito particular. Ainda que Musk sempre tivesse se posicionado como um libertário mais ao centro, isso não o impediu de tuitar que "Kevin McCarthy deveria ser o presidente da Câmara" na madrugada do dia 5 de janeiro. McCarthy era um deputado republicano da Califórnia e tinha apoiado as alegações de Trump sobre fraude eleitoral em 2020.

O início do novo ano trouxe também mudanças políticas no Brasil, que acabara de eleger seu novo presidente — o chefe do Twitter cravou as garras no que ainda restava da equipe de moderação de conteúdo, invalidando toda e qualquer decisão de remover tuítes que questionavam a derrota de Jair Bolsonaro. Logo depois da vitória de Lula, bolsonaristas começaram a alegar que a eleição tinha sido roubada, tal qual os apoiadores de Trump fizeram em 2020. Os moderadores de conteúdo do Twitter sabiam que precisavam agir rápido para evitar uma situação parecida com a invasão ao Capitólio, e começaram a tirar do ar os tuítes que violavam as regras da plataforma.

Assim que descobriu o que estava acontecendo, Musk decidiu impedir os próprios empregados, alegando que apenas tuítes que incitassem abertamente atos violentos ou então esbarrassem em decretos governamentais poderiam ser removidos. Ele estava fulo da vida com um juiz brasileiro, que mandava várias solicitações para a empresa pedindo a remoção dos tuítes. No dia 8 de janeiro, bolsonaristas invadiram o Palácio do Planalto, o Congresso Nacional e o Supremo Tribunal Federal numa tentativa de golpe de Estado para manter o ex-presidente no poder.

Musk, por sua vez, não fazia mais questão de esconder que se tornara conservador. Ele agora respondia a tuítes de perfis da direita americana e até se oferecia para investigar as reclamações que gente como @Catturd2 e Jack Posobiec faziam à plataforma. O primeiro era o alter ego de um homem da Flórida que se declarava apoiador de Donald Trump, e o segundo, um ativista que tinha alardeado a conspiração do Pizzagate. Além disso, o bilionário também convidou Dave Rubin, que comandava um podcast reacionário, a conhecer a sede do Twitter — e permitiu que Rubin passasse dois dias lá para questionar os funcionários sobre o motivo pelo qual a conta dele agora tinha um alcance limitado.[1]

A atividade política de Musk no Twitter começou a gerar alguns questionamentos. Em uma reunião de resultados da Tesla que aconteceu no dia 25 de janeiro, alguém perguntou se a politização do chefe não acabaria prejudicando a montadora de carros e assustando possíveis clientes. Só que Musk não enxergava a situação da mesma forma. Afinal, a marca de 127 milhões de seguidores comprovava que ele era "mais ou menos popular".[2]

Aos analistas e investidores, Musk também declarou que "na verdade, o Twitter é uma ótima ferramenta pra gerar demanda".[3]

No dia seguinte, ele foi até Washington para se reunir com Kevin McCarthy. Era aniversário do novo presidente da Câmara e os dois conversaram sobre as políticas do Twitter. Musk também encontrou um tempinho na agenda para falar com Jim Jordan, deputado de Ohio que servia como cão de guarda de Trump, e James Comer, um deputado do Kentucky que agora era responsável pelo Comitê de Supervisão e Responsabilidade e já anunciara suas intenções de investigar o presidente Joe Biden. Musk tinha um interesse especial no tópico, uma vez que várias de suas empresas estavam sofrendo com algum nível de investigação governamental. Ele queria saber se Biden teria os recursos necessários para usar as agências federais em iniciativas contra o Twitter.[4]

Com a investigação da FTC correndo havia alguns bons meses, o bilionário acreditava que ele próprio era um alvo da Casa Branca e, por isso mesmo, estava determinado a se aproximar de pessoas que pareciam bem equipadas para proteger seus interesses. Ele também queria achar um jeito de evitar briga com a agência reguladora, pois havia recebido uma intimação para depor em fevereiro. A equipe de Musk chegara a propor uma conversa despretensiosa a Lina Khan, presidente da FTC. Ela rejeitou a ideia e, em uma carta, disse que seria melhor se o dono do Twitter respondesse às perguntas que os investigadores haviam mandado meses antes.[5]

"Sugiro que o Twitter tente priorizar suas obrigações jurídicas e forneça as informações que foram solicitadas pela FTC", ela escreveu. "Assim que a empresa tiver feito isso, estarei à disposição para agendar uma conversa com o sr. Musk."

Um mês mais tarde, James Comer chefiou uma audiência na Câmara dos Representantes para investigar os possíveis vínculos entre as grandes empresas de tecnologia e o governo. Yoel Roth, Vijaya Gadde e outros compareceram para prestar esclarecimentos sobre aquilo que, na opinião de políticos conservadores, era uma suposta ditadura contra a direita; enquanto isso, os republicanos não se cansavam de elogiar a postura de Musk. Marjorie Taylor Greene, deputada da Geórgia que simpatizava com o QAnon e tivera sua conta no Twitter suspensa em 2022 depois de divulgar informações falsas sobre a vacina contra a covid, resumiu bem o sentimento do seu lado do espectro político.

"Graças a Deus que o Elon Musk comprou o Twitter."[6]

De fato, a direita tinha vários motivos para celebrar a presença de Musk no Twitter. Para muitos, ele era a figura de liderança que afrouxaria as regras da plataforma, as responsáveis por banir as contas de tantas pessoas influentes. O perfil de Marjorie Taylor Greene tinha sido reativado no fim de novembro, depois de um pedido de McCarthy à nova gestão do Twitter,[7] e marcou o início do que Musk chamou de "anistia geral" de perfis anteriormente suspensos.

A partir daquele momento, uma lista insólita de celebridades da extrema direita retornou à plataforma. Ali Alexander, suspenso do Twitter depois do caos do 6 de janeiro no Capitólio, estava de volta.[8] Ele era o organizador do movimento Stop The Steal, que alegava fraude nas eleições. Ron Watkins, o possível criador da teoria QAnon,[9] também voltou. E além deles, Nick Fuentes, um supremacista branco e autoproclamado *incel* com um discurso tão cheio de ódio que encontrou seguidores em um grupo racista chamado Groypers. Fuentes, contudo, não durou muito tempo na plataforma. Na mesma noite em que sua conta foi reativada, ele entrou em um Twitter Space para berrar a plenos pulmões que simpatizava com Adolf Hitler e iria "começar uma guerra contra os judeus".[10] Acabou sendo suspenso de novo — embora Musk tenha permitido que ele retornasse mais uma vez em maio de 2024.[11]

A presença de Musk se fez sentir para além da anistia. Em um tuíte postado no dia 16 de janeiro, ele declarou: "As pessoas da direita deveriam ver mais coisa 'de esquerda' e as pessoas da esquerda deveria ver mais coisa 'de direita'".

Na prática, o que aconteceu foi um alargamento das vozes vindas da direita. Por mais que Musk tivesse defendido a ideia de "proporcionar liberdade de expressão, mas não liberdade de alcance", os algoritmos da plataforma passaram a recomendar mais e mais perfis e tuítes conservadores. Do mesmo modo, novos usuários agora recebiam recomendações para seguir perfis como o de Ron DeSantis, o governador republicano da Flórida; Ted Cruz, senador do Texas; e Jack Posobiec, que ganhara fama divulgando teorias da conspiração.

Grupos que vigiavam plataformas e redes sociais, como o Centro de Combate ao Ódio Digital e a ADL, registraram números estarrecedores. Desde o início da nova gestão, xingamentos contra afro-americanos haviam triplicado no Twitter, e o discurso antissemita crescera em 60%.[12] A presença de contas com algum tipo de filiação a grupos terroristas, como o Estado Islâmico, também aumentara.[13]

Em meados de janeiro, os algoritmos da plataforma recomendaram o vídeo de um homem esfaqueando uma mulher repetidas vezes antes de matá-la. O conteúdo apareceu na aba "Para você" dos feeds de diversos usuários e acumulou mais de 1,2 milhão de visualizações, 7500 retuítes e quase 22 mil curtidas. Era uma consequência direta de duas diretivas de Musk: a priorização do engajamento e a remoção dos parâmetros de segurança do site.

O Twitter também estava abarrotado com conteúdo de abuso sexual infantil, algo que não era um problema muito simples de resolver. Uma vez que olhar esse tipo de material é proibido pela lei, as empresas não podiam alocar funcionários para vasculhar as plataformas atrás de imagens, fotos e vídeos com crianças. Por esse motivo, o trabalho ficava a cargo de bancos de dados compostos por funções *hash*, que nada mais são que assinaturas digitais criadas para identificar imagens de agressões com base em materiais já apreendidos pela polícia. Com as funções *hash*, as empresas podiam tirar os materiais do ar sem que nenhum funcionário tivesse que descumprir a lei.

Esse mesmo mecanismo vinha sendo usado pelo Twitter já havia algum tempo, mas vários conteúdos de caráter sexual continuavam circulando pela plataforma. Parecia que, no meio de todo aquele caos de demissões e corte de gastos, a empresa de Musk perdera parte da capacidade de detectar e remover o material. Um dos contratos que o Twitter tinha deixado de pagar, por exemplo, era o da Thorn — uma empresa de tecnologia que construíra um banco de dados com funções *hash* para detectar vídeos de abuso infantil.

Foi assim que um vídeo bem explícito de um menino sendo sexualmente atacado ficou rolando pelo Twitter e acabou juntando 120 mil visualizações, de acordo com uma investigação conduzida pelo *New York Times*. O algoritmo da plataforma também começou a sugerir perfis que postavam imagens de outras crianças em situações similares.[14]

Na mesma época em que o Twitter ia dando cada vez mais palco para vozes conservadoras, o novo chefe da empresa começava a desenvolver uma amizade sincera com um político republicano especial: Jim Jordan, que, durante a audiência realizada no dia 8 de fevereiro na Câmara dos Representantes, deixara explícita sua crença de que a gestão de Musk era benéfica para o Twitter. Ele era um aliado capaz de defender o bilionário diante do escrutínio cada vez maior vindo de legisladores e agências reguladoras democratas.

Boa parte desse escrutínio vinha da FTC, que no início de fevereiro já mandara doze cartas para a empresa.[15] Os investigadores queriam respostas e haviam entrevistado gente como Lea Kissner e Damien Kieran, ex-chefe de segurança da informação e ex-diretor de privacidade do Twitter.[16]

Na opinião de Elon Musk, isso era inadmissível. Ele autorizou Christian Dowell, um dos advogados de nível sênior que ainda trabalhava na empresa, a compartilhar não apenas as demandas da FTC mas também outros documentos relevantes com o escritório de Jim Jordan. Assim, o deputado teria algo valioso em mãos e conseguiria tirar do papel a comissão para investigar "o governo federal e seus mecanismos de ataque". A equipe de Jordan também recebeu um convite especial de Musk para visitar a SpaceX no Texas.

O bilionário encontrara ainda um ombro amigo em Christine Wilson, a única comissária republicana da FTC. Os dois tiveram uma reunião em fevereiro, e na ocasião o chefe do Twitter abriu o jogo, alegando que sofria uma perseguição por parte do governo. Jim Kohm, um dos líderes do setor de investigação da agência, estava presente para a conversa. Wilson também achava que a FTC tinha feito de tudo e mais um pouco para perseguir Musk, mas não havia nada que ela pudesse fazer. Acabara de pedir demissão e, portanto, estava de mãos atadas. Kohm, por sua vez, não pareceu muito preocupado, tanto que sua equipe continuou a mandar cartas pedindo esclarecimentos da empresa.

Ainda assim, Elon Musk conseguiu fazer com que a FTC adiasse a data do depoimento. Ele não tinha a menor vontade de responder nada sob juramento em uma situação dessas.

A cabeça de Musk estava a mil, e não só por conta da situação com o governo. Também havia os problemas internos que a plataforma do Twitter vinha enfrentando desde o desligamento do SMF e os inúmeros ajustes desleixados feitos nas ferramentas e serviços do site. Mas, para além de tudo isso, o dono da empresa estava obcecado pelo fato de que seus tuítes já não tinham mais os mesmos níveis de engajamento.

Os engenheiros do Twitter também haviam notado a queda no engajamento, mas não sabiam explicar o ocorrido. A verdade é que o algoritmo do Twitter (bem como o próprio serviço do site) passara por diversas mudanças desde o início da gestão Musk, de modo que vários fatores diferentes poderiam estar causando aquilo. O chefe chegou a deixar seu perfil no modo privado para ver se o problema se resolveria caso apenas seus seguidores pudessem ver os tuítes. No dia 1º de fevereiro, ele postou a afirmação de que "Há algo muito errado acontecendo" e passou a noite inteira no escritório, tentando solucionar um problema que, segundo ele próprio, era de natureza existencial.[17]

Para os funcionários que se viram na posição de ter que responder às perguntas de Musk sobre o alcance dos tuítes, a situação pareceu um pouco absurda. Ali estava o homem mais rico do mundo, obcecado pelos níveis de engajamento dos tuítes que continuavam juntando milhões e mais milhões de visualizações, mesmo com uma suposta queda. Por outro lado, havia quem entendesse que era possível que isso fosse uma mostra do que aconteceria com outras contas dali para a frente. Ainda assim, os testes realizados não registraram nenhuma queda brusca no engajamento de outros usuários.

No dia 7 de fevereiro, a raiva do bilionário atingiu seu ápice. Ele convocou uma nova reunião para tratar do engajamento de seus tuítes, dizendo que a situação era "ridícula". Steve Davis, sempre bajulador, mostrou tuítes antigos do chefe e foi comparando as estatísticas dessas postagens com os números mais recentes, para reforçar a reclamação. Num estado de irritação crescente, Musk ordenou: "Alguém tem que me explicar o que tá acontecendo".

As pessoas que estavam ali não tinham nenhuma explicação para oferecer. Até que Yang Tang, um engenheiro que se especializara na área de *machine learning* e estava havia quase uma década na empresa, deu um passo à frente. Tang sabia muito sobre a inteligência artificial por trás dos feeds personalizados do Twitter, mas não tinha experiência em lidar com Elon Musk. Aqueles que já tinham estado na mira dos raios de explosão do bilionário sabiam que era proibido falar fora de hora ou abrir a boca para oferecer palpites. Também sabiam que era sempre melhor criar apresentações que o chefe pudesse acompanhar pelo celular, já que ele quase nunca usava um computador. Tang, no entanto, não tinha recebido nenhum desses avisos.

O engenheiro começou a improvisar algumas falas com base na apresentação que tinha em seu laptop. E em vez de dizer que não sabia como explicar a situação, Tang começou a mencionar outras métricas dignas de nota, como o número de curtidas, que estava caindo em toda a plataforma.

Ele foi logo interrompido por um rosnado de Musk: "Eu não tô falando de curtidas. Eu tô falando de visualizações".

Tang tentou mais uma vez, fazendo questão de citar fatores externos. O número de buscas pelo nome de Musk no Google também tinha caído, e isso poderia estar relacionado aos números de engajamento registrados no Twitter. Talvez as pessoas só estivessem menos interessadas no bilionário agora que a aquisição da empresa tinha sido finalizada. Vai ver o problema todo não tivesse nada a ver com o algoritmo.

Musk apenas vociferou: "Você tá demitido! Demitido!".

O engenheiro fechou o laptop e se dirigiu para fora da sala de reuniões. Aqueles que permaneceram lá dentro foram engolidos pelo silêncio e tentaram evitar o olhar de Musk, rezando para que não fossem intimados a oferecer uma resposta.

Por fim, um dos funcionários com mais tempo de casa disse que a equipe iria estudar a situação e teria uma resposta em 24 horas.

Contudo, o prazo chegou e passou sem que o problema fosse solucionado. No sábado dessa mesma semana, vários engenheiros trabalharam até altas horas da noite junto com Musk para tentar encontrar a solução. A certa altura, uma das pessoas da equipe ligou para um engenheiro que trabalhara por mais de uma década na empresa e que muito possivelmente seria a única pessoa com o conhecimento necessário para resolver aquilo. Ele tinha saído do Twitter não fazia muito tempo e, ainda assim, foi parar numa ligação em viva-voz com Musk. Embora meio chocado com a situação, o engenheiro tentou oferecer algumas respostas. Impressionado, o bilionário perguntou se ele não gostaria de voltar para o escritório só por algumas horas, para tentar solucionar o problema de uma vez por todas.

"Eu te pago um valor ótimo pra compensar", Musk ofereceu. Só que o ex-funcionário tinha visto em primeira mão o tratamento que seus antigos colegas haviam recebido nos últimos meses. Ele recusou o convite e, logo depois, desligou.

No dia seguinte, um Musk cabisbaixo estava sentado no camarote de um estádio de futebol americano em Glendale, no Arizona. Era noite de Super Bowl e os Philadelphia Eagles competiam contra os Kansas City Chiefs. Mas, apesar de estar lá como convidado do magnata Rupert Murdoch, que comandava a emissora responsável por transmitir o evento, o dono do Twitter não desgrudava os olhos da tela do celular. Logo no início da partida, Musk lançara o tuíte "Bora, @Eagles!!!"[18] — uma mensagem a princípio inocente para o time da Filadélfia, cidade na qual bilionário vivera alguns anos quando frequentou a Universidade da Pensilvânia.

Uns quarenta minutos mais tarde, no perfil oficial da presidência dos Estados Unidos (@POTUS) no Twitter, o presidente Joe Biden postou um vídeo da primeira-dama vestindo uma camisa personalizada dos Eagles e declarou: "Como presidente deste país, não estou torcendo para nenhum time. Mas, como marido da Jill Biden, digo apenas: Vai, Eagles".

O tuíte do presidente correu a plataforma e conquistou 29 milhões de visualizações, enquanto a singela torcida de Musk atingira apenas 8,4 milhões. Para piorar, o perfil @POTUS tinha um número bem menor de seguidores do que o perfil do bilionário.

Uma partida emocionante se desenrolava nos gramados do campo, só que Musk estava alheio aos gritos da torcida e aos encontrões dos jogadores. Ele não parava de comparar o próprio tuíte com aquele postado pelo presidente, e a certa altura chegou a excluir seu "Bora, @Eagles!!!". A raiva era tanta que ele começou a enviar um e-mail atrás do outro para os engenheiros da empresa, ordenando que encontrassem uma explicação o mais rápido possível. Ainda colado no celular, disparou mensagens para que os trabalhadores batessem ponto na sede do Twitter dali a algumas horas. Antes de o jogo terminar com a vitória dos Chiefs, Musk já estava em seu jatinho particular rumo a San Francisco.

Dezenas de engenheiros foram até o escritório da empresa nessa noite. Uma boa parte deles tinha vindo direto das festinhas para assistir ao Super Bowl só para lidar com o chilique do chefe.

Um pouco mais calmo, ele declarou aos funcionários: "Não sei se o que está acontecendo é sabotagem ou pura incompetência".

Agora que James Musk sinalizara a questão como uma de "altíssima urgência",[19] cerca de oitenta engenheiros viraram a noite elencando justificativas plausíveis para a queda no engajamento dos tuítes do chefe. Uma das teorias que circulou era a de que Elon Musk fora bloqueado ou silenciado por tantos usuários naqueles últimos meses que o número de pessoas que de fato via os tuítes dele acabou caindo, e isso tinha feito com que o algoritmo da plataforma penalizasse o perfil dele.

Na segunda-feira, alguns engenheiros enfim encontraram a causa do problema e descobriram que o algoritmo da plataforma não estava exibindo os tuítes de Musk dentro da cadência esperada nos feeds de seus seguidores. Isso, por sua vez, impactava um sistema conhecido como "tuítes externos à rede", responsável por recomendar tuítes vindos de perfis que os usuários não seguiam. O objetivo do sistema era incentivar as pessoas a se conectarem com contas mais variadas dentro do Twitter, só que ele não estava sugerindo os tuítes de Musk para pessoas que não o seguiam. O resultado, portanto, era que o alcance da conta estava reduzido. A equipe de engenheiros também conseguiu determinar que o erro estava afetando apenas alguns poucos usuários com perfis muito populares.

Por mais que o problema tivesse sido identificado, ainda não havia uma solução elegante para ele. E os engenheiros sabiam que precisavam arranjar um jeito de consertar a situação logo e acalmar os ânimos do chefe. Foi assim que eles introduziram um novo código no algoritmo de recomendação, para garantir que o sistema tratasse com prioridade os tuítes do bilionário e passasse a exibi-los nos feeds dos usuários: "author_is_elon" (ou seja, "autor_é_elon"). Na prática, isso significava que os tuítes de Musk passariam a ter uma importância muito maior do que qualquer outra postagem.

Na tarde dessa mesma segunda-feira, usuários do Twitter começaram a reparar que a seção "Para você" estava abarrotada de tuítes postados por Musk e não havia quase nenhum outro tipo de conteúdo aparecendo como sugestão. Elon finalmente tinha a sua própria câmara de eco.

Ele se deu conta de que isso poderia ser um pouco ridículo demais e recorreu ao humor para tentar colocar panos quentes na situação. Às 21h35 de segunda-feira, tuitou um meme com uma mulher forçando comida garganta abaixo de outra. A primeira tinha "Tuítes do Elon" escrito em cima dela; a segunda, "Twitter". Enquanto isso, os engenheiros da plataforma precisaram varar mais uma noite para remover a ênfase exagerada nos tuítes do chefe.

Apesar de tudo, Musk estava cada vez mais desconfiado das pessoas que trabalhavam para ele. Numa tentativa de impor a política de trabalho presencial, chegou mesmo a pedir que Steve Davis e outros correligionários monitorassem quando e se os funcionários estavam batendo ponto no escritório. Aqueles que não cumprissem o número esperado de horas ficavam marcados para possíveis demissões e eram forçados a participar de "planos para melhorar a performance".

O resultado era que muita gente ia até o escritório só para bater ponto e voltava para casa, evitando assim um confronto com o chefe ou seus lacaios.

Na quinta-feira do dia 23 de fevereiro, o Slack da empresa saiu do ar para uma chamada "manutenção preventiva". O volume de conversas nos canais mais movimentados do serviço havia diminuído bastante desde a rodada de demissões em novembro, e quase ninguém ousava enviar mensagens que pudessem ser interpretadas como críticas a Musk ou sua gestão. Contudo, o Slack ainda era a principal plataforma de comunicação interna da empresa, e era nele que os empregados monitoravam problemas no site e acompanhavam o lançamento de novos recursos. Muita gente ficou desconfiada do que estava acontecendo, e uma parte considerável do trabalho na empresa foi interrompido. Na verdade, o Twitter não havia pagado a assinatura para continuar usando o Slack, mas um porta-voz do aplicativo garantiu que o serviço não seria suspenso.[20]

Dias antes, Steve Davis tinha pedido a alguns gerentes de equipe que começassem a listar seus melhores funcionários pois, segundo ele, essas pessoas receberiam um bônus. Algumas semanas antes, três dos principais engenheiros da empresa tinham sido demitidos depois de pedir um aumento de salário, para si próprios e suas equipes, como forma de minimizar o desgaste inevitável das longas horas de trabalho e da carga emocional dos eventos recentes. Mas quem sabe o pedido de Davis não seria o sinal de uma trégua por vir? Talvez o novo alto escalão tivesse se dado conta de que precisava oferecer incentivos para que as pessoas ficassem na empresa.

No sábado, o real motivo foi revelado. Musk estava se preparando para mais uma rodada de demissões, e dessa vez ele queria cortar gente de todas as áreas da empresa. Um engenheiro que era responsável por gerenciar vinte trabalhadores e assinalara quatro integrantes da equipe como pessoas de "alto desempenho" de repente se deu conta de que, a partir de agora, só aquelas quatro pessoas continuariam trabalhando ali. O "bônus" prometido nada mais era do que a honraria de poder continuar no Twitter.

Nesse mesmo dia, Esther Crawford teve seu acesso ao e-mail e computador da empresa bloqueados. A jornada dela debaixo da asa de Musk chegara ao fim, em grande parte porque fazia parte de um seleto grupo de funcionários bem-remunerados que haviam vindo parar no Twitter por meio da aquisição de suas empresas. Os contratos das pessoas de tal grupo estipulava um alto valor em distribuição de dividendos acumulados ao longo do tempo, ou então pagamento integral caso fossem demitidas antes do prazo acordado. Musk, no entanto, achava que havia margem para contestar esses contratos, e também acreditava que os salários elevados precisavam ser extirpados. Crawford, que na opinião de muita gente tinha sido adepta dos métodos de Musk, não postou nenhum tuíte sobre a demissão.

43.
Aplausos

Elon Musk logo descobriu que a pressão vinda da FTC era só a ponta do iceberg, pois na verdade o Twitter estava na mira de agências reguladoras do mundo inteiro. A União Europeia, por exemplo, preparava-se para implementar a nova Lei de Serviços Digitais em março daquele ano e já havia indicado que o Twitter não se encaixava em um dos parâmetros da legislação, pois não tinha um número suficiente de moderadores de conteúdo. De acordo com a nova lei, as plataformas digitais precisavam estabelecer práticas de moderação mais rigorosas para combater materiais ilegais. Além disso, a moderação precisava ser feita por pessoas de carne e osso.[1] Ainda que Musk tivesse o costume de fazer pouco-caso das agências reguladoras, ele abriu espaço em sua agenda para conversar com Thierry Breton, comissário da União Europeia. Talvez o bilionário estivesse preocupado com a possível multa que teria que pagar por não cumprir a lei, que poderia chegar a até 6% da receita anual da empresa coletada em todos os países.

Na mesma época, uma agência reguladora da Turquia multou o Twitter, alegando que Musk não tinha solicitado a permissão do órgão antes de prosseguir com a compra da empresa.[2] O valor da multa era ínfimo — 0,1% da receita da plataforma no país —, mas ainda assim serviu de alerta para dizer que o governo turco estava observando a situação de perto. Semanas antes, esse mesmo governo tinha bloqueado o acesso à plataforma logo depois de um terremoto catastrófico sob o pretexto de apaziguar os ânimos da população.[3] Era um lembrete categórico de que a "liberdade de expressão" que Musk tanto queria não era lá muito bem-vinda em países com regimes autocráticos. O bilionário, no entanto, não emitiu nenhuma opinião sobre o ocorrido e tampouco criticou o governo turco ou seu presidente, Recep Tayyip Erdoğan. A SpaceX, afinal, estava prestes a lançar a Starlink na Turquia.[4]

No entanto, a situação mais crítica que a gestão Musk precisou enfrentar nesses primeiros meses veio da Índia. Muito antes de o bilionário dar as caras, o Twitter vinha sofrendo grande pressão do gabinete de Narendra Modi para tirar do ar perfis considerados dissidentes ou críticos ao primeiro-ministro. Em 2021, os escritórios da empresa localizados nas cidades de Delhi e Gurgaon foram invadidos pela polícia depois que um tuíte postado por uma figura política partidária de Modi foi marcado como "mídia manipulada".[5] Musk seguiu na direção oposta, suspendendo mais de 120 perfis de jornalistas, ativistas, políticos e até mesmo de uma poeta.[6] Usuários que estavam na Índia recebiam um aviso dizendo que as contas estavam "suspensas devido a uma solicitação jurídica".

Era justamente o tipo de situação que Vijaya Gadde havia mencionado em sua última reunião com Musk. E as decisões tomadas pelo novo chefe da plataforma só reforçavam o fato de que a cabeça do autoproclamado "soberano da liberdade de expressão" era cheia de contradições.

O dia 7 de março de 2023 caiu numa terça-feira. San Francisco estava debaixo de chuva e Musk se dirigia até um salão do Palace Hotel, no centro da cidade. O motivo de sua presença ali era um só: tranquilizar investidores e aliados que participavam da TMT, uma conferência de tecnologia, mídia e telecomunicações do Morgan Stanley. Por mais que seus primeiros meses no Twitter tivessem sido conturbados, Musk estava todo trabalhado no charme para a ocasião. De camisa branca, colarinho desabotoado e paletó azul-marinho, ele se sentou em uma cadeirinha de couro branca já pronto para chutar para o gol. Michael Grimes, o banqueiro do Morgan Stanley que estivera envolvido no processo de aquisição da plataforma, só tinha que ajeitar bem a bola.

Ao longo da conversa, Musk declarou: "eu não comprei o Twitter achando que seria um negócio lucrativo, e a verdade é que não tem um dia que não seja difícil. Eu recebo críticas todos os dias, e isso não é lá muito legal. Mas a gente precisa ter uma base forte para a liberdade de expressão, porque tenho medo do que pode acontecer com a nossa civilização se não tivermos. A gente precisa. E foi por isso que eu fiz o que fiz". Grimes apenas concordou com a cabeça.[7]

O banqueiro, na verdade, parecia mais um fã do entrevistado do que qualquer outra coisa e nem sequer reparou nas contradições presentes no discurso do bilionário. Na verdade, Grimes até mesmo exortou Musk a pintar um retrato de si mesmo como o grande salvador de uma empresa que cortara 3 bilhões de dólares só em custos operacionais para sanar uma dívida de 1,5 bilhão e agora encarava uma queda de 50% em seus rendimentos com publicidade. Musk então seguiu em frente, afirmando que "o Twitter ia falir dali a quatro meses" se ele não tivesse aparecido. Também disse que a queda no número de anúncios era algo "cíclico" com "raízes políticas" e que a culpa toda era das próprias marcas que anunciavam na plataforma, pois acreditavam em tudo o que aparecia nos jornais.

Michael Grimes também deixou que Musk falasse pelos cotovelos sobre a ideia de fazer um "app de tudo", que teria o nome de "X" e contaria com a funcionalidade de transferências de dinheiro entre contas do Twitter. Na opinião do novo chefe, a empresa tinha o potencial de "se tornar a maior instituição financeira do mundo". Ele não explicou muito bem como isso se concretizaria e disse apenas que o Twitter era "um problema bem mais simples de resolver do que a Tesla".

Três semanas mais tarde, os funcionários do Twitter receberam um e-mail sobre a instauração de um novo programa de participação nos lucros.[8] A mensagem vinha direto de Musk e dizia que a empresa agora era uma "startup invertida", e que além disso as demissões e os cortes de orçamento faziam parte de uma reestruturação urgente para evitar a falência. O chefe também aproveitou a oportunidade para afirmar que o Twitter um dia poderia valer 250 bilhões de dólares, mas que, por ora, o programa de participação nos lucros tomaria como base a empresa avaliada em 20 bilhões. Ele não explicou como chegara nesse novo valor. Afinal de contas, era 24 bilhões menor do que o preço que ele havia pagado pela empresa cinco meses antes.

Esther Crawford, assim como boa parte da equipe responsável pelo Blue Verified, já não fazia mais parte do Twitter. Ainda assim, Elon Musk continuava a levar o projeto adiante, mesmo que aos trancos e barrancos. Afinal, ele e o Morgan Stanley haviam prometido aos investidores que o Twitter seria capaz de gerar 10 bilhões de dólares em assinaturas dentro de um prazo de cinco anos. Mas, em sua entrevista com Michael Grimes, o bilionário mal tocou no assunto.

A verdade é que lá em fevereiro já era bastante óbvio que as assinaturas não seriam a mina de ouro que Musk tanto queria. O site de notícias The Information, por exemplo, descobriu que menos de 300 mil contas usavam o Blue no mundo inteiro, o que correspondia a cerca de 28 milhões de dólares em receitas anuais.[9] Para uma empresa que chegara a lucrar 5 bilhões em 2021, o novo valor era microscópico. Contudo, Musk seguia firme e forte em seu propósito de melhorar o Blue e chegou mesmo a declarar que até o dia 1º de abril os selos de verificação que existiam até então seriam removidos dos perfis de celebridades, jornalistas e outros.[10]

No dia 27 de março, ele tuitou: "Só as contas verificadas vão aparecer no feed de recomendações. É a única solução realista para impedir que os bots de IA acabem controlando tudo".

Enquanto isso, os engenheiros do Twitter tentavam convencer o chefe de que a situação não era bem assim. A pedido do próprio Musk, as equipes que monitoravam os feeds da plataforma haviam montado um experimento para que a página "Para você" recomendasse apenas pessoas que assinavam o Blue. No entanto, testes feitos com menos de 1% dos usuários da plataforma indicaram que as métricas responsáveis por avaliar o engajamento no site (chamadas de "*user active seconds*", ou "segundos ativos do usuário") começaram a despencar. A moral da história era que o número de assinantes do Blue era tão baixo que simplesmente não havia uma grande variedade de conteúdos para recomendar e, dessa forma, aumentar o tempo que as pessoas gastavam no site. Além disso, o conteúdo que existia no Blue também não era interessante o suficiente para prender a atenção da grande maioria das pessoas. Musk precisou dar o braço a torcer depois de ver os números.

Menos de 24 horas depois daquele primeiro tuíte, ele publicou: "Esqueci de avisar que, atendendo a pedidos, as contas que uma pessoa já segue também vão aparecer no Para você".

O bilionário decidiu ainda que, a título de transparência, o Twitter deveria tornar público o seu algoritmo de recomendação, revelando a forma como os tuítes sugeridos no "Para você" eram escolhidos. O ditame fez com que os engenheiros mergulhassem num corre-corre frenético para ocultar pedaços de código passíveis de crítica. Só que eles esqueceram de tirar o "author_is_elon", e a zombaria não teve fim.

Com o prazo de 1º de abril virando a esquina, muita gente famosa começou a se posicionar contra a ideia de ter que pagar pelo selo de verificação. No dia 31 de março, LeBron James tuitou: "É, parece que meu ☑ azul vai sumir daqui a pouco porque vocês me conhecem e eu obviamente não vou gastar dinheiro com isso".

O ator William Shatner, por sua vez, postou: "Faz 15 anos que eu fico perdendo meu ⏱ aqui postando as coisas engraçadas que eu penso, e tudo por uma merreca. Agora vocês querem que eu pague por uma coisa que antes era de graça?".

Alguns funcionários do Twitter concordavam com a declaração de Shatner. Afinal, já fazia anos que as celebridades cooperavam de graça com a plataforma. Eram os tuítes delas que impulsionavam o engajamento do site, pois os reles mortais entravam no Twitter para ver o que é que tal atleta ou tal cantora ou tal atriz estavam falando por lá. A empresa, por sua vez, exibia anúncios para as pessoas comuns e era assim que ganhava dinheiro. Então por que é que, a partir de agora, os criadores de conteúdo precisariam ter que pagar pelo selo de verificação? E afinal de contas, será que não seria melhor para a empresa garantir que os tuítes postados pelo perfil @WilliamShatner tivessem de fato sido escritos pelo próprio Shatner?

Os selos azuis começaram a ser removidos em larga escala umas três semanas mais tarde, mas o processo em si foi digno de risos. O próprio Musk acabou arcando com os custos dos planos de assinatura de celebridades como LeBron James e Shatner, mas, no final das contas, a situação ficou tão confusa que os usuários da plataforma acabaram conferindo um outro significado ao selo. O Twitter não estava mais dividido entre "nobres e plebeus", como Musk gostava de dizer. Agora, estava dividido entre quem era a favor do bilionário e quem estava contra ele.

Ainda no início de abril, o Twitter passou a assinalar o perfil da National Public Radio (NPR, na sigla em inglês) com a etiqueta de "mídia afiliada ao Estado". Durante a antiga gestão, esse marcador só era usado em perfis que pertenciam a canais de notícias sediados em países nos quais o financiamento, a produção e a distribuição de conteúdo eram controlados e censurados pelo governo — como o Russia Today (@RT) e a Xinhua News Agency (@XHNews). Organizações como a BBC do Reino Unido ou a própria NPR, dos Estados Unidos, estavam fora desse escopo porque mantinham uma linha editorial própria, apesar de receberem dinheiro público.

A mudança foi fruto de uma decisão tendenciosa de Musk. Ele explicou a lógica por trás dela para Bobby Allyn, um repórter da área de tecnologia na NPR que vinha fazendo algumas perguntas por e-mail para o bilionário. Allyn queria entender o que motivara o novo decreto, ainda mais sabendo que menos de 1% do orçamento da NPR vinha do governo. Isso sem levar em conta o fato de que o percentual era destinado a pequenas estações de rádio situadas nas partes mais remotas do território americano. Apesar de reiterar esse fato várias vezes, o jornalista recebia apenas declarações como: "Se você acha mesmo que o governo não tem nenhum tipo de influência sobre algo que é financiado com dinheiro público, então você claramente não tem mais salvação".

No dia 12 de abril, a NPR emitiu uma declaração dizendo que deixaria de postar no Twitter oficial da organização. A resposta de Musk foi tuitar um dos slogans favoritos da direita: "Chega de dar dinheiro público pra @NPR". Ele também fez questão de sacanear Bobby Allyn, dizendo em um e-mail que o jornalista deveria "parar de contar mentiras". Alguns dias mais tarde, o dono do Twitter decidiu que estava na hora de remover todas as etiquetas que vigoravam em perfis como os da NPR e até de veículos de comunicação controlados por governos autoritários.[11] Ele deu a seguinte declaração ao jornalista: "Pedi um conselho ao Walter Isaacson sobre isso e ele sugeriu que a gente tirasse todas as etiquetas das contas de jornalismo, e foi isso que a gente fez".

A decisão impôs um fim às limitações que antes impediam o algoritmo de recomendar perfis como o do Russia Today e da Xinhua News Agency. Essas limitações haviam sido criadas pela antiga gestão da empresa para limitar a quantidade de propaganda política gerada por perfis com vínculos governamentais; Musk, contudo, era partidário da ideia de que "todas as notícias têm algum tipo de propaganda política. Além do mais, as pessoas são capazes de tomar suas próprias decisões".

Ainda assim, ele vinha batendo palmas para uma figura midiática em especial: Tucker Carlson, apresentador da Fox News que usava seu programa de televisão para falar sobre os imigrantes que "invadiam" o país e as ameaças aos cidadãos brancos. O demagogo conseguira cativar um grande número de americanos desiludidos, e ainda que Musk quase nunca assistisse à televisão, ele começou a interagir com diversos clipes de vídeo de Carlson postados no Twitter. Num desses vídeos postado em março, o apresentador sugeria que a cobertura dos atos de 6 janeiro feita pela mídia "era uma mentira", pois as pessoas que invadiram o Capitólio "não eram golpistas". Elas estavam apenas "fazendo turismo".

O respeito que Musk passou a nutrir por Carlson levou a uma entrevista na Fox News, que foi ao ar no dia 17 de abril. Durante a conversa, o bilionário admitiu que tinha escolhido uma "uma péssima hora" para comprar o Twitter e ainda afirmou que o certo seria ter pagado apenas metade do valor final. Musk também fez questão de reforçar a ideia de que a antiga gestão do Twitter era corrupta e que ele enxugara o número de funcionários em 20% porque não estava lá para "administrar uma empresa cheia de ativistas que se acham melhores do que todo mundo". Para completar, também alegou que as agências do governo tinham "acesso total" às mensagens privadas dos usuários,[12] ainda que não tivesse nenhum tipo de evidência que comprovasse isso. A entrevista teve um tom de conversa entre bons amigos, com Carlson afagando o ego do entrevistado entre uma risada e outra. Seria também uma das últimas entrevistas que o apresentador conduziria em nome da Fox News.

Uma semana depois, ele foi demitido da emissora. A decisão se deveu em grande parte ao processo movido pela empresa Dominion Voting Systems, que tinha acusado Carlson e a Fox News de difamação pelas notícias falsas transmitidas durante a eleição presidencial em 2020.[13] Por mais que a Dominion e a Fox tivessem fechado um acordo de mais de 780 milhões de dólares para resolver a questão fora dos tribunais um dia depois da entrevista com Musk,[14] a situação havia se arrastado por meses e acabou virando um vexame para o canal de televisão, que de repente se viu no centro de uma grande onda de escrutínio.

Elon Musk sentiu o cheiro de oportunidade no ar e começou a cogitar, junto com seu esquadrão, a possibilidade de convidar Carlson para apresentar um programa no Twitter. Seria uma forma de acelerar a mudança de foco da plataforma para o conteúdo em vídeo, sem contar que também funcionaria como uma maneira de chamar a atenção e atrair até, quem sabe, novos assinantes. Ele logo lançou a ideia ao novo amigo.

No dia 8 de maio, Carlson teve uma reunião com Lachlan Murdoch, presidente-executivo da Fox Corporation, para definir as letras miúdas de sua demissão.¹⁵ O contrato do apresentador era válido até 2025 e carregava consigo a garantia de que Carlson receberia 20 milhões de dólares por ano mesmo que ficasse sem programa nenhum para apresentar. Havia ainda uma cláusula de não concorrência, que o impedia de começar um novo programa em outra emissora.¹⁶ No entanto, ele estava interessado na proposta de Musk e decidiu jogar um verde para Murdoch, argumentando que a cláusula era inválida. Um dia depois, Carlson apareceu em um vídeo todo produzido para anunciar que o programa passaria a ser transmitido no Twitter. Em seu discurso, ele dizia: "Por ora, estamos muito felizes de estar aqui".

Uma semana depois, Musk deu mais um passo em direção à extrema direita. Já fazia algum tempo que ele andava obcecado por George Soros, o financista dono de uma fortuna bilionária. Soros era sobrevivente do Holocausto, tinha 92 anos de idade e direcionava boa parte de seus esforços ao financiamento de políticos progressistas e referendos populares mais alinhados à esquerda. Talvez por conta disso, tivesse se tornado um alvo frequente das teorias de conspiração embebidas em antissemitismo. Musk estava desgostoso com o fato de que Soros também financiara as candidaturas de promotores estaduais que favoreciam políticas de reforma no sistema criminal — promotores que, na opinião dos conservadores, passavam a mão na cabeça de criminosos. O dono do Twitter acreditava que as ações de Soros faziam parte das políticas *woke* que estavam destruindo cidades inteiras, como San Francisco.

Em um tuíte postado no dia 15 de maio, ele declarou: "Soros parece o Magneto". Nos gibis dos *X-Men*, o supervilão Magneto sobrevivera ao Holocausto e tentava criar um exército de mutantes para destruir a raça humana.

Em outro tuíte, Musk afirmou: "Soros quer destruir a civilização. Ele odeia a humanidade".

As declarações tiveram repercussões imediatas. Organizações como a ADL emitiram notas de repúdio, e as marcas que ainda anunciavam no Twitter ficaram em cima do muro. Musk, contudo, não se abalou.

No dia seguinte, em uma entrevista concedida a David Faber para a CNBC, ele apenas disse que "várias teorias da conspiração que vieram antes acabaram sendo verdade".¹⁷

Faber decidiu dar um passo além e perguntou se Musk não se incomodava com a possibilidade de as pessoas pararem de comprar os carros da Tesla por conta de suas opiniões políticas, ou então de as marcas pararem de anunciar no Twitter por conta de afirmações como essas que ele vinha postando. Perguntou: "*Você não acha que seus tuítes prejudicam a empresa?*".

Musk ficou em silêncio por uns treze segundos, a mente trabalhando para colocar as ideias em ordem. Em seguida, respondeu: "Me lembrei de uma cena de *A princesa prometida*, quando ele confronta o cara que matou o pai dele e diz: 'Pode me oferecer dinheiro. Pode me oferecer poder. Eu não quero nem saber'".

"*Então é isso, você não quer nem saber. Você só quer compartilhar com as outras pessoas aquilo que você pensa?*", Faber questionou.

"Eu digo o que eu quiser, e se isso vai me fazer perder dinheiro, então que seja."

Linda Yaccarino tirou uma foto da janela de seu apartamento em Nova York. Localizado bem no alto, a mais de vinte andares do chão, o imóvel oferecia uma vista privilegiada da ilha de Manhattan. Era 3 de junho e ela estava se preparando para o novo emprego que começaria dali a dois dias. Ao postar a foto no Twitter, incluiu a seguinte legenda: "A vista de hoje é esta aqui. Mas já já vai ser de San Francisco!".

Três semanas antes, Yaccarino fora nomeada por Musk como a nova CEO do Twitter. Ambiciosa, a executiva de sessenta anos construíra uma carreira na área de publicidade dentro da televisão a cabo, chegando a ser diretora de marketing da NBCUniversal. Ela era conhecida como "martelinho de veludo" graças ao talento para negociações e tinha passado a vida inteira esperando por uma chance daquelas. Yaccarino vinha estreitando seus laços com a rede social e fizera parte do Conselho de Influência da empresa, chegando a participar de uma reunião com o próprio Musk logo depois da compra do Twitter, quando o bilionário tentava apaziguar os ânimos dos anunciantes. Contudo, ela só começara a sondar Musk por volta de fevereiro desse ano, mais ou menos na mesma época do Super Bowl. Àquela altura, Yaccarino não conseguira o almejado cargo de diretora-executiva da NBCUniversal e decidiu explorar duas opções possíveis: primeiro, tentar fechar uma parceria de anúncios entre a NBCUniversal e o Twitter; segundo, descobrir se Musk estava mesmo falando sério quando dizia que estava à procura de um CEO.[18]

Os dois se conheceram pessoalmente em abril, durante uma conferência em Miami. Musk era o palestrante convidado do evento e ela era a responsável pela mediação. Juntos, formaram uma dupla um pouco esquisita. O bilionário estava com a barba por fazer e não tinha preparado nada para dizer à plateia.[19] A executiva, por sua vez, vestia terno e saia amarelo-limão com sandálias de salto alto combinando e trazia em mãos anotações preparadas com antecedência para enaltecer o convidado. Acabou sendo uma espécie de teste para Yaccarino, no qual ela provaria se era capaz de transformar Elon Musk em uma figura palatável aos olhos de diretores de marketing e líderes do mercado publicitário. Ela passou, com todas as honrarias.

Quarenta minutos depois do início da conversa, Yaccarino pediu a palavra para encerrar o evento e afirmou: "Acho que ouvimos coisas muito importantes e muito profundas hoje. Por exemplo, o fato de que liberdade de expressão não significa o mesmo que liberdade de alcance. E visto que a liberdade de expressão é um dos alicerces deste país, acho difícil que alguém aqui vá discordar do que foi dito".

Ela era a aliada política que Musk tanto queria. Nascida em Long Island, era apoiadora de Trump e fora nomeada pelo ex-presidente para integrar o Conselho de Esportes e Nutrição, além de ser partidária da ideia de que o "*wokeism*" dos progressistas estava destruindo o país. Yaccarino parecia ser a testa de ferro ideal: uma correligionária servil, que no final das contas faria as vontades dele e ainda usaria suas décadas de experiência no ramo da publicidade para fortalecer a frente de anúncios do Twitter.

Contudo, ela descobriu os limites de seu novo cargo antes mesmo de a notícia ser oficializada. No dia 11 de maio, Musk postou um tuíte dizendo apenas "contratei uma pessoa para ser CEO", e informando seus seguidores de que ela começaria a trabalhar "daqui a umas seis semanas". O nome de Linda não chegou a ser mencionado, mas ela ainda assim foi pega de surpresa com as mensagens, pois nem sequer tinha comunicado sua saída à NBCUniversal. Na verdade, Yaccarino estava dedicando corpo e alma ao evento Upfronts, no qual grandes redes de televisão dos Estados Unidos fechavam acordos com marcas interessadas em anunciar nos canais. Ela logo foi removida do evento e oficialmente demitida pela NBCUniversal.[20] A emissora também fez com que a ex-funcionária assinasse uma declaração de não concorrência, e ela ficou impedida de firmar acordos de publicidade em nome do Twitter durante suas primeiras semanas no novo emprego.[21] Um dia depois daquele primeiro tuíte, Musk enfim revelou o nome da nova CEO.

Foi o suficiente para que Yaccarino passasse a ser vista como responsável pelo comportamento errático de Musk, e os comentários do bilionário sobre Soros acabaram gerando uma avalanche de críticas direcionadas a ela. A nova CEO também levou a culpa pela declaração de Musk sobre "perder dinheiro" na fatídica entrevista para a CNBC, que só serviu para afugentar mais anunciantes do Twitter. Estava cada vez mais óbvio que ela teria que ser a adulta responsável por cuidar do bebezão. Mas controlar os impulsos dele não seria assim tão simples.

No dia 1º de junho, Elon Musk mais uma vez atirou o Twitter no olho do furacão. No mês anterior, a empresa tinha fechado um pacote de anúncios com o Daily Wire, um conglomerado de mídia conservadora fundado por Ben

Shapiro — que fizera fama apresentando podcasts de direita. Os anúncios seriam lançados em junho, conhecido como o Mês do Orgulho LGBTQIAP+, mas promoviam um documentário transfóbico e canalha intitulado *O que é uma mulher?*. O pacote custara algumas boas centenas de milhares de dólares e prometia que o documentário ganharia uma página dedicada no Twitter e seria anunciado para todos os usuários da plataforma durante dez horas.[22] Linda Yaccarino assumiria o novo cargo dali a cinco dias.

Contudo, uma avaliação minuciosa do documentário fez com que a equipe de segurança de marca do Twitter levantasse sérias objeções. O material violava as diretrizes de combate ao discurso de ódio e fazia uso proposital de pronomes errados, de forma que a empresa decidiu revogar o acordo de publicidade. Musk recebeu um aviso, assim como o Daily Wire. O conglomerado também foi informado de que mesmo que optasse por postar o documentário em seu perfil oficial na plataforma, sem nenhum tipo de anúncio pago, o vídeo teria uma circulação restrita. Era a "liberdade de expressão, mas não liberdade de alcance" funcionando na prática.

Jeremy Boreing, diretor-executivo do Daily Wire, questionou o tipo de tratamento que sua empresa estava recebendo e ameaçou postar o documentário de qualquer forma. E o dono do Twitter, vendo que um número cada vez maior de contas da direita pressionava o site e estraçalhava a imagem dele próprio como um defensor da liberdade de expressão, decidiu que era hora de mudar a estratégia. Musk anunciou que a decisão não passava de "um erro cometido por algumas pessoas aqui do Twitter", pois o vídeo "obviamente não vai ser banido do site".

Ele também fez questão de postar o seguinte tuíte: "Não importa se você concorda ou não com os pronomes que uma pessoa usa. Optar por não usar esses pronomes pode até ser considerado grosseiro, mas não é contra a lei".

As postagens foram um tapa na cara de Ella Irwin, que tinha passado meses tentando defender a gestão de Musk e as decisões arbitrárias dele. E ainda que a princípio o bilionário tivesse concordado com a escolha dela e da equipe em não promover o documentário do Daily Wire, as declarações eram prova de que ele era incapaz de lidar com qualquer mísera gotinha de insatisfação vinda de sua fiel base de seguidores. Irwin pediu demissão nesse mesmo dia.

O Daily Wire acabou postando o documentário no Twitter, ainda na noite do mesmo 1º de junho. Musk, que já não tinha mais uma diretora de confiança e segurança para revogar suas decisões, acabou com todas as restrições que reduziriam a circulação do vídeo.[23] No dia seguinte, ele tuitou o conteúdo em seu próprio perfil, atraindo milhões de visualizações e fazendo com que o título do documentário entrasse para a lista de *trending topics*. Enquanto Musk celebrava o inacreditável alcance de suas ações, diversos funcionários que trabalhavam na equipe de Ella Irwin pediram demissão, pois se sentiram traídos pela jogada inesperada do chefe. Um desses empregados era A. J. Brown, diretor de segurança de marca. Yaccarino, por sua vez, estava prestes a assumir o comando de uma empresa que não contava com nenhum tipo de moderação de conteúdo e ainda por cima registrava uma queda de 60% em sua receita gerada por anúncios.[24]

44.
Linda

A nova CEO do Twitter fez pouco-caso das acusações de que seria um mero fantoche nas mãos de Musk, dizendo que aquilo era apenas mais uma versão do sexismo que ela vinha enfrentando ao longo de toda a carreira.

Em maio, ela postara um tuíte que dizia: "Queria só deixar bem claro que eu não piso em falso. E olha que eu estou quase sempre usando sandálias com salto de dez centímetros". A fachada de mulher poderosa em um cargo de alto nível não combinava muito bem com a força de trabalho do Twitter, que a essa altura era composta sobretudo de homens bem jovens. Ainda assim, a empresa se esforçou para receber Yaccarino de braços abertos, chegando a exibir o tuíte dela em uma das cafeterias do escritório em San Francisco. Só que a captura de tela escolhida não exibia nenhum retuíte ou curtida, dando a impressão de que a mensagem não tinha sido lá muito popular.

Mesmo assim, Linda Yaccarino estava determinada a cair nas boas graças da empresa. No dia 8 de junho, seu primeiro dia na sede do Twitter, ela fez um happy hour para os funcionários e foi perguntando a cada um deles quais eram os problemas mais graves que precisavam ser solucionados. Isso fez com que ela ganhasse vários pontos, ainda mais entre as pessoas traumatizadas pelos meses de trabalho na atmosfera de medo e silêncio que reinava no regime de Musk.

Em um e-mail enviado nesse mesmo dia para todas as equipes da empresa, a CEO deixou bem explícita sua admiração pelo homem que a colocara ali: "Elon sabe identificar áreas que precisam de transformação, e prova disso é o trabalho dele com a exploração espacial e os carros elétricos. Não dá mais para fingir que a praça pública global não precisa passar por uma transformação. Então, vamos calçar nossos sapatos (pode ser um tênis ou então uma sandália com salto de dez centímetros!) e construir juntos o Twitter 2.0".

O dia 8 de junho também ficou marcado como o dia em que um refugiado sírio esfaqueou várias crianças em um parque da cidade francesa de Annecy, e um vídeo brutal do ataque logo começou a circular pelo Twitter. Os pouquíssimos funcionários que ainda restavam da equipe de Ella Irwin correram contra o tempo para tentar removê-lo da plataforma. Na antiga gestão, esse processo era feito com a ajuda de uma ferramenta de comparação de dados, capaz de detectar todos os tuítes que exibiam o vídeo e apagá-los de uma só vez. O problema era que a ferramenta tivera seu código destruído alguns meses antes e não estava mais funcionando. Musk ordenara que ela fosse desativada porque tinha sinalizado como indevida uma imagem com o lançamento de um foguete da SpaceX.

Yaccarino também tinha outros nós para desatar, até porque, com a chegada dela como CEO, vários trabalhadores da Tesla e da SpaceX puderam enfim retornar aos seus empregos. Havia também outro problema. Musk concentrara todas as suas atenções na parte de engenharia do produto, ignorando por completo as áreas de vendas e recursos humanos. Para manter esses braços da empresa funcionando, ele tinha se limitado a colocar gente em que confiava nos cargos de liderança.

Contudo, Yaccarino queria recriar ao menos parte de uma estrutura mais tradicional para a empresa, o que significava que estava em uma inevitável rota de colisão com Steve Davis, que seguia firme em seu propósito de definir um orçamento cada vez mais enxuto. O leal seguidor de Musk ainda examinava todos os mínimos detalhes dos relatórios de gastos e ligava para gerentes de equipe sempre que tinha vontade só para enchê-los de perguntas sobre os funcionários: "O que é que essa pessoa faz? Ela é boa nisso?".

De fato, a nova CEO do Twitter passara seus primeiros dias na empresa ouvindo várias indiretas de pessoas que não aguentavam mais ter que lidar com a tática de microgestão de Davis. A verdade era que as demissões sem fim estavam destruindo o ânimo de quem tinha permanecido ali, e os cortes de orçamento não poupavam tanto dinheiro assim para justificar o estresse. A resposta de Yaccarino a essas queixas era: "Daqui a uns meses a gente vai resolver isso".

O Twitter passara a ser uma empresa de capital fechado desde a aquisição de Musk. Dessa forma, os contratos de *vesting*, que garantiam aos funcionários uma participação nos lucros da empresa, tinham passado a ter data de vencimento a cada quatro meses. Isso significava que, ao fim desse período, as pessoas que trabalhavam lá recebiam bônus em dinheiro. Era também uma data em que a empresa inteira ficava na expectativa para ver quem é que pediria as contas depois de receber a bolada. Em junho, o Twitter já reduzira tanto o tamanho de suas operações que quase tudo estava prestes a ruir. Um exemplo mais drástico disso aconteceu quando a única pessoa responsável pela área de aprovação de despesas saiu de férias por quinze dias, e nenhum relatório de gastos foi processado.

Semanas depois da chegada de Yaccarino, Steve Davis — que, ao que tudo indica, queria ter abocanhado o cargo de CEO para si próprio — desaparecera dos corredores do Twitter. A última vez que ele fora visto pelos empregados tinha sido no fim de junho. Na mesma época, ele e a esposa viajaram até a cidade de Boulder, no estado do Colorado. O escritório do Twitter lá localizado recebera uma ordem de despejo e o casal ficou responsável por recuperar todos os pertences de valor que estavam no prédio antes que os proprietários retomassem as chaves. Hollander apareceu com uma frota de caminhões de mudança e começou a listar todos os itens que, na opinião dela, Musk gostaria de manter: torres de servidor, algumas televisões de tela plana e até mesmo uma poltrona massageadora.

Com os caminhões atulhados, Hollander fez um bazar corporativo para que os funcionários tivessem a chance de comprar as próprias mesas de trabalho ou então as obras de arte que ficavam expostas pelo prédio. O pagamento foi direto para a conta pessoal dela.

Muita gente no Twitter tinha esperança de que Yaccarino seria uma força do bem, responsável por neutralizar os impulsos mais erráticos de Musk. Afinal, o sumiço de um dos soldadinhos mais fervorosos de Musk não era pouca coisa, e parecia indicar que o bilionário de fato ouvia o que a nova diretora tinha a dizer. Só que o sentimento de esperança não durou nem um mês.

Tomado pela paranoia e convencido de que o Twitter estava sofrendo um ataque de raspagem de dados, ele tuitou no dia 30 de junho: "Centenas de organizações (talvez milhares) estavam surrupiando os dados do Twitter de forma agressiva, e isso vem impactando a experiência do usuário".

O bilionário assumira uma postura protecionista e agora partia do pressuposto de que os tuítes, assim como qualquer outra coisa postada no site, pertenciam a ele. Ordenou que os engenheiros descobrissem uma forma de impedir que os tuítes fossem visualizados por pessoas sem conta na plataforma, uma decisão que inviabilizaria o compartilhamento das postagens em artigos de notícia ou de forma direta entre amigos. Ele queria obrigar as pessoas a usarem o site, só que acabou proibindo o compartilhamento de informações em tempo real, que era justamente um dos usos mais básicos do Twitter.

Para piorar, também havia uma outra nova obsessão. Musk não parava de pensar na popularidade da OpenAI, a empresa de inteligência artificial que ele ajudara a fundar e logo depois abandonara. Os modelos de IA construídos pela OpenAI eram treinados com a finalidade de criar chatbots cativantes, capazes de imitar conversas reais, e por isso eram alimentados com quantidades imensas de dados. Na cabeça de Musk, eram esses os dados que estavam sendo roubados do Twitter.

O medo de que agentes externos conspiravam contra ele era tamanho que o bilionário impôs limites rigorosos para determinar o número máximo de tuítes que uma conta poderia ver. Uma pessoa com perfil verificado poderia ver 6 mil postagens por dia; perfis sem verificação passariam a ver apenas seiscentas, e contas recém-criadas e sem verificação poderiam ver só trezentas.

Em resposta, o Twitter começou a pipocar de raiva. Os usuários não conseguiam mais passar nem alguns poucos minutos na plataforma sem receber um aviso dizendo que o limite diário de tuítes fora excedido.[1] Algumas horas mais tarde, Musk se deu conta de que isso não tinha sido uma boa ideia e aumentou os limites: 8 mil postagens por dia para perfis verificados, oitocentas para os sem verificação e quatrocentas para contas recém-criadas.

Com um número cada vez maior de usuários reclamando, a frase "taxa limite excedida" entrou para os Assuntos do Momento no Twitter. Não demorou muito até que as pessoas começassem a pedir convites para o Bluesky, a rede social gerida por Jay Graber e concorrente direta do Twitter. Também tinha gente tuitando só para avisar quais eram as outras redes sociais que usavam.

Na noite de 1º de julho, um sábado, Musk aumentou mais uma vez os limites para, respectivamente, 10 mil tuítes, mil e quinhentos. Só que o estrago já estava feito, e um dos inimigos de longa data do bilionário viu nessa situação toda uma chance de partir para o ataque.

No dia 5 de julho, Mark Zuckerberg e a Meta lançaram o Threads, uma espécie de imitação da rede social do passarinho. Por mais que diversas startups já tivessem tentado copiar o modelo do Twitter, a tarefa era árdua e envolvia não apenas construir novos aplicativos mas também convencer os adeptos da plataforma a abandonarem algo que lhes era tão familiar. Só que Zuckerberg tinha atrelado o Threads ao Instagram, e esse foi o pulo do gato. Dessa forma, usuários que já tinham contas no Instagram podiam simplesmente entrar no Threads e usar o novo espaço para conversar com amigos e seguidores. Era uma configuração muito diferente daquela dos outros aplicativos que concorriam com o Twitter, já que neles os novos usuários tinham que começar do zero.

No mesmo dia, Zuckerberg postou no Threads dizendo que "deveria existir um aplicativo de mensagens com mais de 1 bilhão de usuários. O Twitter teve a chance de fazer isso acontecer, mas não conseguiu. Agora chegou a nossa vez de tentar".

Cerca de 10 milhões de pessoas começaram a usar o Threads só nas primeiras horas seguintes ao lançamento. O Twitter, parecia, enfim encontrara um oponente à altura.

À noite, Musk tuitou: "É muito melhor ser atacado por gente desconhecida no Twitter do que se entregar à falsa alegria de sorrisos esvaziados do Instagram". Ainda assim, não havia como negar que ele tinha sentido o golpe.

Durante o burburinho que antecedera o lançamento do Threads, Musk havia brincado no Twitter e dito que ele e Zuckerberg teriam que disputar no ringue o título de verdadeiro rei das redes sociais. O problema é que o CEO da Meta queria sim nocautear o concorrente, tanto no ringue como na App Store. No mesmo dia em que Musk fez a piadinha sobre a luta, Zuckerberg enviou uma mensagem para Dana White, presidente do UFC.

"Ele tá falando sério sobre uma luta?", o fundador do Facebook perguntou. Zuckerberg começara a treinar jiu-jítsu durante a pandemia e ficara fascinado pelo esporte. Em pouco tempo, as lutinhas despretensiosas entre amigos logo deram lugar a um interesse genuíno, e àquela altura ele estava fazendo aulas com treinadores profissionais. O jiu-jítsu demandava estratégia e força, duas habilidades que Zuckerberg poderia aplicar em suas responsabilidades corporativas.

Dana White, por sua vez, ficou de queixo caído com a mensagem. Em uma entrevista concedida na mesma época, o presidente do UFC declarou que "já faz uns dois anos que eu venho conversando com o Zuckerberg, e ele não é um cara que fala as coisas de sacanagem". Pelo contrário: "ele tá sempre falando sério".

Ou seja, Zuckerberg queria lutar. Então, White foi averiguar se Musk também estava disposto a entrar no ringue. O dono do Twitter era treze anos mais velho e cerca de trinta quilos mais pesado do que o fundador do Facebook. Ele também estava fora de forma e começara a tomar remédios para emagrecer um ano antes, quando fotos suas sem camisa no iate de Ari Emanuel circularam pela internet. Contudo, Musk não fazia nenhum tipo de exercício e ainda por cima vinha sofrendo de dores no pescoço e no ombro em decorrência da última luta na qual ele se metera. Em 2013, durante as comemorações de seu aniversário de 42 anos, o bilionário tinha decidido medir forças com um lutador de sumô e acabou deixando o evento com uma hérnia cervical.[2]

Só que o ego falou mais alto, e White recebeu a resposta de que Musk estava sim disposto a lutar. Os bilionários das redes sociais começaram a treinar para o grande dia e, enquanto isso, o presidente da UFC partiu em uma missão para encontrar o ringue ideal.

No meio disso tudo, Musk tentava golpear outros inimigos. No dia 13 de julho, Alex Spiro solicitou à Justiça Federal que a FTC deixasse de supervisionar as práticas de privacidade de dados do Twitter, alegando que o dono da empresa estaria sofrendo assédio por parte da agência reguladora. Em seus argumentos, o advogado disse que a investigação conduzida pela FTC tinha saído "de controle" e perdido "seu caráter isento". Ainda que o juiz responsável tenha descartado o pedido, o ataque pareceu ter atingido o alvo e o número de cartas da FTC com pedidos de esclarecimento começou a diminuir.

A cabeça de Musk, que não parava muito tempo no mesmo lugar, logo se ocupou com outras questões. Na noite de 22 de julho, o bilionário anunciou planos de fazer uma grande mudança no Twitter: "Logo, logo vamos dizer adeus ao Twitter que conhecemos e a todos os passarinhos". Ele detestava a identidade visual da plataforma, que movimentava inúmeras metáforas ligadas a pássaros. Isso sempre lhe parecera fofinho demais, e ele estava pronto para começar a transformar o Twitter no "app de tudo" que tanto prometera.

Dali em diante o Twitter passaria a se chamar X, em homenagem à X.com, segunda startup que Musk fundara. Ele vinha insinuando que a letra teria uma forte presença no Twitter desde o momento em que adquiriu a empresa. Além do mais, a sociedade de holding que pertencia ao bilionário e tinha ficado responsável por gerenciar a compra do Twitter também se chamava X Holdings — fora que ele já deixara bem claro que tinha vontade de desenvolver um aplicativo chamado X, no qual usuários poderiam trocar mensagens, enviar e receber pagamentos e até pedir comida.

A mudança de nome veio sem aviso prévio e com prazo apertado, bem à moda de Musk. No domingo, 23 de julho, seus soldados saíram arrancando todo e qualquer emblema de passarinho presente nos corredores da sede do Twitter em San Francisco para agradar o chefe. Eles derrubaram uma estátua de dez metros de altura do pássaro azul, localizada na cafeteria, e projetaram o logo do X nas paredes. Alguns tentaram remover o logotipo em uma das mesas da central de monitoramento,[3] mas não conseguiram tirar tudo e o móvel ficou com um pássaro pela metade. As salas de reuniões, que antes carregavam os nomes de diversas espécies de pássaros, receberam nomes com a letra X no meio: "eXposure" e "eXult". Caracara, por exemplo, passou a se chamar "s3Xy".[4]

Nesse mesmo domingo, Musk ordenou que a mudança também fosse aplicada no site e no aplicativo do Twitter. O logotipo do passarinho foi, então, substituído por um X branco. À noite, ele tuitou uma foto de um imenso X projetado em uma parede da empresa. Na legenda, escreveu todo orgulhoso: "Esta é a nossa sede". Foi um dos últimos tuítes oficiais do bilionário, que logo renomeou o antigo botão "Tweetar". De agora em diante, seria "Postar".

Especialistas de marketing não conseguiam acreditar no que estava acontecendo. O sonho de qualquer marca era se tornar tão reconhecida quanto o Twitter tinha sido, com um nome que inspirava até mesmo a criação de novas palavras. Para muitas empresas, esse sonho quase nunca virava realidade. O verbo "tuitar" era conhecido no mundo todo, e para usuários de longa data a morte do passarinho desencadeou uma nova fase do luto. Alguns ex-funcionários, no entanto, ficaram aliviados com a mudança. Afinal, eles tinham visto com os próprios olhos a forma como Musk dizimara a plataforma que tanto amavam e à qual haviam dedicado tantos anos de carreira. Eles presenciaram, também, o novo dono da empresa carregando o cadáver do Twitter para cima e para baixo como se fosse um troféu. Agora, finalmente podiam virar a página. Eles tinham o Twitter; Musk tinha o X.

Até Jack Dorsey se pronunciou sobre o ocorrido. Em uma mensagem postada na plataforma nessa mesma noite de domingo, ele alegou que a mudança de nome não era "essencial", mas que ainda assim "Esse tipo de transformação pode sim ser visto como a melhor alternativa. A marca do Twitter *é muito forte, e isso nem sempre é uma coisa boa*. O que importa, no final do dia, é o serviço que está sendo oferecido, e não o nome".

Na manhã de segunda-feira, alguns operários equipados com coletes de construção em cores neon se amontoaram em uma grua com plataforma elevatória para alcançar a fachada do prédio onde funcionava a sede do Twitter, na Market Street de San Francisco. Eles estavam lá para arrancar a placa que dizia "@twitter". Musk não tinha permissão dos proprietários do imóvel e muito menos autorização da prefeitura para fazer isso, mas pouco importava. Os operários conseguiram arrancar os seis primeiros caracteres antes de serem interrompidos pela polícia.

O dono da empresa não se abalou com o percalço e ordenou a construção de um imenso X em metal, para ser afixado no topo do prédio e adornado com luzes estroboscópicas. A obra estava pronta na sexta-feira seguinte, dia 28 de julho. O forte brilho da placa adentrou o céu noturno, e os prédios da vizinhança, que em sua maioria eram de caráter residencial, logo fizeram reclamações formais. Na segunda-feira de manhã, os operários estavam de volta, desta vez para desmontar o X.

Musk também começou a embromar na hora de definir a data do confronto com Zuckerberg. Primeiro citou a lesão no pescoço, depois alegou que precisaria passar por uma cirurgia antes de entrar no ringue.

O fundador do Facebook, por sua vez, disferia golpes a torto e a direito. Ele acreditava que conseguiria vencer o dono do Twitter em uma luta, apesar de ser mais baixo e mais leve do que o inimigo. Zuckerberg também sabia que muita gente adoraria ver Elon Musk levar um soco na cara. Os dois bilionários deixaram de usar Dana White como mensageiro e passaram a trocar mensagens e provocações de forma direta.

Musk até fazia pose de corajoso em público, mas a verdade é que estava tentando arranjar uma desculpa para escapar do confronto. Em agosto, depois de aventar a ideia da cirurgia no pescoço e os possíveis muitos meses de recuperação, ele enviou uma mensagem para Zuckerberg: "Que tal a gente fazer um treino na sua casa, semana que vem?".[5]

O bilionário mais jovem sabia qual era o verdadeiro propósito dessa oferta. Musk queria lutar com ele longe dos olhos de todo o mundo para então ir cantar vitória no Twitter, dizendo que vencera. Típico dele.

Zuckerberg foi direto ao ponto em sua resposta: "Se você ainda quer lutar MMA, então vai treinar e me avisa quando estiver pronto. Não tô a fim de ficar criando expectativa pra uma coisa que não vai acontecer, então decide logo se quer mesmo fazer isso pra gente mandar bala. Se não, vida que segue".

O dono do Twitter, no entanto, insistiu na ideia de fazer uma luta mais casual. No domingo, 13 de agosto, ele escreveu: "Eu não ando firme nos treinos. Até acho difícil você vencer, tendo em vista a nossa diferença de tamanho, mas vai que na verdade você é o Bruce Lee dos tempos modernos".

Ele continuou cutucando Zuckerberg com a vara curta, e na segunda-feira fez uma nova ameaça dizendo que iria até a casa do bilionário em Palo Alto. Zuckerberg se limitou a responder que não estava em casa e, além disso, não estava disponível para trocar socos na hora que o adversário bem entendesse. Os seguidores de Musk não perderam tempo e atacaram o fundador do Facebook, dizendo que ele tinha fugido porque queria evitar o confronto. Mas, na realidade, Musk nunca foi até lá. Nessa noite, a única pessoa na casa de Zuckerberg era um segurança.

Linda Yaccarino, por sua vez, precisava encarar a gigantesca lista de pessoas que Musk havia irritado. E infelizmente a lista não parava de crescer, já que o bilionário estava sempre se envolvendo em novas polêmicas. Os banqueiros, anunciantes, órgãos reguladores e usuários do X estavam insatisfeitos, e todo mundo queria que Yaccarino oferecesse as soluções. Ela chegou a fazer um esquema de "plantão" para se colocar toda ouvidos, mas acabou passando mais tempo pleiteando com pessoas frustradas e pedindo mais uma chance para resolver a situação do que qualquer outra coisa.

O esquema de plantão envolveu uma conversa com Thierry Breton, comissário da União Europeia que investigava se o X era capaz de policiar a propagação de notícias falsas e de discurso de ódio. Ela também teve inúmeras reuniões com os bancos que haviam emprestado dinheiro para a aquisição da empresa, mas não conseguiu renegociar a dívida. Isso se deveu ao fato de que o comportamento de Musk só reduzia cada vez mais o valor da plataforma. Os banqueiros colocaram Yaccarino contra a parede e perguntaram quais eram as perspectivas financeiras do X e como ela planejava organizar a empresa para que não dependesse mais tanto da publicidade paga. Só que a nova CEO havia sido contratada para reconquistar os anunciantes, e por isso mesmo não conseguiu oferecer uma resposta concreta. Ainda havia o fato de que o serviço de assinaturas elaborado por Musk não vinha gerando lucros significativos e que os planos do bilionário para transformar o X em um banco digital ainda estavam só no plano das ideias: a papelada não fora aprovada pelos governos estaduais, e sem isso a população americana não poderia usar o aplicativo para fazer transações. Yaccarino recorreu à própria experiência e tentou apaziguar os banqueiros, dizendo que o mercado de publicidade era volúvel, mas por sorte funcionava em ciclos. Dali a pouco os anunciantes estariam de volta.

Os banqueiros também a encheram de perguntas sobre a moderação de conteúdo e as estratégias de Musk para monitorar o engajamento dos usuários. Yaccarino declarou que a antiga gestão do Twitter só tinha se importado em registrar se os usuários entravam ou não na plataforma, e o que Musk queria era aumentar o tempo que os usuários passavam no aplicativo. Ela mencionou a "interface multidimensional" do X, afirmando que a empresa logo ofereceria tantos tipos diferentes de conteúdo que as pessoas passariam horas a fio dentro do serviço, lendo tuítes, assistindo a vídeos e enviando pagamentos.

Ela também precisava lidar com os grupos e as organizações que haviam se oposto à postura negligente de Musk frente à moderação de conteúdo e agora faziam pressão para que os anunciantes deixassem a plataforma. Entre esses grupos estavam a ADL e o Comitê Judaico Americano (AJC, na sigla em inglês), que tinham como bandeira principal a luta contra o antissemitismo. Ted Deutch, o diretor do AJC, dispôs-se a ir até Nova York para uma conversa tranquila com Yaccarino.

A situação mudou de figura quando chegou a vez de conversar com Jonathan Greenblatt, diretor da ADL. Ele e Musk já haviam iniciado um diálogo antes de a aquisição do Twitter ser finalizada, em grande parte porque Greenblatt criticara abertamente as opiniões do bilionário sobre a moderação de conteúdo. Mesmo depois de Musk ter finalizado a compra do Twitter e Greenblatt ter incitado os anunciantes a deixarem a plataforma, os dois homens ainda assim vinham nutrindo uma certa camaradagem.

Mas, agora que os problemas relacionados aos anunciantes estavam nas mãos de Yaccarino, o bilionário deu um empurrãozinho para que ela cuidasse da situação com o diretor da ADL. Yaccarino convidou o ativista para conversar com ela sobre suas preocupações e ele aceitou. No dia 29 de agosto, a CEO fez uma reunião online com Greenblatt e os dois tiveram uma conversa bem honesta, mas ainda assim civilizada, sobre o aumento da linguagem antissemita na plataforma e no mundo real. O ativista já levantara essa mesma questão quando ainda tinha contato com a antiga administração do Twitter e, de fato, o antissemitismo fazia parte de uma enorme pedra no sapato da empresa. Afinal de contas, o discurso de ódio que aparecia nos tuítes muitas vezes acabava incitando atos de violência real. Na opinião de Greenblatt, isso precisava ser levado em conta se Musk queria tanto conquistar a liberdade de expressão a qualquer custo.

Yaccarino entendeu o recado e garantiu que não iria tolerar nenhum tipo de ato antissemita na plataforma. Ao final da discussão, um dos assistentes da CEO sugeriu que Greenblatt postasse um tuíte sobre o encontro, como forma de sinalizar que o X estava disposto a escutar o que os críticos tinham a dizer.

Ele achou uma ótima ideia, e depois de postar uma mensagem de agradecimento pela conversa, acrescentou: "A @ADL segue de olhos abertos e, se as coisas melhorarem, estará pronta para dizer o 'muito obrigada' a Linda e @elonmusk... até lá, nos reservamos o direito de chamar a atenção deles sempre que necessário".

O submundo do X, povoado por gente paranoica, raivosa e perpetuamente ofendida, logo encontrou o tuíte e começou a chamar Musk para a conversa, partindo do pressuposto de que ele jamais teria encorajado um encontro desses e de que Yaccarino estava era de conluio com os inimigos do bilionário. Para tais usuários, a ADL era uma organização maligna, que trabalhava a favor de forças democráticas escusas e não media esforços para censurar a plataforma.

Alguns dias depois, a história chegou aos ouvidos do *streamer* e supremacista branco Nick Fuentes, que incentivou seus seguidores a fazer uma campanha para banir a ADL do X. Em pouco tempo, a hashtag #BanTheADL entrou para os *trending topics* da plataforma[6] e um grupo de homens mascarados foi protestar em frente a uma sinagoga da Flórida, gritando "Vamos banir a ADL".

Elon Musk, por sua vez, entrou na onda dos fãs. Na segunda-feira, dia 4 de setembro, ele tuitou: "A @ADL vem tentando acabar com esta plataforma desde que cheguei aqui. Eles me acusam, & acusam o X/Twitter também, de antissemitismo. Nossa receita com publicidade não se recuperou da queda de 60%, e isso se deve em grande parte à pressão que a @ADL fez (é isso que os anunciantes disseram)".

A declaração potencializou o alcance do que, até então, era uma campanha de ódio com raízes obscuras. E os fiéis seguidores de Musk logo começaram a acusar a organização de tentar calar a boca do herói. Greenblatt mandou mensagens de texto para o antigo camarada e para Yaccarino também, querendo saber o que é que estava acontecendo. Afinal de contas, não tinha sido Musk o responsável por orquestrar a conversa? A sugestão de postar o primeiro tuíte não tinha sido ideia de um dos assistentes de Yaccarino?

Musk nem sequer respondeu. A CEO chegou a fazê-lo, mas evitou criticar o chefe — que, aliás, continuava a tacar mais lenha na fogueira. Ele tuitou, por exemplo: "Se as coisas continuarem desse jeito, vamos ter que processar a Liga 'Antidifamação' por difamação. Irônico, não?".

O processo jurídico não foi para a frente, mas Yaccarino se viu numa saia justa. Por um lado, ela não podia discordar do dono da empresa; por outro, tinha que convencer possíveis anunciantes de que aquilo não passava de uma bobagem. "Aquilo", no caso, era o fato de que Elon Musk estava instigando ataques de assédio virtual contra um grupo bastante conhecido de ativistas judeus.

No dia 27 de setembro, Linda Yaccarino entrou em um avião com destino à cidade californiana de Dana Point, no condado de Orange, para participar de uma conferência cheia de frescuras do setor de tecnologia que estava acontecendo no hotel Ritz-Carlton. O evento era a CODE Conference, que em suas edições anteriores contara com a presença de nomes como Musk, Tim Cook e Travis Kalanick. Para Yaccarino, a CODE marcaria a ocasião em que sua presença dentro do mundo da tecnologia seria oficializada.

Ela estava um pouco receosa, mas aceitou o convite para participar de uma entrevista que integraria a programação do evento. A única condição era que Julia Boorstin, uma correspondente da CNBC, ficasse responsável pelas perguntas. Yaccarino fora uma espécie de mentora para Boorstin quando as duas tinham trabalhado na NBCUniversal, e portanto esperava nada menos que uma conversa amigável. A jornalista, animada com a chance de conduzir uma das primeiras grandes entrevistas com a nova CEO do Twitter, estava preparada para fazer algumas perguntas difíceis.

A situação começou a sair de controle assim que Yaccarino desembarcou no aeroporto. Por conta de seus laços profissionais com Musk, ela agora fazia questão de se locomover exclusivamente em carros da Tesla — só que a locadora de veículos ignorara seu pedido, de modo que não havia nenhum Tesla disponível. A CEO se recusou a sair do aeroporto, e a locadora precisou se virar nos trinta para arranjar um Model Y e levar a cliente até o Ritz-Carlton.

Ela passou boa parte do dia enfurnada nos bastidores do evento, tentando se preparar para a entrevista. Até que recebeu a notícia de que os organizadores tinham conseguido um convidado de última hora, que seria entrevistado logo antes dela. Era Yoel Roth, o ex-diretor de moderação de conteúdo que fora expulso da própria casa depois dos ataques incitados por Musk.

Yaccarino ficou abaladíssima, até porque isso dava a impressão de que os jornalistas da área de tecnologia que Musk tanto odiava haviam arquitetado a situação perfeita para atacá-la. Sua resposta foi fazer uma reunião estratégica com Boorstin para decidir se não era mais seguro simplesmente abandonar a conferência. Isso era uma afronta e a CEO não sabia se a melhor forma de reagir era contra-atacar ou meter o pé.

Enquanto isso, Yoel Roth subiu ao palco para ser entrevistado por Kara Swisher, uma jornalista que costumava ser admiradora do trabalho de Musk mas recentemente se transformara em crítica ferrenha dele. Swisher foi conduzindo a conversa de modo a instigá-lo a deixar um conselho para a nova CEO do X. A resposta dele foi sucinta: "Eu acho que você precisa ficar alerta. Não só por você, mas pela sua família, seus amigos, pelas pessoas que você ama. De verdade. Eu deveria ter ficado muito mais alerta".

Julia Boorstin, por sua vez, só sabia pedir desculpas. À ex-colega da NBCUniversal, ela declarou que a presença de Roth ali havia sido uma decisão de Swisher e que ela fora pega de surpresa. Yaccarino só sabia insinuar que Boorstin queria levar a entrevista a cabo porque tinha era vontade de atirá-la aos leões.

Quinze minutos mais tarde, as duas mulheres se acomodaram nas cadeiras de couro preto dispostas no palco. Boorstin estava refeita e não aparentava nem sinal da aflição que vivera momentos antes. Yaccarino, no entanto, encontrava-se em uma situação bem diferente. Na verdade, ela interrompeu a jornalista assim que esta anunciou que lhe daria a chance de responder aos comentários de Roth.

De cara fechada, Yaccarino apenas disse: "Risos. Só isso que tenho a dizer". Seus olhos então fuzilaram a multidão, tentando averiguar o tipo de plateia que estava ali. Em seguida, fez um gesto em direção a Boorstin e declarou que "somos mais fortes quando trabalhamos juntas", dando a entender que a entrevistadora era uma aliada e não uma jornalista cheia de perguntas por fazer.

A verdade é que Yaccarino não conseguiu superar as críticas que Yoel Roth fizera à empresa, tampouco o conselho que ele lhe deixara. Por mais que Boorstin tentasse conduzir a entrevista em outras direções, a CEO volta e meia retomava as declarações do outro entrevistado para tentar contestá-las. No entanto, não conseguiu se recordar de métricas importantes sobre o X e ficou exposta a ataques inesperados. Quando exibiu a tela do celular para o público, alguns membros da plateia perceberam que ela nem sequer tinha o aplicativo do X instalado no aparelho.

A entrevistadora se ateve às perguntas que muita gente já vinha fazendo. Gentil, perguntou sobre as alegações de que Yaccarino seria uma CEO só de nome numa empresa em que Musk ainda controlava com mão de ferro todas as decisões sobre o produto.

A resposta veio com uma ponta de ressentimento: "Quem é que não ia gostar de ter o Elon Musk ali perto na hora de tomar as decisões?". Ela olhou para a plateia, de onde veio uma ou outra risada perdida. Algumas pessoas levantaram a mão para fazer perguntas.

Yaccarino tinha uma reunião marcada para as seis horas da tarde em Los Angeles, mas não conseguia se desvencilhar da situação no palco da CODE. Os minutos passavam e a bizarra entrevista foi seguindo. A CEO volta e meia mencionava que precisava ir embora, mas ainda assim não fazia nenhuma menção de encerrar a conversa. Boorstin enfim fez uma pergunta sobre a ameaça que Musk fizera alguns dias antes e a possibilidade de processar a ADL. O rosto de Yaccarino deixou transparecer uma raiva momentânea.

"Todo mundo tem o direito de dizer o que pensa. Isso vale para o Elon e vale até mesmo pra você, Julia." Com essa declaração, ela enfim se levantou, trombando em Boorstin, e deixou o palco.

Um falatório tomou conta da plateia, pois não havia outro tópico a não ser o comportamento da CEO. Ela foi tirar satisfações com Boorstin, dizendo que a entrevista havia arruinado sua carreira no X. Logo em seguida, seguiu rápida em direção ao carro da Tesla que estava a sua espera na entrada do Ritz-Carlton. O veículo estava prestes a sair, levando Yaccarino e seus seguranças, quando Julia Boorstin apareceu correndo. Com os saltos ressoando pelo asfalto e as lágrimas escorrendo pelo rosto, a jornalista deu algumas batidinhas na janela, pedindo que a ex-colega a deixasse entrar. Os seguranças se reacomodaram para dar lugar a uma Boorstin cheia de desculpas, que fez questão de agradecer Yaccarino por ter topado a entrevista mesmo com tudo o que acontecera.

O motorista parou o carro a uma certa distância dali, para que as duas mulheres pudessem conversar em paz. Afinal, já havia um número considerável de pessoas acompanhando a cena. Alguns minutos depois, o carro voltou até o Ritz-Carlton para que uma Boorstin visivelmente consternada pudesse desembarcar. Yaccarino seguiu viagem.

45.
O planeta Terra vai decidir

Elon Musk estava com as palmas das mãos unidas, como se em um gesto de prece, e o queixo apoiado nas pontas dos dedos. O relógio marcava 7h03 de sábado, dia 18 de novembro,[1] e o local era o centro de lançamento da SpaceX em Boca Chica Village, no Texas.[2] Apesar de ser um pequeno assentamento que não fazia parte do governo texano, localizado em um dos pontões mais ao extremo sul do estado, Boca Chica vinha sofrendo grandes mudanças nos últimos anos desde a chegada de Musk e da SpaceX. A empresa tinha decidido fazer do lugar sua principal base para o lançamento de foguetes, e chegara até a realocar alguns cientistas e engenheiros para lá.

O sol estava nascendo ali no golfo do México, mas o dono da SpaceX só tinha olhos para as gigantescas ondas de fumaça branca, e o bramido tão forte que era capaz de fazer a terra tremer, que emanavam do Starship.[3] Era o segundo teste do foguete que, segundo as promessas de Musk, conseguiria levar humanos até Marte. O objetivo da SpaceX, nesse momento, era provar que a máquina seria capaz de entrar em órbita. Quando a contagem regressiva chegou ao fim, o gigantesco foguete foi riscando o céu azul do Texas até atingir uma altitude de quase 15 mil metros. Oito minutos depois, explodiu.[4] Os engenheiros que estavam na sala de controle foram à loucura. O teste podia ser considerado um grande sucesso, pois comprovara que o Starship conseguia não só sobreviver ao lançamento, mas também se desacoplar do seu primeiro estágio. A distância até Marte estava ficando menor.

Ainda que Musk tivesse comemorado o acontecimento na base da SpaceX com sua família, ele estava com a cabeça em outro lugar. Cerca de uma hora e meia depois do teste, o bilionário já se encontrava grudado na tela do celular para responder a um fã, que postara no X uma mensagem dizendo que as marcas que anunciavam na plataforma não tinham estado nem aí para os problemas que já existiam na empresa antes de ela ter sido adquirida por Musk, só haviam começado a reclamar do X por motivos "políticos" desde que o bilionário a tinha assumido: "As instituições poderosas odeiam o que a plataforma tá fazendo porque sabem que vão perder o controle da narrativa".

Musk respondeu com uma única palavra: "Exato".

Apesar de ter alcançado um importante marco com a SpaceX, Musk continuava obcecado com o que acontecia no X. Dessa vez, a agitação tinha origem em uma polêmica que ele próprio criara três dias antes. Para variar, tudo tinha começado com um tuíte.

Na quarta-feira, dia 15 de novembro, Musk estava em seu jatinho da Gulfstream a caminho de San Francisco. Ele havia acabado de sair da cidade de Austin e, durante o voo, postou uma mensagem que julgava ser bastante inofensiva. O bilionário tinha passado os últimos dias reclamando sem parar da ADL, que vinha criticando o X por permitir a circulação de discurso antissemita na plataforma depois do ataque a Israel realizado pelo Hamas no dia 7 de outubro.

Lá do alto dos céus, Musk havia se deparado com um tuíte postado por @breakingbaht — uma conta anônima e ainda assim verificada, com menos de 6 mil seguidores: "As comunidades judaicas se dizem vítimas de um ódio dialético, mas a verdade é que elas usam esse mesmo mecanismo contra os brancos. Agora, as populações judaicas do Ocidente estão se dando conta de que são odiadas por aquele bando de minorias que são a favor de ocupar o país judeu. E eu não ligo a mínima pra essa merda".

Musk concordou. E com o iPhone em mãos, tuitou uma resposta:

"Você falou a mais pura verdade."

A conta anônima com a qual ele acabara de concordar era proponente da "teoria da substituição": uma noção sem pé nem cabeça desenvolvida por supremacistas brancos, segundo a qual os judeus e a elite global seriam responsáveis por arquitetar um plano para substituir a população caucasiana. O plano em questão envolveria a migração em massa de pessoas não brancas para países do Ocidente. Versões diferentes dessa teoria da conspiração já haviam sido alardeadas pelo site VDARE, conhecido por publicar conteúdo supremacista, e por gente como Tucker Carlson. Agora, tinha chegado a vez do homem mais rico do mundo.

Musk reforçou suas crenças ao postar um segundo tuíte: "A ADL ataca, sem justificativas, a grande maioria do Ocidente. E ainda assim, essa mesma maioria apoia Israel e o povo judaico. Ela faz isso porque criticar as minorias que são a real ameaça é algo que vai contra os princípios da organização".

A extrema direita recebeu as declarações de braços abertos. Alex Jones, fundador do Infowars, disse em seu podcast que o tuíte de Musk era "cem por cento verdade". Nick Fuentes, que havia voltado ao Twitter só para ser banido de novo por conta de suas postagens que glorificavam Hitler, afirmou que os comentários de Musk comprovavam o fato de que as crenças obscuras da internet estavam ganhando tração.

No programa que transmitia ao vivo pela internet, ele foi além: "É o homem mais rico do mundo, uma das pessoas mais seguidas no Twitter, com 160 milhões de seguidores, e ele simplesmente fez a conexão entre o poder dos judeus e o ódio contra os brancos".[5]

A repercussão foi instantânea, além de negativa. No dia seguinte, a Media Matters for America — organização progressista responsável por supervisionar veículos de mídia — publicou uma reportagem mostrando que anúncios de marcas conhecidas, como Apple e IBM, estavam sendo exibidos junto de tuítes que enalteciam Hitler e o nazismo.[6] Essas empresas tinham preservado as parcerias com o X mesmo durante todas as polêmicas do último ano, mas os tuítes recentes de Musk e sua abordagem negligente em relação à moderação de conteúdo por fim sinalizaram que era hora de colocarem um ponto-final. Na sexta-feira, dia 17 de novembro, centenas de grandes marcas começaram a pausar seus anúncios no X,[7] incluindo Apple, IBM e Disney. Isso significaria mais de 75 milhões de dólares perdidos só em receita publicitária até o final do último bimestre, um período que tradicionalmente tinha enorme movimento na parte de anúncios por conta das festas de fim de ano.[8]

Com o circo pegando fogo, Linda Yaccarino se viu mais uma vez tendo que encontrar desculpas para uma situação indesculpável. O tuíte antissemita de Musk também a pegara de surpresa, mas, incapaz de criticar o chefe, ela decidiu encontrar outra válvula de escape para suas frustrações. Durante uma reunião com a equipe de vendas, realizada dois dias depois do lançamento do foguete da SpaceX, Yaccarino reclamou da Media Matters, dizendo que a organização tinha manipulado o feed do Twitter para conseguir aqueles resultados. Outra alegação, que tinha um pé em teorias da conspiração e não trazia nenhuma evidência, era de que a reportagem tinha sido liberada de propósito na semana anterior só para ofuscar o casamento da filha da CEO. "Tenho certeza de que não foi coincidência", ela afirmou, tentando convencer o resto da equipe.

Ao longo da reunião, Yaccarino também diria: "Eu sei que vocês já têm em mãos um resumo completo de como uma organização ativista cheia de más intenções tentou prejudicar a nossa empresa. E eu queria dizer também que há momentos na nossa vida em que a gente precisa agir com base nos nossos valores. E quando pessoas ruins fazem coisas como a que eles fizeram, a nossa integridade, os nossos valores — e, como é o caso aqui, a verdade — passam a ter um peso ainda maior".

Parte da equipe de vendas achou a situação vergonhosa, ainda mais tendo em vista o prejuízo que a empresa tomara. No mesmo dia da reunião, o X entrou na Justiça contra a Media Matters, argumentando que a instituição tinha tentado arruinar as parcerias publicitárias da empresa de Musk. O procurador-geral do Texas, estado em que a ação foi registrada, também anunciou que a Media Matters seria investigada por "possível atividade fraudulenta".[9] Ele era aliado do bilionário.

A ação judicial só piorou a situação, e mais e mais marcas começaram a pausar suas campanhas publicitárias na plataforma. Como consequência, o inventário de anúncios foi minguando e um número cada vez maior de usuários do X passou a receber publicidade de brinquedos eróticos, jogos baratos para celular e *cam girls*, que transmitiam conteúdos sexuais explícitos na internet.

Num aperto, Musk foi até Israel no dia 27 de novembro para uma conversa com o primeiro-ministro israelense Benjamin Netanyahu. Munido de um coletinho antibalas pequeno demais para ele e um blazer azul-marinho, o bilionário partiu com Netanyahu em uma vista até Kfar Azza, um kibutz que fora destruído pelo Hamas. Era a primeira parada da turnê de desculpas que contaria com uma conversa entre os dois homens, transmitida ao vivo. Musk também se reuniria com Isaac Herzog, presidente de Israel, e com familiares de civis que haviam sido levados como reféns.[10] Um pai chegou a presentear o dono do X com uma plaqueta de identificação militar que representava o próprio filho e outras vítimas sequestradas, pedindo que ele usasse o objeto em homenagem às vítimas.

Em uma conversa longe dos olhos do público, Herzog alertou: "Precisamos combater essa situação juntos, pois infelizmente as plataformas que pertencem a você estão transbordando de ódio, de antissemitismo e de raiva pelos judeus".

Musk passou treze horas em Israel, posando para as fotos necessárias, e depois disso voltou para os Estados Unidos. Desembarcou em Austin na madrugada do dia 28 de novembro. Era uma terça-feira.[11] Dali a cinco horas já estaria metido em uma nova polêmica, depois de postar um meme dando a entender que a teoria da conspiração do Pizzagate "era real". A postagem ficou no ar por pouco tempo, pois ele logo a apagou.[12]

O momento que antecedeu a entrada de Musk no palco do DealBook, um evento organizado pelo *New York Times* e muito popular entre empresários abastados, foi marcado pela calmaria. Era 29 de novembro e fazia cerca de uma hora que o bilionário tinha desembarcado no aeroporto de Nova Jersey na companhia do filho, X, e da babá do menino. Eles haviam sido recepcionados por meia dúzia de seguranças, que já estavam à espera com um comboio de Teslas para seguir viagem até Midtown, em Manhattan. Musk tinha um ar de serenidade quando chegou ao local do evento, localizado em uma sala de concerto no topo de um shopping de luxo. Ele calçava botas pretas bem lustradas e uma jaqueta marrom com forro de lã, e ainda que estivesse cansado por conta da longa viagem até Israel feita dias antes, entrou no evento de cabeça erguida e logo foi recepcionado por Linda Yaccarino. Ela estava nos bastidores, pronta para passar um relatório completo ao chefe.

A primeira notícia digna de nota era que Jonathan Greenblatt, presidente da ADL, estava na plateia — ou seja, seria melhor para todo mundo se Musk não saísse da linha. Ele fez que sim com a cabeça. E tinha outra coisa: Bob Iger, o CEO da Disney, que já tinha feito sua participação no evento, dissera que a parceria da empresa com Musk e o X "não era necessariamente uma coisa boa". Musk não esboçou nenhuma reação a esse segundo informativo. Ainda assim, uma parte da equipe de vendas do X estava na expectativa de que o dono da empresa conseguiria convencer Iger a desfazer a pausa nos anúncios. Eles só não tinham conseguido encontrar a oportunidade certa de colocar os dois homens em contato.

Musk entrou no palco bem-disposto, caminhando a passos largos bem atrás de Andrew Ross Sorkin, o jornalista do *Times* que comandava o evento. Nos primeiros instantes, Sorkin conduziu tudo com charme e Musk riu aqui e ali das próprias piadas. O jornalista aproveitou para dizer que, quando conheceu o bilionário, havia mais de quinze anos, achou que ele seria "o próximo Steve Jobs". O dono do X soltou uma risada sincera e se acomodou na cadeira.

Foi então que Sorkin se preparou para fazer a pergunta de milhões: O que é que passou pela sua cabeça quando você postou aquele tuíte?

O sorrisinho de Musk foi substituído por um olhar aborrecido, e ele respondeu: "Sabe, eu acho que é uma fraqueza real querer que as pessoas gostem de você. E eu não tenho esse tipo de fraqueza".

O jornalista rebateu, questionando se Musk não queria que as pessoas confiassem nele — o que era diferente de fazer as pessoas gostarem dele. Até porque, se você recebe dinheiro público para construir aeronaves espaciais ou se quer construir uma plataforma financeira no X, será que você não precisa ser um "ser humano decente e com boas intenções" para fazer isso tudo acontecer?

Musk foi cáustico: "É, e eu acho que eu sou um cara decente, só que não vou sair por aí com isso escrito na testa só pra provar pras pessoas que tô falando a verdade". Num momento bizarro, ele ainda chamou o entrevistador de "Jonathan" e Sorkin precisou corrigi-lo. O bilionário soltou uma gargalhada meio maníaca, o humor mudando num piscar de olhos: uma hora agressivo, na outra cortês.

Ainda assim, Sorkin se manteve firme na tarefa. Tem gente dizendo que você é antissemita, o jornalista declarou. Pior, gente que de fato é antissemita está batendo palma para você. *"Me conta como você se sentiu quando viu o rumo que a situação estava tomando."*

A resposta veio meio atravessada. Ele culpou a grande mídia por não ter noticiado também o segundo tuíte dele, que esclarecia melhor as coisas. Contudo, admitiu que provavelmente não deveria ter respondido àquele perfil para começo de conversa, pois acabou dando "munição pra pessoas que já me odeiam". Por último, ele disse que era um "filossemita" e apontou para a plaqueta de identificação militar que recebera em Israel e usava pendurada no pescoço.

"Mas ficou parecendo que aquilo foi meio que uma turnê de desculpas, sabe? Depois de tudo o que rolou na internet. Teve todas as críticas. Teve anunciantes deixando a plataforma. A gente recebeu o Bob Iger hoje mais cedo..."

Sorkin não conseguiu terminar a frase. Sem nem pensar duas vezes e sem pesar os prós e os contras do que estava prestes a fazer, Musk inclinou a cabeça um pouco para trás, fechou a cara e proferiu a primeira ideia que lhe veio à mente.

"Eu quero mais é que eles parem mesmo."

"Você quer que..."

"Que eles não anunciem."

"Você quer que eles parem de anunciar no X?"

"É, isso aí."

"Como assim?"

"Eles querem me chantagear com publicidade. Querem me chantagear com dinheiro. Então eles que se fodam."

"Mas..."

"Eles. Que. Se. Fodam. Deu pra entender? Espero que sim. Ouviu, Bob? Se você estiver aí na plateia."

Uma ou outra gargalhada meio atordoada ecoou pela plateia, mas, tal como Linda Yaccarino, a grande maioria das pessoas ali presentes estava tão chocada que permaneceu em silêncio. Incrédulo, Sorkin deu uma coçadinha no nariz e tentou recuperar o controle da situação. Era uma declaração que homem nenhum de negócios deveria fazer em público, muito menos o homem que controlava a Tesla, a SpaceX e a plataforma que um dia havia sido chamada de Twitter. O espetáculo estava armado. Ali, no palco do DealBook, Sorkin percebeu que Musk estava a um passo de surtar por completo. A falta de noção que costumava dominar o bilionário nas madrugadas em que ele se enfiava nos buracos mais obscuros do Twitter estava funcionando a pleno vapor e podia ser vista a olhos nus por todas as pessoas que estavam na plateia ou assistiam à conversa pela internet.

Entre este último grupo estavam os funcionários da equipe de vendas do escritório do X situado em Los Angeles. Musk não tinha dito quase nada para a empresa depois de destroçar as parcerias com anunciantes graças ao tuíte sobre "a mais pura verdade", mas ainda assim as equipes de vendas nutriam a esperança de que o chefe fosse usar o evento como ocasião para pedir desculpas ou, então, pelo menos fornecer algumas declarações que ajudariam a convencer as marcas a retomarem o investimento com publicidade paga no X. Não era bem isso que estava acontecendo.

Ali no escritório, uma funcionária que acabara de entrar para a empresa e ajudava a administrar a parceria do X com a Disney estava com os olhos vidrados na tela, assistindo a tudo o que acontecia em cima do palco. Ela tinha começado no novo emprego cheia de animação, crente que trabalharia para um homem que tinha transformado diversos setores e que prometia revolucionar as mídias sociais. Mas ficou desesperada quando ouviu Musk repetir seu mais novo bordão recheado de palavrões e ainda lançar aquela indireta bem direta para Bob Iger, da Disney.

"Então tá. Eu não tenho mais emprego. Não tenho mais emprego nenhum", ela disse, e devagar se levantou e foi caminhando de volta à mesa de trabalho.

Não ficou para assistir ao resto da entrevista.

A situação no palco do DealBook ia de mal a pior. A conversa entre Musk e Sorkin era pontuada por momentos tensos e o bilionário lançava olhares inquietos para todos os cantos, a mente acelerada já maquinando o próximo faniquito. O passo seguinte foi declarar que se a rede social anterior, conhecida como Twitter, estava morrendo, a culpa não era dele e sim das marcas que agora estavam com um pé atrás e não queriam anunciar na plataforma. Se o Twitter de fato deixasse de existir, o mundo inteiro saberia que era culpa dos anunciantes.

"O planeta Terra vai decidir quem tá certo."

"*Os anunciantes vão dizer, Elon, foi você que destruiu a empresa, porque você disse aquelas coisas. Ou seja, eles sentiram que não dava mais pra anunciar na plataforma, certo?*"

"Bom, aí a gente tem que deixar o planeta decidir quem tá certo."

Na opinião do bilionário, não era difícil entender que o eventual colapso do X seria culpa dos anunciantes que conspiraram contra a sua gestão. Só que a plateia não estava reagindo a essa postura de audácia da maneira que Musk queria, então ele partiu para o improviso e declarou que a Tesla tinha alcançado sucesso sem nenhum tipo de anúncio, dando a entender que a publicidade não era nem um pouco importante. Sorkin fez uma careta, desconfiado. O entrevistado continuou falando.

"Hoje em dia, o número de carros vendidos pela Tesla é duas vezes maior do que o número de vendas de todas as outras montadoras de automóveis elétricos dos Estados Unidos. A Tesla fez muito mais pelo meio ambiente do que todas as outras empresas juntas. Então é justo dizer que, como dono da empresa, eu fiz muito mais pelo meio ambiente do que todas as outras pessoas do planeta."

"*E o que você acha disso?*"

"O que eu acho disso?"

"*É, quero saber o que você acha disso, como pessoa, já que assim... a gente vem conversando sobre poder e influência.*"

"O que eu quero dizer é que eu me importo com a bondade enquanto prática, e não enquanto conceito. E o que eu mais vejo é gente que só quer parecer bem na fita mesmo fazendo coisas más. Eles que se fodam."

Epílogo

No dia 3 de março de 2024, Elon Musk foi tomar café da manhã na casa de um amigo em Palm Beach, na Flórida. A mesa estava posta e, ao redor dela, reuniam-se alguns dos homens que doavam grandes quantias ao Partido Republicano. O grupo fazia troça com as próximas eleições e havia um quê de expectativa no ar enquanto os convidados competiam entre si para decidir quem tinha as opiniões mais fortes, mais soberbas e mais tradicionalistas sobre o que é que os Estados Unidos precisavam para sobreviver à eleição de novembro.

Foi então que Donald Trump deu o ar da graça e trocou um cordial aperto de mão com Musk. Afinal, o dono do X tinha visitado a Casa Branca durante o mandato de Trump e chegara a participar de duas reuniões do Conselho Consultivo do presidente, antes de deixar a comitiva em 2017; na época, Trump anunciou que os Estados Unidos estavam se retirando do Acordo de Paris. Os dois homens haviam se alfinetado diversas vezes ao longo dos anos, só que agora um precisava do outro. Trump precisava de um investidor para turbinar a campanha presidencial, e Musk acreditava que o candidato republicano era a melhor solução para evitar mais quatro anos de Joe Biden no poder. Além disso, ele ainda nutria esperanças de que o magnata um dia voltasse a usar o X.

Uma das primeiras coisas que Musk fizera como novo dono do Twitter, lá em novembro de 2022, fora tentar persuadir Trump a voltar para a plataforma. A estratégia finalmente rendeu frutos no dia 24 de agosto de 2023, quando Trump se entregou à polícia da cidade de Atlanta para ser indiciado por conspiração para manipular o resultado das eleições de 2020. Nessa mesma tarde, o ex-presidente postou a fotografia tirada durante o fichamento na prisão, junto da legenda "JAMAIS SE RENDA!". Tudo indicava que Musk já sabia que a postagem aconteceria, pois tinha passado alguns dias trocando tuítes bem específicos com perfis ligados à direita.

Mas, depois daquele dia, Trump não tinha postado mais nada na plataforma de Musk. Isso se devia ao fato de que o ex-presidente agora tinha uma rede social própria, o Truth Social. Além do mais, ele tinha um contrato de exclusividade com o serviço, que exigia prioridade para a postagem de novos conteúdos.

E com exceção do próprio Trump e seus partidários mais conhecidos, pouca gente de destaque usava o Truth Social, então a plataforma não conseguiria se manter de pé se o ex-presidente voltasse para o site de Musk. Algumas semanas depois daquele café da manhã, Trump inclusive decidiu abrir o capital da empresa.

O impasse que se colocara entre os dois homens tinha raízes no fato de que ambos queriam ter o controle da situação. Musk queria ditar as regras do jogo, só que Trump preferia inventar um jogo novo em que ele mesmo faria as próprias regras. Além do mais, era provável que Musk ainda não tivesse se dado conta de que ele próprio já substituíra, havia tempos, a presença de Trump na plataforma. O dono do X agora fazia questão de responder a perfis que disseminavam informações sobre crimes contra pessoas brancas cometidos por pessoas negras, xingava imigrantes ilegais e compartilhava teorias da conspiração que falavam como os democratas estavam intensificando de propósito a crise de imigração no país, pois traziam gente pela fronteira com o México para ganhar mais votos. Uma boa parte das opiniões que Elon Musk exprimia em 2024 já não era tão diferente daquelas que se ouvia nos comícios de Trump.

Homens desse tipo entendiam as redes sociais como um brinquedo que poderia ser moldado do jeito que bem entendessem. Depois de ser banido do Twitter, Trump simplesmente fez uma cópia do serviço e removeu apenas duas coisas: a checagem de fatos que sempre questionava suas declarações e os liberais ultrajados que admoestavam seus impulsos autoritários. Musk, por sua vez, picotara o Twitter de tal forma até por fim conseguir transformá-lo no X que nada mais era do que um lugar onde todos os seus amigos e comparsas podiam ter contas verificadas, onde seus gurus favoritos tinham a chance de viralizar e onde as postagens que ele próprio fazia eram as mais curtidas, as mais visualizadas e as mais populares na plataforma. Quatro meses depois de assumir o controle da empresa, @ElonMusk se tornou a conta com o maior número de seguidores. Em maio de 2024, ele contava com mais de 184 milhões de seguidores e havia acabado com um dos últimos vestígios do Twitter, mudando o endereço do site de "twitter.com" para "x.com".

Talvez esse tivesse mesmo que ser o destino do Twitter, uma plataforma tão sedutora aos olhos de ricaços do mundo inteiro que os quatro fundadores do serviço precisaram lançar mão de todas as artimanhas possíveis para conseguir controlá-la. Jack Dorsey, por exemplo, havia feito seus próprios esquemas para conquistar o cargo mais alto dentro da empresa. Ele só começou a achar que conversas entre pessoas não deveriam se misturar com capital financeiro depois que seu controle absoluto na empresa foi questionado por um investidor ativista.

Se era verdade que a aquisição do Twitter tinha acabado por radicalizar Musk, também não havia como negar o fato de que a subsequente destruição da empresa radicalizara Dorsey. Depois de apoiar a presença de Musk na empresa e a decisão de fechar o capital dela — chegando até mesmo a transferir as ações que detinha e se tornando um dos maiores acionistas do novo Twitter de Musk —, Dorsey perdeu o prumo. Ele ora se sentia arrependido, ora ressentido; às vezes provocava, outras vezes criticava ou então defendia as decisões de Musk.

Dorsey parou de tuitar assim que Musk assumiu o controle do Twitter, num ato simbólico. Uma década antes, ele fizera o mesmo depois de ser removido do cargo de CEO, apesar de ter continuado como diretor-geral. Na época, ele ficava em silêncio durante as reuniões, como forma de protesto. O fato de que não postava nada, portanto, era uma declaração tácita.

Quando queria falar algo sobre o Twitter ou sobre qualquer outro tópico, Dorsey postava no Nostr, um protocolo para redes sociais que prezava pelo controle descentralizado. Vez ou outra também postava no Bluesky, que desenvolvera junto com Parag Agrawal. Isso mudou em setembro de 2023, quando Dorsey foi criticado por vários usuários do serviço e acabou excluindo sua conta. Um ano mais tarde, ele também deixaria o conselho da empresa. Mas, àquela altura, criar e depois abandonar uma rede social já era algo que sabia fazer de cor e salteado.

Dentro do Nostr, ele compartilhava postagens de um especialista em dietas que encerrava todas as mensagens com um slogan associado à teoria da conspiração QAnon. Também postava vídeos de Robert F. Kennedy Jr., uma das personalidades de maior destaque no movimento antivacina e que concorria à presidência com uma candidatura independente. Não satisfeito, Dorsey compartilhava até vídeos embebidos em outras teorias da conspiração, que diziam que as vítimas do ataque terrorista do Onze de Setembro nada mais eram do que "atores contratados". Era o tipo de coisa que ele teria removido do Twitter durante seu mandato como CEO. Agora, só dava as caras na rede social de Musk para divulgar Bitcoin ou então a campanha presidencial de Kennedy.

Com o passar do tempo, o próprio conceito que sustentara o Twitter acabou se esfacelando, tal como as mentes de todos os homens que tentaram controlar o serviço. A explicação estava no fato de que o Twitter não era mais o único lugar em que o planeta inteiro podia se encontrar para conversar sobre guerra, notícias ou babados envolvendo celebridades. Na verdade, ele se tornara apenas mais um recurso que agora estava presente em quase todas as outras redes sociais. Os tuítes do Instagram eram os Threads; no Substack, eram os *notes*.

No Mastodon, a plataforma de código aberto que motivara algumas das sanções mais extremas de Musk dentro do Twitter, o nome para os tuítes era *toots*. No Bluesky, para o desespero de Jay Graber, o nome era *skeet*, um termo que além de rimar com "tweet" ainda era uma gíria para "ejaculação". Em suma, não era mais necessário estar no Twitter para poder fazer parte da conversa. Além disso, a conversa agora era plural. Eram muitas conversas, e elas aconteciam em todos os cantos.

Musk não parecia incomodado com a diluição da influência que o Twitter detinha. Afinal, todos os seus amigos e fãs agora tinham contas verificadas, e graças ao algoritmo as respostas bajuladoras dessa gente ia parar no topo das menções que recebia. Ele era um verdadeiro herói, amado por todos dentro da sua própria rede social. Depois de incluir um recurso para chamadas de vídeo e áudio no X, declarou que deixaria de ter um número de celular. Na prática, isso significava que as pessoas que não usavam o X não conseguiriam entrar em contato com ele.

Um ano depois de ter chegado à sede do Twitter carregando uma pia nos braços, Musk presenteou os funcionários que ainda restavam na empresa com uma bonificação em ações que avaliava o X em 19 bilhões de dólares. Em fevereiro de 2024, com a empresa ainda tentando pagar suas imensas dívidas, a Fidelity — uma gigante no setor de serviços financeiros — reduziu o valor do X para 11,8 bilhões de dólares. Era uma queda de 73% em comparação aos 44 bilhões que tinham sido pagos no momento da aquisição.

Musk ainda é um bilionário no momento em que fechamos este livro, mas sua carteira já não está mais tão recheada. Em abril de 2022, quando decidiu comprar o Twitter, seu patrimônio estava próximo dos 270 bilhões de dólares. Hoje em dia, com o X em derrocada e as ações da Tesla em queda, posto que os investidores vêm questionando o compromisso de Musk com a empresa, ele perdeu 80 bilhões e também o título de "pessoa mais rica do mundo".

Ainda no início de 2024, Musk se viu mais uma vez frente a frente com a juíza Kathaleen McCormick graças a um processo movido em 2023 por um dos acionistas da Tesla. Esse acionista alegava que o pacote de remuneração de 55,8 bilhões de dólares que o bilionário havia pedido era não só de uma quantia exorbitante, mas também uma afronta aos investidores. McCormick decidiu anular o pacote, alegando que "esta é uma decisão que, se não 'ousa ir aonde nenhum homem jamais foi', por certo ousa ir mais longe do que qualquer outro tribunal de Delaware já foi". Em sua determinação judicial, a magistrada disse ainda que Musk exercera controle quase que absoluto da Tesla, determinando por conta própria o valor que deveria receber e contando com a anuência de membros do conselho que gostavam dele, como Antonio Gracias.

Musk cuspiu fogo quando soube da decisão. Seus aliados começaram a postar tuítes dizendo que a juíza era puxa-saco de Joe Biden e que tinha motivações políticas para arruinar o dono da Tesla. Numa jogada de retaliação, ele decidiu remover a Neuralink e a SpaceX da junta comercial do estado de Delaware e transferir os registros corporativos das duas empresas para Nevada e Texas, respectivamente. Além disso, também convocou outras empresas a fazer o mesmo.

Quando Musk assumiu o controle do Twitter, diversos funcionários que não se sentiam preparados para continuar trabalhando depois de tanto estresse e ansiedade entraram com pedido de licença. Também houve aqueles que, como Vijaya Gadde e Ned Segal, acharam que era hora de descansar um pouco e fugir do ritmo acelerado que fazia parte do trabalho em uma empresa de tecnologia. Enquanto escrevíamos este livro, os dois processavam Musk para reaver o pacote de indenização que lhes era devido. Mas, com exceção daqueles que precisaram continuar na empresa por conta de vistos de trabalho, planos de saúde para a família ou apenas por lealdade a Musk, a grande maioria dos empregados do Twitter acabou migrando para outros templos do Vale do Silício, como Google, Facebook e OpenAI. Aqueles que conseguiram vagas na empresa de inteligência artificial se depararam, mais uma vez, com Bret Taylor. Ele agora era diretor da OpenAI e tinha passado a ocupar o cargo depois do motim contra Sam Altman, o diretor-executivo que foi demitido e depois recontratado.

A poeira corporativa ainda nem tinha baixado, mas Taylor já entrara mais uma vez na mira de Musk. Em março de 2024, o bilionário decidiu processar a OpenAI, alegando que a empresa abandonara sua missão de construir uma inteligência artificial pensada para o benefício da humanidade. Na mesma época, ele começou a usar os recursos e a mão de obra do X para montar a xAI, uma empresa de IA só dele e que seria a solução "contra o *woke*" da OpenAI — embora não esteja muito claro o que isso quer dizer.

Parag Agrawal tomou um chá de sumiço e nunca mais tuitou depois do dia em que deixou a empresa, mas se juntou ao grupo de executivos que entrou na Justiça contra Musk para tentar receber as devidas indenizações. Em 2023, decidiu que era hora de voltar à sua primeira paixão: a inteligência artificial. Ele começou a montar uma startup de tecnologia envolta em mistérios e contratou diversos ex-funcionários do Twitter para a empreitada. Diferente de Dorsey, que deixara o Bluesky num acesso de raiva, Agrawal manteve contato com Jay Graber enquanto ela construía a rede social de código aberto com a qual os dois homens tanto haviam sonhado. Apesar de passar horas a fio na frente do computador, Agrawal também fazia longas caminhadas pelas reservas naturais pantanosas que separavam a cidade de San Francisco da baía. O sonho de Agrawal, de resolver de uma vez por todas os problemas da moderação de conteúdo nas redes sociais, acabou se desmanchando tal como a areia seca que se desmancha com a água do mar.

Tudo isso fez com que Musk ficasse livre para ocupar a linha de frente na batalha pela comunicação virtual. Ele seguiu dando palco para toda e qualquer fala que questionasse as experiências de pessoas transgênero, chegando a oferecer ajuda financeira para gente que tinha sido demitida por fazer postagens transfóbicas no X e agora enfrentava ações jurídicas. O bilionário também abriu a porteira para receber perfis que haviam sido banidos, como os de Alex Jones e de vários outros supremacistas brancos. Vez ou outra, ele interagiu com essas pessoas desprezíveis, fazendo com que elas ganhassem não só "liberdade de expressão" como também um alcance ainda maior. Enquanto isso, a plataforma continuava a suspender contas de jornalistas e a processar qualquer um que tentasse expor a podridão tóxica de discurso de ódio e informações falsas na qual a rede social se transformara.

O bilionário tinha alcançado um patamar de sucesso nunca antes visto ao liderar a revolução dos automóveis elétricos e os esforços para fazer a raça humana superar as fronteiras do planeta Terra. E é claro que ninguém além dele teria a motivação e os recursos financeiros necessários para comprar uma plataforma virtual que funcionava no mundo inteiro só porque queria proteger a liberdade de manifestação e de expressão para todos.

Essa, no entanto, era uma missão que ele criara para si próprio. Foi assim que cometeu a asneira de comprar o Twitter por 44 bilhões de dólares, um valor altíssimo, só para poder controlar uma plataforma de internet disponível no mundo todo e comensurar o valor do próprio ego em curtidas e respostas. Um homem que não suportava receber críticas havia comprado o maior público do mundo, e queria que todo mundo batesse palmas para ele. Não era um desejo sem precedentes; afinal, muitas pessoas que usam as redes sociais estão lá porque também buscam algum tipo de validação do universo. Ele conseguiu se tornar o personagem principal do Twitter, mas não foi fácil lidar com o escrutínio de milhões de usuários que adoravam a natureza belicosa da plataforma.

Ele pode até ter dito para si mesmo que comprou o Twitter porque tinha vontade de proteger a praça pública global ou então construir o aplicativo mais importante do mundo. Mas a verdade era bem menos grandiosa. Ele só comprou a plataforma porque queria ser o dono dela. E por alguns breves instantes fugidios, teve nas mãos aquilo que tanto queria. Ele era o dono do Twitter — até que o Twitter deixou de existir.

Agradecimentos

Se este livro fosse um fio do Twitter, os agradecimentos seriam postagens e mais postagens em que marcaríamos as pessoas que nos auxiliaram enquanto cobríamos essa história tão maluca. Por sorte, não vamos precisar de tuítes aqui.

Antes de tudo, precisamos agradecer as mais de cem pessoas que conversaram conosco e revelaram suas experiências com o Twitter e Elon Musk. Não fosse a paciência, a confiança e o comprometimento delas, este livro jamais existiria. Falar com um repórter pode ser desconcertante, além de parecer algo que dificilmente trará coisas boas. Para essas pessoas, que se abriram conosco — apesar das ameaças de um homem que aparenta ter poder e dinheiro ilimitados — e nos ajudaram a colocar todos os pingos nos is: muito obrigado, do fundo dos nossos corações.

Nossos caminhos como jornalistas se cruzaram no *New York Times*, que nos proporcionou as ferramentas necessárias para cobrir o setor de tecnologia. Foi o compromisso do *Times* com jornalismo independente e de qualidade que nos permitiu contar a história completa da aquisição do Twitter, desde a primeira linha. Graças à nossa colaboração inicial na redação, encontramos uma quantidade tão grande de material que em determinado momento os artigos de jornal já não davam mais conta, e foi ali que chegamos à conclusão de que poderíamos mergulhar no projeto de escrever um livro a quatro mãos sem que acabássemos mutilando um ao outro de forma irreversível.

Pui-Wing Tam, Jim Kerstetter e Ellen Pollock, nossos editores no *Times*, desempenharam um papel crucial ao orientar a nossa cobertura sobre a aquisição do Twitter, e foram eles que nos incentivaram a escrever sobre as esquisitices sem igual presentes na transação. Nossos colegas Mike Isaac, Lauren Hirsch, Tiffany Hsu, Kellen Browning, David McCabe, Adam Satariano e Ben Mullin trabalharam junto conosco em matérias sobre o tema, e ao longo de toda a empreitada contamos com o apoio de talentosos colegas da redação de tecnologia — além do departamento de pesquisa e das incomparáveis equipes de revisão do *Times*. O trabalho de Cade Metz foi nosso parâmetro na hora de contar uma história apurada, centrada nas personagens, e nosso exemplo maior em termos de parcerias generosas. Ele também nos ofereceu feedbacks importantes sobre nossas matérias e primeiros rascunhos. Kashmir Hill e Tripp Mickle dedicaram um bom tempo à leitura do nosso manuscrito e nos ajudaram a lapidar a história; Sheera Frenkel, Cecilia Kang e Kevin Roose ficaram de mãos dadas conosco enquanto nos aventurávamos pelo mundo editorial dos livros. Temos que agradecer também a Dai Wakabayashi, um mentor de espírito sereno e revides que chegam a doer.

Fazer a cobertura jornalística da Tesla, da SpaceX e do Twitter, bem como de todo o universo Musk, não é tarefa simples. Por isso mesmo, é impossível que uma única pessoa ou um único canal de mídia consiga dar conta de tudo. Temos que agradecer a todos os jornalistas e editores que não mediram palavras na hora de revelar as artimanhas de Musk e suas empresas: Dana Hull, Lora Kolodny, Jack Ewing, Kirsten Grind, Emily Glazer, Tim Higgins, Linette Lopez, Russ Mitchell, Caroline O'Donovan, Faiz Siddiqui, Will Oremus, Elizabeth Dwoskin, Joseph Menn, Drew Harwell, Donie O'Sullivan, Erin Woo, Becky Peterson, Zoë Schiffer, Kurt Wagner, Marisa Taylor, Rachael Levy, Kali Hays, Edward Niedermeyer, Will Evans, Alan Ohnsman e tantos outros. Ainda que o mundo do jornalismo tenha como um de seus motes a competitividade, precisamos agradecer também a Bobby Allyn e Julia Black, por cederem materiais que enriqueceram nossas pautas.

Dez anos atrás, nenhum de nós dois achava que teria futuro como jornalista; quem dirá, então, como autores de livro. De lá para cá, recebemos oportunidades e ensinamentos de muitas pessoas. No caso do Ryan, foram mentores e editores como Ann Grimes, Mark Katches, Clay Lambert, Gerry Shih, Felicity Barringer, Bob Ivry, Kerry Dolan, Luisa Kroll, Bruce Upbin, Mat Honan, John Paczkowski e Ben Smith. No caso da Kate, tudo começou com Jana Clark; depois vieram Alan Scherstuhl e Erin Sherbert, que mostraram como uma matéria era feita; A. J. Daulerio, Henry Pickavet, Kelly Bourdet e Andrew Couts colocaram a faca e o queijo nas mãos dela; e enfim veio Dell Cameron, o primeiro parceiro de reportagem.

Adam Eaglin enxergou o potencial deste livro antes de todo mundo, e sua intrepidez e minúcia dignas de jornalista reverberaram em todas as reuniões, rascunhos e detalhes. Ele, Beniamino Ambrosi e a equipe da Cheney Agency foram peças-chave para o nosso sucesso. Anakwa Dwamena fez uma checagem de fatos cuidadosa e foi um importante primeiro leitor. Chris Allen é o responsável pela provocante capa do livro.

Nosso editor, William Heyward, precisou aturar muita coisa durante o processo de escrita. A mão firme dele, bem como os conselhos — que às vezes iam na direção oposta dos nossos primeiros instintos —, foi importantíssima. Foi graças à animação e ao otimismo dele que chegamos até aqui. Obrigado pelo título e por tantas outras coisas. Natalie Coleman foi nossa guia no meio de tanta loucura, e precisamos agradecer também ao pessoal da Penguin Press: Ann Godoff, Scott Moyers, Gail Brussel, Jessie Stratton Zhou, Joy Simpkins, Chelsea Cohen, Aly D'Amato e Darren Haggar, bem como Helen Conford na Penguin Random House UK.

Kate quer agradecer a Gillian Altman, que deu a nós dois um lar pacífico para escrevermos nossas primeiras (e horrorosas) palavras, além das muitas outras que vieram depois. Obrigada por ter um coração tão entusiasmado e pelo apoio inexorável ao longo da última década — Kate estaria perdida sem você. Laura Jaye Cramer e Michael Belt estiveram sempre presentes, nos altos e baixos e além. Sam Rogers e Emily Straley, obrigada por alimentarem corpo e espírito. E muito amor e gratidão a Hanna, Lucas e, claro, mamãe: obrigada pelo amor às palavras, pelas pilhas de livros e por todas as lições sobre como discutir e não arredar pé. Tudo isso foi de muita valia para Kate no jornalismo.

Ryan quer agradecer a Stephanie M. Lee, Ken Bensinger, Jeremy Sasson, Sivan Sasson, Lucas Manfield, Spencer Vuksic, Rima Abouziab e o Lutefisk Lodge, que o receberam de portas abertas ou então deixaram ele dormir em um sofá mais confortável durante as viagens a trabalho ou dias de escrita pesada. Rebecca Ellis e Arya Shirazi não deixaram escapar nada em suas leituras, e Albert Samaha foi a pessoa que ofereceu um ombro amigo e as palavras certas. Obrigado também a Jonathan Swan, Aaron Greenspan e Jack Sweeney, por toda a ajuda com os materiais.

Hang, a mãe do Ryan, foi uma força da natureza. Sem a presença dela, Nolan Mac, Lê Khanh "Liz" Nguyen e Kim Mac, a quem o livro é dedicado, estas páginas não existiriam. Ryan ama todos vocês, e muito mais do que vocês imaginam.

Nota sobre a reportagem

A base deste livro são as mais de 150 horas de conversas e entrevistas que tivemos com quase cem pessoas. Entre elas estão funcionários e ex-funcionários do Twitter, X, Tesla e SpaceX, bem como advogados, banqueiros e outros parceiros que presenciaram as negociações de Elon Musk para comprar o Twitter e trabalharam a favor das duas partes interessadas na transação. Também conversamos com amigos e conhecidos de Musk, Jack Dorsey e outros executivos do Twitter. Algumas das entrevistas aconteceram durante os anos em que cobrimos o Twitter, Musk e a aquisição da rede social para o *New York Times*. Além disso, consultamos processos judiciais, vídeos, gravações de áudio, memorandos internos das empresas e mensagens trocadas por nomes importantes para a história. E consultamos, claro, inúmeros tuítes.

As mensagens privadas e os documentos aparecem aqui citados ipsis litteris, assim como declarações feitas em reuniões da empresa que Musk veio a adquirir. Os diálogos foram reconstruídos a partir de três fontes: a memória dos participantes, notas feitas por eles à época em que a interação aconteceu e, por vezes, gravações das conversas.

Para entender as origens do Twitter, consultamos *A eclosão do Twitter: Uma aventura de dinheiro, poder, amizade e traição*. Escrito por Nick Bilton em 2013, o livro conta de maneira realista a história de como tudo começou. Em nossa pesquisa para compreender Musk um pouco melhor, consultamos duas obras diferentes. A primeira delas foi *Elon Musk: Como o CEO bilionário da SpaceX e da Tesla está moldando o nosso futuro*, publicado por Ashlee Vance em 2015. A outra foi *Elon Musk*, a biografia autorizada do bilionário, escrita por Walter Isaacson e publicada em 2023. Isaacson passou dois anos na cola de seu biografado, e foi graças a ele que conseguimos estabelecer uma linha do tempo que desse conta do paradeiro de Musk durante os meses de compra do Twitter. Outra fonte bastante útil foi o perfil @ElonJet, que antes de ser suspenso monitorava todas as mínimas movimentações do jatinho de Musk.

As pessoas que aparecem neste livro estão creditadas com seus nomes verdadeiros. Contudo, muita gente preferiu conversar conosco em anonimato, por temer alguma retaliação de Musk ou de uma de suas empresas (fosse em termos de processos jurídicos ou então assédio virtual). Para contemplar o maior número possível de versões da mesma história, tentamos entrar em contato com as principais figuras que aparecem aqui. Elon Musk não respondeu aos nossos pedidos de entrevista.

Notas

Introdução: 11 de novembro de 2022 [pp. 11-8]

1. Ryan Mac e Craig Silverman, "'Mark Changed the Rules': How Facebook Went Easy on Alex Jones and Other Right-Wing Figures", BuzzFeed News, 21 fev. 2021. Disponível em: <www.buzzfeednews.com/article/ryanmac/mark-zuckerberg-joel-kaplan-facebook-alex-jones>. Acesso em: 3 jun. 2024.

Ato I

1. De volta ao Twttr [pp. 21-7]

1. "Tech's Best Young Entrepreneurs", BusinessWeek, 11 jul. 2014. Disponível em: <www.web.archive.org/web/20140711043659/http://images.businessweek.com/ss/07/03/0326_tech_entrepreneurs/source/10.htm>. Acesso em: 3 jun. 2024.
2. Nick Bilton, *Hatching Twitter*. Londres: Sceptre, 2014.
3. Ibid.
4. Jack Dorsey, "Twttr Sketch", Flickr, 24 mar. 2006. Disponível em: <www.flickr.com/photos/jackdorsey/182613360/in/photostream>. Acesso em: 3 jun. 2024.
5. Nick Bilton, op. cit.
6. Ibid.
7. Claire Cain Miller, "Why Twitter's C.E.O. Demoted Himself", *The New York Times*, 30 out. 2010. Disponível em: <www.nytimes.com/2010/10/31/technology/31ev.html>. Acesso em: 3 jun. 2024.
8. UNITED STATES SECURITIES AND EXCHANGE COMMISSION, Twitter, Inc., "Form S-1 Registration Statement", 3 out. 2013. Disponível em: <www.sec.gov/Archives/dgar/data/1418091/000119312513390321/d564001ds1.htm>. Acesso em: 3 jun. 2024.

2. #StayWoke [pp. 28-32]

1. Elise Hu (@elisewho), "STL native and @twitter co-founder @jack passing out roses to demonstrators on w florissant #Ferguson", Twitter, 19 ago. 2014, 20h01. Disponível em: <www.twitter.com/elisewho/status/501866614284091392>. Acesso em: 3 jun. 2024.
2. Vijaya Gadde, "Twitter Executive: 'Here's How We're Trying to Stop Abuse While Preserving Free Speech'", *The Washington Post*, 6 abr. 2015. Disponível em: <www.washingtonpost.com/posteverything/wp/2015/04/16/twitter-executive-heres-how-were-trying-to-stop-abuse-while-preserving-free-speech>. Acesso em: 3 jun. 2024.

3. Nitasha Tiku e Casey Newton, "Twitter CEO: 'We Suck at Dealing with Abuse'", The Verge, 5 fev. 2015. Disponível em: <www.theverge.com/2015/2/4/7982099/twitter-ceo-sent-memo-taking-personal-responsibility-for-the>. Acesso em: 3 jun. 2024.
4. Vindu Goel, "Twitter Revenue up 61%, but User Growth Lags", *The New York Times*, 28 jul. 2015. Disponível em: <www.nytimes.com/2015/07/29/technology/twitter-quarterly-earnings.html>. Acesso em: 3 jun. 2024.
5. Entrevista de Donald J. Trump, "I doubt I'd be here if it weren't for social media… because there is a fake media out there", Fox News, 22 out. 2017. Disponível em: <www.facebook.com/watch/?v=10156176791126336>. Acesso em: 3 jun. 2024.

3. "Agora sou eu mesmo" [pp. 33-48]

1. Rob Copeland, "Elon Musk's Inner Circle Rocked by Fight over His $230 Billion Fortune", *The Wall Street Journal*, 16 jul. 2022. Disponível em: <www.wsj.com/articles/elon-musk-fortune-fight-jared-birchall-igor-kurganov-11657308426>. Acesso em: 4 jun. 2024.
2. Ryan Mac, "I Went to Elon Musk's' 'Pedo Guy' Trial, but I Wasn't Ready to Become a Part of It", BuzzFeed News, 30 jan. 2020. Disponível em: <www.buzzfeednews.com/article/ryanmac/elon-musk-cant-lose>. Acesso em: 4 jun. 2024.
3. Walter Isaacson, *Elon Musk*. Nova York: Simon & Schuster, 2023. [Ed. bras.: *Elon Musk*. Trad. de Rogerio W. Galindo e Rosiane Correia de Freitas. Rio de Janeiro: Intrínseca, 2023.]
4. Ibid.
5. Max Chafkin, *The Contrarian*. Nova York: Penguin, 2021.
6. Elon Musk, (@elonmusk), "Please ignore prior tweets, as that was someone pretending to be me :) This is actually me", Twitter, 4 jun. 2010, 11h31. Disponível em: <www.twitter.com/elonmusk/status/15434727182>. Acesso em: 4 jun. 2024.
7. David Gelles, James B. Stewart, Jessica Silver-Greenberg e Kate Kelly, "Elon Musk Details 'Excruciating' Personal Toll of Tesla Turmoil", *The New York Times*, 17 ago. 2018. Disponível em: <www.nytimes.com/2018/08/16/business/elon-musk-interview-tesla.html>. Acesso em: 4 jun. 2024.
8. Ibid.

4. OneTeam [pp. 49-56]

1. Brian Hiatt, "Twitter CEO Jack Dorsey: The *Rolling Stone* Interview", *Rolling Stone*, 23 jan. 2019. Disponível em: <www.rollingstone.com/culture/culture-features/twitter-ceo-jack-dorsey-rolling-stone-interview-782298/>. Acesso em: 4 jun. 2024.

5. Uma invasão [pp. 57-65]

1. Michael J. de la Merced e Kate Conger, "Hedge Fund May Push for Ouster of Jack Dorsey as Twitter's C.E.O.", *The New York Times*, Business, 29 fev. 2020. Disponível em: <www.nytimes.com/2020/02/29/business/dealbook/elliott-twitter-jack-dorsey.html>. Acesso em: 4 jun. 2024.

6. Férias na Polinésia [pp. 66-81]

1. Ryan Mac, "Elon Musk Told Workers They're More Likely to Die in a Car Crash Than from Coronavirus", BuzzFeed News, 13 mar. 2020. Disponível em: <www.buzzfeednews.

com/article/ryanmac/elon-musk-spacex-employees-car-crash-coronavirus>. Acesso em: 5 jun. 2024.
2. Brian Fung, "Twitter Says It Labeled 300,000 Tweets around the Election", CNN, 12 nov. 2020. Disponível em: <www.cnn.com/2020/11/12/tech/twitter-election-labels-misinformation/index.html>. Acesso em: 5 jun. 2024.
3. Andrew Restuccia e Siobhan Hughes, "Trump's Tweet about Pence Seen as Critical Moment during Riot", *The Wall Street Journal*, 21 jul. 2022. Disponível em: <www.wsj.com/livecoverage/jan-6-hearing-today-trump/card/trump-s-tweet-about-pence-seen-as-critical-moment-during-riotfmPxoFkeoTKxi0NqPLCL>. Acesso em: 5 jun. 2024.
4. Nitasha Tiku, Tony Room e Craig Timberg, "Twitter Bans Trump's Account, Citing Risk of Further Violence", *The Washington Post*, 8 jan. 2021. Disponível em: <www.washingtonpost.com/technology/2021/01/08/twitter-trump-dorsey>. Acesso em: 5 jun. 2024.

7. Planejamento de recursos [pp. 82-5]

1. Lauren Feiner, "Twitter Shares Soar after Company Announces Plan to Double Revenue by End of 2023", CNBC, 25 fev. 2021. Disponível em: <www.cnbc.com/2021/02/25/twitter-sets-goals-to-double-revenue-reach-315-million-users-by-end-of-2023.html>. Acesso em: 5 jun. 2024.

8. Parag [pp. 86-93]

1. UNITED STATES SECURITIES AND EXCHANGE COMMISSION, Twitter, Inc., "EX10.1", 29 nov. 2021. Disponível em: <www.sec.gov/Archives/edgar/data/1418091/000119312521342255/d401229dex101.htm>. Acesso em: 5 jun. 2024.

9. Bluesky [pp. 94-8]

1. Wendy Hanamura, "Our Social Media Is Broken. Is Decentralization the Fix?", Internet Archive Blogs, 30 jan. 2020. Disponível em: <blog.archive.org/2020/01/30/our-social-media-is-broken-is-decentralization-the-fix/>. Acesso em: 5 jun. 2024.

10. O Twitter em apuros [pp. 99-102]

1. Will Oremus e Elizabeth Dwoskin, "Twitter's New CEO Announces Major Reorganization of the Social Networking Company", *The Washington Post*, 3 dez. 2021. Disponível em: <www.washingtonpost.com/technology/2021/12/03/twitter-agrawal-restructuring>. Acesso em: 5 jun. 2024.

11. Musk faz a farra [pp. 103-15]

1. Emily Glazer e Kirsten Grind, "Elon Musk Has Used Illegal Drugs, Worrying Leaders at Tesla and SpaceX", *The Wall Street Journal*, 7 jan. 2024. Disponível em: <www.wsj.com/business/elon- musk- illegal- drugs- e826a9e1>. Acesso em: 5 jun. 2024.
2. UNITED STATES SECURITIES AND EXCHANGE COMMISSION, Tesla, "Form 10K", 7 fev. 2022. Disponível em: <www.sec.gov/ixviewer/ix.html?doc=/Archives/edgar/data/0001318605/000156459022016871/tsla-10ka_20211231.htm>. Acesso em: 5 jun. 2024.
3. Walter Isaacson, op. cit.

4. Mike Isaac e Lauren Hirsch, "Elon Musk Becomes Twitter's Largest Shareholder", *The New York Times*, Technology, 4 abr. 2022. Disponível em: <www.nytimes.com/2022/04/04/technology/elon-musk-twitter.html>. Acesso em: 5 jun. 2024.
5. DELAWARE COURT OF CHANCERY, Twitter, Inc. v. Elon R. Musk et al., Processo n. 2022--0613-KSJM, 2022.
6. Ibid.
7. BerghAnon, "The Elon Musk Rejection a Few Weeks Back", Reddit, 22 abr. 2022. Disponível em: <www.reddit.com/r/berghain/comments/u9ahbv/the_elon_musk_rejection_a_few_weeks_back>. Acesso em: 5 jun. 2024.
8. Walter Isaacson, op. cit.
9. DELAWARE COURT OF CHANCERY, Twitter, Inc. v. Elon R. Musk et al., op. cit.
10. UNITED STATES SECURITIES AND EXCHANGE COMMISSION, Twitter, Inc., "xX10.1", 4 abr. 2022. Disponível em: <www.sec.gov/Archives/edgar/data/1418091/000119312522095651/d342257dex101.htm>. Acesso em: 5 jun. 2024.

12. Uma oferta [pp. 116-23]

1. Naomi Nix, Nitasha Tiku, Will Oremus e Faiz Siddiqui, "Elon Musk's Twitter Bid Frustrates Employees. That's a Risk for Him", *The Washington Post*, 15 abr. 2022. Disponível em: <www.washingtonpost.com/technology/2022/04/14/twitter-employees-elon-musk>. Acesso em: 4 jun. 2024.
2. Elizabeth Dwoskin, "Elon Musk to Address Twitter Staff after Internal Outcry", *The Washington Post*, 7 abr. 2022. Disponível em: <www.washingtonpost.com/technology/2022/04/07/musk-twitter-employee-outcry>. Acesso em: 4 jun. 2024.
3. Walter Isaacson, op. cit.
4. DELAWARE COURT OF CHANCERY, Twitter, Inc. v. Elon R. Musk et al., op. cit.
5. Elon Musk (@elonmusk), "Convert Twitter SF HQ to homeless shelter since no one shows up anyway", Twitter, 10 abr. 2022. Disponível em: <www.polititweet.org/tweet?account=44196397&tweet=1512966135423066116>. Acesso em: 4 jun. 2024. (Esse tuíte foi excluído. Note-se que o fuso horário é padrão universal [UTC], portanto sete horas à frente da hora do Pacífico [PT]. Era 1h30min10 UTC do dia 10 de abril de 2022, ou seja, 18h30min10 PT do dia 9 de abril de 2022 em San Francisco.)
6. Walter Isaacson, op. cit.

13. Pílula de veneno [pp. 124-31]

1. Elon Musk (@elonmusk), "🤐.", Twitter, 11 abr. 2022. Disponível em: <www.polititweet.org/tweet?account=44196397&tweet=1513373170333487104>. Acesso em: 4 jun. 2024.
2. Walter Isaacson, op. cit.

Ato II

14. "Conduzir a boiada" [pp. 135-46]

1. DELAWARE COURT OF CHANCERY, Twitter, Inc. v. Elon R. Musk et al., op. cit.
2. Joseph Bernstein, "Elon Musk Has the World's Strangest Social Calendar", *The New York Times*, Style, 11 out. 2022. Disponível em: <www.nytimes.com/2022/10/11/style/elon--musk-social-calendar.html>. Acesso em: 4 jun. 2024.

3. David Yaffe-Bellany e Erin Griffith, "The Super Connector Who Built Sam Bankman-Fried's Celebrity World", *The New York Times*, Technology, 23 jun. 2023. Disponível em: <www.nytimes.com/2023/06/23/technology/sam-bankman-fried-celebrity-friends.html>. Acesso em: 4 jun. 2024.
4. Mike Isaac, Lauren Hirsch e Anupreeta Das, "Inside Elon Musk's Big Plans for Twitter", *The New York Times*, Technology, 6 maio 2022. Disponível em: <www.nytimes.com/2022/05/06/technology/elon-musk-twitter-pitch-deck.html>. Acesso em: 4 jun. 2024.
5. Lauren Hirsch e Kate Conger, "Twitter Counters a Musk Takeover with a Time-Tested Barrier", *The New York Times*, Business, 15 abr. 2022. Disponível em: <www.nytimes.com/2022/04/15/business/twitter-poison-pill-elon-musk.html>. Acesso em: 4 jun. 2024.
6. Walter Isaacson, op. cit.
7. UNITED STATES SECURITIES AND EXCHANGE COMMISSION, Twitter, Inc., "Schedule 14A", 22 abr. 2022. Disponível em: <www.sec.gov/Archives/edgar/data/1418091/000114036122014049/ny20001921x3_def14a.htm>. Acesso em: 4 jun. 2024.
8. ElonJet (@elonjet). Disponível em: <www.web.archive.org/web/20220428031935/twitter.com/elonjet>. Acesso em: 4 jun. 2024.

15. A última tentativa de Parag [pp. 147-54]

1. UNITED STATES SECURITIES AND EXCHANGE COMMISSION, Twitter, Inc., "DEFM14A". Disponível em: <www.sec.gov/Archives/edgar/data/1418091/000119312522202163/d283119d-defm14a.htm>. Acesso em: 4 jun. 2024.
2. Lauren Hirsch, "Elon Musk Details His Plan to Pay for a $46.5 Billion Takeover of Twitter", *The New York Times*, Business, 21 abr. 2022. Disponível em: <www.nytimes.com/2022/04/21/business/elon-musk-twitter-funding.html>. Acesso em: 4 jun. 2024.

16. Apenas diga sim [pp. 155-66]

1. Emily Chang (@emilychangtv), "$TWTR stock halted, news pending…", Twitter, 25 abr. 2022. Disponível em: <www.twitter.com/emilychangtv/status/1518662186675044353?lang=en>. Acesso em: 4 jun. 2024.
2. Mike Isaac e Adam Satariano, "Twitter Reports Growth in Revenue and Users as Elon Musk Prepares to Take Over", *The New York Times*, Technology, 28 abr. 2022. Disponível em: <www.nytimes.com/2022/04/28/technology/twitter-first-quarter-earnings-elon-musk.html>. Acesso em: 4 jun. 2024.

17. De ouro, de ouro [pp. 167-81]

1. Kanishka Singh, "U.S. Judge Block's Twitter's Bid to Reveal Government Surveillance Requests", Reuters, 19 abr. 2020. Disponível em: <www.reuters.com/article/us-usa-twitter-lawsuit/us-judge-blocks-twitters-bid-to-reveal-government-surveillance-requests-idUSKBN2200CS>. Acesso em: 4 jun. 2024.
2. Lauren Hirsch, op. cit.
3. DELAWARE COURT OF CHANCERY, Twitter, Inc. v. Elon R. Musk et al., op. cit.
4. Becky Peterson, "How Antonio Gracias Became the Most Hardcore of Elon Musk's Loyalists", The Information, 14 ago. 2023. Disponível em: <www.theinformation.com/articles/how-antonio-gracias-became-the-most-hardcore-of-elon-musks-loyalists?rc=620356>. Acesso em: 4 jun. 2024.

18. 💩 [pp. 182-90]

1. DELAWARE COURT OF CHANCERY, Twitter, Inc. v. Elon R. Musk et al., op. cit.
2. Walter Isaacson, op. cit.
3. "Twitter Fires Two Executives and Freezes Most Hiring after Musk's Deal to Buy the Company", *The New York Times*, 12 maio 2022. Disponível em: <nytimes.com/2022/05/12/technology/twitter-elon-musk.html>. Acesso em: 4 jul. 2024.
4. UNITED STATES SECURITIES AND EXCHANGE COMMISSION, Tesla, Inc., "Form 10-K". Disponível em: <www.sec.gov/Archives/edgar/data/1318605/000095017022000796/tsla-20211231.htm>. Acesso em: 4 jun. 2024.
5. Walter Isaacson, op. cit., p. 463.
6. UNITED STATES SECURITIES AND EXCHANGE COMMISSION, Twitter, Inc., "Schedule 14A". Disponível em: <www.sec.gov/Archives/edgar/data/1418091/000114036122014049/ny20001921x3_def14a.htm>. Acesso em: 4 jun. 2024.
7. Walter Isaacson, op. cit.
8. Greg Roumeliotis e Sheila Dang, "Musk Says $44 Billion Twitter Deal on Hold over Fake Account Data", Reuters, Technology, 16 maio 2022. Disponível em: <www.reuters.com/technology/musk-says-44-billion-twitter-deal-hold-2022-05-13>. Acesso em: 4 jun. 2024.

19. Bots e cavalos [pp. 191-200]

1. ElonJet (@elonjet). Disponível em: <web.archive.org/web/20220530091209/twitter.com/elonjet>. Acesso em: 4. jun. 2024.
2. Walter Isaacson, op. cit.
3. Ibid.
4. Mike Isaac, "Elon Musk Tells Twitter's Employees He Wants the Service to 'Contribute to a Better, Long-Lasting Civilization'", *The New York Times*, Technology, 16 jun. 2022. Disponível em: <www.nytimes.com/2022/06/16/technology/elon-musk-twitter-employees--meeting.html>. Acesso em: 4 jun. 2024.
5. Rich McHugh, "A SpaceX Flight Attendant Said Elon Musk Exposed Himself and Propositioned Her for Sex, Documents Show. The Company Paid $250,000 for Her Silence", Business Insider, 19 maio 2022. Disponível em: <www.businessinsider.com/spacex-paid-250000--to-a-flight-attendant-who-accused-elon-musk-of-sexual-misconduct-2022-5>. Acesso em: 4 jun. 2024.
6. Noam Scheiber e Ryan Mac, "SpaceX Employees Say They Were Fired for Speaking Up about Elon Musk", *The New York Times*, Business, 17 nov. 2022. Disponível em: <www.nytimes.com/2022/11/17/business/spacex-workers-elon-musk.html>. Acesso em: 4 jun. 2024.
7. Ryan Mac, "SpaceX Said to Fire Employees Involved in Letter Rebuking Elon Musk", *The New York Times*, Technology, 17 jun. 2022. Disponível em: <www.nytimes.com/2022/06/17/technology/spacex-employees-fired-musk-letter.html>. Acesso em: 4 jun. 2024.
8. Noam Scheiber e Ryan Mac, op. cit.
9. UNITED STATES SECURITIES AND EXCHANGE COMMISSION, Twitter, Inc., "Schedule 14A". Disponível em: <www.sec.gov/Archives/edgar/data/1418091/000114036122014049/ny20001921x3_def14a.htm>. Acesso em: 4 jun. 2024.

20. Sun Valley [pp. 201-12]

1. DELAWARE COURT OF CHANCERY, Twitter, Inc. v. Elon R. Musk et al. Disponível em: <https://www.documentcloud.org/documents/22084453-twittermuskcomplaint>. Acesso em: 4 jun. 2024.
2. Julia Black, "Elon Musk Had Twins Last Year with One of His Top Executives", Business Insider, 6 jul. 2022. Disponível em: <www.businessinsider.com/elon-musk-shivon-zilis--secret-twins-neuralink-tesla>. Acesso em: 4 jun. 2024.
3. UNITED STATES SECURITIES AND EXCHANGE COMMISSION, Twitter, Inc., "Schedule 14A". Disponível em: <www.sec.gov/Archives/edgar/data/1418091/000114036122014049/ny20001921x3_def14a.htm>. Acesso em: 4 jun. 2024.
4. DELAWARE COURT OF CHANCERY, Twitter, Inc. v. Elon R. Musk et al., op. cit.
5. Karan Deep Singh e Kate Conger, "Twitter, Challenging Orders to Remove Content, Sues India's Government", *The New York Times*, Business, 5 jul. 2022. Disponível em: <www.nytimes.com/2022/07/05/business/twitter-india-lawsuit.html>. Acesso em: 4 jun. 2024.
6. UNITED STATES SECURITIES AND EXCHANGE COMMISSION, Twitter, Inc., "Schedule 14A". Disponível em: <www.sec.gov/Archives/edgar/data/1418091/000114036122014049/ny20001921x3_def14a.htm>. Acesso em: 4 jun. 2024.
7. Greg Winter, "Judge Rules That Tyson Must Take Over IBP", *The New York Times*, 16 jun. 2001. Disponível em: <www.nytimes.com/2001/06/16/business/judge-rules-that-tyson--must-complete-takeover-of-ibp.html>. Acesso em: 4 jun. 2024.
8. Jennifer Maas, "Elon Musk Makes Long-Awaited Arrival at Sun Valley Conference", *Variety*, 8 jul. 2022. Disponível em: <www.variety.com/2022/tv/news/elon-musk-sun-valley--twitter-1235311152>. Acesso em: 4 jun. 2024.

21. Tribunal de Chancelaria [pp. 213-6]

1. UNITED STATES SECURITIES AND EXCHANGE COMMISSION, Twitter, Inc., "Schedule 14A". Disponível em: <www.sec.gov/Archives/edgar/data/1418091/000119312522202163/d283119ddefm14a.htm#toc283119_14>. Acesso em: 4 jun. 2024.
2. Kate Conger e Lauren Hirsch, "Twitter Sues Musk after He Tries Backing Out of $44 Billion Deal", *The New York Times*, Technology, 12 jul. 2022. Disponível em: <www.nytimes.com/2022/07/12/technology/twitter-lawsuit-musk-acquisition.html>. Acesso em: 4 jun. 2024.
3. DELAWARE COURT OF CHANCERY, Twitter, Inc. v. Elon R. Musk et al., op. cit.

23. Mudge [pp. 221-5]

1. UNITED STATES SECURITIES AND EXCHANGE COMMISSION, Skadden Arps, Slate, Meagher & Flom llp, "Exhibit Q", 29 ago. 2022. Disponível em: <www.sec.gov/Archives/edgar/data/1418091/000110465922095765/tm2224790d1_ex99-q.htm>. Acesso em: 4 jun. 2024.
2. DELAWARE COURT OF CHANCERY, Twitter, Inc. v. Elon R. Musk et al., Processo n. 2022--0613-KSJM. Disponível em: <documentcloud.org/documents/22416599-public-version--of-amended-musk-counterclaims-twitter-v-musk>. Acesso em: 4 jun. 2024

24. Um acelerador para o X [pp. 226-8]

1. Kate Conger e Michael S. Schmidt, "Elon Musk Offered to Buy Twitter at a Lower Price in Recent Talks", *The New York Times*, Technology, 6 out. 2022. Disponível em: <www.nytimes.com/2022/10/05/technology/elon-musk-twitter-discount.html>. Acesso em: 4 jun. 2024.

25. "Não pertencer a um otário cuzão" [pp. 229-35]

1. DELAWARE COURT OF CHANCERY, Twitter, Inc. v. Elon R. Musk et al., Processo n. 2022-0613-KSJM, 2022. Disponível em: <documentcloud.org/documents/23119236-letter-decision-resolving-plaintiffs-seventh-discovery-motion-twitter-v-musk>. Acesso em: 4 jun. 2024.
2. UNITED STATES SECURITIES AND EXCHANGE COMMISSION, Twitter, Inc, "Schedule 14A". Disponível em: <sec.gov/Archives/edgar/data/1418091/000114036122014049/ny20001921x3_def14a.htm>. Acesso em: 4 jun. 2024.
3. DELAWARE COURT OF CHANCERY, Twitter, Inc. v. Elon R. Musk et al., Processo n. 2022-0613-KSJM, 2022. Disponível em: <documentcloud.org/documents/23126733-letter-decision-granting-stay>. Acesso em: 4 jun. 2024.
4. Walter Isaacson, op. cit.
5. Margherita Stancati, Benoit Faucon e Summer Said, "The Price of Freedom for Saudi Arabia's Richest Man: $6 Billion", *The Wall Street Journal*, 23 dez. 2017. Disponível em: <www.wsj.com/articles/the-price-of-freedom-for-saudi-arabias-richest-man-6-billion-1513981887>. Acesso em: 21 fev 2024.
6. UNITED STATES SECURITIES AND EXCHANGE COMMISSION, Twitter, Inc., "Schedule 14A". Disponível em: <sec.gov/Archives/edgar/data/1418091/000119312522202163/d283119ddefm14a.htm#toc>. Acesso em: 4 jun. 2024.

26. Let That Sink in [pp. 236-43]

1. Elizabeth Dwoskin, Faiz Siddiqui, Gerrit De Vynck e Jeremy B. Merrill, "Documents Detail Plans to Gut Twitter's Workforce", *The Washington Post*, 22 out. 2022. Disponível em: <www.washingtonpost.com/technology/2022/10/20/musk-twitter-acquisition-staff-cuts>. Acesso em: 4 jun. 2024.

27. Trick or Tweet [pp. 244-56]

1. Micah Maidenberg e Tim Higgins, "Elon Musk Borrowed $1 Billion from SpaceX in Same Month of Twitter Acquisition", *The Wall Street Journal*, 5 set. 2023. Disponível em: <www.wsj.com/business/elon-musk-spacex-loan-269a2168>. Acesso em: 4 jun. 2024.
2. Rebecca (@rebeccaw), "I hope @TwitterUK like 🍲 soup #TrickOrTweet", Twitter, 27 out. 2022. Disponível em: <www.twitter.com/RebeccaW/status/1585692866893971457>. Acesso em: 4 jun. 2024.
3. Jenn Lozic (@jennifernatalie), "Bluey and Bingo visit Twitter NYC #TrickorTweet", Twitter, 27 out. 2022. Disponível em: <www.twitter.com/JenniferNatalie/status/1585701638739791874>. Acesso em: 4 jun. 2024.
4. Denisse Rosales, "Tis the Season 🎃 #TrickOrTweet 👋👋 @emmanuelromero7 Pic.Twitter.Com/2yhiyoriui", Twitter, 28 out. 2022. Disponível em: <www.twitter.com/its_deniiiisse/status/1585799565592363008>. Acesso em: 4 jun. 2024.

5. Samuel Varon, "#trickortweet Sucess 🎃 Pic.Twitter.Com/1xzqofmrqb", Twitter, 27 out. 2022. Disponível em: <www.twitter.com/samuelvaronn/status/1585766618713362433>. Acesso em: 4 jun. 2024.
6. CA SUPERIOR COURT, County of San Francisco, Canary, LLC dba Canary Marketing v. Twitter, Inc., Processo n. CGC-23-603842, 2023.

28. "O pássaro foi libertado" [pp. 269-76]

1. Justine Harrigan, "#trickortweet Back at the Tweet HQ! Pic.Twitter.Com/Tqsmagjspu", Twitter, 27 out. 2022. Disponível em: <www.twitter.com/justinelevi/status/1585780568469299200>. Acesso em: 4 jun. 2024.
2. Parissa S., "Gettin Spooky! 🎃 #TrickOrTweet Pic.Twitter.Com/S8Mkr1G7P8", Twitter, 27 out. 2022. Disponível em: <www.twitter.com/Parissa_S/status/1585773993583206401>. Acesso em: 4 jun. 2024.
3. Walter Isaacson, op. cit.

Ato III

29. Análise de código [pp. 279-89]

1. Walter Isaacson, op. cit.
2. Zoë Schiffer, Casey Newton, e Alex Heath, "Inside Elon's 'Extremely Hardcore' Twitter", The Verge, 17 jan. 2023. Disponível em: <www.theverge.com/23551060/elon-musk-twitter-takeover-layoffs-workplace-salute-emoji>. Acesso em: 4 jun. 2024.

30. Nobres e plebeus [pp. 290-4]

1. Jay Peters, "Twitter Cut 15 Percent of Its Trust and Safety Staff but Says It Won't Impact Moderation", The Verge, 5 nov. 2022. Disponível em: <www.theverge.com/2022/11/4/23441404/twitter-trust-safety-staff-layoffs-content-moderation>. Acesso em: 4 jun. 2024.
2. Mike Isaac e Ryan Mac, "Elon Musk, under Financial Pressure, Pushes to Make Money from Twitter", *The New York Times*, Technology, 3 nov. 2022. Disponível em: <www.nytimes.com/2022/11/03/technology/elon-musk-twitter-money-finances.html>. Acesso em: 4 jun. 2024.
3. Walter Isaacson, op. cit.

31. "Me ensinem" [pp. 295-8]

1. Kurt Wagner, Sarah Frier e Brad Stone, "Elon Musk's Twitter Is a Shakespearean Psychodrama Set in Silicon Valley", *Bloomberg*, 14 dez. 2022. Disponível em: <www.bloomberg.com/news/features/2022-12-14/elon-musk-twitter-ownership-full-of-firings-ad-cuts-chaos>. Acesso em: 4 jun. 2024.
2. Sam Silverman, "Elon Musk Parties in $7.5k Halloween Costume with Mom Maye", Entrepreneur, 1 nov. 2022. Disponível em: <www.entrepreneur.com/business-news/elon-musk-parties-in-75k-halloween-costume-with-mom-maye/438282>. Acesso em: 4 jun. 2024.

32. Um coração azul [pp. 299-305]

1. Kate Conger, Tiffany Hsu e Ryan Mac, "Elon Musk's Twitter Faces Exodus of Advertisers and Executives", *The New York Times*, Technology, 1 nov. 2022. Disponível em: <www.nytimes.com/2022/11/01/technology/elon-musk-twitter-advertisers.html>. Acesso em: 4 jun. 2024.
2. Walter Isaacson, op. cit.
3. Mike Isaac e Ryan Mac, "Elon Musk, under Financial Pressure, Pushes to Make Money from Twitter", *The New York Times*, Technology, 3 nov. 2022. Disponível em: <www.nytimes.com/2022/11/03/technology/elon-musk-twitter-money-finances.html>. Acesso em: 4 jun. 2024
4. "A LAYOFF Guide for Tweeps", Collective Action in Tech, 2 nov. 2022. Disponível em: <www.collectiveaction.tech/2022/a-layoff-guide-for-tweeps>. Acesso em: 4 jun. 2024.
5. Kate Conger, Mike Isaac, Ryan Mac e Tiffany Hsu, "Two Weeks of Chaos: Inside Elon Musk's Takeover of Twitter", *The New York Times*, Technology, 11 nov. 2022. Disponível em: <www.nytimes.com/2022/11/11/technology/elon-takeover.html>. Acesso em: 4 jun. 2024.

33. O Estalo [pp. 306-11]

1. Lara O'Reilly e Lindsay Rittenhouse, "In Closed-Door Meeting, Elon Musk Tells 100 Top Ad Execs That He Will Improve Brand Safety on Twitter and That He Will Personally Oversee Its New Video Product", Business Insider, 23 nov. 2022. Disponível em: <www.businessinsider.com/elon-musk-meets-to-reassure-twitter-advertisers-on-brand-safety--video-2022-11>. Acesso em: 4 jun. 2024.
2. Kate Conger e Ryan Mac, "Elon Musk Begins Layoffs at Twitter", *The New York Times*, Technology, 4 nov. 2022. Disponível em: <www.nytimes.com/2022/11/03/technology/twitter-layoffs-elon-musk.html>. Acesso em: 4 jun. 2024.
3. Ibid.
4. Kate Conger, Ryan Mac e Mike Isaac, "Confusion and Frustration Reign as Elon Musk Cuts Half of Twitter's Staff", *The New York Times*, Technology, 4 nov. 2022. Disponível em: <www.nytimes.com/2022/11/04/technology/elon-musk-twitter-layoffs.html>. Acesso em: 4 jun. 2024.

34. O depois [pp. 312-3]

1. Kate Conger, Mike Isaac, Ryan Mac e Tiffany Hsu, "Two Weeks of Chaos", op. cit.
2. Kate Conger, Ryan Mac e Mike Isaac, "Confusion and Frustration Reign as Elon Musk Cuts Half of Twitter's Staff", op. cit.
3. Nkechi Ogbonna, "Twitter Lays Off Staff at Its Only Africa Office in Ghana", BBC News, 9 nov. 2022. Disponível em: <www.bbc.com/news/world-africa-63569525>. Acesso em: 4 jun. 2024.

35. Verificado ou não [pp. 314-22]

1. Chris Matyszczyk, "Tony La Russa Sues Twitter over Alleged Fake Tweets", CNET, 4 jun. 2009. Disponível em: <www.cnet.com/culture/tony-la-russa-sues-twitter-over-alleged--fake-tweets>. Acesso em: 4 jun. 2024.
2. Aarian Marshall, "Elon Musk Now Wants to Dig Another Tunnel under LA", Wired, 23 jan. 2018. Disponível em: <www.wired.com/story/elon-musk-boring-company-culver--city>. Acesso em: 4 jun. 2024.

36. Eleições [pp. 323-9]

1. Emily Brooks, "Elon Musk Featured at Kevin McCarthy's GOP Retreat in Wyoming", *The Hill*, 17 ago. 2022. Disponível em: <www.thehill.com/blogs/blog-briefing-room/news/3605110--elon-musk-featured-at-kevin-mccarthys-gop-retreat-in-wyoming>. Acesso em: 4 jun. 2024.
2. UNITED STATES SECURITIES AND EXCHANGE COMMISSION, Twitter, Inc., "Form 10-K". Disponível em: <www.sec.gov/Archives/edgar/data/1418091/000141809122000029/twtr-20211231.htm>. Acesso em: 4 jun. 2024.
3. Lora Kolodny, "Elon Musk Sells at Least $3.95 Billion Worth of Tesla Shares after Twitter Deal", CNBC, 8 nov. 2022. Disponível em: <www.cnbc.com/2022/11/08/elon-musk-sells--at-least-3point95-billion-worth-of-tesla-shares.html>. Acesso em: 4 jun. 2024.

37. Ataque zumbi [pp. 330-43]

1. Cade Metz, "Former Uber Security Chief Found Guilty of Hiding Hack from Authorities", *The New York Times*, Technology, 5 out 2022. Disponível em: <www.nytimes.com/2022/10/05/technology/uber-security-chief-joe-sullivan-verdict.html>. Acesso em: 4 jun. 2024.
2. Jay Peters, "Elon Musk's Twitter Blue with Verification Is Now Live", The Verge, 9 nov. 2022. Disponível em: <www.theverge.com/2022/11/9/23448317/elon-musk-twitter-blue--verification-live-ios>. Acesso em: 4 jun. 2024.
3. Miles Parks, "Fact Check: Russian Interference Went Far Beyond 'Facebook Ads' Kushner Described", NPR, 24 abr. 2019. Disponível em: <www.npr.org/2019/04/24/716374421/fact--check-russian-interference-went-far-beyond-facebook-ads-kushner-described>. Acesso em: 4 jun. 2024.
4. Kate Conger, Ryan Mac e Mike Isaac, "'Economic Picture Ahead Is Dire,' Elon Musk Tells Twitter Employees", *The New York Times*, 10 nov. 2022. Disponível em: <www.nytimes.com/2022/11/10/technology/elon-musk-twitter-employees.html>. Acesso em: 4 jun. 2024.
5. Kurt Wagner, "Musk's First Email to Twitter Staff Ends Remote Work", Bloomberg, 10 nov. 2022. Disponível em: <www.bloomberg.com/news/articles/2022-11-10/musk-s-first--email-to-twitter-staff-ends-remote-work>. Acesso em: 4 jun. 2024.
6. Sam Tabahriti, "Read the Email Elon Musk Sent to Tesla Employees about Returning to the Office before Saying Headcount Will Increase", Business Insider, 5 jun. 2022. Disponível em: <www.businessinsider.com/read-elon-musk-email-tesla-employees-return-of-fice-2022-6>. Acesso em: 4 jun. 2024.
7. Kate Conger, Ryan Mac e Mike Isaac, "'Economic Picture Ahead'", op. cit.
8. Alex Heath, "Inside Elon Musk's First Meeting with Twitter Employees", The Verge, 11 nov. 2022. Disponível em: <www.theverge.com/2022/11/10/23452196/elon-musk-twitter--employee-meeting-q-and-a>. Acesso em: 4 jun. 2024.
9. Drew Harwell, "The fake Eli Lilly free-insulin tweet has now been online for six hours. 3,000 retweets. The (actual) company responded three hours ago. But, hey, at least there's a 'Community Note' now. And all this for a crisp $8. Enjoy it, @elonmusk!", Twitter, 11 nov. 2022. Disponível em: <www.twitter.com/drewharwell/status/1590870708824920064>. Acesso em: 4 jun. 2024.
10. Bill McCarthy, "An impostor account using a paid-for blue verification checkmark to impersonate Kari Lake, the Republican candidate for governor in Arizona, posted a fake concession last night. The post has been up for more than 12 hours", Twitter, 11 nov. 2022. Disponível em: <www.twitter.com/billdmccarthy/status/1591066507152609281.>. Acesso em: 4 jun. 2024.

38. Motivo da demissão: *shitposting* [pp. 344-58]

1. Walter Isaacson, op. cit.
2. Ron Brynaert, "On October 26, Luke Simon posted this picture with @elonmusk on Twitter, but now he locked his account", Twitter, 15 nov. 2022. Disponível em: <www.twitter.com/ronbryn/status/1591582973346074624>. Acesso em: 4 jun. 2024.
3. Casey Newton, "Elon's Paranoid Purge", Platformer, 16 nov. 2022. Disponível em: <www.platformer.news/elons-paranoid-purge>. Acesso em: 4 jun. 2024.
4. "KIKO Smith: I Am a Wife, a Mother, an Architect and a Proud Member of Our TechWomen Sisterhood", TechWomen, 8 mar. 2017. Disponível em: <techwomen.org/techwomen-delegation/kiko-smith-i-am-a-wife-a-mother-an-architect-and-a-proud-member-of-our-techwomen-sisterhood>. Acesso em: 4 jun. 2024.
5. Manish Singh, "Telegram Raises $210 Million through Bond Sales", TechCrunch, 18 jul. 2023. Disponível em: <www.techcrunch.com/2023/07/18/telegram-raises-210-million-through-bond-sales>. Acesso em: 4 jun. 2024.
6. Ryan Mac, Mike Isaac e David McCabe, "Resignations Roil Twitter as Elon Musk Tries Persuading Some Workers to Stay", *The New York Times*, 17 nov. 2022. Disponível em: <www.nytimes.com/2022/11/17/technology/twitter-elon-musk-ftc.html>. Acesso em: 4 jun. 2024.
7. Ibid.
8. Ryan Mac, Mike Isaac e Kate Conger, "Twitter Keeps Missing Its Advertising Targets as Woes Mount", *The New York Times*, Technology, 2 dez. 2022. Disponível em: <www.nytimes.com/2022/12/02/technology/twitter-advertising-targets-missed.html>. Acesso em: 4 jun. 2024.
9. Nikki McCann Ramirez, "Elon Brings One of America's Most Prominent Nazis Back to Twitter", *Rolling Stone*, 2 dez. 2022. Disponível em: <www.rollingstone.com/politics/politics-news/elon-musk-twitter-reinstates-neo-nazi-andrew-anglin-account-1234640390>. Acesso em: 4 jun. 2024.
10. David K. Li e Colin Sheeley, "Ye Locked out of Twitter after Backlash for Antisemitic Posts", NBC News, 10 out. 2022. Disponível em: <www.nbcnews.com/news/us-news/ye-locked-twitter-violation-platform-policy-rcna51505>. Acesso em: 4 jun. 2024.
11. Brooke Singman, "Trump Joins TRUTH Social: 'I'M BACK! #COVFEFE'", Fox News, 28 abr. 2022. Disponível em: <www.foxnews.com/politics/trump-joins-truth-social-im-back-covfefe>. Acesso em: 4 jun. 2024.

39. Orçamento base zero [pp. 359-74]

1. Erin Woo, "Musk's Twitter Saw Revenue Drop 35% in Q4, Sharply below Projections", The Information, 18 jan. 2023. Disponível em: <www.theinformation.com/articles/musks-twitter-saw-revenue-drop-35-in-q4-sharply-below-projections>. Acesso em: 4 jun. 2024.
2. Ryan Mac, "Elon Musk Says Twitter's Finances Are Improving after Big Cuts", *The New York Times*, Business, 7 mar. 2023. Disponível em: <www.nytimes.com/2023/03/07/business/elon-musk-twitter-finances.html>. Acesso em: 4 jun. 2024.
3. Berber Jin e Alexander Saeedy, "WSJ News Exclusive: Elon Musk Explores Raising up to $3 Billion to Help Pay Off Twitter Debt", *The Wall Street Journal*, 25 jan. 2023. Disponível em: <www.wsj.com/articles/elon-musk-explores-raising-up-to-3-billion-to-pay-off-twitter-debt-11674669412>. Acesso em: 4 jun. 2024.
4. Davide Scigliuzzo, Sonali Basak e Paula Seligson, "Elon Musk's Bankers Consider Tesla Margin Loans to Cut Risky Twitter Debt", Bloomberg, 8 dez. 2022. Disponível em: <www.

bloomberg.com/news/articles/2022-12-08/musk-bankers-mull-tesla-margin-loans-to-cut-risky-twitter-debt>. Acesso em: 4 jun. 2024.
5. Becky Peterson e Erin Woo, "Musk May Have Found a Hardcore Leader for Twitter", The Information, 23 dez. 2022. Disponível em: <www.theinformation.com/articles/musk-may-have-found-a-hardcore-leader-for-twitter>. Acesso em: 4 jun. 2024.
6. UNITED STATES DISTRICT COURT FOR THE DISTRICT OF DELAWARE, Arnold Wolfram, Eric Froese, Tracy Hawkins, Joseph Killian, Laura Chan Pytlarz e Andrew Schlaikjer vs. X Corp. f/k/a Twitter, Inc., X Holdings Corp. f/k/a X Holdings I, Inc. e Elon Musk, 16 maio 2023. Disponível em: <www.dockets.justia.com/docket/delaware/dedce/1:2023cv00528/82425>. Acesso em: 4 jun. 2024.
7. Ibid.
8. Michael Sainato, "'It's a Nightmare': Twitter's New York City Janitors Protest over Sudden Layoffs", *The Guardian*, Technology, 12 jan. 2023. Disponível em: <www.theguardian.com/technology/2023/jan/12/twitter-janitors-new-york-city-protest-layoffs-elon-musk>. Acesso em: 4 jun. 2024.
9. Kali Hays, "A Malodorous Musk: Twitter Employees Beg for Toilet Paper and Report a Wafting Stench on Slack as Elon Musk Cuts Back on Office Facilities Staff", Business Insider, 5 jan. 2023. Disponível em: <www.businessinsider.com/elon-musk-twitter-layoffs-employees-beg-toilet-paper-slack-2023-1>. Acesso em: 4 jun. 2024.
10. Mark Sullivan, "What's Jack Dorsey's #StayWoke T-Shirt Mean?", 1 jun. 2016. Disponível em: <www.fastcompany.com/4009077/whats-jack-dorseys-staywoke-t-shirt-mean>. Acesso em: 4 jun. 2024.
11. UNITED STATES DISTRICT COURT FOR THE DISTRICT OF DELAWARE, op. cit.
12. Roland Li, "Twitter Sued by Landlord at S.F. HQ after Alleged $6.8 Million in Missed Rent Payments", *San Francisco Chronicle*, 24 jan. 2024. Disponível em: <www.sfchronicle.com/tech/article/twitter-sued-by-landlord-at-s-f-hq-after-alleged-17737102.php>. Acesso em: 4 jun. 2024.
13. Andre Rhoden-Paul, "Twitter Sued by Crown Estate over Alleged Unpaid Rent at UK HQ", BBC News, 23 jan. 2023. Disponível em: <www.bbc.com/news/uk-64381582>. Acesso em: 4 jun. 2024.
14. Casey Newton, "I'm told Twitter employees were just walked out of its Singapore office — its Asia-Pacific headquarters — over nonpayment of rent...", Twitter, 11 jan. 2023. Disponível em: <www.twitter.com/CaseyNewton/status/1613303513240702976>. Acesso em: 4 jun. 2024.
15. Barbara Ortutay, "Twitter Auctions Off Blue Bird Memorabilia, Pricey Furniture", AP News, 18 jan. 2023. Disponível em: <www.apnews.com/article/elon-musk-twitter-inc-technology-san-francisco-business-204237cbfdc7a2bb11d3457f6de6c19e>. Acesso em: 4 jun. 2024.
16. "APP Review Guidelines", Apple Developer. Disponível em: <www.developer.apple.com/app-store/review/guidelines>. Acesso em: 4 jun. 2024.
17. Walter Isaacson, op. cit.

40. "Eu sou rico, porra!" [pp. 375-82]

1. Safety (@safety), "We've been improving our detection and enforcement methods and expanding our partnerships...", Twitter, 9 dez. 2022. Disponível em: <www.twitter.com/safety/status/1601439984292360193>. Acesso em: 4 jun. 2024.

2. James Gordon, "Ex-Twitter Censor Yoel Roth and His Boyfriend Are Forced to FLEE Their $1.1m Home", Daily Mail Online, 13 dez. 2022. Disponível em: <www.dailymail.co.uk/news/article-11531441/Ex-Twitter-censor-Yoel-Roth-boyfriend-forced-FLEE-t-1-1m-home-Elon-Musk-shared-thesis.html>. Acesso em: 4 jun. 2024.
3. Matt Novak, "Elon Musk Gets Viciously Booed by Stadium Crowd at Dave Chappelle Show", Gizmodo, 12 dez. 2022. Disponível em: <www.gizmodo.com/elon-musk-booed-stadium-crowd-dave-chappelle-sf-boo-1849881192>. Acesso em: 4 jun. 2024.
4. Matt Novak, "Elon Musk Gets Booed by the Crowd at Dave Chappelle's San Francisco Show (Part 3 of 4)", YouTube, 12 dez. 2022. Disponível em: <www.youtube.com/watch?v=u1cl8U0UCMQ>. Acesso em: 4 jun. 2024.
5. Lovelyti (@lovelyti), "Elon Musk Was Drowned Out by Boos When He Joined Dave Chappelle Onstage at a Gig in San Francisco…", Twitter, 13 dez. 2022. Disponível em: <www.twitter.com/lovelyti/status/1602681687946809348>. Acesso em: 4 jun. 2024.
6. Meghan Bobrowsky, "Tesla Investors Voice Concern over Elon Musk's Focus on Twitter", *The Wall Street Journal*, 13 dez. 2022. Disponível em: <www.wsj.com/articles/tesla-investors-voice-concern-over-elon-musks-focus-on-twitter-11670948786>. Acesso em: 4 jun. 2024.
7. Roula Khalaf, "Elon Musk: 'Aren't You Entertained?'", *Financial Times*, 7 out. 2022. Disponível em: <www.ft.com/content/5ef14997-982e-4f03-8548-b5d67202623a>. Acesso em: 4 jun. 2024.
8. ElectricTonde, "Elon Musk on Twitter Spaces @Katienotopoulos' Dec 16, 2022 with Banned Journalists", Bloomberg, 16 dez. 2022. Disponível em: <www.bloomberg.com/news/articles/2022-12-16/musk-disables-twitter-spaces-after-clash-with-journalists>. Acesso em: 4 jun. 2024.

41. Insegurança [pp. 383-92]

1. Helen Popkin, "Twitter down Again? Blame Justin Bieber!", NBC News, 15 jun. 2010. Disponível em: <www.nbcnews.com/id/wbna37711973>. Acesso em: 4 jun. 2024.
2. Id., "Did World Cup Fans Crash Twitter… Again?", NBC News, 2 jul. 2010. Disponível em: <nbcnews.com/id/wbna38060788>. Acesso em: 4 jun. 2024.
3. "INSIGHTS into the #WorldCup Conversation on Twitter", Twitter Blog, 14 jul. 2014. Disponível em: <blog.twitter.com/en_us/a/2014/insights-into-the-worldcup-conversation-on-twitter>. Acesso em: 4 jun. 2024.
4. Elonmusksjet, Instagram, 18 dez. 2022. Disponível em: <instagram.com/p/CmT1fxLLfXj>. Acesso em: 4 jun. 2024.
5. Dalton Bennett, Samuel Oakford, Gerrit De Vynck e Monique Woo, "From Jared Kushner to Salt Bae: Here's Who Elon Musk Was Seen with at the World Cup", *The Washington Post*, 21 dez. 2022. Disponível em: <www.washingtonpost.com/investigations/2022/12/20/elon-musk-spotted-world-cup-final>. Acesso em: 4 jun. 2024.
6. Liz Hoffman e Reed Albergotti, "Elon Musk's Team Is Seeking New Investors for Twitter", Semafor, 16 dez. 2022. Disponível em: <www.semafor.com/article/12/16/2022/elon-musks-team-is-seeking-new-investors-for-twitter>. Acesso em: 4 jun. 2024.
7. Berber Jin e Alexander Saeedy, "Elon Musk Explores Raising up to $3 Billion to Help Pay Off Twitter Debt", *The Wall Street Journal*, 25 jan. 2023. Disponível em: <www.wsj.com/articles/elon-musk-explores-raising-up-to-3-billion-to-pay-off-twitter-debt-11674669412>. Acesso em: 4 jun. 2024.
8. Paul Graham, "Paul Graham Is Leaving Twitter for Now", ycombinator.com, 18 dez. 2022. Disponível em: <www.news.ycombinator.com/item?id=34041985>. Acesso em: 4 jun. 2024.

9. Sean O'Kane, "Musk Lashes Out at Unhappy Investor as Tesla Shares Retreat", *Bloomberg*, 20 dez. de 2022. Disponível em: <www.bloomberg.com/news/articles/2022-12-20/tesla-tsla-share-retreat-prompts-criticism-of-musk-by-longtime-investors>. Acesso em: 4 jun. 2024.
10. Zoë Schiffer, "NEW: Twitter is shutting down its data center in Sacramento and downsizing another in Atlanta by early Jan, likely as a cost saving measure...", Twitter, 23 dez. 2022. Disponível em: <www.twitter.com/ZoeSchiffer/status/1606408842417512455>. Acesso em: 4 jun. 2024.
11. Kate Conger, "Twitter Users Report Widespread Service Interruptions", *The New York Times*, Technology, 29 dez. 2022. Disponível em: <www.nytimes.com/2022/12/28/technology/twitter-outages.html>. Acesso em: 4 jun. 2024.
12. Ryan Mac, Mike Isaac e Kate Conger, "'Sometimes Things Break': Twitter Outages Are on the Rise", *The New York Times*, Technology, 28 fev. 2023. Disponível em: <www.nytimes.com/2023/02/28/technology/twitter-outages-elon-musk.html>. Acesso em: 4 jun. 2024.

42. A pílula vermelha [pp. 393-402]

1. Dave Rubin, "Spent last two days at Twitter in SF talking to engineers, product managers and yes, @elonmusk...", Twitter, 26 jan. 2023. Disponível em: <www.twitter.com/RubinReport/status/1618667912377810945>. Acesso em: 4 jun. 2024.
2. Faiz Siddiqui e Jeremy B. Merrill, "Elon Musk Reinvents Twitter for the Benefit of a Power User: Himself", *The Washington Post*, 16 fev. 2023. Disponível em: <washingtonpost.com/technology/2023/02/16/elon-musk-twitter>. Acesso em: 4 jun. 2024.
3. Jack Ewing, "Tesla's Profit Jumped 12% in Fourth Quarter", *The New York Times*, Business, 25 jan. 2023. Disponível em: <www.nytimes.com/2023/01/25/business/tesla-earnings-fourth-quarter-2022.html>. Acesso em: 4 jun. 2024.
4. Elon Musk, "Will be interesting to see how the Biden administration reacts to this. They may try to weaponize federal agencies against Twitter", Twitter, 18 jan. 2023. Disponível em: <www.twitter.com/elonmusk/status/1615775765702004737>. Acesso em: 4 jun. 2024.
5. David McCabe e Kate Conger, "Elon Musk Tried to Meet with F.T.C. Chair about Twitter but Was Rebuffed", *The New York Times*, Technology, 30 mar. 2023. Disponível em: <www.nytimes.com/2023/03/30/technology/elon-musk-ftc-chair.html>. Acesso em: 4 jun. 2024.
6. Davey Alba, "Twitter Permanently Suspends Marjorie Taylor Greene's Account", *The New York Times*, Technology, 2 jan. 2022. Disponível em: <www.nytimes.com/2022/01/02/technology/marjorie-taylor-greene-twitter.html>. Acesso em: 4 jun. 2024.
7. Jonathan Swan e Catie Edmondson, "How Kevin McCarthy Forged an Ironclad Bond with Marjorie Taylor Greene", *The New York Times*, Politics, 23 jan. 2023. Disponível em: <www.nytimes.com/2023/01/23/us/politics/kevin-mccarthy-marjorie-taylor-greene.html>. Acesso em: 4 jun. 2024.
8. Mikael Thalen, "Ali Alexander Returns to Twitter, Boasts He Could Have Destroyed the Capitol on Jan. 6 If He Wanted To", Daily Dot, 10 jan. 2023. Disponível em: <www.dailydot.com/debug/ali-alexander-twitter-capitol-riot>. Acesso em: 4 jun. 2024.
9. Will Sommer, "Alleged QAnon creator Ron Watkins has returned from Twitter, after receiving a lifetime ban in the pre-Elon era", Twitter, 10 jan. 2023. Disponível em: <www.twitter.com/willsommer/status/1612834340118872064>. Acesso em: 4 jun. 2024.
10. Gabe Hoff, "Fascist Jew Hater Nick Fuentes… Claimed He Is 'Going to War with the Jews'", Twitter, 25 jan. 2023. Disponível em: <www.twitter.com/GabeHoff/status/1618121530311049218>. Acesso em: 4 jun. 2024.

11. Kanishka Singh, "Twitter Suspends Account of White Supremacist Nick Fuentes a Day after Restoration", Reuters, 25 jan. 2023. Disponível em: <www.reuters.com/world/us/twitter-suspends-account-white-supremacist-nick-fuentes-day-after-restoration-2023-01-25>. Acesso em: 4 jun. 2024.
12. Sheera Frenkel e Kate Conger, "Hate Speech's Rise on Twitter Is Unprecedented, Researchers Find", *The New York Times*, Technology, 2 dez. 2022. Disponível em: <www.nytimes.com/2022/12/02/technology/twitter-hate-speech.html>. Acesso em: 4 jun. 2024.
13. Moustafa Ayad, "Islamic State Supporters on Twitter: How Is 'New' Twitter Handling an Old Problem?", GNET, 18 nov. 2022. Disponível em: <www.gnet-research.org/2022/11/18/islamic-state-supporters-on-twitter-how-is-new-twitter-handling-an-old-problem>. Acesso em: 4 jun. 2024.
14. Michael H. Keller e Kate Conger, "Musk Pledged to Cleanse Twitter of Child Abuse Content. It's Been Rough Going", *The New York Times*, Technology, 6 fev. 2023. Disponível em: <www.nytimes.com/2023/02/06/technology/twitter-child-sex-abuse.html>. Acesso em: 4 jun. 2024.
15. Ryan Tracy, "FTC Twitter Investigation Sought Elon Musk's Internal Communications, Journalist Names", *The Wall Street Journal*, Technology, 7 mar. 2023. Disponível em: <www.wsj.com/articles/twitter-investigation-ftc-musk-documents-db6b179e>. Acesso em: 4 jun. 2024.
16. Kate Conger, Ryan Mac e David McCabe, "FTC Intensifies Investigation of Twitter's Privacy Practices", *The New York Times*, Technology, 8 mar. 2023. Disponível em: <www.nytimes.com/2023/03/07/technology/ftc-twitter-investigation-privacy.html>. Acesso em: 4 jun. 2024.
17. Elon Musk, "And Then Was at Twitter HQ Past Midnight. Very Long Day", Twitter, 26 jan. 2023. Disponível em: <www.twitter.com/elonmusk/status/1618537494517272576>. Acesso em: 4 jun. 2024.
18. James Dator, "Why Did Elon Musk Delete His 'Go Eagles' Tweet Right after Philly Lost the Super Bowl?", SBNation, 14 fev. 2023. Disponível em: <www.sbnation.com/2023/2/14/23599418/elon-musk-delete-go-eagles-tweet-super-bowl>. Acesso em: 4 jun. 2024.
19. Casey Newton e Zoë Schiffer, "Yes, Elon Musk Created a Special System for Showing You All His Tweets First", Platformer, 15 fev. 2023. Disponível em: <www.platformer.news/yes-elon-musk-created-a-special-system>. Acesso em: 4 jun. 2024.
20. Erin Woo, "Twitter Lays Off at Least 50 in Relentless Cost Cuts", The Information, 25 fev. 2023. Disponível em: <www.theinformation.com/articles/twitter-lays-off-at-least-50-in--relentless-cost-cuts>. Acesso em: 4 jun. 2024.

43. Aplausos [pp. 403-13]

1. "EU TELLS Elon Musk to Hire More Staff to Moderate Twitter", *Financial Times*, 7 mar. 2023. Disponível em: <www.ft.com/content/20141fb1-d8f7-4c9e-a0d0-ded1ac8c7947>. Acesso em: 4 jun. 2024.
2. "Turkish Competition Board Says Fines Elon Musk over Twitter Takeover", Reuters, 6 mar. 2023. Disponível em: <www.reuters.com/technology/turkish-competition-board-says-fines-elon-musk-over-twitter-takeover-2023-03-06>. Acesso em: 4 jun. 2024.
3. Adam Satariano, "Twitter Was Blocked in Turkey, Internet-Monitoring Group Says", *The New York Times*, World, 8 fev. 2023. Disponível em: <www.nytimes.com/2023/02/08/world/europe/turkey-earthquake-twitter-blocked.html>. Acesso em: 4 jun. 2024.

4. Tim Fernholz, "How Turkey Is Using Starlink to Win a Tesla Factory", Quartz, 18 set. 2023. Disponível em: <www.qz.com/turkey-erdogan-elon-musk-starlink-spacex-tesla-1850849958>. Acesso em: 4 jun. 2024.
5. Kim Lyons, "Police in India Raid Twitter Offices in Probe of Tweets with 'Manipulated Media' Label", The Verge, 24 maio 2021. Disponível em: <www.theverge.com/2021/5/24/22451271/police-india-raid-twitter-tweets-government-manipulated-media>. Acesso em: 4 jun. 2024.
6. Samriddhi Sakunia, "Twitter Blocked 122 Accounts in India at the Government's Request", Rest of World, 24 mar. 2023. Disponível em: <www.restofworld.org/2023/twitter-blocked-access-punjab-amritpal-singh-sandhu>. Acesso em: 4 jun. 2024.
7. Gail Alfar, "Elon Musk's Talk at Morgan Stanley TMT 2023 on Twitter, X.com, Tesla and Starship", What's up Tesla, 13 mar. 2023. Disponível em: <www.whatsuptesla.com/2023/03/12/x-4>. Acesso em: 4 jun. 2024.
8. Kate Conger e Ryan Mac, "Elon Musk Values Twitter at $20 Billion", *The New York Times*, Technology, 26 mar. 2023. Disponível em: <www.nytimes.com/2023/03/26/technology/elon-musk-twitter-value.html>. Acesso em: 4 jun. 2024.
9. Erin Woo, "Musk's Twitter Has Just 180,000 U.S. Subscribers, Two Months after Launch", The Information, 6 fev. 2023. Disponível em: <www.theinformation.com/articles/musks-twitter-has-just-180-000-u-s-subscribers-two-months-after-launch>. Acesso em: 4 jun. 2024.
10. Caitlin O'Kane, "Twitter Is Officially Ending Its Old Verification Process on April 1. To Get a Blue Check Mark, You'll Have to Pay", CBSNews, 24 mar. 2023. Disponível em: <www.cbsnews.com/news/twitter-blue-check-verification-ending-new-subscription-april-1-elon-musk>. Acesso em: 4 jun. 2024.
11. Mary Yang, "Twitter Removes All Labels about Government Ties from NPR and Other Outlets", NPR, 21 abr. 2023. Disponível em: <www.npr.org/2023/04/21/1171236695/twitter-strips-state-affiliated-government-funded-labels-from-npr-rt-china>. Acesso em: 4 jun. 2024.
12. Olafimihan Oshin, "Elon Musk Claims the US Government Had 'Full Access' to Private Twitter DMs", *The Hill*, 16 abr. 2023. Disponível em: <www.thehill.com/homenews/3953995-elon-musk-claims-the-us-government-had-full-access-to-private-twitter-dms>. Acesso em: 4 jun. 2024.
13. Jeremy W. Peters, Katie Robertson e Michael M. Grynbaum, "Tucker Carlson, a Source of Repeated Controversies, Is Out at Fox News", *The New York Times*, Business, 24 abr. 2023. Disponível em: <www.nytimes.com/2023/04/24/business/media/tucker-carlson-fox-news-dismissal.html>. Acesso em: 4 jun. 2024.
14. Jeremy W. Peters e Katie Robertson, "Fox Will Pay $787.5 Million to Settle Defamation Suit", *The New York Times*, Business, 18 abr. 2023. Disponível em: <www.nytimes.com/2023/04/18/business/media/fox-dominion-defamation-settle.html>. Acesso em: 4 jun. 2024.
15. Jeremy W. Peters e Benjamin Mullin, "Carlson, Still under Contract at Fox, Says He Will Start New Show on Twitter", *The New York Times*, Business, 9 maio 2023. Disponível em: <www.nytimes.com/2023/05/09/business/media/tucker-carlson-twitter-show.html>. Acesso em: 4 jun. 2024.
16. Andrew Ross Sorkin, Ravi Mattu, Sarah Kessler, Michael J. De La Merced, Lauren Hirsch e Ephrat Livni, "The Calculus behind Firing Tucker Carlson", *The New York Times*, 25 abr. 2023. Disponível em: <www.nytimes.com/2023/04/25/business/dealbook/the-calculus-behind-firing-tucker-carlson.html>. Acesso em: 4 jun. 2024.
17. Mike Calia, "Elon Musk: 'I'll Say What I Want, and If the Consequence of That Is Losing Money, So Be It'", CNBC, 16 maio 2023. Disponível em: <www.cnbc.com/2023/05/16/elon-musk-defends-inflammatory-tweets-ill-say-what-i-want.html>. Acesso em: 4 jun. 2024.

18. Tiffany Hsu, Sapna Maheshwari, Benjamin Mullin e Ryan Mac, "Elon Musk Appoints Linda Yaccarino Twitter's New Chief", *The New York Times*, Technology, 12 maio 2023. Disponível em: <www.nytimes.com/2023/05/12/technology/yaccarino-twitter-ceo-musk.html>. Acesso em: 4 jun. 2024.
19. "Linda Yaccarino Interviews Elon Musk-April 18, 2023", YouTube, 20 abr. 2023. Disponível em: <www.youtube.com/watch?v=ypZNWjPpOuI>. Acesso em: 4 jun. 2024.
20. Benjamin Mullin, "NBCUniversal's New Leader, a Hollywood Outsider, Steps into the Spotlight", *The New York Times*, Business, 22 maio 2023. Disponível em: <www.nytimes.com/2023/05/22/business/media/mike-cavanagh-nbcuniversal.html>. Acesso em: 4 jun. 2024.
21. Ryan Mac, Tiffany Hsu e Benjamin Mullin, "Twitter's New Chief Eases into the Hot Seat", *The New York Times*, Technology, 29 jun. 2023. Disponível em: <www.nytimes.com/2023/06/29/technology/twitter-ceo-linda-yaccarino.html>. Acesso em: 4 jun. 2024.
22. Jeremy Boreing, "Twitter canceled a deal with @realdailywire to premiere...", Twitter, 1 jun. 2023. Disponível em: <www.twitter.com/JeremyDBoreing/status/1664255321630552065>. Acesso em: 4 jun. 2024.
23. Matt Binder, "Right-Wing Musk Fans Win Twitter CEO's Loyalty. Staff Loses", Mashable, 2 jun. 2023. Disponível em: <www.mashable.com/article/elon-musk-the-daily-wire-twitter-resignations-explained>. Acesso em: 4 jun. 2024.
24. Ryan Mac e Tiffany Hsu, "Twitter's U.S. Ad Sales Plunge 59% as Woes Continue", *The New York Times*, Technology, 5 jun. 2023. Disponível em: <www.nytimes.com/2023/06/05/technology/twitter-ad-sales-musk.html>. Acesso em: 4 jun. 2024.

44. Linda [pp. 414-26]

1. Eduardo Medina e Ryan Mac, "Musk Says Twitter Is Limiting Number of Posts Users Can Read", *The New York Times*, Business, 1 jul. 2023. Disponível em: <www.nytimes.com/2023/07/01/business/twitter-rate-limit-elon-musk.html>. Acesso em: 4 jun. 2024.
2. Ariel Zilber, "Elon Musk Blew Out Disc in Neck after Fighting 350-Pound Sumo Wrestler", *New York Post*, 14 set. 2023. Disponível em: <www.nypost.com/2023/09/14/elon-musk-blew-out-disc-in-neck-after-fighting-350-pound-sumo-wrestler>. Acesso em: 4 jun. 2024.
3. Ryan Mac, "Another bird update: Some bird logos are not coming off...", Twitter, 24 jul. 2023. Disponível em: <www.twitter.com/RMac18/status/1683599649318535168>. Acesso em: 4 jun. 2024.
4. Ryan Mac e Tiffany Hsu, "From Twitter to X: Elon Musk Begins Erasing an Iconic Internet Brand", *The New York Times*, Technology, 24 jul. 2023. Disponível em: <www.nytimes.com/2023/07/24/technology/twitter-x-elon-musk.html>. Acesso em: 4 jun. 2024.
5. Elon Musk, "This is the full message: If you still want to do a real MMA fight...", Twitter, 13 ago. 2023. Disponível em: <www.twitter.com/elonmusk/status/1690747345674137600?s=20/Pic.Twitter.Com/Uzbkoikfoc>. Acesso em: 4 jun. 2024.
6. Graig Graziosi, "White Nationalist Nick Fuentes Appears to Admit He Skirted Twitter Ban", *The Independent*, 12 set. 2023. Disponível em: <www.independent.co.uk/news/world/americas/nick-fuentes-white-nationalist-twitter-ban-b2410119.html>. Acesso em: 4 jun. 2024.

45. O planeta Terra vai decidir [pp. 427-34]

1. Kenneth Chang, "SpaceX Starship Launch: Highlights from the 2nd Flight of Elon Musk's Moon and Mars Rocket", *New York Times*, 19 nov. 2023. Disponível em: <www.nytimes.com/live/2023/11/18/science/spacex-starship-launch-elon-musk>. Acesso em: 4 jun. 2024.

2. Kimbal Musk, "Focused", Twitter, 18 nov. 2023. Disponível em: <https://twitter.com/kimbal/status/1725890951804276896>. Acesso em: 4 jun. 2024; Id., "Congratulations bro. I can't think of a more deserving person ever...", Twitter, 13 nov. 2021. Disponível em: <www.twitter.com/kimbal/status/1470415129799905280>. Acesso em: 21 fev. 2024.
3. Elon Musk, "Magnificent Machine with a 1000 ft plume. Pic.Twitter.Com/Wsyxjqjr3v", Twitter, 18 nov. 2023. Disponível em: <www.twitter.com/elonmusk/status/1725926972423852296>. Acesso em: 4 jun. 2024.
4. Kenneth Chang, "SpaceX Starship Launch", op. cit.
5. Alex Kaplan, "Far-Right Figures and White Nationalists Celebrate Elon Musk's Antisemitic Post: 'What We Were Saying in Charlottesville'", Media Matters for America, 16 nov. 2023. Disponível em: <www.mediamatters.org/elon-musk/far-right-figures-and-white-nationalists-celebrate-elon-musks-antisemitic-post-what-we>. Acesso em: 4 jun. 2024.
6. Eric Hananoki, "As Musk Endorses Antisemitic Conspiracy Theory, X Has Been Placing Ads for Apple, Bravo, IBM, Oracle, and Xfinity next to Pro-Nazi Content", Media Matters for America, 16 nov. 2023. Disponível em: <www.mediamatters.org/twitter/musk-endorses-antisemitic-conspiracy-theory-x-has-been-placing-ads-apple-bravo-ibm-oracle>. Acesso em: 4 jun. 2024.
7. Ryan Mac, Brooks Barnes e Tiffany Hsu, "Advertisers Flee X as Outcry over Musk's Endorsement of Antisemitic Post Grows", *The New York Times*, Technology, 17 nov. 2023. Disponível em: <www.nytimes.com/2023/11/17/technology/elon-musk-twitter-x-advertisers.html>. Acesso em: 4 jun. 2024.
8. Ryan Mac e Kate Conger, "X May Lose up to $75 Million in Revenue as More Advertisers Pull Out", *The New York Times*, Business, 24 nov. 2023. Disponível em: <www.nytimes.com/2023/11/24/business/x-elon-musk-advertisers.html>. Acesso em: 4 jun. 2024.
9. Kate Conger e Ryan Mac, "X Sues Media Matters over Research on Ads Next to Antisemitic Posts", *The New York Times*, 21 nov. 2023. Disponível em: <www.nytimes.com/2023/11/20/technology/x-sues-media-matters-antisemitic-posts.html>. Acesso em: 4 jun. 2024.
10. Michelle Toh, Lauren Izso e Alex Stambaugh, "Elon Musk Visits Israel's Destroyed Kibbutz and Meets Netanyahu in Wake of Antisemitic Post", CNN Business, 27 nov. 2023. Disponível em: <www.cnn.com/2023/11/27/tech/elon-musk-isaac-herzog-israel-meeting-intl-hnk/index.html>. Acesso em: 4 jun. 2024.
11. ElonJet (@elonjet.net), "Landed in Austin, Texas, US", Bluesky Social, 28 nov. 2023. Disponível em: <www.bsky.app/profile/elonjet.net/post/3kfaifcseto2c>. Acesso em: 4 jun. 2024.
12. Shayan Sardarizadeh, "Elon Musk has now deleted the tweet that promoted the pizzagate conspiracy theory. Pic.Twitter.Com/Jfwcny7rlr", Twitter, 28 nov. 2023. Disponível em: <www.twitter.com/Shayan86/status/1729595410220499250>. Acesso em: 4 jun. 2024.

Índice remissivo

4Chan (fórum), 294
11 de setembro de 2001, ataque terrorista de, 437
21st Century Fox, 141
60 Minutes (programa de TV), 22

A

ABC (emissora de TV), 155
Abramson, Nelson, 388
Accra (Gana), 313
Acordo de Paris (2015), 435
África, 44, 52-4, 84-5; Subsaariana, 44
África do Sul, 38, 52, 383
"África" (canção), 53
afro-americanos: como funcionários do Twitter, 364, 365; insultos raciais no Twitter, 396
Afshar, Omead, 118, 136
Agarwala, Vineeta, 91, 100, 209, 262
Agência de Pesquisa na Internet (Rússia), 333-4
agências de publicidade, 288, 295
Agent Tools (sistema interno do Twitter), 276
Agnelli, família, 175
Agrawal, Parag, 54, 62, 83, 86-102, 105, 108-12, 114, 116-23, 125-31, 137, 139, 142, 143, 144, 147-54, 157, 162-3, 166-73, 178, 180-1, 183-6, 189-95, 201-6, 209-11, 213, 217-20, 222-3, 227, 232-3, 236-7, 240, 243, 247-8, 255-6, 262, 270, 272-4, 283-5, 301, 345, 374, 437, 439; Bluesky, projeto (no Twitter), 93-6, 109, 172, 218, 219, 417, 437-9; corte de custos/gastos no Twitter, 102, 105; demissão de Beykpour e Falck por, 189; demitido do Twitter, 272; Dorsey e, 54, 63, 93, 183, 185, 191, 209; experiência em inteligência artificial, 96, 439; formação acadêmica de, 83, 87; licença-paternidade de, 184; Musk e, 91, 105, 110-2, 114, 116, 118-23, 127, 129-31, 137, 143; nomeado CEO do Twitter, 86-9, 183, 185, 192, 209; Prisma, projeto, 102, 144, 149, 166, 211, 284; Saturno, projeto (no Twitter), 147-9, 171-3, 203-5, 218-20, 227, 243, 283; vida após o Twitter, 439-40; Zatko e, 222-3
Al Waleed bin Talal Al Saud (príncipe saudita), 231-2
Alemayehou, Mimi, 84
Alexander, Ali, 52, 396, 461
algoritmo do Twitter, 51, 65, 92-3, 95, 97, 107, 109, 139, 148, 164, 188, 321, 356, 368, 396-9, 401, 406-7, 438
alienígenas, 197
Allen & Company (conferência em Idaho), 209, 262
Allyn, Bobby, 407
Al-Mahmoud, Mansoor bin Ebrahim, 384
Alphabet (empresa), 60; *ver também* Google
Altman, Sam, 439
Amazon.com, 91-2, 158, 358, 374; Web Services, 91, 374
America Online (AOL), 23, 141
American Express, 53, 300
American Girl (marca de brinquedos), 336
Amos-6 (satélite da SpaceX), 44
Andreessen Horowitz (empresa de capital de risco), 175, 177, 209, 239, 291, 385, 387
Andreessen, Marc, 175, 387
Android: Google e, 287; Twitter e, 322, 347-8
Anglin, Andrew, 357
Annecy, ataque com faca em (França, 2023), 414
antissemitismo, 289, 396, 409, 422-3, 428-31; de Kanye West, 357; discurso antissemita no Twitter, 289, 396, 409, 422-3, 428-31;

Liga Antidifamação (ADL, na sigla em inglês), 300, 396, 409, 422-3, 426, 428, 431
antitruste, lei (EUA), 140
anúncios: no Twitter, 295, 367-8, 411; Upfronts e, 411; *ver também* publicidade
Apple, 21, 23, 26, 46, 61, 67, 101, 156, 158, 177, 281, 320, 322, 334, 336, 367-9, 429, 459, 465; App Store, 322, 367-9, 418; iPhone, 26, 54, 118, 122, 195, 255, 296, 317-8, 368, 428; iTunes, 23; Watch, 320
Apple Park (sede da Apple em Cupertino, Califórnia), 369
aquisições corporativas, 47, 67, 126, 141, 155-6, 207, 217, 234, 270; hostis, 155, 160, 217; ofertas públicas de aquisição, 124, 142, 159-60; termos de confidencialidade em, 160
Arábia Saudita, 47, 231-2; Fundo de Investimento Público da, 47
Areopagítica (Milton), 267, 365
Argentina, 383, 385
Arizona (EUA), 339, 400, 457
Armstrong, Brian, 177
Asperger, síndrome de, 342
assédio sexual, Musk acusado de, 197-8
Associated Press, 41
AT&T (American Telephone and Telegraph), 59
ataque terrorista do Onze de Setembro (2001), 437
Atlanta (Geórgia, EUA), 388-9, 391, 435, 461
Austin (Texas), 24, 118, 136-7, 142, 145, 163, 188, 226, 245-6, 281, 345, 428, 430, 465
Austin, Sheen, 245-7, 253, 276, 281-2, 351, 388-91
Austrália, 39, 390, 393
Autoridade de Investimento do Catar, 177, 384

B

Babylon Bee (site de sátira de direita), 107, 118, 243, 282-4, 341, 356, 378
Baker, Jim, 371-2
Balajadia, Jehn, 237, 239, 287, 317-8
bancos/banqueiros, 61-2, 93, 124-5, 127, 138-9, 143, 145-6, 150, 153-5, 157-61, 173, 175, 177-8, 188, 202, 264, 271, 275, 298, 421-2, 445; sistema bancário, 39
Bankman-Fried, Sam, 108, 138, 174, 177, 451

basquete, 37, 111, 287, 336, 378
Bassett, Natasha, 120, 126, 192, 202
BBC (British Broadcasting Corporation), 407, 456, 459
Beckham, David, 384
Beer Hall (bar em San Francisco, Califórnia), 310
Benioff, Marc, 111
Berenson, Alex, 75
Berghain (casa noturna de Berlim), 112
Berkeley, Universidade da Califórnia em, 267, 365
Berland, Leslie, 53, 67, 86, 194-7, 237, 238-41, 259, 287, 295, 300-1, 303
Berlim, 112-3
Beykpour, Kayvon, 54, 62, 77, 82, 88-9, 151, 166, 184-6, 189, 206
Bezos, Jeff, 126
Biden, Hunter, 73-4, 169, 370
Biden, Jill, 400
Biden, Joe, 71, 73-4, 78, 107, 140, 316, 371, 395, 400, 435, 439, 461
Bieber, Justin, 120, 292, 296, 460
Biles, Simone, 54
Binance (empresa de criptomoedas), 178
Binder, Matt, 382, 464
Birchall, Jared, 36-8, 46, 105, 110, 113-4, 123, 126-8, 136-8, 155-6, 174, 177, 189, 239, 264, 269-70, 304-5, 342, 353, 359, 361, 372, 379, 384
Birchall Family Singers (banda), 37
Birdhouse (diretório interno do Twitter), 308
Birdwatch (sistema de verificação de fatos do Twitter), 172
Bitcoin (criptomoeda), 52-3, 65-6, 83-5, 92, 175, 178, 231, 313, 360, 437
Bjelde, Brian, 304-5
Black Lives Matter (movimento), 29, 31, 365
Black, Julia, 203, 453
Blackbirds (funcionários afro-americanos do Twitter), 364-5
blackout de 2013 (EUA), 91
BlackRock (empresa de investimentos), 143, 150
Blind (aplicativo de bate-papo), 165, 349
Block (empresa de pagamentos digitais), 231; *ver também* Square
blockchain, sistemas de, 92, 95, 121, 136, 178
Blogger (plataforma de publicação), 22-5

BloodPop (Michael Tucker), 296
Bloomberg Businessweek (revista), 34, 455, 457-61
Bloomberg, Michael, 175
Blue Verified (serviço de assinaturas do Twitter), 139, 240, 265, 291-3, 301, 303, 310, 314-7, 319-22, 326, 330, 333-5, 369, 405, 457
Bluesky, projeto (no Twitter), 93-6, 109, 172, 218-9, 417, 437-9
Boca Chica Village (Texas), 84, 427
bolha pontocom, estouro da (2000), 22, 39, 57
Bolsa de Valores de Nova York, 27, 163
Bolsonaro, Jair, 321, 394
Boorstin, Julia, 424-6
Boreing, Jeremy, 412, 464
Boring Company, The (startup de construção de túneis), 33, 46, 136, 177, 237, 239, 264, 275-6, 318, 360
bots (robôs da internet), 121-2, 136, 140, 164, 180-3, 187, 189-91, 197, 199, 201-2, 205, 210, 213-5, 218, 222-4, 228, 230, 275, 292-3, 338, 405
Boucher, Claire Elise (Grimes), 33, 104, 126, 128, 202-3, 263, 380
Boulder (Colorado, EUA), 261, 329, 367, 416
Box (empresa de nuvem corporativa), 385
brancos: CEOs homens e brancos da indústria da tecnologia, 103; nacionalistas e supremacistas, 51, 323, 396, 423, 428, 440, 462
Brand, Dalana, 86, 279
Brasil, 254, 282, 290, 312, 321, 383, 394; Copa do Mundo (2014) no, 383; invasão bolsonarista na Praça dos Três Poderes (Brasília, 8 de janeiro de 2023), 394
Breton, Thierry, 403, 421
Britton, Sam, 157, 159
Brooklyn Nets (time de basquete), 336
Brown, A. J., 413
Brown Jr., Michael, 28, 181
Buhari, Muhammadu, 80
Burger King, 296
Burning Man, 336
Business Insider (site de notícias), 197-8, 203, 292, 452, 456-7, 459
BuzzFeed (site de notícias), 35, 292, 382, 447-8

C

Calacanis, Jason, 136-7, 144, 176-7, 239, 287, 291, 296, 301-4, 317, 320, 336, 382
Caldwell, Nick, 279, 345
Califórnia (EUA), 37-8, 42, 44, 46, 64, 70-1, 102, 111, 137, 246, 263, 267, 288, 291, 310, 318, 365, 394; Secretaria de Estado da, 46; túnel na (projeto da SpaceX), 318
Câmara dos Lordes (Inglaterra), 86
Câmara dos Representantes (EUA), 12, 66, 259, 293, 324, 395, 397; Comitê do 6 de Janeiro, 242
Canadá, 38, 126, 356
Capital Cities (grupo de mídia), 155
capital de risco, fundos de, 25, 59, 62, 118, 175-7, 203, 209, 230, 239, 289
capitalismo, 15, 85, 104
Capitólio, invasão do (Washington, D.C., 6 de janeiro de 2021), 11, 76-7, 80, 169, 394, 396, 408; Comitê do 6 de Janeiro, 242, 243
Caracara (sala de reuniões na sede do Twitter em San Francisco), 12, 330, 332, 337, 366, 372, 380, 391, 419
Cardaci, Chris, 377
Carlson, Tucker, 408-9, 428, 463
cartão de crédito, corporações de, 39
Catar, 251, 383-4; Autoridade de Investimento do, 177, 384
Catturd2 (perfil no Twitter), 394
CBS (emissora de TV), 38, 118
censura, 52, 69, 72, 74, 98, 118, 135, 168, 206, 242, 370-1, 375, 423; *ver também* moderação de conteúdo; liberdade de expressão
Centro de Combate ao Ódio Digital, 396
Cernovich, Mike, 108
cetamina (anestésico), 103
Chappelle, Dave, 378-9, 460
Charles III, rei da Inglaterra, 367
Charles Schwab (empresa de serviços financeiros), 291
Chase Center (arena em San Francisco), 170, 345, 378
Chen, Jon, 269
Chiang Rai (Tailândia), 34
China, 61, 178, 196, 242; início da pandemia de covid-19 na, 61

Christchurch, tiroteio em (Nova Zelândia, 2019), 51
Christie, Jen, 86
Chrysler, 46
CIA (Central Intelligence Agency), 36, 171, 181
cientista de dados do Twitter, 11-5, 345, 347
Clinton, Bill, 174, 221
Clinton, Hillary, 73, 191, 294, 319
CNBC (emissora de TV), 409, 411, 424, 449, 457, 463
CNET (site de tecnologia), 40, 456
CNN (emissora de TV), 33, 72, 223, 381, 449, 465
Coca-Cola, 300, 315, 365
cocaína, 365
CODE Conference (Dana Point, 2023), 424
code freezes ("congelamentos" de códigos) do Twitter, 17, 253, 347
Cohen, Lara, 313
Cohn, Jesse, 57-64, 82-4, 113
Coinbase (casa de câmbio digital), 177
Coleman, Keith, 172
combate à vigilância e excessos do governo, 171
Combs, Sean ("Diddy"), 192, 307
Comer, James, 49, 395
Comissão de Valores Mobiliários (SEC, na sigla em inglês), 47
Comissão Federal de Comércio (EUA) *ver* FTC (Comissão Federal de Comércio dos EUA)
Comitê Judaico Americano (AJC, na sigla em inglês), 422
Como enlouquecer seu chefe (filme), 393
Compaq (fabricante de computadores), 39, 156
Confinity (startup de serviços financeiros), 39; fusão com X.com, 39; fusão com X.com (banco), 39
Conger, Kate, 16, 448, 451, 453-4, 456-8, 461-3, 465
Congresso dos EUA, 64-6, 68, 93, 147, 222, 242, 273, 324
Congresso Nacional, invasão bolsonarista do (Brasília, 8 de janeiro de 2023), 394
Conselho de Influência do Twitter, 306
conservadores, 108, 284, 370, 395-6, 409; *ver também* direita política
conspiração, teorias da, 12, 34, 67-8, 98, 364, 369, 382, 396, 409, 428-30, 436-7; conspiracionistas, 12, 35, 52, 67;

Pizzagate, 34, 108, 394, 430; QAnon, 35, 395-6, 437, 461; sobre o ataque terrorista do Onze de Setembro (2001), 437; sobre o marido de Nancy Pelosi, 12-4, 294; "teoria da substituição", 428
Constituição dos EUA, 267, 282, 289, 365
Conway, Kellyanne, 72
Cook, Tim, 369, 424
Copa do Mundo de 2014 (Brasil), 383
Copa do Mundo de 2022 (Catar), 177, 383, 385
Costolo, Dick, 21, 26-7, 30-1, 50, 150, 169
covid-19, pandemia de, 61, 64, 66, 68-71, 75-6, 82-3, 88, 95, 101-3, 116-7, 130, 137, 149, 172-3, 179, 183-4, 216, 219, 252, 328-9, 379, 395, 418; desinformação sobre a, 67-71, 113; início da pandemia na China, 61; Musk e, 69-70; vacinas para, 75, 395
Craft Ventures (fundo de capital de risco), 176
Crawford, Esther, 84-5, 238-40, 265, 291-2, 303, 310-1, 314-6, 318-22, 326, 330, 332
crianças: exploração sexual infantil, 25, 30, 97, 375, 396-7; pornografia infantil, 375, 396, 397; tráfico sexual infantil na Tailândia, 34
Crimeia, 182
crimes, 37, 48, 51, 436
criptografia, 95, 97, 137-8, 302, 313, 387
criptomoedas, 52, 85, 92, 108-9, 142, 174, 177-8, 180, 249, 385; Bitcoin, 52-3, 65-6, 83-5, 92, 175, 178, 231, 313, 360, 437; Dogecoin, 142, 145, 178; Ethereum, 178; FTX (bolsa de criptomoedas), 108, 138, 174, 177; Web3 Foundation, 177, 178
"crise de subpopulação" do mundo, Musk sobre, 210
crise financeira global (2008), 159-60
Crown Estate (administradora dos bens de monarcas britânicos), 367, 459
Cruz, Ted, 336, 396
Culver (Califórnia), 318
Culver, Leah, 281
Cybertruck (Tesla Motors), 119

D

D'Souza, Dinesh, 135
Daily Mail (jornal britânico), 376, 460
Daily Stormer (site neonazista), 357
Daily Wire (conglomerado de mídia), 411-2

Dana Point (Califórnia), 424
DARPA (Departamento de Defesa do Governo Americano), 221
Davis, Dantley, 89
Davis, Steve, 136, 239, 264, 267, 327, 360, 367, 374, 377, 388-90, 393, 398, 401-2, 415
DealBook (evento do *New York Times*), 430, 432-3
deepfakes, 68, 70, 71, 335, 399
Delaware (EUA), 207-8, 213-4, 216, 218, 225, 230, 352, 438-9; Divisão de Corporações de, 255; Tribunal de Chancelaria de, 207-8, 213-5
Deloitte (empresa de consultoria), 234
democracia, 18, 70, 107-8, 127, 164, 206, 354
democratas (EUA), 31, 51, 66, 74, 104, 294, 324, 339, 370, 397, 436
Departamento de Justiça (EUA), 140, 171
Derella, Matt, 78
DeSantis, Ron, 396
descentralização das redes sociais, 92, 94
desigualdade de riqueza no mundo, 15, 48, 135, 141
desinformação, 11, 31, 51, 66-71, 74-6, 94-5, 113, 117, 147, 172, 181, 191, 254, 273, 282-3, 294, 295, 312, 321-2, 369; covid-19 e, 67-71, 113; *ver também* conspiração, teorias da; moderação de conteúdo; notícias falsas
Deutch, Ted, 422
Dia do Analista (evento do Twitter, 2021), 82-3
direita política, 52, 104, 107, 135, 169, 371, 396, 412; extrema direita, 67, 70, 108, 293-4, 358, 396, 409, 428
discurso de ódio, 11, 51, 97, 147, 181, 289, 294, 357, 369, 390, 396, 412, 421-2, 440
Disney, 140-1, 156, 210, 298, 359, 366, 429, 431, 433
diversidade e inclusão, 103, 194
Divisão de Corporações de Delaware, 255
Dogecoin (criptomoeda), 142, 145, 178
Dominion Voting Systems (empresa de urnas eletrônicas), 408
dopamina, 16, 236
Döpfner, Mathias, 108, 118
Dorsey, Jack, 15-6, 21-9, 31-2, 49-89, 91-3, 95-6, 99, 106, 108-9, 111, 113, 115-6, 122, 125, 131, 140-1, 143-5, 150-1, 154, 162-8, 170, 172, 175, 181, 183-5, 191-2, 194, 204, 208-9, 219, 221, 223, 230-1, 237, 242, *257-8*, *261*, 313, 324, 337, 365, 374-5, 385, 420, 436-7, 439, 445, 447-8, 459; Agrawal e, 54, 63, 93, 183, 185, 191, 209; aparência física e estilo pessoal de, 22; banimento de Trump, 77, 80-1; Block (empresa de pagamentos digitais) e, 231; Bluesky, projeto (no Twitter), 93-6, 109, 172, 218-9, 417, 437-9; Cohn e, 57-60; como CEO do Twitter, 32, 55, 60, 75, 83; conselho do Twitter e, 25; depoimentos ao Congresso dos EUA, 64-6, 68; Elliott Management e, 57-60; Ferguson, protestos em (Missouri, EUA, 2014) e, 29, 364-5; metas do Dia do Analista (2021), 82-3; Musk e, 84-5; na Odeo (startup de podcast), 22-4; na Polinésia Francesa, 64, 75; Nasa e, 49; nascimento e primeiros anos da vida de, 22; no Havaí, 65; no OneTeam (confraternização de funcionários do Twitter), 49, 53-5; política de trabalho remoto estimulada por, 61, 337; postagens no LiveJournal, 23; saúde de, 32; sobre a mudança de nome do Twitter para X, 420; sobre pornografia infantil, 375; Square (empresa de pagamentos digitais) e, 26, 32, 49, 51, 53, 57, 59-60, 63, 231; tour pelos escritórios do Twitter ("Tweep Tour"), 52; Twitter criado por, 23-4; viagem para a África, 52-3
Dorsey, Marcia, 53
DoubleClick (plataforma de mídia), 87
Dow Chemical, 141
Dowell, Christian, 334, 397
DuPont (indústria química), 141
Durban, Egon, 61-3, 99, 109-11, 128, 140, 144-6, 151-2, 162, 192, 207, 226, *262*

E

eBay (empresa de comércio eletrônico), 40, 59
Eberhard, Martin, 40-1
economia: covid-19 e, 69-70; crise financeira global (2008), 159-60, 327; global, 327-8, 366; inflação, 102, 141, 152, 317; livre mercado, 211; recessão, 153, 202, 327-8, 339, 392

Edgett, Sean, 73, 79, 86, 207, 223, 229, 244-5, 253, 272-4, 371
Edwards, Jon, 198
eleições: no Brasil (2022), 254, 282, 290, 312, 321, 394; no Irã (2009), 25; nos EUA (2016), 32, 58, 68; nos EUA (2020), 293, 435; nos EUA (meio de mandato), 282, 290, 307, 312, 321, 324, 327; Stop The Steal (movimento pró-Trump, 2020), 396
Eli Lilly (empresa farmacêutica), 339, 457
Elkann, John, 175
Elliott Management (empresa de investimentos), 57, 58, 62, 95, 99, 140, 184
Ellison, Larry, 108, 119, 174, 175, 177
ElonJet (conta no Twitter que rastreava a localização do avião particular de Musk), 84, 381, 445
Emanuel, Ari, 192, 226, 327, 418
Endeavor (conglomerado de entretenimento), 192
Enjeti, Saagar, 168
Enron Energy Services, 350
Erdoğan, Recep Tayyip, 384, 403
ESPN (Entertainment and Sports Programming Network), 336
esportes, 383
esquerda política, 72, 108, 118, 129, 300, 379, 396; progressistas, 100, 118, 236, 320, 409, 411, 429; *ver também "wokeism"*
Estado Islâmico, 396
Estados Unidos, 12, 36, 38, 48, 54, 59, 61, 66-7, 69-71, 73, 86, 88, 90, 103, 107, 135, 153, 171, 201, 207, 209, 232, 242, 255, 282-3, 289-90, 293, 299, 304, 307, 312, 315-6, 320-1, 324, 333-4, 356, 358, 365, 386, 393, 400, 407, 411, 430, 433, 435; blackout de 2013, 91; Câmara dos Representantes, 12, 66, 259, 293, 324, 395, 397; Capitólio, invasão do (Washington, D.C., 6 de janeiro de 2021), 11, 76, 77, 80, 169, 242, 243, 394, 396, 408; Congresso dos, 64-6, 68, 93, 147, 222, 242, 273, 324; Constituição dos, 267, 282, 289, 365; crise de imigração nos, 436; DARPA (Departamento de Defesa do Governo Americano), 221; democratas, 31, 51, 66, 74, 104, 294, 324, 339, 370, 397, 436; Departamento de Justiça, 140, 171; Federal Reserve (Banco Central dos Estados Unidos), 153; FTC (Comissão Federal de Comércio), 140, 222-4, 226, 241, 253, 282, 325, 331, 337-8, 341, 343, 369-70, 377, 390, 395, 397-8, 403, 418, 458, 461-2; guerra cultural nos, 283; lei antitruste, 140; perfil oficial da presidência dos Estados Unidos (@potus) no Twitter, 400; recessão nos, 153, 202, 327-8, 339, 392; republicanos, 31, 52, 72, 74, 197, 294, 324, 329, 394-7, 435; Senado dos, 64-6, 123, 336, 396; Suprema Corte, 208; vistos de trabalho, 290, 304, 313, 355, 439
Ethereum (criptomoeda), 178
ética de trabalho de Musk, 39, 121
Etiópia, 52
Europa, 299, 370, 393; Lei de Serviços Digitais, 241, 403; Regulamento Geral de Proteção de Dados, 370; Twitter na, 241-2; União Europeia, 107, 241, 331, 403, 421
Excession LLC (family office de Musk), 37
excessos do governo, combate aos, 171
exploração sexual infantil, 25, 30, 97, 375
extraterrestres, 197

F

Faber, David, 409-10
Facebook, 11, 25, 27, 31, 36, 44, 51, 57, 67, 78, 90, 97, 111, 141, 175, 194, 218, 252, 271, 279, 298, 315, 334, 358, 385, 418, 420-1, 439, 447, 457; aquisição do WhatsApp (2014), 141; Christchurch, tiroteio em (Nova Zelândia, 2019) transmitido ao vivo no, 51; executivos do, 66, 89, 184; inteligência artificial e, 44; IPO do, 155; receita do, 31; satélite do, 44
fake news ver notícias falsas
Falck, Bruce, 54, 62, 82, 89, 151, 166, 184-5, 189, 206
Falk, Rebecca, 373-4
FBI (Federal Bureau of Investigation), 73, 319, 321-2, 371-2
Federal Reserve (Banco Central dos Estados Unidos), 153
Ferguson, protestos em (Missouri, EUA, 2014), 29, 364-5
Fernandez, Carrie, 253

Fidelity (empresa de serviços financeiros), 438
firehose do Twitter, 171, 180-1, 188, 192-3, 195, 199, 206, 213
Floki (cachorro de Musk), 145
Flórida (EUA), 44, 394, 396, 423, 435
Floyd, George, 103, 328, 365
Fogarty, Marianne, 273-4, 331, 338, 341
Forbes (revista), 43, 92, 101, 141
Foster, Norman, 369
Founders Fund (fundo de capital de risco), 175
Fox Corporation, 409
Fox News (emissora de TV), 408, 448, 458, 463
Friedman, Milton, 211
Frohnhoefer, Eric, 347-8, 350-1
FTC (Comissão Federal de Comércio dos EUA), 140, 222-4, 226, 241, 253, 282, 325, 331, 337-8, 341, 343, 369-70, 377, 390, 395, 397-8, 403, 418, 458, 461-2
FTX (bolsa de criptomoedas), 108, 138, 174, 177
Fuentes, Nick, 396, 423, 428, 461-2, 464
Fundo de Investimento Público da Arábia Saudita, 47
furacão Harvey (Texas, 2017), 50

G

Gabbard, Tulsi, 324
Gadde, Vijaya, 29-30, 52, 67-8, 70, 72-5, 77-81, 84, 86, 88, 143, 147-50, 159, 160, 163, 167-71, 189, 191, 193, 205-7, 219, 227-8, 233, 240-4, 254, 255, 259, 261, 272-3, 282, 285, 302, 345, 371, 377, 395, 404, 439, 447
Game of Thrones (série de TV), 308
Gamergate (campanha no Twitter), 28-30, 32
Gana, 52, 313
Gates, Bill, 141
Genentech (empresa de biotecnologia), 159-60
General Motors, 46, 295-6, 306
Geórgia (EUA), 36-7, 294, 395
Gigafactory (fábrica da Tesla Motors), 119, 136, 163
Ginsburg, Ruth Bader, 208
Glass, Noah, 23
Gökçe, Nusret ("Salt Bae"), 384
Golden State Warriors (time de basquete), 111, 170, 378

Goldman Sachs (banco), 61-2, 82, 124-5, 143, 150, 153, 157, 161, 201, 205, 254
Google, 23, 33-4, 59-60, 66, 69, 87, 90-3, 111, 117, 140, 156, 158, 172, 194-5, 243, 252, 287-8, 290, 298, 315, 336, 352, 374, 399, 439; Android e, 287; Cloud, 91, 374; Google+, 315; Maps, 111
Gorman, James, 145-6
governo, combate à vigilância e excessos do, 171
Graber, Jay, 94-6, 218-9, 417, 438-9
Gracias, Antonio, 106-7, 175, 205, 234, 239, 248-51, 269-70, 287-9, 293, 300, 305, 342, 438, 451
Graham, Paul, 385-6, 460
grande recessão *ver* crise financeira global (2008)
Grant, Jonah, 332-4, 336
Green, Marjorie Taylor, 294
Greenblatt, Jonathan, 300, 422, 423, 431
Greene, Marjorie Taylor, 395, 461
Griffin, Kathy, 323
Griffin, Ken, 118
Grimes (cantora canadense) *ver* Boucher, Claire Elise
Grimes, Michael, 155, 174, 182, 264, 275, 404-5
Grindr (aplicativo de namoro gay), 376
Groypers (grupo racista), 396
guerra cultural, 66, 188, 283
Guerra Fria, 366
Guerra mundial Z (filme), 335
Gulfstream G650ER (jato particular de Musk), 197

H

hackers e hackeamento, 73-4, 191, 221-3, 334, 371, 373
Haile, Tony, 240, 303-4
Halloween, 247, 251-2, 266, 269, 273, 275, 280, 295, 297-8
Hamas, ataque a Israel pelo (7 de outubro de 2023), 428, 430
Hansbury, Mary, 284
Harvey, Del, 30, 50, 72, 76-7, 79-81, 92, 147, 376-7
Harvey, furacão (Texas, 2017), 50

Harwell, Drew, 382, 457
Havaí (EUA), 64-5, 102, 116, 122, 125-6, 130, 137, 172
Hawkins, Tracy, 284, 363, 459
Hawthorne (Califórnia), 263, 318
Hayes, Julianna, 234, 251
Heard, Amber, 104
Hemingway, Ernest, 209
Hershey's (fabricante de chocolates), 296
Herzog, Isaac, 430
Hewlett-Packard, 156
Hitler, Adolf, 396, 428-9
Hobbs, Katie, 339
Hoffman, Reid, 175, 230
Hollander, Nicole, 360, 367, 416
Holocausto, 409
Homsany, Ramsey, 170
Horizon Media (agência de publicidade), 295-6
"Hotel Twitter", 267, 362
Houston (Texas, EUA), 49-50, 53-4, 60, 94
Hubei (China), 61
Hughes, Tim, 377, 449

I

IBM (International Business Machines Corporation), 429, 465
IBP, Inc. (frigorífico), 208, 453
Iger, Bob, 210, 431-3
imigrantes, 169, 205, 252, 358, 408, 436; crise de imigração nos EUA, 436; "teoria da substituição" e, 428
Índia, 32, 67, 90, 206, 242, 246, 333, 384, 403-4
Indonésia, 163
inflação, 102, 141, 152, 317
Information, The (site de notícias), 405, 451, 458, 462-3
Infowars (site conspiracionista), 67, 428
Inglaterra, 207, 367; Câmara dos Lordes, 86
Insider ver *Business Insider* (site de notícias)
Instagram, 91, 93, 95, 238, 294, 315, 385, 417, 437, 460
inteligência artificial, 44, 68, 203, 416, 439; deepfakes, 68, 70-1, 335, 399; experiência de Agrawal em, 96, 439; Facebook e, 44; OpenAI, 203, 416, 439; xAI, 439

internet, 11-2, 15-6, 22, 34-5, 38-40, 44, 54, 72, 77, 80, 83, 88, 90, 92, 104, 106-7, 126, 129, 148, 155, 172, 196, 223, 227, 230, 241-2, 254, 274, 283, 287, 294, 315, 319, 334, 357, 363, 365, 373, 376, 379, 384, 388, 418, 428-30, 432, 440; Agência de Pesquisa na Internet (Rússia), 333-4; bolha pontocom, estouro da (2000), 22, 39, 57; bots (robôs da internet), 121-2, 136, 140, 164, 180-3, 187, 189-91, 197, 199, 201-2, 205, 210, 213-5, 218, 222-4, 228, 230, 275, 292-3, 338, 405; satélite e, 44, 106, 287, 334; *spammers*, 275, 338; Starlink (provedor da SpaceX), 106-7, 242, 287, 334, 365, 377, 403, 463; *ver também* redes sociais
Internet Archive (biblioteca digital), 94
Interpublic Group (IPG, empresa de publicidade), 300
iPhone, 26, 54, 118, 122, 195, 255, 296, 317-8, 368, 428
Irã: eleições presidenciais (2009), 25
Irlanda, 285, 356
Irving, Kyrie, 336
Irwin, Ella, 312, 342, 358, 362, 375, 381, 412-4
Isaacson, Walter, 105, 238, 239, 317, 330, 407, 445, 448-52, 454-6, 458-9
Islândia, 141
Israel, 428, 430-2; atacado pelo Hamas (7 de outubro de 2023), 428, 430; viagem de Musk a (2023), 430, 432, 465
iTunes, 23

J

J.P. Morgan (banco), 143, 150, 153-4, 158, 161
Jamaica, 141
James, LeBron, 406
jatos particulares de Musk, 197
Jay-Z, 37, 65
Jobs, Laurene Powell, 61
Jobs, Steve, 21, 46, 61, 238, 314, 369, 431
Johnsen, Bret, 353-4
Jones, Alex, 67, 428, 440, 447
Jones, Evan, 319
Jordan, Jim, 395, 397
jornalismo, 29, 126, 232, 407
judeus: antissemitismo e, 289, 396, 409, 422-3, 428-31; Holocausto, 409; Liga

Antidifamação (ADL, na sigla em inglês), 300, 396, 409, 422-3, 426, 428, 431; Musk e, 289, 300, 409, 411; "teoria da substituição" e, 428

justiça racial e social, questões de, 29, 103, 328; Black Lives Matter (movimento), 29, 31, 365; discurso de ódio e, 11, 51, 97, 147, 181, 289, 294, 357, 369, 390, 396, 412, 421, 422, 440; diversidade, equidade e inclusão, 103; Ferguson, protestos em (Missouri, EUA, 2014) e, 29, 364-5; Musk e, 103; protestos pela morte de George Floyd, 328; Tesla e, 104, 195

K

K5 Global (empresa de consultoria), 138
Kaiden, Robert, 234, 244, 250, 293, 297, 299
Kalanick, Travis, 388, 424
Kansas City Chiefs (time de futebol americano), 400
Kardashian, Kim, 76
Kennedy Jr., Robert F., 437
Khan, Lina, 395
Khashoggi, Jamal, 232
Kieran, Damien, 224, 253-4, 281-2, 331-2, 338, 341
King Jr., Martin Luther, 54
King, Gayle, 118, 135
Kingdom Holding (empresa saudita de investimentos), 231-2
Kissner, Lea, 224, 253-4, 331, 338, 341, 343, 397
Kives, Michael, 138, 174
Klein, Alan, 160-1, 195, 201, 204, 207-8
Klum, Heidi, 266, 298
Koenigsberg, Bill, 296
Kohm, Jim, 397-8
Kordestani, Omid, 57, 59-60, 62-3
Korman, Marty, 156, 159-61, 195, 199, 201, 204, 207-8, 250
Kraft, Robert, 37
Krishnan, Sriram, 239, 291, 316, 341
Ku Klux Klan, 67
Kushner, Jared, 384, 457, 460

L

La Russa, Tony, 315, 456
Lady Gaga, 120, 296
Lake, Kari, 339, 457
Lane Fox, Martha, 86, 110, 113-4, 128, 143, 150, 157, 159, 162, 245
lei antitruste (EUA), 140
Lei de Serviços Digitais (União Europeia), 241, 403
Levchin, Max, 39
Levie, Aaron, 385
Levine, Rachel, 107
LGBTQIAP+, pessoas, 106, 147, 412; Mês do Orgulho LGBTQIAP+, 412; *O que é uma mulher?* (documentário transfóbico), 412; transgênero *ver* trans, pessoas
liberdade de expressão, 25, 30, 72, 73, 95, 97, 104-8, 127, 129, 135-6, 149, 196, 199, 206, 232, 242, 267, 283, 289, 307, 323, 354, 356, 365, 367, 375, 382, 385, 396, 403-4, 411-2, 422; liberdade de alcance *versus*, 95, 356, 396, 411-2; Movimento pela Liberdade de Expressão (Universidade da Califórnia em Berkeley), 267, 365; *ver também* moderação de conteúdo
LibsofTikTok (conta no Twitter), 147
licença-maternidade, 313
Liga Antidifamação (ADL, na sigla em inglês), 300, 396, 409, 422-3, 426, 428, 431
Lindell, Mike, 363
LinkedIn, 156, 175, 304
LiveJournal (rede social), 23
livre mercado, 211
logo de passarinho azul do Twitter, 29, 93, 237, 358, 367, 417, 419
Lonsdale, Joe, 118
Los Angeles (Califórnia), 33-5, 53, 138, 192, 269, 318, 363, 381, 432
"Love Me Tender" (canção), 142, 145
Lula da Silva, Luiz Inácio, 321, 394
Lutz, Bob, 46

M

Mac, Ryan, 16, 35, 447-8, 452, 455-8, 461-5
machine learning, 54, 97, 215, 399

maconha, 17, 47, 128
Magneto (personagem de quadrinhos), 409
Maheu, Jean-Philippe, 288-9, 295-7, 300-1, 303, 306
Malone, Post, 302
Mann, Kyle, 118
Mario (personagem de videogame), 122, 336
Market Street (San Francisco, Califórnia), 12, 21, 64, 252, 255, 310, 420
Marte, 36, 40, 55, 104, 142, 210, 427
Mashable (site de notícias), 382, 464
Mastercard, 39, 84, 306
Mastodon (rede social), 323, 381, 385, 438
Mattel, 300
McCarthy, Kevin, 324, 394-5, 457, 461
McCormick, Kathaleen, 215-6, 224-6, 230, 438
McDonald's, 315, 381
McSweeney, Sinéad, 285-6, 299, 331, 338, 343, 356
Media Matters for America(organização progressista), 300, 429, 465
Mendoza, Pablo, 384
mercados financeiros, 152, 385; livre mercado, 211
Merrill, Marc, 135
Merrill Lynch (banco), 37
Mês do Orgulho LGBTQIAP+, 412
Meta (empresa), 158, 392, 417-8; *ver também* Facebook; Instagram
Mianmar, 32
Michael, Emil, 388
Micheletti, Ed, 214-5
Microsoft, 62, 158, 175, 306
mídias sociais *ver* redes sociais
Miller, Stephen, 358
Milton, John, 267, 365
mineração, 163
Mittal, Lakshmi, 384
Model S (Tesla Motors), 38, 41, 43, 246
Model X (Tesla Motors), 42, 91
moderação de conteúdo, 13, 23, 25, 64, 66, 69, 75-6, 96-7, 110, 129, 140, 147-9, 168, 170-2, 204-5, 220, 242-3, 246, 260, 282-3, 285, 289, 296, 307, 343, 358, 359, 368, 394, 422, 424, 429, 440; grupos de ativistas e, 300, 323; Lei de Serviços Digitais (União Europeia) e, 241, 403; *ver também* desinformação; liberdade de expressão
Modi, Narendra, 206, 403-4

Mohammad bin Salman (MBS, príncipe saudita), 231-2
Montano, Mike, 89, 99
Morgan Stanley (banco), 37, 105, 110, 123, 127, 138, 145-6, 153, 154-5, 175-8, 230, 264, 269, 271, 275, 291, 404-5, 463; TMT (conferência de tecnologia, mídia e telecomunicações) do, 404, 463
Movimento pela Liberdade de Expressão (Universidade da Califórnia em Berkeley), 267, 365
"Mudge" *ver* Zatko, Peiter
Murdoch, James, 175, 178
Murdoch, Kathryn, 175
Murdoch, Lachlan, 409
Murdoch, Rupert, 175, 400
Musk, Andrew (primo de Elon Musk), 247, 389
Musk, Elon, 257-8, 263-6; Agrawal e, 91, 105, 110-2, 114, 116, 118-23, 127, 129-31, 137, 143; alegações de uma comissária de bordo contra, 197-8; amor pelo Twitter, 16; antissemitismo e, 409, 423, 428-31; *antiwoke*, 103-4, 106, 364, 379, 409, 439; aquisição do Twitter *ver* Twitter, aquisição por Musk; cachorro de, 145; "capangas" de, 247, 253, 269-70, 275-6, 282, 299, 301, 329, 342, 345, 349, 364; carregando uma pia pelos corredores do Twitter, 236, 265, 267, 365, 438; cetamina consumida por, 103; chamada de vídeo durante o OneTeam, 258; cientista de dados do Twitter e, 11-5, 345, 347; conta-paródia (@ElonMusk) no Twitter e, 42, 315; da covid-19 e, 69-70; Dorsey e, 84-5; educação formal de, 38; em Berlim, 112, 113; empreendedorismo de, 38; empréstimos feitos por, 105, 153, 161, 173-4, 187, 205, 215, 229-30, 249, 359, 385; esportes e, 383; estilo de liderança de Musk no Twitter, 117; ética de trabalho de, 39, 121; Excession LLC (family office de Musk), 37; festa de Halloween, 251-2, 266, 269, 273, 275, 280, 295, 297-8; fiéis escudeiros de, 252, 288; filhos de, 195, 380-1; "filossemita", 432; fortuna de, 15, 48, 101, 135, 141, 438; grande mídia na visão de, 432; guerra na Ucrânia e, 106; imagem pública de, 387; "imprevisto" durante a enquete

sobre sua permanência como CEO do Twitter, 387; incidente no stand-up de Chappelle, 379; instabilidade emocional de, 13, 105; jatos particulares de, 197; judeus e, 289, 300, 409, 411; lesão no pescoço de, 418, 420; liberdade de expressão como compromisso de, 106-8, 127, 129, 135-6, 149, 199, 242, 267, 283, 289, 307, 323, 354, 356, 365; luta no ringue com Zuckerberg, 417-8, 420-1; na conferência TED, 125, 129, 138-9, 141, 201; negócios de, 103, 215, *ver também* Boring Company, The; Neuralink; SpaceX; Tesla Motors; X.com (banco); Zip2; no DealBook (2023), 430, 432-3; opiniões conservadoras sobre justiça racial e social, 103; opiniões políticas de, 197, 409-10; ordena a remoção do mural Black Lives Matter, 365; paranoia de, 13, 17, 43, 254, 293, 302, 345-6; patrimônio líquido de, 15, 48, 101, 135, 141, 438; PayPal e, 39; perfil de Musk no Twitter, 180; perfil no Twitter, 33; queda mundial das taxas de natalidade e, 202; rejeição sofrida por conta da aquisição do Twitter e de seu posicionamento político, 379; relacionamentos de, 17, 33, 126, 202, 263; resgate na caverna da Tailândia (2018) e, 34-5; seguranças pessoais de, 17; síndrome de Asperger de, 342; sobre "crise de subpopulação" no mundo, 210; sobre pronomes de pessoas trans, 195; transfobia de, 107, 195, 440; tuíte de Musk sobre Yoel, 376; Twitter visto como ferramenta ideológica por, 15; Unsworth acusado de pedofilia por, 34-7; uso recreativo de drogas por, 47, 103; viagem a Israel (2023), 430, 432, 465; "vírus mental *woke*" e, 103, 364, 379; "*wokeism*" e, 29, 31, 103-4, 106, 364, 379, 409, 411, 439, 459; Zuckerberg e, 44, 271, 417, 418; *ver também* Twitter; X (rede social)
Musk, Errol (pai de Elon Musk), 38
Musk, Exa Dark Sideræl (filha de Elon Musk), 203
Musk, James (primo de Elon Musk), 247, 351, 389, 400
Musk, Justine (ex-esposa de Elon Musk), 39, 41, 203
Musk, Kimbal (irmão de Elon Musk), 38, 104, 121, 175, 465
Musk, Maye (mãe de Elon Musk), 266, 287, 296, 298, 455
Musk, Techno Mechanicus (filho de Elon Musk), 202
Musk, X Æ A-12 (filho de Elon Musk), 203, 252-3, 266, 366, 380-1

N

nacionalistas e supremacistas brancos, 51, 323, 396, 423, 428, 440, 462
Nadella, Satya, 175
Napa, vale do (Califórnia, EUA), 306
Napster (serviço de streaming), 175
Nasa (National Aeronautics and Space Administration), 41, 49
National Public Radio (NPR), 407, 457, 463
nazismo/nazistas, 72, 182, 289, 429; neonazistas, 357
NBA (National Basketball Association), 82, 170, 383
NBCuniversal (empresa de mídia e entretenimento), 306, 410-1, 424-5, 464
Neighbor Nest (centro comunitário em San Francisco), 252
Netanyahu, Benjamin, 430, 465
Netflix, 106, 158, 359
Neuralink, 33, 46, 177, 203, 247, 439
New England Patriots (time de futebol americano), 37
New York Post (jornal), 72-4, 169, 202, 219, 370-1, 464
New York Times, The (jornal), 16, 41, 47, 75, 99, 100, 375, 381, 397, 430, 445, 447-8, 450-8, 461-5; DealBook (evento organizado pelo *NYT*), 430-3; ensaio de Roth nas páginas de opinião do, 375
Nigéria, 52, 81
Night Parrot (iniciativa de cibersegurança do Twitter), 302-3
Nike, 339
Nintendo (empresa de videogames), 336
Nippon Telegraph and Telephone (NTT), 388
Niwa, Yoshimasa, 334-5
Nordeen, Ross, 247
Nosek, Luke, 39

Nostr (rede social), 385, 437
notícias falsas, 37, 294, 395, 408, 421, 440
Notopoulos, Katie, 382
Nova York, 22, 53, 175, 208, 247, 251, 272, 280, 288, 296, 300, 303, 310, 333, 351, 361, 367, 410; Bolsa de Valores de, 27, 163; Washington Square Park (parque), 52
Nova Zelândia, 51, 390

O

O que é uma mulher? (documentário transfóbico), 412
O'Malley, Pat, 178-9
O'Neal, Shaquille, 287
Obama, Barack, 103, 120, 292
Ocasio-Cortez, Alexandria, 320
Odeo (startup de podcast), 22-4
Olimpíadas, 383
OneTeam (confraternização de funcionários do Twitter), 49-50, 53-5, 60-1, 63, 91, 94, 102, 165, 195, 258, 345
OnlyFans (site de conteúdo adulto), 303, 368
Onze de Setembro, ataque terrorista do (2001), 437
OpenAI (empresa de inteligência artificial), 203, 416, 439
Oracle (empresa de softwares), 108, 174-7, 465
Owens, Candace, 52

P

Pacini, Kathleen, 240, 273-4, 284, 290-1, 293, 301, 304-5, 309, 341
Palace Hotel (San Francisco), 404
Palácio do Planalto, invasão bolsonarista do (Brasília, 8 de janeiro de 2023), 394
Palo Alto (Califórnia), 38-9, 44, 421
pandemia *ver* covid-19, pandemia de
Pandjaitan, Luhut Binsar, 163
Paraguai, 141
Paramount Global, 210
"paraquedas de ouro" (acordos multimilionários com executivos do Twitter), 227, 233, 272, 273, 344
Paris: Acordo de Paris (2015), 435
Parker, Sean, 175

Partido Democrata (EUA) *ver* democratas
Partido Republicano (EUA) *ver* republicanos
passarinho azul (logo do Twitter), 29, 93, 237, 358, 367, 417, 419
patrimônio líquido de Musk, 15, 48, 101, 135, 141, 438
PayPal (empresa de pagamentos), 39-40, 175
pedofilia, 34-6, 55, 137, 376
Pelosi, Nancy, 12, 293
Pelosi, Paul, 12-3, 294, 345
Pence, Mike, 76-7
Penn, Sean, 65
Pensilvânia, Universidade da, 38
Perelman, Ronald, 155
Periscope (startup de live streaming), 31
Personette, Sarah, 246, 279, 295, 306
Perverted Justice Foundation, 30
Peterson, Jordan, 356, 451, 459
Philadelphia Eagles (time de futebol americano), 400
Pichai, Sundar, 60, 66, 287
Pichette, Patrick, 59-60, 62-4, 128, 143, 149-50, 154, 157, 159, 222, 244-5
Pixar, 156
Pizzagate (teoria conspiratória), 34, 108, 394, 430
Polinésia Francesa, 64, 75
Politico (site de notícias), 168
pontocom, estouro da bolha (2000), 22, 39, 57
Pool, Tim, 52
Por quem os sinos dobram (Hemingway), 209
pornografia, 68, 303, 368
pornografia infantil, 375, 396-7
Portland (Oregon, EUA), 348, 388-9, 391
Posobiec, Jack, 394, 396
Post (rede social), 385
Pravda (jornal russo), 46
Primavera Árabe (2011), 25
Princesa prometida, A (filme), 410
Prisma, projeto (no Twitter), 102, 144, 149, 166, 211, 284
processamento de dados do Twitter, centros de, 327, 350, 388-9, 391
progressistas, 100, 118, 236, 320, 409, 411, 429; *ver também* esquerda política
publicidade, 92, 139, 165, 197, 279, 288, 295-7, 300, 328, 334, 359, 368, 385, 392, 404, 410-2, 421-3, 430, 432-3
Publicis Groupe (agência de publicidade), 295
Pútin, Vladímir, 106, 182, 384

Q

Qanon (teoria conspiratória), 35, 395-6, 437, 461
Quinn Emanuel (escritório de advocacia), 37, 344, 365
Quinn, Zoë, 28

R

Raytheon (empresa de armamentos), 141
recessão econômica, 153, 202, 327-8, 339, 392
redes sociais, 11, 13, 15-8, 21, 32, 46, 59, 65, 68, 87, 90, 93-4, 97, 102, 112, 164, 219, 433; descentralização das, 92-4; grupos de ativistas e, 300, 323; moderação de conteúdo nas *ver* moderação de conteúdo; regulamentações globais para o uso de, 312; *ver também* Facebook; Instagram; LiveJournal; Mastodon; Nostr; Post; Threads; Tribe; Truth Social; Twitter; X
Redstone, Shari, 210
Regulamento Geral de Proteção de Dados (Europa), 370
republicanos (EUA), 31, 52, 72, 74, 197, 294, 324, 329, 394-7, 435
resgate na caverna da Tailândia (2018), 34-6
Ressi, Adeo, 112, 135
Revlon (empresa de cosméticos), 155
Revolt (empresa de mídia), 307
Rezaei, Behnam, 12, 13
Riade (Arábia Saudita), 232
Rice, Kathleen, 66
Riley, Talulah, 43, 107, 203
Ringler, Mike, 156, 159-61, 193, 195, 199, 201, 206, 208, 213, 224
Riot Games (desenvolvedora de videogames), 135
Rive, Lyndon, 126
Rive, Peter, 126
Roadster (Tesla Motors), 40-1, 119, 205
Roche (empresa farmacêutica), 159-60
Rock, Chris, 378
"Rodeio Cibernético" (evento de gala da Tesla Motors), 118-9

Rogan, Joe, 47, 52, 118, 169, 175
Rolling Stone (revista), 370, 448, 458
Ronaldo, Cristiano, 120
Rosenblatt, David, 87, 152, 157
Rossman, Andrew, 214
Roth, Benjamin, 207-7
Roth, Yoel 68, 70-2, 76-80, 147, 148-9, 171-2, 203-4, 227, 240, 254, 260, 276, 282-4, 306-7, 341-3, 356, 358, 371, 375-7, 379, 395, 424-5, 460; ensaio nas páginas de opinião do *New York Times*, 375; pedido de demissão de, 375; tese de doutorado de, 376; tuíte de Musk sobre, 376; Yaccarino e, 306, 424-5
Rubin, Dave, 394, 461
Rubin, Rick, 84
Rússia, 101, 182, 316, 333-4; Agência de Pesquisa na Internet, 333-4; disputa pela Crimeia, 182; invasão da Ucrânia (2022), 101-2, 106, 116, 152, 182, 328, 334; *ver também* União Soviética
Russia Today (emissora de TV), 107, 407

S

Sacks, David, 39-40, 175, 176, 239-40, 269-70, 291, 293, 304-5, 316-7, 364, 382
Sacramento (Califórnia, EUA), 388-9, 391, 461; SMF (centro de processamento do Twitter) em, 388-91, 398
Salen, Kristina, 178-9
Salesforce (empresa de software), 111, 140
"Salt Bae" (chef Nusret Gökçe), 384
Samuels, Detavio, 307
San Francisco (Califórnia), 12, 15, 22, 58, 64, 123, 130, 157, 168, 228, 246, 252, 256, 267, 269, 288, 291, 294, 299, 302, 305, 328, 340, 345, 352-3, 362-5, 367, 372, 379, 410, 420, 428, 440; Beer Hall (bar), 310; Chase Center em, 170, 345, 378; Market Street, 12, 21, 64, 252, 255, 310, 420; Neighbor Nest (centro comunitário), 252; sede do Twitter em, 11-2, 14, 21, 64, 72, 76, 95, 173, 178, 207, 234, 236, 243, 245, 247, 252, 257, 267, 268, 287, 291, 305, 330, 336, 340, 361, 378, 380, 394, 400, 414, 419-20, 438
Sanders, Bernie, 123, 324

Sandy Hook, tiroteio de (Connecticut, 2012), 67
Santa Monica Observer (site de notícias), 294
satélite do Facebook, lançamento do, 44
Saturday Night Live (programa de TV), 122, 342
Saturno, projeto (no Twitter), 147-9, 171-3, 203-5, 218-20, 227, 243, 283
Savitt, Bill, 208-9, 213-5, 220, 225, 230, 244, 254
Schiller, Phil, 369
Schmidt, Eric, 336
Segal, Ned, 82, 86, 88, 99-100, 139, 144-5, 149-54, 157, 163, 170, 178-9, 182, 192, 201-2, 204-5, 207, 209-11, *260-1*
Senado dos EUA, 64-6, 123, 336, 396
Senegal, 141
Sequoia Capital (empresa de capital de risco), 177
Sethi, Rinki, 221-2
Shapiro, Ben, 411-2
Shareworks (gestora de bônus de ações), 291, 293
Shatner, William, 406
Shotwell, Gwynne, 198
Silver Lake (empresa de investimentos), 61-4, 96, 99, 109-10, 140, 144, *262*
Simon, Luke, 346, 458
Simpson Thacher & Bartlett LLP (escritório de advocacia), 143
Simpson, O. J., 336
síndrome de Asperger, 342
Singapura, 328, 367
Singer, Paul, 57
sistema bancário, 39
Skadden, Arps, Slate, Meagher & Flom (escritório de advocacia), 155-6, 162, 188, 199, 214, 250, 453
Skype, 61
Slack (aplicativo de comunicação do Twitter), 86, 116-7, 129, 164-5, 169, 192, 198, 229, 280-1, 299, 304-5, 308-14, 322, 337, 346-7, 349-50, 353, 369, 371, 393, 402, 459
Smith, Kiko, 350-1, 391
Snapchat, 51, 57, 158, 196, 238
Snowden, Edward, 385
"Sociedade de Propósito Específico" (SPV, na sigla em inglês), 176
SoftBank (conglomerado de investimentos), 175

SolarCity (empresa de energia solar), 126, 209
Solomon, Sasha, 348-50
Sorkin, Andrew Ross, 431-3, 463
Soros, George, 409, 411
South by Southwest (SXSW, festival em Austin, Texas), 24
Spaces (recurso do Twitter), 281-2, 396, 460
SpaceX, 11, 33-4, 40-5, 55, 69-70, 84, 101, 104-7, 118, 126, 138, 164, 166, 174, 179, 197-8, 205, 238, 247, 249, 253, 287, 297, 304, 320, 323, 326, 332, 334, 337, 341-2, 345, 349, 351, 353-4, 360, 361, 372, 377, 380, 382, 385, 387, 397, 403, 415, 427-9, 432, 439, 445, 449, 452, 454, 464-5; ações da, 249; *Amos-6* (satélite), 44; assédio sexual na, 197-8; campanha publicitária no Twitter, 341; conselho da, 104-5, 117; demissões na, 198-9; empréstimo de Musk usando ações da SpaceX como garantia, 249; pandemia da covid-19 e, 69-70; projeto de túnel na Califórnia, 318; sede da, 55, 263, 318; Starbase (centro de lançamento de foguetes), 84, 166; Starlink (provedor de internet da SpaceX), 106-7, 242, 287, 334, 365, 377, 403, 463; Starship (foguete), 427, 463-4; valor de mercado da, 296
spammers, 275, 338
Spears, Britney, 296
Spiegel, Evan, 196
Spiro, Alex, 36-8, 155-6, 180, 189, 214, 217, 223-4, 226-8, 244, 264, 279, 284-6, 290, 299, 304-5, 324-6, 338, 341-4, 349, 361, 365-6, 370, 372, 377, 418
Squad (startup de chamadas de vídeo), 238
Square (empresa de pagamentos digitais), 26, 32, 49, 51, 53, 57, 59-60, 63, 231; como Block Inc., 231
SR-71 *Blackbird* (caça norte-americano), 366
Srinivasan, Balaji, 385
St. Louis Cardinals (time de beisebol), 315
Stálin, Ióssif, 191
Stanford, Universidade, 38-9, 90-1, 184
Stanley, Christopher, 345, 356
Starbase (centro de lançamento de foguetes da SpaceX), 84, 166
Starbucks, 317, 347
Starlink (provedor de internet da SpaceX), 106-7, 242, 287, 334, 365, 377, 403, 463

Starship (foguete da SpaceX), 427, 463-4
Staudinger, Sarah, 192
Steinberg, Marc, 59-60, 63
Stewart, Patrick, 27
Stone, Biz, 25, 54, 257
Stone, Roger, 294
Stop The Steal (movimento pró-Trump, 2020), 396
Strine, Leo, 208, 214
Substack (plataforma de newsletters), 370, 437
"substituição", teoria conspiracionista da, 428
Sullivan, Jay, 96-8, 147-8, 171-3, 184-6, 211, 219, 227, 275-6, 279, 459
Sun Valley Lodge (resort em Idaho, EUA), 209
Super Bowl (campeonato de futebol americano), 91, 383, 400, 410, 462
Super Mario (videogame), 122, 336
Suprema Corte (EUA), 208
supremacistas brancos, 51, 323, 396, 423, 428, 440, 462
Supremo Tribunal Federal, invasão bolsonarista do (Brasília, 8 de janeiro de 2023), 394
Swift, Taylor, 120
Swisher, Kara, 424-5

T

Taibbi, Matt, 370-1
Tailândia, 33; resgate na caverna (2018), 34, 36
Tang, Yang, 399
Tarpenning, Marc, 40
taxas de natalidade, queda mundial nas, 202
Taylor, Bret, 87, 110, 127, 244, 262, 439
TED (conferência), 51, 125, 129, 138-9, 141, 201
Teigen, Chrissy, 55
Telegram (serviço de mensagens instantâneas), 351, 458
Teller, Sam, 299, 304-5
teorias da conspiração *ver* conspiração, teorias da
terrorismo: ataque terrorista do Onze de Setembro (2001), 437; Estado Islâmico, 396; Hamas, ataque a Israel pelo (7 de outubro de 2023), 428, 430
Tesla Motors, 11, 15, 17, 33, 38, 40-3, 45-8, 55, 69-70, 91, 101, 103-5, 108-10, 117-9, 122-3, 126, 128, 136, 138, 145-6, 158, 163-4, 167, 174, 179, 186-7, 189, 203, 205, 209, 232, 238, 242, 245-7, 253, 264, 270, 276, 280, 295-7, 300, 305, 317, 320, 323, 326-8, 332, 336-7, 339, 342, 351-4, 369, 372-3, 379-80, 382, 385, 387-8, 391, 394, 405, 409, 415, 424, 426, 432-3, 438-9, 445, 448-9, 452, 457-8, 460-1, 463; ações da, 42, 47, 101, 105, 121, 141, 153, 174, 186, 187, 214, 249, 328, 339, 359-60, 386, 438; Afshar na, 118, 136; conselho da, 47, 107, 118, 141, 175; covid-19 e, 69-70; Cybertruck, 119; discriminação racial na, 117; equipe de engenharia de pilotagem automática, 110, 247, 280; fábrica no Texas, 118; Gigafactory (fábrica) da, 119, 136, 163; Model S, 38, 41, 43, 246; Model X, 42, 91; opiniões políticas de Musk e, 409; preço das ações da, 214; privatização da, 47; racismo e violência racial na, 104, 195; Roadster, 40-1, 119, 205; "Rodeio Cibernético" (evento de gala) da, 118-9; SolarCity (empresa de energia solar) adquirida pela, 126, 209; valor de mercado da, 101, 296
Texas (EUA), 24, 50, 55, 67, 84, 118,-9, 137, 166, 361, 396-7, 427, 430, 439, 465
Thiel, Peter, 39-40, 175
Thoma Bravo (gestora de capital priva), 140
Thorn (empresa de tecnologia), 397
Thorne, Bella, 336
Threads (rede social), 417, 437
TikTok, 51, 93, 238
Time Warner, 141
TMT (conferência de tecnologia, mídia e telecomunicações do Morgan Stanley), 404, 463
To Catch a Predator (programa de TV), 30
Toto (banda), 53
Toys "R" Us (lojas de brinquedos), 214
trabalho remoto, política do Twitter de, 61, 111, 194, 254, 337
trans, pessoas, 106, 440; *O que é uma mulher?* (documentário transfóbico), 412; pronomes de, 104, 195; Vivian Jenna

Wilson (filha trans de Musk), 195, 380; *ver também* LGBTQIAP+, pessoas

Tribe (rede social), 385

Tribunal de Chancelaria de Delaware, 207-8, 213-5

Trump, Donald, 31, 35, 46, 51-2, 71-4, 76-81, 103, 121, 140, 148-9, 169, 188, 191, 219, 236, 242-3, 283, 294, 296-7, 300, 339, 357-8, 364, 376, 384, 394, 395, 411, 435-6, 448-9, 458; banido do Twitter, 77, 80-1; Capitólio, invasão do (Washington, D.C., 6 de janeiro de 2021) e, 11, 76-7, 80, 169, 242-3, 394, 396, 408; impeachment, 51; prisão em Atlanta (2023), 435; @realDonaldTrump (conta no Twitter), 357

Trump Jr., Donald, 294

Truth Social (rede social), 358, 385, 435-6

Tucker, Michael (BloodPop), 296

"tuitar", uso da palavra, 24

Tundra, projeto (no Twitter), 305

túnel na Califórnia (projeto da SpaceX), 318

Turquia, 403

"Tweep Tour" (tour de Dorsey pelos escritórios do Twitter ao redor do mundo), 52

Twitter: ações do, 57-9, 62, 95, 105, 107, 124-5, 128, 138, 143, 150, 162-3, 189, 229-30, 232; acordo de confidencialidade na compra do, 160; acordo de Musk e rapidez para fechar negócio na compra do, 161; acordo rescisório para a demissões, 355, 372; advogados do, 157, 160-1, 169, 226, 230, 234, 247, 325; afro-americanos no, 364-5; Agent Tools (sistema interno) do, 276; Agrawal demitido do, 272; Agrawal nomeado CEO do, 86-9, 183, 185, 192, 209; algoritmo do, 51, 65, 92-3, 95, 97, 107, 109, 139, 148, 164, 356, 368, 396-9, 401, 406-7, 438; algoritmos do, 188, 321; amor de Musk pelo, 16; análises de código no, 280-1; Android e, 322, 347-8; Annecy, ataque com faca em (França, 2023) e, 414; antissemitismo no, 289, 396, 409, 422-3, 428-31; anúncios no, 295, 367-8, 411; Apple App Store e, 322, 367-9; aquisição por Musk, 11, 62, 107-8, 126, 128, 149, 153, 168, 173, 182, 187, 189, 191, 196, 214, 226, 228, 230, 232, 238, 245, 264-6, 271, 337, 339, 357, 360, 366, 378, 381-2, 395, 403, 408, 410, 419, 422, 438, 440, 445; arquivos internos do, 370; atendimento ao cliente do, 78, 246; banimento de Trump, 77, 80-1; batendo ponto no escritório, 401, 402; Birdhouse (diretório interno) do, 308; Birdwatch (sistema de verificação de fatos), 172; Blackbirds (funcionários afro-americanos), 364-5; blockchain, sistemas de, 92, 95, 121, 136, 178; Blue Verified (serviço de assinaturas) do, 139, 240, 265, 291-3, 301, 303, 310, 314-7, 319-22, 326, 330, 333-5, 369, 405, 457; Bluesky, projeto, 93-6, 109, 172, 218-9, 417, 437-9; bônus para funcionários, 144, 196, 234, 245, 272, 284, 289-91, 293, 299, 402, 415; burnout no, 319; busca de Musk por investidores, 298; campanha publicitária da SpaceX no, 341; "capangas" de Musk no, 247, 253, 269-70, 275-6, 282, 299, 301, 329, 342, 345, 349, 364; Caracara (sala de reuniões na sede em San Francisco), 12, 330, 332, 337, 366, 372, 380, 391, 419; cartas de demissão do, 244, 279, 355-6; Catturd2 (perfil), 394; celebridades no, 55, 120; censura no, 52, 72, 74, 98, 118, 135, 168, 206, 242, 370-1, 375, 423; centros de processamento de dados (Atlanta, Portland e Sacramento), 327, 350, 388-9, 391; Chase Center (arena em San Francisco) e o, 170; Christchurch, tiroteio em (Nova Zelândia, 2019) no, 51; cientista de dados do, 11-5, 345, 347; *code freezes* ("congelamentos" de códigos) do, 17, 253, 347; combate à vigilância e aos excessos do governo, 171; como "Twttr", 24; como microblog, 41; como praça pública global, 194, 414, 440; compartilhamento de informações em tempo real no, 416; congelamento do pagamento de fornecedores e colaboradores externos para a compra do, 244; Conselho de Influência do, 306; conselho do, 25, 53, 57-8, 63, 79, 84, 86-7, 106, 109-11, 113-4, 117-8, 122, 124-5, 129, 139, 141-2, 145-6, 151, 153, 157, 159-63, 180, 183, 189, 192, 199, 201, 204, 206, 214, 222, 226-7, 244, 262, 313; conta de Musk no, 180; contas do, 46, 55, 66, 80, 169-70, 185,

198-9, 236, 254, 294, 323, 347, 395, 404; contas falsas no, 31, 160, 197, 336, 339; contas mais seguidas no, 55, 120; contas-paródia e pessoas se passando por outras no, 315, 336; "corte de pessoal" do, 306, 327; crescimento do, 13, 25, 96, 99-100, 148, 164, 172, 184, 242, 313; criação do, 24, 26; criado por Dorsey, 23, 24; Cristiano Ronaldo no, 120; cultura progressista do, 60, 100; dados financeiros do, 179; deepfakes no, 68, 70-1, 335; demissão em massa de funcionários do, 78, 102, 276, 300, 305, 345, 348, 355, 393, 408; desenvolvimento de produtos no, 118, 211, 276; desinformação sobre a covid-19 no, 67-71, 113; Dia do Analista (evento de 2021), 82-3; diligência prévia para a compra do, 160, 178, 182-3, 188, 224; diretora jurídica do, 52, 159, 167-9, 242, 259; discurso antissemita no, 289, 396, 409, 422-3, 428-31; dissidentes, 17, 117, 164, 171, 349-50, 356, 403; diversidade e inclusão, questões de, 103, 194; dívidas do, 244, 327, 339-40, 359, 360, 404, 421, 438; "Dois caminhos possíveis" (plano de Muks para demissões), 355; ElonJet (conta que rastreava a localização do avião particular de Musk) no, 84, 381, 445; empresa de capital fechado, 122, 125, 127, 129, 163, 174, 196, 232, 369, 415; engajamentos no, 16, 51, 83, 181, 340, 357, 396, 398-400, 405, 406, 422; engenheiros do, 199, 213, 280, 284, 287, 340, 349, 368, 382, 398, 405; enquete de Musk sobre deixar ou não o posto de CEO do, 386; equipe de transição de Musk, 240, 269-70, 280, 305, 308, 319, 361; equipe de vendas do, 339; escritórios do, 147, 361, 363-4; estilo de liderança de Musk no, 117; Europa e, 241-2; executivos do, 21, 30, 49, 53, 59, 64, 67-8, 74, 76, 81, 86, 89, 100, 102, 163, 170, 186, 188, 194, 202, 209, 215, 220, 224, 227, 230, 233, 239, 241, 244, 250-1, 253, 258, 262, 271-2, 276, 285, 287, 298, 307, 361, 375-6, 380, 382, 445; feed do, 103, 318, 334, 429; Files, 370, 372; financeiro do, 179, 234, 260; *firehose* do, 171, 180-1, 188, 192-3, 195, 199, 206, 213; funcionários do, 21, 30, 32, 55, 60, 79, 86, 95-6, 102, 113, 116-7, 165, 169, 178, 183, 191,

193, 195, 198, 213, 216, 227, 249, 253, *261*, 280, 290, 293, 297, 299, 309-10, 313, 322, 338, 352, 361, 371, 379-80, 387, 390, 405-6, 439; Gamergate (campanha) no, 28-30, 32; gastos do, 374; guerra cultural e, 66, 188, 283; Halloween, festa de, 247, 251-2, 269, 273, 275, 280, 295, 297; "Hotel Twitter", 267, 362; ideia de vídeos com *paywall* para o, 303; Índia e, 206, 403-4; infraestrutura do, 25, 83, 281, 351; instabilidade no, 389-91; insultos raciais no, 307; inteligência artificial no, 399; investidores do, 135, 193, 224, 307; investimentos sauditas no, 231-2; jornalistas, contas de, 440; Kathy Griffin banida do, 323; kit de boas-vindas para Musk no, 252-3; Lady Gaga no, 120; Lei de Serviços Digitais (União Europeia) e, 241, 403; lentidão do site em diversos países, 347; LibsofTikTok (conta no Twitter), 147; licença-maternidade e, 313; limite inicial de 140 caracteres por tuíte, 24, 31, 41, 175; Lodge na sede do, 309; logo de passarinho azul do, 29, 93, 237, 358, 367, 417, 419; mensagens privadas no, 74, 280, 302-3, 349, 408, 445; "mídia afiliada ao Estado" no, 407; mudança de nome para X, 268, 404, 419-20, 436; mural do Black Lives Matter removido por Musk, 365; Musk carregando uma pia pelos corredores do, 236, *265*, *267*, 365, 438; na Bolsa de Valores de Nova York, 27, 163; Night Parrot (iniciativa de cibersegurança), 302-3; número de usuários do, 188, 214, 306, 316, 383; Obama no, 120; oferta pública inicial de Musk para compra do, 41; OneTeam (confraternização de funcionários) do, 49-50, 53-5, 60-1, 63, 91, 94, 102, 165, 195, *258*, 345; orçamento e gastos do, 25, 102, 151, 179, 201, 287, 327, 345, 359, 372-4, 405, 415; outras redes sociais promovidas no, 385; página de login, 275; "paraquedas de ouro" (acordos multimilionários com executivos do Twitter), 227, 233, 272-3, 344; perfil de Musk no, 33, 180; perfil oficial da presidência dos Estados Unidos (@potus) no, 400; Periscope (startup de live streaming) adquirida pelo, 31; "pílula de veneno" (tática de defesa da empresa),

128, 130, 140, 142, 147, 149, 207, 216; "Planejamento de recursos" no, 82; "plano de direitos dos acionistas" do, 128; plano de sucessão no, 83, 87, 240; políticas públicas do, 285-6, 299, 324; pornografia infantil no, 375, 396-7; pornografia no, 303, 368; porta-vozes do, 377; preço das ações do, 58, 62, 128, 143; preocupação de Musk com "empregados fantasmas", 293; presença internacional do, 285; Prisma, projeto, 102, 144, 149, 166, 211, 284; "privatização" do, 122; processamento de pagamentos no, 365; programa de privacidade do, 253-4; programa de recompra de ações do, 100; projeções financeiras do, 160; projetos queridinhos de Musk, 303; publicidade no, 139, 359; raspagem de dados no, 416; reativação de contas e retorno de usuários ao, 284, 356-7, 395-6; receita do, 13, 31, 63-4, 82-3, 99, 138-9, 151-2, 154, 356, 359, 369, 383, 403, 405, 413, 423; recomendações algorítmicas do, 188, 368, 396, 405; recursos humanos do, 86, 222, 240, 247, 280, 284, 290, 300, 304-5, 341, 349, 353, 355, 415; redes de apoio para funcionários demitidos, 304; refeições completas aos funcionários, 363; regra de conteúdos hackeados, 74; regras do, 67, 72, 84, 97, 148, 219, 285, 289, 357, 394; rótulos em tuítes, 68, 70-5, 77; roubo conteúdo do, 275; sala de descanso do, *267*, 365; Saturno, projeto, 147-9, 171-3, 203-5, 218-20, 227, 243, 283; sede em San Francisco (Califórnia), 11-2, 14, 21, 64, 72, 76, 95, 173, 178, 207, 234, 236, 243, 245, 247, 252, *257*, *267, 268*, 287, 291, 305, 330, 336, 340, 361, 378, 380, 394, 400, 414, 419-20, 438; selos de verificação no, 292, 303, 315, 321, 330, 332-3, 336, 338, 340, 405-6; Slack (aplicativo de comunicação do Twitter), 86, 116-7, 129, 164-5, 169, 192, 198, 229, 280-1, 299, 304-5, 308-14, 322, 337, 346-7, 349-50, 353, 369, 371, 393, 402, 459; Spaces (recurso do Twitter), 281-2, 396, 460; #StayWoke (hashtag), 29, 31, 364, 459; Super Bowl (campeonato de futebol americano) e, 400; tecnologia do, 25, 54, 83, 92, 178, 181, 209; trabalho presencial no, 196, 284, 401; trabalho remoto, política de, 61, 111, 194, 254, 337; tráfego de usuários no, 385; transferência de recursos para a compra do, 250; "tuitar", uso da palavra, 24; tuíte de Musk sobre Yoel, 376; "tuítes externos à rede" (sistema), 401; Tundra, projeto, 305; Turquia e, 403; "Tweep Tour" (tour de Dorsey pelos escritórios do Twitter ao redor do mundo), 52; usuários do, 16, 29, 51, 67, 160, 172, 215, 242, 317, 321, 385, 401; valor de mercado do, 245; valor desembolsado por Musk na compra do, 141; valor por ação do, 128; viés político de esquerda no, 72; visto por Musk como ferramenta ideológica, 15; vistos de trabalho e, 290, 304, 313, 355, 439; visualizações, 396-400, 412; X como "app de tudo", 18, 271, 404, 419; Yaccarino nomeada CEO do, 410-5

Tyson Foods (produtora de aves), 208

U

Uber, 155, 331, 388, 457
Ucrânia, 102, 106, 116, 182, 328, 334; Crimeia e, 182; invasão pela Rússia (2022), 101-2, 106, 116, 152, 182, 328, 334
UFC (Ultimate Fighting Championship), 192, 418
União Europeia, 107, 241, 331, 403, 421
União Soviética, 46, 182, 191, 366; *ver também* Rússia
United Technologies, 141
Unsworth, Vernon, 33-7; acusado de pedofilia por de Musk, 34-7

V

vacinas: Covid-19 e, 75, 395; movimento antivacina, 437
Vale do Silício (Califórnia, EUA), 16-7, 22, 49-51, 61-2, 67, 73, 87, 90-1, 100, 111, 119, 129, 138-9, 146, 155-6, 205, 232, 254, 331, 363, 368, 385, 388, 439
Valor Equity Partners (banco de investimentos), 205

Vanguard Group (empresa de investimentos), 106, 143, 150
VDARE (site supremacista branco), 428
vida alienígena, 197
vigilância do governo, combate à, 171
Vy Capital (fundo de capital de risco), 177, 384

W

Wachtell, Lipton, Rosen & Katz (escritório de advocacia), 207-9, 244-5, 254
Wahlberg, Mark, 192
Wall Street Journal, 232, 448-9, 454, 458, 460, 462
Washington, D.C., 34, 76
Washington Post (jornal), 126, 223, 232, 239, 381-2, 447, 449-50, 454, 461
Washington Square Park (parque de Nova York), 52
Watkins, Ron, 396, 461
Watt, J. J., 54
Web3 Foundation, 177-8
WeChat (aplicativo chinês), 196
Weiss, Bari, 371
West, Kanye, 357
WhatsApp, 141
Wheeler, Robin, 306, 341-2
Whistleblower Aid (organização de assistência jurídica), 223
White, Dana, 418, 420
Widom, Jennifer, 90
Wikipedia, 172
Williams, Ev, 22
Wilson Sonsini Goodrich & Rosati (escritório de advocacia), 67, 143, 156, 159, 167, 228
Wilson, Christine, 397
Wilson, Fred, 135
Wilson, Vivian Jenna (filha trans de Musk), 195, 380
Wired (revista), 41, 456
"*wokeism*", 29, 31, 103-4, 106, 364, 379, 409, 439, 459; #StayWoke (hashtag no Twitter), 29, 31, 364, 459; *ver também* esquerda política
Wood, L. Lin, 36-8
World Wrestling Entertainment, 178, 192

WPP (agência de publicidade), 295
Wuhan (China), 61

X

X (rede social), 18, 226, 404, 420-1, 423, 425, 428-9, 431, 435, 438; como "app de tudo", 18, 271, 404, 419; mudança de nome do Twitter para X, 268, 404, 419-20, 436; valor de mercado do, 438; X branco (logo), 268, 419; *ver também* Twitter
X.com (banco), 39, 176, 238, 257, 419, 463; Confinity (startup de serviços financeiros) e, 39
X Holdings, 419
xAI (empresa de inteligência artificial), 439
Xinhua News Agency, 407
X-Men (personagem de quadrinhos), 409

Y

Y Combinator (incubadora de startups), 385, 460
Yaccarino, Linda, 306, 410-1, 413-6, 421-6, 429, 431-2, 464; na CODE Conference (2023), 424; no DealBook, 431; nomeada CEO do Twitter, 410-; Roth e, 306, 424-5
YouTube, 60, 67, 156, 317, 460, 464
yubikeys (hardware de senhas), 192
Yue, Yao, 350

Z

Zatko, Peiter ("Mudge"), 220-6, 344, 453
Zhao, Changpeng, 178
Zilis, Shivon, 203, 210
Zilis, Strider Dax, 203
Zilis, Valkyrie Alice (Azure), 203
Zip2 (empresa de guias de cidade online), 38-9, 205
Zolpidem (sonífero), 47, 103
Zuckerberg, Mark, 44, 66, 93, 141, 196, 271, 417-8, 420-1; e satélite do Facebook, 44; luta no ringue com Musk, 417-8, 420-1; Musk e, 44, 271, 417-8

Créditos das imagens

p. 257: [acima] ZUMA Press, Inc./ Alamy Stock Photo; [abaixo] Pauline Lubens/ MediaNews Group/ The Mercury News via Getty Images

p. 259: [acima] Sipa USA/ Alamy Stock Photo; [centro] Francois Durand/ Getty Images for Twitter

p. 259: [acima] UPI/ Alamy Stock Photo; [abaixo] David Paul Morris/ Bloomberg via Getty Images

p. 262: [acima] Kevin Dietsch/ Getty Images; [abaixo, à esq.] Abaca Press/ Alamy Stock Photo; [abaixo, à dir.] David Paul Morris/ Bloomberg via Getty Images

p. 263: ZUMA Press, Inc./ Alamy Stock Photo

p. 264: [acima, à esq.] ZUMA Press, Inc./ Alamy Stock Photo; [acima, à dir.] Patrick T. Fallon / Bloomberg via Getty Images; [abaixo, à esq.] Amy Osborne/ AFP via Getty Images; [abaixo, à esq.] David Paul Morris/ Bloomberg via Getty Images

p. 266: [acima] Taylor Hill/ Getty Images; [abaixo] DPPI Media/ Alamy Stock Photo

p. 268: [abaixo] Tayfun Coskun/ Anadolu Agency via Getty Images

Character Limit: How Elon Musk Destroyed Twitter
© Kate Conger e Ryan Mac, 2024

Todos os direitos desta edição reservados à Todavia.

Grafia atualizada segundo o Acordo Ortográfico da Língua Portuguesa de 1990, que entrou em vigor no Brasil em 2009.

capa
Chris Allen
imagem capa
Rebecca Cook/Reuters/Fotoarena
tratamento de imagens
Carlos Mesquita
composição
Lívia Takemura
edição de texto
Julia Bussius
índice remissivo
Luciano Marchiori
preparação
Gabriela Rocha
revisão
Karina Okamoto
Huendel Viana

Dados Internacionais de Catalogação na Publicação (CIP)

Conger, Kate
  Limite de caracteres : Como Elon Musk destruiu o Twitter / Kate Conger, Ryan Mac ; tradução Bruno Cobalchini Mattos ... [et al.]. — 1. ed. — São Paulo : Todavia, 2024.

  Título original: Character Limit: How Elon Musk Destroyed Twitter
  ISBN 978-65-5692-729-9

  1. Redes sociais. 2. Twitter. 3. *Big techs*. I. Mac, Ryan. II. Mattos, Bruno Cobalchini. III. Schwartz, Christian. IV. Lanius, Marcela. V. Delfini, Mariana. VI. Musk, Elon. VII. Título.

CDD 302.231

Índice para catálogo sistemático:
1. Ciências sociais : Comunicação em redes sociais 302.231

Bruna Heller — Bibliotecária — CRB 10/2348

todavia
Rua Luís Anhaia, 44
05433.020 São Paulo SP
T. 55 11. 3094 0500
www.todavialivros.com.br

fonte
Register*
papel
Pólen natural 80 g/m²
impressão
Ipsis